2ª edição

EDITORA RECORD
RIO DE JANEIRO • SÃO PAULO
2010

CIP-BRASIL. CATALOGAÇÃO-NA-FONTE
SINDICATO NACIONAL DOS EDITORES DE LIVROS, RJ

P489l

2ªed. Pereira, Merval
O lulismo no poder / Merval Pereira. - 2ªed. - Rio de Janeiro :
Record, 2010.

ISBN 978-85-01-08897-0

1. Silva, Luiz Inácio Lula da, 1945-. 2. Brasil - Política e governo - 2003-. I. Título.

10-4279.
CDD: 320.981
CDU: 32(81)

Copyright © Merval Pereira, 2010

Edição de texto: Luciano Trigo
Capa e projeto gráfico: Felipe Taborda/direção de arte, Lygia Santiago/design
Foto de capa: Ricardo Stuckert/PR

Direitos exclusivos desta edição reservados pela
EDITORA RECORD LTDA.
Rua Argentina 171 – 20921-380 – Rio de Janeiro, RJ – Tel.: 2585-2000

Impresso no Brasil

ISBN 978-85-01-08897-0

Seja um leitor preferencial Record
Cadastre-se e receba informações sobre nossos lançamentos
e nossas promoções.
Atendimento e venda direta ao leitor
mdireto@record.com.br ou (21) 2585-2002

Para Elza, que me ajuda a viver

Sumário

9

13

21

99
149

547

603

Introdução
Do petismo ao lulismo
O aparelhamento do Estado
Bolsa Família
José Dirceu e o mensalão
Palocci e o caseiro
Política externa

Introdução

JORNALISMO E POLÍTICA NO BRASIL CONTEMPORÂNEO: UM NOVO LIVRO

O livro do jornalista e analista político Merval Pereira surge num momento extremamente oportuno da vida política e social brasileira. No limiar das eleições gerais do Brasil em 2010, em especial da eleição presidencial, a ampla análise desenvolvida por Merval Pereira aprofunda o debate sobre o papel do Partido dos Trabalhadores, do presidente Lula da Silva e do "lulismo" no cenário político brasileiro contemporâneo.

Antes de tudo devemos destacar a trajetória e a atuação de Merval Pereira como jornalista e analista político. Merval dedica-se, depois de anos, a um tipo de jornalismo, infelizmente, raro no Brasil. Nas páginas de *O Globo* e na tela da GloboNews — e repetidores — o jornalista faz uma análise diária, incansável e consistente dos fatos da política interna e externa do Brasil. Esta, embora rara, repito, é uma tradição do jornalismo brasileiro. Toda vez que lemos e ouvimos Merval, ao menos a geração mais velha, lembramo-nos de imediato do mestre Carlos Castelo Branco — o "Castelinho" —, que pontificava no jornalismo brasileiro. Em especial durante a ditadura civil-militar, de 1964-1985, Castelinho representou um sopro de liberdade, de profundidade e de informações sérias, até nos piores momentos da ditadura. Nem mesmo ela, com sua vocação liberticida, ousou calar o jornalista. Pois bem, Merval Pereira perfila-se na dianteira, com grande mérito, na escola aberta pelo seu notável antecessor. Para muitos, a abertura política e a consolidação das instituições democráticas brasileiras — tema onipresente de Merval — descartariam um jornalismo do tipo praticado por Castelinho. Ledo engano. A abertura e a institucionalização do regime liberal-representativo entre nós, com a consequente incorporação de um amplo público de classe média ao debate político e de amplas massas ao processo decisório, acentuaram o papel do jornalismo crítico, analítico e mesmo, de forma desafiadora, opiniático.

Em outros países — que Merval conhece bem, como os Estados Unidos, França e Espanha — este tipo de jornalismo é comum. Praticamente todo grande jornal nos Estados Unidos possui seu jornalista "crítico", e suas colunas repercutem amplamente na opinião pública e até no recinto dos parlamentos. No Brasil, embora tenhamos vários — ainda que não muitos — excelentes jornalistas políticos, a maioria destes se coloca como fornecedores de informações, como produtores de "notícias". Eis aqui a clara diferença com o jornalismo de Merval Pereira: ele vai além. Informa, é claro, e, muitas vezes, de primeira mão. Mas o forte do texto de Merval é sua capacidade de buscar as motivações e daí os propósitos dos diversos atores políticos do Brasil contemporâneo.

Seus atores prediletos são os partidos políticos, os próprios políticos e a opinião pública. Trata-se, em verdade, da tríade santa da democracia liberal moderna. Eis aqui a maior parte da produção crítica do autor. Fica clara, desde as primeiras linhas, a insatisfação do autor com o funcionamento da democracia liberal, do tipo representativo e multipartidário, no Brasil. Merval, derivando para o papel do historiador e do cientista político, lança-se numa análise de fôlego para entender, e explicar, as razões da fragilidade da democracia brasileira.

Profundo conhecedor dos regimes políticos contemporâneos — que conhece de observação direta, dos Estados Unidos até a Turquia ou China Popular —, Merval aponta com clareza a fragilidade dos partidos, a anemia da opinião pública e a superatuação das lideranças carismáticas no país. Getulio Vargas, Juscelino Kubitschek, Jânio Quadros, Carlos Lacerda, Leonel Brizola e, claro, Lula da Silva seriam a prova viva, e atuante, da fragilidade das instituições políticas, em especial dos partidos, em favor da liderança carismática.

Um papel especial desempenha nas preocupações a transformação da possibilidade social-democrata (depois de liberada do marxismo de resistência dos tempos de sua fundação) do Partido dos Trabalhadores em um suporte, sem seiva conforme o autor, de um fenômeno novo/velho na história do Brasil: o lulismo. Ou seja, o carisma como condutor da política.

A análise daí derivada, sempre centrada na possibilidade de risco institucional, amplia-se nas preocupações do autor para a dimensão continental: a opção popular pelo líder carismático na América do Sul surge como um destino em face de experiências como Hugo Chávez ou os Kirchner? Eis um questionamento vital. Particularmente grave, e mesmo dolorosa, para o autor é a constante comparação com outras democracias maduras, explicitando o risco de uma caudilhização da política nacional. Daí a busca incessante das origens do processo que reduz a participação política a uma identificação/transferência carismática.

Talvez a própria fragilidade da sociedade brasileira, e sul-americana, explique em verdade a fragilidade da política brasileira, e por extensão sul-americana. A robustez de instituições democráticas em países como França, Inglaterra e Estados Unidos está diretamente vinculada à robustez, e autonomia, das suas classes médias. Desde as chamadas revoluções "burguesas" (ou ocidentais, ou atlânticas) no século XVIII, a ascensão de amplas camadas médias das sociedades norte-atlânticas constituiu-se no suporte indispensável da democracia. A robustez social aqui significava autonomia perante o Estado — na maioria das vezes era o caso de verdadeira oposição entre Sociedade e Estado — e controle deste pela sociedade, em especial em face de sua voracidade fiscal e dirigista. Ora, por tragédia, a história da América do Sul não conhece nada parecido. Herdamos as instituições da democracia liberal sem herdarmos, ou criarmos, as condições e os atores sociais para sua sustentação.

A tremenda pobreza dos países sul-americanos, com seu espantoso achatamento e polaridade social extrema, acabou por tornar a sociedade um cliente permanente do Estado. A espera da dádiva, do dom, comprometeu largamente a busca de autonomia e transparência. Somente de forma muito recente, em países como Uruguai e Chile, e talvez em curso no Brasil, podemos ver a emergência de uma classe média que possa verdadeiramente ser mais exigente perante o Estado. Em vez de pedir o dom, a concessão e o favor, exigir a eficiência, a frugalidade e a transparência.

O debate apresentado aqui por Merval Pereira é parte fundamental do amadurecimento democrático no Brasil.

Francisco Carlos Teixeira da Silva/historiador/UFRJ

Do petismo ao lulismo

O Lula que surge dessa seleção de colunas que começa na sua primeira campanha presidencial vitoriosa em 2002, quando eu escrevia aos domingos no *Globo*, e vai até os primeiros meses deste ano, com as colunas diárias a partir de julho de 2003, é mais coerente do que se possa imaginar, embora incoerente com o que defendia no passado.

A incoerência mais marcante foi a manutenção da política econômica do seu antecessor, o inimigo cordial Fernando Henrique Cardoso, decisão corajosa de Lula com a ajuda do destino, quase um pleonasmo em se tratando da sua carreira.

A morte trágica e até hoje misteriosa do prefeito de Santo André, Celso Daniel, escolhido por Lula para ser o coordenador de sua campanha, levou o ex-prefeito de Ribeirão Preto, Antonio Palocci, ao posto, e daí ao Ministério da Fazenda.

O próprio Lula, anos mais tarde, contando como chegou a essa decisão crucial, brincava dizendo-se mesmo "um homem de sorte".

Isso porque o candidato natural ao cargo, Aloizio Mercadante, alegou que não poderia assumir nenhum ministério, pois acabara de ser eleito senador por São Paulo com mais de dez milhões de votos, e se sentia obrigado a servir ao eleitorado paulista.

Fora a questão econômica, de cuja manutenção das linhas básicas se convenceu graças a Palocci, que por sua vez se convencera depois de várias conversas com membros do primeiro escalão do governo anterior, especialmente o então presidente do Banco Central Armínio Fraga, o desenho do que seria o governo Lula desde os primeiros movimentos foi riscado com tintas mais leves no primeiro mandato, e com pinceladas mais fortes no segundo.

A posse, em janeiro de 2003, foi uma amostra do que seria a política externa brasileira, mais voltada para a América Latina e para as relações Sul-Sul.

Lula referiu-se aos Estados Unidos apenas uma vez no seu discurso, e colocou o representante do governo americano, Robert Zoelick, a quem chamara de "sub do sub do sub", em lugar secundário no palanque oficial, superado no cerimonial por líderes terceiro-mundistas como Fidel Castro e Hugo Chávez.

O tom antiamericano que hoje predomina na nossa política externa foi aumentando com o passar dos anos, o que não impediu que Lula se desse bem com o mais direitista dos recentes presidentes dos Estados Unidos, George Bush, e chegasse a ser apontado por Barack Obama, em 2009, como o seu preferido entre os dirigentes mundiais.

"Esse é o meu cara", disse Obama em cena espalhada pelo mundo. Nos últimos meses, com o tom esquerdista da política externa aumentando com a crise em Honduras e a acolhida a Mahamoud Ahmadinejad, presidente do Irã que o mundo tentava isolar para que desistisse de seu programa nuclear, o prestígio pessoal de Lula decaiu. Como se sentisse em condições de afrontar o mundo, Lula cometeu erros políticos que afetaram seu prestígio internacional: posou sorridente ao lado dos irmãos Castro, Fidel e Raul, no mesmo dia em que o prisioneiro político Orlando Zapata morria depois de uma greve de fome de 85 dias. Lula não apenas condenou a greve de fome como instrumento político, como criticou o morto, comparando os presos cubanos por delito de opinião aos presos comuns brasileiros, provocando uma onda de protestos internacionais.

Ele, que chegara ao final do ano sendo considerado o líder mais destacado do mundo por jornais do peso do *Le Monde* da França e o *El País* da Espanha, e com o *Financial Times* colocando-o entre as personalidades que mais influenciaram a década, começou a receber críticas no início de 2010, especialmente depois que tentou, sem sucesso, intermediar a paz no Oriente Médio e uma negociação, junto com a Turquia, sobre o programa nuclear do Irã, acordo rejeitado pela maioria do Conselho de Segurança da ONU.

Ilusionista, camaleônico, Lula conseguiu internamente convencer boa parte dos ricos de que era o único a poder controlar a revolta dos despossuídos, ao mesmo tempo que lhes permitiu lucros extraordinários;

e deu a sensação aos despossuídos de que estava no poder em seu nome, e ao mesmo tempo, com programas sociais assistencialistas como o Bolsa Família e o aumento do salário mínimo, deu-lhes a impressão de que pela primeira vez alguém olhava por eles.

Suas políticas de transferência de rendas, embora não tenham alterado estruturalmente a sociedade brasileira, tiraram milhões de cidadãos da miséria e fortaleceram a classe média, que passou a incluir a maioria da população.

Da mesma forma, no plano internacional, Lula conseguiu convencer o Primeiro Mundo de que era o único a poder controlar os líderes esquerdistas autoritários, quase ditatoriais, que foram sendo eleitos na América Latina, ao mesmo tempo que, na região onde o Brasil é um líder natural, convenceu seus "companheiros" de esquerda de que era um deles a enfrentar os "louros de olhos azuis".

Essa façanha mostra bem o pragmatismo que Lula usa desde o movimento sindicalista, e sua maneira sinuosa de fazer política, que levou a que fosse acusado, quando despontou como nova liderança sindical no ABC paulista, de ser uma "invenção" do general Golbery do Couto e Silva, o mentor da distensão política do governo Geisel.

Embora já tenha dito mais de uma vez que nunca foi comunista, e que quem tem mais de 40 anos e continua sendo de esquerda tem problemas na cabeça, Lula tem uma formação de esquerda devido à aproximação que manteve com as Comunidades Eclesiais de Base da Igreja Católica no início da formação do Partido dos Trabalhadores (PT).

Especialmente sob a orientação de Frei Betto, que viria a ser seu assessor especial no Palácio do Planalto, deixando o governo desiludido com os rumos tomados pelo que deveria ser o programa estruturalmente transformador do governo Lula, o Fome Zero, substituído pelo Bolsa Família, de cunho acentuadamente assistencialista, sem grandes preocupações com mudanças estruturais da sociedade.

Já se disse que o líder populista se diferencia do estadista porque o primeiro pensa na próxima eleição, enquanto o outro pensa na próxima geração. Lula é um político do primeiro tipo, tem uma visão de curto prazo que supera suas preocupações com o futuro, exceto quando se trata de si mesmo.

Apesar de na retórica se apresentar como o grande estadista que o país jamais teve.

Certamente Lula não é um Chávez, mas não porque seus valores e seus pendores sejam muito diferentes.

Lula simplesmente é mais inteligente que Chávez, e é líder político de um país maior, mais importante e mais complexo do que a Venezuela.

Ele sabe que não pode sair de certos limites que a ainda imperfeita democracia brasileira impõe, mas está sempre testando-os.

A questão do terceiro mandato, que se disseminou por toda a região, é exemplar de como Lula sabe lidar com questões politicamente delicadas.

Entre deixar no ar um desejo latente de ter um terceiro mandato e a negativa peremptória em nome da preservação da democracia, Lula passou boa parte de 2009 vendo seus apoiadores no Congresso apresentarem diversos projetos a favor de um terceiro mandato consecutivo, fosse através da convocação de um plebiscito, método chavista tradicional, fosse pela defesa de convocação de uma Constituinte para realizar uma reforma política.

Com isso, testou a aceitação da sociedade brasileira e, mesmo tendo uma astronômica popularidade, sentiu que no mínimo dividiria o país se tentasse a aventura do terceiro mandato.

Sua imagem também ficaria danificada no exterior, mais próxima da de Chávez. Por isso, achou melhor posar de defensor da democracia.

Desde o início do primeiro mandato de seu governo tenta controlar os meios de comunicação, por meio de um Conselho Nacional de Jornalismo, proposta que não vingou devido à forte reação da sociedade e que hoje está de volta através de sugestões da Conferência Nacional de Comunicação.

O governo Lula também tem obsessão por controlar as manifestações culturais. O mesmo Ministério da Cultura que apresentou em 2003 um projeto que foi considerado pelo cineasta Cacá Diegues uma manifestação stalinista oferece uma nova versão da Lei Rouanet, que tem o mesmo objetivo de direcionar os espetáculos culturais para "compromissos sociais" que o governo considere adequados ao que imagina para o futuro do país.

O Programa Nacional dos Direitos Humanos, lançado no final do ano passado, foi mais uma tentativa de impor o controle governamental à sociedade, abordando uma gama imensa de assuntos polêmicos, desde a semente da revisão da Lei de Anistia até o aborto.

Talvez tenha sido o cineasta Fernando Meirelles quem melhor definiu o político Lula.

Contratado para montar a apresentação do Brasil para o Comitê Olímpico Internacional que acabaria escolhendo o Rio de Janeiro como sede das Olimpíadas de 2016, Meirelles viu Lula chegar sem conhecer o texto que leria e em pouco tempo ter uma interpretação tão perfeita que "parecia que ele mesmo tinha escrito".

Frase definitiva do cineasta: "Nunca vi um ator tão bom quanto ele. Não sei se é um bom presidente, mas é um grande ator."

Lula teria a possibilidade de exibir seus dotes na reunião de Copenhagen que decidiria os novos compromissos internacionais para controle das emissões que afetam o meio ambiente, no fim do ano passado.

Essa questão sempre foi problemática para ele, que colocou a senadora Marina Silva no seu primeiro ministério mais como um símbolo do que como a realidade de sua política, a ponto de Marina desistir de permanecer nele depois que Lula deu a outro ministro, o polêmico Mangabeira Unger, a tarefa de tratar da questão na sua mais simbólica região, a amazônica.

Conhecido pela má vontade que tem com a preservação dos bagres e das rãs, que muitas vezes interferem nas grandes obras que sonha construir, Lula transformou-se em um defensor do meio ambiente ao sentir que o mundo caminhava nessa direção e, no plano interno, temendo que a presença de Marina como candidata a presidente pelo Partido Verde pudesse atrapalhar seus planos de transformar a próxima eleição presidencial em um plebiscito entre seu governo e o de Fernando Henrique Cardoso.

Aproveitando-se da hesitação dos governos dos Estados Unidos e da China, os dois maiores poluidores do planeta, Lula apresentou-se em Copenhagen como o porta-voz do mundo, exigindo dos países desenvolvidos compromissos com a proteção do meio ambiente que o Brasil assumia como exemplo.

O episódio do mensalão foi o ponto de inflexão de seu governo. Até aquele momento, em 2005, o governo Lula era "um governo que não roubava nem deixava roubar", na definição do então ministro-chefe do Gabinete Civil, José Dirceu, depois identificado pelo procurador-geral da República como o chefe de uma quadrilha que, de dentro do Palácio do Planalto, organizou a compra de partidos políticos inteiros para dar apoio ao governo no Congresso.

No dia em que o publicitário Duda Mendonça, autor do personagem "Lulinha, Paz e Amor" que foi eleito em 2002, confessou na CPI que recebera dinheiro ilegal em um paraíso fiscal como pagamento da propaganda para a campanha presidencial que elegeu Lula, houve choro e ranger de dentes no Congresso.

Foram meses com o fantasma do *impeachment* rondando mais uma vez o Palácio do Planalto, e houve até mesmo uma tentativa de acordo, levada a cabo pelos então ministros Antonio Palocci, da Fazenda, e Marcio Thomaz Bastos, da Justiça, para que a oposição não insistisse no *impeachment*, com a contrapartida de Lula desistir de reeleição.

A oposição, na definição do ex-presidente Fernando Henrique Cardoso, não tinha "gosto de sangue" na boca, e temeu a ameaça de que os chamados "movimentos sociais" sairiam à rua para defender o mandato do presidente Lula.

O próprio Fernando Henrique dizia que não era inteligente criar "um Getulio vivo", referindo-se ao episódio do suicídio de Getulio Vargas que reverteu o estado de espírito da população a favor do presidente morto.

17

Lula reverteu a percepção do povo brasileiro de maneira espetacular sem precisar de gestos extremos.

O Lula hoje entrando no seu último ano de mandato expandido é um político em permanente ascensão popular, com uma votação que vai mudando territorialmente ao longo do tempo, até se transformar no principal líder da esquerda brasileira.

Lula teve 17% da votação em 1989, 27% em 1994, e 32% em 1998, o que os especialistas chamam de "crescimento endógeno", agregando os votos da esquerda: os 17% de Lula com os 16% de Brizola, em 1989, somam 33%; em 1994, os 27% de Lula com os 3% de Brizola chegam a 30%; e Brizola e Lula juntos em 1998 recebem 32% dos votos.

Mas essa liderança no espectro político de esquerda tem um contraponto no PSDB, a expressão de uma esquerda social-democrata que o derrotou duas vezes no primeiro turno graças à capacidade de Fernando Henrique Cardoso de ampliar sua coalizão partidária para a centro-direita.

O Lula que saiu, portanto, de 17% da votação no primeiro turno em 1989 para 48,5% no primeiro turno da eleição de 2006, e repetiu a mesma votação expressiva do segundo turno de 2002, recebendo mais de 60% dos votos do eleitorado, é um Lula diferente, mas que persegue a liderança da esquerda como um ativo político importante.

Em 1989, quando se identificava como "o candidato da classe trabalhadora", tinha sua base no eleitorado de classe média de esquerda, basicamente nas capitais, e em concentrações industriais, como a região do ABCD paulista. E dependia do PT.

Quando se afirma como o principal líder de esquerda, para chegar à Presidência em 2002 teve que fazer o mesmo movimento para a centro-direita que já fora feito pelo PSDB, e acaba indo para o interior do país, tornando-se hegemônico no Nordeste.

Lula sempre foi maior do que o PT, e principalmente ao longo de seu segundo governo foi gradativamente se afastando do partido que fundou e ganhando dimensões de líder populista dos maiores que o Brasil já teve.

O lulismo passou a ser uma força política baseada nos programas assistencialistas, na classe média ascendente e no carisma de Lula, que passou a ter o PT apenas como instrumento de sua vontade.

Foi Fidel Castro, o ditador cubano amigo de Lula, quem dividiu os governantes de esquerda da região em "revolucionários" e "tradicionais".

A esquerda "tradicional", que teria mais afinidades com a social-democracia europeia, seria representada por políticos como Lula ou Michelle Bachelet, do Chile, ou Tabaré Vázquez, do Uruguai, substituído por outro moderado, o ex-tupamaro José "Pepe" Mujica.

Os "revolucionários" estariam representados por Hugo Chávez, da Venezuela; Evo Morales, da Bolívia; Rafael Correa, do Equador, ou Daniel Ortega, da Nicarágua, e a eles já não bastaria a democracia representativa.

Todos estão envolvidos, de uma maneira ou outra, em ações para ampliar seus poderes.

A Lula interessa manter essa dicotomia, desde que seja ele o elo entre os dois lados, e, muito ao contrário, quanto maior a radicalização de um Hugo Chávez, mais o presidente brasileiro se credencia como o negociador da estabilidade política na região.

O livro está dividido por temas. Além do Bolsa Família e Política Externa, trata da relação histórica entre PT e PSDB, partidos que polarizam a política nacional nos últimos 20 anos, de tendência social-democrata, que tinham tudo para seguir caminhos políticos convergentes e parecem cada vez mais longe entre si.

Um dos pontos de atrito entre os dois partidos é a visão do papel do Estado, que o PT quer grande e forte, e o PSDB, eficiente e enxuto. O Aparelhamento do Estado, que define a visão de Estado forte do governo Lula e dá título ao capítulo, vem se impondo de maneira crescente até se transformar em uma das bases de sustentação de sua política interna depois da crise financeira internacional de 2008.

Os personagens principais da primeira metade do governo Lula estão retratados em dois capítulos: José Dirceu e o mensalão, e Palocci e o caseiro.

A seleção de colunas não pretende ser um trabalho de historiador, mas um registro a quente da história em tempo real, um trabalho jornalístico que muitas vezes peca pelo registro apressado dos acontecimentos ou pelas previsões que não se concretizam.

O grande jornalista Carlos Castelo Branco, o maior de todos nós na crônica política moderna, definiu com perfeição no prefácio de seu livro clássico *Os militares no poder* — cujo título serviu de inspiração deste *O lulismo no poder* — a ação política e o acompanhamento dos fatos do seu dia a dia:

"Os fatos vão-se criando e as explicações se multiplicando, ganhando coerência ou clareza à medida que os surpreendemos no seu aparecimento, no seu colapso, no seu ressurgimento, nessa permanente elaboração, fundada em contradições que nem sempre chegam a síntese, que caracteriza a ação política."

Para registrar essas contradições e caracterizar para o leitor o caráter fugaz da crônica política diária, deixei no livro colunas que anteciparam situações que não se concretizaram e análises que não se confirmaram.

Mas todas elas corresponderam a situações reais que, naquele momento, eram a verdade factual em permanente mutação. Um exercício não apenas de humildade do cronista político, mas, sobretudo, uma tentativa de dividir com o leitor as agruras e as alegrias de acompanhar o desenrolar de um governo que, por todos os títulos, fez história.

O aparelhamento do Estado

2002

26/6
TENTAÇÕES PERIGOSAS

Por um momento, o pior dos pesadelos parecia ter se materializado: um presidente voluntarista, fiado em uma popularidade alta, desafiava os demais poderes da República na defesa das reformas que enviou ao Congresso. E, apesar das explicações do dia seguinte, não de todo improcedentes mas também não de todo satisfatórias, ainda fica pairando no ar a impressão de que o presidente Lula está imbuído da certeza de que tudo pode, pois está do lado certo e tem o povo a apoiá-lo.

É o fantasma do dirigente messiânico a nos rondar, e temos motivos para temê-lo, pois sempre que se materializou acabou nos levando a crises institucionais graves. Jânio Quadros, um líder bonapartista que tinha horror aos partidos políticos e ao Congresso, tentou o autogolpe para passar por cima dos políticos e governar mais livremente. Foi golpeado pela rapidez de um político, o senador Auro de Moura Andrade, que considerou o cargo vago antes mesmo que Jânio se desse conta. Fernando Collor, eleito por um partido nanico e tendo minoria no Congresso, conseguiu aprovar no primeiro mês o confisco da poupança dos brasileiros. Sentiu-se dono do mundo e pensou que poderia governar sem o Congresso, na base do populismo mais deslavado. Acabou destituído, acusado de corrupção.

Mesmo após vencer duas vezes no primeiro turno, e possuindo o Plano Real como um condão milagroso, o ex-presidente Fernando Henrique Cardoso assumiu o primeiro mandato com pouco mais de 30% de apoio legislativo. Entendeu claramente o papel do Congresso no sistema democrático brasileiro e nunca tentou confrontá-lo. Mesmo quando era acusado de pusilânime na relação com os políticos, estava zelando pela famosa governabilidade, que entre nós virou sinônimo de fisiologismo.

Este é um dos problemas de nosso modelo político-partidário que deveria ser objeto de ampla reforma: como montar uma base de apoio no Congresso sem apelar para o fisiologismo? A longo prazo, a profissionalização da máquina administrativa é a solução. Ou a adoção do parlamentarismo, no qual a montagem de um governo de coalizão é mais dependente de projetos de governo do que de oferecimento de cargos públicos.

Falar em parlamentarismo com um presidente como Lula, a bordo de uma popularidade invejável seis meses após sua eleição, é algo descabido. Mas o fato é que ele, deslumbrado pelo poder político que vem arrebanhando e pela popularidade que mantém apesar das dificuldades econômicas do país, perde-se pela boca com frequência. Tem uma inegável força oratória de líder popular, e o que se teme é que a use para se contrapor ao Congresso, para confrontá-lo.

A força da oratória presidencial foi ganhando destaque indevido na estratégia política do governo, especialmente porque os projetos mais ambiciosos na área social ainda não apresentaram resultados. Lula tomou para si a tarefa de mobilizar a população para aprovar as reformas, e fez muito bem, pois a História mostra que não há nenhum governo — exceto as ditaduras — que tenha conseguido aprovar reformas tão delicadas quanto a da Previdência sem que o presidente se empenhasse de modo pessoal, explicitando as disparidades e denunciando os privilégios.

Mas o sucesso popular pode subir à cabeça e criar armadilhas, especialmente quando se fala de improviso, como Lula gosta. Ele não controla nem os erros de português, que são inócuos, nem os arroubos, que ora podem se transformar em uma metáfora banal, ora podem atingir a própria democracia. O fato de o Poder Judiciário estar confundindo os interesses pessoais de seus membros com os interesses da nação não dá ao presidente Lula o direito de desqualificá-lo. Ele deve, sim, como fez em Pelotas há uma semana, desqualificar os argumentos do presidente, da mesma forma que a relação do Executivo com o Legislativo deve obedecer a certos rituais — e não é o fato de ter se empenhado para eleger o presidente da Câmara e do Senado que dá ao Executivo uma ascendência automática sobre este outro Poder da República.

O presidente Lula está vivendo o primeiro momento de um processo político que se desdobra em três, segundo os estudiosos: o escolhido se impõe, primeiro, pela origem de seu poder, e Lula tem a legitimidade de quem foi eleito num movimento de renovação política sem precedentes. O segundo momento é o de ser aprovado pelo desempenho, e Lula deve dar graças a Deus ainda ter sobras de popularidade para queimar enquanto tenta organizar seu governo, visivelmente ineficiente na maioria das ações. O último momento é o da legitimidade pelo objetivo político, que pode ser alavancado pelo desempenho. Ainda estamos no primeiro momento de um governo que tem tudo para dar certo, com resultados surpreendentemente bons na área econômica, que parecia a mais delicada. Precisa agora não se deixar cair em tentações populistas.

2003

6/5
HERANÇA MALDITA

Para se ter uma ideia de como a atuação oposicionista radical do PT se reflete hoje no governo, basta lembrar que o Partido dos Trabalhadores (PT) votou: contra o Fundo de Manutenção e Desenvolvimento do Ensino Fundamental e de Valorização do Magistério (Fundef), que mudou radicalmente o financiamento do ensino fundamental no país; contra a criação da Contribuição Provisória sobre Movimentação Financeira (CPMF); contra a Lei de Responsabilidade Fiscal; contra a reforma da Previdência; contra a privatização das telecomunicações, entre muitos outros votos negativos. E hoje é a favor de todos eles.

Esses exemplos, retirados de uma lista imensa de votações, são de alguns pontos que, depois de o PT ter chegado ao governo, receberam tratamento completamente diverso da permanente linguagem oposicionista que esse mesmo partido usava inapelavelmente no Congresso.

O Partido dos Trabalhadores foi contra a criação da CPMF, destinada ao Fundo Nacional de Saúde para financiamento de ações e serviços de saúde, solução proposta pelo então ministro Adib Jatene para cobrir um déficit de R$ 6 bilhões.

Hoje, embora o dinheiro frequentemente não vá de forma exclusiva para a saúde, a CPMF, além de útil no combate à sonegação fiscal, é tão imprescindível para fechar as contas públicas que o próprio governo petista, na reforma tributária, quis transformá-la em contribuição permanente e desvinculou-a oficialmente dos gastos com a saúde.

Mas, na época da votação, o PT fechou questão contra, a tal ponto que 22 deputados do nível da atual prefeita de São Paulo, Marta Suplicy; do presidente nacional do partido, José Genoino; do atual prefeito de Aracaju, Marcelo Déda; do falecido prefeito de Santo André e coordenador da campanha presidencial de Lula, Celso Daniel; e da economista Maria da Conceição Tavares fizeram uma declaração em separado de apoio à criação da CPMF, mas admitindo que, diante do fechamento de questão do partido, não podiam se rebelar.

No segundo turno, o PT buscou obstruir a votação, e, ironicamente, o hoje líder do PSDB no Senado, Arthur Virgílio, denunciou "a aliança respeitável, respeitosa e legítima do Partido dos Trabalhadores com o deputado Paulo Bornhausen (...)". O deputado é filho do senador Jorge Bornhausen, presidente do Partido da Frente Liberal (PFL) e hoje um aliado do senador Virgílio na oposição.

O Fundef promoveu uma transformação radical na estrutura de financiamento do ensino fundamental no país e foi implantado em 1º de janeiro de 1998. Provocou o aumento médio de quase 30% na remuneração dos professores; no Nordeste, esse aumento chegou a 60%.

O número de alunos matriculados nas redes públicas do país cresceu. O número de professores do ensino fundamental aumentou em 10%. Tudo isso aconteceu contra o voto do PT. Mas o Fundef deu tão certo que hoje o governo petista está preparando o lançamento do Fundeb, para o ensino básico.

No dia 24 de maio de 1995, a Câmara votou a emenda constitucional que quebrava o monopólio estatal nas telecomunicações. O deputado petista Gilney Viana denunciou que a soberania nacional estava em risco. O atual ministro do Conselho de Desenvolvimento Econômico e Social, Jaques Wagner, chegou a discursar afirmando que "se a informação de que aqui há o menor número de telefones por habitantes é verdadeira, seguramente não é por conta da Telebras. É porque aqui existe a maior concentração de renda do mundo, neste país existe o pior salário mínimo do mundo".

Para azar de Jaques Wagner, que até recentemente foi ministro do Trabalho, o salário mínimo fixado pelo governo ao qual pertence continua sendo "o pior do mundo". E a expansão dos telefones prova que a culpa era mesmo da estatal Telebras, que o petismo defendia. O deputado Fernando Gabeira, então no Partido Verde, apoiou a privatização e acusou o PT de estar defendendo as corporações estatais.

E hoje o governo petista vê de bom grado a chegada ao país da multinacional mexicana Telmex, que comprou a Embratel. Sem mover uma palha a favor de um consórcio nacional que também disputava a compra.

Em janeiro de 2000, começou a tramitação da Lei de Responsabilidade Fiscal, que faz com que os estados tenham metas fiscais a cumprir, como um superávit primário em média de 3,5% do PIB. A dívida total dos estados, que correspondia a cerca de 3,8 vezes a sua receita corrente, em 1997, quando foi feita uma renegociação compulsória, já tinha caído para 1,9 vez em 2000, abaixo do limite fixado pelo Senado, em 2 vezes.

A discussão da Lei de Responsabilidade Fiscal incluiu várias negociações com o PT, como contei na coluna de ontem, até mesmo a renegociação da dívida da cidade de São Paulo, preocupação constante do senador Eduardo Suplicy, que certamente já farejava a possibilidade de sua então mulher, Marta Suplicy, vir a ser prefeita da cidade.

A Lei de Responsabilidade Fiscal é tão fundamental para o equilíbrio das contas públicas, apesar das dificuldades financeiras de estados e municípios, que o ministro da Fazenda, Antonio Palocci — que como deputado federal votou contra ela —, disse recentemente que o ex-ministro Pedro Malan merecia uma estátua por ter renegociado as dívidas dos estados.

11/5
RESERVA DE MERCADO

A crise desencadeada pela tentativa da Secretaria de Comunicação e Estratégia de controlar a produção cultural por meio das estatais, embora aparentemente superada por um recuo tático do governo, revelou mais um pedaço do enorme quebra-cabeça que está sendo montado pelo chamado núcleo duro do PT. Não é à toa que foi acrescido ao nome da secretaria a palavra "estratégia", e não é tampouco à toa que seu titular é Luiz Gushiken, um dos petistas mais influentes junto a Lula.

A Cultura, dentro de um conceito mais amplo de comunicação governamental, juntamente à política externa e a alguns programas como a reforma agrária e o Fome Zero são símbolos que o PT está preservando para uma ação partidária mais à esquerda, num governo que, na política e na economia, está mais para a social-democracia europeia do que para socialista. O Ministério da Reforma Agrária, por exemplo, tratou de doar cargos no Incra para representantes do MST, e o ministro Rosseto sempre faz malabarismos verbais para justificar as invasões de terra, mesmo nas fazendas produtivas. Mas Lula, ao entrar em contato com o que chamou, orgulhoso, de "o Brasil agrícola que dá certo", como na semana passada em Uberaba, garante aos pecuaristas, diante de vacas milionárias, que não haverá violência no campo.

Esse precário equilíbrio entre as diversas ações do governo vem sendo administrado pelo próprio Lula, que pela segunda vez teve de intervir no setor cultural para despolitizá-lo. Por sua vez, na escolha do ministro houve um certo desapontamento dos petistas com a designação de Gilberto Gil, um elemento estranho ao aparelho político-partidário que sempre atuou com muita força na área cultural.

A tentativa de politizar a distribuição de incentivos fiscais é mais um lance dessa luta, e a Secretaria de Gushiken é o canal para a execução da manobra — que só aparentemente foi revertida. O trotskista Gushiken, antigo membro da facção radical de esquerda Liberdade e Luta (Libelu), foi atingido politicamente por um projeto acusado de dirigismo stalinista. São ironias históricas, entre as muitas que vêm se sucedendo, provocando choques entre o passado recente do PT e a realidade que agora tem que administrar.

Também na política externa o PT tem seu homem na cola do Itamaraty: Marco Aurélio Garcia é o representante partidário com influência bastante para ser designado representante do governo brasileiro em diversas ocasiões. Não que o chanceler Celso Amorim tenha ressalvas a uma política externa mais à esquerda, ao contrário, foi escolhido exatamente por representar essa tendência na carreira diplomática.

O que falta a Garcia é a competência do Itamaraty para evitar conflitos desnecessários. Foi para isso que foi criado, por exemplo, o Grupo dos Amigos da Venezuela, que acabou incluindo os Estados Unidos, uma maneira menos atabalhoada de conseguir o mesmo objetivo, ou seja, preservar um governo democraticamente eleito sem transformar isso numa queda de braço com a potência hegemônica. O próprio Lula, que considera Hugo Chávez "um cara legal", já esteve mais propenso a ajudá-lo do que está hoje, embora não pretenda abandoná-lo à própria sorte no continente.

Na verdade, é impossível fazer uma política externa independente sem entrar em choque com os Estados Unidos, hoje ou ontem, num governo de esquerda ou mesmo de direita, como foi o do general Geisel, que teve com o presidente Jimmy Carter a maior confrontação do governo brasileiro com o americano na nossa história recente. Hoje, com a política hegemônica do presidente Bush em plena execução, e com as negociações sobre a área de livre comércio das Américas prometendo, nesse contexto, ser no mínimo bastante duras, a política externa brasileira se equilibra precariamente.

Com exceção do relacionamento "especial" com Cuba, as alternativas ao poderio americano que o novo governo tem são as mesmas de sempre: aproximação com a Europa, maior intercâmbio com a Ásia, especialmente com a China e a Índia. Essas opções ficam hoje mais robustas pela existência da Comunidade Europeia e do Mercosul, com a esperada recuperação da Argentina.

O caso de Cuba é exemplar de como as políticas petistas podem ser emocionais e, postas a serviço de um governo e não mais apenas de um partido, equivocadas. Devido ao constrangimento de criticar o país que os acolheu quando eram exilados políticos, constrangimento esse que atinge, de uma maneira ou de outra, todo o núcleo diretivo do PT, o Itamaraty coloca-se em posição dúbia diante da repressão abusiva de opositores do regime de Castro.

Em vez de criticar o ataque aos direitos humanos e, ao mesmo tempo, rejeitar uma presumida ameaça de invasão americana à ilha — explicação oficial do governo de Fidel Castro para justificar a retomada da repressão política —, o governo brasileiro coloca-se em cima do muro, assim como alguns intelectuais que, ao contrário do escritor uruguaio Eduardo Galeano, não souberam assinar o documento de apoio a Cuba mas, ao mesmo tempo, e de maneira irrefutável, recusando apoio à repressão e ao assassinato de opositores do regime. A guerra fria que persiste entre o governo cubano e os Estados Unidos produz uma espécie de túnel do tempo em que a lógica não tem muito espaço.

3/7
MST NA CABEÇA

Boné na cabeça, o presidente Lula bate bola e se confraterniza com os representantes do Movimento dos Trabalhadores Sem Terra (MST) entre sorrisos e abraços, como num encontro de amigos. A imagem, em tudo contrastante com outras mostradas nos últimos dias, de saques e violência no campo, lembrou a alguns, ainda não totalmente convencidos da vocação democrática do governo petista, o almirante Aragão, o "Almirante do povo", carregado em triunfo por marinheiros, às vésperas do golpe de 1964.

Outros, mais atuais mas não menos preocupados, lembraram-se do Congresso da Contag de 1985, quando o então presidente Sarney assistiu a seu ministro da Reforma Agrária, Nelson Ribeiro, ficar batendo panela ao ritmo do slogan "vamos encher panela vazia, vamos fazer um milhão de assentamentos". A manifestação gerou uma ruptura no lado dos sindicatos patronais, que originou a criação da União Democrática Ruralista, dando início a confrontos armados no campo.

O ministro da Reforma Agrária do governo Fernando Henrique, deputado Raul Jungmann, do PMDB, acha que "os ruralistas vão se sentir abandonados com comentários como o de João Pedro Stédile, que disse que o encontro foi uma goleada nos latifúndios, o que quer dizer que a situação vai se deteriorar. Ou que Palocci vai abrir "a burra", numa referência à possibilidade de o governo ter feito um acordo com o MST.

Já Frei Betto, assessor especial do presidente Lula e um dos principais interlocutores do governo junto ao MST, resume numa frase o sentimento do Palácio do Planalto: "Quem está estranhando esquece que os caras são, para o presidente, companheiros, porque incorporam uma causa histórica neste país." Na visão de Frei Betto, "o encontro foi muito bom, num clima muito bom". Ele reafirma que o MST "faz parte do projeto histórico que elegeu Lula". Segundo ele, o governo sempre teve o princípio de não interferir na autonomia dos movimentos sociais, e por isso, "em nenhum momento a atuação social do MST foi questionada no encontro", que tratou apenas da reforma agrária.

Lula disse explicitamente, segundo relato de Frei Betto: "Vou fazer uma reforma agrária massiva e qualitativa." E quando se tocou na questão dos saques, os representantes do MST disseram que eles foram pontuais e ocasionais. "Essa não é a prática deles", garante Frei Betto, para explicar: "Os saques se deram em cima da urgência das cestas básicas que o Fome Zero já estava providenciando. O Fome Zero já deu cesta básica para mais de 620 acampamentos."

Pela Constituição, os delitos contra pessoas e patrimônio, como os saques que vêm ocorrendo, são de responsabilidade da Justiça estadual. Isso quer dizer que o governo federal tem o bônus da reforma agrária e que o ônus da repressão fica na mão dos governadores, que não se mexem desde o chamado "massacre de Eldorado de Carajás", onde vários sem-terra morreram. "O caminho está livre e desobstruído para o enfrentamento privado, que é o caminho da barbárie, a negação do Estado", adverte o deputado Jungmann.

Segundo ele, "o MST tem por tática, quando sabe que uma autoridade de grosso calibre vai recebê-los, intensificar os movimentos para passar para as massas que está pressionando e que a autoridade, no caso o presidente da República, está capitulando". Ontem mesmo fizeram invasões em Alagoas e Minas, enquanto seus representantes estavam no Palácio do Planalto com o presidente Lula. Isso, para Jungmann, significa que "o presidente sancionou a ação radical do MST".

Embora não tenha pedido em nenhum momento para que as invasões (que Frei Betto denomina ocupações) cessem, o governo, segundo relato de Frei Betto, deixou claro que vai cumprir a lei na repressão, tanto contra os sem-terra quanto contra os ruralistas que já começam a se organizar, especialmente no Sul do país.

Frei Betto diz que a reunião "não foi uma conversa em torno de cobranças. Foi uma conversa sobre o conteúdo programático para a reforma agrária". Não falaram apenas dos assentamentos, mas da qualidade deles. "Isso quer dizer crédito agrícola, tecnologia. A educação também foi muito enfatizada, tanto formal quanto para a qualificação da mão de obra."

Perguntado sobre o que estará pensando do encontro um proprietário rural ou quem quer que tenha tido sua propriedade invadida, Frei Betto não demonstra preocupação com a reação dos ruralistas, que podem se sentir abandonados pelo governo: "Não sei se os ruralistas querem a reforma agrária, mas o MST e o governo querem", garante ele.

Para Frei Betto, "precisamos fazer a segunda reforma agrária no país. A primeira foram as capitanias hereditárias, que favoreceu o lado deles. Agora chegou a vez do outro lado". Há quem ache, no entanto, que o governo não deveria ter lado nessa disputa. Ou que deveria ser tão drástico com os radicais do MST quanto está sendo com seus dissidentes políticos.

26/7
SUPERAR A CRISE

Tudo indica que as palavras de ordem do líder do MST, João Pedro Stédile, incitando seus seguidores a uma guerra nada santa contra os proprietários de terra, tiveram o dom de acordar o governo para a realidade que o estava transformando em refém de radicalizações as mais diversas.

Não se sabe o que sairá de concreto da reunião ministerial de emergência que o presidente Lula convocou para o Palácio da Alvorada, mas o simples fato de ter cancelado (ou pelo menos adiado) a tradicional pelada de fim de semana já mostra que pelo menos as prioridades governamentais estão começando a ser corretamente listadas.

Não é possível alegar surpresa com as declarações de Stédile, que não foram as primeiras e não serão as últimas nessa mesma linha revolucionária. Há algumas semanas a revista *Época* publicou reportagem de capa com os principais líderes dos sem-terra, e ninguém menos que o filho de Stédile, Miguel, na qualidade de um dos líderes nacionais do MST, declarava, entre outras coisas: "Queremos a socialização dos meios de produção. Vamos adaptar as experiências cubana e soviética ao Brasil."

A prova de fogo do poder de negociação no regime democrático será na próxima segunda-feira, quando expira o prazo dado pelo governador paulista Geraldo Alckmin para que se chegue a um acordo para evacuação do terreno ocupado ilegalmente pelo movimento dos sem-teto.

O governador, estrela em ascensão da oposição tucana, marcou sua posição de maneira sutil, mas enérgica, ao cunhar a expressão "espetáculo das invasões" para definir o atual momento vivido pelo país, em contraposição ao "espetáculo do crescimento" prometido por Lula.

Ele, que conseguiu negociar a desocupação de prédios no centro da capital, espera também desocupar o terreno da Volkswagen pacificamente. O governo paulista tem um programa de habitação que pretende dar moradia para 70 mil famílias até o meio do próximo ano, mas existem critérios de cadastramento que têm que ser respeitados, e esse programa será colocado na mesa para negociação. O governador Alckmin adverte, porém, dizendo o óbvio que, num momento como o atual, parece o suficiente: "A lei tem que ser cumprida."

O fato é que a radicalização desses movimentos reivindicatórios, que claramente usam o lumpesinato paulista como massa de manobra, só aconteceu porque o governo foi tíbio na repressão às primeiras badernas do MST, origem do Movimento dos Trabalhadores Sem Teto (MTST), que tem nele espelho e inspiração, a ponto de um de seus líderes definir-se simplesmente como "contra o capitalismo", sem necessidade de qualquer outra adjetivação burguesa.

O governo terá que dar, nos próximos dias, demonstração cabal de que não aceita a quebra da legalidade, e já entendeu isso. Até o momento, o único setor da nova administração petista que está bem estruturado e tem um rumo conhecido de todos é o econômico, goste-se do caminho escolhido ou não. E é exatamente esse o pomo de discórdia entre os radicais da esquerda e o governo.

Embora não se tenha movido um milímetro da posição firme que adotou na política econômica, teme-se que nessa disputa ideológica a parte mais radicalizada do governo acabe por se sobrepor aos moderados, que hoje dominam o núcleo decisório do governo.

Se o caminho econômico é o do equilíbrio, em busca de uma situação estável que dê garantias ao investidor, tanto interno quanto externo, não é possível buscá-lo sem que existam no país garantias constitucionais.

O clima de insegurança já detectado pelas pesquisas de opinião reflete essa indefinição de rumos do governo, e o governador Geraldo Alckmin teme que a produção agrícola venha a ser prejudicada pelos tumultos no campo. Já existe a compreensão, por parte da cúpula do governo, de que o aumento das invasões, tanto rurais quanto urbanas, representa uma exacerbação, estimulada por radicais, da expectativa de esses movimentos verem atendidas suas reivindicações.

Além da hipótese, que já está sendo analisada, de haver no meio desses grupos agentes provocadores interessados em desestabilizar a ação do governo, existe inegavelmente a frustração de movimentos sociais com a falta de ação do governo na área social, a principal geradora de expectativas em relação ao governo Lula.

O presidente do PT, José Genoino, não crê em sabotagem nas ações desses movimentos, mas acha que existe "uma certa irresponsabilidade política" dos que querem apressar as soluções e acabam inviabilizando as reformas.

Ao mesmo tempo, as frustrações de grupos desassistidos da sociedade terão que ter tratamento diferenciado, e o governo terá que adotar ações emergenciais, como diagnosticou Genoino, para dar ao PT e a seus aliados argumentos concretos para tentar superar a crise.

29/7
DOIS CAMINHOS

Existe um crescente descompasso entre a visão petista no governo e os movimentos sociais que outrora foram sua base política. A chegada do PT ao poder aumentou muito as expectativas desses movimentos que, na visão de petistas, têm uma organização política precária e não são capazes de entender que o governo tem limitações de toda sorte, inclusive orçamentárias.

Na análise do núcleo do governo, apenas o movimento sindical se organizou nesses últimos anos. Os outros movimentos, como o MST, têm comandos politicamente organizados mas bases desorganizadas, cujo controle está se mostrando difícil nesse momento de crise.

Essa dicotomia entre a ação do governo e a dos movimentos sociais é analisada por diversos ângulos pelos estudiosos do assunto, e só existe um consenso: a situação é explosiva politicamente. Na visão da professora Leonilde Sérvulo, do curso de pós-graduação de Desenvolvimento, Agricultura e Sociedade da Universidade Rural do Rio de Janeiro e especialista nos movimentos que lutam pela terra, "estamos vivendo uma situação extremamente delicada porque o governo não tem recursos financeiros para assentar e vai ser tensionado fortemente nos seus quatro anos".

Ela diz que, desde os anos 1960, as pesquisas mostram que sem pressão as coisas não andam no campo da reforma agrária. "Se eles [os sem-terra] não conseguem criar fatos políticos, qualquer que seja o governo, mesmo esse, não toma iniciativa. É uma tradição do Estado brasileiro. As desapropriações só começaram a acontecer quando houve mobilização."

Para ela, depois de lembrar que as primeiras ocupações de terra ocorreram em 1978, mesmo ano das primeiras greves do ABC, "este vai ser um período muito interessante de aprendizado, de muita negociação. Um governo que vem de uma origem comum com movimentos sociais não vai poder simplesmente usar a repressão, como os anteriores".

Já para o cientista político Luciano Dias, do Instituto Brasileiro de Estudos Políticos (Ibep), de Brasília, "os níveis de informação política dos membros dessas organizações são muito baixos, na verdade a maioria está buscando uma oportunidade, buscando um acesso preferencial ao poder. E aí a culpa é do PT, que foi quem inventou isso, culminando com a Central dos Movimentos Sociais que criaram na campanha de 1998".

Para ele, o que existe é "um processo de agitação que as forças políticas organizadas fazem para dizer que têm suporte na sociedade, que na verdade não tem nível de estruturação que permita a chamada via de duas mãos". Nesse ponto ele concorda com a análise do "núcleo duro" do governo e identifica no movimento sindical a única organização capaz de "mobilizar, mas também fazer com que sua vontade seja imposta". Ele cita o exemplo da CUT, "que tem canais hierárquicos de comando. Ao contrário dessas organizações que, quando você mobiliza, nunca tem o controle total."

A professora Leonilde Sérvulo admite que "que quando se tem um processo de ocupação, podem-se provocar situações de violência". Mas, segundo ela, "se prestarmos atenção nas ações do MST, elas têm uma lógica, não são anárquicas, e têm um plano atrás de si", garante, discordando da tese dos petistas do governo de que o MST age desordenadamente.

Para o cientista político Luciano Dias, essa dicotomia acontece porque "temos um governo que, na oposição, estimulou todo tipo de demanda social, e no entanto não tem cadeia de comando sobre essas organizações. Eles mobilizaram forças que nem são progressistas, nem são de esquerda, nem são organizadas". No sentido oposto, a professora Leonilde Sérvulo lembra que "a autonomia dos movimentos sociais foi historicamente pregada pelo PT, sempre foi uma bandeira forte", e por isso o partido não pode agora, que está no poder, querer exercer um controle sobre esses mesmos movimentos.

16/8
SURTO ESTATIZANTE

Sinais de um surto estatizante voltaram a surgir no cenário econômico nos últimos dias. Primeiro foi a inusitada decisão do próprio presidente Lula de que os fundos de pensão estatais (especialmente os dois maiores, Petros, da Petrobras, e Previ, do Banco do Brasil) seriam chamados a dar sua contribuição no financiamento de obras de infraestrutura, que necessitam de uma verba calculada em mais de R$ 190 bilhões até 2007.

O chamado presidencial acendeu a luz amarela de advertência, pois esse hábito de usar o dinheiro dos fundos de pensão de estatais como se fosse do governo já é nosso velho conhecido. E, diante da aprovação, na reforma da Previdência, da exclusividade de fundos fechados para a complementação das aposentadorias dos servidores, surge o temor de que, em vez de proteger, essa exclusividade coloque em risco a poupança de longo prazo dos servidores.

A ameaça é mais grave porque, acertadamente, o governo incluiu na reforma que os novos fundos serão de contribuição definida, e não de benefício definido, como era praxe nos primeiros fundos de pensão, que, não por acaso, acabaram gerando rombos que tiveram que ser cobertos pela União. Sem o benefício definido, os fundos terão que buscar sempre os melhores investimentos, para garantir a remuneração de seus filiados, e não aqueles que o governo lhes impuser.

A mudança já se fez notar agora mesmo, pois os dirigentes dos fundos chamados a colaborar deixaram claro que terão que analisar os investimentos e seus retornos para decidir se entram ou não nos projetos elencados pelo governo. Outro problema com relação aos novos fundos de pensão criados pela reforma da Previdência é a definição deles como "entidades públicas", e não de direito privado.

Na prática, os especialistas dizem que essa definição transforma os fundos de pensão em empresas estatais, e todos os seus procedimentos estariam ridiculamente sujeitos a licitações e a outras regras rígidas, incompatíveis com o mundo financeiro. Esse excesso de zelo, para proteger os fundos de pensão das empresas privadas, acabou gerando uma aberração que terá que ser retirada do texto para que os fundos funcionem.

Outro indício de que o vício estatizante recrudesceu está na mudança produzida na reforma da Previdência com a retirada do parágrafo 10 do artigo 201, referente à possibilidade de os seguros de acidentes de trabalho serem operados pelo setor privado, em concorrência com o sistema de previdência social. Essa possibilidade fora introduzida na reforma constitucional promovida por Fernando Henrique em 1998, mas até hoje não havia entrado em vigor por falta de regulamentação.

Agora, foi retirada de vez do texto constitucional, confirmando o sistema estatizado que vigora desde 1944, do governo Getulio Vargas. A primeira lei de assistência do trabalho, de 1919, considerava que o risco de acidentes é profissional, isto é, de responsabilidade do empregador, que responde assim pelo ambiente de trabalho que oferece a seus empregados.

A responsabilidade civil está ligada às práticas de prevenção e à experiência do empregador. As taxas que ele paga são diretamente relacionadas a esses critérios, isto é, quanto menos acidentes, menor a taxa. Segundo José Arnaldo Rossi, ex-presidente do INSS e consultor da Federação Nacional de Seguros (Fenaseg), "é uma ferramenta privilegiada para induzir as empresas à prevenção".

Na medida em que o empregador investe na melhoria do seu ambiente de trabalho, os danos que ele provocará serão menores, e ele pagará menos prêmio por isso. A única forma de pagar menos prêmio é evitar acidentes. Segundo Rossi, esse é o grande trunfo do seguro de acidente de trabalho operado descentralizadamente, que implica, no entanto, a análise de risco de empresa, e é um sistema mais caro. Até o governo Getulio, era assim que funcionava, quando o sistema foi estatizado, com 11 companhias de seguro operando.

Passou a vigorar, então, o critério do "risco social", que a reforma da Previdência do governo Lula reafirma para retirar a possibilidade de empresas privadas concorrerem com o sistema público. Em vez de considerar que o risco é profissional, de responsabilidade do empregador, ele passa a ser um risco social, de responsabilidade da sociedade como um todo.

31/8
CABEÇA PETISTA

A declaração do presidente Lula de que não é e nunca foi esquerdista só surpreendeu os que não acompanham sua trajetória política. O próprio Lula já disse, em várias ocasiões, que o Partido dos Trabalhadores (PT) nasceu para se contrapor ao trabalho que partidos políticos, especialmente o velho Partidão, faziam dentro das fábricas no ABC paulista, cooptando os operários. Lula gosta de se definir como "sindicalista", e como tal sempre foi um pragmático cujo objetivo final era defender os direitos dos operários.

O momento político em que atuou levava a que, nessa defesa da classe operária, o movimento sindical se contrapusesse aos militares, e seus aliados naturais eram da esquerda política. O que mais feriu os militantes na fala de Lula, na verdade, foi a acusação de corporativismo.

Essa, sim, explicita uma mudança de ponto de vista por parte de Lula e da cúpula petista que intriga e desnorteia os deputados que votaram contra a reforma previdenciária ou se abstiveram.

Oito meses de governo foram suficientes para que Lula e seus mais próximos assessores se convencessem de que não seria possível manter intocados privilégios dos servidores públicos, que inviabilizam a economia do país.

Mesmo que o ministro Luiz Gushiken afirme que o PT sempre teve um projeto de reforma da Previdência, a verdade é que o tema, por razões políticas, como já revelou o presidente da Câmara, João Paulo Cunha, nunca esteve na pauta do partido, e o então deputado federal Eduardo Jorge foi acusado de adesista por apoiar a reforma apresentada pelo presidente Fernando Henrique.

Só quando assumiu o governo e viu a realidade dos números deficitários, e o que eles representavam de injustiça social e na percepção dos investidores para o risco Brasil, é que Lula se convenceu de que o problema merecia um tratamento de choque. É a visão pragmática do velho líder sindical.

Para se compreender o governo Lula, portanto, é preciso primeiro entender a estrutura organizacional do PT e a cabeça de seus dirigentes. O governo ainda se organiza baseado nessa estrutura e na lógica dos principais dirigentes petistas, a maioria de sindicalistas.

O grupo Articulação está no poder, como esteve sempre no poder no Partido dos Trabalhadores, salvo um pequeno período em que todos os demais grupos se uniram contra ele e tomaram o comando partidário. Ao grupo liderado historicamente por Lula coube apenas a secretaria-geral, que foi ocupada por Gilberto Carvalho, hoje secretário particular do presidente. E a Articulação perdeu todas as votações internas nesse período.

De volta ao poder, o grupo pôs em prática a tática do rolo compressor, a mesma usada hoje, acionada pelo mesmo homem, o chefe da Casa Civil, José Dirceu, que não hesitou nem mesmo quando teve que atropelar seu companheiro de lutas estudantis, Vladimir Palmeira, que teimava em ser candidato ao governo do Rio quando o partido queria fazer uma aliança nacional com o Partido Democrático Trabalhista (PDT), e, no Rio, isso significava apoiar Garotinho, com Benedita de vice.

Hoje, Vladimir Palmeira está saindo do PT, depois de um longo tempo afastado por decisão própria, desiludido com as atividades políticas; Garotinho está entrando no Partido do Movimento Democrático Brasileiro (PMDB) com apoio da ala antigoverno; o PDT de Brizola está na oposição, e Dirceu, no comando político do governo.

A mudança de rumo da candidatura de Lula na última eleição, com a chapa de aliança formal com o Partido Liberal, foi decidida pelo pequeno grupo que hoje literalmente cerca o presidente no Palácio do Planalto e que representa o núcleo de comando do Articulação e, por conseguinte, do PT.

Ali já estava claro para eles que seria impossível governar apenas com os diversos grupos que formavam o PT e os demais partidos de esquerda, e que a sociedade brasileira rejeitaria mais uma vez a candidatura de Lula se não fossem dados sinais de que ela seria mais ampla do que sempre fora.

Depois da vitória obtida graças a essa tática de ampliar alianças muito contestada no decurso da campanha, todas as facções petistas foram procuradas para fazer parte do governo. Apenas a facção trotskista chamada O Trabalho se recusou a aceitar cargos.

23/11
O NOVO PELEGO

O crédito com desconto em folha é uma forma de financiamento da atividade sindical que pode ser uma faca de dois gumes. Poderá beneficiar 27 milhões de trabalhadores, dos quais 22 milhões regidos pela Consolidação das Leis do Trabalho (CLT) e o restante de funcionários públicos, gerando empréstimos na ordem de R$ 100 bilhões em um ano.

A Força Sindical está fazendo a intermediação desses empréstimos cobrando 0,5% de taxa. Outros 0,5% vão para o sindicato do tomador do empréstimo. A CUT optou por uma ação de fortalecimento sindical, sem cobrar taxas. Oferece financiamentos com juros mais baixos a quem for sindicalizado.

Na verdade, o governo está fazendo força para permitir aos sindicatos se fortalecerem política e financeiramente, antes da chegada das reformas das leis trabalhistas e sindicais, que estão na pauta do Conselho de Desenvolvimento Econômico e Social.

O presidente da CUT, Luiz Marinho, diz que está aberto ao entendimento, mas ressalta que a amplitude das mudanças na legislação trabalhista depende da amplitude das mudanças na legislação sindical.

Precisamos de sindicatos fortes, diz Marinho, para quem, com esse modelo sindical, não dá para pensar que o acordado possa prevalecer sobre o legislado.

Ele se refere a uma iniciativa tomada ainda no governo Fernando Henrique, de flexibilização das leis trabalhistas, e que, retirada do Congresso pelo governo Lula, está em debate no Conselho e num fórum organizado pelo Ministério do Trabalho.

A tática do ministro do Trabalho, Jaques Wagner, é acoplar o debate sobre mudanças nas leis trabalhistas à reforma da legislação sindical. Ele está em disputa com o presidente da Câmara, deputado João Paulo Cunha, que quer jogar a reforma trabalhista para 2005.

João Paulo parece estar querendo afastar para depois das eleições municipais temas indigestos como mudanças na legislação trabalhista. A situação da economia aconselharia que seja adiada a discussão das questões trabalhistas.

Muitos consideram que não se pode pensar em flexibilizar a legislação trabalhista num momento em que o número de trabalhadores desempregados é calculado em cerca de 14 milhões.

Há quem veja na flexibilização, no entanto, uma maneira de aumentar o número de empregos, com a redução da carga tributária sobre o empregador. A forma preferida pelos empregados para aumentar o número de vagas, porém, é a redução da jornada de trabalho.

Mas os empresários só aceitam essa medida com a redução proporcional do salário, e aí estamos num impasse.

Segundo José Arnaldo Rossi, ex-presidente do INSS e consultor para direitos do trabalho da Fenaseg, "os sindicatos estão em crise no mundo inteiro, uma crise típica da pós-modernidade. A inovação tecnológica e a revolução no mundo da produção são liberadoras de mão de obra. Menos gente e mais máquinas na indústria, nas fábricas. Tem mais gente trabalhando na área de serviços, que não é agregadora".

Rossi lembra que os sindicatos foram frutos da era industrial: quem depende um do outro na linha de montagem acaba dependendo na vida social também. "Lênin dizia que o sindicato representava para a classe operária o que a Igreja tinha sido para a burguesia na saída da Idade Média", ou seja, um lugar de atuação política e de ocupação de espaços na sociedade.

Para quem ainda não se convenceu da origem fascista da Consolidação das Leis do Trabalho (CLT), e da necessidade de reformá-la, Rossi lembra que Getulio Vargas anunciou a CLT em 1º de maio de 1943, mas ela só entrou em vigor em 10 de novembro daquele ano, no sexto aniversário da instalação do Estado Novo. Fez sessenta anos agora.

O projeto que saiu do Conselho de Desenvolvimento Econômico e Social prevê uma reforma da organização sindical, reforça a negociação coletiva, apoia soluções alternativas da Justiça do Trabalho com as comissões de conciliação. Essa reforma modernizante é a favor do emprego, que é o nosso problema, define Rossi.

E prevê pela primeira vez desde a primeira década do século passado sindicatos livres da tutela estatal. A convenção 87 da Organização Internacional do Trabalho (OIT), que trata da liberdade sindical, seria finalmente ratificada pelo governo brasileiro.

Nas Américas, só os Estados Unidos e nós não assinamos a convenção, que está no Congresso desde 1949. Nos Estados Unidos, não foi ratificada porque lá não há uma legislação trabalhista única, cada estado tem suas regras.

Aqui a questão sindical divide as opiniões, especialmente quando se trata de acabar com a contribuição sindical obrigatória, que sustenta financeiramente o sistema de representação de trabalhadores e empresários. No Brasil existem 18 mil sindicatos, e o número de sindicalizados vem caindo ano após ano.

28/11
PÚBLICO CONTRA PRIVADO

O governo petista acaba de dar mais uma demonstração clara de sua tendência estatizante. Depois de aprovado o texto principal da reforma da Previdência, na noite de quarta-feira, foi à votação um requerimento do senador Jorge Bornhausen, presidente do Partido da Frente Liberal (PFL) — com o apoio do Partido da Social Democracia Brasileira (PSDB) —, para que fosse permitida a participação de fundos abertos na previdência privada dos funcionários públicos. Defendendo a posição do governo, contra os fundos privados, que acabou sendo ratificada pelo plenário, o senador Aloizio Mercadante subiu à tribuna para dizer que o que garante os fundos públicos é que o Tesouro está por trás deles.

Vindo de quem veio, líder do governo e um de seus formuladores econômicos, essa é uma afirmação surpreendente e perigosa. Esse modelo de fundo de pensão gerou esqueletos financeiros enormes e foi uma das razões do déficit público.

Além do mais, como foi aprovado na reforma da Previdência que os planos serão de contribuição definida, e não de benefício definido (no qual há um compromisso do resultado final por parte do fundo), o governo não pode bancar mais nada. O que Mercadante falou não tem sentido econômico algum, a não ser que se mude a lei.

Quando chegar ao fim o período de contribuição desses servidores, o benefício será resultante do processo de acumulação. O montante que o funcionário terá no momento de se aposentar é o que estiver na sua conta: se alcançou ou não seu desejo, sua meta, só se saberá no fim. Razão pela qual é importante que o gestor desse dinheiro seja extremamente competente.

Os fundos podem até fazer projeções com o histórico dos rendimentos, mas as projeções não representam compromissos. A história econômica, no Brasil e no mundo, não recomenda o gestor público como o melhor para esse tipo de investimento. Exatamente devido ao que Mercadante promete, confusão entre o público e o privado.

Se assim não fosse, não teríamos tantos fundos públicos em situação difícil. Todos os principais fundos de pensão do país — a Previ, do Banco do Brasil; a Petros, da Petrobras; a Funcef, da Caixa; o Centrus, do Banco Central — já tiveram que receber dinheiro do Tesouro em algum momento. Os bancos estaduais que foram privatizados estavam todos com os fundos de pensão falidos.

E hoje, nos Estados Unidos, na Alemanha, na Inglaterra, mesmo empresas privadas importantes como GE e Ford estão pondo pesadas somas de dinheiro nos seus fundos de pensão que ainda são do tipo benefício definido. No Brasil, mesmo os fundos de pensão fechados já migraram em grande parte para contribuição definida. Uma prova cabal de que o modelo de benefício definido é um modelo falido.

O senador Mercadante disse mais: que os fundos públicos fechados reforçariam a poupança interna e serviriam para financiar as obras de infraestrutura de que o país necessita. É verdade que a poupança interna brasileira é baixa (cerca de 19% do PIB) e precisa aumentar para que o país cresça. Mas o governo não pode obrigar os fundos a investir onde ele quer.

Portanto, nada garante que os fundos públicos financiarão esse tipo de obra, porque precisam investir onde o lucro for maior. É bom lembrar, além disso, que a poupança interna de um país é formada pelos fundos públicos e privados.

Esse dinheiro ajuda a desenvolver o mercado de capitais, e é assim que fortalece a economia. E, nesse ponto, entra a senadora Heloisa Helena demonstrando todo seu desconhecimento do tema.

Depois de emocionar a plateia com sua despedida do PT, a senadora anunciou que votaria contra os fundos privados porque não aceitava que o dinheiro dos funcionários públicos fosse jogado na "fogueira da especulação financeira".

Onde ela acha que os fundos públicos vão colocar o dinheiro dos funcionários, para que ele renda e proporcione uma boa aposentadoria?

A alegação de que os fundos privados cobram pelo serviço uma taxa que os fundos fechados não cobrariam, ficando assim todo o lucro da operação para os associados, não é verdadeira. Para se criar um fundo de pensão, a lei 2.829 prevê uma série de regulações a serem cumpridas, que implicam despesa para o fundo.

Além do mais, qualquer associação ou sindicato que queira organizar um fundo terá que montar sua estrutura, que custa caro, ou contratar uma empresa especializada.

Quanto mais dinheiro investido um fundo tiver, menor será seu custo de administração. Um fundo que tenha 1 milhão de clientes, ou 2 milhões, como os grandes fundos privados já têm, terá um custo de gestão muito mais barato do que um fundo setorial de funcionários públicos.

O exemplo sempre citado pelos defensores dos fundos públicos é o do Calpers, o maior fundo do mundo, o dos funcionários públicos do estado da Califórnia. No entanto, ele foi criado na década de 40 do século passado, com uma relação de trabalho totalmente diferente da de hoje. Assim como nossos grandes fundos fechados, criados à custa de contrapartidas governamentais que chegaram a ser de sete vezes o valor do que o funcionário depositava. Nos últimos 20 anos, a maioria das reformas de Previdência no mundo tem se encaminhado para o modelo de previdência privada.

O senador Mercadante citou o caso da empresa americana Enron, que quebrou e levou junto com ela o fundo de pensão de seus empregados. Acontece que na legislação americana há um dispositivo que permite que, ao montar seu fundo de pensão, uma empresa obrigue os funcionários a comprarem suas ações.

Depois dos escândalos recentes (houve também o da WorldCom), os Estados Unidos estão alterando essa lei. Na legislação brasileira, isso já é vetado.

Parece, portanto, que a solução seria criar leis que garantissem proteção aos investidores — se as leis atuais não são suficientes. E transparência na gestão dos fundos, permitindo que os funcionários públicos escolhessem os de melhor performance, públicos ou privados.

2004

5/3
SÍMBOLOS

O presidente Lula mostra-se inatingível pela crise política em todas as pesquisas de opinião feitas nos últimos dias. Cai a aprovação de seu governo, o Partido dos Trabalhadores (PT) torna-se mais do que nunca vulnerável, perdido o monopólio da ética na política, mas a figura do presidente fica protegida diante da opinião pública.

43

Há diversas explicações para esse fenômeno, todas ligadas à maneira como ele exerce o poder e à sua relação com o eleitorado. No início da crise, o presidente retomou uma linguagem muito frequente no começo de seu governo, a qual havia abandonado: a metáfora familiar, especialmente a que o põe no papel de pai de todos.

Embora a ideia mais fácil seja comparar esse papel ao de "pai dos pobres" exercido por Getulio Vargas, outro presidente popular e populista, a cientista política Lucia Hippolito lembra que Getulio nunca assumiu na primeira pessoa esse papel, que lhe era atribuído — e do qual gostava — pela propaganda oficial, o famigerado Departamento de Imprensa e Propaganda (DIP).

Hoje, o presidente se põe no papel de pai por meio de sua linguagem peculiar, que mescla de propósito imagens de família e futebol, para chegar mais perto da população. Pois nem bem estourou o escândalo Waldomiro Diniz, o presidente reassumiu o papel, explicando de maneira indireta por que não abriu mão do ministro José Dirceu, como alguns sugeriam: "Um pai não pode sair castigando o filho sem saber o que aconteceu realmente", disse.

Logo depois, anunciou que o programa social de seu governo será "o maior programa da face da Terra". Todo o simbolismo que a linguagem e a figura presidenciais carregam bota Lula em papel separado de seu governo e mesmo de ministros tão próximos como Dirceu. Ele vem exercendo na prática o papel de chefe de Estado, deixando para Dirceu as tarefas de chefe de governo.

Esse papel de representação, em suas viagens pelo mundo e nas mediações com a sociedade, situa-o acima das querelas do dia a dia. Seria o mesmo papel de um rei numa monarquia ou o de um pai em uma família.

Para o psicanalista Chaim Samuel Katz, lembrando Jacques Lacan, que considera "o maior simbolista da psicanálise", o que caracteriza a ordem humana é que "a função simbólica intervém em todos os graus e momentos de sua existência". "O pai se quer afirmativo da autoridade suprema e única, desde as grandes religiões monoteístas. Portanto, quem se afirma 'o pai' se quer universalizador abstrato dos possíveis."

Outro psicanalista, Joel Birman, lembra que a figura do pai forte "atinge as pessoas comuns e propicia um vínculo afetivo, enquanto estratégia de poder". Segundo ele, "a imagem toca no inconsciente coletivo. Faz parte do capital político de Lula". Chaim também vê nesse mecanismo sintomas de manobras de poder: "Nessa época que denominamos pós-modernidade, a maioria procura um centro que distinga e unifique;

que em nome do pai expresse a verdade unificante do simbólico; e, especialmente, que garanta melhor a estabilidade e o equilíbrio." Nessa análise, o pai seria "a garantia, o apoio único e efetivo". Portanto, diz Chaim, "afirmar o pai é simultaneamente um mecanismo psíquico e de poder. Ocupar o lugar paterno é garantir a todos que a verdade se fará".

Também para o antropólogo Roberto DaMatta, a grandiloquência presidencial existe "para compensar as limitações da realidade. Há uma relação direta entre as realizações e as expectativas criadas". Ele lembra, referindo-se ao PT, que "o campo de manobra simbólica que eles têm não é muito grande, tudo o que eles fazem que foge às utopias encontra oposição dentro do próprio partido".

DaMatta acha que as metáforas "denunciam menos as limitações de um homem que, afinal de contas, superou as dificuldades, o abandono, os defeitos da educação brasileira, e mais o modelo autoritário que é implícito no PT". Com relação ao autoritarismo petista, diversos analistas ressaltam que a existência do chamado "núcleo duro" do governo, comandado pelo chefe da Casa Civil, José Dirceu, e composto pelos ministros mais próximos do presidente, evidenciaria isso.

Repetiria o modelo usado nos governos militares, especialmente no de Geisel — elogiado diversas vezes por Lula como modelo de planejamento —, em que os chamados ministros da Casa, quase todos militares, tinham despachos especiais com o presidente e centralizavam as decisões de governo.

O presidente do Ibope, Carlos Augusto Montenegro, acostumado a analisar pesquisas de opinião sobre presidentes e governos, acha que qualquer queda que aconteça na popularidade de Lula "será sempre muito lenta e pequena". Ele diz que a figura de Lula está sedimentada na opinião pública e que ninguém põe em dúvida sua honestidade nem suas boas intenções: "Ele pode perder pontos se as promessas de mudança não se concretizarem. Fora isso, nada abalará seu prestígio junto à população", analisa Montenegro.

Segundo as pesquisas, a maioria da população entende por mudanças melhoria de vida, não importando por meio de que métodos. Portanto, também não afeta a maioria da opinião pública o fato de o governo Lula estar usando os mesmos mecanismos econômicos que criticou em Fernando Henrique. As contradições inerentes à política não seriam objeto de preocupação da população em geral, mas sim os resultados dessa política.

"É a economia, estúpido", frase cunhada pelo famoso marqueteiro americano James Carville na campanha eleitoral de Clinton à presidência em 1992, virou mote para explicar a influência da economia nos resultados eleitorais. Se o tal espetáculo do crescimento afinal der o ar de sua graça, e o desemprego diminuir, o governo Lula estará garantido, não importa que métodos use ou que contradições apareçam.

27/7
ANTIRREPUBLICANO

A promiscuidade cada dia maior entre os interesses do Partido dos Trabalhadores (PT) e os assuntos do governo federal só pode ser entendida como resultado de um comportamento antirrepublicano dos donos do poder, e se revela em várias circunstâncias. Desde questões triviais, como plantar uma estrela, símbolo do partido, num canteiro do Alvorada onde outrora reinou a jardinagem de um Burle Marx, até outras mais complexas, envolvendo os interesses financeiros do partido do governo. O tesoureiro do partido, Delúbio Soares, virou figurinha fácil no noticiário político, sempre envolvido com questões de dinheiro, pois, afinal, esta é sua especialidade.

Já foi flagrado dentro do Palácio do Planalto conversando com um empreiteiro, e considerou-se normal esse livre trânsito. E mais normal ainda a abordagem ao empreiteiro, que aguardava em uma antessala para ser recebido por um ministro.

Essa relação com empreiteiros também já se mostrou complicada. Eles são capazes de misturar na mesma conversa ofertas para restaurar o palácio — um bem público, que merece o apoio da iniciativa privada para ser preservado — com as já famosas parcerias público-privadas.

Agora, flagrado em mais uma prática pelo menos antiética, vem Delúbio Soares a público dizer que não se importa com o que diz a oposição. Deveria, pois o que a oposição está questionando é uma ligação mais que perigosa do partido oficial com um dos bancos oficiais do governo, no caso o Banco do Brasil (BB).

Essa ligação excessivamente próxima do PT com o BB não se revela apenas no gasto de R$ 70 mil com ingressos para o show de Zezé di Camargo e Luciano, em benefício do PT, que pretende arrecadar R$ 15 milhões para comprar uma sede nova no bairro Paraíso, em São Paulo. Ainda havia o pedido de patrocínio dos mesmos Zezé di Camargo e Luciano em tramitação no banco oficial, abortado com as denúncias.

O Banco do Brasil também está financiando um megaprojeto de informatização do partido, com a compra de 5.000 microcomputadores e

5.000 multifuncionais (equipamento com impressora, copiadora, scanner e fax) para serem instalados em todos os diretórios estaduais e municipais. A compra faz parte da estratégia de ampliar a participação dos 800 mil filiados em todo o país.

E, como diz o presidente do partido, José Genoino, vai contribuir para as próximas eleições municipais. "Estamos capacitando democraticamente o PT na disputa eleitoral, na defesa do governo do presidente Lula e na defesa da gestão das prefeituras do partido", disse ele na assinatura do contrato com o Banco do Brasil, ao lado do indefectível Delúbio Soares.

Genoino, aliás, é o autor de uma frase que já entrou no anedotário político nacional, ao tentar explicar o apoio da dupla sertaneja ao PT e o seu pedido de financiamento do Banco do Brasil: "Uma coisa é uma coisa, e outra coisa é outra coisa", disse ele solenemente, como se ainda estivéssemos em tempos em que a opinião pública não consegue distinguir uma coisa de outra coisa.

O contrato de leasing com o Banco do Brasil, que será quitado em 42 meses, tem o custo total de R$ 21,680 milhões, e o PT ofereceu como garantia a receita da contribuição de parlamentares e ocupantes de cargos no governo. Com o Fundo Partidário e mais o dízimo que cobra de seus filiados — cuja contribuição aumenta à medida da importância dos cargos que ocupam no governo —, o orçamento do PT pode chegar a R$ 100 milhões este ano.

Entre os que colaboram com o partido, certamente estão vários diretores do próprio Banco do Brasil, se é que o próprio presidente do banco, Cássio Casseb, também não é filiado ao PT. Aí temos mais um problema ético cruzando o caminho do outrora defensor da ética na política.

Aparelhando o Estado com seus filiados, como está fazendo, o PT aumenta sua arrecadação com dinheiro vindo do próprio erário público, e dá esse mesmo dinheiro para garantir um financiamento de um banco oficial do governo. Uma equação difícil de fechar se olhada com olhos republicanos.

O Partido da Frente Liberal (PFL) já entrou com uma ação na Justiça tentando impedir que o PT continue cobrando o dízimo dos funcionários públicos. Alega o partido oposicionista que o PT, agindo do jeito que age, está usando o governo para financiar suas próprias atividades.

Quis o destino político que a mais contundente denúncia sobre corrupção no PT, envolvendo o ex-assessor da Casa Civil Waldomiro Diniz, viesse a público justamente no dia da festa do seu 24º aniversário, no ano passado.

A denúncia embute até hoje a suspeita de que exista um esquema de corrupção para financiar campanhas eleitorais do PT em vários estados, com declarações gravadas e filmadas.

A ela somam-se outras suspeitas, ainda não dissipadas, de que em Santo André havia um outro esquema de corrupção, que teria gerado o assassinato do prefeito Celso Daniel, que era o coordenador da campanha presidencial de Lula.

Agora temos uma desenvoltura nunca vista de arrecadação de fundos para o partido do governo. Segundo declarações do próprio Delúbio Soares, os empresários passarão a ser seus alvos na busca de doações para a nova sede do PT.

O PT tinha duas bandeiras: a de esquerda, um projeto de socialismo de variadas tendências; e a da ética. A bandeira socialista fez com que Lula perdesse três eleições presidenciais; impedia, portanto, o PT de chegar ao poder. Ter abandonado suas teses socialistas não prejudicou o PT politicamente. Ao contrário, a ampliação de seu eleitorado levou o partido ao poder.

Mas perder a bandeira da ética, o maior patrimônio do partido, o que o diferenciava dos demais, é um abalo político inestimável. A busca da manutenção do poder, no entanto, já está abrindo brechas nessa armadura há muito tempo, desde que as negociações políticas para formar a maioria no Congresso ampliaram a abrangência das alianças. As eleições municipais só estão confirmando essa tendência.

30/7
LIMITES ÉTICOS

A entrada em cena da Comissão de Ética Pública no caso do envolvimento do Banco do Brasil com um show em benefício do Partido dos Trabalhadores (PT) em Brasília pode ser o início de uma limitação do uso da máquina governamental em benefício do partido, um grave problema da administração petista que precisa ser controlado. A compra de ingressos representa uma soma pequena, R$ 70 mil, mas tem grande significado político. O aparelhamento de órgãos federais por filiados do PT está se tornando uma rotina, e transforma esses órgãos em extensões do partido.

No caso dos bancos, por exemplo, os militantes do PT sempre predominaram no movimento sindical. Um dos líderes desse segmento é o atual ministro da Comunicação e Estratégia, Luiz Gushiken. Por isso, os bancos oficiais, como a Caixa Econômica Federal (CEF) e o Banco do Brasil (BB), estão hoje dominados por filiados petistas nos principais cargos de comando. Para se ter uma ideia, no Banco do Brasil, que está em questão agora, a maioria dos vice-presidentes, dos diretores e dos gerentes geraïs é de filiados ao partido.

Dois dos diretores — Ivan Guimarães e Henrique Pizzolato — saíram diretamente da campanha presidencial, na qual tinham papel de arrecadação de fundos, para a direção do BB. E continuaram a arrecadar fundos para o partido, como se vê nesse caso do show. A explicação do presidente do Banco, Cássio Casseb — que não foi indicado pelo petismo, e sim pelo ministro da Fazenda, Antonio Palocci, mas também não indicou sua diretoria —, de que era uma ação do marketing para seus clientes só faz aumentar a certeza de que o banco sabia que a renda seria revertida para o PT.

O encarregado do setor é justamente Pizzolato, e é impossível que ele, com tantas ligações partidárias, não soubesse desse "pequeno" detalhe. O patrocínio de R$ 5 milhões que estava sendo negociado pela mesma dupla sertaneja Zezé di Camargo e Luciano era também para a campanha do Banco Popular do Brasil, presidido pelo outro arrecadador de fundos de campanha, Ivan Guimarães. E os dois sempre foram subordinados a Delúbio Soares, o tesoureiro do diretório nacional. Muitas coincidências juntas para ser apenas um mal-entendido.

E há ainda o dízimo que o PT cobra de seus filiados, o que o transforma no partido mais rico atualmente. Todos os filiados nomeados para cargos no governo (como ministros, secretários, presidentes de estatais) pagam até 20% de seus salários ao partido, assim como os parlamentares eleitos. E os funcionários públicos de carreira pagam 1% do salário, como todo filiado.

O presidente do PT, José Genoino, alega que os diretores nomeados são funcionários de carreira, o que minimizaria a questão da filiação partidária. O que se diz, no entanto, é que ser filiado ao PT passou a ser um fator preponderante na escolha de um candidato a cargo público de livre nomeação. O que daria à máquina pública uma feição partidarizada, deixando o sistema de mérito de ser o principal parâmetro para as contratações.

A contribuição dos filiados ao partido, porém, tem adesão generalizada. O deputado federal Chico Alencar, um dos líderes da esquerda petista e crítico da maneira como a cúpula partidária conduz as negociações políticas, defende o dízimo como parte da "nossa concepção de construção partidária, que é mesmo diferente da dos partidos conservadores, como o PFL". Ele classifica a livre contribuição de filiados como "um valor em si".

49

Chico acha que, "em tese", essas contribuições garantem "a independência partidária em relação aos grandes donos do dinheiro nesse país, naturalmente mais identificados com outras legendas". Segundo o deputado, "só uma concepção privatista da política, e, ela sim, antirrepublicana, diria que esse repasse voluntário é transferência de recursos públicos para fins privados. Partido, afinal, é ente público, não estatal sem fins lucrativos, embora de estrutura e organização próprias, particular".

Parafraseando o presidente do seu partido, José Genoino, Alencar diz que "outra coisa é outra coisa": Usar administrações municipais ou bancos oficiais para captar recursos para campanhas eleitorais ou para os cofres partidários é inadmissível, e nenhum petista assume isso.

Mas ele admite que "um pseudorrealismo político possa indicar que só assim conquistaremos ou nos manteremos no poder". E lembra que, assim, estarão reproduzindo o uso do poder "do jeito que sempre criticamos".

Chico acha que mais vale lutar pelo financiamento público de campanha "e apostar na eficácia dos meios austeros, pois foi assim que crescemos. Muitos de nós andam esquecidos disso", e que os problemas em torno da sede própria "só ocorrem pelo exagero da executiva nacional: um prédio de 14 andares, ao custo de R$ 15 milhões, são demasias de *nouveaux riches*". (...)

Para ele, o afrouxamento ético é a perda mais grave:

"A pior desgraça para o PT, que já começa a se espalhar na sociedade, é a perda de identidade, sua descaracterização, sua equiparação a outros partidos, na vala comum da falta de credibilidade da política partidária."

Ele diz que "ter o PTB de [Roberto] Jefferson, o PMDB de Jader [Barbalho], o PP de [Paulo] Maluf e o PL da Universal como aliados preferenciais tem um custo nessa área, e isso nos angustia e entristece". Mas afirma que não esmorece. Quando perguntaram por que não ia para o novo Partido Socialismo e Liberdade (PSOL), respondeu: "Combateremos à sombra."

6/8
DIRIGISMO CULTURAL

O pensamento por trás da Lei Geral do Audiovisual, ou pelo menos uma das maiores influências ideológicas na sua elaboração, e também para alguns conceitos de autoestima e subserviência que vêm sendo desenvolvidos ultimamente pelo presidente Lula em seus pronunciamentos, está em um *paper* que circula restritamente pelo governo e em algumas áreas intelectuais do país. Com o título geral de "Subdesenvolvimento e cultura", é de autoria do secretário-geral do Itamaraty, Samuel Pinheiro Guimarães.

Todo seu raciocínio vai no sentido de conter a indústria audiovisual americana e estimular os meios de comunicação brasileiros a colaborar para a criação de uma "cultura nacional", sem a qual se "enfraquece a capacidade do Estado de promover e defender os interesses nacionais".

Samuel Pinheiro Guimarães também é um dos mentores das linhas mestras de nossa política externa, e há quem o identifique como líder de uma corrente antiamericana dentro do Itamaraty. Antigo adversário da Alca, a área de livre comércio com os Estados Unidos, foi diretor do Instituto de Pesquisas em Relações Internacionais (IPRI) do Itamaraty, de onde foi demitido pelo então ministro das Relações Exteriores, Celso Lafer, no governo Fernando Henrique, devido às críticas públicas que fez na ocasião à postura do governo brasileiro em relação à Alca.

O atual secretário-geral do Itamaraty acha, por exemplo, que "o Brasil não deve participar de blocos econômicos em condições de extrema assimetria desfavorável". Ele considera que "sofremos o grave risco de incorporação subordinada e assimétrica ao sistema econômico (e político) dos EUA". Segundo ele, "a Alca colocaria em confronto direto, ainda que gradualmente, as megaempresas multinacionais americanas e as empresas brasileiras. Mesmo que algumas empresas brasileiras conseguissem sobreviver à competição e até aumentar as suas exportações, no conjunto as megaempresas americanas levariam vantagem nos EUA, no Brasil e na América do Sul, acarretando a desindustrialização e o aumento do déficit comercial brasileiro".

No *paper* "Subdesenvolvimento e cultura", ele detalha essa preocupação com a hegemonia americana, fazendo uma análise da influência que os Estados Unidos exercem no Brasil através das megaempresas de sua indústria cultural, principalmente a audiovisual. E atribui a ela uma "vulnerabilidade ideológica" da sociedade brasileira.

Segundo ele, temos uma "crônica vulnerabilidade externa com facetas econômica, política, tecnológica, militar e ideológica", esta última "a mais importante, pois influencia todas as políticas e atitudes do Estado e da sociedade brasileira (empresas, associações, partidos, ONGs, igrejas, indivíduos etc.) e agrava as outras facetas da vulnerabilidade externa".

Para Pinheiro Guimarães, é a vulnerabilidade ideológica que mantém e aprofunda a "consciência colonizada" das elites dirigentes, e até de segmentos das oposições políticas, intelectuais, econômicas, burocráticas. Essa consciência colonizada se expressaria "em uma atitude mental timorata e subserviente, que alimenta sentimentos de impotência na população, ao atribuir as mazelas brasileiras à 'escassez de poder' do Brasil, à 'incompetência' brasileira, ao nosso 'caipirismo', ao 'arcaísmo' social, à 'xenofobia' etc., enfim, à nossa inferioridade como sociedade".

Ele diz que a vulnerabilidade ideológica está estreitamente relacionada "com a ampla e crescente hegemonia cultural americana na sociedade brasileira, que se exerce em especial através do produto audiovisual, veiculado pela televisão e pelo cinema, articulado com a imprensa, o disco e o rádio".

Pinheiro Guimarães diz que a consciência que a sociedade adquire de si mesma depende "de manifestações culturais as mais distintas, que interpretam e criam o imaginário nacional do seu passado, de seu presente e de seu futuro".

Segundo ele, a esmagadora maioria dos fatos e das interpretações que conhecemos sobre o passado do próprio Brasil e do mundo "é uma construção cultural/literária/audiovisual/noticiosa, muitas vezes repleta de preconceitos e estereótipos. Tudo o que sabemos sobre a história da sociedade brasileira não foi vivido 'por nós', mas sim 'elaborado' por terceiros".

Segundo Pinheiro Guimarães, a vulnerabilidade ideológica se acentua "com a crescente hegemonia cultural norte-americana no Brasil". Com isso, as "interpretações" da realidade mundial elaboradas pelas manifestações culturais hegemônicas americanas "passam a predominar, refletindo os preconceitos e os estereótipos daquela cultura e os interesses daquela sociedade", com "consequências negativas" para o Brasil.

Pinheiro Guimarães diz que a construção da identidade cultural decorre da produção de manifestações culturais que abrangem desde as atividades da imprensa à elaboração científica e artística, "mas em especial, devido ao seu extraordinário alcance, às manifestações audiovisuais (documentários, filmes de ficção, séries e noticiários de toda ordem)".

Talvez por isso o presidente Lula tanto reclame dos programas de televisão que as redes brasileiras transmitem para o exterior, que estariam divulgando uma imagem negativa do país. E daí a pretensão de criar uma rede de televisão estatal para divulgar a imagem do Brasil no exterior.

Segundo o *paper*, a construção dessa identidade "não se contrapõe à necessidade de diversidade cultural e muito menos ao diálogo com a cultura estrangeira. Contrapõe-se, isto sim, à hegemonia das manifestações culturais estrangeiras sobre a cultura brasileira no próprio território brasileiro".

O estímulo e o acesso à diversidade das manifestações culturais permitiria à sociedade brasileira "ter acesso a distintas e, muitas vezes, contraditórias visões do mundo, das relações interpessoais, das questões existenciais".

Ele qualifica de "questão estratégica" imaginar mecanismos que ampliem o acesso de todos, sejam eles artistas, intelectuais, políticos ou simples brasileiros, "à miríade de manifestações culturais brasileiras e de todas as sociedades que constituem a diversidade cultural planetária e que fortaleçam e enriqueçam a nossa própria identidade, combatendo a hegemonia cultural de qualquer origem no Brasil".

Daí o parágrafo XIV do artigo 4 da Lei Geral do Audiovisual, que define como papel do Estado "fomentar a participação diversificada de obras cinematográficas e videofonográficas de outras nacionalidades no mercado brasileiro". Como se um simples decreto governamental pudesse definir de que tipo de manifestações culturais o público deveria gostar.

11/11
O FANTASMA DA CLASSE MÉDIA

Tensões políticas que trouxeram à tona, no início do governo, antigos temores da classe média com relação ao governo do PT podem voltar à cena, complicando ainda mais o cenário político para o governo, que saiu das urnas municipais machucado por essa mesma classe média, decisiva na sua vitória em 2002. Às invasões de terras que o MST promete retomar, e às de imóveis urbanos que já estão ocorrendo em São Paulo, somam-se questões mais sutis, como a apologia da "democracia direta" feita pelo ministro da Educação, Tarso Genro, em seu livro mais recente. Ou o controle da Imprensa, defendido também por ele.

E também a insistência do próprio presidente Lula em defender a criação da Agência Nacional de Cinema e Audiovisual (Ancinav), que grande parte do setor teme que venha a ser um órgão controlador da cultura nacional. Ou ao convênio com movimentos sociais e centrais sindicais, como o MST e CUT, firmado pelo próprio Tarso Genro, para que participem da reforma universitária que está em exame pelo seu ministério.

Enquanto o governo começa a buscar, atarantado, soluções marqueteiras para atrair de volta o apoio da classe média, que julga ter perdido nas últimas eleições — descongelar a tabela do Imposto de Renda é uma delas —, há quem ache que o fantasma da classe média, que vem perturbando tanto o PT depois do resultado das eleições municipais, ainda não é um fenômeno tão assustador quanto o governo está avaliando nesses primeiros momentos de ressaca da derrota eleitoral. Mas, como sempre, a atitude da classe média em relação ao governo pode ser fator importante na definição da reeleição.

A rejeição da classe média ao governo, quando ocorre, se deve mais à ineficácia da administração do que ao temor de radicalismos, que também existe, mas estava adormecido pela calma relativa que começa a se romper, e é localizado principalmente nas elites. A pesquisadora Maria Teresa, do Retrato, instituto especializado em pesquisas qualitativas de opinião, diz que a classe média está mesmo é "espantada com o PT, com as decisões políticas do PT, que eram inimagináveis antes".

Maria Teresa fez muitas pesquisas durante a campanha municipal e constatou que "todo mundo sabe que na política você tem que ceder, tem que ampliar as alianças. Mas não conseguem entender o que o PT está fazendo". Não entendem também a manutenção da política econômica: "Acham que é um temor reverencial, que têm medo de ousar, de ir além, não querem errar. Não têm confiança em si. São pessoas que estão aprendendo a governar." Outra constatação é a repulsa, pela classe média, à utilização da chamada máquina administrativa: "O que atemoriza muito a população é a partidarização das repartições públicas. Todo mundo está com muito medo do grande poder que o PT está exercendo. A ganância de poder, botar militante para virar funcionário público, isso aí é o fim para a média das pessoas."

Ela vê o resultado das eleições municipais como consequência de um desejo dos eleitores, diante da ineficiência do PT, de "dar voto de confiança em quem tenha certa experiência e preparo comprovado". Segundo ela, as pessoas separam muito Lula do PT, e há ainda uma grande expectativa, esperança com relação a ele: "Têm certeza de que o Lula está fazendo o melhor que pode. É cheio de boas intenções. Mas caiu a ficha de que ele não tem um preparo intelectual para ser presidente da República."

Maria Teresa diz que a classe média está reagindo a excessos que identifica no exercício do poder pelos petistas: "Falam que quem nunca comeu melado se lambuza. A classe média vê sindicalistas no poder, que levaram para lá o modo de ser, de viver, de negociar do sindicato, que

54

nem sempre é o mais adequado", comenta ela, que considera que a reeleição de Lula está em risco: "As pessoas estão em busca de alternativas, olhando muito para o lado."

Em São Paulo, todos achavam que havia dois excelentes candidatos. "Já que o Serra não oferecia qualquer ameaça, por que encher a bola da Marta e do PT?", descreve ela o raciocínio dos eleitores, que quiseram dar "um freio de arrumação" no PT.

Outra especialista em pesquisas, Fátima Pacheco Jordão diz que a expectativa da classe média "arrochada, com salários amarrados, desenvolvimento pequeno, desemprego grande" não foi preenchida pelo PT: "A classe média foi atrás de mudança, de crescimento, de emprego, coisas que não vieram."

Como a classe média tem mais facilidade para reagir, percebeu "que alguns sistemas de governo do PT se esgotaram, que os mecanismos utilizados pelo PT não servem como políticas permanentes: os CEUs são para pouca gente, a gestão é deficitária e vai estourar".

Ela acha que o que houve foi uma reação a governos ineficazes. "Ouvi mais a questão da ineficácia do que a do aparelhamento do Estado." Para ela, a classe média é muito pragmática, "se funciona, está bom". Essa desilusão com o governo petista pode vir a se refletir em 2006, e ela admite que a posição de Lula "era mais confortável antes dessas eleições". Mas, se os efeitos da política macroeconômica forem sentidos, "ele terá uma situação confortável, embora não comparável à que teve em 2002".

Fátima acha que não há rejeição do ponto de vista ideológico ao governo na classe média, embora "a alta classe média e as elites, os segmentos mais escolarizados" receiem o autoritarismo. "Mas a grande classe média, que é a que elege, não chegou a entender ainda os desafios, os perigos ou as consequências desse controle."

A forma como Lula chegará na reeleição vai depender "simplesmente da economia, de como os resultados chegarão na planície, nos empregos, no consumo".

Carlos Augusto Montenegro, do Ibope, não vê relação entre os resultados das eleições municipais e a reeleição: "Todos os casos foram pontuais: Marta teve como adversário o Serra, que vinha de uma campanha presidencial e de uma gestão na saúde reconhecida. Se fosse outro adversário, a Marta ganhava no primeiro turno."

Montenegro lembra que a classe média das capitais em que o PT ganhou votou nos seus candidatos: "O PT perdeu onde não tinha boa administração", resume ele, para quem Lula continua um forte candidato à reeleição, "até porque não tem adversário".

2005

8/1
QUESTÃO REPUBLICANA

Os tucanos costumam dizer que a imprensa tem muita condescendência com o governo e que, se o ex-presidente Fernando Henrique Cardoso fizesse metade do que Lula faz, seria crucificado pelas críticas. Pelo menos no caso presente, das férias dos amigos adolescentes do filho do presidente no Palácio da Alvorada, parecem ter mesmo razão.

É claro que qualquer pai de família já recebeu em sua casa amigos dos filhos, e eles andam sempre em bando, embora desconfie que para sustentar 16 amigos de uma só vez, só mesmo sendo milionário, ou pagando com o dinheiro público.

O presidente bem que poderia ter feito uma exceção e assumido as despesas da casa, excepcionalmente aumentada naqueles dias, mas esse é o problema menor. E é até mesmo engraçado ver nos fotologs os comentários deslumbrados dos garotos e das garotas naquela mordomia toda. A espontaneidade só reforça o fato de que foram mesmo dias excepcionais.

A questão de Estado, ou melhor, "republicana", como gostam de salientar os membros do governo Lula quando querem elogiar o espírito que dizem ter a atual administração, é usar avião da FAB para transportar os amigos e a lancha que serve ao Palácio Alvorada para passeios turísticos no Lago Paranoá.

O uso da lancha está comprovado por uma das fotos, em que aparece ao fundo um marinheiro da tripulação. O uso do avião é uma presunção mais que óbvia, pois uma outra foto mostra o grupo posando em frente a um avião da FAB, na pista do aeroporto. Ninguém, a não ser que nunca tenha visto um avião na vida, posa em frente a um apenas pela recordação.

A Aeronáutica tem a obrigação de explicar por que um avião oficial foi colocado à disposição dos amigos do filho do presidente. Ainda mais porque várias autoridades de outros governos já foram processadas pelo Ministério Público pelo uso de avião oficial para férias com a família, processos esses provocados por denúncias de petistas.

Elio Gaspari, quando outro dia criticou a mordomia da casa do presidente da Câmara, o petista João Paulo Cunha, relembrou que "já houve tempo em que o vice-presidente da República (Café Filho, entre 1950 e 1954) presidia o Senado e morava no apartamento do primeiro andar do cruzamento de Nossa Senhora de Copacabana com Joaquim Nabuco".

Pois houve um tempo em que os políticos brasileiros eram assim, na maioria. A exceção era o contrário. Cresci ouvindo histórias de meu avô, Clodomir Cardoso, senador pelo PSD, que, quando nomeado interventor no Maranhão durante o Estado Novo, pagava do próprio bolso as despesas do Palácio dos Leões, só usando a verba pública em ocasiões oficiais.

O PT já foi chamado de "UDN de macacão" por Leonel Brizola, craque em colocar apelidos certeiros nos adversários. Durante mais de duas décadas, arvorou-se em reserva moral da nação, com o beneplácito da opinião pública, que reconhecia nele qualidades as quais, chegando ao poder, se revelaram na maioria inexistentes. Apontava o dedo acusador para qualquer desvio, mesmo quando desvio comprovado não houvesse, mas mera suspeita.

Para os adversários, qualquer suspeita tornava-se culpa provada, enquanto hoje mesmo os erros comprovados tornam-se meras suposições. A mistura do público com o privado tem sido recorrente no governo petista, desde questões triviais, como plantar uma estrela, símbolo do partido, num canteiro do Alvorada, até levar a cadelinha da família de um lado para o outro de carro oficial. Outras questões, mais complexas, envolvem os interesses financeiros do partido do governo.

O Banco do Brasil comprou lugares em um show de música sertaneja em benefício do novo prédio da sede do PT, e tudo ficaria por isso mesmo se não fosse denunciado pela imprensa. Ninguém foi punido, mas pelo menos se desistiu momentaneamente de financiar o novo prédio com dinheiro público.

Quando, no início do ano, os jornais noticiaram que o governo estava comprando, entre outras coisas para o Palácio Alvorada, os hoje famosos 15 roupões de algodão "obrigatoriamente egípcio", foi uma surpresa. Estes ficarão simbolicamente ligados para sempre à imagem do ex-operário presidente, como exemplo de que chegar ao poder fez com que aceitasse mordomias que antes criticava.

Os gastos, muitas vezes exagerados, das residências oficiais, foram alvo de denúncias petistas por várias administrações, e foram eles mesmo que descobriram como usar o Sistema de Acompanhamento e Fiscalização (Siafi) para as denúncias. Sistema que agora a oposição manobra com a mesma perícia, encontrando os mesmos exageros.

O começo do ano não está sendo bom para o governo na questão da simbologia ética, tão cara ao partido, e já há data marcada para mais um constrangimento: a chegada a Brasília do novo Airbus da Presidência da República, comprado por mais de US$ 55 milhões, depois de o PT ter empreendido durante anos campanhas vigorosas de denúncias contra a compra pelo governo anterior.

O próprio presidente Lula revelou recentemente que o ex-presidente Fernando Henrique ofereceu-se para comprá-lo antes de deixar o governo, para evitar constrangimentos ao novo governo. Candidamente, Lula disse que recusou porque não tinha ideia de que precisaria viajar tanto. Certamente pensava que Fernando Henrique viajava apenas porque gostava, e não pela necessidade do cargo que ocupava. Mais uma vez Lula só foi aprender a diferença depois de chegar lá.

8/11
LULA POR LULA

O presidente Lula tem um senso moral todo próprio e vai despejando seus conceitos ao léu, variando de acordo com seus interesses imediatos sem levar em conta os compromissos que tem como primeiro mandatário do país. Já se vangloriou de ter chegado aonde chegou sem ter estudado, o que é um péssimo exemplo para os jovens brasileiros.

Não bastasse ter chamado recentemente para seu palanque o líder dos sem-terra do Pontal do Paranapanema, José Rainha, que estava sendo acusado de vários delitos pela Justiça, ontem resolveu consolar sua mulher Diolinda, pois Rainha, condenado a dez anos de cadeia pelo incêndio de uma fazenda invadida, está foragido da Justiça.

O que poderia ser um gesto humanitário de solidariedade, partindo do presidente da República e tratando-se de um condenado foragido, soa como um desprestígio à Justiça e transforma-se, mesmo que Lula não tenha tido essa intenção, em um incentivo à criminalidade. Ainda mais que, pelos relatos da conversa, Lula teria dito a Diolinda que também já passou por esse tipo de perseguição. Lula não apenas deu uma conotação política à condenação de Rainha, como se esqueceu de que vivemos em uma democracia, ao contrário da ditadura em que ele foi perseguido político.

Lula já justificou o caixa dois do PT nas eleições de 2002, dizendo que era uma prática corriqueira na política brasileira. Mais uma vez não se deu conta — ou foi dissimulado — de que estava tratando com complacência uma prática que seu ministro da Justiça classificou de "coisa de bandido". E que é prevista no Código Penal com pena de até cinco anos de cadeia. Meses depois, no programa *Roda Viva* de ontem, finalmente classificou o caixa dois de "deplorável".

Mas continua colocando-se acima de qualquer suspeita, e sem nenhuma responsabilidade com relação às coisas "deploráveis" que seu partido cometeu durante a sua própria campanha presidencial, quando usou o caixa dois para diversos pagamentos, já admitidos oficialmente por vários depoimentos, desde o marqueteiro Duda Mendonça ao ministro da Integração Nacional, Ciro Gomes.

Apesar de continuar afirmando que não sabia de nada, diz que tem certeza de que nunca houve pagamento do mensalão. Mas se diz espantado com o fato de Delúbio Soares ter "terceirizado" as finanças do PT, numa definição peculiar do esquema de corrupção que seu partido montou na Câmara. Assim como Delúbio cunhou, certamente por orientação de advogados, a expressão "dinheiro não contabilizado" para se referir ao "valerioduto" que financiou a corrupção do PT.

Também ontem Lula voltou a insistir em que não está ainda decidido a se candidatar à reeleição, afirmação que não corresponde aos fatos. O presidente Lula já teve diversas reuniões com dirigentes do PT e seus principais articuladores políticos para montar as alianças para a eleição do próximo ano. Gilberto Carvalho, seu chefe de gabinete, ontem mesmo deu entrevista à *Folha de S.Paulo* falando da campanha da reeleição como fato consumado, embora admitindo que será "dolorosa".

Mesmo que, no seu íntimo, Lula continue mesmo contrário à reeleição, não poderia nunca abrir mão de disputar um segundo mandato, no mínimo para não parecer uma confissão de culpa. Além do mais, com o PT desmoralizado diante do eleitorado, se seu principal líder político deixasse de se candidatar, o partido correria o risco de minguar a tal ponto nas próximas eleições que perderia completamente sua força política.

Houve um momento durante essa crise política em que a possibilidade de Lula não se candidatar à reeleição tornou-se verdadeira, e seu afastamento do PT quase uma realidade. Mas, apesar de atacado por todos os lados e em desvantagem diante dos fatos apurados pelas CPIs, o presidente Lula mantém uma invejável capacidade de equilibrar-se na corda bamba e, de praticamente descartado da disputa pela oposição, voltou a ser um candidato forte na corrida presidencial. (...)

2006

15/11
ZELIG

O presidente Lula cada vez mais se parece com o personagem de um pseudodocumentário de Woody Allen, de 1983, sobre a vida de Leonard Zelig, o homem-camaleão, que modificava a aparência para agradar às outras pessoas. Políticos que privam de sua intimidade relatam, maravilhados, que Lula tem uma conversa para cada tipo de interlocutor, muda não apenas o palavreado, mas até o gestual, de acordo com as circunstâncias. Dizia-se de Fernando Henrique que ele tinha o dom de dar a impressão ao interlocutor de que estava sempre concordando com ele, embora acabasse fazendo o que bem lhe aprouvesse. Fernando Henrique fazia isso através do silêncio, Lula faz através da fala.

Como líder sindical, aprendeu a galvanizar as plateias, muitas vezes mudou de posição no meio de um discurso ao sentir que a assembleia ia por outro caminho e ele acabaria perdendo o controle da situação. Lula é Zelig, é feito um camaleão, já disse mais de uma vez que não é de esquerda, é apenas um operário, mas deixa sempre a porta aberta para o seu lado "esquerda", embora assuma compromissos claros com a "elite" de que não há plano B possível para a economia.

Na recente campanha, reclamou em voz alta de que os banqueiros e os empresários não votavam nele, apesar de estarem ganhando muito dinheiro em seu governo. Anteriormente, quando disputava e perdia as eleições para presidente, lamentava-se de que não conseguia convencer o eleitorado mais pobre de que ele era o único candidato capaz de melhorar suas vidas. Hoje, faz dos programas sociais sua bandeira "de esquerda", embora muitos de esquerda os considerem simples programas populistas, ou assistencialistas.

Sustenta os chamados "movimentos sociais" com verba oficial e leniência política e vende a ideia para a "elite" de que é melhor dar-lhes espaço, sob seu controle. Coloca qualquer chapéu na cabeça, do Movimento de Libertação dos Sem Terra (MLST) que invade e depreda o Congresso ao do cantor de rap. Faz uma política externa "de esquerda", mas com o bom-senso de manter o diálogo com os Estados Unidos.

Na segunda-feira, foi a vez de liberar sua porção chavista. Além de ser lamentável que se disponha a fazer papel de garoto-propaganda de Hugo Chávez, numa solenidade claramente eleitoreira, o presidente teve uma recaída, pois já tinha abandonado esse discurso agressivo contra a imprensa e as elites.

Após a vitória do segundo turno, disse que pretendia fazer um governo para todos, que o segundo mandato teria que ser de coalizão, de negociação, e na Venezuela, com o clima exacerbado que sempre há em torno do Chávez, o presidente Lula voltou a elevar o tom. É verdade que ele vem insistindo muito no que chama de "democratização" dos meios de comunicação, mas suas críticas eram pontuais, e não genéricas, como fez na inauguração da ponte na Venezuela.

Depois da reeleição, Lula fez uma análise da sua relação com os meios da comunicação e admitiu que só é o que é hoje por causa deles: "Tanto a imprensa escrita quanto a imprensa falada, eu penso que elas prestam um trabalho extraordinário à sociedade. Por mais que eu tenha queixa da imprensa, acho que todo mundo tem queixa da imprensa, eu só sou o que sou por causa da imprensa. Ou seja, como diriam aqueles políticos mais importantes do que eu: falem mal, mas falem de mim", comentou bem-humorado.

Mas acrescentou: "Seria hipocrisia da minha parte não dizer que, neste país, há momentos em que os meios de comunicação abusam do seu poder." Deu exemplo de estados em que grupos políticos exibiam mais seus candidatos do que os adversários, e citou a possibilidade de dar canais de televisão para sindicatos, universidades e outros movimentos sociais.

Esperemos que a declaração da Venezuela, comparando a situação política de lá com a nossa, seja apenas uma empolgação passageira, um mimetismo chavista, e não uma posição política consolidada. Mas é preocupante, pois desde que não ganhou no primeiro turno ele vem aumentando essas críticas, sempre batendo na tecla de que foi perseguido pela imprensa, o que não é verdade.

Ele foi perseguido pelos fatos, criados pelo PT e pelos seus aliados. Todos os ministros do chamado núcleo duro do governo tiveram que sair, o último foi Luiz Gushiken, e todos respondem a processos. Antes, haviam deixado o governo o ex-chefe do Gabinete Civil, José Dirceu, acusado pelo procurador-geral da República de ser o chefe de uma quadrilha que foi montada dentro do Palácio do Planalto; e o ministro da Fazenda Antonio Palocci, depois de ter mandado quebrar o sigilo bancário do caseiro Francenildo Pereira.

O único sobrevivente do núcleo dirigente petista que assessorava diretamente o presidente Lula é o secretário-geral da Presidência, Luiz Dulci, que deve continuar no governo no segundo mandato. Além de Dirceu, os dois presidentes do PT — José Genoino e Ricardo Berzoini — foram acusados de irregularidades variadas, do mensalão ao complô de compra do dossiê contra candidatos tucanos. Isso não pode ser uma coincidência, ou um complô. Não pode ser culpa de outras pessoas, mas do próprio PT e do próprio governo.

2007

6/6
REFÉNS DO MITO

O irmão mais velho do presidente, Genival Inácio da Silva, já vinha tendo sua atuação como lobista junto a órgãos do governo e ao Palácio do Planalto denunciada pelo menos desde 2005, quando a revista *Veja* publicou uma reportagem em que o próprio Vavá admitia que abrira um escritório em São Bernardo do Campo para encaminhar reivindicações de empresários interessados em "trabalhar com o governo". Sabe-se de pelo menos duas ocasiões em que, levados por Vavá, empresários tiveram acesso ao secretário-geral da Presidência, Gilberto Carvalho, e a diretores da Petrobras. Na Operação Xeque-Mate, foi indiciado por tráfico de influência e exploração de prestígio.

Vavá foi apanhado por um grampo da Polícia Federal (PF) em conversas com envolvidos nas fraudes dos jogos eletrônicos. Outro envolvido, Dario Morelli Filho, que está preso acusado de ser dono de casas de bingo e máquinas de caça-níqueis na Baixada Santista, é compadre do presidente Lula. Morelli era também um quadro petista, assessor da Prefeitura de Diadema e militante da anistia ao ex-ministro José Dirceu.

Por um lado, essa atitude da PF de investigar e até indiciar um irmão do presidente — embora não o tenha nem algemado nem prendido — pode ser um bom sinal de que as investigações não sofrem pressões políticas, como correu para enfatizar o ministro da Justiça Tarso Genro. Seria estranho que Lula não tivesse sido avisado com antecedência do fato, pois, assim como não se deve explorar politicamente o eventual envolvimento de um parente do presidente em atos ilícitos, também não é correto que ele não seja avisado, pois a ação policial, mesmo que não tenha motivações políticas, tem claro potencial de escândalo político.

Se, no entanto, a acusação contra o irmão do presidente for realmente apenas o fato de que ele conversou com um dos acusados por telefone, seu indiciamento é uma aberração. Estaríamos diante de evidências de que a operação da Polícia Federal está sob o controle de seus grupos de pressão, e não de uma orientação oficial, o que é muito perigoso para a democracia. A Polícia Federal ser "republicana" é uma coisa, mas ser uma força autônoma, a agir de acordo com os interesses de grupos que se digladiam internamente pelo poder, é outra bem diferente.

Há uma outra questão a ser analisada: se, como diz o presidente, o fato de o apartamento de seu irmão ter sido vasculhado com uma ordem judicial é sinal de que todos são iguais perante a lei, essa "independência" da PF não apaga o fato de que, mais uma vez, pessoas ligadas pessoal e funcionalmente a Lula e a seu grupo político se veem envolvidas em denúncias de escândalos.

A atividade de Vavá já era conhecida, o que não impediu que autoridades do governo continuassem a recebê-lo, sem que aparentemente o presidente Lula tenha feito um só gesto para impedir que se aproveitasse do parentesco para intermediar negócios.

O tesoureiro do PT, Delúbio Soares, virara figurinha fácil no noticiário político antes mesmo do estouro do escândalo do mensalão, e nada foi feito para impedir sua ação. Já fora flagrado dentro do Palácio do Planalto conversando com um empreiteiro, e considerou-se normal esse livre trânsito, mesmo que a abordagem ao empreiteiro tivesse sido feita em uma antessala de um ministro com gabinete no Planalto.

Outro compadre, o empresário Roberto Teixeira, em cuja casa Lula morou durante anos, foi acusado de ter tido facilidades com negócios em diversas prefeituras petistas. Um amigo, Paulo Okamoto, nomeado presidente do Sebrae, pagou do próprio bolso uma dívida pessoal do presidente com o PT, e nunca permitiu que se quebrasse seu sigilo bancário para provar que o dinheiro não era proveniente de fonte escusa.

O assessor Freud Godoy, também ligado à família do presidente, envolvido no caso do dossiê contra o PSDB durante a campanha presidencial de 2006, foi inocentado preliminarmente pela Polícia Federal e desapareceu do cenário sem que seu envolvimento no episódio tenha sido suficientemente esclarecido.

O filho do presidente envolveu-se com uma empresa telefônica que tem participação de fundos de estatais num empreendimento milionário, e tocar no assunto virou tabu. Se o ex-quase futuro ministro Mangabeira Unger pode ter inviabilizado sua participação no governo por ser considerado "conflito de interesses" ter uma disputa por honorários com uma empresa telefônica que tem participação de fundos estatais, por que o negócio do filho do presidente é considerado normal?

A partir da denúncia do mensalão, passamos a ver sistematicamente o presidente da República a desculpar de maneira pública seus companheiros de aventura política, ao mesmo tempo que se eximia de qualquer envolvimento nos vários casos em que pessoas próximas a ele foram acusadas. E isso envenenou nossa vida pública.

Lula tornou-se um personagem acima de qualquer suspeita. Um mestre em explorar sua história política, sua ascensão social através do esforço próprio, vindo em um pau de arara do Nordeste até São Paulo, numa viagem de 13 dias que não o cansou, como contou agora na Índia, para deleite de seu eleitorado e admiração do mundo, que ainda o tem na conta do operário que deu certo. Somos todos reféns de um mito. E o mito se alimenta do sucesso de uma política econômica que não escolheu, e que, no fim das contas, lhe permite manter os altos índices de popularidade. Toda sua história pessoal, toda sua capacidade de comunicação, toda sua sintonia popular e sua inteligência emocional não serviriam de nada, diante de tantas evidências, se estivéssemos em uma crise econômica.

21/7
NO LIMITE DA IRRESPONSABILIDADE

A reação, com gestos obscenos, do assessor especial da Presidência da República, Marco Aurélio Garcia, à notícia do *Jornal Nacional* de quinta-feira de que a tragédia com o avião da TAM em Congonhas pode ter sido provocada por um defeito na aeronave, além de ser ofensiva à família das vítimas e a todo o país, ainda chocado, revela o raciocínio mesquinho que predomina em setores importantes do governo Lula. Dizer que a reação não foi de comemoração, mas de "indignação" pelas acusações "políticas" ao governo de ser responsável pelo desastre, não melhora a situação de Garcia e de seu assessor, muito menos afirmar que se estivesse em público não reagiria daquela maneira.

Temos aí a admissão de que entre quatro paredes no Palácio do Planalto acontecem coisas, no trato de assuntos de governo, que não podem ser mostradas em público, o que por si só já é preocupante. Um cidadão comum pode ter hábitos e comportamentos dentro de casa que não seriam bem-vistos em público. Mas um homem público não pode ser flagrado em atitudes insólitas e alegar que estava se manifestando "em privado".

Além do mais, a "indignação" extravasada tão cruamente revela que o núcleo decisório do Palácio do Planalto acompanhava os desdobramentos da tragédia com uma preocupação política que superava a visão humana da tragédia que deveria prevalecer em momentos como esses.

Esse sentimento também explica por que o presidente Lula não apresentou de corpo presente suas condolências aos parentes das vítimas, e somente ontem foi à televisão para anunciar medidas que já deveriam ter sido tomadas em algum momento anterior nestes quase dez meses de apagão aéreo.

Mas, sobretudo, a reação de assessor tão graduado demonstra a absoluta falta de informação que ainda predomina no governo a respeito do que realmente está acontecendo no país. Em primeiro lugar, parece claro, mesmo para os leigos, que um avião com reversor com defeito, mesmo que tecnicamente possa passar dez dias "em operação", não deveria ser utilizado, devido a uma margem de segurança que tem que ser mais importante do que a margem de lucro das companhias aéreas.

O mesmo caso se aplica às obras da pista do Aeroporto de Congonhas, que foram entregues antes do prazo por pressão das companhias que lá operam. Se é verdade que o *grooving* não é indispensável para a segurança do pouso, e se também é verdade que a pista estava "operacional", como atestou a Infraero momentos antes do acidente, depois que ela fora interditada por reclamação dos pilotos, que a consideravam muito escorregadia, também é verdade que todos esses procedimentos da Infraero e da TAM demonstram que as operações estão sendo realizadas sem margens de segurança.

Devido ao aumento da demanda, que o ministro do Planejamento atribuiu alegremente à "prosperidade" do país, as companhias aéreas não querem abrir mão de operar em aeroportos centrais como Congonhas, nem reduzir o número de voos. O brigadeiro José Carlos Pereira, presidente da Infraero, que recentemente dissera que nossa malha aérea "foi para o espaço", também disse nestes dias pós-desastre que, se o Aeroporto de Congonhas for fechado, milhões de passageiros ficarão sem condições de viajar.

Ele ontem, ainda sob o choque do desastre, teve a coragem de dizer que o Aeroporto de Congonhas é "um orgulho brasileiro" e, repetindo Guido Mantega, diagnosticou um "surto de crescimento econômico" no país. Ameaçado de perder o cargo nesta reestruturação que está sendo preparada, o brigadeiro parece querer agarrar-se ao posto.

Mas por que ele disse, nos primórdios da crise, que nossa malha aérea fora "para o espaço"? Porque sabia que, desde que a Varig deixou de operar normalmente, havia problemas não resolvidos. A chamada "malha aérea", segundo os especialistas, é um conjunto de rotas servidas por aeronaves e profissionais aeronautas, mais os controladores de voo e seus equipamentos de apoio, que oferece um número determinado de assentos nos aviões para se ir de um lugar a outro. Preservar bem a malha aérea tem papel central no controle de riscos.

Pois nossa malha aérea está sobrecarregada desde que um número menor de aeronaves responde por uma demanda que cresceu rápido, sem qualquer previsão ou antecipação das autoridades. Os especialistas consideram que há um elo de causalidade direta, embora camuflado, entre os fatores que se conjugaram até o trágico acidente da TAM em Congonhas e os eventos anteriores que conduziram à cessação das atividades da Varig, principal responsável pela malha aérea brasileira até o ano anterior.

E essa é a razão por que o assessor especial da Presidência, Marco Aurélio Garcia, não deveria ter comemorado, muito menos daquela maneira, a revelação de que o aparelho da TAM estava com defeito. Está patente a omissão dos diversos órgãos federais encarregados do planejamento do serviço aéreo comercial, como especificado detalhadamente no Código de Aeronáutica e na legislação que criou a Agência Nacional de Aviação Civil (Anac), definida em lei como "órgão responsável" pelo setor.

No artigo 4º está dito que compete à Anac (...) aprovar e fiscalizar a construção, a reforma e a ampliação de aeródromos e sua abertura ao tráfego, observadas a legislação e as normas pertinentes e após prévia análise pelo Comando da Aeronáutica, do ponto de vista da segurança da navegação aérea; (...) e "expedir normas e estabelecer padrões mínimos de segurança de voo, de desempenho e eficiência, a serem cumpridos pelas prestadoras de serviços aéreos e de infraestruturas aeronáutica e aeroportuária, inclusive quanto a equipamentos, materiais, produtos e processos que utilizarem e serviços que prestarem".

Não há dúvidas de quem é a responsabilidade final.

26/9
A MÁQUINA PETISTA

Quando se vê escancarada no noticiário dos jornais a disputa por cargos entre os partidos da base aliada do governo, com a explicitação da troca de apoio como a feita candidamente pelo líder do Partido da

República (PR), Luciano de Castro, e a reclamação de que o PT domina a máquina governamental, tem-se um retrato perfeito da maneira como esse governo de coalizão que reúne 11 partidos das mais diversas tendências está sendo administrado. Disse Luciano Castro, depois da votação em primeiro turno da CPMF na Câmara: "Mostrei todo o bem que já fiz e ainda posso fazer. Estou no purgatório, esperando uma vaga para ir para o céu. A bancada do governo assinou uma nota promissória, e agora espera receber."

Essa realidade política está traduzida na pesquisa "Governo Lula, contornos sociais e políticos da elite no poder", realizada pelo Centro de Pesquisa e Documentação de História Contemporânea do Brasil (Cpdoc) da Fundação Getulio Vargas e coordenada pela cientista política Maria Celina D'Araujo.

A pesquisa, que abrangeu só a administração pública direta, tem números claros: 20% dos cargos mais altos do governo são ocupados por petistas, e 45% dos indicados são ligados à vida sindical. Desde os cargos de Direção e Assessoramento Superior (DAS) 5 e 6 até os de Natureza Especial (NES), são 1.269 posições com os maiores salários do governo federal, de um total de 19.797 cargos.

Segundo os pesquisadores, a tendência é que, à medida que se desça na hierarquia governamental, aumente o número de petistas e sindicalizados.

A cientista política Maria Celina D'Araujo diz que "em termos do perfil geral está muito parecido com o que era antes". Mas se as pesquisas anteriores falavam mais de competência, com o governo Lula o critério partidário ficou mais acentuado.

Embora não existam ainda dados para comparar com os de governos anteriores, comparando com a população brasileira, "a tese que insiste num forte vínculo sindical, social e partidário está correta", conclui o estudo. Constatar isso não significa, ressalva a pesquisa, "falar em melhor ou pior qualidade do governo, mas é um indicador importante para sabermos como os governos se organizam e pensam estrategicamente o seu futuro".

Cerca de 25% dos cargos mais altos da administração pública federal estão em mãos de funcionários filiados a partidos políticos, sendo que 20% são petistas de carteirinha. Desses, um percentual maior está entre os DAS 6 (39,6% de filiados), seguido pelos NES (22,2%), "ou seja, maior o escalão, maior o percentual filiado ao PT".

Os demais ocupantes de cargos de DAS-5, DAS-6 e NES com filiação partidária fazem parte dos "partidos da base", com exceções mínimas de vinculados ao PSDB. Segundo o estudo, estas taxas de filiação partidária são bastante elevadas se comparadas às da população brasileira, que tem apenas 2,6% de filiados em partidos políticos.

Uma característica da arregimentação de petistas para o serviço público federal é que a maior parte deles vem do serviço público estadual ou municipal e dos não servidores, o que leva os pesquisadores a interpretarem que "a convocação de filiados passaria mais pela lógica partidária do que pela experiência profissional".

Em contraposição, a maior parte de filiados a outros partidos vem da esfera federal, o que seria, em princípio, segundo o estudo, um indicador de carreira e profissionalização. O maior número de filiados está na área de desenvolvimento e na Presidência da República. Saúde e Justiça aparecem como as áreas com menor concentração dos filiados. Mas é a área econômica a mais profissionalizada, "pois tem menos filiados a partidos e a sindicalizados e mais pessoas com experiência anterior em cargos similares".

A taxa de sindicalizados é mais expressiva ainda: enquanto a média nacional de trabalhadores filiados a sindicatos é, segundo o Instituto Brasileiro de Geografia e Estatística (IBGE), 14,5%, o estudo mostra que nesses principais cargos do governo é de 45%. O estudo revela ainda que 10,6% fizeram parte de centrais sindicais e 35% participaram de conselhos profissionais, índices bem acima do padrão nacional.

Segundo o estudo do Cpdoc,"se olharmos para os indicadores de associativismo, os resultados são também impressionantes para os padrões brasileiros. Um total de 46% declaram ter pertencido a algum movimento social, 31,8% declaram ter pertencido a conselhos gestores e 23,8% a experiências de gestão local. Apenas 5% pertenceram a associações patronais". O estudo identifica esse grupo como "altamente envolvido com sindicalismo, associativismo profissional e social, experiências de governo local e terceiro setor".

Quando a pesquisa refina a busca para saber o nível de sindicalização e associativismo entre os filiados ao PT, "os números ficam ainda mais densos e a malha associativa torna-se realmente expressiva. Nota-se pelo agregado de informações que uma mesma pessoa pertence a várias tipos de associação. Chama atenção esta rede associativa e superposta em que se envolvem os filiados ao PT, que foge ao contorno dos padrões brasileiros", analisa o estudo.

A alta qualificação educacional desses funcionários, "parece, contudo, indicar profissionalização. No entanto, qualificação não é incompatível com compromissos classistas, sindicais, partidários e ideológicos", analisa o estudo. Mas a alta participação em cargos de DAS e NES de pessoas envolvidas com o movimento sindical e social observada "pode ser uma evidência de que o primeiro governo Lula recrutou quadros em função de compromissos com esses movimentos. Pode ser evidência de clientelismo classista". O estudo é cauteloso ao analisar os resúltados, e não assume nenhuma conclusão.

18/10
"PRINCIPISMO"

Nos últimos dias, a realidade tem se encarregado de obrigar o presidente Lula a, mais uma vez, se aproximar do modelo de governo dos arqui-inimigos tucanos, que passou a vida criticando. Até problemas recorrentes em países tropicais em desenvolvimento, como a dengue, servem para mostrar que as "bravatas" oposicionistas do PT não passavam de jogo de cena eleitoral para enganar incautos. Na campanha de 2002, por exemplo, Lula lançou seu programa de saúde no Rio, alegando que a epidemia de dengue no estado era o exemplo do desleixo maior do governo federal, numa insinuação contra o ex-ministro da Saúde José Serra, seu adversário na disputa. A epidemia foi até atribuída à demissão de mata-mosquitos terceirizados. Cinco anos de governo Lula depois, o ministro da Saúde, José Gomes Temporão, anuncia uma "epidemia nacional" de dengue.

Também a luta incansável pela prorrogação da CPMF mostra que as "bravatas" oposicionistas não passavam disso. A CPMF, imposto inventado pelos tucanos com o nome de contribuição, para não ser dividido com estados e municípios, teve em Lula um adversário ferrenho; ele foi mesmo ao Congresso trabalhar para a bancada do PT não aprová-la.

Lula admitiu recentemente que mudou de opinião ao virar presidente. Depois de justificar a mudança alegando não ser "um poste, mas um ser humano", utilizou-se do jargão político para decretar, com a desfaçatez que só um ex-líder operário poderia ter: "Você não governa com 'principismo'. 'Principismo' você faz no partido, quando pensa que não vai ganhar nunca as eleições. Quando vira governo, governa em função da realidade que tem."

Quando falou assim de público, usando uma linguagem das assembleias partidárias dos anos 1980, quando estava em discussão a formação do Partido dos Trabalhadores, Lula estava mandando um recado a seus correligionários petistas.

Na impossibilidade de encontrar definições que agradassem às várias tendências e a grupos internos, a estratégia do partido acabou sendo subordinada ao que chamam "principismo", uma série de princípios gerais de esquerda.

Em nome desses princípios o PT se recusou durante muito tempo a fazer acordos ou a participar de alianças partidárias — não aceitou entrar na frente oposicionista; inclusive no governo de transição de Itamar Franco, após a queda de Collor, não assinou a Constituição de 1988.

Lula já havia derrubado esse "principismo" quando exigiu a formação de uma aliança política com a direita, através do empresário José Alencar, para afinal chegar ao poder em 2002. E continua se afastando do "principismo", que ainda amarra o PT quando insiste em dar espaço político aos partidos que formam sua coalizão partidária ou ter candidato único à sua sucessão, mesmo que não seja do PT.

E é também para enganar os eleitores "principistas" que Lula diz uma coisa e faz outra. O caso das privatizações é emblemático. Lula recuperou no segundo turno um eleitorado de esquerda porque foi contra as privatizações, acusando o PSDB de "ter mania" de privatizar tudo. Chegou, no primeiro debate na televisão, a questionar o adversário tucano Geraldo Alckmin se eles, "que haviam privatizado tudo, pretendiam privatizar a Amazônia".

O tucano só descobriu muito tempo depois que o governo havia aprovado um projeto de lei complementar que "dispõe sobre a gestão de florestas públicas para produção sustentável", que poucos meses atrás entrou em vigor. Um milhão de hectares da Floresta Amazônica, no Estado de Rondônia, serão privatizados pelo governo em regime de concessão; inicialmente serão arrendados nos próximos meses 220 mil hectares. (...)

2008

19/1
VINTE ANOS DEPOIS...

A relação de dependência do presidente Lula com o PMDB do senador José Sarney cada vez mais se parece com a que o então presidente Sarney teve com o PMDB de Ulysses Guimarães. Recentemente, o próprio Sarney admitiu que Ulysses "mandou muito" em seu governo, a partir do momento em que, internado Tancredo Neves na véspera da posse na Presidência, Sarney assumiu com a interpretação constitucional de que era vice-presidente não de Tancredo, mas da República. Interpretação respaldada, de um lado, pelo saber jurídico, com grande dose de saber político, do ministro Leitão de Abreu. Pelo outro, pelo poder militar do general Leônidas Pires Gonçalves. Mas, sobretudo, pela astúcia de Ulysses Guimarães, que explicou assim ao senador Pedro Simon sua aceitação: "Se não for o Sarney, não serei eu nem ninguém."

Sarney ficou com a Presidência, mas Ulysses era homem forte. Além das presidências da Câmara e do PMDB, partido que formava 80% dos ministérios, tinha a maioria dos parlamentares, e faria nas eleições seguintes todos os governadores. Ulysses, na falta de um vice, era o substituto imediato do presidente e viria a ser presidente da Constituinte.

Mandava e desmandava, a ponto de ter vetado a nomeação do então governador do Ceará, Tasso Jereissati, para o Ministério da Fazenda, quando este já se encontrava a caminho de Brasília, a bordo de um jato, para tomar posse.

Nada como 20 anos depois na política brasileira. A partir da crise do mensalão, em 2005, a influência do senador José Sarney no governo petista, que já era grande desde o apoio dado a Lula contra Serra na campanha presidencial de 2002, passou a ser incontrastável.

Alcançou seu ponto alto com a nomeação do senador Edison Lobão para o Ministério das Minas e Energia, nesta semana, uma nomeação impensável no momento delicado da energia no país, empurrada goela abaixo do PT e do próprio Lula pela persistência de Sarney, que hoje faz com Lula o que Ulysses fez com ele, em aparência mais doce, como é seu estilo de fazer política, mas com o mesmo apetite de poder e determinação.

O presidente Lula já se convenceu de que a manutenção do poder, de maneira imediata nas batalhas do Congresso, e para o futuro na sua sucessão, depende do PMDB e, dentro dele, do senador José Sarney. No entanto, a divisão do butim do governo já denuncia as dificuldades que Lula terá para manter unida sua base parlamentar nos próximos anos, à medida que vai se esgotando seu período de governo.

Mas, sobretudo, anuncia a quase impossibilidade de conseguir tirar dela uma candidatura própria à sua sucessão. A disputa entre PT e PMDB pelos espaços de poder, se não inviabilizar antes essa aliança, ainda mais em ano de eleições municipais, corre o risco de implodir já no próximo ano, quando periga o PMDB estar à frente das duas Casas do Congresso; no Senado, o nome certo é o do próprio Sarney.

O presidente Lula já está convencido de que um candidato com chances de vencer em 2010 não sairá das fileiras do PT, que carece de nomes. E o PMDB, pela primeira vez na história recente, sente-se em condições de encabeçar uma chapa presidencial e cobra o apoio do Palácio do Planalto.

Assim como não abre mão de seus espaços no governo, o PT, porém, não abre mão de uma liderança simbólica da base aliada, mesmo não tendo as maiores bancadas e tendo ficado ferido de morte por sucessivos escândalos. Tudo indica que apresentará um candidato próprio, mesmo que seja para perder.

No momento, a chefe do Gabinete Civil, Dilma Rousseff, é a bola da vez, exposta à visibilidade pública para testar sua viabilidade eleitoral. Já anunciou o megacampo de petróleo Tupi, já chorou em cerimônia pública relembrando tempos de guerrilheira e, embora seja a principal responsável pela política energética do governo que vem dando sinais de fadiga, tem sido poupada ao máximo no momento delicado em que a possibilidade de um apagão torna-se a cada dia mais concreta.

A disputa pelo comando dos postos-chaves do setor de energia é uma antecipação da disputa pelo poder entre o PMDB e o PT em 2010, assim como um eventual apoio do PMDB à candidatura de Marta Suplicy à Prefeitura de São Paulo; pode ser a demonstração de que o PT precisa do PMDB para manter-se no poder.

O que parecia impensável está acontecendo: as diversas alas do PMDB estão razoavelmente apaziguadas, cada uma delas já tendo encontrado seus espaços de poder dentro do governo Lula. Dispostos a mantê-los, conseguem negociar entre si, com o presidente do partido, Michel Temer, o provável futuro presidente da Câmara.

A questão é saber se o PMDB se contentará com o controle do Congresso no ano da sucessão presidencial. E se o PT deixará que o PMDB assuma a direção das duas Casas, abrindo espaço para que se entenda com outra área dissidente da base aliada, a formada pela chamada "esquerda" com PCdoB, PSB e PDT.

Acontece que essa ala já tem pelo menos um candidato na figura do deputado e ex-ministro Ciro Gomes, o que melhor aparece nas pesquisas de opinião no grupo governista. O PDT, dependendo do que acontecer com o enfrentamento de seu presidente, Carlos Lupi, com a Comissão de Ética da União, pode permanecer na aliança ou lançar novamente o senador Cristovam Buarque, refletindo o racha que já existe na base parlamentar do Senado.

Sem Lula na disputa, todos se consideram com chances de vencer. Até mesmo dentro do PSDB essa perspectiva alimenta ambições insuspeitadas até então, como a do senador Arthur Virgílio, que se lançou pré-candidato. E o mais provável é que dessa sensação nasça a divergência, tanto na base aliada quanto no PSDB.

21/2
LULA E A ÉTICA PÚBLICA

Não foi a primeira vez, nem será a última, que o presidente Lula tenta desculpar publicamente um aliado seu que teve que deixar o governo por malversação do dinheiro público. Ontem, ele alegou que a ex-secretária da Integração Racial Matilde Ribeiro "não cometeu crime nenhum", mas apenas "falhas administrativas" no uso do cartão corporativo. Falhas tais como gastar "por engano" R$ 461,16 em um free shop ou usar o cartão corporativo para pagar despesas de R$ 2.969,01, no período de 17 de dezembro de 2007 a 1º de janeiro, quando estava oficialmente de férias. No total, as "falhas administrativas" da ex-ministra custaram aos cofres públicos, em 2007, R$ 171,5 mil.

Essa permanente disputa entre a ética e a atividade política não é uma exclusividade brasileira, nem do atual governo. Mas esta é, sem dúvida, uma administração que não teme o confronto com os valores da sociedade brasileira, respaldada pela popularidade do presidente e em sua capacidade de banalizar a questão ética.

A recente pesquisa da Sensus, que mostrou os índices formidáveis de aceitação pessoal de Lula junto à população, revelou também que mais de 70% da maioria que estava informada sobre o caso dos cartões corporativos consideram que ele tem o potencial de afetar a imagem do presidente.

Como o bom desempenho da economia favorece o amortecimento da indignação com os desvios de dinheiro público, Lula vai levando adiante seu governo sem se incomodar com a CPI do Cartão, como disse recentemente. Mas cuida de controlar todos os postos importantes da comissão para continuar sem ter razões para se preocupar.

Como esse é assunto recorrente, também eu, volta e meia, retomo a questão da ética na política, e me utilizei já mais de uma vez dos comentários do Norberto Bobbio sobre a "ética da responsabilidade" de Max Weber, como fiz ontem.

Pois o ex-ministro Marcílio Marques Moreira, presidente da Comissão de Ética Pública e do Conselho Consultivo do Instituto Brasileiro de Ética Concorrencial (ETCO), no prefácio de um livro sobre a "cultura das transgressões", aborda o tema de "nossa leniência com a impunidade, com os desvios éticos, com a malandragem e mesmo com faltas mais graves".

Ele, que está no centro de uma polêmica com o ministro do Trabalho, Carlos Lupi, que resiste a deixar de acumular o cargo com a presidência do PDT, deixa claro nesse texto o que pensa sobre a relação da política com a ética.

Sem citar Lula diretamente, Marcílio aborda os diversos argumentos utilizados para justificar o que identifica como "tendência de exculpar *in limine* as figuras envolvidas": desde as alegações de que as transgressões acontecem a 500 anos, até a necessidade de assegurar a "governabilidade" em sistema político de "presidência de coalizão".

"A ética dos princípios seria apropriada apenas aos políticos da oposição, cujas ações, por natureza, seriam inconsequentes. Ao político no governo caberia uma responsabilidade e uma ética própria, independente de 'principismos' ou 'moralismos formalistas', formas hipócritas de agir na política", resume Marcílio.

Citando Norberto Bobbio, Marcílio ressalva que "só em circunstâncias realmente excepcionais — em casos em que a exceção confirma a regra — é que o fim pode justificar os meios". Mas destaca a advertência de Bobbio: "Só quando o fim vise à efetiva consecução do bem-comum."

Mesmo para Maquiavel, os meios precisam ser justificados pela busca das "grandes coisas" ou "pela saúde da pátria". E isto, "quando não se tratar de potenciais ditadores, que se arrolem — como os acometidos recentemente de arroubos bolivarianos — em salvadores da pátria buscando, sobretudo, ampliar seu próprio poder".

Marcílio serve-se de uma definição de cortante ironia de San Tiago Dantas para colocar em perspectiva essa "consecução do bem-comum": "Querer salvar é sublime, julgar-se um salvador, é ridículo."

27/2
O ILUSIONISTA

Uma capacidade inegável do político Luiz Inácio Lula da Silva, certamente adquirida nos tempos de líder sindical, é equilibrar-se nas palavras mais do que nos fatos. E sua trajetória na vida pública mostra que a estratégia tem dado certo. É assim que ele trata como "um probleminha" a crise do gás com a Bolívia, ou como "um tumorzinho" o desmatamento da Amazônia, sem considerá-lo o câncer que realmente é. Quando lhe convém, por outro lado, engrandece os feitos de seu governo, mesmo à custa da realidade. Foi o que fez ao comemorar na ONU a redução do desmatamento, quando já tinha informações de que ele havia crescido novamente.

É o que acontece com a propalada extinção de nossa dívida externa, "um novo grito de independência", segundo Lula. Entusiasmado com o próprio feito, o presidente Lula chegou a dizer que agora já é hora de o país voltar a se endividar para fazer investimentos na infraestrutura. À primeira vista, a frase não faz sentido, mas ela reflete menos uma irresponsabilidade retórica de Lula e mais uma esperteza política, como veremos.

Definir o que é "zerar a dívida externa brasileira" não é tarefa fácil. Ao final de 2007, as reservas brasileiras estavam em US$ 180,3 bilhões, e já em janeiro o governo tinha um saldo de quase US$ 7 bilhões, somando-se todos os ativos financeiros em moeda estrangeira. Há, porém, quem prefira definir o nível de exposição do país incluindo o total de investimento de terceiros feito aqui, tanto capital de risco quanto capital de empréstimo.

Por esse critério, existiriam cerca de US$ 45 bilhões de investimentos de multinacionais que geram remessas de lucros para o exterior. Essa conta passou a ser considerada como investimento de multinacionais, e não empréstimos, o que reduziu a dívida externa total. O governo Lula não tem nada a ver com essa mudança de critério, e muito economista bom acha que o critério antigo não faz sentido. Mas o debate mostra que a "zeragem" da dívida externa não é uma definição pacífica.

Por outro lado, não há lógica no anúncio de que o país pode voltar a se endividar, pois a dívida interna líquida do governo está altíssima, era 37% no final do governo Fernando Henrique (que a pegou em torno de 20%, por sinal) e chegou a 51% do PIB pelo critério antigo de medição do IBGE. Pelo critério novo, deve estar na casa dos 43% do PIB, muito longe do nível considerado aceitável tecnicamente, que é de 30% do PIB.

Portanto, o governo não tem condições de se endividar. O que leva o presidente Lula a fazer afirmação tão extemporânea? Tudo indica que ele já tenha sido avisado por sua equipe econômica de que a situação de credor é temporária, e muito provavelmente voltaremos a recorrer a dinheiro do exterior para os investimentos necessários ao crescimento econômico.

Como não temos poupança interna que permita investimento com recursos próprios, basicamente devido ao modelo muito caro de previdência social que escolhemos, a tendência é as empresas privadas se endividarem, e também recorrermos a empresas estrangeiras para realizar os investimentos necessários.

Não é por acaso que já estamos com déficit de conta corrente, pois o dólar barato está incentivando as importações de máquinas e equipamentos, o que é um bom sinal, mas traz consigo o endividamento.

O governo, pois, deveria voltar suas energias para reduzir a dívida interna, cujo crescimento muitos críticos, como o ex-presidente do Banco Central Affonso Celso Pastore, atribuem a uma política equivocada de troca da dívida externa por dívida interna, mais cara. Reduzir a dívida atrelada ao dólar e trocá-la por dívida em real é correto teoricamente, mas na prática mostrou-se uma decisão cara, pois a Selic continua muito alta e o dólar desvalorizou-se. Há quem avalie em 5% do PIB o custo dessa decisão.

O pagamento antecipado da dívida ao FMI e do Clube de Paris, que ajudou na extinção virtual de nossa dívida externa, entra no mesmo plano de trocar dívida barata por cara, embora fosse um movimento considerado correto pela maioria dos economistas. Apresentado como uma libertação do jugo internacional, o pagamento não passaria de uma política simbólica. Não só porque essa dívida é o dinheiro mais barato que um país pode obter, como porque as normas do FMI continuam regendo nossa economia.

A mesma ilusão o governo passou ao anunciar a autossuficiência do petróleo em abril de 2006, Lula imitando Getulio Vargas com as mãos sujas de petróleo. A Petrobras diz que a marca foi atingida em outubro, mas a meta de obter média anual acima do consumo só viria em fevereiro do ano seguinte. Passados quase dois anos, o país já produz, de fato, um excedente de barris. Mas parte dessa produção é de óleo pesado, que não pode ser usado em nossas refinarias.

A autossuficiência, portanto, não significa que o país já se baste com seu petróleo, muito menos que lucre com ele. Devido à diferença de cotações entre o petróleo pesado que o Brasil vende, mais barato, e o leve, que importa e é mais nobre, o saldo da balança comercial de petróleo segue negativo. Segundo os especialistas, somente entre 2010 e 2015, quando os novos campos de óleo leve como o de Tupi entrarem em produção, o país conseguirá zerar, de fato, as perdas.

O próximo presidente poderá dizer que na sua gestão o Brasil tornou-se um país exportador de petróleo, um sócio potencial da OPEP.

Mas os méritos não serão apenas dele, como a descoberta de Tupi não foi um mérito apenas do governo Lula. Todos os avanços obtidos são louváveis, e devem-se a um processo econômico em curso há muitos governos, que o presidente Lula teve a sabedoria de não interromper, como ameaçou durante toda a sua vida política de bravatas oposicionistas.

29/2
VISÕES DE ESTADO

O maior problema para um eventual acordo entre PT e PSDB está na maneira de encarar o papel do Estado no desenvolvimento brasileiro. A disputa pela CPI do Cartão Corporativo não é apenas mais um lance da luta pelo poder entre os dois grupos que lideram a política nacional nos últimos anos, mas a tentativa petista de blindar as investigações de uma das muitas facetas do "aparelhamento" do Estado feito pelo PT e seus aliados da base parlamentar. A contraposição à tese de que os "conservadores" abusaram da máquina pública nos últimos 500 anos, muito difundida entre os petistas, seria a de que, além de denunciar os abusos, esses pseudoprogressistas punissem quem usou de maneira ilegal a máquina pública e não repetissem as mesmas coisas, acobertados pela aparência de isenção. CPIs existem para investigar irregularidades, e há indícios de que muitas foram cometidas com os cartões.

Esses gastos abusivos, esse desperdício de dinheiro público, é o complemento do "aparelhamento" da máquina do Estado. Se somarem os empregos públicos às nomeações políticas com os gastos corporativos, vão ver como o Estado está sendo usado por grupos políticos.

Existem, segundo informações do próprio Palácio do Planalto, nada menos que 11.510 cartões com diversas autoridades federais. A ocupação dos cargos públicos por petistas e aliados, por outro lado, é uma realidade política que está detalhada na pesquisa "Governo Lula, contornos sociais e políticos da elite no poder", realizada pelo Centro de Pesquisa e Documentação de História Contemporânea do Brasil (Cpdoc) da Fundação Getulio Vargas e coordenada pela cientista política Maria Celina D'Araujo.

A pesquisa, que abrangeu só a administração pública direta, tem números claros: 20% dos cargos mais altos do governo são ocupados por petistas e 45% dos indicados são ligados à vida sindical.

Desde os cargos de Direção e Assessoramento Superior (DAS) 5 e 6 até os de Natureza Especial (NES), são 1.269 posições com os maiores salários do governo federal, de um total de 19.797 cargos. Segundo os pesquisadores, a tendência é que, à medida que se desça na hierarquia governamental, aumente o número de petistas e sindicalizados.

A união entre petistas e tucanos seria natural se predominasse entre os dois grupos políticos uma visão de Estado semelhante, para evitar o fisiologismo de uma base partidária que, tanto nos governos tucanos quanto na era Lula, usa e abusa da repartição de cargos públicos para garantir seu apoio político.

A organização do Estado brasileiro, no entanto, é diametralmente oposta na visão dos dois partidos. E o PT tem na prática a mesma atitude diante da máquina pública que seus aliados, só que alega que a ocupação é feita por ideologia, e não por interesses secundários.

Acusado de defender um "Estado mínimo", que teria, na visão petista, desbaratado o Estado brasileiro, o PSDB na verdade quer é um Estado "regulador", que é diferente do Estado "interventor". Essa definição do governador de São Paulo, José Serra, significa que "abandonando formas excessivas de intervenção estatal na economia, defende, no entanto, que existem setores da economia e da sociedade que, se não forem regulados pelo Estado, não funcionarão em benefício da coletividade e do desenvolvimento".

A reforma do Estado, iniciada no governo Fernando Henrique Cardoso, com o enxugamento da máquina pública e a valorização das chamadas "carreiras de Estado", foi completamente alterada pela gestão Lula, com uma visão expansionista do funcionalismo público que criou quase 200 mil novos cargos.

Em 2002, no término do governo Fernando Henrique Cardoso, a administração federal dispunha de 810 mil trabalhadores. Desde que Lula tomou posse até o meio do ano passado foram contratados 190 mil servidores, e hoje já existe mais de 1 milhão de funcionários na folha de pagamento do governo.

2/5
NO RUMO CERTO

A decisão da agência de risco Standard and Poor's de dar ao país um selo de qualidade em relação à sua capacidade de pagamento das dívidas nos coloca no mesmo nível dos demais países emergentes considerados as futuras potências econômicas, como a Rússia, a Índia e a China. Houve um período, por volta de 2006, em que alguns analistas internacionais defendiam que a sigla Bric, criada pelo banco de investimentos Goldman Sachs para identificar esses futuros líderes mundiais, deveria perder o B de Brasil, que não conseguia deslanchar sua economia. Hoje o país está firmando sua posição entre as grandes economias do mundo, mas precisa dar novos passos, realizar as reformas estruturais, porque continuamos com deficiências graves na saúde, na educação, na infraestrutura.

Temos ainda muita coisa para fazer para atingir a situação de país realmente desenvolvido. Estamos no último estágio dos países considerados seguros para investidor. Entramos no ano passado no grupo dos países de alto desenvolvimento de acordo com o Índice de Desenvolvimento Humano (IDH) da ONU, mas ainda somos os últimos dos primeiros, isto é, o Brasil ocupa o 70º lugar na lista dos desenvolvidos.

O IDH é uma medida relativa do bem-estar de uma população que leva em conta fatores como alfabetização, educação, esperança média de vida, natalidade. Os progressos mais acentuados do país foram registrados entre 1995 e 2000, quando o índice aumentou 4,78%, passando de 0,753 a 0,789.

O aumento entre 2000 e 2005 foi de 1,39%, o que nos levou a 0,800, índice mínimo para um país ser considerado no grupo dos de alto desenvolvimento. Esse avanço deveu-se, sobretudo, à distribuição de renda realizada por meio do Bolsa Família e outros programas assistencialistas do governo.

O Brasil tem conseguido, assim, unir os avanços sociais ao econômico, e está hoje entre as dez maiores economias do mundo. Estudo da Comissão Econômica para a América Latina e o Caribe (Cepal) realizado em 12 países da América Latina mostra, no entanto, que a redução da pobreza e da indigência ocorreu em todas as nações da região, com a maior parte dos países registrando média de mais de 5 pontos percentuais de redução entre 2000 e 2006. O Brasil, segundo a Cepal, teve redução de 4,2 pontos percentuais em ambos os indicadores entre 2001 e 2006.

O grande avanço na educação ocorreu com a universalização do ensino fundamental, na gestão tucana, mas ainda não conseguimos avançar na melhoria da qualidade do ensino. Os estudantes brasileiros estão entre os piores do mundo em matemática, leitura e ciências.

Ontem mesmo, um estudo da Unesco mostrou que o índice de repetência dos alunos brasileiros do ensino fundamental só é menor que os de países da África. A deficiência em nosso sistema educacional, aliada à corrupção, falta de segurança, alta carga tributária, o excesso de burocracia e uma taxa básica de juros de dois dígitos, fazem com que o Brasil perca a competitividade em relação aos outros emergentes.

Segundo o IMD, respeitado instituto suíço de economia que mede a competitividade internacional, apenas 15 países estão perdendo terreno para os Estados Unidos, entre eles o Brasil, enquanto nossos parceiros de Bric estão reduzindo essa diferença.

No Ranking de Competitividade Global elaborado pelo Fórum Econômico Mundial, uma das referências internacionais para avaliar as condições de investimentos de cada país, entre 131 países, o Brasil caiu do 66º para o 72º lugar.

Após dez anos da mesma política econômica, depois de 14 anos do Plano Real, chegamos na antessala do primeiro mundo. Com o crescimento do PIB nos últimos anos, retomamos um patamar mais próximo da média histórica de 5% do que dos 2,5% dos vinte anos anteriores. E provavelmente melhoraremos nossos indicadores em relação aos demais países.

Numa demonstração de mentalidade colonizada, o presidente Lula classificou a decisão da agência de risco internacional como "a chegada do Brasil ao patamar de país sério", numa resposta póstuma à ironia do General De Gaulle, a quem se atribui a frase "o Brasil não é um país sério".

Essa mudança de status da economia brasileira tem dois aspectos, o coletivo e o individual. O país teve avalizada sua atuação econômica, dando confiança aos investidores de que tem condições de pagar suas dívidas, decorrência de um processo continuado que vem desde a estabilização com o Plano Real.

Portanto, é uma política de governo que vem sendo implementada há pelo menos dez anos, desde que, em 1999, com a desvalorização do Real, implantaram-se as bases de uma política econômica: câmbio flutuante, metas de inflação e equilíbrio fiscal.

Não era razoável, porém, imaginar-se que Lula fosse um estadista e encontrasse lugar em seu discurso de autoelogio para lembrar que sem as medidas tomadas no governo de seu antecessor não estaríamos onde estamos hoje.

Se bem que o ex-ministro Antonio Palocci, no auge de seu sucesso no comando da Fazenda, teve a grandeza de destacar publicamente, em diversas ocasiões, que, sem o saneamento dos bancos, sem a política de metas de inflação e, sobretudo, sem a Lei de Responsabilidade Fiscal, não teríamos progredido tanto na economia. Palocci chegou a dizer, certa vez, que Malan "merecia uma estátua" por tudo que fizera, atraindo os petistas que viviam a falar da "herança maldita".

A continuidade dessa política, especialmente levando-se em conta que ela foi mantida por um partido que chegou ao poder vindo da oposição, e não os arroubos políticos megalômanos, é o que marca o amadurecimento do país. As instituições são permanentes e independem do governo do momento. Do ponto de vista político, no entanto, é claro que essa é uma vitória que vai para a conta individual do presidente Lula. E é natural que assim seja.

6/5
MEMÓRIA SELETIVA

O presidente Lula parece estar testando o limite de sua popularidade, vendo até que ponto pode chegar sem suscitar reações negativas na maioria do eleitorado. Ou então resolveu desafiar a opinião pública, que refletiria apenas o pensamento da elite, pela qual se sente rejeitado, apesar de todos os avanços econômicos. Ou então é que nem o Chacrinha, veio para confundir. Não há outra explicação para as verdadeiras provocações que vem fazendo, dia após dia, nos comícios, assim definidos pela ministra Dilma Rousseff, para lançamentos de obras do Programa de Aceleração do Crescimento (PAC). A própria existência desses comícios em si já é uma afronta à legislação eleitoral. Mas o que dizer de seus discursos, cada vez mais megalômanos e com sutilezas políticas que, se escapam da opinião nacional, não passam despercebidos pelos formadores de opinião?

Ontem mesmo repetiu uma frase emblemática dos tempos da ditadura do governo Médici. "Ninguém segura este país", alardeou Lula ao falar do grau de investimento que a agência de risco Standard and Poor's deu ao Brasil. Certamente não foi sem querer. Como anteriormente Lula já elogiara em público o planejamento dos governos Médici e Geisel.

Pode ter sido uma maneira sutil de enviar recado aos militares, que parecem incomodados ultimamente com as reservas indígenas, o aumento de salário, as transgressões constantes do MST, toleradas pelo governo em nome de uma democracia que vai sendo corroída pela leniência com que a quebra da ordem é tratada.

Por outro lado, Lula considera que uma das tarefas de sua gestão é levantar a autoestima do povo brasileiro, e volta e meia retoma medidas que parecem voltar no tempo. Em 2004, a secretaria de Comunicação de Governo e Gestão Estratégica (Secom) lançou uma campanha para estimular o uso de objetos, de símbolos e de ações que exaltassem a data de 7 de setembro, incentivando o sentimento de patriotismo do povo brasileiro.

O marqueteiro Duda Mendonça, que ainda não surgira como envolvido no escândalo do mensalão, preparou uma campanha publicitária cujo slogan era "Ninguém segura a força desta nação".

A frase repetida ontem pelo presidente Lula foi criada pela famigerada AERP, a assessoria de relações públicas chefiada pelo coronel Octavio Costa, que tinha por objetivo "motivar a vontade coletiva para o esforço nacional de desenvolvimento", "fortalecer o caráter nacional", estimular o "amor à pátria", a "dedicação ao trabalho", a "confiança no governo" e a "vontade de participação". Muitos slogans foram criados na época: "Ninguém segura o Brasil", o mais famoso, e o "Ame-o ou deixe-o", o mais odioso.

O mote do presidente Lula de que "nunca antes neste país" aconteceram coisas tão boas tem a ver com o espírito daquela época, que hoje ele exalta, uma obsessão da imagem grandiosa do Brasil, a exaltação que tudo aqui era "maior" e "melhor". E essa obsessão com os governos militares vem de longe.

Basta lembrar que José Dirceu, quando ministro-chefe do Gabinete Civil, rebateu a comparação que faziam com o general Golbery do Couto e Silva, a eminência parda do governo Geisel, dizendo que o que ele queria mesmo era "ser o Reis Velloso", numa referência ao ministro do Planejamento criador do II Plano de Desenvolvimento Econômico, que Lula não apenas elogia, mas com o qual compara indevidamente o PAC.

Imaginem o PT na oposição e algum político, de preferência do PSDB, fazendo esse tipo de comparação com valores e referências da ditadura militar. Ou então que um presidente qualquer dissesse, como Lula fez recentemente, que os governos de Médici e Geisel não podem ser julgados "por um gesto ou dois, mas sim pelo conjunto do que fizeram".

O governo Lula não tem apenas a memória seletiva. Há também a "herança maldita" seletiva. Na parte econômica, a continuação e até mesmo o aprofundamento das medidas ortodoxas nos levaram ao grau de investimento seguro, mas o governo atribui todas as virtudes à sua gestão, esquecendo-se do que foi feito antes. Como Lula mesmo repete, há 500 anos ninguém faz tanto quanto ele pelo país.

Mas ontem a ministra Dilma atribuiu à "herança maldita" o fato de o PAC não deslanchar. Segundo ela, o governo Lula, já no seu sexto ano de existência, ressente-se da má qualidade dos projetos de infraestrutura herdados dos governos anteriores.

Quando dá certo, como na economia, é por virtudes intrínsecas ao governo popular. Quando não funciona, as causas são extrínsecas.

Ao mesmo tempo, Lula continua a incensar a tese do terceiro mandato consecutivo. Para quem se diz tão visceralmente contrário a ele, o presidente Lula poderia ser considerado um desastrado por insistir em afirmar em público que não é possível a nenhum político realizar tudo o que é necessário em "quatro, oito, dez" anos, como voltou a fazer ontem.

Há sempre um assessor muito próximo para garantir que não existe segunda intenção nesses comentários, e que o presidente Lula sempre se surpreende quando os jornais editam sua fala dando destaque justamente a esse ponto. Como Lula pode ser tudo, menos ingênuo politicamente, não há por que acreditar que ele não queira um terceiro mandato. (...)

10/5
ENFIM, O DOSSIÊ

É de conhecimento comum entre os políticos o aforismo que diz que, em política, só há dois fatos importantes: o fato consumado e o fato novo. Parecia fato consumado o fim da CPMI do Cartão Corporativo diante da constatação generalizada de que a ministra Dilma Rousseff havia se saído tão bem no seu depoimento, na Comissão de Infraestrutura do Senado, que não havia mais condições políticas de prosseguirem as investigações. Foi o que disse o presidente do Senado, Garibaldi Alves, logo após as dez horas de depoimento.

É certo que a ministra não se saíra bem do ponto de vista objetivo, já que, mais uma vez, não conseguira explicar o caso do dossiê, e mantivera uma versão estapafúrdia de que um quinta-coluna da oposição havia manipulado o banco de dados para produzir um falso dossiê para comprometê-la.

E também é verdade que ficara evidente que o Programa de Aceleração do Crescimento, o PAC, é mais um factoide do que realmente um plano estratégico de desenvolvimento do país. Todas essas ressalvas foram devidamente registradas em meus textos.

Mas, como os representantes da oposição, com raras exceções em alguns momentos, não conseguiram fazer com que prevalecesse essa percepção, a ministra tivera uma vitória política formidável, que certamente a fortaleceu dentro do governo e como possível candidata à sucessão de Lula.

Aí surgiu o fato novo, que a oposição não conseguira criar durante o depoimento da ministra, mas que a TV Globo levou para todo o país no *Jornal Nacional* na noite seguinte, menos de 24 horas depois.

Revelando que estava identificado o funcionário do Gabinete Civil que fizera "vazar" o dossiê, a notícia mudou o curso do debate, a começar pelo fato de que, com a confirmação da sua existência, fica a ministra entre duas posições: ou foi traída por um assessor, ou está mentindo.

Na primeira hipótese, seria preciso que José Aparecido Nunes Pires, da Secretaria de Controle Interno da Casa Civil, tivesse intencionalmente montado um dossiê com os dados sobre os gastos do ex-presidente Fernando Henrique Cardoso para divulgá-lo com o objetivo de criar embaraços para sua chefe atual. Por que faria isso?

Sendo um militante petista com vastos serviços prestados ao partido, José Aparecido só poderia estar desempenhando alguma missão política de um determinado grupo partidário, qual seja prejudicar a ministra Dilma Rousseff, apontada como possível candidata do partido à sucessão de Lula. O quinta-coluna seria, portanto, não oposicionista, mas petista mesmo, mais um episódio de fogo amigo dentro do PT.

O ex-ministro José Dirceu, que levou José Aparecido para dentro do Palácio do Planalto, garante que não tem nada a ver com o episódio, mas há controvérsias. No governo, há quem acredite que ele está, sim, metido na manobra, incomodado com a visibilidade da sua sucessora e, mais ainda, tentando inviabilizar sua eventual candidatura.

Neste caso, o governo teria obrigação de vir a público denunciar o servidor e providenciar sua punição. Mas tudo parece se encaminhar para uma solução entre amigos, com o funcionário retornando ao Tribunal de Contas da União e com a garantia de que sua carreira não será prejudicada.

Mais uma vez, aquele que tem condições de revelar o que aconteceu nos bastidores recebe do partido e do governo as garantias de que nada sofrerá se ficar calado. E assim deve acontecer quando ele for depor na CPMI do Cartão Corporativo.

Mas e se a ministra Dilma Rousseff estiver mesmo mentindo desde o início e o dossiê foi confeccionado a mando dela, para contra-atacar a oposição, que denunciava o uso abusivo de cartões corporativos pelo governo Lula e havia conseguido a demissão de uma ministra?

Essa possibilidade foi deixada em aberto pela própria ministra, segundo relato de Elio Gaspari, não desmentido: "Quem ouviu a ministra Dilma Rousseff no jantar do Iedi de 20 de fevereiro, numa sala reservada do restaurante DOM, em São Paulo, não teve a menor dúvida: ela informou que o governo estava coletando dados para incriminar o governo de FFHH na farra dos cartões corporativos. Como já se passou mais de um mês, não é possível assegurar qual foi a palavra exata da comissária. Pode ter sido 'coletando', 'juntando' ou 'levantando'. O tom era policial. Quando Dilma mostrou seus poderes aos trinta industriais reunidos no DOM, a companheira Erenice Alves Guerra já havia reunido sua tropa de elite no Palácio do Planalto".

Fora o fato de que o senador Agripino Maia, mesmo tendo sido desastrado em sua pergunta, estaria correto no receio de que a ministra mentisse mesmo na democracia, o vazamento do dossiê seria, assim, uma traição à ministra, com a mesma intenção anterior de prejudicá-la, mas neste caso com uma diferença fundamental: o dossiê existia, fora mandado fazer com a intenção precípua de intimidar a oposição.

O petista histórico José Aparecido, orientado por alguém ou por conta própria, viu na sua divulgação antecipada uma oportunidade de prejudicar Dilma. E por isso aproveitou-se do conhecimento com um assessor do senador oposicionista Álvaro Dias para alertá-lo para a estratégia que estava sendo montada no Gabinete Civil.

Há ainda uma outra hipótese, a meu ver a mais frágil: o e-mail enviado por Aparecido ao assessor de Álvaro Dias já era, em si, a chantagem. Ao enviar a mensagem "olha o texto", ele não estaria denunciando o dossiê, mas mandando um recado à oposição sobre o que o Gabinete Civil já havia levantado contra o ex-presidente tucano.

Em todas as hipóteses, o que menos importa é se o senador Álvaro Dias foi ou não a fonte para a divulgação do dossiê. Só seria relevante se o funcionário que o tivesse vazado fosse mesmo um tucano infiltrado no governo. Nesse caso estaria configurada uma ação clandestina de sabotagem ao governo por parte de um oposicionista.

Como quem vazou o dossiê foi um "petista histórico", não há possibilidade de haver dúvidas: ou foi fogo amigo, ou foi chantagem política. Ou os dois. Cabe agora à Polícia Federal, ao final do inquérito, definir as responsabilidades de cada um.

11/5
LULA "SE ACHA"

São Tomás de Aquino considerava a soberba a raiz de todos os pecados. Na política, ela leva à arrogância e ao abuso do poder, é o contrário do espírito democrático. O presidente Lula, do alto de uma crescente arrogância alimentada pelos recordes de popularidade, está "se achando", como dizem os mais jovens: se acha em condições de dar palpites sobre tudo, de decretar quem merece perdão e quem merece críticas e — sobretudo e mais perigoso — se acha com poderes para escarnecer da legislação em vigor no país. Sexta-feira, em Salvador, chegou a dizer um palavrão em público — e não é a primeira vez — criticando a lei eleitoral que dificulta suas viagens pelo país. Em verdadeiros comícios políticos para lançamento de obras do Programa de Aceleração do Crescimento (PAC), ele finge ensinar ao povo como deve se comportar para não ferir a lei eleitoral.

Quando a torcida organizada começa a gritar o nome da ministra Dilma, ele se faz de desentendido, como outro dia em Manaus: "(...) a gente não pode transformar num ato de campanha. É um ato oficial, é um ato institucional. (...) vocês viram que eu, por cuidado, não citei nomes. Vocês é que, de enxeridos, gritaram nomes aí. Eu não citei nomes."

Nesse mesmo comício em Salvador em que disse o palavrão, o presidente resolveu criticar o Tribunal de Contas da União (TCU) e o Ministério Público, por supostos entraves que imporiam à execução de obras, e defendeu até a alteração da Lei das Licitações, uma legislação que foi criada depois dos escândalos do governo Fernando Collor, exatamente para coibir a corrupção.

"É preciso mudar. Não pode continuar do jeito que é, porque aqui no Brasil se parte do pressuposto de que todo mundo é ladrão", decretou o presidente, para quem "o TCU, na verdade, quase que governa o país, porque diz que obra pode, que obra não pode ser executada".

O problema é que o presidente Lula — que já passou a mão na cabeça em público dos mais diversos políticos acusados de corrupção ou de gastos indevidos, desde "o nosso Delúbio" até o famigerado Severino Cavalcanti ou o governador do Ceará, Cid Gomes, que levou a sogra para passear na Europa por conta do Erário — se incomoda quando os organismos institucionais atuam para fazer o contraponto exigido pela democracia, que é o sistema de governo de pesos e contrapesos para controlar o equilíbrio entre os Poderes.

Foi o TCU, um órgão do Poder Legislativo, por exemplo, que levantou os gastos exorbitantes dos cartões corporativos e exigiu maior transparência nas prestações de contas.

Agora mesmo a revista *Época* revela que o TCU está investigando, pela primeira vez, as contas secretas com cartões corporativos da Agência Brasileira de Inteligência (Abin), ligada à Presidência da República, e descobrindo uma série de gastos com notas frias e outros que simplesmente não têm comprovantes, a pretexto de pagamento de informações.

Com relação à Lei de Licitações, no mesmo momento em que o presidente começa uma campanha pública para alterá-la, estamos diante de um dos maiores escândalos dos últimos tempos, com liberações irregulares de verbas para prefeituras pelo Banco Nacional de Desenvolvimento Econômico e Social (BNDES) envolvendo um esquema de fraudes em licitações que inclui membros do conselho da estatal indicados por políticos sindicalistas, como o presidente da Força Sindical, Paulo Pereira da Silva, o Paulinho.

Na sua compulsão oral, como bem definiu a senadora Kátia Abreu, o presidente Lula se mete a dar palpites em tudo e, no espaço de uma semana, nos deu novas mostras de como pode ser incoerente por não se dar limites.

Num dia, criticou "a mídia", que estaria fazendo sensacionalismo e condenando os pais antes do julgamento, na cobertura do caso do assassinato da menina Isabella Nardoni. Não passou nem uma semana e o mesmo Lula condenou o júri popular que absolveu, num segundo julgamento, o fazendeiro Vitalmiro Moura, o Bida, acusado de ser o mandante do assassinato da freira Dorothy Stang.

O novo presidente do Supremo Tribunal Federal, ministro Gilmar Mendes, colocou as coisas nos devidos lugares ao rebater a tese presidencial de que a absolvição prejudicaria a imagem do Brasil: "Quer dizer que o resultado da condenação é que atenderia à boa imagem do Brasil? E se de fato essa pessoa for inocente? Eu não disponho de dados, talvez o presidente disponha."

São diversos fatos, acontecidos nos últimos dias, que repetem comportamentos do presidente num crescendo de autoestima que se acentua à medida que as pesquisas de opinião parecem dar a ele uma popularidade inatacável.

Não há dúvida de que grande parte desse desempenho se deve a seu carisma pessoal, à sua maneira direta de se dirigir ao distinto público, numa ligação que poucas vezes foi registrada na vida política do país.

Mas há a vida real que segue, e o patrimônio mais valioso de seu acervo político é a melhoria de vida dos mais necessitados, mesmo que se discutam as maneiras como ela está sendo alcançada, se é uma situação transitória ou lastreada em mudanças estruturais.

Seja como for, essa melhoria de vida está sendo ameaçada pela inflação, que afeta mais justamente as classes de renda mais baixas. Não abrir os olhos para esse perigo é uma das consequências da soberba.

13/5
(DES)CONTROLE

Foi o sociólogo Chico Oliveira, um dos fundadores do PT que rompeu com o partido ainda no começo do primeiro mandato do governo Lula, quem chamou a atenção para a irrelevância da política nos dias atuais, para ele um fenômeno irreversível. A supremacia da economia e dos interesses individuais em detrimento do coletivo seria uma característica do atual estágio do capitalismo, e o governo Lula estaria se utilizando, por um lado, dos programas assistencialistas, e de outro da cooptação dos "movimentos sociais", para praticar o que considero talvez o maior mal que seu governo está fazendo ao país, já ressaltado aqui na coluna: a esterilização da política.

A partir do controle dos partidos através da distribuição de cargos e de métodos mais radicais como o mensalão, o governo Lula neutralizou a ação congressual, montando uma enorme aliança política com partidos completamente distintos programaticamente, mas com um ponto em comum: nenhum deles dá mais valor ao programa do que aos benefícios que possa obter apoiando o governo da ocasião.

Ao mesmo tempo, o governo tratou de controlar os chamados "movimentos sociais" com verbas generosas e espaços de atuação política quase sempre neutros, popularmente conhecidos como "oposição a favor".

A política sindical é o melhor exemplo dessa neutralização dos eventuais adversários. A Força Sindical, de Paulo Pereira, deixou de disputar poder com a CUT e juntas ampliaram o espaço de atuação sindical. A mais recente manobra nesse sentido foi incluir na distribuição da verba do imposto sindical obrigatório as centrais sindicais.

Por outro lado, já está se transformando em pensamento único a percepção de que o presidente Lula é um espertíssimo político que não é páreo para uma oposição desastrada e abúlica. Esse endeusamento da "esperteza" política é outra característica dos tempos atuais, e existe a certeza nos meios governistas de que o "efeito teflon" que faz com que nenhuma crítica "cole" no presidente se deve a essa sua capacidade de se comunicar com a massa do eleitorado, que o entenderia mais do que a qualquer outro.

O próprio presidente teria comentado que não adianta a oposição falar em "dossiê", porque o povo não sabe o que significa. A suposta derrota dos formadores de opinião na reeleição do presidente Lula seria um sintoma de que o povo estaria do seu lado contra a "elite". Há indicações, no entanto, de que esse fenômeno tem razões muito mais palpáveis e prosaicas, e nem é tão novo assim.

O presidente Lula estaria apenas repetindo um comportamento antigo dos líderes políticos, da esquerda à direita, que se aproveitam das necessidades prementes da maioria da população para tirar vantagem eleitoral delas.

Segundo o historiador José Murilo de Carvalho, a "opinião popular", que reúne a maioria do eleitorado, "vive no mundo da necessidade" e votará "muito racionalmente" em quem julga capaz de ajudá-la.

Enquanto isso a "opinião pública", constituída pelos cidadãos organizados, se torna minoritária. Para o historiador, a consolidação de nossa democracia só virá "quando a opinião pública se transformar em opinião nacional".

O sociólogo Alberto Carlos Almeida veio acrescentar mais lenha a essa fogueira com uma nova pesquisa no livro *A cabeça do eleitor*, no qual analisa 150 eleições de vários níveis para chegar a uma conclusão parecida com a de Murilo de Carvalho: a lógica do eleitor brasileiro é votar para manter o governo que considera que melhorou sua vida, ou para derrotá-lo, se acha que sua vida piorou.

É a versão cabocla da máxima "é a economia, estúpido", do marqueteiro americano James Carville. Questões morais subjetivas, ou até mesmo casos de corrupção, só serviriam para derrotar governos que já estavam derrotados pelos problemas da economia.

O presidente Lula seria, nesse sentido, um "neocoronel" com tecnologia moderna, pois se é verdade que está promovendo uma distribuição de renda através de programas assistencialistas acompanhados por uma inflação baixa e o aumento do salário mínimo, seu governo está fazendo muito pouco para garantir que essas mudanças sejam perenes, ancoradas em alterações estruturantes da sociedade.

E, sobretudo, toda sua maneira de fazer política vai de encontro à ideia de transformar a "opinião popular" em "opinião pública", emancipando o povo. Ao contrário, como definiu Chico Oliveira, os projetos do governo se transformam em instrumentos de controle, restaurando uma espécie de clientelismo que dispensa a ação política. "É pelas suas carências que você é classificado perante o Estado", definiu em entrevista Oliveira.

Todo esse contexto explica por que, mais uma vez, o governo parece que conseguirá se safar de outro escândalo político, o do tal "dossiê" sobre os gastos do ex-presidente Fernando Henrique Cardoso.

O grave é que essa história de dossiê só tem importância pelo jogo bruto da política que ela revela, uma questão tão subjetiva que não passa no crivo da "opinião popular".

Mais uma vez setores do governo se sentem autorizados a promover manobras políticas rasteiras contra seus adversários e tudo indica que ficarão impunes.

No mesmo espírito do dossiê sobre o governo anterior, que foi montado para evitar as investigações da CPI dos Cartões Corporativos sobre os gastos do governo Lula, para se defender os governistas apontam o dedo inquisidor para os processos que tucanos de Goiás estão respondendo, por abuso do poder econômico.

Ou ameaçam levar para dentro do Congresso as investigações que se desenrolam na Suíça sobre corrupção em obras públicas em São Paulo em governos do PSDB. Como se uma mão lavasse a outra. Por esse critério, o país vai à breca rapidamente.

14/5
O "EU IDEAL"

A comparação do lulismo com o peronismo fica cada vez mais forte à medida que o presidente Lula vai exacerbando sua faceta populista e, desprezando a intermediação institucional, acelera a estratégia de ligação direta com o eleitorado com comícios permanentes para o lançamento do Programa de Aceleração do Crescimento (PAC), um programa de obras eleitoreiro que passa por cima até mesmo de ícones do petismo, como a ex-ministra Marina Silva, e de questões centrais, como a política para o meio ambiente, para concretizar o sonho do Brasil grande, potência mundial, uma obsessão dos governos militares retomada pelo governo do líder sindicalista.

A autoestima exagerada é um fenômeno psíquico que provoca o sentimento de onipotência, o qual, segundo o psicanalista Joel Birman, faz o seu possuidor acreditar estar acima das regras que o constrangem ou, na linguagem psicanalítica, ser o "eu ideal", que tem as respostas para tudo. Na política, a autoestima exagerada pode produzir ditadores ou, no nosso caso, uma versão pós-moderna do caudilhismo latino-americano.

A centralização das ações políticas em torno da figura do líder é o que faz o PT não ter tido qualquer outro candidato a presidente que não fosse Lula desde 1989 e, depois de quase seis anos de poder, não ter nenhum candidato viável num governo bem avaliado popularmente.

A aventura do terceiro mandato consecutivo está inserida nesse contexto de tentativa de utilizar instrumentos democráticos como os plebiscitos para perpetuar no poder dirigentes com características de caudilho.

É o caso de Hugo Chávez na Venezuela, que veste com perfeição o estereótipo do caudilho, pois, além de ser um líder populista, ainda por cima é militar.

Historiadores consideram que o PT pós-Lula, em vez da saída proposta pelo governador Aécio Neves, de conciliação política com o PSDB para uma espécie de governo de união nacional, pode ter o mesmo destino do peronismo argentino, com diversos grupos disputando o espólio político do lulismo, assim como no peronismo houve espaço para o radicalismo de esquerda dos montoneros e também para o conservadorismo de direita de Menem.

Não teria sido por acaso, portanto, que o presidente Lula, não havendo condições políticas de lançar dona Marisa Letícia como sua sucessora, como fez agora Nestor Kirchner na Argentina, na melhor tradição peronista (basta lembrar que Perón fez presidentes Evita e Isabelita, suas mulheres), procurou na figura de uma mulher, a ministra Dilma Rousseff, uma candidata que teoricamente seria neutra para seu projeto político, que, se dizia, era o de retornar em 2014.

Aparentemente foi abandonada a ideia, por inviável, de que um sucessor aliado aceitaria realizar apenas um mandato, para permitir o retorno do "líder". O próprio Lula teria comentado que não queria fazer de seu sucessor "um inimigo". A história demonstra que dificilmente um político eleito, mesmo que tenha sido um "poste", aceita a ideia de submissão eterna ao "chefe" político.

Recentemente, os ex-prefeitos Luiz Paulo Conde, do Rio, e Celso Pitta, de São Paulo, que se voltaram contra seus "criadores", Cesar Maia e Paulo Maluf, respectivamente, são bons exemplos.

O general Golbery do Couto e Silva, guru político de toda uma geração de militares e planejador do projeto de distensão política quando chefe do Gabinete Civil do governo Geisel, chegou a essa conclusão depois de ver o general João Baptista Figueiredo, que ele e Geisel fizeram presidente da República para continuarem conduzindo o processo de abertura democrática, atuando com toda independência e sob novas influências políticas.

"Quando o sujeito sobe a rampa do Palácio do Planalto com aqueles soldados todos batendo continência, chega lá em cima convencido de que está ali por seus próprios méritos, e sempre haverá alguém para garantir isso a ele", dizia, irônico, Golbery.

Também em comum com o peronismo é a crescente influência sindicalista no governo Lula, um processo bem típico, segundo o professor de História Contemporânea da UFRJ, Francisco Carlos Teixeira, do período pós-Segunda Guerra Mundial, no qual há a combinação de longas permanências de partidos operários no poder com o estado de bem-estar social.

Vai acontecer então o que Francisco Carlos chama de "colonização" das estruturas do Estado por esses partidos. "Eles ocupam amplos espaços no Estado e perdem qualquer *élan* revolucionário, como o peronismo na Argentina e o PT no Brasil".

Segundo ele, mesmo que mantenham uma retórica obreirista, "a moldagem da ação política é sindicalista, de negociação para resultados, estão disponíveis para acordos que representem uma doação ou aquisição de alguma fatia do butim que o estado de bem-estar social cria em vários países".

Essa aristocracia operária, que o sociólogo Chico Oliveira classificou de "nova classe", acaba rapidamente criando esses nichos coloniais dentro do Estado. "O objetivo deles não é político no sentido antigo, de um projeto de Estado, mas é setorial". Na análise de Francisco Carlos Teixeira, esse processo ocorreu claramente com o Solidariedade, na Polônia, e com o PT.

Como tem como alavanca os sindicatos e todas as organizações que derivam do sindicato, esse tipo de governo, segundo Francisco Carlos, "não consegue ter um planejamento do Estado como um todo. As propostas para a mudança ficam barradas pelos interesses setoriais que colonizaram o Estado".

O interessante é que o candidato Lula, em 2002, aparece em uma passagem do documentário de João Moreira Salles, *Entreatos*, chamando Lech Walessa, o líder operário polonês do Solidariedade e posteriormente presidente da Polônia, de "pelegão". Mas, hoje, quem é acusado de pelego é o próprio Lula.

21/5
FILME B

Quem assistiu às quase oito horas da sessão de ontem da CPI dos Cartões Corporativos teve uma boa ideia de como funcionam os bastidores da política em Brasília. Personagens aparentemente irrelevantes na cena política, como assessores legislativos, tornam-se centrais não como assessores, mas como atores políticos de uma rede de intrigas que envolve encontros quase secretos em restaurantes, suspeitas de gravações de conversas, mensagens trocadas, documentos sigilosos enviados "por descuido" ou intencionalmente, cadeias hierárquicas quebradas por (in)fidelidades políticas, amizades traídas.

Os dois principais envolvidos, José Aparecido, da Casa Civil, ligado a José Dirceu, e André Fernandes, assessor do senador tucano Álvaro Dias, mas com passado petista, tinham motivos para ressentimentos. Aparecido, levado ao posto quando José Dirceu era chefe da Casa Civil, mal tinha contato com a atual ministra Dilma Rousseff, e, pelos rumores, sentia-se menosprezado. Poderia ter vazado o dossiê para prejudicar as perspectivas políticas de Dilma.

Já André Fernandes enviou seu currículo para Aparecido no início do governo Lula, em 2003, numa demonstração de que pleiteava uma nomeação. Segundo Aparecido, ele queria uma subsecretaria no Ministério do Planejamento. Pela versão governista, traiu seu amigo e vazou o documento para se vingar do governo.

Um enredo, enfim, de filme de espionagem tipo B, com atores de quinta categoria. A tal ponto o clima de filme *noir* tomou conta da sessão, que o relator da CPMI, o petista Luiz Sérgio, deixou-se levar pela ânsia de descobrir mensagens cifradas na troca de e-mails entre os dois personagens principais da farsa, o "petista histórico" José Aparecido e o assessor "tucano" Antonio André Fernandes.

Por duas vezes caiu no ridículo no papel de *Sherlock*. Diante de uma mensagem de André para Aparecido que dizia "te ligo na quinta", sobre um convite para almoçar, Luiz Sérgio perguntou se a resposta não estava em código.

Mais adiante, ele pensou que havia, afinal, descoberto o código. E, com um ar muito sagaz, perguntou a José Aparecido o que significava a sigla "sds" com que invariavelmente André encerrava suas mensagens por e-mail. Diante da espantada resposta de que provavelmente significava "saudações", Luiz Sérgio pareceu frustrado, tirando sorrisos até mesmo do depoente.

As intrigas de bastidores tomaram conta da sessão, e a situação, aliás com acerto do ponto de vista político de sustentar a posição do governo de não permitir que a ministra Dilma Rousseff ou sua principal assessora, Erenice Guerra, fossem envolvidas na feitura e divulgação do dossiê, ateve-se a discutir a natureza da amizade entre Aparecido e André, algumas vezes chegando perto da grosseria.

O deputado pernambucano Silvio Costa, do PMN, assumiu o papel de defensor intransigente e truculento do governo, "um governista radical" como ele mesmo se classificou. A tal ponto governista que em determinado momento montou uma tese segundo a qual o vazamento do documento acontecera para prejudicar o presidente Lula, no que foi rechaçado veementemente pelo petista histórico José Aparecido, que sustentou a esdrúxula tese de que o dossiê saiu de sua máquina, mas ele não se lembra de tê-lo mandado.

Costa ainda tentou outra explicação, a de que Aparecido mandara o dossiê para provar ao PSDB que não havia dossiê. Foi novamente repudiado por Aparecido e chegou à caricata conclusão de que o ex-funcionário da Casa Civil estava com "dedo torto" naquele dia.

O que seria uma chantagem política fica transformado em um mero descuido, uma falha humana, nas suas próprias palavras. A explicação é tão ridícula que outro governista radical, o suplente de senador Wellington Salgado, mostrou-se desanimado com a tarefa de defendê-lo.

Tentou até uma outra escapatória, sugerindo que Aparecido teria mandado o dossiê de alguma forma enganado por seu amigo. Mas Aparecido manteve-se firme na defesa de que não tinha ideia de ter mandado o dossiê, embora reconhecendo que os laudos do Instituto Técnico eram conclusivos.

O assessor do senador Álvaro Dias também ajudou a criar um clima de pastelão com sua maneira simplória de avaliar sua atuação nos bastidores da política. E deixou dúvidas no ar ao ficar claro que só avisou a Álvaro Dias, seu chefe imediato, cerca de dez dias depois, alegando que estava de férias.

O próprio senador, confrontado com declaração sua à CBN de que pedira a André Fernandes para conseguir o dossiê, cuja existência estava sendo revelada em diversas notas em jornais e revistas, deu uma explicação inconvincente, ajudando a dar força à tese governista de que Aparecido na verdade havia sido enganado por André.

Apenas o senador Arthur Virgílio, líder do PSDB, e o deputado Carlos Sampaio, também do PSDB, foram ao cerne da questão: a existência do dossiê estava confirmada pelas características físicas do relatório enviado, por descuido ou não, de um gabinete da Casa Civil para o gabinete do vice-líder da oposição no Senado.

E quem deu as ordens para confeccioná-lo foi a vice-ministra Erenice Guerra. André Fernandes, o assessor do senador Álvaro Dias, declarou que Aparecido, muito nervoso, garantiu a ele, em almoço com duas testemunhas, que a ordem para a confecção do que chamou de "banco de dados seletivo" partiu de Erenice Guerra.

E Aparecido confirmou isso indiretamente, sem pronunciar uma só vez os nomes Erenice ou Dilma, ao citar o secretário de administração da Casa Civil, Norberto Temóteo, como quem requisitara os funcionários para ajudar na montagem do dossiê, que chamou o tempo todo de "banco de dados". Como Norberto é subordinado diretamente a Erenice, fica clara a cadeia de comando. Mas, como disse José Agripino Maia, somente a Polícia Federal, se agir como instituição realmente republicana, poderá definir as responsabilidades.

2010

24/1
A NOVA CLASSE

A forte participação do PT e de sindicalistas, especialmente os ligados à Central Única dos Trabalhadores (CUT), na máquina pública federal, analisada no livro *A elite dirigente do governo Lula*, da cientista política Maria Celina D'Araujo, com a colaboração de Camila Lameirão, não está limitada apenas aos cargos de confiança do serviço público, mas se espalha até a direção dos maiores fundos de pensão do país.

A análise da composição da diretoria executiva e do conselho fiscal dos três maiores fundos de pensão — Previ (Banco do Brasil), Petros (Petrobras) e Funcef (Caixa Econômica Federal) no segundo governo de Fernando Henrique Cardoso e nos dois de Lula — mostra uma presença constante e, praticamente na mesma intensidade, de petistas nos cargos de comando desses fundos. O que confirma que o PT e os sindicatos passaram a lidar com o tema de forma mais profissional a partir dos anos 1990, para ocupar parte significativa desse campo de direção.

A Previ, o maior fundo de pensão do Brasil, tinha, em dezembro de 2008, 175.995 participantes, e seus investimentos eram da ordem de R$ 116,7 bilhões.

A Petros, o segundo maior fundo de pensão brasileiro, em novembro de 2008 tinha 128 mil participantes e patrimônio em torno de R$ 39,2 bilhões.

A Fundação dos Economiários Federais, a Funcef, no fim de 2008 tinha patrimônio ativo superior a R$ 34 bilhões, e o número de participantes chegava a mais de 100 mil.

Entre 1999-2008, o trabalho catalogou 39 dos 51 dirigentes da Previ, 23 de um total de 28 da Petros, e 24 para um conjunto de 34 da Funcef, num total de 86 dirigentes, sendo que apenas dez eram mulheres.

Analisando a presença de filiados a partidos entre os nomeados em cada um dos três governos, o estudo constatou que, no segundo mandato de Fernando Henrique, 20,6% (7 das 34 pessoas) eram filiados a partidos, enquanto nos dois governos de Lula os percentuais são de 24,3% (9 das 37 pessoas) e 20% (3 das 15 pessoas), respectivamente. Todos do PT.

O estudo mostra que a filiação a partidos, embora significativa, não é tão expressiva quanto a vinculação com sindicatos. Durante o segundo mandato de FHC, das 34 pessoas identificadas como ocupantes de cargos na diretoria executiva e no conselho fiscal dos três fundos, 14 eram sindicalizadas, ou seja, 41,2%.

No primeiro governo Lula, temos 37 pessoas nomeadas, e o percentual sobe para 51,3%. No segundo há 15 pessoas indicadas e, delas, 66,6% são sindicalizadas. A presença sindical cresce expressivamente com a posse de Lula, e aumenta no seu segundo governo.

Através de diferentes fontes de informação, os pesquisadores conseguiram apurar dados sobre filiação partidária e sindical do grupo de 86 pessoas entre os 113 nomeados a partir de 1999.

Quanto a partidos, as taxas de filiação são semelhantes às encontradas entre os 505 ocupantes de DAS, cargos de confiança no serviço público. Para estes foi encontrado um índice de 24,7% de filiados, enquanto entre os 86 dirigentes de fundo de pensão chegou-se a 22,1%.

O percentual de dirigentes filiados a partidos em cada um desses fundos varia de 17% a 21%, e todos são filiados ao PT. Dentre eles, a maior parte (oito) cabe à Previ. Os dados sobre filiação a sindicatos mostram números um pouco superiores aos da amostra de 505 DAS dos dois governos Lula.

Nessa amostra, a filiação era de 40,8%, e entre os dirigentes dos fundos de pensão é maior que 50% nos casos da Previ e da Petros. A Funcef apresenta o menor índice de sindicalizados, ou seja, apenas dez das 24 pessoas ali identificadas, cerca de 40%.

Comparando-se a sindicalização e a filiação a partidos, a superposição não é tão marcante quanto a verificada na amostra de DAS, que é de 39,3%. Embora metade desses dirigentes tenha filiação sindical, apenas 15 pertencem ao mesmo tempo a um sindicato e ao PT, o que significa que, entre os 86 dirigentes em questão, cerca de 17,5% são sindicalizados e filiados ao PT.

O trabalho de Maria Celina D'Araujo, realizado quando ela era pesquisadora do Cpdoc da Fundação Getulio Vargas, no Rio de Janeiro, mostra que o PT e os sindicatos brasileiros, de início arredios em participar dessa atividade, caracterizada como engrenagem do "capitalismo financeiro global", começaram a pregar a necessidade de uma mudança de postura.

O próprio Lula, no início do primeiro governo, afirmava que o movimento operário precisava compreender o papel dos fundos de pensão. Segundo a cientista política Maria Aparecida Jardim, já em 1996, a Associação Brasileira das Entidades de Previdência Privada (Abrapp) aproximou-se de importantes lideranças do PT por meio dos sindicatos dos Metalúrgicos e dos Bancários de São Paulo.

O livro não trata disso, mas os sindicalistas que passaram a controlar esses fundos de pensão foram chamados de "a nova classe" pelo sociólogo Chico Oliveira, fundador do PT e hoje um dissidente.

Sob a teorização de que o controle dos fundos de pensão era necessário para criar "uma nova solidariedade" e o "capitalismo popular", o que se vê é uma briga de foice entre grupos sindicalistas para controlar os grandes negócios em que os fundos estão metidos.

Entre os maiores, se destaca o Previ do Banco do Brasil, que tem participação em 70 empresas e direito a indicar nada menos que 285 conselheiros. Quem o preside desde o início do governo Lula é o ex-trotskista Sérgio Rosa, oriundo da Confederação Nacional dos Bancários.

Membros do governo Lula oriundos do sindicalismo bancário e do movimento trotskista, como os ex-ministros Luiz Gushiken e Ricardo Berzoini, presidente do PT, têm grande influência.

Um exemplo dos grandes negócios dos fundos de pensão dominados pelos sindicalistas é a fusão das telefônicas Brasil Telecom e Telemar na nova Oi, que colocou em posições contrárias o então todo-poderoso chefe da Casa Civil, José Dirceu, contra Luiz Gushiken, com o banqueiro Daniel Dantas no meio da disputa.

Bolsa Família

2003

24/8
FUNDO SOCIAL

O governo Lula está começando a definir melhor sua face social, que pretende que seja o seu diferencial em relação aos governos anteriores, especialmente os imediatamente anteriores, os dois mandatos de Fernando Henrique Cardoso, a quem ultrapassar parece ser um dos objetivos principais. Não apenas porque já se começam a fazer os primeiros movimentos da sucessão presidencial como também porque a relação pessoal entre os dois, de amor e ódio, assim o determina.

E não é apenas na área social propriamente dita que Lula pretende marcar sua presença, refazendo praticamente tudo o que fora feito antes, dando a sua cara aos programas, unificando-os à sua maneira e fazendo questão de anunciar que o que fora organizado antes estava tudo errado.

Para que não digam que apenas dá continuidade à política anterior, uma das críticas que mais o tocam, ele está disposto a ligar medidas econômicas a ações sociais, com o objetivo de reduzir as desigualdades e dar um tom original à condução da economia.

A necessidade de manter um superávit primário tão alto quanto possível nos próximos oito anos, conforme o ministro da Fazenda, Antonio Palocci, já adiantou a um grupo de deputados do PT — o que, indiretamente, confirma que os planos do governo abrangem pelo menos dois mandatos, mesmo Lula se dizendo contrário à reeleição — é uma barreira às ações no campo social, e por isso, enquanto corta verbas dos ministérios, o governo trata de ser criativo para encontrar maneiras de colocar a iniciativa privada, e mesmo os governos estaduais, a apoiar os programas como o Fome Zero.

Os governadores já estão se queixando de que o governo praticamente os obriga a aderir a programas sociais anunciados sem prévia combinação, sob pena de serem acusados de se recusarem a participar de iniciativas que visam a reduzir as desigualdades regionais.

O programa de incentivo industrial, com corte do IPI para compra de máquinas e equipamentos, por exemplo, será implementado exigindo contrapartidas sociais das indústrias beneficiadas, tais como apoio ao programa de combate ao trabalho infantil; fazer com que a indústria farmacêutica participe de programa de levar remédios para as classes mais carentes; e a integração da indústria têxtil ao programa de distribuição de uniformes escolares para a rede pública.

Também na área dos acordos internacionais o governo vai buscando, aqui e ali, dar uma dimensão social aos programas que assina, e é esse o motivo de tentar, junto com o FMI, a desvinculação dos investimentos em infraestrutura do cálculo oficial de superávit primário.

Embora a medida não represente grande aporte de recursos, já que apenas algumas poucas estatais poderiam ser incluídas no programa — a Petrobras já está liberada desde o último ano do governo de Fernando Henrique — a liberação daria um tom político importante a um futuro acordo com o FMI. O Brasil ser tratado pelo mesmo critério que o Fundo usa para os países europeus, por exemplo, seria uma demonstração de confiança importante.

O Brasil, hoje, é um dos principais exemplos — se não o único — de que um acordo com o FMI pode dar certo. Interessa, pois, ao Fundo, que a economia brasileira floresça, para que a instituição se veja livre da acusação de que suas orientações escravizam países que com ela assinam acordos e que suas exigências só visam a garantir o pagamento da dívida aos credores internacionais, sem que os interesses nacionais sejam levados em consideração.

Quando o presidente Lula diz que o Brasil não tem necessidade de assinar um novo acordo com o FMI no final deste ano, tem razão de dizê-lo com orgulho. Formalmente, isso quer dizer que já temos condições de levar adiante uma política econômica por conta própria, sem monitoramentos externos. A própria definição do superávit primário em 4,25% sem que o FMI exigisse foi uma demonstração de coragem do governo, que assim deixou clara sua disposição de não transigir no controle fiscal.

No entanto, continuaremos pelos próximos anos dependendo de um superávit primário alto e de fluxo de capitais externos para reduzir a relação dívida/PIB, e um acordo formal com o FMI daria uma garantia adicional de que esses recursos viriam, e, além do mais, a um custo baixo.

Havendo interesse dos dois lados, é possível chegar-se a um bom acordo, e talvez o governo consiga algo inédito: fazer com que um acordo com o FMI contenha, além de cláusulas econômicas, cláusulas sociais, o que faria o organismo internacional, pela primeira vez, incentivador direto de avanços sociais.

A tese, até hoje prevalente, de que uma economia organizada e equilibrada gera desenvolvimento e, em consequência, melhorias sociais para a população contém a premissa de que países como o Brasil e a Argentina primeiro têm que sofrer restrições para, um dia, usufruírem as benesses do desenvolvimento econômico.

Essa tese, porém, faz com que o FMI fique com a imagem no carrasco dos países subdesenvolvidos e sócio dos credores internacionais. Não seria nada mau, nesse contexto, que entre as cláusulas de um novo acordo houvesse metas de saneamento básico ou de reforma agrária.

30/9
O EFEITO DUDA

Tudo indica que o Palácio do Planalto vai ter grandes problemas para convencer estados e municípios a unificar os programas sociais sob a bandeira única do Bolsa Família, com a chancela do governo federal. Especialmente às vésperas das eleições municipais. O encontro de hoje com os governadores, para apresentar o cruzamento dos cadastros dos programas federais e estaduais, vai se realizar num clima de desconfiança generalizada.

Tudo porque reuniões preliminares com os secretários estaduais indicaram que a intenção do governo é unificar não apenas os cadastros, e não apenas os seus programas, mas também os programas dos estados e dos municípios, juntando tudo num grande pacote social.

A secretária estadual de Desenvolvimento Social de São Paulo, Maria Helena Guimarães de Castro, resume bem o pensamento dos governos estaduais com a observação que fez para Ana Fonseca, a coordenadora do novo programa: "O governo federal tem o esquema Duda Mendonça, os estados e municípios não têm. E tudo vai entrar na fatura do governo federal."

Evidentemente está havendo uma reação. Cada estado e município tem seus programas próprios e peculiares, e ninguém está disposto a abrir mão de suas práticas específicas para atrelá-las aos programas federais.

Vai ser bastante difícil ampliar o volume dos recursos usando dinheiro de estados e municípios. O que o presidente Lula vai encontrar pela frente é uma resistência política, porque os governos, especialmente os municipais, querem ter a autoria dos programas, querem ter uma cara para apresentar ao eleitorado.

A antropóloga Ruth Cardoso, que coordenava a chamada rede de proteção social, formada por esses programas nos governos de seu marido, o ex-presidente Fernando Henrique, lembra que essa "sempre foi uma negociação muito difícil quando se começou a implantação das bolsas, do cartão. Tivemos que vencer muitas resistências".

Ela dá o exemplo da prefeita de São Paulo, a petista Marta Suplicy, que "não aceitava distribuir o cartão federal, só aceitava se tivesse a chancela dela". E acabou criando seu próprio programa Bolsa Escola. O problema político vai aparecer, e é difícil convencer a todos os prefeitos de que devem rezar pela mesma cartilha.

Segundo dona Ruth, "essa unificação é desejável, mas ela implica complicações técnicas de controle difíceis de serem superadas". Além das questões políticas:

"As mães recebem a Bolsa Escola e os filhos têm que estar estudando. O controle disso já é difícil, é precário. Vamos supor que a mãe tire o menino da escola. Ela vai perder o auxílio para o gás, ou o auxílio alimentação para os filhos que estão fora da idade escolar?"

A unificação dos programas era uma meta no governo Fernando Henrique, mas estava-se tentando resolver primeiro problemas pelo meio do caminho. Dona Ruth acha que, apesar dos problemas, o sistema montado é bastante eficiente:

"Não dá para começar tudo de novo, já são 21 milhões de bolsas no Brasil inteiro", lembra ela, satisfeita com as informações que recebeu de que o governo, depois de dizer que os cadastros estavam malfeitos, decidiu validá-los: "Evidentemente nenhum de nós acha que os cadastros eram perfeitos. Estava-se fazendo um enorme esforço de controle. Mas eram decentes", garante.

Uma das maiores críticas do presidente Lula ao esquema anterior era que os ministérios disputavam entre si os programas sociais.

Dona Ruth não vê problema nisso e acha que o correto seria juntar os benefícios, mas não os programas, "mesmo porque seria uma loucura". O Bolsa Escola, coordenado pelo Ministério da Educação, "era bem administrado, tinha uma rotina que funcionava bastante bem. O cadastro é muito bom", diz ela.

Já o Peti, que combate o trabalho infantil, que fica com o Ministério de Assistência Social, "é um outro tipo de administração e tinha um cadastro duvidoso, porque foi feito com as prefeituras, e com as ONGs". Ela diz que em alguns lugares funciona muito bem, já em outros há problemas de controle: "Nenhum de nós pode garantir que o cadastro seja perfeito, que a prefeitura não tenha metido lá uns amigos do prefeito. Mas é o melhor que deu para fazer", garante.

A proposta que deve prevalecer na reunião de hoje é que os estados e municípios, de posse desse cadastro único, façam ações complementares, como oferecer acesso a microcrédito a essas famílias mais pobres ou organizar programas de capacitação e geração de rendas.

2004

9/3
FOME ZERO A PERIGO

Há em marcha dentro do governo um choque de visões sobre o encaminhamento dos programas sociais que pode se tornar a próxima crise anunciada. E desta vez atingindo um dos principais ícones do governo Lula, o programa Fome Zero.

Criado para ser a referência do governo na área social, o Fome Zero perdeu-se na burocracia dos primeiros momentos e acabou sacrificando seu principal articulador, o ex-ministro Francisco Graziano. Paradoxalmente, no entanto, continua sendo a principal marca do governo Lula, aqui e no exterior.

Em todas as pesquisas de opinião o Fome Zero aparece como o ponto mais positivo do governo. E no exterior, a figura de Lula continua ligada à sua luta pela erradicação da fome.

O próprio presidente se encarrega de difundir essa imagem, fazendo reuniões com o secretário-geral da ONU e dirigentes de países europeus, na tentativa de mobilizar uma campanha internacional de combate à fome, que tem no Programa Fome Zero seu espelho e principal motivador.

O mais recente elogio internacional que ganhou foi do então diretor-gerente do Fundo Monetário Internacional (FMI), Horst Köhler. Esses elogios podem até não fazer jus ao programa, que ainda é mais uma boa intenção do que uma realidade palpável, mas mostram a força de sua mensagem e seu potencial mobilizador das populações carentes, na opinião dos que, dentro do Governo, ainda o têm como seu principal programa social.

O Fome Zero deveria ser alavancado pelo Bolsa Família — a união de vários programas existentes como o Bolsa Escola, o Vale-Gás, o Bolsa Alimentação —, e não o contrário, alegam seus defensores.

Embora no organograma oficial as secretarias que cuidam do Fome Zero e do Bolsa Família tenham a mesma importância, há quem veja na ação de Ana Fonseca, adjunta do ministro indicada pelo Palácio do Planalto e primeira organizadora do Bolsa Família, uma tendência a transformar este programa no carro-chefe da ação social do governo.

Por outro lado, as críticas feitas pelo ministro Patrus Ananias no fim de semana aos comitês gestores que funcionam nos mais de dois mil municípios em que o Fome Zero já está implantado, levantam mais uma vez a disputa entre os grupos de "ideológicos" e pragmáticos, ou "eleitoreiros", dentro do governo.

Os comitês gestores são formados por voluntários da comunidade em cada município, e como definiu um integrante do governo favorável a eles, são "os olhos e os ouvidos" da comunidade. Esse grupo considera que não existe "nada mais petista" do que esses comitês, que têm poder acima das prefeituras na fiscalização da aplicação dos recursos do Fome Zero.

E é aí que se dá o choque de visões de mundo entre os que são favoráveis à autonomia dos comitês gestores e os que querem um controle maior das prefeituras sobre esses comitês.

De que PT estamos falando quando se afirma que os comitês são o que há de mais petista no Fome Zero? E que o próprio Fome Zero é o maior símbolo do governo Lula? Os que, como Graziano e Frei Betto, assessor especial da presidência, idealizaram o programa de segurança alimentar, partiram do princípio de que as comunidades locais controlariam a sua execução.

E ele só seria implantado no município onde o comitê gestor estivesse funcionando, para que os cadastros não fossem manipulados eleitoralmente. Na raiz da criação desse mecanismo está a desconfiança de que os políticos utilizariam o símbolo do governo Lula para suas negociações, sejam eleitoreiras, sejam simplesmente corruptas.

A estatística que mostra que 70% dos municípios brasileiros têm problemas com o Tribunal de Contas da União (TCU) fortalece essa decisão, que agora começa a ser contestada pelo novo ministro do Desenvolvimento Social, com argumentos puramente políticos. (...)

O fato é que, especialmente em um ano eleitoral, o governo não quer afrontar os prefeitos, explicitando um preconceito latente em certos setores.

O objetivo estratégico do PT era alcançar nas eleições municipais o controle de mil prefeituras, o que quintuplicaria sua força municipal — nas eleições de 2002 ficou com pouco mais de 180 prefeituras, em cidades médias e grandes, o que lhe deu o controle de apenas pouco mais de 3% do total de municípios.

Alcançando essa ampliação de seu poder municipal, o PT necessariamente deixaria de ser um partido das capitais e grandes cidades para enraizar sua força no interior. Programas acusados de assistencialistas, como o Bolsa Família e o Fome Zero, levariam para os municípios a legenda do PT, e estaria montado um grande quadro de apoio nos pequenos municípios para viabilizar a reeleição de Lula.

A crise política desencadeada com as denúncias de corrupção do ex-assessor do Palácio do Planalto, Waldomiro Diniz, porém, fez o governo mudar de planos. Agora, as estimativas oficiais apontam para um objetivo mais modesto de dobrar o número de prefeituras, chegando ao máximo de quinhentos municípios com a bandeira do PT.

11/3
NOVAS DIRETRIZES

Cada vez mais a sensação que se tem acompanhando o governo Lula é que o PT assumiu o governo sem ter programa para a maioria das áreas. Com exceção da economia e das relações exteriores, que têm diretrizes claras, delas gostemos ou não, as demais áreas não apresentam programas consistentes e patinam em discussões intermináveis que não se traduzem em diretrizes e projetos de governo. Todas aquelas reuniões filmadas para a campanha eleitoral, todos aqueles livrinhos que Lula brandia na televisão, afirmando que tinha resposta para tudo, perderam-se na poeira. Sem falar que boa parte daqueles figurantes das reuniões petistas estão hoje na oposição.

Até parece que tudo era apenas uma montagem para Duda Mendonça melhor vender a imagem do novo Lula. Na área social, onde mais se aguardava a marca do governo, a ineficiência das ações chega a ser surpreendente.

Já se trocou o ministro da Educação, já se mudou a concepção dos programas sociais, o ministro da Saúde, Humberto Costa, está a um passo de ser substituído devido a incompetência, na segunda leva de reforma ministerial que advém, e tudo continua parado, saindo da estaca zero mais de um ano depois de iniciado o governo.

Não bastasse a mania de alguns ministros da primeira equipe de mudar programas que estavam dando certo apenas para não dar continuidade ao que o governo tucano havia começado — onde há a continuidade, que é na área econômica, o PT reage —, agora também os novos ministros alteram os conceitos anteriormente adotados. Fica-se com a impressão de que os programas dependem do ponto de vista pessoal do ministro da ocasião, e não obedecem a um projeto global de governo.

Há, no entanto, uma diretriz comum a vários ministérios e programas, no que parece ser uma correção de rumos. As prioridades dos novos programas serão os grandes centros urbanos e as regiões metropolitanas. No Ministério da Educação, houve uma implosão da estrutura montada pelo ministro anterior, e juntou-se tudo que tem a ver com inclusão social a partir da educação em uma secretaria.

A Secretaria de Erradicação do Analfabetismo, que era a menina dos olhos de Cristovam, uniu-se à Secretaria de Inclusão Educacional e a mais outros programas: chegou-se finalmente à conclusão de que era um equívoco trabalhar a alfabetização sem a continuidade para aceleração de educação de jovens e adultos.

A nova secretaria vai estar mais preocupada com a educação de jovens e adultos, sendo a alfabetização só a porta de entrada. O novo objetivo é regularizar parte do fluxo de quem está na escola, mas com alta defasagem, e trazer para a escolarização quem já abandonou a escola.

A prioridade será para as grandes regiões metropolitanas, onde temos, em números gerais, três milhões de analfabetos com menos de trinta anos de idade. O objetivo é conseguir botar esse pessoal todo num ciclo que faça alfabetização, ensino fundamental e ampliando para o ensino médio e profissionalizante, num período três a quatro anos.

O novo Ministério do Desenvolvimento Social e Combate à Fome, que nasceu da reformulação da área social, fundindo ministérios e secretarias, a cargo do deputado Patrus Ananias, mudou completamente o enfoque do programa Fome Zero. Trata-o mais como símbolo do que como um programa.

No trabalho que preparou para a primeira discussão com os assessores do novo ministério, Patrus anuncia logo de início que "pouco mais de um ano depois de seu lançamento, o Programa Fome Zero está prestes a entrar em uma nova fase de sua implementação".

O que isso significa? "As ações integradas de implantação e consolidação de uma política nacional de segurança alimentar e nutricional, eixo do programa, estarão mais presentes nos grandes centros urbanos", anuncia o ministro. Segundo ele, "a transformação do programa é consequência prática dos resultados positivos alcançados no ano passado e também da evolução do conjunto das políticas sociais implementadas pelo governo". Essa evolução a que se refere Patrus Ananias é a criação do Bolsa Família, que passa a ser o centro das atividades do novo ministério.

Segundo Patrus, o Fome Zero deve ser compreendido em vários planos e dimensões. "Em primeiro lugar, é o emblema do anseio coletivo de mobilizar a nação para a erradicação da fome. Ultrapassa, portanto, os limites do governo, e as próprias fronteiras nacionais, uma vez que, nos foros internacionais, o presidente Lula tem dado ênfase à necessidade de uma urgente e vigorosa ação concertada para eliminar em escala mundial o problema da fome. Trata-se de uma prioridade de governo e não especificamente de um ministério."

O Fome Zero, nas regiões metropolitanas, terá como prioridade garantir o acesso a alimentação de boa qualidade à população carente, através de programas de transferência de renda, restaurante populares, ações na área de abastecimento e articulação com a produção, finaliza o documento de Patrus com as novas diretrizes do Fome Zero.

É muito provável que, com essas novas diretrizes, o ex-ministro José Graziano não se sinta motivado a aceitar o convite de Lula para tornar-se seu assessor especial no Palácio do Planalto. É de se prever também que outro assessor especial, Frei Betto, encarregado da mobilização social para o combate à fome, reaja a tais diretrizes.

14/5
ENXUGANDO GELO

A repreensão que o presidente Lula fez aos ministros, na posse do novo presidente do Conselho de Segurança Alimentar (Consea), tem a ver com uma disputa interna no governo sobre os rumos que devem tomar os programas sociais unificados no Ministério do Desenvolvimento Social. Um ano e meio depois de sua posse, o governo petista não define uma linha única nem mesmo na área social, onde supostamente deveria ter uma atuação mais forte.

O presidente reclamou que os ministros pouco comparecem às reuniões do Conselho, e ao fazer isso estava endossando as críticas de um dos lados em questão, os que se denominam "estruturantes". Estes consideram que o Fome Zero é a principal política pública deste governo, na qual deveria haver uma sinergia de todo o governo, de todos os ministérios e estatais.

No entanto, essa transversalidade, essa ação interministerial não tem ocorrido. Dos 14 ministros que fazem parte do Consea, nunca mais de dois ou três compareciam a cada reunião mensal ano passado.

Desde que começou o governo, não foram realizadas mais que três reuniões da Câmara de Políticas Sociais, assim mesmo com uma agenda enorme, e as queixas constantes são de que as coisas não se resolvem, não caminham. Seria preciso mais agilidade, reclamam os que consideram que o governo está cheio de Câmaras, de conselhos, caracterizando um assembleísmo que emperra a já emperrada máquina burocrática estatal.

O fato é que há uma divisão no Ministério entre os que privilegiam o Bolsa Família como programa principal da área social do governo e os que acham que o Bolsa Família não é um programa à parte, mas um programa dentro do Fome Zero.

Essa disputa é acrescida de concepções claramente divergentes: uma, que destaca o chamado "pacto federativo", com valorização do Estado, das prefeituras, a parceria governo a governo. E uma outra que contrapõe a valorização do Estado a uma democratização dos seus controles, com ênfase na fiscalização da sociedade civil.

Essa era a concepção original do Fome Zero, que deu importância fundamental aos comitês gestores formados por voluntários em cada município, que, como definiu um integrante do governo favorável a eles, seriam "os olhos e os ouvidos" da comunidade. Esse grupo considera que não existe "nada mais petista" do que esses comitês, que deveriam ter poder acima das prefeituras na fiscalização da aplicação dos recursos. E é aí que se dá o choque de visões de mundo entre os que são favoráveis à autonomia dos comitês gestores, e os que querem um controle maior das prefeituras sobre esses comitês.

Os que, como o ex-ministro José Graziano e Frei Betto, assessor especial da Presidência, idealizaram o programa de segurança alimentar, partiram do princípio de que as comunidades locais controlariam a execução. E ele só seria implantado no município onde o comitê gestor estivesse funcionando, para que cadastros não fossem manipulados eleitoralmente.

Na raiz da criação desse mecanismo está a desconfiança de que os políticos utilizariam o símbolo do governo Lula para suas negociações, sejam eleitoreiras, sejam simplesmente corruptas. O ministro Patrus Ananias, que já foi prefeito, não concorda que os prefeitos tenham que ser controlados pela sociedade civil, sem interferir nas decisões do comitê gestor. Essa visão seria moralista e contrária aos políticos, e não pode ser endossada pelo governo.

Em um ano eleitoral, o governo não quer afrontar os prefeitos, explicitando um preconceito latente em certos setores. No choque de concepções contrastantes, o grupo que defende o aprofundamento do pacto federativo queria acabar com os comitês gestores, mas o presidente os sacramentou na Conferência de Olinda.

Como sempre nesse governo, porém, os dois lados foram contemplados, o que só faz acirrar as divergências. Os comitês deixarão de ser gestores e passarão a se chamar Comitê Fome Zero, com novo perfil. Perdem o poder de incluir ou excluir famílias de cadastros, mas exercem a fiscalização e têm poder de veto. As prefeituras passam a ganhar mais importância nas decisões.

Com isso há o temor de que as políticas centradas em medidas emergenciais, como restaurantes populares, cozinha e horta, ganhem mais relevo, deixando políticas estruturantes à parte, como a reforma agrária para valorizar a agricultura familiar e o microcrédito.

O Banco Popular do Povo, por exemplo, não está funcionando a contento. A denúncia é que o pobre vai à agência do Banco do Brasil ou da Caixa Econômica e o gerente não liga para ele. A Secretaria de Comunicação da Presidência, por exemplo, há tempos não faz propaganda do Fome Zero, mas faz do Bolsa Família, porque compartilha a ideia de que agora o Bolsa Família é o programa-mãe, a política de transferência de renda tendo prioridade na ação social do governo.

Frei Betto, que continua se dedicando quase que integralmente ao Fome Zero e faz parte do grupo "estruturante", diz que confia em que "o número de famílias que eventualmente venham a ser excluídas por uma política econômica recessiva não seja inferior ao número de famílias que serão incluídas no Fome Zero até o fim do ano. Confio que essa equação negativa não acontecerá, porque confio no taco do presidente".

14/9
FOME DE VOTO

(...) O Fome Zero foi concebido originalmente para se apoiar na transferência de renda, que hoje é representada pelo Bolsa Família com a unificação dos programas sociais; e nas chamadas políticas estruturantes, tais como reforma agrária, cooperativismo, e melhorias na saúde, com ênfase no saneamento.

As três condicionalidades — comparecer à escola, não ter analfabeto na família e mulheres gestantes fazerem exames — faziam parte essencial dessa visão do programa original. Com a criação do Ministério do Desenvolvimento Social, há quem detecte mudança de filosofia, com as políticas estruturantes relegadas a segundo plano e os comitês gestores, que seriam "os olhos e os ouvidos da sociedade", perdendo força.

Originalmente, o Fome Zero só seria implantado no município onde o comitê gestor estivesse funcionando, para que os cadastros não fossem manipulados eleitoralmente. Na raiz dessa decisão, a desconfiança de que os políticos se utilizariam do símbolo do governo Lula em benefício próprio. Ao assumir, o ministro Patrus Ananias, que já foi prefeito, não concordou com o controle dos prefeitos pela sociedade civil, nem com a autonomia nas decisões dos comitês gestores.

No choque de concepções — de um lado o próprio Patrus e a secretária-adjunta, Ana Fonseca; de outro, o assessor especial Frei Betto, o pai dos comitês gestores —, o grupo que defende o que classifica de "aprofundamento do pacto federativo" queria acabar com os comitês gestores, mas conseguiu apenas mudar-lhes o nome — agora são Comitês Fome Zero — e dar-lhes novo perfil, com as prefeituras ganhando mais importância nas decisões.

Com isso, as políticas emergenciais, e de efeitos eleitorais mais imediatos, como restaurantes populares, teriam ganhado maior relevo, deixando políticas estruturantes à parte, acusam os críticos do modelo atual. E, principalmente, os cadastros teriam ganhado conotação política. Os Comitês Fome Zero já estão instalados em 2.300 municípios, compostos cada um por nove pessoas da comunidade, voluntários que "vestiram a pele do governo", na definição de Frei Betto. No ano passado, conferiram os cadastros, denunciaram famílias que não estavam dentro dos parâmetros de pobreza e foram abandonados em favor dos critérios mais políticos. Entre suas funções estaria o acompanhamento das condicionalidades, como a frequência escolar.

Além da incapacidade gerencial já demonstrada, há suspeitas de que a negligência com que foi tratado o acompanhamento das condicionalidades tenha forte razão política, já que os cadastros estariam sendo dominados por forças políticas locais. Os comitês gestores despertam líderes locais e acabam se transformando em referências políticas. Por isso são muito combatidos pelos políticos locais, que os acusam de criar um poder paralelo nos municípios. Os defensores dos comitês dizem, ao contrário, que nos currais eleitorais do interior, haver líderes independentes é complicado para os caciques políticos.

O assessor especial da Presidência, Frei Betto, já conversou com o presidente Lula. Para ele, o governo nada fará sem a mobilização da sociedade. Hoje no governo, segundo Betto, vê-se a precedência do Estado sobre a sociedade, o que considera um grave equívoco.

"Este governo é fruto da mobilização da sociedade civil. Lula só está sentado naquela cadeira porque houve quarenta anos de comunidades de base, de CUT, de movimentos de minorias. Porque não foi a elite brasileira que elegeu o Lula, ela veio na última hora, a reboque dos movimentos sociais", analisa Betto, para quem a sociedade brasileira está organizada para defender os interesses da elite.

A tensão interna no governo é exatamente essa: uma parte dele se utiliza amplamente desses mecanismos existentes, condenados pela esquerda do partido, para se perpetuar no poder, e não para mudar suas estruturas. O problema é que, ao contrário do que diz Frei Betto, há quem pense, dentro do governo, que Lula só chegou lá graças aos acordos políticos que fez — e continua fazendo — com políticos conservadores como Antonio Carlos Magalhães ou José Sarney.

Nada menos que 94% dos municípios têm até cinquenta mil eleitores, segundo o Tribunal Superior Eleitoral (TSE). E 60% dos municípios têm até dez mil eleitores. Estudos mostram que quanto menor o município, mais sujeito à influência das máquinas partidárias, especialmente à do governo federal. O PT prepara-se para aumentar sua influência política nos chamados grotões, onde praticamente inexistia até recentemente. Lula alcançou nas eleições presidenciais média de 33% nesses grotões — votação que nunca tivera — graças ao apoio de políticos tradicionais.

E com o amplo esquema de alianças políticas com partidos conservadores como PMDB, PTB e PP, o PT prepara-se para ampliar sua força política no interior do país, tendo o Bolsa Família como ponta de lança nos municípios mais carentes.

22/9
A FORÇA DA IDEIA

O presidente Lula deu uma demonstração de força política formidável ao conseguir reunir na ONU mais de cem chefes de Estado e de governo em torno de sua proposta de mobilização mundial contra a fome. Sua obsessão com o tema já está rendendo frutos políticos, como o apoio da Europa, representada no copatrocínio da França e da Espanha, embora nada concreto seja previsível enquanto os Estados Unidos permanecerem contrários. A proposta de taxar o comércio de armas internacional para criar um fundo de combate à fome, além de conter em si um paradoxo — quanto mais armas vendidas, mais dinheiro para o combate à fome — não é considerada viável pela maioria dos especialistas. (...)

O fato é que o presidente Lula circula cada vez com maior desenvoltura no cenário internacional e é capaz de perguntar ao presidente americano — como fez na última vez em que se encontraram — quando Bush visitará a Líbia. A recente decisão americana de levantar o embargo à Líbia nada tem a ver com essa insistência de Lula, mas o fato é que sua visita a Kadafi, que parecia uma pura provocação, acabou mostrando-se coerente com uma tendência internacional.

Não seria de se estranhar se dentro de alguns anos, persistindo nessa política internacional e conseguindo resolver internamente as contradições de seu governo, Lula viesse a ser indicado para o Prêmio Nobel da Paz, coisa aliás que já aconteceu prematuramente em seu primeiro ano de governo. Apenas por ter lançado o programa Fome Zero, o recém-eleito presidente Lula foi apontado como um dos favoritos ao Prêmio Nobel da Paz 2003 pelo diretor do Instituto Internacional para a Pesquisa da Paz, o norueguês Stein Tonnesson. A ganhadora, como se sabe, foi a iraniana Shirin Ebadi, advogada ativista dos direitos humanos, e de lá para cá o Fome Zero desapareceu, sendo tragado pela unificação dos programas sociais: o Bolsa Família.

Atingindo cinco milhões de famílias, o novo símbolo do governo Lula deveria ter sido festejado às vésperas da viagem do presidente a Nova York, para ser apresentado lá como exemplo do que se pode fazer para acabar com a fome. Não foram possíveis festejos, pois descobriu-se, graças a denúncias do jornalista Ali Kamel, que o programa falha no que tem de mais moderno: as condicionalidades.

O governo não apenas não tem condições de fiscalizar se todas as crianças estão indo à escola, como não se preocupou em montar um esquema. Simplesmente abriu mão das contrapartidas, transformando o programa de proteção social em uma imensa rede de assistencialismo, sem políticas estruturantes. E em outra atitude inexplicável, diante de acusações de desvios eleitorais em algumas regiões do país, simplesmente cancelou a bolsa até que tenha condições de fiscalizar.

A ânsia de criar um programa de assistência social que seja "o maior do mundo", como tudo neste governo, fez com que se ressuscitasse até mesmo a cifra de cinquenta milhões de brasileiros abaixo da linha de pobreza, número inflado que era usado pelo Partido dos Trabalhadores (PT) na época em que estava na oposição. Logo ao assumir o governo, o número oficial passara a ser o do Instituto de Pesquisa Econômica Aplicada (Ipea), de 35 milhões.

Sem uma definição menos politizada do alvo dos programas sociais, no entanto, amplia-se sua abrangência sem que haja dinheiro nem condições de administração adequadas. O programa Política Econômica e Reformas Estruturais, divulgado pelo Ministério da Fazenda logo no início do governo Lula, definia como "primeiro compromisso" da política econômica "um ajuste definitivo nas contas públicas". E nessa visão estava incluída uma reforma da Previdência, que acabou saindo apenas em parte.

21/10
ARMADILHAS DA REALIDADE

O governo petista está novamente enredado nas armadilhas políticas que o Partido dos Trabalhadores foi deixando pelo caminho nos últimos vinte anos, com uma postura de radicalização que só é possível nos palanques oposicionistas, não tem viabilidade na vida real. As "bravatas" já admitidas geraram contradições políticas imensas, e já foram abordadas aqui várias vezes, especialmente as alianças heterogêneas abarcando um arco tão eclético que vai do PCdoB a Maluf, numa real *politik* exacerbada.

Apenas para citar algumas das incoerências, o PT sempre usou o Ministério Público para fazer suas denúncias, e hoje o demoniza. Sempre foi contra o foro privilegiado para autoridades governamentais, mas apressou-se a dar status de ministro ao presidente do Banco Central para protegê-lo de possíveis processos. Mas é no campo social, no entanto, que as promessas feitas durante tanto tempo não têm resposta na realidade.

Ineficiência administrativa e bravatas também nesse campo se tornam a cada dia mais evidentes, impedindo que o governo consiga êxito onde parecia mais talhado a obtê-los. Como, por exemplo, no combate à corrupção. Passados quase dois anos de seu mandato, Lula agora criou mais um conselho, o de Transparência Pública e Combate à Corrupção.

Ainda candidato, mas com toda pinta de vencedor, proferiu a seguinte frase em julho de 2002, durante a campanha presidencial: "Se ganharmos a eleição, tenho certeza de que parte da corrupção irá desaparecer já no primeiro semestre."

O chefe da Casa Civil, José Dirceu, por seu turno, depois do episódio Waldomiro Diniz — que, aliás, aconteceu no início de 2004, isto é, bem depois do primeiro semestre de governo — cunhou um mantra, que repete sem parar como se com isso conseguisse transformar a realidade: "Este é um governo que não rouba nem deixa roubar."

Aí, vem a Transparência Internacional, uma ONG que já foi muito usada pelo PT como fonte de denúncias em tempos idos, e solta um relatório dizendo que a percepção de empresários e analistas sobre a corrupção no Brasil não mudou neste segundo ano do governo Lula.

O Índice de Percepção de Corrupção deste ano, que inclui 146 países, coloca o Brasil na 59ª posição, com 3,9 pontos numa escala que vai de 1 a 10 pontos. Quanto mais baixa a pontuação, maior a corrupção percebida no país.

O desempenho brasileiro ficou um pouco acima da média da América Latina, de 3,5 pontos, mas abaixo de países como o Chile (20º), com 7,4; o Uruguai (28º), com 6,2; a Costa Rica (41º), com 4,9. E muito longe da Finlândia, com uma pontuação de 9,7. Estamos no mesmo patamar, vistos como país com grau alto de corrupção, há sete anos.

Já contei aqui, mas vale a pena repetir, um desabafo do presidente, ainda em seu primeiro ano de governo. Deixando o Palácio do Planalto depois de mais um dia de trabalho, um assessor virou-se para ele e comentou: "Mais um dia ganho honestamente." O presidente, com um sorriso, replicou: "Eu, sim. Os outros, não sei." Comentário melancólico, que as fraudes no Bolsa Família, o grande programa social do governo, só fazem justificar.

Mas, muito além da incapacidade de fiscalizar um programa megalômano como esse, que mais parece montado por um marqueteiro — há quem garanta que nele estão as digitais de Duda Mendonça —, existe uma questão política de escolha da metodologia para definir quem será abrangido pelo Bolsa Família.

22/12
FOME POLÍTICA

Poucas vezes um presidente teve a chance de consertar um erro como Lula está tendo com a pesquisa do IBGE que mostrou que não há problema de fome no Brasil na dimensão que o PT na oposição apontava. O programa Fome Zero nasceu de boas intenções e acabou se transformando em uma peça de marketing político, de efeito internacional. Mesmo, porém, que apresente em sua origem uma preocupação social louvável, o Fome Zero não deixa de ser um programa baseado em uma falácia criada pela oposição nos últimos dez, vinte anos. O próprio Lula sabe, e fala disso com convicção, no documentário *Entreatos*, de João Moreira Salles, que está em exibição nos cinemas.

Depois de questionar diversos números que habitam o imaginário dos discursos políticos de oposição há anos — cinco milhões de mulheres mortas por aborto; 25 milhões de crianças de rua — Lula pergunta ao hoje chefe de gabinete, Gilberto Carvalho: "Quantas pessoas passam fome neste país, Gilberto? Eu acho o número de 53 milhões tão absurdo". Mas conclui que, embora pareçam absurdos, "os números são do IBGE".

Pois bem: o mesmo IBGE que o então candidato citou como fonte inquestionável mostra em sua Pesquisa de Orçamentos Familiares (POF) que não existem os tais 53 milhões de famintos no Brasil. Realizada em um ano, através de mil pesquisadores que mediram e pesaram os adultos com vinte anos ou mais de idade de 48,5 mil famílias de todo o país, a POF custou R$ 12 milhões aos cofres públicos.

Dinheiro que o presidente teria jogado no lixo, junto com a reputação de um dos mais respeitados órgãos públicos brasileiros, se fossem críveis seus argumentos para tentar desqualificar a pesquisa que transformou em pó o carro-chefe do projeto social do governo.

O resultado da pesquisa é inequívoco: segundo o IBGE, "num universo de 95,5 milhões de pessoas de vinte anos ou mais de idade, há 3,8 milhões de pessoas (4%) com déficit de peso e 38,8 milhões (40,6%) com excesso de peso, das quais 10,5 milhões são consideradas obesas".

O diagnóstico é claro: "A população adulta brasileira, quando observada no seu todo, não está exposta aos riscos de desnutrição, sendo a taxa de 4% compatível com os padrões internacionais, uma proporção esperada de indivíduos que são constitucionalmente magros", pois taxas entre 3% e 5% "são encontradas em todas as populações não expostas a deficiências nutricionais."

Segundo os técnicos do IBGE, o risco de desnutrição, "quando observado, se caracterizou como baixo, correspondendo a proporções de déficits de peso entre 5 e 10%". As classificações internacionais consideram que taxas entre 5% e 10% configuram baixa exposição à desnutrição; entre 10% e 20%, moderada; entre 20% e 30%, alta e, acima de 30%, muito alta exposição à desnutrição. Portanto, se existissem mesmo os tais 53 milhões de famintos, o Brasil seria um país com "alta" exposição à desnutrição, o que simplesmente não corresponde à verdade.

Não existe nada próximo a esse alarde que o governo faz, nem mesmo nas regiões mais pobres do país. Segundo o IBGE, os casos mais graves, com o déficit de peso igual ou superior a 5%, são registrados para homens com mais de 74 anos de idade (8,9%) e mulheres com menos de 30 anos (12,2% entre as 20 e 24 anos e 7,3% entre 25 e 29 anos). Entre os homens adultos, "em geral, o déficit de peso é sempre inferior a 5% em todas as regiões do país, variando de 2% no Sul a 3,5% no Nordeste, sendo ligeiramente maior no meio rural, ainda que, em nenhum caso, supere os 5%".

Na população feminina, as taxas variam de 3,7% no Sul a 6,2% no Nordeste e Centro-Oeste. No meio rural, alcança 3,6% no Sul e é de 5,1% no Norte. Nas áreas rurais do Nordeste, a prevalência de déficit de peso alcança 7,2% das mulheres adultas, no Sudeste, 6,2% e no Centro-Oeste, 6,3%, "indicando, nos três casos, baixa exposição à desnutrição". Como é óbvio, o déficit de peso diminui entre homens e mulheres "à medida que os rendimentos aumentam".

A pesquisa mostra que a situação do país é melhor do que o PT sempre apregoou. Pois para o presidente Lula, por ignorância ou má-fé política, o IBGE é igual ao Ibope, ao Datafolha, ao Vox Populi, institutos de pesquisa de opinião. "Não adianta sair por aí perguntando porque quem tem fome tem vergonha de admitir. E, às vezes, nem mesmo sabe que tem fome", afirma Lula, com a segurança de quem já passou fome, como gosta de sublinhar.

Na hipótese mais otimista, de que o improviso seja produto de mero desconhecimento, é preocupante que o presidente, antes de falar sobre um assunto, não se informe. A pior hipótese é que ele, mesmo sabendo da verdade, insista em inflar o número dos que têm fome porque essa tem sido uma tática que vem dando certo desde os tempos de oposição, e hoje tem sucesso internacional.

É claro que não é aceitável que exista ao menos uma pessoa que passe fome, quanto mais 4 milhões, ou mesmo o dobro disso se ampliarmos a abrangência da pesquisa do IBGE. Como ela foi acompanhada pelo Ministério da Saúde, o governo tem um instrumento valioso para redirecionar suas fracassadas políticas sociais e dividir a destinação do curto dinheiro público com outras áreas também carentes, como a educação ou a saúde.

Insistindo no erro, estará dando uma indicação de que o Fome Zero não passa mesmo de um *slogan* político, e o Bolsa Família, sem o mínimo controle das contrapartidas educacionais e de saúde, e controlada pelas prefeituras, nada mais é do que a formação de grandes cadastros para controle de currais eleitorais nos grotões brasileiros.

23/12
FOME GORDA

Frei Betto, o ex-assessor especial do presidente Lula no Palácio do Planalto e ex-coordenador do Fome Zero, que deixou o cargo esta semana alegando desencanto com a burocracia estatal e disposto a recuperar a liberdade de escrever e de opinar, inclusive sobre o governo, acha que, no enfrentamento entre o presidente e o IBGE com relação ao número de pessoas que passam fome no país, houve mal-entendidos de ambas as partes. "Sempre disse que no Brasil não temos aquela fome que gera fotos do Sebastião Salgado, aquela fome esquálida, africana. Mas temos a fome gorda, da alimentação desbalanceada, do excesso de gordura saturada, do excesso de açúcar."

Ele acha que esse tipo de fome, "que provoca distúrbios glandulares, pressão alta e uma série de problemas físicos" deveria ser tratada dentro da concepção do Fome Zero, que, segundo ele, "não é um programa só para acabar com a fome, mas de educação alimentar".

Ele lamenta que o governo não tenha nunca conseguido passar para a sociedade esse entendimento amplo sobre o que é a fome no país. Atribui isso à falta de sinergia entre os diversos ministérios: "Se houvesse, poderíamos tratar do problema da obesidade da mesma maneira como tratamos a fome", diz Betto.

De fato, até hoje, dois anos depois de instalado, o governo ainda não conseguiu fazer com que o Conselho de Segurança Alimentar (Consea) tenha uma atuação para unir as ações dos diversos ministérios. Lula chegou mesmo, em certo momento, a repreender os ministros, que pouco compareçam às reuniões do Conselho. Dos 14 que fazem parte do Consea, nunca mais de dois ou três compareçam às reuniões mensais.

Há também uma Câmara de Políticas Sociais, que até agora só se reuniu no máximo uma meia dúzia de vezes. A questão burocrática, que tanto pesou na decisão de Frei Betto de sair do governo, merece muitas críticas dentro do próprio governo. Seria preciso mais agilidade, reclamam os que consideram que o governo está cheio de câmaras, de conselhos, caracterizando um assembleísmo que atravanca a máquina burocrática estatal.

Mas essa impossibilidade de colocar os ministérios trabalhando nos mesmos projetos tem a ver menos com a burocracia e mais com uma disputa interna no governo sobre os rumos que devem tomar os programas sociais unificados no Ministério do Desenvolvimento Social.

Os que se denominam "estruturantes", entre os quais Frei Betto se incluía, consideram que o Fome Zero é a principal política pública desse governo, na qual deveria haver uma sinergia de todos os ministérios e estatais, uma transversalidade de ações interministeriais que não tem ocorrido.

O fato é que há uma divisão no Ministério entre os que privilegiam o Bolsa Família como programa principal da área social do governo, e os que acham que ele não é um programa à parte, mas um programa dentro do Fome Zero. Com a saída de Betto, prevalece no momento a linha do ministro Patrus Ananias, que usa o Fome Zero mais como um *slogan*, dando prioridade ao Bolsa Família.

Amigo íntimo do presidente Lula, fundador do Partido dos Trabalhadores a partir do trabalho que fazia nas comunidades eclesiais de base (Cebs), Frei Betto diz que Lula sabe quais são as consequências da fome "porque perdeu quatro irmãos por fome, e ele mesmo lembra que era barrigudinho, mas de verme".

Antes do discurso de improviso que o presidente fez, contestando os números da pesquisa do IBGE, Frei Betto conversou com ele sobre essa maneira mais ampla de ver o fenômeno da fome no país: "Mostrei para o Lula um artigo que escrevi sobre esse conceito amplo da questão da fome no Brasil e o sentido do programa Fome Zero, mas ele estava muito incomodado com a pesquisa do IBGE", lembra Betto

Ele achou que o organismo foi inábil ao divulgar aquela pesquisa sem explicações, "porque ficou parecendo que o governo inventou os números do Fome Zero. Mas os números com que trabalhamos são do IBGE, do Ipea, o governo não inventa números".

Betto acha que o país deveria ter apenas um instituto que produzisse as estatísticas oficiais, "porque os números são muito disparatados". Ele viu o documentário *Entreatos*, de João Moreira Salles, onde Lula aparece desacreditando de números como 53 milhões de brasileiros famintos, ou 25 milhões de mulheres morrendo de aborto, citado por Betto em uma conferência: "Lula tem razão, os números são muito contraditórios."

Para Frei Betto, o problema da alimentação do brasileiro é mais amplo, e inclui a mortalidade infantil: "Nós ainda temos 29 mortes por cada mil crianças nascidas, quando Cuba está com nove mortes, e vários países latino-americanos estão melhores do que nós", ressalta Betto. "Pergunte a dona Zilda Arns, e ela vai lhe dizer que aquelas crianças que aparecem com disenteria estão com fome."

Para ele, a segurança alimentar "deveria até ser um programa nas escolas, porque hoje as crianças brasileiras não comem verde, não gostam de frutas". Para Frei Betto, as escolas deveriam ensinar as crianças a plantar uma horta, o que serviria também para que elas se acostumassem a "mexer com a terra". Ele cita a contradição que é conversar com educadores, diretores de escolas, "receber uma lição sobre hábitos alimentares, mas ver que as mesmas porcarias que são vendidas na porta da escola estão à venda na cantina".

Colocado dessa maneira, desinflado numericamente mas ampliado em sua função social, inclusive de inclusão através do acompanhamento educacional e médico, o Fome Zero pode ter um sentido, mesmo que os números da famintos seja menor. Mas será que ele assim serve aos propósitos propagandísticos do governo?

2005

11/12
BOLSA DE VOTOS

Se o presidente Lula decidir-se pela reeleição, o cenário mais provável apesar de suas hesitações, terá na Bolsa Família para 11 milhões de famílias, seu maior trunfo eleitoral. Um trunfo nada desprezível num país em que nada menos que 85% dos municípios têm até 25 mil eleitores e onde os grotões têm peso decisivo nas eleições majoritárias, concentrando um patrimônio eleitoral de quase 38 milhões de eleitores, num total de 115 milhões. Nesse mercado político, o Nordeste se destaca com um potencial de votos da ordem de mais de 14 milhões. Não por acaso, é no Nordeste, no Norte e na população que ganha até cinco salários mínimos que está concentrado hoje o que resta de popularidade a Lula. Enquanto na média brasileira apenas 46,7% da população aprova o presidente, no Nordeste a taxa de aprovação sobe para 59%, e no Norte chega a 54,6%.

O economista Marcelo Neri, chefe do Centro de Políticas Sociais do Instituto Brasileiro de Economia da Fundação Getulio Vargas (IBRE/

FGV), tem estudos que mostram quão poderoso é o efeito de políticas de rendas nos períodos eleitorais. As três maiores quedas de pobreza acontecidas no Brasil nos últimos 25 anos se deram em anos eleitorais: 2002, 1994 e 1986. A experiência de 2002, no entanto, mostra que os efeitos dessas medidas podem não ter reflexo nos resultados eleitorais. A comparação entre as votações de Serra, o então candidato do governo, no Rio e em Alagoas, é um bom exemplo. Alagoas foi o Estado que teve a maior concentração de bolsas por habitante, e o único estado em que Serra ganhou de Lula. O Rio foi um dos três estados onde não houve um único município escolhido pelo programa, e a oposição venceu largamente, primeiro com Garotinho e depois com Lula. Mas no restante do país, a vitória de Lula se impôs, apesar da redução da pobreza devido à chamada "rede de proteção social" que o governo Fernando Henrique havia implantado.

A redução da pobreza verificada em 2004 deverá, segundo Marcelo Neri, se repetir este ano, apesar do crescimento menor. Isso porque o aumento real do salário mínimo de 9% já causou este efeito. Segundo Neri, como ano que vem teremos eleições, possivelmente ocorrerá novo ciclo movido à base de políticas de rendas. Marcelo Neri explica que historicamente a utilização de políticas monetárias, fiscais e cambiais com claros objetivo político-eleitorais gera Ciclos Políticos de Negócios (CPNs), cuja principal característica é a redução do desemprego em períodos pré-eleitorais, resultante de políticas cujo objetivo seria proporcionar um ambiente positivo capaz de influenciar o resultado eleitoral.

Após esse período de crescimento, no entanto, o período póseleitoral é caracterizado por inflação em alta, cuja consequência é a adoção de políticas macroeconômicas contracionistas. "Esta instabilidade, além de problemática do ponto de vista ético, é danosa à taxa de crescimento de longo prazo da economia", critica Neri. Alguns exemplos estudados por Marcelo Neri:

1986: O Plano Cruzado, lançado pelo Governo Sarney em fevereiro de 1986 teve a duração de nove meses e foi substituído pelo Plano Cruzado II, seis dias depois de o Governo ter obtido a maior vitória eleitoral da história da República: elegeu a totalidade dos governadores e quase dois terços da Câmara e do Senado e das Assembleias Legislativas. Com os salários congelados havia nove meses, a população teve aumentos num só dia de 60% no preço da gasolina e 120% dos telefones e energia, entre outros. Segundo Neri, a comparação pré e pós-eleitoral em 1986 revela que a proporção de indivíduos que obtiveram reduções de renda é superior, no período pós-eleitoral, para todas as faixas de educação, o que o identificaria como oportunista.

1989, à semelhança de 1986, apresenta um componente oportunista: a queda de renda no período pós-eleitoral, quando comparado ao período pré-eleitoral, foi generalizada.

Em 1994, o Plano Real não tem características oportunistas: cinco dos seis grupos analisados apresentam melhor desempenho de renda no período pós-eleitoral (a exceção é o grupo de universitários). Os grandes beneficiários do surpreendente *boom* pós-eleitoral são os analfabetos.

Já o ano de 1998 apresenta proporções de reduções de renda em níveis bastante superiores aos observados nos três episódios pré-eleitorais anteriormente analisados. Segundo Neri, devido às crises externas, o governo não teve a oportunidade de gerar um ambiente eleitoral propício, mas apenas postergou a adoção de medidas impopulares como a desvalorização cambial.

2006

28/9
ASSISTENCIALISMO

Os programas sociais do governo são os principais responsáveis pela forte votação que Lula conserva entre a população de mais baixa renda e menos escolarizada, base para a solidez de sua popularidade e onde foi buscar o apoio que lhe falta em outras áreas da opinião pública, numa metamorfose política radical, indo dos grandes centros urbanos para mediação direta com o eleitorado dos grotões. O presidente do PSDB, Tasso Jereissati, chamou-o de "coronel do século XXI", que troca votos pelo assistencialismo. Mesmo que sejam necessários à chamada rede de proteção social, os três programas mais vistosos do governo — Bolsa Família, crédito consignado e agricultura familiar — acabam caindo no assistencialismo puro e simples.

Frei Betto, o ex-assessor especial do Planalto e um dos formuladores do Fome Zero, em entrevista recente ao jornal italiano *Corriere della Sera*, define o Bolsa Família como "assistencialismo puro, que não muda a estrutura social e faz recair rapidamente na miséria". Diz que 11 milhões de famílias atendidas é um número prestigioso para Lula, mas significa pouco. Os beneficiados veriam no dinheiro que recebem do governo "um salário" e, diz Betto, "logicamente vão retribuir nas urnas". (...)

Também o programa Nacional de Agricultura Familiar (Pronaf), que completou dez anos, entrou na rota do assistencialismo. Segundo o ex-presidente do Instituto Nacional de Colonização e Reforma Agrária (Incra), Xico Graziano, "há um chamado 'Pronafinho', misterioso, que libera até R$ 1 mil para cada família, apenas com documento de identidade e carta do Sindicato da Contag. Eles é que controlam essa picaretagem, transformando empréstimo em esmola, pois nunca será pago".

Há também rebates e descontos que o Banco do Nordeste (BNB) ou o Banco do Brasil fazem, semelhantes às normas do Pronaf para assentados. As liberações estariam acontecendo em todo o Nordeste. "É um Bolsa Família nas contas do sistema financeiro, mas com aval do Tesouro, portanto sem riscos para o banco."

Um trabalho de Carlos E. Guanziroli, professor-adjunto da Faculdade de Economia da UFF, considerado o maior especialista em agricultura familiar do Brasil, mostra que as avaliações sobre o Pronaf são contraditórias, segundo Graziano: "A maioria indica que os tomadores pioram a qualidade de vida e os negócios no campo."

Segundo o estudo de Guanziroli, um dos pontos críticos do programa diz respeito à capacidade de pagamento de crédito por parte dos beneficiados, "que não parece ter sido assegurada convenientemente pelas autoridades, já que precisaram conceder contínuas renegociações e resseguros dos empréstimos que ficaram em atraso ou estavam ficando inadimplentes".

Ele considera necessário "rever a institucionalidade e a forma de operação do Pronaf, a fim de reforçar a disciplina financeira, induzir os mutuários a buscar o máximo de eficiência na utilização dos recursos e melhorar o sistema de políticas complementares para promover a efetiva consolidação do agricultor familiar". Segundo Guanziroli, é preciso avaliar "se os rebates e fortes subsídios no principal do crédito devem ser mantidos". (...)

Por fim, o crédito consignado, que forma o tripé das políticas sociais do governo, também tem sua função social distorcida pela leniência com que a fiscalização trata os bancos mais agressivos nesse setor e pelo uso político do mecanismo de crédito popular. No mesmo discurso em que denunciou o uso político do Bolsa Família e do Programa Nacional de Fortalecimento da Agricultura Familiar (Pronaf), o senador Tasso Jereissati disse que, no Nordeste, bancos colocam kombis nas ruas oferecendo o crédito consignado sem que o incauto cliente saiba que será descontado em folha.

Há relatos de políticos que induzem eleitores a pegar o dinheiro como se fosse doação governamental. Por outro lado, há recordes no aumento do número de endividados e no comprometimento da renda com dívidas. Em julho, houve um aumento de 89,2% sobre julho de 2005 na média de 15 estados, segundo o Serviço de Proteção ao Crédito (SBPC). A alta acumulada no primeiro semestre é de 35%. A inadimplência cresceu 24,2% em relação ao fim de 2004.

O comentário do economista Roberto Messenberg, do Ipea, dá bem a dimensão do problema e faz ligação direta de causa e efeito entre os programas assistencialistas e a situação da economia: "O esgotamento do crédito revela o artificialismo e a insustentabilidade das políticas adotadas pelo governo para promover o crescimento atual."

30/9
A BOLSA E A VIDA

O economista José Marcio Camargo, da PUC-RJ e da consultoria Tendências, foi o precursor da ideia do Bolsa Escola, em artigo que escreveu em 1991, e da unificação dos programas sociais que gerou o Bolsa Família, proposta sua ainda na gestão de Fernando Henrique. Ele é direto quanto aos objetivos do programa: "Ele não é assistencialista se a ida à escola for cobrada. Na verdade, é um programa de investimento no futuro." José Marcio diz que "pobreza é um problema de geração. Você não acaba com a pobreza em uma geração, mas investindo na criança que vai ganhar mais na geração seguinte. A porta de saída é melhorar o ensino fundamental e básico".

O Bolsa Família parte do pressuposto, segundo a concepção de José Marcio Camargo, de que a taxa de aprendizado das pessoas atinge seu ponto mais alto aos sete anos de idade, e a partir daí começa a cair rapidamente.

Por outro lado, "o custo de oportunidade para uma família pobre deixar uma criança na escola é extremamente alto, porque salário que uma criança consegue receber no mercado de trabalho é muito alto comparado com a renda do pai, se for uma pessoa pouco qualificada. Tirar essa criança do mercado de trabalho significa uma queda de renda para a família muito elevada".

Se o governo deixar por conta da família pobre investir na educação fundamental da criança, ela vai investir menos do que o socialmente ótimo, lembra o economista da PUC, para reafirmar que "é socialmente ótimo subsidiar essa criança".

E como vai o acompanhamento das condicionalidades do Bolsa Família? Pelo relatório do próprio Ministério, apenas 64,7% dos alunos inscritos no programa têm a frequência acompanhada, em 90% das escolas do país. Não houve muito avanço, pois em 2005 esse número era de 61%.

Desses, 96% estão cumprindo as metas. Outra condicionalidade, cumprir os cuidados básicos em saúde, como vacinação para as crianças entre 0 e 6 anos, e a agenda pré e pós-natal para as gestantes e mães em amamentação, tem acompanhamento ainda mais precário.

Pelos dados do último semestre, apenas 38% das famílias eram acompanhadas, sendo que 99% delas cumpre as exigências. Rosani Cunha, secretária nacional de Renda e Cidadania do Ministério do Desenvolvimento Social, tem uma visão menos pragmática e mais idealista do programa.

Ela diz que além da ideia de que aumentar a escolaridade das crianças pode contribuir para que a geração seguinte tenha uma vida diferenciada: "há objetivos que quase nunca são falados e que são muito importantes, como o conceito de que as condicionalidades também são um compromisso do poder público de ir atrás dessas famílias. Mais do que informar ao sistema de que uma criança não está vacinada, o importante é que você vai vacinar essa criança".

O sistema de informática que está sendo instalado, com falhas tecnológicas ainda sendo corrigidas, pretende possibilitar um acompanhamento individual da criança. Um dos principais objetivos seria "identificar o motivo de não ir à escola, o que demanda do poder público um acompanhamento individualizado a essas crianças ainda mais excluídas". Os motivos são vários, entre gravidez precoce, mendicância, negligência dos pais e exploração sexual.

Os últimos registros informam que, num universo de mais de 11 milhões de famílias, apenas 135 mil cadastrados tiveram esse tipo de problema, e 157 mil famílias não cumpriram as condicionalidades ou a de saúde ou de educação, e estão sendo advertidas. Esse número reduzido de não cumprimento — menos de 2% do universo total — indica que o acompanhamento não está sendo feito de maneira adequada. (...)

Para o economista José Marcio Camargo, do ponto de vista do programa, o fato de o beneficiário receber o dinheiro e não trabalhar mais "não faz a menor diferença, se o filho dele estiver estudando. A produtividade desse adulto hoje é muito pequena, e o que você perde é muito pouco em termos de PIB. O que é importante é que a criança seja mais produtiva quando virar adulta".

19/10
MERCADO ELEITORAL

O presidente Lula, a bordo do Bolsa Família e de outros programas sociais, assumiu a condição de nordestino com vistas à sua sucessão em 2010, embalado pela certeza de que a reeleição já está decidida a seu favor. Já havia dito, em um comício na Paraíba, que o nordestino não queria ser apenas mão de obra para construções no Sul, mas queria ser engenheiro.

Quando, no comício de terça-feira no Rio, aprofundou sua crítica à elite paulista — da qual sempre fez parte, como operário ou dirigente sindical, diga-se de passagem — e disse que não dá para governar o Brasil com a cabeça na avenida Paulista, estava revelando, com sua inegável sensibilidade política, para que lado o vento sopra, não mais na campanha eleitoral, mas nos próximos anos.

Lula é tão nordestino quanto o ex-presidente Fernando Henrique Cardoso é carioca: os dois fizeram suas carreiras políticas e profissionais em São Paulo. Mas a força dos votos nordestinos faz com que Lula retorne às suas raízes nordestinas. Quem achava que o PT não teria candidato forte à sucessão de Lula vai ter que rever seus planos políticos. O PT sai da campanha eleitoral deste ano com um presidente nordestino e sendo um partido claramente baseado na região Norte-Nordeste do país.

Assim como o governador de Minas, Aécio Neves, pressiona o PSDB para descentralizar as decisões, ouvindo líderes regionais fora de São Paulo, também o governador eleito da Bahia, Jaques Wagner, defendeu, já na primeira entrevista após ter derrotado o grupo político do cacique Antonio Carlos Magalhães, "uma oxigenação" do PT.

A partir de agora, o partido terá que se "despaulistizar" e refletir as novas forças políticas saídas das urnas, após a eleição de governadores no Norte e Nordeste: o próprio Wagner na Bahia, Wellington Dias no Piauí, Marcelo Déda em Sergipe e Binho Marques no Acre. Dos dois que disputam o segundo turno, Ana Júlia, no Pará, tem mais chances de vitória do que Olívio Dutra no Rio Grande do Sul, o que caracteriza a divisão de forças no partido.

Wagner, homem de confiança de Lula, sai na frente como potencial candidato a presidente em 2010 pelo PT. E quem sai enfraquecido nessa equação, paradoxalmente, é o deputado mais votado do país, o cearense Ciro Gomes. É um grande líder político regional, mas não é do PT. Dificilmente darão a ele o poder de repartir a força eleitoral do lulismo no Nordeste. Se quiser ser candidato a presidente, Ciro terá que romper com o governo Lula e procurar um caminho próprio.

A seção paulista, que sempre dominou o PT, está em franca decadência a partir da cassação do ex-ministro José Dirceu. Os dois ex-presidentes do partido, José Genoino e Ricardo Berzoini, caíram em desgraça política devido a escândalos, do mensalão e do dossiê contra os tucanos, que levou de roldão ainda o senador Aloizio Mercadante, que, além da derrota acachapante para o governo paulista, está envolvido em suspeitas.

Seu ex-assessor direto, Hamilton Lacerda, é o homem da mala de dinheiro, e o resultado das investigações, mesmo que só surja depois da eleição, provocará crise política sem precedentes.

Para não implicar diretamente a campanha do presidente Lula — embora a maioria dos envolvidos sejam membros dela e amigos pessoais do presidente —, será preciso dizer que o dinheiro de origem criminosa pertencia à campanha de Mercadante, o que pode levá-lo a julgamento pelo Conselho de Ética do Senado.

Apesar de protestar inocência e de ter passado político que não permite duvidar de sua postura ética, Mercadante está metido nesse escândalo e perdeu o poder político para a ex-prefeita Marta Suplicy, que passou a coordenar a campanha presidencial em São Paulo. Mesmo tendo montado um "paulistério" em seu primeiro mandato, o PT de Lula no segundo mandato tende a fortalecer as novas lideranças regionais que surgiram onde tem mais voto.

Lula tem uma performance ascendente nas regiões Norte e Nordeste desde as primeiras eleições que disputou: saiu de 30% de votos no Nordeste em 1994, para 66,7% este ano, e de 25,5% no Norte para 56% agora. Não é por acaso que estão naquelas regiões os maiores investimentos do Bolsa Família.

Um estudo do ano passado mostra que o Nordeste é a região que concentra a maioria dos atendidos, e há situações em que até 45% da população é beneficiária do programa, como em Várzea Grande (Pernambuco) e em Pedra Branca (Ceará).

O número de beneficiários em relação ao total da população é bastante elevado entre os municípios nordestinos, variando de 13% em

Timbaúba dos Batistas (Rio Grande do Norte) a 45% em Várzea (Pernambuco), com exceção de algumas cidades, como Camaçari, na Bahia, cujo índice é de 6%, compatível com o da Região Sul.

Segundo a pesquisadora Rosa Maria Marques, da Pontifícia Universidade Católica de São Paulo (PUC-SP), em cada dez famílias atendidas pelo programa, seis estão nas regiões Norte e Nordeste, que somam 63% dos atendimentos do Bolsa.

O resultado é que o Nordeste, com o Bolsa Família, juntamente com o aumento real do salário mínimo e os empréstimos consignados, vem pressionando as vendas de computadores populares, telefones celulares, eletrodomésticos e materiais de construção este ano. As vendas do comércio nos estados nordestinos vão crescer 9,8% neste ano, mais que o dobro da média nacional, de 4,5%.

Na Região Norte, a expansão estimada é de 11,2%, ficando o comércio do Nordeste e do Norte do país representando respectivamente 15% e 20% do varejo brasileiro. Em certas regiões, há um crescimento da economia em torno de 7% ao ano, o que os especialistas classificam de "crescimento chinês" para as classes mais pobres.

25/10
O BOLSO E A ÉTICA

Os mapas da eleição elaborados pela equipe do professor Cesar Romero Jacob, da PUC do Rio de Janeiro (PUC-RJ), indicam que o país não está separado regionalmente nem existe uma guerra entre ricos e pobres, já que os pobres nas regiões metropolitanas como as do Rio de Janeiro e de Minas Gerais votaram em Lula, e uma parte do Sul do país que tradicionalmente vota na esquerda votou em Alckmin, devido aos prejuízos do agronegócio. A percepção do eleitorado, segundo o estudo de Romero Jacob, é de que Lula estaria protegendo a pobreza das pessoas e a pobreza das regiões. O país não está dividido, mas a força de Lula entre os pobres, que querem manter os benefícios trazidos por seu governo, é evidente.

Um mapa coloca os eleitores brancos em oposição a todos os outros grupos — pretos, pardos, amarelos, índios — as regiões em que o Brasil é mais mestiço, menos branco, são as mesmas que aparecem no mapa da votação de Lula, que corresponde a grande parte da região Norte e parte ponderável do Nordeste, avançando até Minas. Um outro mapa, que mostra a disparidade de educação, contrapondo o número de pessoas de nível básico às pessoas de nível superior, indica que a disparidade na metade norte do Brasil é muito grande, o que vai de novo corresponder ao mapa do Lula.

O mapa de disparidade de renda, baseado no número de pessoas com mais de dez anos de idade com até um salário mínimo, contraposta aos que ganham mais de dez salários mínimos, mostra que ela é muito grande no Amazonas e no Nordeste, avançando também por Minas Gerais. Nas áreas em que prevalece a população empregada na agricultura, o pequeno produtor pobre da Região Amazônica e do Nordeste, grande parte área de agricultura familiar, novamente a distribuição dos votos coincide com a votação de Lula.

Romero Jacob está convencido de que essa parte norte e nordeste que votou fortemente em Lula votou com o bolso, mas não apenas por causa da Bolsa Família. "Os vários programas que o governo desenvolveu nessas áreas acabaram dando à população a percepção de Lula como pai dos pobres", analisa ele, citando especialmente programas como o Luz para Todos, o Programa Nacional de Fortalecimento da Agricultura Familiar (Pronaf). E o Pró-Uni, que dá "a percepção de que Lula quer possibilitar que o negro e o pardo possam chegar à universidade".

Inversamente, as regiões Sul e Centro-Oeste também votaram pelo bolso, mas por causa do câmbio, ressalta Romero Jacob. Mato Grosso, Mato Grosso do Sul, Goiás, os três estados do Sul e São Paulo são áreas onde o agronegócio é muito forte, e ele foi prejudicado pelo dólar baixo. O cientista social chama a atenção para o fato de que mesmo numa parte do Sul do país, que pega o norte do Rio Grande do Sul, o oeste de Santa Catarina e o sudoeste do Paraná, "uma área tradicionalmente de eleitorado de esquerda, votaram em Brizola fortemente em 1989 e depois vota sempre em Lula e em candidatos que defendem a reforma agrária", mesmo nessa área Alckmin ganhou.

Ao contrário dos protegidos pelo programa de agricultura familiar, esse pequeno produtor rural que integra o complexo do agronegócio na cadeia produtiva do sistema exportador foi afetado pelo dólar desvalorizado, e Lula também perdeu votos aí. O estudo mostra que o Triângulo Mineiro e o Sul de Minas, que integram esse Brasil agroexportador, votou com o bolso em Alckmin. Romero Jacob não acredita que a escolaridade mais alta do Sul tenha tido peso na decisão de voto tão forte quanto as questões econômicas, em qualquer região do país. "Se não fosse o bolso, com tantas denúncias contra o governo Lula ele já teria tido reduzido seu percentual de votos", comenta.

Ele está convencido de que os votos nessas regiões estão consolidados, e mesmo que as pesquisas mostrem uma certa retração do Alckmin no Sul do país, acha que essa parte continuará votando nele. "A não ser que, no Mato Grosso, a adesão de Blairo Maggi represente compensações para o agronegócio que justifiquem uma reviravolta", ressalva. Para Romero Jacob, a discussão ética acontece fundamentalmente na classe média urbana escolarizada, que é onde há mais diversidade de opinião.

Ele acha discutível que Alckmin esteja perdendo votação em relação ao primeiro turno, embora admita que, à questão ética do Alckmin, a resposta de Lula veio com a contestação das privatizações, um assunto que mexe com a classe média não por seu eventual conteúdo ideológico, mas pelo que afeta o dia a dia do cidadão. "No primeiro mandato de Fernando Henrique, como os serviços públicos sempre funcionaram mal, havia a ideia de que privatizando vai melhorar. Só que as tarifas públicas ficaram muito altas, e o campeão de reclamação são as telefônicas. Há uma desilusão em relação à privatização", analisa.

Por serem estatais, os serviços públicos eram baratos, mas funcionavam mal. "Privatizando, ficaram mais caros, e a exigência subiu. O parâmetro mudou, já não se compara com o que era antes, e há uma insatisfação com os serviços públicos." O debate moral também encontra barreiras no que ele chama de "ética muito flexível no país". O caixa dois é generalizado no país, diz Romero Jacob, lembrando os profissionais liberais, essencialmente de classe média, que trabalham com preços diferenciados com recibo ou sem recibo e compram produtos piratas. E, por isso, ele acredita que esse eleitor está se debatendo entre a ética e o bolso, e é aí que a eleição pode ser decidida.

2007

5/1
ONDE FICA A SAÍDA?

Agora que passou a ficar claro que o Bolsa Família precisa ser reestruturado para ganhar uma dimensão social mais efetiva, perdendo seu caráter assistencialista, recorro a uma conversa com o economista Ricardo Paes e Barros, do Ipea, um dos principais formuladores do programa, para tentar entender o que virá pela frente.

O próprio presidente Lula, em seu discurso de posse, mesmo rebatendo as críticas sobre a política social do seu governo — que, segundo ele, "nunca foi compensatória, e sim criadora de direitos" —, prometeu que ela será "cada vez mais estrutural". Frei Betto, o ex-assessor especial de Lula que tem sérias divergências sobre a condução do Bolsa Família, chegando a classificá-lo recentemente de "assistencialista", diz que o segundo governo Lula precisará "apontar a porta de saída do Bolsa Família", e pergunta: "Como as 11 milhões de famílias beneficiárias poderão independer do governo federal e passar a gerar a própria renda?"

O diagnóstico é universal: a saída é a melhoria da educação e da saúde, juntamente com programas de inserção no mercado de trabalho. O economista Ricardo Paes e Barros está convencido de que o programa tem que aumentar a sua cobertura: "Para obter impacto sobre a pobreza, mais importante que dar uma receita grande para poucas pessoas é dar uma receita pequena para muitas pessoas", analisa. Por esse raciocínio, o reajuste de 15% que o Ministério do Desenvolvimento Social se prepara para dar aos benefícios, no valor total de R$ 1,2 bilhão por ano, poderia ser destinado a ampliar a cobertura do programa.

O economista do Ipea é realista quando fala dos desvios de alvo frequentemente encontrados nos cadastros do Bolsa Família: "Não tem jeito, qualquer programa desses vai cobrir um número significativo de famílias não pobres. Temos talvez 15% ou mais de famílias que não deveriam estar no programa. Isso é muita gente, 15% de 11 milhões são 1,5 milhão de famílias, é muita coisa. Mas programas como esse raramente conseguem uma focalização melhor do que isso."

Segundo ele, "é natural que só 80% ou 90% dos benefícios cheguem ao objetivo final". Mas a grande vantagem do Bolsa Família, destaca, "é que ele conseguiu fazer com que 70% dos pobres brasileiros sejam incluídos no programa". Mesmo reconhecendo que o programa tem "bastantes perdas, e, portanto, todos os mecanismos, todos os procedimentos devem ser utilizados para melhorar essa destinação", e falando no caráter de "injustiça" que existe em cada pessoa não pobre que recebe o benefício, Paes e Barros diz que "é importante reconhecer que ele é melhor que o programa do México, e é parecido com os melhores programas chilenos, que têm já uma década de experiência".

Além disso, comparado com todos os outros programas que se tentou fazer no país para atender a população pobre, é de longe, segundo ele, o mais bem focalizado: "Seguro-desemprego, ticket-restaurante, vale-transporte".

Outro ponto importante na análise de Paes e Barros é a discussão sobre o que é melhor, gastar com programas de transferência de renda como o Bolsa Família ou com a educação. "Trocar gastos com o Bolsa Família para aplicar em educação tem que ser estudado com cuidado, depende da situação, ninguém conseguiu provar nada, nem numa direção nem na outra", diz ele, cauteloso.

Ele acha que "nas áreas mais pobres do Brasil, onde a escola não tem qualidade, talvez fosse melhor dar o dinheiro do Bolsa Família para o diretor melhorar a qualidade da escola do que dar para os pais colocarem os filhos na escola". Ricardo Paes e Barros acha "provável" que se consiga atrair mais as crianças para a escola aumentando a sua qualidade. "Certamente pode ser verdade em áreas em que a qualidade da escola é precária. Mas acho que em lugares que têm sistemas educacionais tipo Vitória, Florianópolis, as crianças que estão fora da escola estão porque a família precisa de ajuda."

Na visão de Paes e Barros, o Bolsa Família "é um programa tão melhor quanto forem melhores as oportunidades de escolha". Nessa definição, está implícito o objetivo do programa, que serviria para "estimular as famílias a usarem os serviços públicos". Paes e Barros exemplifica: "Se eu tenho boa escola, bom posto de saúde em volta, é uma coisa. Mas é evidente que se o posto de saúde não funciona, não tem os medicamentos, a escola é ruim e o professor não vai lá, é muito difícil você estimular o uso deles, é melhor você usar o dinheiro para melhorar a qualidade dos serviços daquela comunidade."

Para ele, é preciso ter "o equilíbrio entre estimular as famílias e melhorar os serviços". Nesse caso, diz ele, "entra uma discussão intertemporal: quanto nós estamos querendo sacrificar as pessoas hoje para que amanhã a gente vá ter menos pobreza?". Para poder investir você tem que reduzir seu consumo hoje. "Em que medida você prefere que os pais das crianças tenham uma vida mais miserável hoje porque você vai investir nas escolas, na educação?"

Depende muito da visão da sociedade, avalia Paes e Barros. Para ele, nas áreas mais ricas se gastaria mais com o Bolsa Família, e nas áreas mais pobres, se investiria mais em educação e nos outros serviços públicos, como saúde. "Não adianta eu obrigar o cara a ir para uma escola que não funciona", avalia o economista.

Todas essas alternativas estão sendo estudadas dentro do governo, agora que passaram as eleições e que será possível corrigir os erros para encontrar as famosas portas de saída, sem as quais o programa permanecerá sendo mais assistencialista do que inclusivo.

As condicionalidades ligadas especialmente à educação e à saúde terão que ser mais acompanhadas pelo governo, para que o Bolsa Família se torne mais do que uma "máquina de fazer votos", como definiu Frei Betto em recente entrevista ao *Corriere della Sera*.

4/2
BOLSA ELEITOREIRA

PARIS. O trabalho "As Bases Municipais da Votação de Lula em 2006", do cientista político Jairo Nicolau, do Instituto Universitário de Pesquisas do Rio de Janeiro (IUPERJ), e Vitor Peixoto, doutorando em Ciência Política do mesmo instituto, apresentado no Fórum Nacional on-line do Instituto Nacional de Altos Estudos, presidido pelo ex-ministro Reis Velloso, confirma pela primeira vez, com base em análise dos dados oficiais da última eleição presidencial desagregados até o nível dos municípios, o que já se intuía: a votação do presidente Lula em 2006 "está claramente associada" aos efeitos do Bolsa Família, que explicam pelo menos 63% de sua votação. E que o programa foi direcionado para os municípios onde Lula teve resultados fracos em 2002.

Os cruzamentos com os resultados da eleição de 2002 mostram que seu desempenho em 2006 sempre foi melhor "à medida que pioram as condições sociais dos municípios brasileiros". Os resultados dessa ação "são impressionantes", segundo os pesquisadores, que chegaram a traçar com base neles a seguinte "cadeia de causalidade":

1) Em 2002, Lula tem votação bem distribuída pelo país, mas proporcionalmente melhor nas áreas mais desenvolvidas;

2) O Governo implementa durante o seu mandato políticas públicas que favorecem as áreas mais pobres da população; entre esses programas destaca-se o Bolsa Família, que investe mais de R$ 17 bilhões em quatro anos, mais da metade deles no Nordeste;

3) Em 2006, as áreas que mais se beneficiaram das políticas implementadas pelo Governo (particularmente municípios de baixa renda, majoritariamente concentrados nas regiões Norte e Nordeste) votam no candidato que implementou essas políticas.

A comparação dos dados revela "uma mudança de perfil" no eleitorado de Lula entre os dois pleitos. Em 2002, o percentual de votos de Lula cresce à medida que as faixas dos eleitores dos municípios são aumentadas. Já em 2006, o melhor resultado de Lula foi obtido nas pequenas cidades, particularmente na faixa entre 10.001 e 20.000 eleitores, onde recebeu 54,3% dos votos válidos no primeiro turno e 64,2% no segundo.

Comparativamente a 2002, mostra o estudo de Nicolau e Peixoto, Lula teve um declínio de sua votação, nos dois turnos, nas cidades com mais de cinquenta mil eleitores e um crescimento nas cidades com eleitorado inferior a este patamar. Pela primeira vez um candidato vitorioso perdeu em todos os estados de uma região, no caso o Sul do país.

Em contraste, Lula obteve no Nordeste patamares de votos nunca obtidos por outros candidatos em qualquer região do país em disputas anteriores. Os pesquisadores mostram que a alta concentração dos recursos do Bolsa Família aconteceu justamente na Região Nordeste, onde nada menos que 53,7% do total foi invertido, sabidamente a área de maior concentração de famílias vivendo abaixo da linha da pobreza no Brasil.

A associação entre o programa Bolsa Família e a renda dos municípios brasileiros mostra que quanto mais pobre é o município, mais recursos *per capita* ele recebeu do Bolsa Família, e quanto maior o IDHM-Renda, pior a votação obtida por Lula. Os pesquisadores ressaltam que esses dados "não nos permitem dizer que Lula tenha sido votado pelos pobres, mas apenas afirmar que ele teve votação expressiva nos municípios mais pobres do Brasil". No entanto, a associação entre o percentual de votos obtidos por Lula e os gastos do Bolsa Família é expressiva e indica que Lula obteve percentualmente mais votos nos municípios que receberam mais recursos *per capita* do Bolsa Família.

26/5
"O MEDO VENCEU"

Diante do sucesso da política econômica, do uso escancarado do Bolsa Família como instrumento eleitoral e da megacoalizão política que o presidente Lula armou para a sustentação parlamentar de seu segundo mandato, tendo o PMDB como ator central, depois de todos os escândalos de corrupção ocorridos no primeiro mandato, soam quase anacrônicas as críticas que o ex-assessor do Palácio do Planalto Frei Betto faz ao governo, do qual participou por dois anos, no seu mais recente livro, *Calendário do poder* (Editora Rocco). Ao mesmo tempo, o livro reafirma sua coerência inalterada na maneira de encarar e exercer o poder, e uma visão política de esquerda que ele mesmo considera ter praticamente desaparecido do governo.

Nada mais distante da realidade do que o governo que Frei Betto imaginava ao chegar ao poder junto com o operário metalúrgico que conheceu em 1980 e com quem "cravou" — na expressão do próprio Lula — uma amizade que resistiu até à desilusão provocada por um governo em que, no primeiro mandato, "o medo venceu a esperança".

Escritor prolífico, este é o segundo livro de Frei Betto sobre o período em que esteve no governo. No primeiro, *A mosca azul — Reflexão sobre o poder*, como o próprio nome já revela, ele faz uma análise dos impasses do governo Lula e a crise ética que afetou o PT a partir da crise do mensalão, em 2005.

Este é o que ele define como "diário de bordo", no qual registra "sentimentos contraditórios, apreciações paradoxais, júbilos e decepções" do período em que ocupou um gabinete no 3º andar do Palácio do Planalto, próximo ao gabinete do presidente da República.

A luta contra a política econômica do então ministro Antonio Palocci, da qual participou até onde os limites de sua função permitiam, está perdida, pois mesmo com a saída dele ela foi mantida, numa demonstração de que, mais do que tudo, pertence ao presidente Lula.

Mas, para Frei Betto, essa não é a questão central. "Ainda que o governo zerasse a dívida pública e a fome, assegurasse a toda a nação alimentação, saúde e educação gratuitas e de qualidade; erradicasse o desemprego e a violência; dotasse cada cidadão e cidadã de uma renda mínima, ainda assim não seria o governo dos meus sonhos. Não é no progresso material que se esgota a minha utopia", afirma no epílogo.

A utopia de Betto é o socialismo, que nasceria do "aprimoramento da democracia participativa". Para ele, é preciso "socializar as decisões políticas e o controle popular sobre as instituições, bem como assegurar o acesso a todos os bens materiais e simbólicos".

Diferentemente do que esperava Betto, "no seu primeiro mandato o governo petista confinou-se no círculo hermético da lógica neoliberal. Inflou a Bolsa Fartura com os recursos destinados à voracidade do capital financeiro, via superávit primário e juros altos, enquanto acatava a focalização social recomendada pelo Banco Mundial em relação aos pobres. Via Bolsa Família, instituiu a rede de distribuição de renda mínima, cujo caráter assistencialista consiste em não oferecer aos beneficiários os meios de se livrarem da dependência do poder público e ter acesso ao emprego e às condições de obtenção da própria renda. A estrutura social do Brasil, desigual e perversa, permanece intocada".

Mas Betto não deixa de ver avanços no primeiro mandato de seu amigo Luiz Inácio. Sempre que envia cartas ao presidente, várias delas reproduzidas no livro, o chama pelo nome, e assina Carlos Alberto, o que pode parecer um distanciamento entre os dois, mas, ao contrário, é um sinal de aproximação. Um dos orgulhos de Frei Betto é a política externa conduzida pelo chanceler Celso Amorim, que, a certa altura, classifica como "o único ministro de esquerda do governo".

Pois, no seu entusiasmo, Betto vê como sinais de sucesso do primeiro mandato o governo ter conseguido "repudiar a proposta neocolonialista da Alca, defender a soberania de Cuba e da Venezuela". Ele cita também, no plano econômico, vitórias como "emancipar o Brasil do controle do FMI, reduzir a inflação e o preço dos gêneros de primeira necessidade".

Como se os conceitos do FMI ainda não regessem nossa política econômica e se o controle da inflação e os preços baixos não tivessem nada a ver com a política do Banco Central que tanto combateu.

Como escreveu esses comentários logo depois da vitória do segundo turno de Lula, não se sabe o que Betto está pensando da reaproximação do Brasil com os Estados Unidos especialmente por causa do etanol, tão criticado por seus amigos Fidel Castro e Hugo Chávez.

Frei Betto critica o governo Lula por ter optado "por privilegiar alianças partidárias que, por vezes, incluíram políticos notoriamente corruptos, de práticas antagônicas aos fundamentos do PT. No calor do processo eleitoral, essas alianças não se pautaram por metas estratégicas capazes de delinear o perfil de um novo país. O balaio de votos pesou mais do que a utopia de construir 'um outro Brasil possível'. Nem parece ter servido de lição a crise ética de 2005, tumor fétido de alianças nefastas que reduziram o contrato programático a um balcão de negócios com moeda suspeita".

Como se vê, Frei Betto refere-se sempre aos primórdios do PT que ajudou a fundar quando faz críticas políticas, como se àquela altura, mesmo antes do mensalão, mas já com o escândalo de Waldomiro Diniz dentro do Palácio do Planalto, ainda existisse algum resquício do partido que se considerava o detentor do monopólio da ética na política.

O livro conta os desacertos da máquina governamental, as intrigas palacianas, as disputas de poder e os desencontros de projetos. O mais emblemático deles é o rumo do programa Fome Zero, engolido pelo Bolsa Família depois que os programas sociais foram unificados e passaram a ser usados politicamente, com a presença do deputado federal petista Patrus Ananias como ministro do Desenvolvimento Social.

27/5
ASSISTENCIALISMO

Um dos maiores sucessos do governo Lula é, sem dúvida, o programa Bolsa Família, embora existam discordâncias sobre a maneira de tocá-lo e, sobretudo, sobre o seu alcance na inclusão social. O ex-assessor especial do Palácio do Planalto Frei Betto, um dos principais idealizadores do Fome Zero, que deveria ser o principal programa social do governo Lula e acabou ofuscado pelo Bolsa Família, conta no livro *O calendário do poder*, os percalços da sua implantação. Ao mesmo tempo que cita a "distribuição de renda mínima" e o "direito à alimentação e à nutrição" como pontos positivos do primeiro governo Lula, Frei Betto discorda da maneira como foi implantado o Bolsa Família, especialmente pela falta de reformas estruturais, e pelo fato de o acompanhamento de saúde e frequência escolar não ser considerado prioritário pelo Ministério do Desenvolvimento Social.

Além disso, os comitês gestores, que controlariam a execução do programa nos municípios para impedir que os políticos os manipulassem, acabaram perdendo a função justamente para os políticos, que passaram a ter no Bolsa Família uma ferramenta eleitoral poderosa. A disputa entre Frei Betto e a equipe do novo ministro Patrus Ananias sobre os comitês é emblemática da divisão que havia dentro do governo naquele momento.

Em carta ao presidente Lula de setembro de 2003, Frei Betto diz que há "duas concepções" em relação à unificação dos programas sociais: "Uma centrada na mera transferência de renda, e outra interessada em fazer da transferência de renda instrumento de inclusão social. A primeira pode nos levar ao assistencialismo, tornando a figura do governo um balcão de obtenção de renda fácil." E sugere que Ana Fonseca, uma reconhecida especialista, fosse mantida à frente do programa por representar melhor a segunda opção. Meses depois, Ana Fonseca foi demitida.

Os comitês gestores passaram a ser comitês Fome Zero e ficaram subordinados aos prefeitos, de acordo com a parceria do pacto federativo defendido pelo ministro Patrus Ananias, ex-prefeito. Na carta em que pediu demissão formalmente, em outubro de 2004, Frei Betto, a certa altura, pergunta a Lula: "E quando terminar a transferência de renda? Como o Bolsa Família poderá assegurar a inserção social (e não meras políticas compensatórias, como quer o Banco Mundial) sem as reformas estruturais?"

Antes, em abril, em outra carta, Frei Betto já tocara no assunto: "Se o Bolsa Família não for complementado por reformas estruturais, haverá um desastre. Já pensou no dia em que os benefícios financeiros forem suspensos? Os beneficiários ficarão, além de mais pobres, também revoltados. Mas se houver, de fato, a sinergia da reforma agrária, da saúde, da educação, do saneamento, da cooperativa, do microcrédito, faremos uma revolução pacífica neste país. Por favor, não peça mais paciência à nação."

E adiante: "Ouça a voz de Deus na sua intuição; não se arrisque a repetir o vexame histórico de Lech Walesa, de Daniel Ortega e de tantos outros que frustraram a esperança de milhões de pessoas de bem." O fantasma de governos de esquerda que falharam perseguia os petistas nos primeiros momentos do governo Lula.

Em uma das muitas discussões reproduzidas no livro, o cientista político Pedro Ribeiro de Oliveira, referindo-se à crise desencadeada pelo escândalo Waldomiro Diniz, fez o seguinte diagnóstico: "Não podemos repetir a fé que tivemos no sandinismo; acreditávamos mesmo vendo as coisas desabarem. Temos que nos abrir a outras mediações."

O secretário particular de Lula, Gilberto Carvalho, lamenta-se: "Até o caso Waldomiro, era um orgulho o governo não ter um caso de corrupção. Foi uma pancada. No entanto, a esquerda mundial cedeu à corrupção: Nicarágua, El Salvador, União Soviética. Waldomiro virou a Geni. Nos ajudou a derrubar o Collor e depois se corrompeu."

No epílogo do livro, Frei Betto diz que "está por ser melhor analisada a relação da esquerda com o poder. Até agora nenhuma experiência merece ser considerada exitosa. O modelo da esquerda tem sido o figurino da direita". E faz uma surpreendente, embora branda e metafórica, crítica ao modelo político cubano, de seu amigo Fidel Castro: "Em Cuba, bloqueada há mais de quatro décadas pela Casa Branca, o monopartidarismo também inibe a oxigenação da esfera política através do debate público e da organização da sociedade civil em movimentos sociais autônomos."

O livro de Frei Betto conta episódios pequenos que mostram bem o poder por dentro. Como a reação de Benedita da Silva, que, no dia em que tinha que deixar o Ministério, se recusou a sair do gabinete, "não queria largar o osso", segundo relato de Frei Betto, que usou o poder que detinha como assessor especial da Presidência em vários episódios que são contados no livro, até mesmo para ser o responsável pela escolha de um ministro do Supremo Tribunal Federal que mal conhecia.

O episódio ilustra bem como são fortuitas, às vezes, as decisões de governo, pelo menos deste governo. Frei Betto estava em uma fila enorme numa agência da Varig para tratar do retorno a São Paulo, depois da posse de Lula, e sentou-se com a senha ao lado de um "cidadão negro que eu nunca vira". Deu-se a pergunta: "Você é o Frei Betto?" Com a confirmação, ele entregou seu cartão: Joaquim Barbosa, jurista, procurador-regional da República, professor de Direito no Brasil e nos Estados Unidos. Betto diz que, depois da conversa, levou de Joaquim Barbosa "o cartão e uma boa impressão".

Meses depois, o ministro da Justiça, Márcio Thomaz Bastos, em uma conversa informal, disse que o presidente Lula queria nomear um negro para o Supremo, e Betto lembrou-se do cidadão da fila. O ministro da Justiça ficou com o cartão e prometeu ouvi-lo. A nomeação de Joaquim Barbosa foi atribuída em Brasília à influência de Frei Betto.

12/8
VOTOS X BENEFÍCIOS

Um dos pontos mais relevantes das pesquisas sobre o Bolsa Família é o aumento da frequência nas escolas. Um estudo dos especialistas Sergei Soares, Ricardo Paes de Barros e Marcelo Néri, com base em suplemento da Pesquisa Nacional por Amostra de Domicílio (Pnad) de 2004, mostra que os alunos atendidos pelo Bolsa Família frequentam mais a escola que outros que não são beneficiários do programa, além de terem um índice menor de abandono dos estudos. Entre o público de 7 a 14 anos atendido pelo Bolsa Família, a taxa de frequência escolar é 3,6 pontos percentuais acima da observada no conjunto dos não beneficiários. No público feminino, essa diferença chega a 6,5 pontos percentuais, e no Nordeste é ainda maior: 7,1 pontos percentuais.

Quanto ao abandono da escola, os resultados da comparação indicam menor evasão das crianças incluídas no Bolsa Família. Entre os alunos beneficiários, a taxa de evasão chega a ser 2,1 pontos percentuais menor no conjunto das crianças em situação de extrema pobreza. Como a taxa de frequência à escola é bastante elevada no país (97,3%) e a evasão é baixa (6,6%), essas diferenças são bastante relevantes nas avaliação dos pesquisadores que analisaram os dados.

Essas conclusões são limitadas, porém, pelo ainda precário acompanhamento das condicionalidades do programa, a principal delas a frequência às aulas. Das famílias abrangidas pelo Bolsa Família, apenas 4.425.320 são acompanhadas para efeito das condicionalidades, isto é, apenas 41,8% do total abrangido pelo programa.

Alterações realizadas no ano passado pretendem dar maior rapidez ao registro da frequência escolar, e evoluir no acompanhamento da condicionalidade de educação, além de melhorar a qualidade da informação. A cada período, o novo sistema amplia o percentual de alunos acompanhados.

No período relativo aos meses de outubro e novembro de 2006, o percentual foi de 63%; nos meses relativos a fevereiro e março de 2007, o programa chegou a 66% e, nos meses de abril e maio de 2007, o percentual de acompanhamento foi de 68,9%.

O número total de alunos em novembro de 2004 era de 12.393.146, e apenas 50,8% tinham a frequência informada. Hoje, são 14.991 mil, mas esse número, em setembro de 2006, já foi de 16.279 mil alunos.

Pesquisa realizada em 2005 mostrou que a desnutrição infantil no semiárido caiu de forma significativa nos últimos dez anos. O estudo revelou que o índice de crianças com até 5 anos que sofrem de desnutrição crônica (déficit de altura) reduziu de 17,9%, em 1996, para 6,6%.

Na região, o Bolsa Família diminuiu em 30% o risco de desnutrição infantil, segundo análise feita pela Faculdade de Saúde Pública da Universidade de São Paulo. Das crianças beneficiárias do Bolsa Família, 94,2% fazem três ou mais refeições por dia.

A Secretaria Nacional de Renda e Cidadania alega que as mudanças ainda estão sendo implantadas, e técnicos da área de educação foram incorporados ao processo de acompanhamento da frequência escolar. Com a implantação do novo sistema, a tarefa de acompanhar a frequência escolar deixou de ser responsabilidade das secretarias municipais que inscrevem as famílias pobres no Cadastro Único e foi assumida pela área da educação, que pode cadastrar operadores auxiliares e até diretores de escola.

Como o processo de acompanhamento, além de ainda incipiente obedece a etapas bastante rígidas, que vão desde a advertência até o cancelamento dos benefícios, com uma visão de evitar ao máximo a exclusão de uma família, o programa em sua grande parte ainda tem características meramente assistencialistas.

19/9
AÇÃO E PERCEPÇÃO

Recente pesquisa do instituto de opinião Ipsos, divulgada pelo jornal *O Estado de S. Paulo*, anda provocando irritação nos tucanos. Ela revela que, na percepção do eleitorado brasileiro, deve-se à estabilidade econômica ao governo Lula, sendo uma das três melhores coisas de sua gestão. As outras são o Bolsa Família, considerada a melhor, e a ajuda aos pobres. A pesquisa é devastadora para o PSDB como organização política, pois demonstra sua incapacidade de convencer o eleitorado das coisas boas que realizou nos oito anos de Fernando Henrique Cardoso, ao mesmo tempo em que mostra que o PT é um especialista em assumir como suas as conquistas de outros. Para quem não é tucano ou militante político, essa percepção só incomoda por demonstrar que a falta de informação, ou a incapacidade crítica, torna os eleitores manipuláveis por lideranças populistas.

Mas a percepção não é tão absurda assim, pois é inegável o empenho do governo Lula pela estabilidade econômica a partir de 2003, embora tenha sido o passado petista o culpado pelo temor que tomou conta do mercado financeiro, fazendo com que a inflação saísse do controle em 2002.

A boa notícia é que a estabilidade econômica já é considerada uma patrimônio do povo brasileiro, que não quer abrir mão dela. Isso é o que importa para o país, e é louvável que o governo Lula tenha percebido esse valor a ponto de desmentir tudo o que pregava anteriormente. Da mesma maneira que é criticável a incapacidade do PSDB de transformar em ativo político suas realizações.

Em 2002, na campanha presidencial, o então candidato José Serra procurou ao máximo distanciar-se do presidente Fernando Henrique e seus feitos, certo de que o clima de mudança predominava no eleitorado brasileiro e era preciso garantir "continuidade sem continuísmo" para ter sucesso eleitoral.

Já naquela altura, os programas assistenciais que o governo Ferrnando Henrique havia implantado, como Bolsa Escola, Vale-Gás e outros, a chamada rede de proteção social, se bem explorados poderiam render resultados eleitorais, tanto que o único estado em que Serra venceu foi Alagoas, onde estavam concentrados os maiores esforços dos programas sociais do governo.

E o estado em que ele teve a pior derrota foi o Rio de Janeiro, onde o governo federal não atuou por problemas políticos com o então governador Garotinho. Mas, em nenhum momento da campanha, Serra se utilizou dos programas assistenciais do governo. O que, se revela uma posição política austera, mostra também uma dificuldade de comunicação com o eleitorado. Assim como, em 2006, Alckmin ficou com vergonha de defender o programa de privatizações e caiu na armadilha de Lula no segundo turno, que politizou a questão, mesmo que seu governo defendesse as Parcerias Público-Privadas, uma privatização envergonhada, e tivesse aprovado um projeto de exploração privada da Amazônia.

O governo Lula, ao unificar os diversos programas assistenciais já existentes e ampliar a sua abrangência com o Bolsa Família, criou um valor agregado à ação social do seu governo que hoje é seu maior capital político, mesmo que seja uma ação paliativa que não altera de maneira permanente as estruturas sociais. E que o custo do assistencialismo exacerbado seja prejudicial ao desenvolvimento sustentado.

O PT é tão competente na arte de assimilar iniciativas dos outros que até mesmo o mensalão nada mais é do que o aperfeiçoamento de um esquema que tem raízes na campanha de Eduardo Azeredo, do PSDB mineiro, a governador em 1998, como se vê agora.

Elaborado pelo delegado Luiz Flávio Zampronha, o relatório da Polícia Federal denuncia uma "organização criminosa", cujo operador era o mesmo Marcos Valério do mensalão e cujo coordenador era o hoje ministro das Relações Institucionais, Mares Guia.

Zampronha afirma que "tratava-se de fundos públicos desviados das administrações direta e indireta do Estado de Minas e de valores repassados à coligação eleitoral por empresários, empreiteiros e banqueiros com interesses econômicos junto ao poder público daquela unidade da Federação".

Mas, à diferença do verdadeiro mensalão, o esquema utilizado em Minas era mesmo um supercaixa dois para financiar a campanha eleitoral do governador e de uma coalizão de 17 partidos. Na versão aperfeiçoada petista, segundo denúncia aceita pelo Supremo Tribunal Federal, a quadrilha tinha "como principal objetivo garantir a continuidade do projeto de poder do Partido dos Trabalhadores (PT)". E a corrupção ativa "tinha como um de seus objetivos as votações pelos beneficiados em favor de projetos de interesse do governo", como os projetos da Reforma da Previdência (PEC 40/2003) e da Reforma Tributária (PEC 41/2003).

Um dos pontos mais relevantes das pesquisas sobre o Bolsa Família seria o aumento da frequência nas escolas. Um estudo mostra que os alunos atendidos pelo Bolsa Família frequentam mais a escola que outros não beneficiários, além de terem índice menor de abandono dos estudos.

Essa maior frequência, no entanto, não é sinônimo de bom aproveitamento escolar, de acordo com outra pesquisa do Ministério do Desenvolvimento Social. Há indicações preliminares de que os beneficiários do Bolsa Família têm pior rendimento do que os não incluídos nele. Essas conclusões, no entanto, são limitadas pelo ainda precário acompanhamento da frequência às aulas. Das famílias abrangidas pelo Bolsa Família, apenas cerca de 42% são acompanhadas. Portanto, a exclusão de cerca de 4 mil beneficiários por não terem cumprido as condicionalidades representa quase nada.

29/9
EMANCIPAÇÃO

Depois que análises da pesquisa do Pnad demonstraram que a melhoria de renda dos 10% mais pobres deveu-se mais aos programas assistenciais como o Bolsa Família do que à renda do trabalho, o que mostra a fragilidade do processo de melhoria da distribuição de rendas no país, tornou-se imprescindível a discussão sobre as "portas de saída" para "reforçar o lado estrutural de políticas compensatórias", que, na definição do economista Marcelo Néri, da Fundação Getulio Vargas do Rio, "é a conquista que falta ser trilhada e consolidada na política social brasileira". Segundo seus estudos, de maneira geral o ano de 2006 se destaca "mais pelo crescimento generalizado de renda para todos os estratos da população do que pela redução da desigualdade observada frente às séries dos últimos 15 anos".

Em 2006, todas as classes de renda tiveram "crescimento chinês", com destaque para a renda dos 50% mais pobres, que subiu 11,99%. A parcela dos 40% intermediários subiu 9,66%, e a renda dos 10% mais ricos subiu 7,85%.

Mas Marcelo Néri destaca que a desigualdade, medida pelo índice de Gini, teve uma redução de 1,06%, valor bem abaixo daqueles da queda dos três anos anteriores: 1,2%, em 2002, 1%, em 2003, 1,9% em 2004, 0,6% em 2005.

Essa queda menor da desigualdade pode ser atribuída, segundo estudiosos, ao fato de que o mercado de trabalho favoreceu de 2005 para 2006 mais os décimos superiores da distribuição, e os programas de transferências favoreceram mais os décimos inferiores.

No caso do Nordeste, essa divisão ficou mais evidente, pois lá houve piora do índice de Gini, que estaria associada à forte elevação da renda do pessoal de maior qualificação. Embora ainda não existam estudos conclusivos, esse dado pode ser um primeiro sinal de carência de oferta de trabalho qualificado, que em um ou dois anos a mais de crescimento continuado pode começar a aparecer nas demais regiões.

Para Marcelo Néri, a meta recém-atingida do atendimento de 11,1 milhões de famílias pelo Bolsa Família mostra que ele "chegou ao seu tamanho ideal de população, e devemos pensar em melhorar a qualidade, criando portas de saída do programa, seja pela emancipação da pobreza, seja por melhorias do cadastro, trocando beneficiários pouco pobres, ou não pobres, por beneficiários mais pobres, excluídos do programa".

Outro economista, Fabio Giambiagi, do IPEA, concorda dizendo que "é importante que o governo reforce ao longo dos próximos anos a natureza temporária do benefício e o vincule a progressos do beneficiado em certas áreas, no sentido de permitir a ele no futuro se livrar da tutela do Estado". Ele diz que a ideia de "porta de saída", que é contestada pelo ministro do Desenvolvimento Social, Patrus Ananias, talvez possa ser semanticamente melhor representada pelo conceito de "emancipação". (...)

Para o ex-ministro Reis Velloso, "no fundo, a família saiu da pobreza estatisticamente, mas pode ou não estar produzindo. O que você gasta nesses programas assistenciais, poderia gastar em educação. O que resolve o problema é ter um círculo virtuoso de crescimento, educação, e emprego". Também Fabio Giambiagi preocupa-se com a democracia quando analisa os programas assistenciais.

Para ele, "temos que procurar estabelecer regras para o programa que sejam parcialmente independentes dos ditames do governo de plantão. Caso contrário, não é preciso ser especialista em ciência política para perceber quão delicado pode ser ter um programa que beneficia 11 milhões de famílias sujeito a que em ano eleitoral o presidente da época aumente, por exemplo, em 20% ou 30% o valor do benefício, ainda por cima fazendo circular o boato de que se o governo perder, o programa vai acabar".

30/9
BOLSA 2.0

Partindo do princípio de que o objetivo de longo prazo de políticas sociais é "permitir aos indivíduos realizarem seu potencial produtivo", o economista Marcelo Néri, da Fundação Getulio Vargas no Rio, diz que essas políticas públicas deveriam fornecer portas de saída para a pobreza "através da abertura de caminhos e plataformas de acesso aos mercados". O Bolsa Família seria, nessa avaliação, "uma plataforma de acesso aos pobres que o Brasil nunca teve, mas por enquanto, é só uma plataforma. Ainda não tem uma pista para as pessoas decolarem". Segundo Marcelo Néri, os principais elementos hoje perseguidos no desenho de inovações das intervenções sociais podem ser sintetizados nos conceitos de "incentivos", "informação" e "infância".

Ele fala principalmente em uma Bolsa Família 2.0, que teria "incentivos à demanda por acumulação de capital humano combinada à melhora da oferta da qualidade das políticas estruturais tradicionais associadas, onde saúde e educação ocupam lugar de destaque".

Como exemplos nessa direção, Marcelo Néri cita o PAC de educação e uma nova agenda que desponta na área de saúde, "a começar por unanimidades como a provisão de saneamento básico, passando a áreas mais polêmicas como controle de natalidade, e chegando a campanhas antitabagistas e contra acidentes de trânsito, pragas da saúde pública".

Os aprimoramentos desejados do Bolsa Família, teriam, segundo Néri, como prioridade "buscar uma focalização cada vez mais eficaz do programa e combater alternativas menos focalizadas e mais permanentes como os reajustes do salário mínimo e a universalização incondicional da renda mínima".

Em segundo lugar está a melhoria das condicionalidades do programa. Ele diz que o Bolsa Família "parece ser um bom programa de transferência de renda 'que dá o peixe', mas não um programa educacional revolucionário que ensina a pescar". Um ponto crucial é o da melhora na qualidade da educação, cujo centro de atenções não deve ser a frequência nem mesmo estar matriculado na escola, mas "qualidade da educação, que é baixíssima no Brasil".

Néri cita o economista e banqueiro de Bangladesh, Muhammad Yunus, que em 2006 ganhou o Prêmio Nobel da Paz. O chamado "banqueiro dos pobres" pretende acabar com a pobreza através do Grameen Bank, que oferece microcrédito para milhões de famílias. De acordo com Muhammad Yunus, o pobre deve entrar no mercado, o que seria, segundo Néri, "uma espécie de choque de capitalismo nos pobres".

Os fluxos de caixa prospectivos dos programas sociais "constituem potenciais garantias creditícias, e o Estado pode se valer desses canais para expandir a oferta de crédito dos mais pobres", avalia Néri. Segundo ele, "o efeito colateral das políticas redistributivas hoje em difusão no país é aumentar o potencial de garantias dos pobres".

O fato de essas bolsas levarem ao setor informal "dinheiro e tecnologia informacional através de cartões eletrônicos de entidades com tradição creditícia cria oportunidade ímpar de alavancagem do colateral de empréstimos dos pobres", ressalta.

Segundo Marcelo Néri, "a colateralização das bolsas sociais, assim como a regularização fundiária, são maneiras de democratizar o acesso ao crédito no país através do reconhecimento de direitos mais amplos de propriedade por parte dos seus detentores, no caso o direito do indivíduo de usar ativos como garantia de empréstimos".

A associação do acesso a crédito ao Bolsa Família "é possível e é muito mais barata, pois existem instituições creditícias, como a Caixa Econômica Federal, que têm o cadastro dos beneficiários do Bolsa Família e todos os custos fixos para executar boa parte deles já foram incorporados na própria instituição do programa", lembra o economista.

José Dirceu e o mensalão

2003

17/6
VIDA DIFÍCIL

Assim como os historiadores costumam marcar as etapas de desenvolvimento de um país a cada vinte anos, período necessário à cristalização das mudanças, também os políticos gostam de medir o poder por décadas. Uns, pelo simples desfrute do poder, outros para se encontrar com os historiadores e sedimentar mudanças. Não é por acaso, portanto, que de tempos em tempos aparecem grupos políticos fazendo planos de ficar no poder por vinte anos.

Além do grupo de Collor, que tinha essa pretensão tanto pelo desfrute do poder quanto por razões que nada tinham a ver com a política, também o PSDB e o PT assumiram informalmente essa meta, na tentativa de cumprir um ciclo de desenvolvimento. O falecido Sérgio Motta, o trator do PSDB, comandou o projeto de reeleição com o objetivo de o partido permanecer no governo além dos dois mandatos de Fernando Henrique.

O PT começa a se organizar nesse sentido, e o encarregado do projeto é o chefe da Casa Civil, José Dirceu, que já disse que para consertar o país o PT precisará "de pelo menos dez anos". Dirceu, que se incomoda quando dizem que ele é o homem forte do governo, se expôs a críticas no fim de semana passado, quando jogou o peso do governo na pequena cidade de Cruzeiro d'Oeste, no interior do Paraná, onde viveu clandestinamente, para apoiar seu filho, candidato a prefeito.

Agora que até o *New York Times* anunciou a evidência de que ele é o homem forte da política de Lula, Dirceu não precisa mais se esconder atrás de uma aparente modéstia, que não combina com seu histórico. Adepto de métodos rudes de fazer política, Dirceu conhece muito bem o PT, presidiu o partido por oito anos. E foi ele quem conduziu o processo de preparar o PT para ganhar a eleição. No momento, está na berlinda, acusado de estreitar a margem de diálogo dentro do partido em nome de uma estabilidade que nunca chega.

Sem dúvida há um mal-estar no PT. O chamado "núcleo duro" do governo (formado basicamente pelos ministros com gabinete no Palácio do Planalto e mais o da Fazenda, Antonio Palocci) não está dando muito espaço para se andar fora de um figurino que cada vez mais petistas consideram "muito estreito". E não estamos mais falando dos "radicais" como Babá ou Heloísa Helena. O deputado federal Fernando Gabeira, por exemplo, estaria incomodado com a política ambientalista, que não impediu a importação de pneus velhos — uma praga para o meio ambiente — e com a condescendência do governo com os produtos transgênicos. Patrus Ananias, outro deputado federal do chamado campo majoritário, também estaria muito angustiado.

O deputado federal do Rio, Chico Alencar, acha que as pesquisas vão começar a mostrar esse sentimento, que está, segundo ele, refletido nas ruas. "No plano político, o que está muito ruim é a falta de diálogo total", diz Alencar. "Dá a impressão de que as tarefas de Estado são tão objetivas e consomem tanta energia que qualquer discussão é perda de tempo."

O presidente do PT, José Genoino, acha que o problema é que "estamos num processo de transição e alguns companheiros não entenderam que agora nós somos governo". A insatisfação dentro do PT reúne vários elementos, desde a questão política de que trata Chico Alencar, até questões puramente fisiológicas. Para Genoino, "a crítica e o debate são salutares, mas nem tudo o que o PT solicitou podia ser atendido, porque somos um governo de coalizão. Esperavam que fôssemos fazer o aparelhamento da máquina do Estado, e nós não estamos fazendo", acusa Genoino, que joga por música com o "núcleo duro" do governo.

Eles estão convencidos de que muitos petistas acharam que as mudanças anunciadas durante a campanha eram apenas para enganar o eleitorado. Genoino admite que "alguma perda é inevitável, como um certo desgaste, por exemplo, com setores do funcionalismo público" por causa da reforma da Previdência. "Mas isso é da vida", acrescenta.

Para Chico Alencar, "esse segundo semestre é decisivo para um novo perfil do PT que já se desenha". A forma mais correta para resolver os impasses, segundo ele, seria a convocação de um congresso do partido. "Porque aí você tem teses, você discute propostas, envolve os quase sete mil filiados." Enfrentar esse tipo de assembleia nunca foi problema para José Dirceu que, nos anos em que presidiu o PT, costumava sair dos impasses com uma frase que ficou marcada no partido: "Agora é guerra." E quase sempre vencia no voto.

Sobrecarregado por múltiplas funções — coordena desde estudos sobre biodiesel até a política de tecnologia a ser anunciada — atribui-se essa centralização ao "stalinismo" de Dirceu. Ele, que criticava antes da eleição a estrutura do Gabinete Civil de Fernando Henrique, está prestes a ter que abrir mão de algumas tarefas para poder dedicar-se à organização política de uma base cada vez mais problemática. Já há, por exemplo, dentro do PT, quem defenda uma aproximação com o PSDB, em vez de alianças fisiológicas com o PMDB ou o PTB.

Não é à toa que uma outra frase de José Dirceu está se tornando um bordão conhecido no Palácio do Planalto. Ele tem começado invariavelmente as reuniões com a exclamação: "Vida difícil."

6/8
UM PESO A MENOS

Das duas, uma: ou o governo não sabe o que quer, e o que aconteceu ontem na Câmara reflete um descontrole perigoso; ou, ao contrário, tem um insuspeitado alto grau de democracia interna que permite à sua base parlamentar mudar praticamente todo o projeto de reforma previdenciária sem que o Palácio do Planalto se sinta derrotado.

Para um governo que tem na sua coordenação política um conhecido centralizador como o chefe da Casa Civil, José Dirceu, é surpreendente a segunda hipótese, ainda mais depois de tudo o que ele e o próprio presidente Lula disseram sobre não abrir mão dos pontos básicos das reformas. Mas ela é, sem dúvida, a melhor alternativa.

O presidente chegou a se empolgar com as próprias palavras e garantiu, no ardor típico dos seus improvisos, ao falar sobre as reformas:

"Não tem chuva, não tem geada, não tem terremoto, não tem cara feia, não tem o Congresso, nem o Poder Judiciário, só Deus será capaz de impedir que a gente faça esse país ocupar um lugar de destaque."

José Dirceu, por seu turno, reuniu a bancada do PT várias vezes para demarcar os limites além dos quais não negociaria as reformas. E várias vezes foi ultrapassado pelo trabalho silencioso do presidente da Câmara, João Paulo Cunha, e do líder do governo, Professor Luizinho, que negociaram todas as alterações com o presidente do Supremo Tribunal Federal, com os demais partidos da base aliada, e até mesmo com os deputados da chamada esquerda do PT que, sem serem radicais como uma Heloísa Helena ou um Babá, estavam desconfortáveis com o rolo compressor que estava sendo acionado do Palácio do Planalto.

As ameaças permanentes de expulsão do partido traumatizaram a bancada petista, que nunca mais será a mesma depois desse período estressante de negociações das reformas. A votação expressiva de ontem deve ser interpretada como uma vitória política que custou muito caro ao governo, no sentido psicológico, embora alguns aliados como o PTB e o PL tenham tentado a todo custo transformar esse desgaste em algo mais palpável. É verdade que algumas verbas foram liberadas e alguns cargos preenchidos, mas nada que transforme a votação em um marco do fisiologismo.

A dificuldade que o PT tem em se misturar com os outros partidos, aliás, é um dos maiores problemas do governo nessa relação conturbada com os que teoricamente compõem sua base política no Congresso. Aliados como o deputado federal Roberto Jefferson, líder do PTB, por exemplo, já explicitaram essa dubiedade petista ao dizer que sente que "até parece que têm nojo de nós".

O fato é que todos chegaram ao final dessa primeira etapa da votação da primeira reforma constitucional do governo Lula exaustos, loucos para se verem livres desse peso, que ficou grande demais para uma base congressual excessivamente heterogênea. O presidente Lula já se declarou louco para encerrar esse capítulo e começar a tocar seu governo para valer.

O chamado núcleo duro do governo assumiu consciente de que precisaria ganhar tempo para rearrumar a economia e planejou um primeiro ano de governo que seria dominado pelas reformas e pelo programa Fome Zero, escalado para ser o símbolo da mudança de rumo do novo governo. O Fome Zero não deslanchou e as pressões dos movimentos sociais tipo MST e sem-teto, que o governo pensava poder controlar até que a economia voltasse a crescer, atropelaram a estratégia preestabelecida.

O governo também não contava com a reação furibunda dos servidores públicos, e pensou mesmo que poderia controlá-los com a opinião pública maciçamente favorável às reformas. O presidente Lula chegou a dizer, na primeira reunião com os governadores (para depois desmentir), que se fosse preciso jogaria a opinião pública contra os privilégios dos servidores. Bem que tentou, mas não contava com o fogo amigo de dentro de sua própria bancada.

Da relação de reformas que ainda estariam na ordem do dia do governo — trabalhista, política, do Judiciário —, a única que ainda tem algum fôlego é a tributária. Mas, mesmo assim, pode se transformar em pouco mais que a mudança da CPMF em imposto permanente, mais caro. Nada diferente do que se tem visto nos últimos governos.

5/11
CZAR ANTIDROGAS

O chefe da Casa Civil, José Dirceu, está disposto a retomar um assunto que ficou relegado a segundo plano nos primeiros movimentos da nova administração, mas que, a cada momento, mostra-se mais premente para ele: a designação de uma autoridade federal para centralizar o combate ao narcotráfico.

Essa ideia ele acalenta desde a formação da equipe de transição, e chegou mesmo a dizer que gostaria de assumir a tarefa. Nada indica que essa será mais uma missão que lhe será designada, e não existe também nenhuma certeza de que o governo vai afinal se decidir pela criação do cargo.

Ele chegou a ser cogitado, mas foi abandonado diante da visão do ministro da Justiça, Márcio Thomaz Bastos, de que a questão deveria ser tratada no âmbito de seu ministério e dentro de uma política geral de segurança pública.

Mas Dirceu pretende pelo menos retomar a discussão, no balanço de fim de ano das realizações do governo. Quem sabe se, conseguindo convencer o presidente Lula da necessidade de tal figura, ela não será criada aproveitando a reforma ministerial que está em cogitação?

Para o cargo de secretário nacional de Segurança Pública foi designado o antropólogo Luiz Eduardo Soares, que acabou se demitindo há dias, envolvido num clima de intrigas e denúncias que muitos atribuem a um boicote do superministro José Dirceu, que nunca escondeu seu desacordo com a nomeação.

Embora confirme a discordância com a nomeação e faça críticas à capacidade gerencial de Luiz Eduardo, Dirceu garante que não moveu uma palha para tirá-lo do cargo. Segundo ele, durante a montagem do governo, foi consultado sobre essa nomeação — como o foi sobre diversas outras — e manifestou não apenas seu ponto de vista pessoal, mas os vetos políticos que Luiz Eduardo sofria de aliados do governo no Rio de Janeiro, especialmente do ex-governador Garotinho, na ocasião no PSB.

Luiz Eduardo conta que soube do veto por meio de políticos do PT, entre eles o senador Aloizio Mercadante, que ouviram diretamente de Dirceu a afirmação de que, se dependesse dele, Luiz Eduardo não teria cargo algum no governo.

Considerava que ele havia boicotado a candidatura de Benedita da Silva ao governo do Rio, apesar de ser o vice da chapa. Dirceu confirma que fez restrições às posições assumidas por Luiz Eduardo na campanha e chega a dizer que ele abandonou Benedita nas fases mais difíceis da disputa.

Mas faz questão de separar as duas ocasiões: "Na campanha, fiz críticas mesmo. Em política, aceito discordâncias, não aceito deslealdade." Ele diz, no entanto, que, após o presidente Lula decidir nomear Luiz Eduardo para o cargo, não se meteu mais na questão.

De bom humor, José Dirceu diz que já está acostumado a ser culpado por tudo o que acontece no governo e não se incomoda mais com isso: "Quando faço alguma coisa, assumo mesmo, não escondo. Mas, nesse caso, não tenho nada a ver, não coloquei nem um dedo, quanto mais a mão."

11/11
APENAS REFLEXÕES

O pronunciamento do chefe da Casa Civil, José Dirceu, defendendo a integração militar dos países da América do Sul provocou entre os participantes do IV Foro Iberoamérica em Campos do Jordão, no fim de semana, o mesmo rebuliço que causou ontem nos meios político e diplomático.

Alguns empresários chegaram a procurá-lo depois para tomar a temperatura e houve um que lhe disse: "Se você quis *epater les burgeoises*, conseguiu." O ministro Dirceu achou graça do comentário e deu o troco: "Mas não era para lançar temas para reflexão de vocês?"

E gerou reflexões mesmo, e algumas preocupações. Parte da plateia era muito sensível a certos temas levantados pelo ministro, que misturou suas reflexões com histórias do tempo em que era clandestino e vagava pelos aeroportos do mundo armado e com passaportes falsos.

Os jardins de uma mansão desenhada por Wesley Duke Lee serviram de palco para o empresariado digerir, junto com uma perdiz, algumas percepções de Dirceu.

Difícil digestão, não apenas pelo aspecto militar levantado, mas especialmente pelo lado político de algumas observações. Não passou despercebido, por exemplo, que, ao falar de Cuba, mais uma vez o ministro não fez nenhum tipo de referência direta às restrições democráticas na ilha.

Mas, surpresa agradável, foi registrado que, mesmo de maneira indireta, ele admitiu que há problemas e disse que o governo brasileiro está agindo para ajudar a superá-los.

Houve também, no entanto, quem tenha se preocupado com o fato de o ministro ter se referido à sublevação que derrubou o presidente da Bolívia como um exemplo da força do poder popular no continente latino-americano. E, em relação à crise política na Venezuela, ter tido comportamento totalmente diferente.

Para Dirceu, tanto a revolta popular na Bolívia como a derrota do presidente Uribe na recente eleição na Colômbia são sinais de que as reformas sociais na região precisam ser apressadas.

Quando se referiu à Venezuela, porém, o ministro José Dirceu tratou a campanha, que é prevista na Constituição venezuelana, como se fosse uma tentativa golpista.

Isso sentado ao lado do empresário Gustavo Cisneros, um dos mais ferrenhos adversários do presidente Hugo Chávez e estimulador do plebiscito que tenta tirá-lo do poder.

Na véspera, a grande maioria da plateia havia assistido a uma apresentação de Cisneros sobre a situação política na Venezuela, inclusive com vídeos.

Embora seja evidente que Cisneros está em campanha para tirar Chávez do governo — e ele não esconde isso — a intervenção de Dirceu não levou em conta as razões dos grupos antichavistas.

O ministro, para recomendar que Cisneros abandonasse a ideia de encurtar o mandato de Chávez, citou sua experiência pessoal no PT com movimentos para desestabilizar o governo de Fernando Henrique.

Dirceu disse à plateia que jogou o cargo de presidente do PT na disputa contra o grupo que queria deslanchar uma campanha intitulada Fora FH.

Ressaltou que se empenhou contra essa campanha por considerá-la prejudicial à democracia brasileira. Com isso, mostrou claramente que considera o plebiscito na Venezuela uma espécie de tentativa de golpe contra um governo democraticamente eleito.

Dois pesos e duas medidas, na percepção de alguns, diante de situações políticas semelhantes na região, o que provocou preocupações em parte do empresariado presente.

A defesa da integração militar na América do Sul, por seu lado, trouxe de volta temores que já haviam surgido durante a campanha eleitoral. Não foi à toa que o ministro citou China, Índia e Rússia como exemplos de países que impõem suas presenças no cenário mundial também pelo poderio militar.

27/12
"ERROS GRAVES"

O ministro José Dirceu, chefe da Casa Civil da Presidência da República, não poupa palavras quando comenta a divisão corrente entre os ministros, relatada aqui em coluna anterior, que o coloca como o líder do grupo "eleitoreiro" do governo. Principal responsável, portanto, pelas ações pragmáticas com vistas apenas a vitórias eleitorais e políticas no Congresso, sem levar em conta os compromissos "ideológicos" do PT : "É pura bobagem, não passa de mediocridade", diz ele.

Para em seguida investir, com bom humor típico de quem terminou o ano vitorioso e se prepara para alguns dias de férias em Porto de Galinhas com a família: "Meus adversários deviam dar graças a Deus que eu ainda não comecei a pensar na eleição de 2004. Se juntar eu, Genoino e Mercadante para pensar na eleição de 2004, sai de baixo. Ganhamos a eleição fácil."

Certa vez, Dirceu disse que era um erro grave acharem que ele virou um político moderado. Agora, reafirma que fazer uma análise teórica colocando-o no rol dos "eleitoreiros" em contraposição aos adversários de dentro do governo, que seriam os "ideológicos", é outro erro grave.

"Eu sempre estou pensando no país, no futuro. Isso aí é mediocridade", diz Dirceu, sem perder o bom humor. "A eleição de 2004, nós vamos tirar de letra. Vamos ganhar e vamos ganhar de lavada", garante ele.

Para os que fazem a divisão do governo colocando a ênfase na crítica da política econômica, não há indicações de que os dois pilares da administração Lula, o político e o econômico, mudem de posição. Dirceu passou o Natal na casa de Antonio Palocci.

E quando fala sobre as perspectivas para o próximo ano, ele cita, no campo econômico, exatamente as prioridades que já estão demarcadas pela equipe do Ministério da Fazenda.

O chefe da Casa Civil diz que, além de ter passado os últimos sessenta dias absorvido com o fim do ano legislativo e com a aprovação das reformas, dedicou-se à preparação do primeiro trimestre do ano que vem: "Já estou no ano que vem, pensando nas prioridades", ressalta José Dirceu.

A prioridade será reforçar os instrumentos de que o governo dispõe para atrair os investidores estrangeiros: o projeto sobre as agências reguladoras, que já está em consulta pública; a medida provisória das elétricas, já divulgada e que agora precisará ser regulamentada e ajustada em alguns aspectos; a parceria público-privado e o Programa Plurianual de governo.

Quanto aos investidores externos, ele diz que o governo está tranquilo, pois, com a política econômica adotada e as sinalizações para o futuro, "eles estão muito seguros. Estamos bem nessa área". O que o governo quer é incentivar, a partir do próximo ano, a poupança interna, o investidor brasileiro.

O governo deve divulgar logo no início do ano um documento, que está sendo discutido internamente pelo chamado núcleo duro do Palácio do Planalto, com as diretrizes para o crescimento da economia nos próximos anos.

Esse documento é baseado em estudo da Secretaria de Política Econômica do Ministério da Fazenda, cujo titular, o economista Marcos Lisboa, é um dos alvos do grupo "ideológico". Desde o dia em que repetiu em público, numa conferência, elogios ao ex-ministro da Fazenda, Pedro Malan, que vinham sendo feitos em conversas reservadas, inclusive pelo ministro Antonio Palocci, o secretário de Política Econômica tornou-se o alvo predileto dos adversários da política econômica.

Dizer que o ex-ministro Malan "merecia uma estátua" por ter instituído a Lei de Responsabilidade Fiscal e ter feito o acordo das dívidas dos estados foi um erro político que deu combustível aos adversários. Mas era apenas uma maneira de expressar o alívio por ter esses instrumentos à mão na negociação da reforma tributária, quando as pressões dos governadores foi muito grande.

No documento da Fazenda estão listadas as medidas, já tomadas ou que virão a ser tomadas, para fazer com que o crescimento da economia chegue à ponta: barateamento do microcrédito; medidas de indução à redução do *spread* bancário e queda dos juros.

Essas medidas e esse diagnóstico indicam que o governo não pensa em alterar a espinha dorsal de sua política econômica, cujo objetivo, afinal, é o mesmo reivindicado pelos "ideológicos": fazer com que o benefício do crescimento econômico se espraie pela sociedade. E, diga-se de passagem, não é preciso ser "ideológico" para se querer isso. A diferença está na maneira como se chegar lá.

2004

14/2
NO OLHO DO FURACÃO

Considerado todo-poderoso no governo, o chefe do Gabinete Civil, José Dirceu, transformou-se ontem no centro de uma crise política de consequências imprevisíveis. Não "colar" o Palácio do Planalto nas acusações contra o subchefe do Gabinete Civil para assuntos legislativos, Waldomiro Diniz, alvo de denúncias da revista *Época* sobre envolvimento com bicheiros do Rio, era a preocupação de um controlado mas abatido Dirceu.

De acordo com essa estratégia, combinada com seu companheiro de "núcleo duro", Luiz Gushiken, nenhuma nota oficial da Presidência seria divulgada, embora Dirceu soubesse que nos próximos dias ele é que estará "sendo flechado por todos os lados", devido à amizade que o liga a Waldomiro. Fez essa comparação numa referência a São Sebastião, o santo guerreiro que morreu flechado, que além de padroeiro do Rio de Janeiro, é também de Passa Quatro, a cidade mineira onde Dirceu nasceu.

Ele consegue lamentar a perda de um assessor parlamentar que considerava muito eficiente, e avaliar a gravidade do episódio em si, afirmando que seu amigo caiu em uma armadilha montada pelo Ministério

Público. E admite que a entrevista em que Waldomiro tentou se explicar só piora o caso contra ele.

Dirceu estava no interior de Minas na noite de quinta-feira, quando os boatos sobre a denúncia começaram a circular em Brasília. Falou com Waldomiro pelo telefone, mas só teve a dimensão do problema quando leu a revista no dia seguinte.

Recebeu vários telefonemas de solidariedade, entre eles o do presidente do Senado, José Sarney, a quem se diz hoje ligado por admiração e amizade. Pessoas ligadas a Dirceu veem na atuação do Ministério Público nesse caso as mesmas origens do caso que envolveu a hoje senadora Roseana Sarney durante a campanha eleitoral, cortando-lhe a chance de concorrer à Presidência.

E, por extensão, identificam o dedo do presidente nacional do PSDB, José Serra, no episódio. O próprio presidente do PT, José Genoino, divulgou essa suspeita, considerada pela oposição uma mera tentativa de desviar a atenção dos realmente culpados no caso.

Dirceu não se refere especificamente a essas suspeitas, mas considera que o Ministério Público vem agindo politicamente nesse caso e no da investigação da morte do prefeito Celso Daniel. Diz que o Ministério Público paulista montou uma investigação para provar uma tese previamente definida, a de que Sérgio Gomes da Silva foi o mandante do crime. A partir daí, os depoimentos que não se encaixam na teoria seriam simplesmente descartados.

Com relação ao caso atual, que envolve os interesses do bicheiro Carlinhos Cachoeira na exploração de bingos eletrônicos, Dirceu diz que quando o governo divulgar o resultado de um grupo de estudos montado sobre o assunto, ficará claro que em nenhum momento houve tentativa de beneficiar os que hoje operam as casas de bingo, como chegou-se a aventar ontem.

O Ministério Público participou do grupo de trabalho, e a decisão final foi repassar para a Caixa Econômica Federal o controle da operação dos bingos em todo o país. A Caixa se encarregará das concessões, quando for o caso, ou operará os bingos por conta própria, como faz com as loterias. Dirceu lembra que Waldomiro, por ter presidido a Loterj, não participou do grupo.

Antes mesmo dessa denúncia, o ministro José Dirceu estava no centro do fogo cruzado político por conta de desavenças com o ministro da Fazenda, Antonio Palocci, em relação à condução da política econômica.

O presidente Lula tratou de desanuviar o ambiente na conversa com jornalistas na noite de quarta-feira, quando rasgou elogios aos dois ministros e deixou claro que dificilmente haverá uma dissidência no núcleo que forma o centro de decisão de seu governo.

Ontem, Dirceu reafirmava essa impossibilidade, dizendo que há uma razão para tanta harmonia: "Eu nunca traí a confiança do Lula." Lembrou, entre outros casos, que em 1995 estava fora da política, depois de ter perdido uma eleição, e foi convocado por Lula e seu grupo para ser o candidato à presidência do PT. A partir daquele momento, lembra Dirceu, sempre foi o líder do grupo Articulação, que tem até hoje a maioria no partido. E sempre trabalhou com Lula na base da confiança, sem problemas. "Agora que ele é o presidente, você acha que eu vou dar razão para ter problemas?"

As divergências sobre pontos da política econômica existem, mas quem apostar em uma crise por causa delas vai perder. As discussões são vigorosas, como recentemente, no episódio do contingenciamento de verbas do orçamento. Mas acabam sendo superadas por uma decisão do presidente, ou pela necessidade de demonstrar a união da equipe.

Foi esse o caso das verbas. Durante dois dias houve discussão sobre a necessidade ou não de contingenciá-las. Dirceu achava que não seria necessário, e lembrava que no ano passado o superávit primário foi maior do que o combinado com o FMI. Palocci receava que, distribuindo integralmente as verbas, se descobrisse depois que elas não existiam, abrindo um buraco nas contas do governo.

Partiu de Dirceu a decisão de não insistir, depois de verificar que as discordâncias já estavam vazando para a imprensa. "Como disse o presidente, o negócio é manter a credibilidade. E, mesmo que eu tivesse razão, ia passar a ideia de que há divergências quanto à necessidade do equilíbrio fiscal, o que não é verdade", explica ele.

O superpoderoso José Dirceu, o capitão do time segundo o presidente Lula, não gosta de ser identificado assim. Diz que tudo o que faz tem a concordância do presidente, e que só age por conta própria quando recebe carta branca. Promete aos amigos manter a serenidade. Mas sabe que está no olho do furacão. E com muita gente adorando vê-lo em dificuldades políticas.

25/2
LIÇÕES DA CRISE

Para os que acham que o presidente Lula não manda nada, e que quem governa mesmo é o "primeiro-ministro" José Dirceu, uma historinha esclarecedora. Na sexta-feira em que eclodiu o escândalo envolvendo

Waldomiro Diniz, um ex-assessor seu flagrado negociando propinas com o bicheiro Carlinhos Cachoeira, Dirceu estava justamente nervoso, prevendo que a crise política recairia sobre seus ombros.

Ficou particularmente irritado com as ilações que começavam a ser feitas no Congresso sobre uma suposta ajuda que o governo estaria dando aos controladores do bingo.

O PSDB citava como prova o grupo de estudos que José Dirceu coordenara no Gabinete Civil, cujo relatório, àquela altura desconhecido, sugeriria, segundo boatos, a legalização do jogo no país.

Dirceu estava no Rio, onde o PT comemorava seu 24º aniversário, e articulou por telefone a divulgação do documento, para provar que as acusações eram falsas.

Combinada com a assessoria do Palácio do Planalto a distribuição do relatório para a tarde daquela mesma sexta-feira, Dirceu ligou para o presidente Lula para relatar seu plano.

Disse-lhe que o relatório sugeria que os bingos e outros jogos eletrônicos fossem estatizados, sob o controle da Caixa Econômica Federal, como acontece com as loterias. E que o àquela altura já ex-assessor Waldomiro Diniz não participara do grupo de estudos.

A divulgação, segundo argumento de Dirceu, esvaziaria os boatos, espalhados pela oposição, de que o governo tinha compromissos com controladores dos bingos.

Lula ouviu atentamente as explicações de Dirceu, mas sugeriu que esperassem mais uns dias para decidir. E proferiu ali, ao telefone, a frase que seria sua marca registrada nos dias seguintes, nas poucas vezes em que falou sobre o caso: "O Estado não pode agir emocionalmente."

Desse episódio, no calor inicial da crise política que envolve o governo até hoje, podem ser tiradas várias conclusões. A mais relevante é que o presidente Lula tem o controle absoluto das decisões finais do governo. E teve capacidade de permanecer tranquilo em meio a sua primeira grande crise política, ao contrário de José Dirceu, que tem fama de ser um político frio e calculista.

A divulgação do relatório poderia ser um bom movimento para esvaziar naquele primeiro dia as insinuações de conivência do governo com o jogo. Mas tiraria do governo a decisão que se mostrou, afinal, a sua melhor resposta política: o fechamento dos bingos até que o Congresso defina a situação.

Na raiz dessa decisão, que foi o que realmente esvaziou a crise, está o aconselhamento do ministro da Justiça, Márcio Thomaz Bastos, que tem se mostrado uma figura importantíssima para o governo nesse episódio.

Sua intervenção inicial, afirmando que o período em que Waldomiro Diniz trabalhou como subchefe do Gabinete Civil teria que ser investigado também, foi fundamental para dar credibilidade ao governo. E a sugestão de fechar os bingos imediatamente, até que se tenha uma legislação que os proíba de vez — como prefere — ou os controle, foi o que permitiu ao governo sair de uma posição defensiva vazia e partir para a reafirmação de sua independência moral em relação aos bingos.

Thomaz Bastos, amigo de Lula e de José Dirceu, politicamente se coloca entre os "ideológicos", grupo que considera que o governo está fazendo muitas concessões políticas para garantir alianças eleitorais com figuras que antes o PT repelia, como Maluf, Quércia, Antonio Carlos Magalhães e a ala mais fisiológica do PMDB.

Os "ideológicos" do governo são contrários aos acordos "eleitoreiros", dos quais o ministro José Dirceu é o articulador principal. Paradoxalmente, no entanto, o enfraquecimento político momentâneo da figura de José Dirceu não servirá para que seus adversários dentro do PT ganhem mais espaço. Ao contrário, o governo ficará mais dependente ainda da atuação dos aliados, a quem Dirceu tem dado todo o apoio.

O fortalecimento dos "ideológicos" só ocorreria se ficasse provado que o caso Waldomiro Diniz é a ponta de um iceberg, escondendo um amplo esquema, chefiado por José Dirceu, de financiamento de campanhas eleitorais do PT pelo crime organizado.

Até o momento, no entanto, nada indica que isso exista. E mesmo a denúncia do filho de Brizola sobre um esquema desse tipo na loteria do Rio Grande do Sul, que chefiou, carece de maiores comprovações. Parece nascida mais do ressentimento por não ter sido recompensado à altura pela traição política ao pai.

Além do mais, os "ideológicos" tampouco estão interessados em fragilizar José Dirceu mais do que ele já está. Ninguém é insubstituível, e pode ser que o decorrer da crise justifique seu afastamento. Mas para o governo essa seria uma decisão desastrosa. E mesmo seus adversários no PT reconhecem isso. Eles não teriam nem mesmo como exercitar um suposto fortalecimento político, já que todo o governo seria tragado pela crise sem precedentes que a existência de um esquema desse tipo provocaria.

Nada como uma crise para unir grupos de um governo. E nada como a ameaça de perder um operador político do nível de José Dirceu para valorizar sua presença na equipe.

É o que está acontecendo hoje. Seu papel ganha o reconhecimento de todos, petistas e aliados. Embora tenha errado fragorosamente ao colocar um assessor desse quilate dentro do Palácio do Planalto. E, talvez por estar no centro da crise, por não ter tido capacidade de encaminhar soluções no primeiro momento, como se viu no relato feito anteriormente.

Momentaneamente enfraquecido, Dirceu pode sair do episódio fortalecido e, sobretudo, amadurecido. Pode ganhar em sabedoria e perder em arrogância, o que seria bom para todos. Resta saber se ele sabe operar nessas condições.

28/2
CAIR DAS NUVENS

Não há nada até o momento que indique, no presente episódio envolvendo um subchefe do Gabinete Civil do Palácio do Planalto às voltas com propinas, uma repetição do caso de PC Farias, em que uma rede de corrupção foi montada a partir da sua influência no governo de Fernando Collor. Nesse caso, havia uma quadrilha que tomara de assalto o governo, trabalhando diuturnamente em benefício próprio.

Hoje, até onde se sabe, Waldomiro Diniz recolhia dinheiro alegadamente para campanhas eleitorais do PT. Podia estar trabalhando sozinho, traindo a confiança de seu amigo, o chefe do Gabinete Civil, José Dirceu.

Ou então podia fazer parte de um esquema de financiamento ilegal de candidaturas. Esquema esse que podia existir com ou sem o conhecimento da direção partidária nacional do PT.

É isso que se deve apurar, e é nesse campo que os partidos políticos devem atuar: o do financiamento das campanhas eleitorais. A base para uma nova legislação eleitoral já existe no projeto de reforma política aprovado por uma Comissão Especial da Câmara.

Em vez de protelar o assunto, o Congresso deveria se debruçar sobre ele nos próximos meses, mesmo que a nova legislação não venha a ser utilizada nas próximas eleições municipais. Estariam assim os parlamentares dando uma demonstração pública de que buscam uma saída para a questão, crucial para a democracia brasileira.

Se o financiamento público se mostrar inviável politicamente, seja porque a população não o compreende, seja porque os políticos não aceitam as listas partidárias — única maneira de viabilizar o financiamento público —, uma legislação mais rigorosa tem que ser aprovada logo. Para restabelecer a confiança dos eleitores no processo político.

A convocação de uma comissão parlamentar de inquérito para apurar as denúncias não pode, como bem disse o governador de Minas Gerais, Aécio Neves, se transformar em arma política, como sempre aconteceu nos últimos anos.

Qualquer governo que queira consegue mobilizar sua base para impedir a realização de uma CPI, a não ser que esteja muito fraco politicamente, o que não é o caso. O governo tem um leque de apoio raramente visto, contando até mesmo com a ajuda de alguns parlamentares da oposição, mais preocupados com a governabilidade do país do que em tirar proveito da situação difícil em que o Palácio do Planalto se encontra.

Mas o governo está operando politicamente de maneira desastrada, reencarnando o espírito oposicionista irresponsável de outros tempos. Não é com acusações como as feitas pelo senador Aloizio Mercadante que conseguirá se livrar da ameaça de uma CPI.

Ao contrário, os parlamentares do PSDB e do PFL que nos bastidores tentam esvaziar a convocação da CPI perdem a condição de trabalhar a favor do governo, os brios feridos pelas referências a antigas questões envolvendo os governos de Fernando Henrique e o atual presidente do PSDB, José Serra.

Ameaças de uma CPI ampla, pegando os oito anos do governo tucano, apenas acirram os ânimos. É uma tática incendiária que não serve a ninguém. E irrita até mesmo os partidos aliados. Uma CPI implausível sobre o caso do assessor pego com a boca na botija começa a se transformar em possibilidade real apenas pela falta de tato político da situação, que, pelo visto, não aprendeu nada com o susto que está levando.

A irresponsabilidade política demonstrada nas sucessivas tentativas de envolver o ex-presidente Fernando Henrique em acusações as mais diversas durante os oito anos de mandato continua presente agora que estão no governo.

Muito mais sensata é a posição do ministro da Justiça, Márcio Thomaz Bastos, que sugeriu que o governo investigue preventivamente as ações de Waldomiro Diniz na subchefia do Gabinete Civil para assuntos parlamentares durante o período em que lá esteve.

Previne-se assim o governo de novas "surpresas", em vez de garantir que nada de anormal aconteceu enquanto ele tinha sala no Palácio do Planalto. Com uma certeza que não é possível ter.

A linha inicial de defesa se baseava nessa afirmação categórica, repetida pelo ministro José Dirceu na sua fala no Congresso Nacional. Como se fosse possível que um assessor "de confiança", como era Waldomiro, tivesse apenas um passado condenável, e no presente se comportasse de maneira completamente diferente, à prova de deslizes.

Repetir à exaustão que nada aconteceu durante o atual governo não impede que se descubram eventuais malfeitos de Waldomiro, e de outros, na gestão de Lula. O que o PT precisa é perder a presunção de ser o dono da pureza política, e passar a tratar desses assuntos de cabeça erguida, mas com os pés no chão.

Corrupção sempre haverá, em qualquer governo, e não era normal que nada de podre aparecesse no governo Lula, como se vangloriavam petistas sonhadores.

O que se deve preservar é a conduta reta do governo como instituição, e nesse caso a oposição de hoje age com mais responsabilidade do que o PT de ontem.

As denúncias contra o PT fizeram com que seus correligionários "caíssem das nuvens", acostumados que estavam com o PT "guardião da moral política". Pode não ser o fim do mundo. Como escreveu Machado de Assis em *Memórias póstumas de Brás Cubas*: "É melhor cair das nuvens do que do terceiro andar."

Passando a ser um partido igual aos outros, mas rigoroso nas questões éticas, o PT pode manter-se fiel a sua história, em vez de querer vender a imagem de ser um partido acima de qualquer suspeita.

16/3
BALA PERDIDA

O ataque frontal que a política econômica do governo recebeu ontem do presidente do Partido Liberal, deputado Valdemar Costa Neto, parece ser mais uma manifestação isolada em uma base política que carece de coordenação com a momentânea fragilidade do chefe do Gabinete Civil, José Dirceu.

Há, porém, quem ache que, muito ao contrário, é uma demonstração de que Dirceu voltou a operar politicamente, e ganha apoio às suas críticas à política econômica implantada pelo ministro Antonio Palocci.

Se fosse esse o caso, Dirceu estaria jogando pesado demais contra seu próprio time, o que não é seu estilo.

A maneira desabrida com que Valdemar Costa Neto referiu-se a Palocci mais parece uma irresponsabilidade, no máximo coadjuvada pelo vice José Alencar. Mas ela só tem repercussão política não pela qualificação do atacante, mas pela importância que o governo deu a seu inexpressivo partido.

Tornado ponto de referência política a partir do momento em que o então senador-empresário José Alencar foi escolhido vice-presidente da chapa de Lula, o PL só fez inchar depois da vitória, numa estratégia arquitetada por Dirceu para ampliar a base do governo, que agora pode se virar contra o seu criador.

Os partidos mais importantes da base parlamentar cresceram com as adesões insufladas pelo Palácio do Planalto, e hoje têm cacife suficiente para trazer problemas para o governo. O PL elegeu 26 deputados, e o seu parceiro de coligação, o Partido Social Liberal (PSL), seja lá o que isso queira dizer, apenas um. Hoje, a coligação PL-PSL tem nada menos do que 45 deputados.

O Partido Popular (PP) elegeu 49 deputados e já incorporou mais cinco a sua bancada desde que apoiou o governo. A performance mais inacreditável foi a do PTB: simplesmente dobrou sua bancada, de 26 para 52 deputados.

Toda essa mágica da multiplicação dos deputados obedeceu ao planejamento estratégico do homem que realmente mandava na área política do governo, o capitão do time José Dirceu. A barriga de aluguel dos partidos aliados atendia ao mesmo tempo à vontade de ampliar tanto quanto possível a base partidária do governo e à preservação da "pureza ideológica" do PT, que elegeu 91 deputados e agora tem 90, apesar da saída dos deputados expulsos e de Fernando Gabeira, que abandonou a legenda em protesto.

Pois esse afã de montar a maior base partidária possível — chegou a ter o apoio de quase 400 dos 513 deputados federais, quando o PDT fazia parte dela — trouxe para dentro do governo problemas políticos que agora cobram seu preço. Fernando Henrique, no auge da popularidade, teve uma base de 340 deputados.

Os partidos mais problemáticos dessa base são o PL, o PP e o PTB, justamente os três que estão unidos para detonar a reforma política. PP e PTB já fizeram parte da base partidária dos governos de Fernando Henrique e já ocuparam até mesmo ministérios anteriormente, mas nunca tiveram papel preponderante no governo.

O PL, que terminou na oposição contra Fernando Henrique, surgiu como solução para a composição de uma chapa que indicasse a mudança ideológica da candidatura de Lula à Presidência. Foi uma sinalização fundamental para garantir segurança a uma parte do eleitorado, mas trouxe irremediavelmente para o governo o vice José Alencar e suas desavenças, especialmente em relação à taxa de juros.

Indemissível, pois tem mandato, Alencar será uma pedra no sapato da equipe econômica até o fim deste primeiro governo de Lula. Tudo indica que a chapa para a reeleição terá outro candidato a vice-presidente, e as primeiras manobras apontam para a senadora Roseana Sarney, filha do presidente do Senado, José Sarney, que se tornou a principal âncora política do governo Lula. Hoje no PFL, o mais provável é que Roseana acabe no PMDB de Sarney.

Essa pode ser uma primeira explicação para a repentina agressão do presidente do PL ao ministro Palocci, que deseja ver substituído por ninguém menos que o vice José Alencar. A sugestão, feita no fim de semana em entrevista que passou despercebida para o meio político, não deve ter saído isoladamente da cabeça de Valdemar Costa Neto, conhecido no Congresso por não pregar prego sem estopa.

Necessidade de demarcar seu espaço político mais firmemente, aliada a alguma reivindicação fisiológica não atendida, são as melhores explicações para seu destampatório. O PL, além disso, vem passando por séria uma crise desde que o nome de um de seus mais importantes membros, o ex-bispo Rodrigues, apareceu envolvido com Waldomiro Diniz, o ex-assessor do Palácio do Planalto que cobrou propina para si e para candidatos do PT nas últimas eleições.

Os evangélicos, que dominam o PL, parecem temer que essas denúncias de corrupção afetem seus negócios na Igreja Universal do Reino de Deus, também alvo de constantes ataques. A maneira rápida pela qual o Bispo Macedo, chefe da Igreja, se desvencilhou de Rodrigues e vários outros bispos menos importantes, todos envolvidos em suspeitas de corrupção, demonstra a gravidade que o assunto tomou.

Os dois movimentos, embora separados pelas motivações, podem ter sentido político único, na medida em que ajudam o PL a manter uma distância prudente do governo nesse momento de crise política. Prudente o suficiente para poder manter o ministério dos Transportes com o partido. E é nesse ponto que entra mais um ingrediente potencialmente desastroso na mistura de tendências políticas em que se transformou a base do governo.

A fragilidade da ação de coordenação das iniciativas políticas do governo está permitindo que surjam as mais desencontradas pressões, da direita e da esquerda do espectro de apoio parlamentar. Um tiroteio em campo aberto, e a qualquer momento alguém pode receber uma bala perdida como essa disparada a esmo pelo presidente do PL.

24/3
VISÃO PARTIDÁRIA

Do ponto de vista partidário, o posicionamento do chefe do Gabinete Civil, José Dirceu, contra uma aproximação com o PSDB faz sentido, ainda mais nesse período de definição de coligações para as eleições municipais. Há setores do PT que estão convencidos de que a disputa com o PSDB é pelo mesmo espaço político, e uma aproximação com os tucanos, além de prejudicial aos interesses partidários, é inviável do ponto de vista político.

Quando o ministro José Dirceu diz que aceitar uma aproximação com o PSDB seria sinal de que os petistas admitem que não têm condições de governar sem auxílio, está agindo como o galvanizador político do PT, que na sua maioria se rebela contra uma eventual aliança política desse tipo.

Por esse raciocínio, que predomina no PT, as duas forças partidárias que disputam a hegemonia política do país são o PT e o PSDB, e em torno dos dois e do poder que conquistem nas eleições gravitarão os demais partidos. Como acontece nos últimos 15 anos.

O PFL seria o coadjuvante preferencial dos tucanos, e os partidos de esquerda como PCdoB e PSB ficariam com o PT. Os demais partidos girariam em torno dos governos, sejam eles quais forem, ajudando na governabilidade em troca de favores e influência política.

O interessante é que do lado do PSDB o entendimento da situação é o mesmo. Fazer uma união para quê, perguntam os adeptos de uma oposição mais radical ao governo, certos de que o PT não abrirá mão de seus espaços políticos, conquistados nas últimas eleições, para permitir ao PSDB uma participação ativa na definição de políticas do governo.

Por oposição radical não se entendam radicalismos políticos. A ideia é aprofundar a atuação oposicionista. Mesmo depois do impacto causado pelos comentários e pelas críticas do ministro José Dirceu registrados na coluna de ontem, a disposição do PSDB e do PFL continuava a mesma.

Na reunião de segunda-feira à noite com representantes do PSDB e do PFL, realizada na casa do ex-presidente Fernando Henrique Cardoso, prevaleceu o entendimento de que não existe no horizonte nenhum indício de que um governo de coalizão seja necessário, pelo menos em curto prazo.

Mas deixou margem para a chamada "oposição responsável" continuar sendo exercida "quando estiver em jogo o interesse do país", na definição do líder do PSDB no Senado, Arthur Virgilio.

O desabafo de José Dirceu contra os tucanos, no entanto, mostra que o ministro continua muito ressentido com os acontecimentos que envolveram seu nome. E mesmo que tenha conseguido, com ele, unir o partido em torno de si e de sua estratégia eleitoral, não foi bom para os seus interesses imediatos, pois reacendeu a polêmica em torno do caso Waldomiro Diniz.

É bem verdade que o caso estaria reaberto automaticamente hoje, com a divulgação da sindicância do Palácio do Planalto que confirma o que já se desconfiava: que Waldomiro Diniz operou de dentro do Gabinete Civil para favorecer a Gtech no acordo com a Caixa Econômica Federal.

Foi um erro, apontado por todos logo no início do caso, afirmar, como fez Dirceu, que não havia nada que incriminasse Waldomiro Diniz nas funções de subchefe do Gabinete Civil. A sindicância mostrou inclusive que ele se apresentava como membro do Gabinete Civil nos contatos com a CEF, o que caracteriza no mínimo tráfico de influência.

Existe também, na contramão da atitude de Dirceu, o fato de que não interessa ao governo, visto como um todo e não apenas do ponto de vista petista, uma relação conturbada com o PSDB, que vem ajudando nas votações mais importantes.

O próprio presidente Lula, que nos últimos dias vem se aproximando ostensivamente dos governadores mais importantes do PSDB, como Geraldo Alckmin, de São Paulo, e Aécio Neves, de Minas Gerais, não dá mostras de querer, mesmo em ano eleitoral, um desgaste maior com os governadores.

Também dentro do governo e do PT o ministro José Dirceu, tentando reassumir o controle da situação política, voltou a tecer sua rede de influência e a negociar diretamente com os parlamentares e demais ministros.

Esse seu movimento estratégico, se por um lado mostra que está disposto a retornar à cena política, cria problemas de superposição de funções dentro da máquina de governo. Com a criação do Ministério da Articulação Política, passou a ser tarefa do ministro Aldo Rebelo essa coordenação.

8/4
TENTATIVA E ERRO

A dedicação do ministro José Dirceu, chefe da Casa Civil, à coordenação dos ministérios e a possível criação de um Ministério da Administração, ou algo de nome parecido, são tentativas de montar uma estrutura de governo que estimule a ação administrativa, emperrada hoje pelas incoerências internas, como analisado na coluna de ontem, mas também pelo desconhecimento da máquina estatal.

No início do governo, José Dirceu teceu críticas duras à organização do Palácio do Planalto na administração Fernando Henrique, e disse que o governo petista adotaria um sistema mais ágil de administrar. Passado quase um terço do mandato presidencial, a organização administrativa na gestão Lula ainda anda na base da tentativa e do erro.

Na recente reforma ministerial, o chefe da Casa Civil puxou para si a Secretaria de Gestão, que funcionava no Ministério do Planejamento, na suposição de que ela o ajudaria a assumir essa função. Teve que voltar atrás, pois ela não trata dos projetos ministeriais, mas apenas cuida da gestão do funcionalismo, dos DAS, da colocação do pessoal, e está intimamente ligada à Secretaria de Recursos Humanos, que continuava no Planejamento.

Essa Secretaria de Gestão organiza as carreiras do funcionalismo. Quando o governo decide fazer a reestruturação de uma carreira, como é o caso agora dos fiscais agropecuários, é ela que tem o conhecimento técnico para tal. Ela é que pensa a reforma do Estado do ponto de vista dos recursos humanos.

A criação de um Ministério da Administração é possível porque o Ministério do Planejamento tem uma superestrutura. Lula, porém, temia que um Ministério da Administração que não estivesse integrado com o Orçamento perdesse o pé da situação. No momento volta-se a pensar nessa alteração para tentar dar mais agilidade às ações do governo.

E teremos, se concretizada, mais um ruído no governo, já que se o Planejamento perder o Orçamento, perde grande parte de sua força. E como coordenar o plano plurianual de investimentos sem o Orçamento?

O fato é que o governo vem sendo atropelado pelas greves e pelos esqueletos que surgem a cada momento. O ministro do Planejamento, Guido Mantega, que está à frente das negociações com o funcionalismo público e as demais categorias em greve, tem uma visão bastante objetiva da situação, o que não o impede de encontrar propostas alternativas para chegar a um acordo com o funcionalismo:

"Se nós aqui atendêssemos prontamente à primeira proposta de todos os movimentos grevistas que têm aqui na Esplanada, em quantos dias nós quebraríamos o caixa? Eu faço várias reuniões por dia para as diversas questões, mas tem que administrar direito."

27/10
O BOM DO BRASIL

A frase do publicitário Duda Mendonça sobre as brigas de galo — "Todo mundo sabe que esse é meu hobby" —; a atuação de líderes petistas como o chefe da Casa Civil, José Dirceu, tentando reduzir a um caso pessoal o episódio de sua prisão em uma rinha clandestina de galos de briga em Jacarepaguá, no Rio de Janeiro; ou o senador Aloizio Mercadante, classificando de mera "excentricidade de artista" o infeliz hobby de maltratar animais; tudo isso junto resume bem o estado de complacência moral em que o país se debate, que gera o esgarçamento de seu tecido social e traz graves repercussões até mesmo para a economia.

De fato, todo mundo, inclusive o presidente Lula, sabia que Duda Mendonça era adepto das rinhas de galo, e que se orgulhava dos títulos que seus animais conquistavam. E nunca ninguém o censurou. Mas isso só depõe contra os que insistem que sua prisão não afetará a imagem oficial do governo. É a mesma complacência com que a sociedade carioca sempre tratou os banqueiros do jogo do bicho. Ou a raiz da mesma tranquilidade com que se compram na rua produtos pirateados, ou se usa no computador software falsificado.

Está se impregnando na alma brasileira uma perigosa leniência com atos ilegais, que acaba tendo repercussões desastrosas tanto no dia a dia do cidadão comum — que dá uma propina ao guarda da esquina para não ser multado e considera isso um fato da vida, quando não um sinal de esperteza — como na economia do país.

O antropólogo Roberto da Matta, um especialista na alma brasileira, diz que uma característica da nossa sociedade "é ficar em cima do muro. E mais difícil de sair é quando, do lado errado do muro, está um amigo nosso". Ele diz que a família é a única instituição brasileira que funciona, e que não tem competidor: "Se você brigar com seus amigos, acabou", salienta. Essa, segundo ele, seria uma característica de uma sociedade paradoxal, que é moderna mas, ao mesmo tempo, tradicional.

A História do Brasil se fez, para da Matta, refletindo uma sociedade mulata, não no sentido racial, mas no sentido de que utiliza a modernidade da Europa Ocidental, com valores que valem para todos, mas ao mesmo tempo "não abandona os amigos". Ele lembra a frase de um político da época do Império, na transição para a República Velha, que dizia: "Eu resisto a tudo, menos ao pedido de um amigo."

7/12
SER REIS VELLOSO

Na tentativa de entender qual é a real situação do chefe da Casa Civil, José Dirceu, que já foi o homem forte do governo e hoje parece suplantado pelo ministro da Fazenda, Antonio Palocci, atribui-se a Dirceu e a seu grupo no PT uma manobra arriscada para ocupar o Ministério do Planejamento, de onde poderia fazer um contraponto à hegemonia da política econômica.

Dirceu pode afirmar com orgulho que, se Palocci tem o apoio da sociedade para adotar sua política econômica ortodoxa, quem tem o apoio do PT é ele, Dirceu. Mas depois que o presidente Lula assumiu a defesa de Palocci numa reunião ministerial, Dirceu já não pode afirmar que os passos da política econômica têm de ser negociados com ele para ter o apoio do PT. Nesse contexto, uma eventual nomeação de Dirceu para o Ministério do Planejamento, contra a vontade de Palocci, parece improvável.

Mas algumas cartas ainda podem ser jogadas. Qual o extemporâneo personagem de *Quero ser John Malcovich*, Dirceu disse no fim de semana que não gostaria de ser o Golbery de Lula, mas sim o Reis Velloso. Frase que revela mais do que a simples vontade de tornar-se ministro do Planejamento, cargo que o economista João Paulo dos Reis Velloso ocupou no governo Geisel.

O Estado forte serve tanto a um esquerdismo que ainda viceja em setores do PT ligados a Dirceu como ao nacionalismo estatizante do qual Lula é tão adepto quanto o foi o general Geisel, cujo planejamento estratégico sempre admirou. Pois o responsável por esse "planejamento" era Velloso. Para se ter uma ideia do que representou "ser Velloso" no governo Geisel, pegue-se a narrativa de Elio Gaspari em *A ditadura encurralada*, quarto e penúltimo volume de um excepcional estudo daquele período.

Segundo Gaspari, "Geisel queria impor sua racionalidade ao projeto de governo, zelando para que o otimismo do delfinato não fosse substituído por uma descrença nos fundamentos de sua administração. Alterara a essência da gestão econômica. Tirara as decisões da mesa do ministro da Fazenda, levando-as para a sua. O Brasil era governado por um general convencido de que a iniciativa privada não se interessa pelo real desenvolvimento do país e por isso o Estado tem que dirigir. O presidente não queria ser apenas um supervisor da economia, pretendia comportar-se como seu indutor".

E mais adiante: "Reis Velloso preponderava... tornara-se instrumento do projeto de poder do presidente. Zelava pelas prerrogativas de tesoureiro, queixava-se dos ministros que o atropelavam, tratando seus projetos diretamente com Geisel." Foi por meio do II Plano Nacional de Desenvolvimento (PND) que Velloso estabeleceu as diretrizes econômicas pós-milagre.

Ele hoje se dedica à organização dos fóruns nacionais, reunindo autoridades e especialistas, em parceria com o BNDES, para discutir os diversos aspectos do desenvolvimento brasileiro. Num trabalho recente, oriundo de um desses ciclos de debates, intitulado "Grandes desafios do crescimento sustentado", ele analisa as razões de termos crescido até 1980. E destaca como um dos fatores principais o fato de que as estratégias de desenvolvimento "davam prioridade ao acionamento de pelo menos duas das três fontes de crescimento industrial: substituição de importações, expansão das exportações e expansão da demanda interna". Sendo que no II PND "combinaram-se as três fontes".

Mesmo considerando todas as transformações no mundo e no país, Velloso diz que "parece ainda ser possível criar uma nova dinâmica econômica favorável ao crescimento". Ele defende que, ao lado da recuperação do crescimento, baseada principalmente em maior utilização de capacidade instalada, "haja o estímulo a investimentos simultâneos, por certo período, de forma a tirar proveito das sinergias resultantes de interligações de setores e de clusters de inovação".

Esses clusters seriam os parques industriais, tipo Embraer, e os Arranjos Produtivos Locais (APLs), que apresentam, segundo Velloso,

175

três vantagens: o proveito tirado das sinergias da aglomeração, o enfoque regional e o desenvolvimento das micro e pequenas empresas. "Investimentos que usem estrategicamente as fontes de crescimento mais ligadas à competitividade internacional, expansão das exportações e substituição competitiva de importações, mas de forma a ser acionada também a terceira fonte, a expansão da demanda interna. Esta última é essencial, se lembrarmos que, numa economia como a nossa, constitui, quantitativamente, a mais importante, respondendo por 70% a 80% do total da demanda da indústria de transformação."

O núcleo de investimentos, na proposta de Velloso, seria formado por setores próximos à plena utilização de capacidade, especialmente siderurgia, celulose e papel, petroquímica; consolidação do Polo de Petróleo e Gás Natural, integrado com a construção naval; manutenção do dinamismo do agronegócio e da agroindústria.

A esses "candidatos naturais", Velloso sugere que se acrescentem "as linhas de produtos com vantagens comparativas potenciais do que chama de nova política industrial, tais como semicondutores, software, fármacos e medicamentos, bens de capital". E os "setores portadores de futuro": biotecnologia, biomassa, nanotecnologia.

Como se vê, Velloso continua acreditando em escolher setores da economia para incentivar e no Estado como "indutor" da política econômica, como acreditava Geisel. E como acredita Lula, que usa constantemente esse termo para definir o papel que cabe ao Estado, ao contrário do Estado mínimo que a política econômica do governo FH defendia.

Se fosse para o Planejamento, Dirceu ganharia condições políticas para tentar "induzir" a economia, papel hoje exercido por Palocci, que nesse caso viraria um Simonsen, ministro da Fazenda de Geisel que, segundo o relato de Gaspari, "arrancava os cabelos com a inflação" e, "depositário da ordem teórica do regime, transformara-se num brilhante e respeitado contador".

É pouco provável que essa farsa vingue.

18/12
10 ANOS PARA LULA

Não há mais dúvida de que está em curso um movimento para permitir ao presidente Lula tentar permanecer no governo por dez anos, mais tempo, portanto, do que o previsto constitucionalmente quando foi eleito em 2002. Eleito para um mandato de quatro anos, Lula tem a possibilidade de tentar a reeleição para um segundo mandato de mesma duração, e até o momento é o franco favorito, como mostram as mais diversas pesquisas de opinião.

Há mesmo quem entenda que, com a reeleição, o mandato presidencial é de oito anos, com um referendo no meio para que o eleitorado decida se o presidente merece completá-lo ou se deve sair na primeira metade.

Uma espécie informal de *recall*, o sistema que alguns países utilizam para poder interromper o mandato de um político considerado inepto. Assim como aconteceu recentemente na Califórnia, onde o governador foi mandado embora no meio do mandato, permitindo a eleição do ator Arnold Schwarzenegger.

A questão toda, portanto, é o tamanho do mandato presidencial de quatro anos, que Lula considera curto demais para o que precisa fazer. Mas ele também é contra o sistema de reeleição, e a partir dessa dupla posição, está colocado o impasse. Por isso, políticos engenhosos, todos governistas, claro, começam a sugerir fórmulas para resolver a situação.

Já houve um balão de ensaio, que não prosperou, vocalizado pelo deputado federal Delfim Netto, de prorrogação por dois anos de todos os mandatos eletivos iniciados em 2002, com o objetivo oficial de fazer coincidirem todas as eleições em 2008.

Embora teoricamente todos os políticos fossem beneficiados, até mesmo os prefeitos e vereadores eleitos este ano, já que poderiam concorrer a outros cargos em 2008 sem ter que interromper os mandatos pelo meio, a proposta é tão despropositada, tão claramente casuística, que não decolou.

Agora, outra vez através de políticos governistas, surge a ideia de aumentar o mandato presidencial para cinco ou seis anos a partir de 2006, colocando-se um fim ao sistema de reeleição. E não foi qualquer político governista que sugeriu a mudança. Foram ninguém menos que o ministro da Coordenação Política, Aldo Rebelo, e o presidente do Senado, José Sarney, em ocasiões diferentes, mas no mesmo dia, o que provavelmente indica, mais que uma simples coincidência, um movimento sincronizado.

Sarney foi além, ao falar de uma ampla reforma política que incluiria até mesmo a adoção do voto distrital. Uma reforma sem dúvida necessária para organizar o quadro partidário brasileiro, afetado por crises políticas as mais variadas, nas quais o que prevalece é o interesse individual ou de grupos políticos, nunca o interesse do país.

Lula, não sem alguma razão, acha que a reeleição faz com que os governantes fiquem presos permanentemente a questões eleitorais, encurtando ainda mais o primeiro mandato, que, como agora, ainda na sua metade, já está sendo invadido pela campanha eleitoral.

Além do mais, a máquina pública acabaria sendo utilizada a favor do candidato que está no poder, especialmente nos municípios pequenos, dificultando também a renovação de líderes políticos. Essa é uma boa discussão, que merece ser travada.

Quando se decidiu a trabalhar pela adoção da reeleição, também o PSDB tinha a ideia de que quatro anos eram insuficientes para o tamanho das reformas de que o país necessitava.

O ex-presidente Fernando Henrique foi acusado de usar o poder da Presidência da República para conseguir os votos necessários à mudança constitucional. E até mesmo denúncias de compra de votos surgiram, sem que, no entanto, ficassem comprovadas.

Travou-se, na verdade, uma batalha de informações, na qual o PT assumiu a frente das denúncias, sempre criticando o sistema de reeleição e acusando o governo de agir em causa própria. O fato é que a reeleição foi aprovada, e Fernando Henrique pôde se candidatar a um segundo mandato, que ganhou já no primeiro turno contra o mesmo Lula que derrotara em 1994, também sem necessidade de segundo turno.

O PT, portanto, mantém-se coerente na condenação do sistema de reeleição, mas perde a coerência quando começa a negociar uma mudança nas regras eleitorais válidas para o próximo pleito, tal qual criticou no governo anterior. E desta vez com implicações ainda mais graves.

Se o governo é realmente contra a reeleição, não pode usar o sistema para tentar dar ao presidente Lula um mandato maior do que o que teria direito pelas regras vigentes. Se os aliados do governo entendem que o melhor caminho é um mandato maior — de cinco ou seis anos — sem reeleição, como obtê-lo exatamente com a reeleição?

Não seria também aceitável, nem politicamente viável, que se sugerisse ao presidente Lula que abrisse mão da possibilidade de concorrer à reeleição para, a partir de 2006, aprovar um mandato maior para seu sucessor. Como, aliás, querem espertamente os oposicionistas, tentando evitar que Lula, franco favorito, participe da eleição. Essa decisão só seria possível se tomada espontaneamente pelo próprio presidente Lula, mas nada indica que isso ocorrerá.

O correto, nesse caso, seria aprovar a mudança das regras para 2010. O sistema de reeleição é uma boa maneira de garantir continuidade política e administrativa aos governos bem avaliados pela população.

Mas, se a maioria dos congressistas considerar que a experiência não deu bons resultados, é perfeitamente possível fazer mudanças. Porém, nada que implique, mesmo indiretamente, a possibilidade de prorrogar o mandato do atual presidente.

2005

18/3
MAIS PT "LIGHT"

NOVA YORK. A conversa do (ainda) ministro Aldo Rebelo com o presidente do PT, José Genoino, sobre o olho grande do partido na coordenação política do governo, é apenas o sinal mais evidente de que o desfecho desse caso já está desenhado: o cargo muito provavelmente vai para o PT na reforma ministerial, numa tentativa de reorganizar a base aliada.

Será preciso alguém para exercer o cargo que fale pelo governo com credibilidade, e, nesse quesito, o atual ministro já foi reprovado pelo trabalho de sapa que o PT vem desenvolvendo, mesmo à revelia do próprio presidente Lula, que pensou, quando nomeou um deputado do PCdoB, em valorizar os partidos aliados na coalizão que dava sustentação ao governo na Câmara.

A manobra, no entanto, não deu certo, e os partidos da base sentiram falta de um interlocutor que pudesse assumir compromissos em nome do governo sem correr o risco de ser desmentido pelos fatos. O nome da preferência continua sendo o do ministro José Dirceu, mas dificilmente ele voltará ao cargo, embora possa admitir, em conversa informal, que não deveria ter saído da coordenação quando pediu ao presidente que dividisse suas tarefas com outro ministro.

A ideia de fazê-lo focar sua ação na coordenação da máquina governamental foi do próprio Lula, que hoje já admitiria que o contrário poderia ter sido mais eficaz. O petista que porventura substituir Aldo Rebelo na coordenação terá que ter o espírito do governo de coalizão para reorganizar a base aliada, devastada pela revolta do baixo clero que mudou o panorama da Câmara dos Deputados. Alguém como o ex-presidente da Câmara, João Paulo Cunha, que o ministro José Dirceu lamenta até hoje não ter sido reeleito.

179

A esquerda do partido teme exatamente que, nesse quadro, o governo tenda a responder ao crescimento do centrão fisiológico com mais fisiologismo, na definição do deputado Chico Alencar. Segundo ele, o governo Lula está conseguindo, mesmo sem querer, unir os conservadores e desunir a esquerda.

Nessa análise, deve ficar mais conservador, social-liberal, se tanto, "com mais concessões a tudo que sempre condenamos politicamente". Chico Alencar afirma que, apesar disso, "boa parte do PT, e não apenas a esquerda partidária, incluindo ministros, entende que, nesta segunda e última etapa, é hora de reduzir a presença destes 'aliados' nada confiáveis, e dar um perfil politicamente progressista e tecnicamente competente ao conjunto do Ministério, com nomes inquestionáveis diante da opinião pública".

A esquerda do PT insiste em querer alterações na política econômica e "o reatamento dos laços com os movimentos sociais e com a difusa força popular mudancista que levou Lula lá em 2002, sob pena de a polarização eleitoral do ano que vem se dar pelos nomes, sendo meramente eleitoral e bem despolitizada, e não de programas e visão de Brasil diferenciados", diz Alencar. Segundo ele, "já passa do tempo de o PT descobrir que não é mera correia de transmissão do governo. E que se este é de centro-esquerda, alguém tem que ser esquerda ali".

O deputado lembra que na eleição do novo líder da bancada, Paulo Rocha, do Pará, foi aprovado um programa de ação que vai nesta linha: "Vigilância permanente do ponto de vista interno, para barrar os retrocessos que Severino e seu clero tentarão produzir, e protagonismo já, para interferirmos na agenda do Executivo para o Legislativo. Consideramos inoportunas as propostas de reforma trabalhista e autonomia do BC".

Em meio a essa complexidade desafiadora, diz Alencar, "vem a incontinência verbal do Lula, que, de nossa parte, só pode ser mitigada com a defesa de uma CPI das privatizações. A franqueza pública do presidente não pode virar fraqueza ética. Se ele, chefe do Executivo, mandou deixar o passado para lá, em nome de uma transição pacífica, pactuada, nós, do Legislativo, em face do dito, temos a obrigação de investigar, inquirir, examinar".

A tese de uma reorganização das alianças, dando prioridade aos partidos da esquerda, tradicionalmente aliados ao PT, é considerada pelo ministro José Dirceu "um suicídio político". Ele está em Nova York falando a investidores sobre as virtudes da economia brasileira — ontem teve até mesmo o vigoroso crescimento de 5,2% do PIB para anunciar no almoço do Council on Foreign Relations —, mas não se afasta da política nacional, embora garanta que não quer voltar à coordenação política.

Dirceu admite que foram muitas as falhas do governo na relação com os partidos aliados, que geraram a derrota para a presidência da Câmara, e prevê que será necessário muito trabalho para refazer a coalizão partidária que apoiava o governo na Câmara. Dirceu acusa o PSDB de estar querendo desestabilizar o governo Lula com vistas à campanha presidencial de 2006, e acredita que, embora Lula seja o favorito, a campanha da reeleição será muito difícil.

Ele diz que se dedicará, na coordenação do governo, a aprimorar a máquina pública e a demonstrar que a administração petista é competente. Este será seu trabalho político prioritário, com vistas a desmontar a principal arma da oposição, que tenta fixar na opinião pública a imagem do governo Lula como incompetente para governar.

Dirceu diz que as mesmas pesquisas de opinião que apontam Lula como favorito na próxima campanha presidencial mostram também que as mudanças de comportamento do PT no governo são bem vistas pela opinião pública. O ministro José Dirceu resume assim o recado da opinião pública: o Brasil melhorou porque o PT mudou, e é preciso mudar muito mais.

24/3
ANTES SÓ?

Anda passando pela cabeça do presidente Lula nestes últimos dias tensos, em que ele se consome internamente de desilusão com aliados e petistas na mesma intensidade, governar longe das manobras políticas mesquinhas em que se viu enredado até que o boquirroto do Severino Cavalcanti, dizendo em público o que nem em privado deveria ser ouvido, lhe soltou as amarras. Embora tudo indique que esse venha a ser apenas mais um entre os muitos sonhos que Lula já teve que abandonar diante da realidade da governabilidade, há setores petistas aproveitando o momento para tentar convencer o presidente de que ele se reelegerá facilmente mesmo sem uma base partidária ampla e, portanto, não precisa fazer concessões a políticos fisiológicos.

O momento não é favorável a quem defende junto a Lula a necessidade de uma ampla coalizão para viabilizar a campanha de reeleição de 2006. Os ouvidos do presidente estão mais abertos aos que, ao contrário, dizem que, com sua popularidade alta, ele será seguido pelos políticos que não vivem sem o poder. A única preocupação de Lula é que o PMDB não tenha candidato próprio à sua sucessão, por isso a decisão de agradar o senador Renan Calheiros, e nomear logo Romero Jucá para a Previdência, e a preocupação com Sarney.

Quem está em baixa com o presidente é o senador Aloizio Mercadante, em cuja conta recai a crise da presidência da Câmara. O presidente Lula está desgostoso com os petistas que, pensando apenas em seu futuro, ajudaram a tecer a crise atual.

Mercadante teria inviabilizado a permanência de João Paulo Cunha na presidência da Câmara para não dar fôlego a um eventual adversário na disputa pelo governo paulista, e depois quis colocá-lo na Coordenação Política exatamente com o objetivo de retirá-lo da briga por São Paulo.

Também o episódio da disputa interna no PT pela presidência da Câmara, que resultou em Severino Cavalcanti na cabeça, irrita e desgosta Lula, que disse recentemente que nunca pensou que petistas históricos pudessem colocar a perder um projeto de país por ambições pessoais.

Ao mesmo tempo, aumenta dentro do PT o movimento contra a Articulação, grupo majoritário ligado ao chamado "núcleo duro" do Palácio do Planalto, que comanda o partido e pretende reeleger José Genoino presidente. Os mesmos políticos que, insatisfeitos com os rumos assumidos, tentam convencer o presidente de que ele precisa fazer um governo cada vez mais petista, em vez de ceder espaço político para a centro-direita, a mesma centro-direita da qual o chefe da Casa Civil, José Dirceu, quer se aproximar para montar os palanques de 2006.

Um dos grupos mais atuantes é o bloco de esquerda, que recentemente lançou o petista histórico, Plínio de Arruda Sampaio, como candidato de oposição à presidência do PT. O deputado federal Chico Alencar, um dos líderes desse grupo, diz que, "como no velho MDB, estamos precisando de um grupo autêntico" ou, pelo menos, de uma "ala petista do PT". Esse grupo defende "o socialismo com democracia", repudia "o carreirismo, o fisiologismo, o clientelismo e a corrupção", e quer "reatar os vínculos históricos do nosso partido com os movimentos sociais".

Para compreender o governo Lula, portanto, é preciso primeiro entender a estrutura organizacional do PT e a cabeça de seus dirigentes. O governo ainda se organiza baseado nessa estrutura e na lógica dos principais dirigentes petistas, a maioria sindicalistas.

O grupo Articulação está no poder, como esteve sempre no poder no Partido dos Trabalhadores, salvo um pequeno período em que todos os demais grupos se uniram contra ele e tomaram o comando partidário, o que pode vir a acontecer novamente em setembro. Essa mesma luta começa a ser travada mais uma vez agora, e a relação conflitante com os partidos da base aliada, que nada têm a ver com o ideário petista, pode gerar em 2006 um cenário completamente diferente do que se imagina hoje.

Em 2002, a candidatura de Lula tornou-se imbatível diante do desgaste dos oito anos de governo tucano, mas há quem identifique na cisão da base aliada de Fernando Henrique a verdadeira razão da vitória de Lula. Com todo o desgaste do governo tucano, Lula teve que ir ao segundo turno para derrotar José Serra, um candidato considerado "pesado" na época. O "núcleo duro" do governo continua alertando para o perigo que é disputar a reeleição sem uma base partidária organizada, e por isso quer abrir espaço para os demais partidos, no que é contestado por diversos grupos petistas.

As diversas facções em que se divide o PT estão se articulando, cada qual disposta a defender seu espaço. O ministro das Cidades, Olívio Dutra, por exemplo, "tem sete vidas", na definição de um dirigente petista. Sempre que é posto como substituível, reúne manifestos das mais diversas associações de classe. E agora aparece nas pesquisas do Rio Grande do Sul como o único capaz de enfrentar o governador peemedebista Germano Rigotto em 2006.

A Democracia Socialista (DS), tendência de origem trotskista, tem entre seus integrantes o ministro do Desenvolvimento Agrário, Miguel Rossetto, apoiado pelo MST, que acusa o governo de estar usando Rossetto para uma política fundiária mais atrasada que a do governo Fernando Henrique.

A Articulação de Esquerda, cisão da Campo Majoritário, contra o "eleitoralismo" que consideram predominar no Articulação, hoje tem o líder do governo, deputado Arlindo Chinaglia, contra a vontade de José Dirceu. É essa luta de facções que vai determinar os destinos do governo Lula e da reeleição.

25/3
QUESTÃO DE IMAGEM

O choque de gestão anunciado ontem, que, a partir da Previdência, está previsto se espalhar por todo o governo sob o comando do chefe da Casa Civil, José Dirceu, é o primeiro movimento político organizado pelo Palácio do Planalto depois da fracassada reforma ministerial. No primeiro momento serão criadas normas para melhorar coisas como os processos de compras e o sistema de prestação de contas, com o objetivo de gastar menos e com mais eficiência. Em longo prazo, a ideia é ter dados para entrar em uma discussão mais delicada politicamente: a da vinculação das verbas públicas.

A ideia de acabar com as vinculações, que foram reintroduzidas na Constituição em 1988, tem o objetivo de dar maior agilidade à política econômica. Mas a medida gera reações de setores sociais, que têm verbas garantidas constitucionalmente para a saúde e educação, por exemplo. O governo busca com a melhoria dos gastos públicos encontrar espaço em um Orçamento da União apertado para realizar obras, especialmente de infraestrutura, e sobretudo ter condições para reduzir a carga tributária por meio da diminuição das despesas.

O governo vem trabalhando com a premissa de que a carga tributária tem que ser do tamanho da despesa e, a cada aumento dela, fica exposto que o gasto público aumentou também. A oposição conseguiu transmitir a ideia de que o governo não está mais controlando os gastos, o que o obriga a aumentar os tributos para manter a meta de superávit fiscal. Com a campanha de choque de gestão, o governo pretende superar essa fama de mau gestor, que deve ser o mote da campanha presidencial de 2006. A oposição se prepara para se mostrar mais competente administrativamente, pois a política econômica não estará em discussão.

Inviabilizada pela crise política com o presidente da Câmara, a reforma ministerial tinha exatamente essa intenção, a de transmitir à opinião pública uma máquina administrativa renovada e competente, mas acabou revelando, com uma crueza brutal, sua face mais rasteira, a do fisiologismo puro e simples, sem pudores.

O Palácio do Planalto estava todo enredado nessa teia de interesses com o "baixo clero" do Congresso, e agora tenta diferenciar-se dele por meio de uma administração competente e eficiente. O problema é que, como nada mudou de fato — apenas a troca de seis por meia dúzia no Ministério da Previdência —, vai ser difícil vender a imagem de competência com essa estrutura ministerial gigantesca, montada para abrigar os derrotados das diversas facções petistas.

É previsível, ainda por cima, que a relação do governo com a Câmara seja no mínimo conturbada, e a maneira como estão sendo montadas as relações no Legislativo indica que o governo ficará cada vez mais refém do Senado, no qual não tem maioria, cada um dos caciques políticos tem sua zona de influência própria e cada voto tem que ser tratado individualmente.

Assim como o despreparo de Severino Cavalcanti para exercer o cargo de presidente da Câmara foi a sacolejada que tirou o governo da letargia em que se encontrava, entregue de pés e mãos amarrados à sanha dos aliados mais fisiológicos, também pode haver uma crise política de graves proporções se prevalecer no entorno do presidente Lula a ideia de que ele pode governar sozinho, emparedando o Congresso com sua capacidade de comunicação direta com o povo.

Essa ideia estava embutida na criação do Conselho de Desenvolvimento Econômico e Social, que seria o grande fórum de debates das reformas, que seriam encaminhadas ao Congresso como um "prato feito", com o respaldo da sociedade civil. O truque não funcionou, e o Conselho acabou virando apenas um local de debates, sem poder decisório nem força política para fazer valer suas ideias. A negociação política teve mesmo que se concentrar no Congresso, no qual foi se deteriorando a partir dos métodos incentivados pelo próprio Palácio do Planalto.

Os partidos políticos foram desmoralizados pela estratégia de inflar a base aliada com o estímulo a um troca-troca de legendas despudorado como nunca havia se vira no Congresso. Com a freada de arrumação que deu, o presidente Lula acabou deixando o PT dono de 70% dos cargos de primeiro escalão do governo, o que fará aumentar o sentimento de desprestígio dos partidos aliados.

O fato é que até hoje o PT não encontrou um bom termo para viabilizar coalizões políticas, e sua convivência com os demais partidos continua sendo muito difícil. Perdeu uma suposta pureza que o diferenciava, e não ganhou a necessária experiência para sair intocado desse promíscuo relacionamento com o "baixo clero", ao qual se entregou sem cuidados.

21/4
OS REPUBLICANOS

O processo político que resultou na eleição do deputado Severino Cavalcanti para a presidência da Câmara e mais a relação explícita de troca de apoio político por cargos no governo pelos partidos aliados estão fazendo com que um grupo de políticos, especialmente senadores, comece a conversar para tentar buscar fórmulas que façam com que o conceito de República, tão presente na retórica de algumas figuras do governo, mas tão ausente no dia a dia de nossa política, prevaleça nas relações entre os poderes e se espalhe pela sociedade.

É um movimento suprapartidário que une, por exemplo, os senadores Cristovam Buarque, do PT, Jefferson Peres, do PDT, e Marco Maciel, do PFL, cada qual com preocupações semelhantes, mas abordando o conceito de República por meio de análises diversas.

Jefferson Peres dá uma especial atenção à política, idealmente desejando que os políticos republicanos de todos os partidos possam se unir em torno de uma nova legenda para combater os patrimonialistas. O senador Marco Maciel foca sua preocupação nas reformas institucionais que precisam ser feitas, na sua opinião, para equilibrar os poderes e dar mais autonomia a estados e municípios. E o senador Cristovam Buarque centra seu projeto na educação, caminho para que a sociedade brasileira saia do que chama de *apartheid* social.

Segundo o senador Peres, o receio é que o movimento fique identificado com o governo ou com a oposição, com este ou aquele partido. "Existem republicanos em todos os partidos", diz. Segundo ele, terminada a dicotomia ideológica no mundo, no Brasil permanece uma dicotomia: republicanos de um lado e patrimonialistas do outro. "Se analisarmos bem, o que o Severino diz cinicamente é o que muitos praticam disfarçadamente", constata, desolado, o senador do PDT.

O que é preciso, para esse grupo, é reunir aqueles que têm espírito público e cultuam os chamados valores republicanos. "É uma pena que esse Brasil atrasado, o do patrimonialismo, tenha conseguido se impor. Que o processo histórico não tenha levado a uma separação nítida de campo, porque está tudo embaralhado hoje", lamenta Jefferson Peres, que constata que "o PT teve que se aliar aos patrimonialistas, assim como o fez Fernando Henrique, e ficam tucanos republicanos hostilizando petistas republicanos".

Segundo ele, "a ideia é irmos conversando para ver se formamos um movimento, para que essas ideias, através do debate público, perpassem todos os partidos. Isso para que, quem sabe, amanhã, de maneira natural, propiciem um reagrupamento e uma diferenciação dos dois campos".

O senador Marco Maciel centra sua análise na necessidade de reformas institucionais para fortalecer a federação. Ele lembra que a Constituição de 1988 promoveu uma descentralização que, num primeiro momento, permitiu que estados e municípios tivessem certa autonomia do governo federal, especialmente na questão orçamentária. Mas que, aos poucos, a centralização foi voltando a prevalecer, até provocar graves desequilíbrios financeiros nos estados e municípios.

Além das reformas institucionais, como a tributária, o senador Marco Maciel aponta a necessidade de uma ampla reforma abrangendo a legislação eleitoral e política. Um exemplo que dá é a lei de verticalização, que ele considera antifederativa "porque retira a possibilidade de os partidos, nos respectivos estados, decidirem seus rumos, ficando condicionados a uma diretriz nacional. Em uma federação, você tem que deixar que os cidadãos decidam nos estados como organizar suas chapas, como definir suas coligações."

22/5
O MUNDO DO PT

Nos últimos dias, mesmo diante da evidente crise política em que se debate o governo, vários de seus membros mais ilustres, a começar pelo próprio presidente Lula, têm procurado demonstrar uma tranquilidade que não corresponde à percepção da maioria dos atores políticos e já foi classificada de "autista", tamanho o distanciamento da realidade.

Só houve um momento de irritação no Palácio do Planalto, logo superado pela constatação de que a acusação não produzira efeito político: foi quando o senador Antonio Carlos Magalhães comparou o atual momento político aos dias que antecederam o suicídio de Getulio Vargas.

Como se tivessem combinado, ministros de diversas áreas passaram a falar a mesma linguagem política: enaltecer a mobilidade social do Brasil, onde um operário pode chegar à Presidência da República, e exaltar a necessidade de que essa experiência política chegue ao fim assim como começou, em normalidade democrática.

Provavelmente, o que gerou essa racionalização foi o comentário do ex-presidente Fernando Henrique Cardoso de que uma crise institucional está a caminho, tese reforçada no fim da semana pelo governador paulista e provável candidato à Presidência pelo PSDB, Geraldo Alckmin.

De Gushiken a Dirceu, de Aldo Rebelo a Celso Amorim, em conversas privadas ou em público, todos desenvolveram raciocínios políticos semelhantes, como se tivessem combinado. O que se depreende dessa orquestração é que pelo menos o núcleo dirigente do governo, não necessariamente formado apenas por petistas, tem mais preocupação com a estabilidade democrática do que propriamente com as consequências das crises políticas. Talvez porque considerem que, apesar das turbulências, dificilmente Lula deixará de ser reeleito. (...)

27/5
CHOQUE ÉTICO

A operação "Deus Nos Acuda", que só pela denominação revelava todo o seu potencial de exploração fisiológica pelos chamados "aliados inorgânicos", deu com os burros n'água, marcando mais um fracasso da coordenação política do governo e esvaziando as burras do Tesouro, numa tentativa, tão vergonhosa quanto inútil, de mudar, ao peso da verba oficial e do verbo ameaçador, a decisão de quase cem deputados e senadores.

A CPI dos Correios começa assim, com o governo no córner político, e revela a incapacidade intrínseca do PT de montar um governo de coalizão no qual a lógica política prevaleça sobre os interesses imediatos de grupos.

Essa crise foi anunciada logo na primeira reunião do núcleo duro do novo governo com seus ministros políticos, na qual foram definidos os critérios de relacionamento com os partidos da base aliada. Diante da sugestão de aproveitar a força dos votos e da imagem de Lula para estabelecer um estilo de negociação que se diferenciasse do governo anterior, considerado fisiológico, impôs-se o ponto de vista do chefe da Casa Civil, José Dirceu, então todo-poderoso coordenador político do novo governo.

Ficou decidido que o Orçamento e as nomeações seriam usados para atrair para a base governista o maior número de deputados e senadores, escolher alguns partidos para servirem de "barriga de aluguel" para esvaziar a oposição e armar um rolo compressor no Congresso, e mesmo dentro do PT.

É verdade que a tática funcionou com eficiência, até estourar o caso de Waldomiro Diniz, assessor do Gabinete Civil, flagrado negociando propina com o banqueiro de jogo, Carlinhos Cachoeira. A linha dura do governo enquadrou dissidências e encaminhou votações polêmicas de reformas necessárias, como a da Previdência, com um nível de adesão bastante firme.

Quebrado o encanto, no entanto, o relacionamento do governo com o Congresso desandou, e passou a ficar explícita a falta de homogeneidade ideológica da base aliada, prevalecendo sempre e cada vez mais o fisiologismo puro e simples.

O sociólogo e cientista político Hamilton Garcia tem uma explicação para essa crise política, que, segundo ele, deriva de dois fenômenos: o caráter de "frente política de massas" do PT, admitido pelo próprio José Dirceu, e seu programa mudancista. O caráter "frentista" do PT, analisa Garcia, "de certa forma desabilita-o a montar uma verdadeira 'frente externa' permanente, como havia se desenhado com a 'Frente Brasil Popular' de 1989 e o 'Governo Paralelo' de 1990, pois a luta interna do PT já tem a complexidade deste desafio". Mas ele acha que a crise política atual "não é necessariamente um mau indício para a democracia".

Na verdade, considera que a crise, ao contrário, "é um indício de que o PT não se descaracterizou como querem seus opositores, e ainda é capaz de mexer com a nossa institucionalidade tradicionalista-fisiológica. Se a crise se resolver pela radicalização-moralização democrática, então será benfazeja", analisa ele.

7/6
IMOBILIDADE PREOCUPANTE

Ao confirmar parte do relato do deputado Roberto Jefferson, o ministro da Coordenação Política, Aldo Rebelo, deu ares de verdade a toda a sua denúncia, o que torna mais tenso o momento político. O que se poderia esperar como consequência dessa crise em que o governo está metido certamente não é essa atitude quase de fuga, de fingir que é normal o presidente da República ouvir denúncia tão grave e nada acontecer.

O ministro Aldo Rebelo dizer que os partidos políticos é que estão em xeque, e não o governo, seria risível se não representasse a dramática imobilidade do governo diante de acusações que atingem o Palácio do Planalto, que tem uma relação conspícua com seu partido oficial.

O tesoureiro Delúbio Soares, acusado de dar mesadas de R$ 30 mil para políticos votarem a favor do governo, é figura fácil em gabinetes do Planalto, e suas atitudes não podem ser separadas das decisões do governo. Além da punição dos responsáveis por esse gigantesco toma lá dá cá em que se transformaram as relações do Executivo com o Legislativo, é preciso haver uma verdadeira revolução de costumes políticos neste país.

Os episódios dos últimos dias mostram bem como está enraizada nos atores políticos uma distorção de comportamento que chega às raias do absurdo. A revista *Época* denunciou que um antigo assessor do deputado Roberto Jefferson, sem ter a mínima condição para isso, seria dono de duas rádios em locais do estado do Rio, onde o deputado do PTB tem influência política. Seria o popular laranja, pessoa que aparece como dona de uma propriedade que o verdadeiro dono, no caso o deputado Roberto Jefferson, não poderia assumir.

Para se defender, o deputado diz que pediu ao empresário dono das rádios que desse sociedade a seu assessor, um sorveteiro de cidade do interior, para recompensá-lo pelos serviços prestados. Ora, por que o empresário aceitaria fazer isso? Pela simples razão de que foi o deputado Roberto Jefferson quem conseguiu a concessão das rádios para ele. Para justificar uma irregularidade, o deputado recorre a outra, como se fosse a coisa mais normal do mundo um deputado arranjar concessões de rádio para amigos, e fazer negócios com elas.

Já na entrevista à *Folha de S. Paulo*, o deputado relata com a maior tranquilidade que, por ter indicado Lídio Duarte para a presidência do Instituto de Resseguros do Brasil (IRB), sentiu-se em condições de pedir a ele que tentasse levantar junto aos clientes da estatal financiamentos de campanhas para o PTB. Como se isso fosse uma tarefa normal para o presidente de uma estatal. Depois finge-se que não se sabe por que o presidente da Câmara exige do presidente Lula "aquela diretoria que fura poço e acha petróleo".

Dentro do mesmo teatro do absurdo, revela-se que o governador de Goiás, Marconi Perillo, avisou pessoalmente ao presidente Lula, um ano e meio atrás, que havia esse esquema de mesadas para os deputados entrarem nos partidos da base. O presidente cortou o assunto, alegando que essa prática havia sido instituída pelo ex-ministro, já falecido, Sérgio Motta, o grande articulador político do PSDB e amigo pessoal do ex-presidente Fernando Henrique. Ora, mesmo se fosse verdade o que o presidente disse, não justificaria a adoção da mesma prática em seu governo. E ele tinha que denunciar o que supostamente teria ocorrido no governo anterior.

A situação está tão descontrolada que o deputado Roberto Jefferson, acuado por denúncias por todos os lados, ainda teve a desfaçatez de enviar aos jornalistas garrafas de champanhe, numa atitude arrogante e acintosa de quem se considera inatingível. E, no meio da crise, ainda havia quem, dentro do governo e com gabinete no Palácio do Planalto, considerasse que a situação criada pela entrevista de Jefferson era favorável ao arquivamento da CPI dos Correios, pois colocara todos — PT, PP, PL, PTB e até mesmo PMDB — no mesmo barco, que afundaria se não houvesse solidariedade entre eles.

Esse mesmo raciocínio funcionou, até certo ponto, na tentativa de retirada das assinaturas, estava prevalecendo na Comissão de Constituição e Justiça da Câmara, e provavelmente prevaleceria no plenário. Mas, depois das confissões parciais do deputado Roberto Jefferson — ou

190

alguém duvida de que ele ainda tem muita bala na agulha para sair atirando por aí antes de morrer politicamente? —, ficou impossível manter essa postura cínica diante dos acontecimentos.

Está claro que o ambiente político não favorece o abafamento das investigações e, mesmo que, por mais implausível que seja, o governo se mantenha nessa política suicida e consiga impedir a CPI dos Correios, outros requerimentos surgirão, provavelmente no Senado, em que a oposição tem maioria. E outros depoimentos virão à tona, outras denúncias surgirão, porque nessas horas não há como controlar a bola de neve em que se transformam investigações desse tipo.

Certamente muitos foram preteridos nas "tenebrosas transações" que podem ter ocorrido por baixo do pano; muitas outras gravações devem ter sido feitas — ontem corria no Congresso que o deputado Roberto Jefferson teria gravado a conversa que teve com o chefe da Casa Civil, José Dirceu, e com o ministro Aldo Rebelo em sua casa, quando, segundo seu relato, os dois "só faltaram se ajoelhar" para pedir que o PTB retirasse as assinaturas de seus deputados do requerimento da CPI dos Correios.

Há indícios suficientemente graves de que há algo de podre em Brasília, e o governo e o Congresso têm a obrigação de apurar tudo, sob pena de perderem a credibilidade diante da opinião pública. Aí, sim, teríamos uma crise institucional grave.

8/6
LULA VAI À LUTA

O governo se mantinha ontem em uma inútil defensiva nessa crise política que, a um ano e meio da campanha sucessória, ameaça paralisá-lo até que, à noite, o presidente Lula aproveitou a inauguração do Fórum Global sobre a Corrupção para pôr "os pingos nos is", garantindo que serão punidos todos os culpados, sejam eles quem forem. Pela primeira vez definiu o episódio como abrangendo o Executivo e o Legislativo, colocando por terra a tese ridícula de que os partidos políticos, e não o governo, estavam sendo acusados. E deu a dimensão maior da questão, falando sobre a necessidade de reformar o Estado, a começar por uma reforma política profunda.

Aceitar a demissão das diretorias dos Correios e do Instituto de Resseguros do Brasil (IRB) é uma atitude fraca e atrasada, pois deveria ter acontecido assim que as denúncias de corrupção começaram a surgir. Tentar ainda limitar a CPI dos Correios, depois que ela se mostrou indispensável, para que não sejam abordados casos em outras estatais, é mais uma demonstração de temor da investigação ampla, além de uma inutilidade. Não será possível impedir que, surgindo novas acusações, a CPI vá atrás de esclarecê-las.

Ontem, o senador Tasso Jereissati denunciou que há uma rede de corrupção espalhada em "quase todos" os órgãos governamentais, que estaria organizada para arrecadar dinheiro para o partido oficial do governo. Essa acusação, tão recorrente no Congresso como era a da existência do mensalão, agora revelada pelo deputado Roberto Jefferson, certamente não escapará da investigação da CPI, seja ela restrita ou não.

E como ontem o presidente Lula fez questão de ligar seu nome e sua história à história do PT, citando-o como "o meu partido", fica implícito que se forem comprovadas as denúncias e insinuações, o presidente de honra do PT terá que "cortar na própria carne", como prometeu solenemente.

A operação de salvamento do tesoureiro do PT, Delúbio Soares, colocando-o fora do alcance da opinião pública, é atitude de quem parece ter culpa no cartório, e não combina com a transparência exigida pelo presidente Lula em seu discurso. Se Delúbio precisa de mais que dez minutos para rebater acusações "desvairadas, sem pé nem cabeça", como as definiu o presidente do partido, José Genoino, é sinal de que não tem condições de explicar suas atitudes à frente da tesouraria do partido oficial do governo.

Não há nada até o momento, no entanto, que indique uma repetição do caso Collor, como alguns cartazes já insinuam em Brasília e como sugeriu o senador Tasso Jereissati no discurso mais candente de ontem no Senado. Naquele triste período da vida nacional, havia uma rede de achaques montada a partir da influência de PC Farias no governo de seu amigo Fernando Collor. Havia uma quadrilha que tomara de assalto o governo, trabalhando em benefício próprio. Hoje, até onde se sabe, primeiro o assessor da Casa Civil, Waldomiro Diniz, e depois o tesoureiro Delúbio Soares são acusados de recolher dinheiro, que, alegaram, seria para campanhas eleitorais do PT.

Poderiam estar trabalhando sozinhos, traindo a confiança dos superiores, ou podem ter montado um esquema paralelo de financiamento ilegal de candidaturas, sem o conhecimento da direção partidária nacional do PT, muito menos de Lula. É difícil que isso possa ter acontecido sem que altos escalões governamentais estivessem envolvidos, mas é lícito supor que o presidente Lula não faça parte desse grupo.

É isso que se deve apurar, e é nesse campo que os partidos políticos devem atuar, o do financiamento das campanhas eleitorais, a origem de todos os desvios, não apenas aqui no Brasil, como no resto do mundo, em menor ou maior escala.

Temos, porém, pela primeira vez em muitos anos no país, uma oposição que não é golpista e preocupa-se com a estabilidade do sistema político. É uma oposição contra o governo, mas não contra o sistema.

A alternância do poder estará consolidada se ultrapassarmos esta crise com a punição dos culpados e sem recursos a golpismos que já não encontram lugar em nossa democracia. O presidente Lula fez, com atraso, o que se esperava dele desde o início da crise: colocou-se como guardião da democracia brasileira, acima dos partidos e da ideologia.

Resta agora que atos concretos correspondam à retórica presidencial, que, para não fugir ao costume, classificou o sistema de combate à corrupção de seu governo como dos mais perfeitos do mundo.

9/6
PRÓXIMOS PASSOS

O governo, para não fugir de suas características, está, como sempre, dividido sobre o que fazer daqui para a frente, mesmo depois que o presidente Lula definiu amplos horizontes para as investigações das denúncias de corrupção dos últimos dias. O PT, provavelmente pressionado por seus próprios interesses e pelos dos partidos da base aliada, continua querendo, irrealisticamente, limitar os poderes da chamada CPI dos Correios. Até mesmo o presidente da Câmara, deputado Severino Cavalcanti, acha que tudo poderá ser apurado. E, como disse o presidente do Senado, Renan Calheiros, não é possível fixar esses limites quando se investigam casos correlatos.

São fatos que têm personalizados no deputado Roberto Jefferson o acusador e o beneficiário de desvios do dinheiro público. É verdade que são delitos de naturezas diversas, e, no caso do mensalão, há o perigo de a irregularidade, caso se comprove verdadeira, revelar um crime institucionalizado que abalará dois dos poderes da República, Executivo e Legislativo.

Não é crível que o tesoureiro do PT, Delúbio Soares, pagasse mesadas de R$ 30 mil a deputados por conta própria, sem estar ligado a um esquema político que quase certamente teria sua origem em gabinetes importantes do Palácio do Planalto.

Tudo indica, e é nisso em que até o momento o mundo político está apostando, que mesmo que fique provado que existe esse esquema de compra de votos, ele não é de conhecimento do presidente Lula. Nesse caso, ele teria mesmo que cortar na própria carne, pois amigos próximos estariam envolvidos, muito além da pura traição, em um crime político de rara gravidade.

Há quem defenda que o presidente precisa aproveitar a crise para avançar na reorganização do Estado brasileiro, como ele mesmo falou em seu discurso de terça-feira à noite. Nunca esteve tão em moda entre os políticos a constatação de que, em japonês, crise e solução são representados pelo mesmo ideograma, como a indicar que nesses momentos abrem-se caminhos novos para a solução dos problemas.

O ministro da Fazenda, Antonio Palocci, aproveitou deliberadamente o momento para mudar a estrutura do RB, reduzindo sua atuação às mínimas necessidades do Estado e se preparando para privatizar a maior parte de suas atividades. Existe em estudo no governo um decreto que reduz drasticamente o número de cargos de confiança existentes e estabelece normas mais rigorosas para o preenchimento dos que restarem.

Diante dos últimos acontecimentos, o que mais se pergunta em Brasília é por que um deputado ou um senador teria interesse em nomear, por exemplo, o secretário da Receita Federal de São Paulo, como era costume? Ou o diretor financeiro de uma estatal? Perguntas que têm respostas óbvias, e que agora ficaram explícitas, facilitando o aprofundamento do processo de reorganização do Estado. O próprio ministro Antonio Palocci reconhece que a Receita Federal vem sendo reorganizada desde o governo anterior e que o grau de corrupção no órgão foi bastante reduzido nos últimos anos.

É possível também que o próprio Executivo envie ao Congresso um projeto de reforma política que mexa em alguns pontos cruciais de nosso sistema partidário. O presidente Lula, que sempre se declarou favorável à reforma política, achava também que era função do Legislativo tratar do assunto, e se recusava a tomar a dianteira nesse assunto. Agora, no entanto, está convencido de que tem que liderar o movimento de reorganização partidária e de modernização da legislação eleitoral, que estão no cerne das crises políticas.

Todos os movimentos, no entanto, estão sendo analisados com cautela, pois o presidente Lula tem receio de que gestos como esses sejam entendidos como diversionismos para mudar o foco da crise. O que é visto pela opinião pública como paralisia do governo diante das denúncias é explicado no Palácio do Planalto como a maneira cautelosa de o presidente Lula agir. Ele tem ouvido conselhos, por exemplo, para fazer uma ampla reforma ministerial, que não gostaria de realizar em meio à crise política, mas que, ao que tudo indica, deverá sair.

Cresce no governo o entendimento de que é preciso fazer um acordo político amplo com o PMDB para reorganizar a base política no Congresso de forma mais sólida. Além de enfrentar a campanha da reeleição com uma coalizão política forte, o presidente Lula, fazendo essa mudança, estaria cuidando da governabilidade da última parte de seu primeiro mandato, que pode ser o único, mas não pode ser encerrado prematuramente. O problema maior é como fazer essas mudanças sem desmanchar de vez a base aliada.

Existe a preocupação entre políticos próximos do núcleo decisório do governo de que o PMDB, farejando a possibilidade de a eleição presidencial ter se tornado mais fácil com o enfraquecimento do governo Lula, não aceitar fazer parte da base aliada, mesmo em posição privilegiada e dando até o vice-presidente em uma futura chapa. De acordo com essas análises, o receio maior não seria nem que a candidatura própria fosse a de Garotinho, em que pese sua força nas pesquisas eleitorais. O que temem mesmo os analistas do governo é que o PMDB decida lançar como candidato o presidente do Supremo Tribunal Federal, ministro Nelson Jobim, ex-deputado que se licenciou do partido ao ser nomeado para o STF. Jobim, que seria o preferido pelo PT para compor uma eventual chapa com Lula na disputa pela reeleição, teria condições de aglutinar o eleitorado de direita e de esquerda com mais facilidade do que Garotinho, e se transformaria em um sério obstáculo à reeleição.

14/6
DESTINOS CRUZADOS

Fica a cada dia mais difícil a tentativa do PT de separar a apuração do caso de corrupção nos Correios do chamado mensalão. Há indícios cada vez mais evidentes de que um caso está ligado ao outro, e que os dois são facetas do mesmo esquema de corrupção montado no interior da máquina do governo para financiar, de uma maneira ou de outra, partidos políticos aliados do Palácio do Planalto.

A insistência do partido do governo em desmentir a palavra do presidente da República com atos políticos que objetivam controlar o andamento da CPI, monopolizando seus postos mais importantes — a presidência e a relatoria — e virtualmente impedindo que tudo seja apurado, não apenas demonstra o permanente desencontro das forças políticas desse governo, como preocupa os que desejam que tudo seja esclarecido, para que as instituições democráticas do país sejam preservadas.

Como era de se esperar, por ser implausível que o tesoureiro do PT agisse por conta própria, as denúncias já entraram no Palácio do Planalto, pousando em gabinetes próximos, geográfica e politicamente, do presidente da República. Não é uma situação fácil a do presidente Lula. Como vários integrantes do governo sugeriram, o mais sensato parece ser uma renúncia coletiva do ministério que abra caminho para uma reorganização da base partidária do governo, com a saída inclusive do chefe do Gabinete Civil, José Dirceu, que sempre foi o principal alvo político das acusações.

Sua saída não retiraria do cenário o fato de que o Palácio do Planalto mais uma vez esteve na origem da crise política, mas sua permanência lá faz com que o presidente da República também permaneça próximo demais de fatos que, se realmente aconteceram, espera-se que não tenham sido de seu conhecimento. A CPI existe para isso, para apurar na esfera política as circunstâncias em que se deram os desvios de conduta apontados pelo deputado Roberto Jefferson. O fato de ele não ter provas do que diz — se é que não as tem — não tem a menor importância na esfera política, embora possa ter consequências na esfera criminal.

Querer misturar as duas coisas, como estão tentando fazer o PT e os dirigentes do PL e do PP, é próprio de quem não quer esclarecer os fatos. Se ele não tiver provas, poderá ser processado por injúria e difamação, ou por danos morais, como está hoje na moda, mesmo para quem não tem moral para defender. Mas nem mesmo sua eventual condenação significará que o que disse não é verdade. Existe um princípio básico no direito que diz que fatos notórios independem de provas, e o mensalão é há muito tempo um assunto recorrente nas conversas no Congresso.

Além do que, o depoimento do presidente do PTB ganha credibilidade pela intimidade que ele tinha com a cúpula do governo petista. Foi o próprio presidente Lula, ao chamar-lhe de parceiro e dizer que lhe daria um cheque em branco e dormiria em paz, quem lhe conferiu idoneidade — que agora os governistas questionam — para fazer as denúncias que está fazendo.

Pedro Collor, que iniciou o processo que culminou na cassação de seu irmão, o ex-presidente Fernando Collor, também não apresentou provas do que dizia, mas tinha a credibilidade de quem conhecia por dentro o funcionamento do governo. O presidente cassado, por sinal, tentando se fazer de vítima da mesma disfunção de nosso sistema político-partidário, diz que Lula não deveria cometer o mesmo erro de tentar formar um "ministério ético", que teria colocado dentro de seu governo "o germe da traição".

Trata-se de engano proposital, pois, até onde se sabe, o caso atual não envolve a pessoa do presidente da República em falcatruas como as denunciadas por seu irmão, e que depois foram comprovadas durante a CPI, que culminou em sua cassação. Mais uma vez, a esfera política e a esfera criminal não se misturam: Collor foi condenado politicamente, tanto pelo Congresso quanto pela opinião pública, e não foi condenado pela Justiça por falta de provas.

No momento, até mesmo a oposição trabalha para não envolver o presidente Lula nesse esquema de corrupção que vai começar a ser investigado na CPI dos Correios. Um movimento para entrar com um processo de crime de responsabilidade contra Lula está sendo desestimulado no Congresso por líderes tucanos. Blindar Lula e Palocci é a palavra de ordem. Uma reforma ministerial, no entanto, teria para o governo o sentido de recomeçar de novo o relacionamento com o Congresso, em bases mais saudáveis, sem as "más companhias" de que falou o ministro Olívio Dutra.

Para ser crível, no entanto, esse recomeço teria que separar o governo do PT de seu principal articulador político, o ministro José Dirceu, encerrando melancolicamente uma relação política e pessoal de muitos anos. E tudo o que porventura venha a ser descoberto durante as investigações da CPI teria que necessariamente ser debitado na conta deles, para que o presidente da República não seja impedido de continuar exercendo suas funções.

É um movimento brusco e arriscado, e o presidente Lula ficaria ao mesmo tempo sem as "más companhias" e sem outros apoios políticos para terminar seu governo. Uma decisão radical como aparentemente o caso exige tiraria do presidente qualquer condição de pleitear a reeleição, pois estraçalharia sua base de apoio no Congresso, que hoje já está sob suspeição, e acabaria com o PT como instrumento político. O mais provável é que, sem saída aparente, enfrentem juntos esse momento crítico. Lula, sem o que significa (ou significou) o PT, tem sobrevivência política limitada. O PT sem Lula não existe.

15/6
HIPOCRISIAS

O que de mais importante ficou exposto ontem da reunião do Conselho de Ética da Câmara foi a desmoralização total da classe política. Não apenas pela triste coincidência de que o deputado Roberto Jefferson tenha usado a mesma palavra — hipocrisia — que PC Farias, o finado tesoureiro de Collor, usou quando depôs, quase 15 anos atrás. Nem mesmo pelo comportamento de parte dos deputados, que gritavam uns contra os outros como se fossem um bando de colegiais inquietos. Definitivamente, ficou claro que não é possível manter essa estrutura de financiamento de campanhas eleitorais que junta hipocrisia e corrupção.

Tampouco essa maneira de formar governos de coalizão, distribuindo sem o menor critério cargos e favores, inclusive dinheiro. Entre as muitas histórias que Roberto Jefferson contou ontem, com detalhes, está uma que é exemplar: a da substituição de um diretor de Furnas.

Agastado com críticas que teria recebido do governador de Minas, Aécio Neves, que indicara o diretor, o próprio presidente Lula pediu que o PTB encontrasse um nome para substituí-lo, como represália. E, pior ainda, não conseguiu fazer a alteração, pois o diretor que seria substituído conseguiu o apoio do presidente da Câmara, Severino Cavalcanti, que ameaçou o governo de boicote. Pelo relato de Roberto Jefferson, ninguém nomeia dirigentes de estatais sem uma contrapartida para seu partido.

A situação é tão kafkiana que o réu se transformou em acusador, devido principalmente à clara culpa de grande parte dos deputados presentes, e se deu o direito de distribuir absolvições e acusações. Quando, apontando para o plenário, Roberto Jefferson afirmava teatralmente que todos ali sabiam da existência do mensalão, não houve protestos. Os líderes do PT, principal acusado de distribuir verbas para comprar votos na Câmara, simplesmente não apareceram para rebater o depoimento.

A falta de lógica dos que querem desqualificar o depoimento de Roberto Jefferson é tamanha que chegam a ponto de acusá-lo de ter admitido um crime ao relatar que recebeu R$ 4 milhões do PT para a campanha municipal, sem se dar conta de que, ao aceitarem essa versão de

Jefferson, não podem desqualificar as outras. E, além do mais, o crime seria tanto do PTB quanto do PT.

O próprio deputado petista Nelson Pellegrino, ex-líder do governo, tentou achar uma desculpa honrosa, transformando o mensalão em um acerto de contas de campanhas eleitorais, o que seria, pelo visto, um erro menor. Para culminar, como o PT vai negar que tenha dado esse dinheiro ao PTB, esse crime vai simplesmente desaparecer nas sutilezas do sistema de financiamento de campanhas políticas.

Dando seguimento ao clima kafkiano, a honra do presidente Lula ficou à mercê dos desígnios do acusado, que o retratou, em diversas ocasiões, como um homem de bem que não sabia o que acontecia nos bastidores da Câmara. Jefferson pôs toda a culpa, pela ordem, no chefe da Casa Civil, José Dirceu, no tesoureiro do PT, Delúbio Soares, e no secretário petista, Silvio Pereira, aos quais chamou de "cúpula do PT".

A situação política é tão delicada que, em nome da governabilidade, prefere-se criar a imagem de um presidente ausente das decisões, desinformado, cercado por assessores que têm autonomia para montar um esquema dessa magnitude, com potencial de corroer a base moral de seu governo. Um homem de bem rodeado de malfeitores, um inocente útil manipulado por guerrilheiros leninistas.

Se tudo ocorrer como está sendo montado até agora, não haverá saída para o governo: ou tudo é mentira de Roberto Jefferson, ou o presidente foi traído por seus assessores, a começar pelo chefe da Casa Civil, ministro José Dirceu. O problema é que alguns fatos não combinam com essa tese de traição. A começar pela declaração de Dirceu, que diz que não faz nada sem que o presidente Lula saiba.

Embora seja controvertida a versão de que o presidente Lula chorou ao ser informado por Roberto Jefferson da existência do mensalão, há coincidência quanto à reação do presidente, que teria sido de espanto, ou de "facada nas costas", como definiu Jefferson. Não haveria razão para tanto espanto, pois, segundo declaração do governador Marconi Perillo (PSDB), de Goiás, Lula já fora avisado por ele da prática bem antes desse encontro com Roberto Jefferson.

O fato de o deputado Roberto Jefferson ter reafirmado que não tem provas das acusações não tirou o teor explosivo de seu depoimento. Com detalhes, e dando o tom pessoal de uma conversa, Jefferson pôs seu depoimento como consequência do que vivenciou, e escolheu bem a palavra, para dar peso ao testemunho, embora sem provas.

O mercado financeiro, que não entende nada de política mas adora boatos, ficou nervoso antes do depoimento, o que fez o dólar subir e a Bolsa de São Paulo cair. E manifestou-se aliviado, com a alta da Bolsa e a queda do dólar, pelo fato de Jefferson declarar que não tem provas. Mas, assim como o Palácio do Planalto, o mercado financeiro pode estar cometendo um erro de avaliação.

O processo está apenas no início, e com indícios bastante fortes de irregularidades, como as malas de dinheiro que a secretária do publicitário Marcos Valério viu saindo da agência de publicidade mineira, com identificação do Banco Rural, citado pelo deputado Roberto Jefferson como a origem do dinheiro que recebeu do próprio Valério para financiar a campanha municipal do PTB.

16/6
NA BOCA DO POVO

Há uma mistura explosiva no ar: o descrédito dos políticos e a queda de popularidade do presidente Lula, tragada pela crise política que as denúncias do deputado Roberto Jefferson desencadearam. A pesquisa que o Ibope divulga hoje à tarde, realizada por encomenda da Confederação Nacional da Indústria (CNI), foi feita depois das entrevistas do deputado, mas não pegou as repercussões do depoimento que deu ontem na Comissão de Ética da Câmara.

Já deve mostrar, no entanto, uma tendência de queda no índice de bom e ótimo na avaliação do governo, que girava anteriormente em torno dos 38%.

Num primeiro momento, porém, são os políticos os mais afetados na percepção da opinião pública, e não foi à toa que o relator da CPI dos Correios, o deputado federal do PMDB do Paraná Oscar Serraglio, foi dramático ao lembrar os recentes episódios em Rondônia, onde o povo foi às ruas apedrejar a Assembleia depois da exibição de um vídeo no qual um grupo de deputados negociava com o governador Ivo Cassol votos por dinheiro. Serraglio garantiu que a população não se revoltará diante dos resultados da CPI, numa atitude defensiva depois que o governo usou sua maioria na CPI para nomear o presidente e o relator, não dando vez à oposição, como vinha sendo praxe nas CPIs mistas.

O índice de falta de credibilidade da Câmara e do Senado, que já girava em torno de espantosos 90%, deve ter virado pó, chegado ao fundo do poço com o festival de baixarias e acusações que culminou com a sessão do Conselho de Ética da Câmara em que Roberto Jefferson deu seu espetáculo na terça-feira. Mais uma vez, porém, o governo mostrou como é frágil sua base partidária, ao vencer por apenas um voto a eleição secreta para indicar a presidência da CPI dos Correios. Perdeu dois votos para a oposição na largada da CPI e ficou claro que todos os seus membros estão trabalhando de olho na pressão da opinião pública.

O discurso do relator, deputado federal Osmar Serraglio, foi eloquente ao ressaltar que as pesquisas de opinião mostram que o prestígio dos políticos nunca esteve tão baixo quanto agora. A popularidade de Lula ainda é suficiente para que ele assuma a dianteira da reação, mas há constrangimentos partidários e pessoais que até o momento o impedem de adotar as medidas drásticas que estão sendo ansiadas pela opinião pública.

A avaliação dos primeiros resultados da pesquisa mostra que a percepção do grande eleitorado ainda preserva o presidente Lula, separando-o das maracutaias denunciadas. Mas há um anseio por medidas concretas por parte do governo, e reação negativa aos constantes deboches por meio dos quais o presidente da República vem tentando demonstrar um ar de tranquilidade diante da crise.

As piadas que tem feito sobre futebol — "Nunca sofri tanto quanto nos 45 minutos do primeiro tempo", referindo-se não às denúncias de corrupção, mas à derrota do Brasil contra a Argentina; ou "Está tudo bem porque o meu Corinthians ganhou de quatro" — podem ter efeito popular em momentos normais, mas têm sido percebidas pela opinião pública como pouco caso.

Além do mais, as investigações da CPI dos Correios certamente abrangerão políticos ligados ao presidente Lula, como o ministro José Dirceu, e dirigentes do PT, e quanto mais próximo do Palácio do Planalto chegarem, mais afetarão a imagem do presidente Lula. Essa perspectiva também parece tirar-lhe o ânimo para medidas transformadoras em seu governo, o que terá que ser feito mais cedo ou mais tarde.

Uma reforma política que transforme o quadro partidário seria uma boa resposta do Congresso, mas será preciso remover obstáculos que até agora impediam sua realização. Os mesmos partidos que estão envolvidos nas denúncias de corrupção — PTB, PP e PL — são os que chantageavam o governo para não seguir adiante com a reforma política.

Eles eram contra a verticalização, contra as cláusulas de barreira, contra o fim das coligações nas eleições proporcionais, contra o financiamento público de campanha, contras as listas fechadas. Com as listas, o eleitor votaria apenas na legenda partidária, e os candidatos seriam eleitos de acordo com a colocação em que estivessem na lista do seu partido.

Se um partido recebesse votos suficientes para eleger apenas dez deputados federais, os dez primeiros nomes de sua lista iriam para a Câmara.

É generalizada a queixa dos deputados contra os altos custos das campanhas eleitorais, que propiciaria a interferência de corporações — religiosas, econômicas e até mesmo criminosas — na política partidária, gerando crises políticas como a que agora acompanhamos. O sistema de lista fechada facilitaria o financiamento público de campanha eleitoral, pois os partidos, e não os candidatos isoladamente, fariam a campanha. Mas há uma reação grande da opinião pública, que vê nele não uma maneira de coibir desvios, mas de dar mais dinheiro aos políticos.

As listas seriam também uma maneira de retirar o individualismo da representação parlamentar, reduzindo o grau de independência que deputados e senadores têm em relação aos partidos políticos no Brasil. Ao impedir a chamada votação uninominal, a reforma, no entanto, quebra de forma radical a cultura política do eleitor brasileiro, que prefere votar em candidatos e não em partidos. Estudos indicam que mais de 95% do eleitorado brasileiro votou em indivíduos e não em legendas nos últimos anos.

Há também em estudo novas regras para a fidelidade partidária, impedindo essa verdadeira dança de legendas que os deputados e senadores fazem hoje em dia. O inchaço de legendas como PP, PTB e PL (sempre os mesmos) foi estimulado pelo Palácio do Planalto, e seria o combustível para sistemas como o mensalão.

17/6
O MILITANTE DIRCEU

A decisão do presidente Lula de "abrir mão" de seu principal colaborador é uma indicação da grandiosidade da crise política em que estamos envolvidos. José Dirceu sempre foi um militante petista, e volta para seu berço político para se defender e defender o PT, que, de símbolo da ética na política, transformou-se em instrumento de corrupção, pelo menos na percepção da opinião pública, depois das denúncias de esquemas montados nos bastidores dos órgãos governamentais para financiamentos de campanhas e de políticos.

Saindo do Palácio do Planalto, José Dirceu deixa o presidente Lula liberado para fazer a ampla reforma ministerial que estava prometendo e que adiou várias vezes, constrangido pelos laços de amizade de sua extensa vivência petista. É quase certo que em breve teremos, ou no plenário da Câmara, ou nas reuniões da CPI dos Correios, grandes embates políticos, com Dirceu retomando seu estilo agressivo, o mesmo que o fez controlador das principais manobras políticas do grupo Articulação, que está no poder, como esteve sempre no poder no Partido dos Trabalhadores, salvo um pequeno período em que todos os demais grupos se uniram contra ele e assumiram o comando partidário.

Ao grupo liderado historicamente por Lula coube apenas a secretaria-geral, que foi ocupada por Gilberto Carvalho, hoje secretário particular do presidente. E a Articulação perdeu todas as votações internas nesse período. Essa perda de poder aconteceu justamente no correr de um desentendimento de Lula com Dirceu que os afastou politicamente. De novo juntos, voltaram ao poder no PT, e o grupo colocou em prática a tática do rolo compressor, a mesma usada até hoje, acionada pelo mesmo homem, o até ontem chefe da Casa Civil José Dirceu.

Significativamente, o PT está em processo de substituição de seu diretório nacional, e o Campo Majoritário tem nada menos que cinco chapas de oposição ao nome de José Genoino para a presidência. A crise atual pode unir todos em torno de uma solidariedade a Genoino e à atual direção, mas pode, ao contrário, acirrar a oposição de esquerda, que discorda dos métodos políticos e da linha de ação do grupo que está no governo.

É preciso lembrar que a Articulação é o grupo político petista que mais se adaptou às regras democráticas, e decidiu chegar ao poder fazendo alianças e acordos políticos que hoje são contestados por alas mais radicais. A maneira como esses acordos políticos eram realizados também está em xeque com as denúncias de corrupção.

Para os militantes petistas, a eleição de Lula não teria sido possível sem o trabalho de articulação política de José Dirceu, o que dava a ele uma autonomia dentro do governo que sempre incomodou o presidente Lula. Nunca deixou de evidenciar suas discordâncias com a política econômica, o que fazia para representar uma parte preponderante do PT e dar esperanças aos inconformados, mostrando que havia quem defendesse teses opostas dentro do governo e que, portanto, existia a possibilidade de mudanças.

Com sua saída, e a redução da força do PT no governo como um todo, aumentará a influência do ministro da Fazenda, Antonio Palocci, que é cogitado até mesmo para substituir Dirceu no Gabinete Civil. Lula provavelmente adotará essa solução se se convencer de que a nomeação de outro ministro da Fazenda não gerará dúvidas no mercado quanto à continuidade da política econômica.

Esse aumento de influência de Palocci, por outro lado, será contestado mais livremente pelo militante Dirceu, que, para defender-se e o PT, deverá encontrar temas que unam a maioria do partido e ajudem a incenti-

203

var sua militância. Aparentemente, o presidente está reagindo à crise que envolve o PT não como um militante, com preocupações corporativistas, mas como chefe do poder Executivo que precisa, afinal, montar um governo que seja representativo da coalizão pluralista que o sustenta no Congresso.

Há neste momento um grande enigma no ar, e somente com o anúncio completo da reforma saberemos para que lado Lula está tendendo. Se, por exemplo, o PT perder espaço dentro do ministério para partidos como o PMDB, poderemos ter indicações do que move o presidente. O papel que terão no novo governo os partidos envolvidos nas acusações de corrupção também demonstrará qual é a intenção do presidente. O fato é que o prestígio de Lula, embora em declínio, está montado sobre seu cacife pessoal, independentemente dos partidos que o apoiam. É um apoio suprapartidário, como definem os analistas de pesquisas de opinião.

Para se ter uma ideia de como a população reage às crises políticas, quando estourou o caso envolvendo o assessor do Gabinete Civil, Waldomiro Diniz, com propinas do bicheiro Carlos Cachoeira, no início de 2004, um dos dados mais significativos das pesquisas de opinião, a confiança do eleitorado no presidente Lula, caiu para 54%. Depois, houve uma recuperação, e hoje, embora esteja acima do registrado naquele período, esse índice voltou a cair para 56%.

A popularidade do presidente e de seu governo também está em queda, mas Lula aparece descolado da administração federal, em um nível sempre acima. Apesar das juras de fidelidade eterna feitas ontem pelo ministro José Dirceu na sua saída do governo, é de se prever que as relações entre o PT e o governo serão esgarçadas nos próximos meses. O presidente Lula tentando manter a distância que o separa do PT aos olhos da opinião pública, e o partido tentando defender-se das acusações para retomar a bandeira da ética na política. Lula tem mais chance de ter êxito, embora não seja possível prever o destino de um sem o outro.

21/6
ESCOLHAS

O presidente Lula tem à disposição dois caminhos para tomar em seu governo após a reforma ministerial, e só com a escolha do conjunto dos novos ministros poderemos ter uma ideia mais clara do que ele pretende: aprofundar a política econômica, enxugando a máquina estatal, a começar pelo seu Ministério, e melhorando a gestão pública; ou aceitar o caminho que o ex-ministro José Dirceu e o PT estão lhe oferecendo, o de apelar para os chamados "movimentos sociais" e encabeçar uma campanha popular de combate a uma fantasiosa conspiração das elites contra um governo popular de esquerda que só ressuscitada existe no sonho "bolivariano" dos radicais, mas que poderia ser diante da crise política.

O próprio ex-ministro Dirceu concordava, quando estava no governo, que não há espaço no momento político do país para rupturas, nem econômicas nem políticas, que não seriam aceitas pela sociedade brasileira. Mesmo discordando de aspectos da política econômica, ele permanecia dentro do governo fazendo apenas comentários pontuais, com o objetivo de marcar a posição de um grupo de militantes de esquerda que se desiludia com o rumo do governo.

Dirceu gostava de dizer que, se Palocci tinha o apoio da sociedade civil, ele tinha o apoio do PT, e por isso tinha que ser ouvido nas questões econômicas. Agora, ele e o PT se vêm envolvidos em acusações de corrupção e, para se defender, inventam uma conspiração que precisa ser combatida. Se o presidente Lula tentar compatibilizar as duas posições, como indicam as informações sobre a indecisão que volta a dominá-lo, estará se enredando cada vez mais na crise política.

A conspiração contra o governo, na verdade, nasceu de desentendimentos em negócios surgidos de relações promíscuas do governo com as "más companhias" do PTB, PP e PL. E, até o momento, quem está acusando o governo é um dos principais líderes do que deveria ser sua base de sustentação no Congresso.

Enquanto isso, os principais envolvidos nas denúncias do deputado Roberto Jefferson sobre um esquema de corrupção que teria sido montado nos bastidores do governo Lula, e mesmo os encarregados da investigação, estão mandando recados cifrados em suas declarações que beiram a chantagem, transformando a natureza das negociações políticas e influindo decisivamente nas investigações em curso, especialmente na CPI dos Correios, que se inicia formalmente hoje.

Em alguns casos, parece apenas que perderam a noção do que se pode ou não fazer, em outros, simplesmente prosseguem fazendo o que se acostumaram a fazer, revelando a que ponto chegamos na nossa política. O primeiro a mandar sua mensagem nada subliminar foi o ex-ministro José Dirceu. Primeiro, afirmou, para quem quisesse ouvir, que nunca havia feito nada que o presidente Lula não soubesse. Depois, no discurso de despedida, disse que não se arrependia de nada que fizera na chefia da Casa Civil.

Já na formação da Comissão Parlamentar Mista de Inquérito, o governo não se poupou de interferir, a começar pela indicação do presidente da CPI, o senador Delcídio Amaral, que por ser líder do PT nunca deveria ter sido escolhido para o cargo. Mas foi, e sabe-se agora oficialmente o que já era sabido nos corredores do Congresso: o próprio presidente Lula intercedeu para que o senador permanecesse à frente da CPI.

A interferência do presidente da República na escolha do presidente de uma comissão de inquérito de outro Poder que vai investigar o seu governo já seria uma distorção do equilíbrio necessário entre os Poderes da República. Talvez por isso o senador Delcídio se sinta à vontade para, primeiro na tribuna do Senado, depois em artigo publicado em *O Globo*, exigir do presidente da República a demissão de um diretor da Petrobras inimigo seu, que seria a fonte de informações negativas sobre sua gestão na estatal do petróleo quando lá esteve indicado pelo PFL, no governo de Fernando Henrique Cardoso.

Disse o senador Delcídio que assumira a presidência da CPI para "ajudar o presidente Lula" e que agora se sentia alvejado pelo fogo amigo petista. Implícita na sua atitude a ameaça de que, se não for "ajudado" pelo governo, também não ajudará. A oposição aproveitou-se dessa situação insólita para se solidarizar com o presidente da CPI, em vez de contestar sua parcialidade, na esperança de que, agastado com o Palácio do Planalto, o senador Delcídio Amaral venha a conduzir os trabalhos da CPI com ânimo contrário ao governo.

No mesmo ritmo, os dois dirigentes do PT envolvidos nas acusações do mensalão permaneceram em seus postos depois de mandarem recados aos outros dirigentes. "O que fiz foi decisão partidária", deixou claro Sílvio Pereira, secretário-geral do PT, que é, ou era, o responsável no partido pela distribuição de cargos no governo. O tesoureiro Delúbio Soares, acusado por Jefferson de ser o distribuidor do mensalão, também se recusou a renunciar, dizendo que as decisões foram coletivas e que não assumiria sozinho as acusações.

Todos negam a existência do mensalão, mas todos também fazem questão de ressaltar que o que fizeram não os envergonha, que fazia parte de uma estratégia do PT decidida em conjunto com o governo. O que será que fizeram que não citam e que precisa ser avaliado pelo partido para se justificar? É isso que a CPI dos Correios começa a investigar hoje. Sem falar nas CPIs possíveis, como a do Mensalão e a dos Bingos, que o Supremo Tribunal Federal autorizará.

206

23/6
CONTRADIÇÕES

A perigosa escalada da radicalização política que teve ontem, no plenário da Câmara, sua explicitação nas agressões morais e físicas entre deputados, estava sendo plantada desde que o hoje deputado federal José Dirceu se despediu da Casa Civil da Presidência, ressaltando seu passado de guerrilheiro e dizendo que voltava à Câmara para defender o mandato do presidente Lula de uma campanha de desestabilização institucional. Dirceu lançou ali o chamamento aos "movimentos sociais", para que saíssem às ruas em defesa do governo popular, contra uma suposta conspiração das elites.

Ganhava corpo naquele momento a fantasiosa denúncia de que está em marcha uma tentativa antidemocrática de interromper o governo do presidente Lula, uma manobra defensiva para unir os militantes do partido contra as denúncias de corrupção que atingem o governo e que têm em Dirceu o principal alvo político.

Acontece que, para isso, é preciso voltar aos velhos tempos do PT e imaginar um complô das elites contra um governo de esquerda. Como já escreveu Veríssimo, falta o governo de esquerda. E falta também a elite opositora, já que as denúncias nasceram do presidente de um partido aliado, o deputado Roberto Jefferson, do PTB, e o que as elites políticas e econômicas estão fazendo claramente é tentar separar a figura do presidente da República do escândalo, com a intenção de blindar a economia, única parte do governo que está dando certo, do ponto de vista das elites.

Mais uma vez, na transmissão de cargo para a ministra Dilma Rousseff, Dirceu chamou-a de "companheira de armas" — a ministra foi guerrilheira da Colina, e entre seus feitos está o roubo do cofre do ex-governador paulista Adhemar de Barros —, ressaltando o passado guerrilheiro de ambos, como se fosse mérito suficiente para assumir qualquer cargo no governo.

Ontem, o discurso de retorno à Câmara do deputado José Dirceu foi ameno; não teve o tom das últimas provocações. Mas o clima em que transcorreu foi de tensão. O ex-chefe da Casa Civil chegou à Câmara cercado por um grupo barulhento de militantes, com bandeiras vermelhas do PT e palavras de ordem agressivas, logo comparados às brigadas "chavistas" pela oposição.

Os militantes ocuparam parte das galerias e passaram a interferir na sessão da Câmara, recebendo apoio de alguns deputados, que também levavam bandeiras do PT e também gritavam palavras de ordem, a ponto de o presidente Thomaz Nonô ter ameaçado evacuar as galerias ainda no início dos trabalhos.

Nos jardins do Congresso, um movimento de militares exigindo aumento de salário pedia o "impeachment" do presidente Lula. Lá dentro, a provocação do deputado Jair Bolsonaro, conhecido radical ligado a setores militares da linha dura, interrompendo aos berros o discurso de Dirceu e chamando-o de terrorista, foi o que bastou para transformar o plenário da Câmara num ringue, jogando por terra o que restava da credibilidade dos políticos.

O radicalismo petista, adormecido desde a campanha eleitoral, está de volta nos últimos dias como tática de luta contra as denúncias de corrupção que atingem o governo, e encontra como contrapartida o radicalismo da direita. Até mesmo o presidente Lula, no discurso de terça-feira em Luiziânia, adotou um tom messiânico, afirmando que ninguém mais do que ele tem "autoridade moral e ética" para combater a corrupção e jogando no Congresso a culpa pela existência do mensalão, como se os votos dos deputados eventualmente comprados não tivessem a finalidade de dar apoio ao seu governo.

Diante de sindicalistas, Lula retomou por instantes o tom populista com que falava quando era líder operário. Todo esse ritual de guerra que o PT está montando para sua defesa, no entanto, tem contradições básicas com a figura do Lula "paz e amor" que apareceu na campanha presidencial sob a batuta do publicitário Duda Mendonça, responsável pela nova imagem política que ganhou as eleições graças à classe média nacional.

Foi esse Lula, o da conciliação e da negociação, que venceu a eleição, não o líder radical derrotado três vezes, rejeitado pelo eleitorado. A base partidária heterogênea que o governo montou no Congresso, e da qual o ex-ministro José Dirceu disse ontem que não se arrependia, é a mesma que está sendo acusada de ter sido formada por meio do mensalão, gerando a maior crise política deste governo.

Ao mesmo tempo que os chamados "movimentos sociais" dão apoio ao governo, exigem em troca mudanças na política econômica. Mas o governo sabe que não há espaço na sociedade para mudanças desse tipo. Seu apoio inviabilizou também o enxugamento da máquina estatal, pois o presidente já desistiu de extinguir as diversas secretarias que representam minorias com status de ministério.

Enquanto a claque de Dirceu fazia algazarra nas galerias da Câmara, ele citava como méritos do governo Lula justamente os êxitos da política econômica. E o cúmulo: o radical da direita Bolsonaro, que com suas provocações conseguiu tumultuar a sessão de volta de Dirceu à Câmara, é o mesmo que recebeu recentemente do Ministério da Defesa do governo Lula a "Medalha do Pacificador", uma das maiores condecorações brasileiras.

Mais do que nunca, as contradições do governo Lula estão sendo responsáveis pelos desdobramentos da crise política que se instalou no país.

24/6
TRAIÇÃO E INGRATIDÃO

A gravação do pronunciamento de ontem do presidente Lula foi feita em um ambiente tenso, depois de diversas reuniões com assessores e ministros no Palácio do Planalto durante toda a última quarta-feira. O presidente tem se mostrado deprimido com os acontecimentos nos últimos dias, ao mesmo tempo em que vai se dando conta do tamanho do problema político que tem pela frente. O afastamento do ex-ministro José Dirceu do Gabinete Civil teria sido a culminância desse processo de entendimento da gravidade da situação, embora ainda hoje o presidente mantenha um comportamento errático, tentado a usar sua popularidade para negar uma realidade que mais e mais o vai cercando de evidências.

Lula e Dirceu, apesar dos muitos anos de convivência partidária, não são amigos pessoais, mas separar-se de seu principal assessor custou ao presidente um abalo emocional que perdura. Fugindo ao hábito adquirido nos tempos de líder sindical, Lula já não troca ideias com mais de um interlocutor por vez. Tem tido mais conversas reservadas e começa a dar demonstrações, à medida que os fatos se desenrolam, de se sentir traído diante das evidências de que um amplo esquema de corrupção foi montado nas empresas estatais junto aos partidos políticos da base governista.

Não há dúvida de que houve um "relaxamento ético" nessas relações, segundo a definição de um político que esteve nos últimos dias com o presidente Lula. Ele tem sido pressionado pelos acontecimentos a tomar decisões como a de tirar Dirceu do Palácio do Planalto, que preferia evitar. E, diante da necessidade de fazer uma reforma ministerial mais ampla do que a que cogitava anteriormente, abrindo espaços de poder real para o novo sócio, o PMDB, o presidente mais uma vez se debate entre a lealdade a seus parceiros petistas e o que considera ser o seu papel diante da História.

Nos últimos dias, por exemplo, o presidente teve acesso a várias pesquisas qualitativas de opinião, abrangendo o país todo, que lhe deram a exata noção de como a opinião pública está acompanhando a crise política e, mais que isso, o que espera dele. A percepção de que a corrupção está alastrada fica evidente nas pesquisas, mas a figura do presidente Lula continua preservada, à espera de decisões.

Foi também por isso que ele resolveu gravar o programa televisivo, para prestar contas do que o governo vem fazendo no combate à corrupção. Foi-lhe lembrado recentemente uma frase de De Gaulle que já havia sido repetida em outro momento de especial delicadeza: "A ingratidão é uma virtude do estadista." A frase não combina com o estilo de liderança gregária do presidente, como definiu um assessor.

Embora pareça tarde demais, e distante de seu perfil de liderança, mais propício a delegações amplas, o presidente está decidido a acompanhar mais de perto as ações governamentais, e para isso pretende reorganizar a estrutura do Palácio do Planalto, a começar pela de seu próprio gabinete, que ganhará uma nova estrutura de pessoal. Isso permitirá que ele acompanhe mais de perto as ações que considerar importantes, sem depender de intermediários.

Lula pretende também reorganizar a reunião das 9h, para que ela passe a ser mais formal e menos improvisada, como vinha acontecendo. O chamado "núcleo duro" do governo, formado inicialmente pelos ministros José Dirceu, da Casa Civil, Antonio Palocci, da Fazenda, Luiz Gushiken, da Comunicação, e Luiz Dulci, da Secretaria Geral, se reunia com o presidente em conversas que hoje são consideradas "muito informais".

Como o presidente delegava muito as tarefas, especialmente para José Dirceu, não havia necessidade de formalizar instruções. Na definição de assessores, as reuniões se pareciam mais com conversas de amigos, ao estilo do que Lula estava acostumado quando era líder sindical e quando estava na direção do PT. Com a posição de executivo principal da equipe, era José Dirceu quem montava estruturas burocráticas para desencadear as ações do governo.

Já na próxima semana, essa reunião começará a ser organizada por quatro ministros, que formarão o novo "núcleo duro" do Planalto, pelo menos no período em que durar a crise política: Antonio Palocci, da Fazenda; Luiz Gushiken, da Comunicação; Márcio Thomaz Bastos, da Justiça e Jaques Wagner, do Conselho de Desenvolvimento Econômico e Social, que deve acumular a Coordenação Política do governo. Os quatro prepararão uma agenda prévia para ser discutida com o presidente.

A ministra Dilma Rousseff, com um novo estilo de trabalho, vai também reorganizar o Gabinete Civil da Presidência, desmanchando a superestrutura que havia sido montada por José Dirceu para centralizar todos os assuntos que estavam sob a sua coordenação, em quase cem grupos de trabalho interministeriais. O interessante é que Dirceu, depois que Lula foi eleito, ao tomar conhecimento da estrutura do Gabinete Civil que era ocupado por Pedro Parente no governo Fernando Henrique, fez críticas a ela, dizendo que não tinha condições de assessorar bem o presidente.

Vê-se hoje que, do mesmo modo que Dirceu é a favor de um Estado forte, também gostava de grandes estruturas, menos por eficiência, mais para ampliar seus poderes. Está ficando claro, por exemplo, que a Agência Brasileira de Inteligência (Abin) passou a ser aparelhada da mesma maneira que a máquina estatal, para fazer parte de uma estrutura de poder que acabou gerando distorções.

29/6
QUADRO INSTÁVEL

O governo continua falando uma coisa e fazendo outra, o que torna a crise mais grave, e o ambiente político mais instável. O presidente Lula, que agora anuncia na televisão que quer ver tudo apurado, tentou todas as manobras políticas para não instalar a CPI dos Correios, inclusive interceder pessoalmente junto ao deputado Roberto Jefferson, quando ele ainda era um parceiro confiável, para que retirasse sua assinatura. E continua tentando evitar as investigações por meio do líder no Senado, Aloizio Mercadante, que pretende impedir que a CPI dos Correios quebre o sigilo bancário e ouça o publicitário Marcos Valério, acusado de ser o operador do esquema de mensalão.

Tentar fazer com que o mensalão seja investigado apenas em outra CPI, a ser instalada na Câmara, é tentar postergar as investigações, separando causa e efeito. A cada depoimento, a cada inquirição, a cada nova descoberta da imprensa, fica mais evidente o que já se supunha: a corrupção dos Correios, explicitada pelo vídeo clandestino, é apenas um sintoma da infecção generalizada que tomou conta do esquema montado na estrutura governamental.

A distribuição de cargos, o fatiamento das empresas estatais entre o PT e os partidos aliados, o aparelhamento do Estado por correligionários, o uso de verbas publicitárias, tudo muito além do que poderia ser uma prática normal em um presidencialismo de coalizão, fazem parte de um sistema de conquista de poder montado a partir de gabinetes muito próximos ao do presidente da República, que já vem dando mostras de estar abatido a cada nova revelação.

O presidente Lula tem revelado a pessoas com quem esteve nos últimos dias arrependimento por não ter tirado José Dirceu do Gabinete Civil logo que surgiu a denúncia contra seu assessor Waldomiro Diniz, para preservá-lo e o governo. O presidente revela disposição de não acobertar quem quer que seja que tenha "colocado a mão em cumbuca", e acha que o PT deve tomar providências internas quanto às acusações contra os dirigentes Delúbio Soares e Sílvio Pereira.

Apesar dessas manifestações, no Congresso o PT age em diversos níveis para tentar obstruir as investigações, e a oposição acha que a tentativa de conter na Câmara uma investigação sobre o mensalão não passa de manobra para transferir para os partidos políticos, em especial os deputados, a culpa por um eventual esquema de corrupção. O PSDB se irrita com as ameaças de ampliar as apurações para governos anteriores, e o PFL começa a insistir em que a origem da crise está no Executivo, o que não ajuda a criar condições para blindar o presidente Lula nesse processo.

Da mesma forma, a maneira como o governo vem lidando com as negociações para ampliar a participação do PMDB em um eventual novo Ministério é indício de que aprendeu pouca coisa até agora com a crise em que está enterrado até o pescoço. Dizer que a entrada do PMDB garantirá a governabilidade, a esta altura das apurações, é desconhecer o processo que está em curso. O que dará condições ao presidente Lula de se manter governando o país até o último dia do mandato, e eventualmente ainda tentar a reeleição, são as investigações da CPI e das comissões legislativas já instaladas. A não ser que garantir a governabilidade signifique conseguir que o PMDB ajude o governo a obstruir os trabalhos da CPI.

A conversa com o PMDB começou pelo seu lado fisiológico, com o oferecimento de ministérios com "porteira fechada", como se houvesse condições políticas, mesmo para o mais fisiológico dos peemedebistas, de aceitar uma proposta que os incluiria em um rol do qual surpreendentemente não fazem parte até o momento, apesar de terem indicado o presidente e uma diretoria nos Correios.

Também a negociação política está se mostrando desastrada, pois o governo, ao mesmo tempo em que garante ao PMDB liberdade para eventualmente ter um candidato próprio na eleição presidencial de 2006, oferece aos governadores recalcitrantes a possibilidade de apoio petista nas sucessões estaduais, o que não é crível. Se não está sendo negociada a sucessão presidencial, como negociar as sucessões estaduais? De qualquer maneira, não será com maior ou menor participação do PMDB que o governo ganhará estabilidade política. Já se viu que não terá o PMDB integralmente, por mais cargos que ofereça.

Os apelos em nome da governabilidade têm sido dramáticos chegou-se ao ponto de ser aventada a ameaça de, falhando o apoio institucional do PMDB, o presidente Lula ver-se na contingência de apelar para o populismo na sustentação de seu governo. É o caminho que lhe está sendo oferecido pelo ex-ministro José Dirceu e pelos chamados "movimentos sociais", como o MST e as sindicais operárias.

Não parece viável politicamente esse caminho, com uma CPI em pleno funcionamento, nem as últimas decisões do governo na área econômica, aprofundando o superávit fiscal e confirmando as metas de inflação, sugerem disposição do presidente Lula para uma reviravolta desse tamanho. Pelo contrário, cresce nos bastidores o papel, inclusive político, do ministro Antonio Palocci.

30/6
RADICALIZAÇÕES

Ontem o governo abriu mão de qualquer apoio da oposição na atual crise política ao manobrar claramente, até mesmo com o apoio pessoal do presidente Lula, para ampliar as investigações de corrupção, em diversos níveis, até o governo do ex-presidente Fernando Henrique Cardoso, numa tentativa de acuar a oposição. Até uma antiga CPI do Sistema Único de Saúde (SUS), que já estava arquivada, foi inutilmente ressuscitada como ameaça.

Em movimentos erráticos que são características suas desde que as primeiras denúncias de corrupção na base aliada tornaram-se públicas, o governo, que acenara na véspera com uma reaproximação com o PSDB, no dia seguinte partiu, através do PT, com uma agressividade que parecia perdida, para incluir os últimos governos tucanos em todas as investigações. Com o acirramento dos ânimos ontem, ficou improvável qualquer negociação política para contornar a crise, o que torna imprevisível seu desfecho.

Um dia antes, o presidente Lula havia conversado com o governador de Minas, Aécio Neves, no Palácio do Planalto, e voltara a lamentar o afastamento entre o PT e o PSDB, ideia que os dois sempre defenderam. A atuação do PSDB na atual crise política foi elogiada pelo presidente, que deixou no ar a necessidade de acordos políticos futuros no Congresso.

À noite, acompanhado do ministro da Fazenda, Antonio Palocci, que levara Aécio ao Planalto, o senador Aloizio Mercadante se reuniu com os líderes do PFL e do PSDB para negociar projetos de interesse dos estados, como metrôs e programas contra inundações no Nordeste.

Quando tudo parecia caminhar para desanuviar o clima de tensão no Congresso, acendeu-se o estopim de uma crise ainda maior na manhã de ontem. Na CPI dos Correios, a base governista só concordou em quebrar o sigilo do publicitário Marcos Valério se a decisão retroagisse cinco anos, para abarcar os últimos anos do segundo mandato do ex-presidente Fernando Henrique.

A situação política está tão confusa que deputados da base aliada viram-se no triste papel de defender o publicitário mineiro, hoje no centro das acusações de corrupção como seu principal agente. E os parlamentares da oposição quase passaram a defensores do deputado Roberto Jefferson, acusando o governo de estar preparando uma investigação que terminaria com apenas o deputado do PTB sendo cassado.

Na Câmara, o governo fez todas as manobras regimentais possíveis para aprovar uma CPI que já está sendo conhecida como a da "compra de votos", encabeçada pelo indefectível deputado Sandro Mabel, do PP, e pedida por todos os líderes partidários que estão sendo acusados pelo deputado Roberto Jefferson de receberem o mensalão.

Os mesmos políticos, do governo e da base aliada, que lutaram vigorosamente para tentar impedir a instalação da CPI dos Correios, agora encabeçam o pedido de uma CPI exclusiva da Câmara, para tentar impedir que a CPI mista dos Correios amplie seu escopo e aborde outras estatais e, a partir daí, consiga decifrar todo o esquema de corrupção que estaria instalado.

A CPI da compra de votos incluiria não apenas o mensalão, mas também as denúncias de compra de votos para a aprovação do instituto da reeleição em 1997. Para conseguir efetivar essa manobra, o governo abriu mão de várias matérias que havia classificado como urgentíssimas, e o *Diário Oficial da União* circulou em uma edição extra esdrúxula, com pequenas notas de curiosidade sobre a participação do escritor Machado de Assis na Imprensa Oficial para encher espaço e apenas uma medida provisória, assinada pelo presidente Lula, que anulava outra, para desimpedir a pauta da Câmara.

As manobras regimentais foram usadas intensamente pelos dois lados, e o governo contou com o claro apoio do presidente da Câmara, deputado Severino Cavalcanti, não por acaso do PP, um dos partidos mais implicados nas denúncias de compra de votos. Uma manobra que teve que colocar o presidente Lula no centro das discussões e reduziu as possibilidades de isentar-se das acusações que estão sendo investigadas.

Se não sabia antes o que acontecia à sua volta, tese que a oposição aceitava para garantir a governabilidade, hoje sabe de todas as suspeitas e mesmo assim participa da tentativa de impedir uma investigação que não seja tão comprometida quanto essa que se arma na Câmara, onde as mesmas "más companhias" do governo manipulam o regimento para tentar controlar as investigações.

O PSDB estava tendo na atual crise um comportamento mais comedido que o do PFL, que já começara, por meio de líderes mais agressivos como o senador Antonio Carlos Magalhães e o prefeito do Rio, Cesar Maia, a querer levar a crise para dentro do gabinete presidencial. Ontem, com a agressividade retroativa do PT contra o governo tucano, ficou impossível contar com o apoio do PSDB em qualquer tentativa de amainar a crise política.

Crise que deve ser aprofundada hoje com a previsível radicalização do deputado Roberto Jefferson na CPI dos Correios, que já incluiu a morte do prefeito de Santo André, Celso Daniel, no rol das consequências do que classifica de "o maior esquema de corrupção" já montado. Diante da clara tentativa de deixar apenas com ele a conta das denúncias de corrupção, o deputado Roberto Jefferson deve acirrar hoje suas acusações.

1/7
O LADO DE CADA UM

As denúncias do deputado Roberto Jefferson continuam tendo alto teor de destruição, e mesmo verossimilhança, e por isso ontem, em consequência de novas acusações feitas em entrevista, e depois reafirmadas em depoimento na CPI dos Correios, mais diretores de uma estatal foram demitidos. Desta vez foi a estatal Furnas a acusada de distribuir dinheiro para o PT e para deputados do PSDB que passaram para a base aliada do governo.

A desmoralização dos partidos políticos, que está evidente nas diversas instâncias em que os escândalos estão sendo investigados, foi a consequência imediata da estratégia traçada pelo ex-chefe da Casa Civil José Dirceu, no início do governo, para inflar a base de apoio do governo no Congresso.

Nada menos que 21 deputados deixaram a bancada do PSDB, e outros 26 a do PFL, os principais partidos de oposição. E dois partidos da base do governo dobraram suas bancadas nesse processo de troca de partidos: PTB e PL elegeram cada um 26 deputados nas eleições de 2002 e hoje têm 47 e 53 deputados, respectivamente. Outro partido da base envolvido nos escândalos, o PP elegeu 49 deputados, chegou ao dia da posse com 43 e hoje tem 55 deputados na sua bancada. Houve na Câmara um troca-troca de partidos nunca visto anteriormente, que agora está se refletindo nas acusações de corrupção.

O deputado Pedro Henry, ex-líder do PP, tratou ontem do assunto no Conselho de Ética da Câmara com um cinismo impressionante, classificando os partidos que perderam parlamentares para o PP de "fornecedores de deputados". Na lista dos deputados que entraram no seu partido nos últimos dois anos e meio que apresentou à Comissão, há deputados eleitos pelo PSDB, pelo Prona e pelo PSB, o que mostra a salada ideológica que foi estimulada pelo Palácio do Planalto. A justificativa de que questões regionais muitas vezes obrigam políticos a mudar de partido não é suficiente para explicar tamanha volatilidade.

Pedro Henry chegou a dizer que até mesmo "o puro PT" tem problemas políticos internos, usando o termo "puro" com uma certa ironia, já que o PP e o PT estão envolvidos nas mesmas denúncias. A senadora Heloisa Helena, uma das dissidentes do PT expulsa do partido depois de muitas divergências, disse na quarta-feira à noite, em um debate acirrado no plenário do Senado, que tinha "vontade de vomitar" ao ouvir o líder do PT, senador Aloizio Mercadante, tentar explicar as manobras petistas para a criação de uma CPI apenas da Câmara, em parceria com políticos do naipe de Pedro Henry, Sandro Mabel e Pedro Correia, todos acusados de envolvimento no mensalão.

Há três dias em obstrução, a oposição tem conseguido imobilizar o governo, obrigando-o a tomar decisões patéticas na tentativa de desobstruir a pauta na Câmara, como a edição extra do *Diário Oficial* revogando a medida provisória que criava a Timemania, loteria apresentada como a redenção para os clubes de futebol brasileiro.

Quis o destino que a decisão tivesse sido tomada na mesma tarde em que a seleção brasileira goleou a Argentina, tornando-a ainda mais extemporânea. A explicação oficial é de que o presidente Lula não queria interferir no andamento dos trabalhos da Câmara, apenas atendeu a um pedido dos líderes do governo para destrancar a pauta.

A se acreditar nisso, o presidente Lula mandou rodar uma edição extra do *Diário Oficial* no meio da tarde sem saber que essa decisão ajudaria a aprovação de uma CPI da Câmara que pretende investigar a compra de votos de maneira geral, e não apenas o mensalão, manobra que, segundo a oposição, tem o objetivo de postergar as investigações e controlá-las, pois a base aliada do governo, acusada de receber o mensalão, terá maioria na CPI.

O presidente Lula daria, assim, demonstração de que, se já não sabia o que estava acontecendo ao seu redor no Palácio do Planalto, também não sabe o que a Câmara está debatendo, nem mesmo quando o assunto interessa diretamente ao seu governo. Em lugar de um presidente que colabora para postergar as apurações, teríamos um presidente que simplesmente não sabe o que se passa nem no governo nem no Congresso.

3/7
TUDO PELA CAUSA

Os critérios éticos do deputado Roberto Jefferson continuam elásticos como seu estômago antes da operação, que lhe curou a obesidade mórbida, porém não aplacou seu apetite. Mas ele não é o único que tem flexibilidade moral, como se pode ver todos os dias nas sessões da CPI, ou nas diversas comissões que analisam a ética na Câmara. É espantoso como se admitem mentiras com a maior desfaçatez. O próprio deputado, misto de acusado e acusador, já declarou que mentiu ao negar, da tribuna, um acordo em dinheiro com o PT que agora garante ter feito.

O ex-presidente do Instituto de Resseguros do Brasil (IRB), Lídio Duarte, e o ex-chefe de departamento dos Correios, Mauricio Marinho, indicados pelo PTB para os cargos, negaram nada menos que declarações gravadas e filmadas.

Marinho, um "petequeiro", segundo curiosa definição de Roberto Jefferson, assumiu a pecha de boquirroto e falastrão e, com a cara mais deslavada do mundo, garantiu que mentiu sobre sua participação em um amplo esquema de corrupção que estaria instalado nos Correios sob a coordenação do deputado.

Já Lídio Duarte, que se queixara a um repórter da exigência "constrangedora" de Jefferson de arrancar R$ 400 mil por mês do IRB para o PTB, ao saber que a conversa fora gravada, simplesmente disse que mentira ao repórter.

Também a maioria dos deputados e senadores membros da CPI dos Correios tremeu e se acovardou com a ameaça de Roberto Jefferson de provar que suas prestações de contas são tão mentirosas quanto as dele próprio. Os deputados preferiram fazer elogios ao acusado de decoro parlamentar, alguns chegando a dizer que ele estava prestando um grande serviço ao país ao denunciar os esquemas de financiamento de campanhas políticas.

Tudo nesse vergonhoso episódio parece levar à conclusão de que, se fosse possível, tudo ficaria por isso mesmo, deixando claro para a opinião pública que todos são iguais entre si e, portanto, não há culpados, apenas uma legislação eleitoral impossível de ser cumprida. Como Jefferson quer demonstrar.

O próprio governo, ao tentar confundir as investigações com supostas culpas passadas do governo tucano, joga para igualar seus acusadores de hoje aos seus malfeitos, como se um erro justificasse outro. E como se não tivesse sido eleito para mudar hábitos e costumes políticos.

Participei na quinta-feira de um debate no *Globo*, em comemoração aos 80 anos de fundação do jornal, em que discutimos, o ex-assessor de imprensa de Lula, Ricardo Kotsho, o colunista Jorge Bastos Moreno, o editor-executivo do jornal, Luiz Mineiro, e eu, o relacionamento do governo com a imprensa. E um comentário de minha amiga Tereza Cruvinel no programa do Jô Soares mereceu nossa atenção.

Segundo ela, se ficar provado que existe mesmo o mensalão, terá sido a maior "barriga" da imprensa brasileira dos últimos tempos. "Barriga" é o nosso jargão para uma notícia errada ou uma falha de informação.

Discordei da afirmação de Tereza, ainda mais porque se "barriga" houvesse, a maior teria sido a do esquema de corrupção do governo Collor, pois também naquela ocasião a imprensa, apesar de ouvir muitos boatos sobre a atuação de PC Farias, não publicou nada até que o irmão do presidente assumisse as acusações. A não ser que se prove, como o especialista no assunto Roberto Jefferson afirma, que esse esquema do PT é muito maior que o de PC.

Um esquema daquela magnitude — como o que parece ter sido montado agora —, ainda mais envolvendo diretamente o próprio presidente da República, não poderia ser denunciado sem que alguém de dentro, com a credibilidade dos cúmplices, transformasse os boatos em verdade.

Nesse caso do PT, com mais razão ainda. Quem, em sã consciência, mesmo não gostando do PT, poderia supor que o governo de Lula um dia estaria sendo acuado por denúncias de corrupção, e ainda por cima vindas exatamente de um deputado como Roberto Jefferson, conhecido defensor de Collor?

Mas tudo parecia inverossímil até que alguém "de dentro", avalizado pelo próprio presidente Lula, assumisse formalmente as acusações, sem provas, mas com detalhes que vão se confirmando a cada dia. Ainda hoje parece impossível que o governo do partido que tinha a ética na política como sua marca registrada esteja envolvido em esquema tão corrupto. E por isso a figura de Lula está sendo preservada até mesmo pelos partidos oposicionistas, que misturam uma verdadeira vontade de manter o equilíbrio institucional com a satisfação mal disfarçada de destruir um mito político adversário.

Talvez a explicação para tudo o que parece ter acontecido esteja em uma frase relembrada por Jorge Bastos Moreno nesse mesmo debate. Lembrou ele que, logo após as denúncias contra o assessor do Gabinete Civil, Waldomiro Diniz, flagrado apanhando propina do bicheiro Carlos Cachoeira para si e supostamente para campanhas políticas, o presidente do PT, José Genoino, cunhou a seguinte frase: "O erro pela causa o presidente aceita. O erro em causa própria, não."

Este é um exemplo clássico de critério ético elástico que gera um movimento descontrolado. Tudo pode ter começado "pela causa", o que não justifica nada, e terminado em "causa própria".

5/7
RELAÇÕES PROMÍSCUAS

Nem mesmo nas investigações sobre o governo Collor, que culminaram no seu impeachment, chegou-se a um documento tão explicitamente contundente quanto o do empréstimo que o publicitário Marcos Valério avalizou para o Partido dos Trabalhadores. As tão reclamadas "provas materiais" das acusações do deputado Roberto Jefferson apareceram enfim, além dos indícios veementes de que deputados ou seus representantes estiveram no Banco Rural em Brasília nos mesmos dias em que o indigitado publicitário fazia grandes saques em dinheiro vivo. Ou que o troca-troca de partidos, estratégia fomentada pela Casa Civil, ocorreu no período de saques em dinheiro mais intensos. Ou ainda que votações importantes foram acompanhadas de saques de Valério.

Aceitar o aval de um empresário que tinha relações comerciais com vários órgãos do governo já seria suficiente para colocar em xeque a lisura da operação. Mas o fato de Valério ter pago a primeira parcela da dívida abre todas as evidências de um esquema de repasse de dinheiro público para o partido do governo.

As relações promíscuas do PT com o governo já haviam sido denunciadas num episódio quase banal, o show de uma dupla sertaneja em benefício do PT para o qual o Banco do Brasil comprou ingressos.

Em outro episódio, o Banco do Brasil financiou cerca de R$ 20 milhões para a informatização do partido, como preparação para a disputa das eleições municipais do ano passado, e como garantia foi dada a contribuição dos filiados do PT, muitos deles funcionários públicos e membros do governo. Ministros, presidentes de estatal e outras funções de livre nomeação, filiados ao PT contribuíam compulsoriamente com de 2% a 10% do salário, dependendo do cargo. Os funcionários públicos de carreira filiados ao partido contribuíam com 1% do salário.

A cobrança desse "dízimo", que injetava no PT um financiamento de dinheiro vindo em grande parte do próprio governo, é tão pouco ética que o Supremo Tribunal Federal proibiu a cobrança compulsória.

A desculpa do presidente do PT, José Genoino, de que assinou o documento sem ler, seria aceitável se não se tratasse de um empréstimo de R$ 2,4 milhões. Como nem ele nem o tesoureiro Delúbio Soares tinham condições de pagar o empréstimo, é impensável que Genoino não tenha se interessado em saber quem era aquele terceiro avalista tão abnegado que aceitara assumir o risco.

A confiança que o presidente do PT demonstra em Delúbio Soares, mesmo depois de dizer-se ludibriado por ele no episódio do aval, pode ser uma qualidade no aparelho partidário, mas o que os dirigentes do PT mais uma vez parecem estar fazendo é confundir o partido com o Estado brasileiro.

Ninguém, a não ser os filiados do partido, tem nada a ver com o código de honra interno do PT, nem com os compromissos e as negociações que as diversas facções petistas assumem umas com as outras.

A partir do momento, porém, que o partido chegou ao governo e ocupa a maioria dos cargos da administração pública, é o Estado brasileiro que está em jogo, e o código de ética petista não vale nada nesse caso. O que passa a prevalecer são os valores morais aceitos pela maioria da opinião pública, que não é petista.

Assim que foi eleito, o presidente Lula apareceu em algumas solenidades com a estrela do PT na lapela, e foi tão criticado que acabou trocando-a pelo broche com os símbolos da República. Mais adiante, um grande canteiro com a estrela vermelha do PT foi plantado nos jardins do Palácio Alvorada, e, mais uma vez, as críticas da opinião pública obrigaram uma revisão de procedimentos por parte do presidente e da primeira-dama, autora intelectual do projeto de jardinagem partidária.

Como se vê, um governo que adotou o adjetivo "republicano" para identificar suas ações, tentando dar-lhes uma conotação suprapartidária, sempre confundiu o partido do qual provinha com o governo que transitoriamente ocupa. O fato é que nunca foi possível dissociar o PT do governo, e todas as disputas no partido tiveram reflexos no funcionamento do governo.

Seja na ampliação de vagas de Ministério para favorecer companheiros derrotados, seja na disputa política entre o PT e os partidos aliados, que gerou sempre uma tensão nessa relação, seja ainda nas brigas internas no próprio PT, como a que envolve a definição do candidato a governador de São Paulo, que acabou refletindo na impossibilidade de chegar-se a um consenso sobre o candidato do partido à presidência da Câmara e abriu caminho para a vitória do deputado Severino Cavalcanti.

As muitas negociações "não republicanas" que teriam sido desenvolvidas até recentemente, na peculiar definição jeffersoniana, acabaram colocando o governo na situação de refém do PT. Não há solução possível para a crise apenas com uma reforma ministerial que vai dar força a um PMDB cujo líder José Borba acaba de ser incluído pelo *Fantástico* na lista do mensalão.

Uma renovação completa da cúpula do PT e o esclarecimento total da culpa de cada um no esquema de corrupção legislativa, que tudo indica foi montado a partir da Casa Civil da Presidência da República e do Partido dos Trabalhadores, são necessários. A saída isolada do secretário-geral Silvio Pereira não é suficiente, tampouco refazer a direção do PT com membros oriundos do próprio governo. O que é preciso é cortar esse relacionamento promíscuo entre o partido e o governo.

6/7
GOVERNO PARALISADO

A reforma ministerial com que o presidente Lula pretende superar a crise política que engolfa seu governo, se baseada apenas na maior participação do PMDB, demonstraria a impossibilidade de o Planalto atrair o apoio de nomes expressivos da sociedade civil. As sucessivas notícias de recusas de personalidades como os empresários Antonio Ermírio de Moraes e Abílio Diniz, o médico Drauzio Varella e até mesmo o deputado Delfim Netto, revelam um governo enfraquecido, sem capacidade de formular um plano capaz de atrair novos apoios que o façam prescindir de barganhas no Congresso.

Com isso, a reforma tem tudo para trazer mais instabilidade ao quadro político, pois o governo não terá o apoio do PMDB como um todo, reforçando apenas a parte que já é governista, comandada pelos senadores José Sarney e Renan Calheiros.

Significativo dessa situação de fragilidade do governo é que a senadora Roseana Sarney, que já esteve muito interessada em ocupar uma pasta em momentos mais amenos, hoje nem sequer seja um nome cogitado, mesmo com o senador Sarney dando as cartas.

Além do mais, a declaração do líder do PMDB, deputado José Borba, de que negociava o preenchimento de cargos no governo com o publicitário Marcos Valério, revela mais uma faceta dessa grande armação, cada vez mais evidente, que foi montada nos subterrâneos do governo Lula para controlar o Legislativo e aparelhar o Estado.

O PMDB, que estranhamente estava fora das acusações do mensalão, caiu na rede de intrigas do Congresso com a admissão de seu líder de que utilizava a influência do publicitário mineiro para conseguir nomeações na máquina estatal.

O mais curioso, ou intrigante, nesse caso é que Borba é o líder que representa o grupo político ligado aos senadores Calheiros e Sarney. Não deveria, portanto, trabalhar para sabotar a atuação de seu grupo. Por outro lado, o deputado Saraiva Felipe sempre foi ligado ao grupo do ex-governador Garotinho, que trabalhou para substituir Borba por ele. Pois o deputado Saraiva Felipe é apontado como provável futuro ministro. Quer dizer, Lula estaria nomeando ministro um político ligado a seu potencial adversário.

Mas não apenas esse mistério intriga. Ninguém consegue explicar como o publicitário Marcos Valério, que depõe hoje apoiado por um *habeas corpus* preventivo do Supremo, alcançou tamanho trânsito dentro do partido a ponto de ter sido avalista de um empréstimo de R$ 2,4 milhões logo no início do governo petista. Para ter tamanha intimidade, chegando até mesmo a pagar uma parcela da dívida, tudo indica que o publicitário já fazia parte do esquema petista antes mesmo da posse do novo governo, provavelmente tendo atuado na campanha eleitoral.

Caso contrário, não haveria tempo suficiente para se aproximar da cúpula do partido e do principal ministro do governo, o então todo poderoso chefe da Casa Civil, José Dirceu, a quem levou no Palácio do Planalto a direção do banco BMG antes de o empréstimo ser concedido. Como que para demonstrar sua força no novo esquema político que assumira o poder.

A saída a conta-gotas dos principais dirigentes do PT — ontem foi a vez do tesoureiro Delúbio Soares — só mostra a incapacidade do partido, que é a mesma do governo, de organizar ações minimamente coerentes. As reações individuais tomam o lugar das coletivas num partido que se vangloria de decidir tudo na busca do consenso.

A saída do secretário-geral, Sílvio Pereira, e de Delúbio, e a permanência do presidente do PT, José Genoino, exibe a divisão do partido e uma escolha entre seus principais dirigentes sobre quem deve ser culpado pelos erros.

Genoino está usando toda sua história na militância de esquerda para se manter no cargo, e apesar de publicamente não culpar Delúbio, jogou sobre o tesoureiro do PT a responsabilidade pelo aval dado por Marcos Valério. Ao mesmo tempo, a dissidência de esquerda petista lança-se contra a permanência de Genoino, aproveitando o momento desfavorável para o grupo Articulação.

Responsáveis pela expulsão ou perseguição de vários parlamentares que se insurgiram contra a linha assumida pelo governo, especialmente na política econômica, os atuais dirigentes petistas veem-se agora envolvidos em transações tão suspeitas que lhes corroem a força política, e em contrapartida fortalecem seus adversários internos.

É uma crise que só faz crescer a cada dia, e nada indica que exista capacidade de articulação, dentro do governo, para superá-la. A saída do ministro José Dirceu da Casa Civil cortou os laços explícitos entre o partido e o governo, origem de toda a degradação do sistema político que hoje está evidente. Mas cortou também, talvez por isso mesmo, a capacidade de operação política do governo. Não há, no governo, um líder que seja capaz de fazê-lo andar, a não ser o ministro da Fazenda, Antonio Palocci, que continua tocando a economia com firmeza e criatividade, a ponto de propor uma discussão sobre o déficit zero em meio a essa balbúrdia política que domina o cenário.

Se, como se especulava ontem no fim do dia, o ministro da Fazenda conseguir trazer para sua órbita de influência ministérios como o da Previdência, que têm claros reflexos no quadro econômico, estará consolidando sua presença no governo.

7/7
ESTRATÉGIA ARRISCADA

O deputado federal Roberto Jefferson começou a explicitar a estratégia que vai adotar para tentar evitar sua cassação ao declarar, no programa do Jô Soares, que não aceita ser julgado pela Câmara do mensalão. Ele tem dito que calcula que cerca de 80 a 100 deputados recebiam o pagamento para apoiar o governo na Câmara, e juntando uma coisa a outra, coloca em xeque a autoridade do conjunto de deputados para julgá-lo por quebra de decoro.

Desqualificar a Câmara pode ser uma estratégia arriscada e até mesmo golpista, mas tudo indica que Jefferson quer aproveitar a súbita popularidade para desmoralizar sua quase certa punição.

Os participantes da Comissão Parlamentar Mista de Inquérito dos Correios tiveram ontem uma reação retardada diante das acusações do deputado Jefferson, que declarou a Jô Soares que alguns dos membros da CPI recebiam mensalão, e, por isso mesmo, fizeram uma inquirição amena com ele. Quando depôs na CPI dos Correios, Roberto Jefferson ameaçou seus membros, declarando que fizera o levantamento das prestações de contas de todos que estavam ali, deputados e senadores, e tinha como provar que todas as prestações eram falsas.

O deputado Jorge Bittar, por exemplo, foi ameaçado explicitamente por Jefferson, cujo PTB apoiou sua candidatura a prefeito do Rio no ano passado, a pedido do então chefe da Casa Civil, José Dirceu. "Estou lhe aguardando. Vou falar sobre o senhor", disse Jefferson, como se soubesse de segredos da campanha eleitoral que denegririam o deputado petista. Bittar não esboçou o mínimo gesto de repulsa à ameaça, nem mesmo quando chegou sua hora de questioná-lo. Nesse momento, foi tão cordial que, em vez de ser acusado de alguma coisa por Jefferson, recebeu dele elogios.

Mais tarde, o jornal *O Globo* mostrou que as declarações de alguns dos membros da CPI eram muito superiores à média de R$ 200 mil denunciada por Roberto Jefferson. Mesmo assim, poucos reagiram às denúncias. Ontem, indignados, pediram que Roberto Jefferson fosse instado a apresentar os nomes dos membros da CPI que, segundo suas denúncias, receberam o mensalão.

O fato é que, desde o momento em que afrontou seus colegas na CPI dos Correios, Roberto Jefferson estava montando sua estratégia de desqualificar seus julgadores. O site Consultor Jurídico, especializado no assunto, divulgou um estudo segundo o qual "mesmo que perca o mandato parlamentar, julgado politicamente pelos seus pares, o deputado Roberto Jefferson (PTB/RJ) não deverá ser incriminado pela Justiça". Segundo o site, o deputado estaria blindado pelo instituto da imunidade parlamentar, estabelecida pelo artigo 53 da Constituição.

Apenas no caso dos R$ 4 milhões que supostamente teria recebido do publicitário Marcos Valério em nome do PT para financiamento de campanhas eleitorais, o deputado Roberto Jefferson poderia estar sujeito a punições, por não ter declarado o dinheiro à Justiça Eleitoral. Mas, mesmo assim, há controvérsias, a começar pelo fato de que o PT nega que tenha lhe dado o dinheiro.

Existe uma expectativa na Câmara de que a qualquer momento o deputado Roberto Jefferson possa aparecer com uma mala de dinheiro para devolvê-lo publicamente ao PT, criando uma situação mais embaraçosa ainda. Roberto Jefferson tem dito, com ar de ironia, que não distribuiu o dinheiro aos candidatos do PTB, porque o PT não deu recibos da doação. Mas que poderia fazer uma retificação na Justiça Eleitoral se o recibo fosse dado.

Em várias entrevistas, Roberto Jefferson já disse que se sente ameaçado de ser cassado sozinho, pois cada um dos cerca de cem deputados envolvidos com o mensalão tem pelo menos dois ou três amigos. Caso seja provado que houve realmente o pagamento de mensalão, o deputado Roberto Jefferson não será cassado, pois a representação contra ele pelo presidente do Partido Liberal foi por quebra de decoro ao acusar os deputados do PL e do PP de receberem o mensalão.

Mas, como o julgamento é político, ao lançar a suspeita sobre boa parte da Câmara, Roberto Jefferson está trabalhando com a dúvida: quem pode garantir quantos são os interessados diretos? E os indiretos, por questões de amizade ou outros interesses? Quantos votos serão decisivos para uma condenação? E, apenas para raciocinar, se o deputado

Roberto Jefferson for absolvido pelo plenário da Câmara, não terá sido por intimidação?

No regimento interno da Câmara, no capítulo XIII, artigo 180, que trata "das votações", está definido no parágrafo sexto: "Tratando-se de causa própria ou de assunto em que tenha interesse individual, deverá o deputado dar-se por impedido e fazer comunicação nesse sentido à Mesa, sendo seu voto considerado em branco, para efeito de quórum."

Esse artigo poderá ser arguido pelo deputado Roberto Jefferson para tentar invalidar seu julgamento, criando pelo menos uma grande discussão jurídica.

Mesmo que a teoria da conspiração dos petistas esteja providenciando uma nova versão para a denúncia do golpismo, incluindo agora uma conspiração de empresas multinacionais contra o governo Lula nas licitações das estatais, não é possível deixar de notar que, no mínimo, o lobista Marcos Valério fazia tráfico de influência dentro da máquina governamental.

E as muitas coincidências que ligam o aumento de seu patrimônio ao começo do governo Lula, que teve início com o aval a um empréstimo do PT, são impressionantes. Só em livros de ficção um enredo desses seria aceitável.

8/7
LUTA INGLÓRIA

O deputado petista Mauricio Rands definiu ontem como uma "disputa política" a insistência de deputados da oposição em quebrar o sigilo bancário e telefônico dos ex-dirigentes do PT, Delúbio Soares e Silvio Pereira, do presidente do partido, José Genoino, e do ex-chefe da Casa Civil, José Dirceu. Como se eles não tivessem nada a ver com as denúncias que estão sendo investigadas na CPI mista dos Correios. O presidente do PT, José Genoino, já havia se referido a essa "disputa política" em diversas ocasiões, dando a senha de como o PT quer que as investigações sejam vistas pela opinião pública.

Uma manobra política da oposição, e não uma investigação sobre uma rede de corrupção que se instalou nos órgãos públicos e possivelmente financiou o suborno em massa de congressistas. O PT age assim porque, nesse momento de crise institucional, está tendo uma recaída no estilo de fazer política a que se acostumou na oposição por mais de 20 anos.

Só chegou ao poder com uma proposta de coalizão partidária, dando fim aparente a um longo processo no qual passou a maior parte do tempo assumindo posições por ideologia. A quem, por exemplo, questionava a súbita mudança petista a favor da reforma da Previdência, assumindo posições até mais radicais do que as que combatia em governos anteriores, a explicação era curta e grossa: "Estávamos em uma disputa política."

Os partidos políticos que não têm as raízes revolucionárias do PT estão acostumados ao jogo democrático "burguês", sempre denunciado pelos petistas como arranjo político para manter tudo no mesmo lugar, sem as mudanças que viriam quando o PT chegasse ao poder.

Por isso, o partido recusou o apoio do PMDB de Ulysses Guimarães no segundo turno das eleições presidenciais de 1989 contra Collor, e Lula perdeu a eleição por uma margem próxima à votação que o PMDB obtivera no primeiro turno. Posteriormente, se recusou a participar de governos democráticos e de transição como o de Itamar Franco, após o impeachment de Collor.

São erros pelos quais a direção petista se penitencia hoje, e o tempo fez com que a maioria do partido entendesse a importância de uma coalizão para, no caso petista, não apenas vencer as eleições, mas, sobretudo, governar. Mas a coalizão partidária não é uma opção fácil.

Napoleão cunhou uma frase que pode explicar perfeitamente o sentimento petista: "Prefiro lutar contra uma coalizão a liderar uma coalizão." Uma definição mais rastaquera foi dada pelo deputado Roberto Jefferson para explicar o mensalão que o PT teria disseminado pelo Congresso: é mais fácil contratar mercenários do que dividir o poder.

Por não ser de seu instinto, a capacidade de negociação petista fica bastante reduzida diante de uma crise desse tamanho, e o que se vê hoje na CPI mista dos Correios é uma tentativa, às vezes patética, de desqualificar as testemunhas que podem piorar a situação do governo, e uma defesa intransigente de figuras como o lobista Marcos Valério.

Como registrei, só o deputado Roberto Jefferson não foi enfrentado com valentia pelos petistas, que não apareceram na Comissão de Ética e foram bastante benevolentes na CPI dos Correios.

O deputado petista do Rio, Jorge Bittar, citado por mim como tendo sido bastante cordial com Roberto Jefferson, e que ontem tentou evitar a quebra de sigilos dos petistas, enviou-me carta na qual diz que três características marcam seu caráter e sua atuação na vida pública: "A retidão, a objetividade e a cordialidade."

Ele diz que não se sentiu "pessoalmente ameaçado nem com o conteúdo, nem com o tom, nem com a dramaturgia exercida pelo senhor Roberto Jefferson na sessão da CPI". Segundo ele, "não será uma simples repulsa emocional às insinuações e acusações de Roberto Jefferson que fará a verdade aparecer. Ao contrário, será o trabalho sério, consistente e perseverante dos membros da CPMI que separará o joio do trigo".

Com relação à campanha eleitoral de 2004 no município do Rio de Janeiro, Bittar garante que Roberto Jefferson "nada tem a revelar que possa me intimidar". Como já dissera na CPI, garante que o acordo feito com o PTB "foi estritamente político e teve como finalidade apenas aumentar o tempo do PT no horário eleitoral gratuito. A contrapartida para o PTB foi a formação da aliança proporcional".

Dizendo que sua prestação de contas foi apresentada dentro do prazo legal e está disponível no site do TSE na internet, o deputado Jorge Bittar garante que continuará sendo cordial com todos, "até mesmo com aqueles cujas ações me cabe investigar por obrigação como membro da CPMI".

Ontem mesmo ele teve oportunidade de exercer sua "cordialidade" na arguição de Karina Somaggio, ex-secretária do lobista Marcos Valério, e no entanto não foi tão elegante quanto se declarou, a ponto de ter provocado uma reação da deputada e juíza Denise Frossard.

Tentou desqualificar a ex-secretária e cobrou-lhe uma impossível demonstração de grandeza ao perguntar por que não pedira demissão de uma empresa em que via tantas irregularidades. Candidamente, a secretária lembrou ao deputado que a vida está difícil e que não poderia pedir demissão sem ter outro emprego que lhe pagasse os mesmos R$ 2 mil por mês. Bittar, então, foi cruel. Disse que a secretária vendera sua honra por R$ 2 mil.

Para justificar sua atitude, Bittar lembrou que Marcos Valério havia sido duramente atacado por oposicionistas no dia anterior. Como bem lembrou o senador Pedro Simon, o PT, que já foi o defensor das secretárias e dos motoristas das CPIs, mudou tristemente de posição.

9/7
SACO DE GATOS

O presidente Lula colocou os chamados "movimentos sociais" definitivamente para dentro do seu governo com o convite ao presidente da CUT, Luiz Marinho, para ser seu terceiro ministro do Trabalho em dois anos e meio. As centrais sindicais, que haviam vetado o nome de Aldo Rebelo para o Ministério do Trabalho porque o PCdoB tem na Câmara um projeto alternativo à reforma sindical, ganharam assim uma pendência antiga e passarão a ter no ministério um apoio a favor da reforma sindical e contra a reforma trabalhista, que aliás já havia sido adiada para um hoje cada vez mais improvável segundo mandato de Lula.

O MST, por sua vez, já estava representado de maneira indireta no Ministério do Desenvolvimento Agrário por seu simpatizante Miguel Rossetto, membro da Democracia Socialista do PT, facção trotskista. Luiz Marinho, da CUT, e João Pedro Stédile, do MST, comandaram nos últimos dias diversas manifestações populares contra um suposto golpe da direita para desestabilizar o governo Lula, como no encontro da UNE em Goiânia. E aproveitaram para voltar a exigir a mudança da política econômica.

Ao mesmo tempo que acolhe a CUT no seu ministério, formalizando a central como o braço sindical do PT, Lula acena ao ministro da Fazenda, Antonio Palocci, com a ampliação de sua influência no governo, com a provável indicação de um técnico para o Ministério da Previdência. A reforma ministerial que está sendo anunciada a conta-gotas pelo Palácio do Planalto aprofunda assim a divisão do governo: reduzindo a força do PT com a ampliação da presença do PMDB, Lula pretende alargar sua base parlamentar, na tentativa de resolver a crise politicamente, dentro do Congresso.

Reforçando o ministro Palocci, garante o apoio do empresariado e dos grandes investidores internacionais. E ampliando a influência dos chamados "movimentos sociais", Lula guarda-se para a necessidade de uma eventual ação populista mais à frente, se a situação política ficar mais difícil do que já está. O governo, enquanto isso, continuará irremediavelmente cindido, com grupos de pressão disputando em seu interior soluções diametralmente opostas.

A novidade da CUT, depois que a entidade atendeu ao chamamento do ex-ministro José Dirceu para denunciar pelo país um suposto movimento direitista contra o governo popular de Lula, é mais um dos muitos sinais trocados que o presidente dá nessa reforma ministerial que deveria ter sido realizada meses atrás e que foi atropelada pelos fatos políticos, mais fortes do que qualquer tentativa de manipulação.

Lula continuará tendo em seu ministério lado a lado representantes da Fiesp (Luiz Fernando Furlan, do Desenvolvimento), dos agricultores (Roberto Rodrigues), e mais a CUT e o MST. Aparentemente, um governo democrático e plural. Na prática, um saco de gatos, um governo sem rumo.

O general Golbery do Couto e Silva, que foi o arquiteto do processo de distensão política no governo Geisel, usava com frequência a metáfora da caixa de lenços para definir crises políticas como a que estamos assistindo: puxa-se um lencinho, aparece sempre outro atrás. É o que acontece hoje com os fatos políticos: primeiro aparece uma secretária, depois um motorista, logo surgirá um motoboy para confirmar na CPI dos Correios que, sim, carregava malotes de dinheiro do lobista Marcos Valério.

A reforma ministerial em sua primeira fase visava apenas a reforçar com o PMDB a base política para inviabilizar um eventual pedido de impeachment no Congresso. Ao mesmo tempo, PT e aliados adotavam a pior das estratégias, ou seja, tentar defender o indefensável, na definição cortante do senador Pedro Simon. Como se usar o rolo compressor fosse uma tática viável quando os lencinhos de papel vão se sucedendo na caixa de surpresas que é uma CPI que, como ensina a sabedoria popular, sabe-se como começa, mas não se sabe como termina.

Como, por natureza, o PT só sabe bater, não sabe apanhar, de nada adiantou o aceno de conciliação do PSDB, que quanto mais se ofereceu para uma negociação política que hoje já não tem muita aderência entre seus políticos, mais atacado foi pelos petistas que se dedicaram a tentar achar ligações de Marcos Valério com o governador de Minas, Aécio Neves, e com o presidente do PSDB, senador Eduardo Azeredo. Mas o que apareceu mesmo foi um segundo empréstimo avalizado por Valério para o PT.

Se não há problema algum nessa relação promíscua entre um empresário que tem contratos comerciais com o governo e seu partido político, por que o presidente José Genoino não se adiantou e, ao ser anunciado o primeiro empréstimo no banco BMG, não disse também que havia outro, no Banco Rural, mais alto ainda?

E por que o lobista Marcos Valério não se referiu a ele quando depôs na CPI dos Correios? E, aceitando-se a absurda explicação de Genoino de que não lera o que assinou no primeiro empréstimo, em 17 de fevereiro de 2003, nem procurou saber quem era aquele mecenas que Delúbio Soares havia descolado do nada, como explicar o segundo aval, três meses depois?

O mais impressionante é que os membros da Articulação, que formam o chamado Campo Majoritário do PT, preparam-se para hoje, na reunião do diretório nacional do partido, defender a permanência de José Genoino na presidência, em vez de apontar novos caminhos para o partido. A crise por que o PT está passando é claramente criada por sua cúpula, que, na pressuposição de que o jogo político "burguês" é esse mesmo, radicalizou e modernizou métodos políticos incompatíveis com a ética para garantir a permanência no poder e o controle da máquina pública.

10/7
QUE PAÍS É ESTE?

Pacotes de dinheiro, secretárias e motoristas já fazem parte do imaginário nacional. O embaixador Marcos Azambuja, conhecido por sua mordacidade, anda dizendo que tem mais medo de secretárias e motoristas do que de colesterol alto. Três pacotes de dinheiro marcaram nossa história política recente, e pelo menos dois ganharam lugar definitivo nela, sendo o mais famoso o dos maços de notas perfazendo R$ 1,3 milhão achados pela Polícia Federal no escritório de uma empresa da atual senadora Roseana Sarney durante a campanha eleitoral de 2002, o que lhe valeu a desistência da candidatura à Presidência.

E os R$ 3 mil embolsados pelo ex-chefe dos Correios, Maurício Marinho, em nome de um esquema de corrupção chefiado pelo deputado Roberto Jefferson, o que provocou a atual crise política em que estamos envolvidos.

Um terceiro pacote de dinheiro ainda não se sabe que papel terá no episódio, mas pelo inusitado da situação já merece destaque: um dirigente do PT do Ceará, ainda por cima assessor de um deputado irmão do presidente do PT, José Genoino, foi preso com R$ 200 mil em uma bolsa e US$ 100 mil na cueca.

Não se encontrou ainda o famoso "batom na cueca", como ironicamente denomina-se uma prova irrefutável do malfeito, mas temos agora "dólares na cueca", uma das muitas contribuições petistas à modernização da corrupção no país.

Quem se dispuser a acompanhar as sessões da CPI dos Correios vai ter uma boa visão de que país é este. Uma dúzia de deputados(as) e senadores(as) exerce seu ofício com seriedade e dedicação, demonstra que fez o dever de casa, estudar os depoimentos, pergunta de maneira pertinente e objetiva, em busca da verdade, e não de uma posição política.

A maioria, porém, enche a boca com discursos vazios diante das câmeras de TV. Outros repetem perguntas já feitas, tentam mostrar uma esperteza que não têm. O clima de Escolinha do Professor Raimundo prevalece, é permanente. A falta de respeito às regras é constante, a tentativa de dissimulação das reais intenções chega às vezes a ser patética.

Como a daquele deputado petista que perguntou à secretária Karina Somaggio, com o objetivo de desacreditá-la, se não considerava estranho que, em Belo Horizonte, o lobista (ele chamava sempre de empresário) Marcos Valério não utilizasse um carro-forte em vez de transportar tanto dinheiro por motoboys. Como se desconhecesse que carros-fortes exigem identificação da mercadoria transportada. Ou não soubesse que o dinheiro de que se trata na CPI é ilegal, por isso transportado em maletas.

Uma temporada desse folhetim inacreditável basta para que entendamos que nossos políticos realmente representam o Brasil em todas as suas nuances, em todas as suas carências e mesquinharias. E também em sua grandeza, quando se vê que as instituições estão funcionando normalmente, apesar dos sustos nossos de cada dia.

Pode ser ignorância minha, mas quem, a não ser os envolvidos, sabia que as licitações dos órgãos públicos são disputadas por "empresários" que não fabricam nada, meros atravessadores, que intermedeiam desde botas do Exército até capas de chuvas dos carteiros, e brigam de morte entre si, corrompem toda a cadeia gerencial, envolvendo arapongas e propinas a funcionários de terceiro escalão? Pequenos cafetões do dinheiro público, tudo muito rastaquera para os milhões que estão em jogo.

E quem diria que a nossa temida Agência Brasileira de Informações, a Abin, sucessora do monstro SNI, iria transformar-se em um centro de baixa arapongagem, do tipo que monta pacientemente a maleta de espionagem com que filma escondido com acessórios comprados na feira do Paraguai de Brasília? É como se terroristas internacionais montassem uma bomba atômica com peças compradas em camelôs.

Outro dia Zuenir Ventura lembrou uma frase de nosso filósofo popular Tim Maia, que dizia que no, Brasil, as coisas não podem dar certo por que aqui "traficante se vicia, cafetão se apaixona e puta goza". Agora temos um araponga que se considera um jornalista investigativo, e sonha em ganhar o Prêmio Esso de Jornalismo pelo "furo" de reportagem que sua maleta paraguaia proporcionou.

Foi preciso que um especialista em utilização de "restos de campanha" abrisse o jogo, depois de uma desavença com seus cúmplices, para que um facho de luz fosse jogado nesse mundo subterrâneo. Verdadeiro pedagogo da contravenção eleitoral, o deputado Roberto Jefferson se autoenlameia para poder enlamear os outros, na exata medida da orientação de seus advogados. Incrimina-se cuidadosamente, se movimenta dentro dos limites que as brechas da lei determinam e cria uma confusão dos diabos quando se manifesta.

Com toda a sinceridade que suas más intenções permitem, Roberto Jefferson esclarece nossas dúvidas: por que um político tem interesse em nomear um diretor de estatal, ou o secretário da Receita Federal em um estado, ou o chefe da Alfândega do aeroporto internacional? Pura demonstração de prestígio? Nada disso. Os nomeados, está implícito, se encarregam de arranjar "doadores" para as campanhas políticas dos partidos que os indicaram. Além de outros favores menores.

Malas de dinheiro, empréstimos milionários, repasse de verbas publicitárias, tudo tem o mesmo destino: o financiamento das campanhas eleitorais. Tudo pela causa. E, como se está vendo, quase sempre a causa própria acaba recebendo umas rebarbas, e então temos procuradores milionários, cunhados que se beneficiam, mecenas que descobrem novos Bill Gates no centro do poder, empresários que dão avais milionários e companheiros com dólares na cueca. Que país é este?

12/7
O VIL METAL

Estamos vivendo realmente tempos fantásticos, de realismo mágico à la Gabriel García Márquez, quando as metáforas se materializam e a realidade beira a ficção. Ou os "tempos interessantes" da maldição atribuída a Confúcio, tempos em que os riscos e os sofrimentos não cessam, impedindo a tranquilidade. As malas de dinheiro, até pouco tempo ingênuas metáforas de corrupção, agora surgem coloridas, em diversos formatos, trafegando em motos anônimas pelas ruas das grandes capitais, ou em jatinhos executivos supermodernos como o Citation-10 do deputado-pastor detido ontem.

Ou não é roteiro de uma perfeita chanchada da Atlântida o assessor preso com dólares na cueca? Um roteiro sem a malícia inocente das antigas chanchadas, atualizado pela violência da política dos nossos dias, conformada a golpes de dinheiro. Pode ser que o ex-assessor do irmão de Genoino tenha ligações com outros tráficos, que não o de influências, disseminado no Campo Majoritário petista.

Pode ser também que o pastor-deputado João Batista Ramos da Silva, do PFL de São Paulo, detido pela Polícia Federal no aeroporto de Brasília com sete malas de dinheiro, não tenha nada a ver com o dízimo petista ou com o mensalão, e que seus reais tenham mesmo como origem o dízimo de gente humilde enganada em todos os quadrantes do país pela Igreja Universal do Reino de Deus. Mas os dois casos são exemplares da situação em que nos metemos.

Os pastores evangélicos, personagens cada vez mais influentes de nossa política moderna, surgiram na década de 1970 com tribuna, capilaridade, sem precisar de financiamento para as campanhas eleitorais. O presidente do Supremo Tribunal Federal, ministro Nelson Jobim, um estudioso do sistema eleitoral, garante: os partidos foram atrás deles, e não o contrário. A formação do quociente eleitoral — a soma dos votos dividida pelo número de vagas — obriga a que o partido político procure os candidatos que tenham mais votos, e não os de maior qualidade.

No Brasil, o eleitor vota em candidatos, e não na legenda. Como o partido político tem direito a ter 150% de candidatos em relação ao número de vagas em disputa, o burocrata do partido sai à cata de candidatos que tenham capacidade de produzir um bom número de votos. No início, se a "capilaridade" do pastor — isto é, sua capacidade de atingir o maior número de fiéis que, com o voto obrigatório, são todos eleitores potenciais — passava em cima da zona eleitoral de um cacique do partido, aquele pastor não servia, porque ia roubar votos do político já estabelecido.

Com o tempo, os pastores descobriram que não precisavam dos políticos para se candidatar e ganharam força própria, acabando por tomar conta de uma legenda, o Partido Liberal, do vice-presidente José Alencar, um dos partidos acusados de receber o mensalão para apoiar o governo. Antes de o esquema do mensalão ser estourado pelas denúncias do deputado Roberto Jefferson, já havia uma movimentação crescente no Congresso no sentido de mudar a organização partidária, e especialmente o sistema eleitoral, devido ao novo esquema de poder estabelecido pelo PT, que atuava como um trator em cima das estruturas partidárias, buscando formar sua maioria no Congresso.

Essa estratégia de inchar pequenas legendas com a atração de deputados e o altíssimo custo de uma campanha eleitoral, fenômeno mais ou menos recente que atinge a todos igualmente, distorceram a vontade das urnas. Se não houver uma mudança na legislação, só serão eleitos os representantes das igrejas, especialmente a Universal, ou quem tiver dinheiro.

O financiamento público de campanha, que serviria para cortar esse mal pela raiz, só é possível se for feito aos partidos, e não aos indivíduos, por isso surgiu a ideia do voto em lista fechada, que hoje encontra grande resistência no meio político. Ao custo de R$ 7 por voto, o Orçamento da União teria que dispor de cerca de R$ 800 milhões para dividir entre os 15 partidos oficiais para as campanhas federais, estaduais e municipais.

Previsivelmente, a Igreja Universal se posiciona contra a medida, pois assim o voto perderia a influência individual. Como eles têm o controle do PL e têm candidatos em vários outros partidos — o deputado das malas é do PFL —, não querem perder essa capacidade de manipular os resultados das eleições. O alto custo das campanhas eleitorais e o poder crescente dos magos da publicidade nelas fizeram com que o sentido das eleições fosse deturpado.

São poucos hoje os deputados que conseguem ganhar votos suficientes para se eleger apenas defendendo seus pontos, suas opiniões. Os chamados "candidatos de opinião" são atropelados pelas campanhas milionárias e pela pressão do marketing político, que privilegia a imagem do candidato em detrimento do conteúdo de suas propostas.

O próprio Lula aderiu ao conceito com sucesso ao contratar para sua campanha presidencial o publicitário Duda Mendonça, responsável pelas campanhas eleitorais de ninguém menos que Maluf. A campanha eleitoral, por sinal, foi o primeiro passo para uma atitude pragmática de ação política que ganhou desenvoltura no governo, e teria justificado a montagem desse imenso esquema de cooptação parlamentar à base de golpes de maletas de dinheiro.

Mesmo que não tenha nenhuma ligação direta com os esquemas de corrupção que estão sendo investigados pelas diversas CPIs, esse dinheiro encontrado na cueca de um suposto agricultor, ou nas entranhas de um Citation-10, tem a mesma motivação: o vil metal compra eleições e consciências, à direita ou à esquerda.

14/7
FUTURO INCERTO

Em meio ao turbilhão de uma crise política sem precedentes, é música para os ouvidos dos governistas a denúncia envolvendo políticos ligados a partidos que estão na oposição, por menor que seja a relação deles com os delitos cometidos. Nos últimos dias, a prisão do deputado-pastor do PFL com várias malas de dinheiro, as camisetas dos Correios usadas por candidatos do PPS e a relação, mesmo que indireta e difusa, de políticos tucanos com o lobista Marcos Valério têm feito as delícias do Palácio do Planalto, onde, mesmo antes da pesquisa CNT/Sensus divulgada anteontem, já havia pesquisas qualitativas que mostravam que a figura do presidente Lula estava preservada dos escândalos, embora o PT, o partido do governo, estivesse mortalmente ferido.

A chave da "blindagem" de Lula estaria na resposta de mais de 65% dos pesquisados que disseram que a corrupção é coisa antiga, e na convicção de que o presidente não está diretamente ligados aos casos denunciados. O parâmetro para esse estado de espírito, segundo as análises de assessores do Palácio do Planalto, é o caso envolvendo o ex-presidente Collor, atingido pessoalmente pelas acusações de corrupção comandadas por seu tesoureiro PC Farias.

Ao contrário, no caso de hoje não há ninguém acusando diretamente Lula, e mesmo a oposição procura separá-lo do PT, numa tentativa de debilitá-lo politicamente sem removê-lo do governo. Querem, como definiu o ministro Ciro Gomes, deixar Lula "tetraplégico" politicamente, para derrotá-lo nas urnas em 2006.

Em boa hora, o PSDB tirou o corpo fora da proposta de que Lula desista por conta própria da reeleição como premissa para um acordo político que suplante a crise. Essa proposta politicamente indecente dá à luta política que ora se trava um caráter imediatista que somente apequena o combate à rede de corrupção que está implantada nas estatais e no Congresso. Ou o presidente estava a par do que acontecia, e merece ser punido com a perda de mandato sem acordos políticos espúrios, ou desconhecia os procedimentos de seus ministros e de seu partido, e merece ser derrotado nas urnas por incapacidade de exercer o cargo.

Como política não é matemática, a popularidade de Lula adiciona uma terceira hipótese: a de que ele continue com avaliação positiva pelo eleitorado, defendido das acusações a seu governo e a seu partido, e se reeleja, como indicam as pesquisas de opinião hoje, mesmo com o apoio de um PT fragilizado e de um PMDB rachado. Esse, aliás, é o cenário com que trabalha hoje o Palácio do Planalto, certo de que o presidente continuará blindado mesmo que essa crise prossiga sem trégua. Nesse caso, "estaremos em uma enrascada", admite um assessor direto do presidente.

Diante de um caso semelhante ao do próprio Collor, que se elegeu pelo PRN, um partido quase inexistente, e chegou ao poder sem força parlamentar, mas com uma força política insuperável, que levou de roldão o Congresso nos primeiros tempos de governo.

Esse cenário, porém, tem dificuldades para se tornar realidade, a começar pela "blindagem" do presidente Lula. Os políticos oposicionistas, de maneira geral, não acreditam que a popularidade do presidente seja tão alta quanto a pesquisa do CNT/Sensus mostra, e já há boatos de que novas pesquisas apontarão uma realidade mais dura nos próximos dias.

Mais ainda: consideram difícil que a imagem do presidente não fique abalada com a sucessão de denúncias, que, mesmo que não anulem a possibilidade de concorrer à reeleição, farão com que chegue à campanha bastante avariado.

A melhor das hipóteses para os governistas, a de que Lula, com incomparável capacidade de resistência, consiga se reeleger apesar dos pesares, embute em si uma dificuldade política extraordinária: o apoio no Congresso para esse segundo mandato. O governo considera que, mesmo não tendo conseguido o apoio integral do PMDB, a reforma política serviu para dar a sensação de que a maioria parlamentar ainda está à mão, o que é um símbolo de poder político importante para um governo alvo de investigações e acusações em CPIs no Congresso.

No entanto, em 2002, no auge do desgaste tucano, Lula teve que ir para o segundo turno contra Serra e, apesar de ter tido uma vitória tranquila, o PT saiu das urnas com apenas 17% da Câmara, embora fosse a maior bancada. O que acontecerá num hipotético segundo mandato, com o presidente desgastado e o PT desacreditado?

Se hoje a hipótese de Lula governar apenas com os chamados "movimentos sociais" é aventada como alternativa política porém parece mais uma bravata do que uma possibilidade real mais impossível ainda o será para um presidente enfraquecido, que chegará ao segundo mandato à custa de restos de popularidade em regiões do país e em redutos eleitorais que nunca foram os seus.

Lula e o PT nasceram e cresceram junto ao eleitorado dos grandes centros urbanos e aos formadores de opinião, ganhando finalmente o apoio da classe média nas últimas eleições. Desde as eleições municipais, o perfil do eleitorado de Lula e do PT vem se deslocando para os grotões, graças a medidas populistas como o Bolsa Família, e perdendo os grandes centros urbanos para a oposição.

Para recuperar a credibilidade junto a seu público, o PT, por sua vez, terá que fazer uma "faxina ética" para valer, e acentuar seu perfil de esquerda, o que é incompatível com o pragmatismo da política econômica adotada pelo governo Lula. E o PT sem Lula será sempre um partido sem competitividade em âmbito nacional, embora possa continuar sendo uma força regional importante.

15/7
NOVO PATAMAR

Pode ter sido rompido o precário equilíbrio que vinha mantendo o presidente Lula afastado do centro da crise política, com o consentimento da oposição. Uma série de fatos conjugados fez com que a oposição subisse de tom ontem nas críticas ao governo, especialmente com relação ao presidente Lula. A atuação dos governistas nas investigações está na raiz dessa mudança de patamar.

A oposição acha que o governo finge que quer apurar e está, na prática, emperrando as investigações. Não quiseram unificar as CPIs, e se unem para convocar pessoas desimportantes, adiando a convocação do ex-presidente do PT, José Genoino, e do ex-ministro José Dirceu.

Por incrível que pareça, a operação da Polícia Federal na Daslu foi um dos fatos que desencadearam essa reação, muito pelo exagero dos procedimentos, mas principalmente por um efeito intangível que tocou a fundo todos os empresários, especialmente os paulistas.

Há a sensação de que o governo petista, querendo granjear a simpatia da população, fez a operação espalhafatosa na Daslu para marcar uma posição do governo popular contra a elite esbanjadora. Não passou despercebida à paranoia empresarial o que seria a intenção da Polícia Federal: ressaltar o caráter elitista da loja.

O filme oficial da operação, divulgado pela televisão, continha diversos closes nas etiquetas das gravatas e camisas vendidas na loja, para mostrar preços astronômicos, o que não tem nada a ver com a finalidade oficial da ação, que seria combater a sonegação fiscal.

A Fiesp soltou uma nota de protesto com peso muito maior do que a importância da Daslu na indústria do estado. Mas estava lá, nas entrelinhas, o antigo sentimento de medo com relação ao PT, o mesmo que fez o então presidente da Fiesp, Mário Amato, ter dito que se Lula vencesse a eleição de 1989, 800 mil empresários deixariam o país.

Outro erro de cálculo provocou uma reação irada de um dos mais ferozes líderes da oposição. O deputado Henrique Fontana (PT-RS) sugeriu, na CPI mista dos Correios, que o senador Arthur Virgílio recebera uma doação suspeita da empresa Skymaster, uma das acusadas de contratos ilegais. A empresa realmente fez doação para a campanha do líder tucano, devidamente registrada no TSE.

Foi o que bastou para que Virgílio, que chegou a oferecer um acordo ao governo Lula logo no início da crise política e foi muito criticado no PSDB, virasse bicho no plenário do Senado. Dizendo-se alvo da "mesquinharia" petista, partiu para o ataque e, resumindo seu pensamento, disse que Lula "é idiota ou corrupto".

A partir daí, vários líderes da oposição, tanto do PSDB quanto do PFL, passaram a carregar nas acusações ao presidente, todos insistindo que ele sabia de tudo o que ocorria em seu governo e que terá que pagar pelos erros. O presidente estava sendo poupado de ataques diretos, facilitando sua postura de quem não tem nada a ver com eventuais desvios de conduta no governo.

Mesmo o caso da empresa de jogos eletrônicos de seu filho, que foi financiada pela Telemar em negociação atípica para o tamanho do mercado, conforme demonstram os números oficiais da Associação Brasileira das Desenvolvedoras de Jogos Eletrônicos (Abragames), estava sendo evitado pela oposição, mas ontem foi abordado da tribuna do Senado por um Arthur Virgílio possesso.

A empresa Gamecorp recebeu o aporte de R$ 5 milhões da Telemar quando o mercado inteiro brasileiro teve faturamento de R$ 18 milhões e a empresa que mais faturou não passou de R$ 1,5 milhão no ano passado. O presidente Lula tem se queixado de que o noticiário sobre a empresa de seu filho seria uma intromissão na vida privada da família, esquecendo-se de que um homem púbico não tem vida privada, como muito bem ressaltou o professor de ética Roberto Romano, da Unicamp.

Mas, como na política brasileira não há espaço para ataques à vida pessoal como há nos Estados Unidos, por exemplo, o assunto está sendo tratado com prudência pela imprensa e pela oposição. No entanto, há aspectos dele que merecem uma análise mais rigorosa, e o mais delicado é a questão ética envolvida. O consultor que tratou do caso foi Antoninho Marmo Trevisan, presidente da Comissão de Ética Pública e amigo pessoal de Lula.

Os outros sócios da empresa são filhos de Jacó Bittar, fundador do PT, compadre de Lula e representante da Petros — fundo de pensão da Petrobras — na empresa Solpart, controladora da Brasil Telecom, que também queria ser sócia da Gamecorp. A Petros, por sua vez, tem participação na Telemar, embora esteja afastada da gestão da empresa.

Associando-se a esses fatos, e talvez mais relevante para o acirrar dos ânimos, surge a repercussão dos especialistas em pesquisas de opinião sobre a pesquisa da Sensus, divulgada nos últimos dias, que mostra Lula totalmente blindado das acusações de corrupção em seu governo e em seu partido. Há um sentimento na oposição de que a cautela com que o PSDB, em especial vem tratando o presidente tem sido excessiva, o que pode resultar em um ganho político para ele nas próximas eleições.

Há algum tempo, dizia-se que o segredo para derrotar Lula em 2006 seria conseguir colar sua imagem à de seu governo, que é muito mais negativa. Hoje, a tentativa passa a ser ligar Lula ao que acontecia em seu governo por baixo dos panos. A oposição, especialmente o PFL, trabalha com a tese de que sem Lula não há PT, e sendo assim, essa crise vai ser resolvida em torno da proximidade do presidente com os fatos. Este será o jogo governo *versus* oposição daqui para a frente.

16/7
PT E O FUTURO

Qual é o futuro do Partido dos Trabalhadores, 25 anos depois de fundado, diante da maior crise política de sua existência e uma das maiores já vividas pelo país em tempos democráticos? Cientistas políticos, sociólogos e estudiosos em geral convergem para a necessidade de uma autocrítica radical do partido como forma de superar a crise, e o real compromisso de elucidação completa das denúncias, para que o partido possa recuperar sua credibilidade diante do eleitorado.

Não há quem considere o PT um partido em extinção, mesmo que Lula não termine seu governo, ou que, terminando, seja derrotado na reeleição.

Mas todos consideram que a simples mudança de dirigentes não é suficiente para recuperar a imagem do partido, embora seja um bom começo, com a substituição do núcleo paulista por uma direção mais descentralizada regionalmente. Uma opinião é geral: o grande culpado pela derrocada petista é o ex-ministro e hoje deputado federal José Dirceu, que quis criar um atalho para a governabilidade com métodos que feriram a ética, principal bandeira petista, e com partidos que sempre foram os antípodas do PT.

Nenhum deles admite a possibilidade de o presidente Lula estar diretamente envolvido nos episódios de corrupção, embora esteja claro que os métodos usados por Dirceu e seu grupo dentro do PT — José Genoino, Delúbio Soares e Sílvio Pereira — faziam parte de uma estratégia do Campo Majoritário, grupo tradicionalmente ligado a Lula, para garantir a permanência no poder.

19/7
A FARSA

Embora tentem preservá-lo, o presidente Lula se aproxima cada vez mais do centro da crise política em curso no país, numa demonstração de que é quase impossível separá-lo de seus antigos companheiros de partido. Ao assumir a versão de que o PT "fez o que é feito no Brasil sistematicamente" em termos de financiamentos eleitorais, concomitantemente às versões dadas pelo lobista Marcos Valério e pelo ex-tesoureiro do PT, Delúbio Soares, o presidente avalia a tentativa de montar uma farsa que restrinja à legislação eleitoral as punições às transgressões cometidas, retirando o dinheiro público do foco da discussão.

Uma história só se repete em tom de farsa, já ensinou Marx. Mas os petistas parecem não ter aprendido essa lição marxista e insistem, 13 anos depois, em repetir a mesma história rocambolesca de um empréstimo, com a qual o ex-presidente Collor tentou transformar em dinheiro "quente" o que tinha roubado dos cofres públicos.

O comentário de Lula sobre financiamentos eleitorais é infeliz em diversos aspectos, o principal deles a falta de repúdio presidencial a essa prática que diz generalizada. Não foi o PT o partido que chegou ao poder prometendo fazer mudanças nos hábitos e costumes políticos? E não foram os petistas que reagiram, indignados, diante das primeiras acusações de corrupção, dizendo que a oposição queria igualar todos os partidos por baixo?

Agora, esse mesmo PT, usando a palavra do presidente da República, reivindica para si um crime que seria habitual no financiamento de campanhas políticas, como se, igualando-se aos demais partidos que antes criticava, desaparecesse o crime.

Como o próprio Lula disse, numa estranha compulsão que só Freud explica, "a desgraça da mentira é que você, ao contar a primeira, passa a vida inteira mentindo tentando justificar a mentira que você contou". A começar pelo fato de a CPI, que agora ele diz ser a coisa mais normal do mundo, ter sido arrancada a fórceps no Congresso, com pedidos pessoais do presidente para que aliados retirassem suas assinaturas. Até mesmo o deputado Roberto Jefferson, que ainda era "parceiro" naquela ocasião, recebeu o apelo de Lula por telefone.

Perdida a batalha, até hoje os governistas tentam pôr obstáculos às investigações da CPI dos Correios, usando de tecnicalidades para limitá-las e obstruindo a convocação de líderes petistas, como o atual deputado José Dirceu ou o ex-presidente do PT José Genoino. Foi de Genoino, por sinal, em depoimento na Corregedoria da Câmara, a confirmação de que havia realmente uma sala no 4º andar do Palácio do Planalto, ao lado do Gabinete Civil, em que o então secretário-geral do PT, Sílvio Pereira, recebia políticos aliados para negociar cargos no governo, confirmando denúncias de Jefferson. Na mesma corregedoria, sem saber que Genoino confirmara, Dirceu negou que ocorressem tais reuniões e ainda acrescentou que isso seria "um escândalo".

A confirmação de reuniões no Planalto de dirigentes petistas com políticos aproxima cada vez mais o escândalo do gabinete presidencial, e o presidente vai ter que se empenhar bem mais para convencer a opinião pública sobre a separação do PT de seu governo. Para se entender o governo Lula, é preciso primeiro entender a estrutura organizacional do PT e a cabeça de seus dirigentes. O governo ainda se organiza com base nessa estrutura e na lógica dos principais dirigentes do partido, a maioria formada por sindicalistas. Por isso o número tão grande de ministérios e secretarias, para poder abrigar tantas tendências.

O grupo Articulação, cujo principal líder sempre foi Lula, está no poder, como esteve sempre na história do Partido dos Trabalhadores, salvo um pequeno período em que todos os demais grupos se uniram e tomaram o comando partidário. De volta ao poder, o grupo pôs em prática o rolo compressor, acionado pelo mesmo operador, o ex-chefe da Casa Civil José Dirceu.

A mudança de rumo da candidatura a presidente de Lula, com a aliança com o Partido Liberal, foi decidida pelo pequeno grupo que, vitoriosa a campanha, cercava o presidente no Palácio do Planalto — o chamado núcleo duro, hoje restrito ao ministro da Fazenda, Antonio Palocci, e ao secretário-geral da Presidência Luiz Dulci — e que representava o comando da Articulação.

Raciocinando em termos partidários e fechados, dentro de uma lógica toda própria, os petistas tomaram conta da máquina governamental, distribuindo entre suas correntes e tendências os diversos órgãos estatais. Aos partidos aliados couberam as sobras dessa divisão do "butim" e, pelo que se sabe agora, financiamentos pelo caixa dois. A maior reclamação deles era a "petização" do governo.

Seria impensável, dado o histórico do PT, que apenas um homem como Delúbio Soares fosse responsável pelo esquema de financiamento de campanhas, sem que o centralizador Dirceu determinasse quem deveria receber dinheiro ou cargos nas estatais.

Quem escolheu Genoino para substituir Dirceu na presidência do PT foi o presidente Lula e seu pequeno grupo de assessores em uma reunião na Granja do Torto, decisão depois ratificada pela executiva nacional do partido. Lula só tirou o broche do PT da lapela do terno presidencial depois de muitas críticas. A estrela vermelha foi plantada nos jardins de Burle Marx no Palácio do Alvorada para anunciar quem havia chegado ao poder. E o operador José Dirceu poderá repetir na CPI o que sempre diz: nunca fez nada sem que Lula soubesse.

20/7
AS MÁS COMPANHIAS

Dois fatos ocorridos ontem dão bem a dimensão da situação caótica em que se meteram o governo do presidente Lula e seu partido, o PT. Ao decidir entregar o comando do Ministério das Cidades a um indicado do presidente da Câmara, deputado Severino Cavalcanti, o presidente Lula demonstra quão fundo pode ir na maneira pragmática de governar, a ponto de tirar do PT, e de um dos representantes mais ortodoxos do partido — o gaúcho Olívio Dutra —, um ministério que era considerado fundamental, não apenas para aplicar as políticas públicas nas regiões metropolitanas defendidas na campanha eleitoral — saneamento, transportes, habitação — como até mesmo para fins eleitorais.

Ao mesmo tempo, o novo presidente do PT, Tarso Genro, classificou de "gestão temerária" a da antiga diretoria, que supostamente endividou o partido em montante impagável pelos métodos tradicionais, reconhecendo que se o PT fosse uma empresa, estaria em situação falimentar.

Apesar dessa análise rigorosa, a executiva nacional reunida em São Paulo recusou a expulsão do ex-tesoureiro Delúbio Soares, mesmo depois de ele ter confessado publicamente que praticou o caixa dois nas últimas eleições, colocando sob suspeita todo o partido.

A reação à entrega do Ministério das Cidades a um apadrinhado do deputado Severino Cavalcanti foi imediata, com vários representantes de organizações não governamentais e da sociedade civil ameaçando deixar o ministério. Também as combalidas bases do PT reagiram, a ponto de, no final da tarde, a ministra Dilma Rousseff, da Casa Civil, ter pedido a

Olívio Dutra que se mantivesse no posto até segunda ordem, indicando que alguma coisa poderia ser alterada.

Não importa saber se a gestão de Olívio tem sido boa, ou se o técnico Márcio Fortes poderá fazer um trabalho melhor. O que está em jogo aqui é algo mais simbólico na visão petista, tão abalada pelos últimos acontecimentos: o até agora ministro Olívio Dutra foi dos que primeiro gritaram contra a política de alianças que estava sendo montada pelo governo, sob a coordenação do então ministro José Dirceu.

Por suas críticas, sempre esteve na alça de mira das reformas ministeriais. Foi dado como morto em todas elas, e sempre ressurgiu com mais força dentro dos movimentos sociais petistas. Quando eclodiu esta última crise, que ainda se desenvolve, o ministro cunhou a melhor definição de suas causas: "A culpa é das más companhias", disse, referindo-se aos partidos aliados.

Pois agora será (ou seria) trocado por um indicado por um expoente dessas "más companhias", o presidente da Câmara, que já havia irritado o presidente Lula em uma reforma ministerial anterior, a ponto de fazê-lo suspender a reforma mal começada apenas para não dar o gostinho a Severino Cavalcanti de impor sua vontade — ele queria "aquela diretoria que fura poço e acha petróleo", lembram-se? Com a situação política deteriorada, Severino Cavalcanti não apenas determinou em que dia seria recebido pelo presidente da República, como anda exigindo um ministério com poder de fogo.

O caso do ex-tesoureiro Delúbio Soares é também exemplar da situação precária em que se encontra o PT. A esquerda do partido, que num primeiro momento teve a esperança de que a nova executiva nacional pudesse ser mais aberta do que a anterior — embora imposta pelo Campo Majoritário sem que houvesse negociação com as demais facções —, pediu a expulsão do ex-tesoureiro depois que ele confessou ter usado o caixa dois nas últimas campanhas eleitorais petistas.

A expulsão transformou-se em suspensão por 60 dias para poder ir à votação, e nem assim foi possível punir o homem que colocou todos os mandatos do PT em questão com uma "gestão temerária" que não teria compartilhado com ninguém. Se já ficava difícil acreditar que apenas Delúbio e Valério sejam os responsáveis por tantas falcatruas, com a decisão de ontem da executiva nacional ficou claro que o partido como um todo está envolvido nas armações do antigo tesoureiro, e por isso não tem condições de puni-lo.

Além do mais, pesou o temor de que Delúbio Soares, no depoimento que dará hoje na CPI mista dos Correios, pudesse contar tudo o que sabe, saindo do script combinado. No entanto, a ameaça de não pagar as dívidas que Delúbio Soares e Marcos Valério admitiram pode provocar uma reviravolta nas investigações.

Além de enfrentar questões financeiras, o PT vive um sério problema de imagem. A pesquisa divulgada ontem pelo Ibope mostra que o partido é o mais atingido pelo noticiário sobre corrupção nos últimos dias.

A pesquisa do Ibope fez mais uma rodada sobre a eleição presidencial de 2006. O presidente Lula continua ganhando no primeiro turno de todos os demais candidatos, com exceção do prefeito paulista José Serra. Mas, diante da atual crise política, uma das simulações do Ibope ganhou importância destacada: a que mostra a disputa presidencial sem a presença de Lula.

Entre as especulações que dominam o mundo político, a possibilidade de o presidente não chegar a disputar a reeleição está posta, seja pela simples desistência em concorrer, seja pela renúncia ao mandato, seja ainda pela possibilidade, mais remota, de um impeachment. A percepção da população sobre essa última hipótese, por sinal, está bem dividida: 48% não acreditam na hipótese, mas 42% acreditam.

Na simulação de corrida presidencial com o ministro da Fazenda, Antonio Palocci, no lugar de Lula pelo PT, e com o governador de São Paulo, Geraldo Alckmin, pelo PSDB, o Ibope mostra que haveria segundo turno entre o ex-governador do Rio, Anthony Garotinho, e o governador Geraldo Alckmin.

21/7
CRISE INSTITUCIONAL

O PT, que passou os últimos 25 anos apontando o dedo para os demais partidos políticos, colocando-se como a única alternativa ética para a política, agora tenta atraí-los para o mesmo mar de lama em que se debate e afunda, diante da revelação das evidências de um esquema de corrupção montado no governo que estão surgindo através da CPI dos Correios.

Apenas com a quebra de sigilo do Banco Rural e do Banco do Brasil, e depoimentos na Procuradoria Geral da República, já existe uma extensa relação de mais de cem políticos e de pessoas ligadas a políticos que foram aquinhoados por somas sacadas com a autorização do ex-tesoureiro petista Delúbio Soares.

Já está mais do que demonstrado que houve contribuições de diversos tipos: os que corresponderiam ao mensalão, especialmente porque a diretora da SMP&B, Simone Vasconcellos, retirou quantias tão volumosas que tinham que sair de carro-forte. Certamente iam para o tal quarto de hotel onde ela "se cansava" de separar dinheiro e distribuir a homens que "entravam e saíam".

Houve também saques de apenas uma vez, que indicariam os "bônus" pagos para trocas de partido a fim de fortalecer a base aliada no Congresso. Com todas essas evidências, no entanto, os membros da base aliada do governo, em especial os do PT, em vez de se indignarem com o ex-tesoureiro que jogou suas reputações no lixo da História, procuram relembrar casos de governos anteriores, como a querer provar que essa prática é antiga e generalizada. Em vez de investigar a fundo o que aconteceu no seu próprio terreiro, para depois partir para soluções gerais, os petistas repetem o discurso do tesoureiro do ex-presidente Collor, que acusou todos os políticos de "hipocrisia".

A versão montada de última hora para justificar os milhões que andaram transitando em malas e carros-fortes pelo país encoberta, ao que tudo indica, um esquema muito mais amplo de tomada de poder, de um lado por meio do uso da máquina estatal, do outro pela cooptação de políticos.

Delúbio Soares, que assumiu para si toda a responsabilidade sobre a tramoia, depôs ontem na CPI mista dos Correios protegido por um *habeas corpus*, mas prejudicado por uma fisionomia que não o deixava esconder sua imensa culpa, apesar do riso permanente, que tanto poderia ser de deboche como de nervosismo.

A disputa política impede que haja uma revolta contra os métodos adotados pela antiga diretoria petista, a mesma disputa que fez com que a punição a Delúbio Soares não fosse aplicada. Na Revolução Cultural chinesa de Mao Tsé tung, ficou tristemente famosa a Camarilha dos Quatro, formada por dirigentes do Partido Comunista chinês, entre eles a viúva de Mao, Jiang Qing, que fizeram inúmeros desmandos em nome da revolução, perseguindo intelectuais de oposição, especialmente nas áreas cultural e de educação, até a morte de Mao, quando foram expurgados pelo governo de Deng Xiaoping.

No PT, embora o grupo que atuava sob o comando do ex-ministro José Dirceu esteja sendo chamado de "Camarilha dos Quatro" — além de Dirceu, José Genoino, Delúbio Soares e Sílvio Pereira —, a luta interna ainda não permite que um novo grupo dirigente se imponha sobre o antigo, a ponto de a maioria do Campo Majoritário ainda proteger os "expurgados" Delúbio Soares e Sílvio Pereira.

O que está sendo revelado com os documentos que chegam à CPI dos Correios, no entanto, mostra que foi montado um esquema de corrupção nunca visto no país, e não apenas o caixa dois que tentam mostrar como o único desmando. Se a imagem dos políticos, e especialmente a da Câmara, já está corroída, como mostram as pesquisas de opinião, esse esquema contamina as instituições democráticas brasileiras.

22/7
O GOVERNO SE DESMANCHA

O segundo rebaixamento em poucos dias a que foi submetido ontem o ex-ministro Luiz Gushiken, antigo integrante do "núcleo duro" do governo, é mais uma faceta do longo e penoso processo de desestruturação do governo Lula, que agoniza em praça pública a um ano e meio do seu fim. Mais se parece com uma punição recorrente, embora Gushiken jure que está indo para o Núcleo de Assuntos Estratégicos (NAE) por decisão própria. Na verdade, o acerto feito ontem tenta consertar sua situação funcional, embora tenha provocado novos constrangimentos.

Envolvido em denúncias de manipulação de verbas publicitárias na Secretaria de Comunicação (Secom) e de interferência política nos fundos de pensão, além de favorecimento a uma empresa de consultoria a que esteve ligado antes de ir para o governo, Gushiken, indignado, decidira sair do governo pressionado pela família, mas atendeu a um apelo público do presidente Lula para permanecer.

A partir daí, uma série de trapalhadas o colocou em situação no mínimo embaraçosa, perdendo o status de ministro e ficando subordinado à nova chefe da Casa Civil, Dilma Rousseff. Na verdade, quando tratou com o presidente Lula pela primeira vez de sua situação, Gushiken sugeriu que a Secom, que estava com fama de superpoderosa, perdesse o status de ministério e não ficasse vinculada diretamente ao presidente da República, para deixar de ser alvo do que considerava manobras políticas.

Na visão de Gushiken, analisada para o presidente Lula, três razões levaram a Secom a se transformar em alvo da cobiça política de adversários do governo: a inclusão na secretaria do Núcleo de Assuntos Estratégicos, que estuda programas fundamentais para o governo, como o do biodiesel; a centralização de negociações de mídia, não permitindo que estatais fizessem negociações comerciais autônomas, uma verba em 2004 de quase R$ 900 milhões; e por último, a publicidade institucional,

247

que passou a ser feita de forma centralizada a partir da Presidência da República.

Ao dizer que a Secom não precisaria ter status de ministério, o que Gushiken estava fazendo, no entanto, era dar ao presidente a chance de colocar em prática uma ideia que já fora discutida no núcleo central do governo: tirar o status de ministério de todas as secretarias, dentro da reforma ministerial, como um sinal de que a máquina do Estado seria enxugada.

Seja porque os integrantes das demais secretarias que permaneceram no governo reagiram, seja porque o presidente Lula não tencionava mesmo fazer as mudanças, apenas Gushiken perdeu o status de ministro. Por sinal, assim que a decisão de rebaixar a Secom foi publicada no *Diário Oficial*, o ex-ministro Gushiken recebeu um telefonema do ministro da Justiça, Marcio Thomaz Bastos, alertando-o de que a partir daquele momento ele não tinha mais foro privilegiado, a blindagem do cargo que leva ao Supremo Tribunal Federal os processos contra os ministros.

Na prática, os caminhos tortuosos do PT no governo levaram o presidente Lula a dar status de ministro ao presidente do Banco Central, Henrique Meirelles, para protegê-lo de eventuais perseguições políticas, e a deixar ao relento seu amigo de longa data exatamente no momento em que ele é objeto de diversas acusações na CPI dos Correios e começará a ser alvejado por denúncias relativas aos fundos de pensão.

Gushiken ficará ligado ao presidente da República no Núcleo de Assuntos Estratégicos, um setor do qual ele realmente gosta. A Secom irá para a Secretaria-Geral da Presidência, sob a orientação do ministro Luiz Dulci, um dos que não perderam o status de ministro, continuando assim a comunicação oficial do governo ligada diretamente à Presidência da República.

Do ponto de vista pessoal, Luiz Gushiken considera que o que estão fazendo com ele é denegrir sua reputação sem base nos fatos. E chega a dar um exemplo surpreendente: diz que agora compreende a injustiça feita com Eduardo Jorge, o ex-chefe de gabinete do presidente Fernando Henrique Cardoso, acusado incessantemente pelo PT e pelo Ministério Público de manipular as verbas dos fundos de pensão, a mesma acusação que hoje pesa sobre Gushiken. Nada foi provado contra Eduardo Jorge, e Gushiken admite que o PT errou ao basear sua luta política no ataque à reputação alheia.

A acusação de que a empresa de consultoria de previdência privada Globalprev, da qual era sócio antes de ir para o governo, foi beneficiada por sua influência e teve crescimento econômico indevido nos últimos anos, foi esclarecida por uma nota da Prefeitura de Indaiatuba, retificando dados que distorciam o crescimento da empresa e pedindo desculpas. Os contratos de publicidade com estatais, que inicialmente chegaram a ser apontados como superfaturados, responsáveis pelo dinheiro que Marcos Valério distribuía entre os políticos, não são suficientes para justificar toda essa dinheirama que está aparecendo.

Gushiken, que já se dispôs a depor na CPI mista dos Correios, sabe que será a bola da vez quando os fundos de pensão começarem a ser investigados. Diz que sua fama de ser o "dono" do setor, por ser especialista no assunto, não corresponde à realidade. Adacyr Nunes, diretor da Secretaria de Previdência Complementar, que já foi apontado como ex-sócio de Gushiken na empresa de consultoria, foi na verdade seu assessor jurídico na Câmara dos Deputados. Sua escolha foi feita pelo então ministro da Previdência, Ricardo Berzoini — hoje secretário-geral do PT —, segundo Gushiken devido à importância que Adacyr Nunes tem no mercado de previdência privada do país. Gushiken nega também que tenha interferido nas escolhas dos presidentes da Petros e da Previ, atribuídas a ele.

23/7
A CONSPIRAÇÃO

O presidente Lula, à medida que cresce a crise política em que seu partido envolveu o país, parece reaproximar-se perigosamente da tese de que uma conspiração elitista pretende derrubá-lo, tese que volta e meia o tenta, especialmente quando a situação piora para o lado dele e dos seus. Ontem, diante de uma plateia de operários da Reduc, garantiu que a elite não o fará abaixar a cabeça, não sem antes afirmar que está para nascer quem possa lhe dar lições de ética.

Se Lula não tem pelo menos dúvidas em relação aos negócios de seu filho com a Telemar, ou se não considera pelo menos discutível ter morado durante anos em uma casa que pertencia a um amigo empresário que tem negócios com o Estado brasileiro, então sua noção de ética pode ser pelo menos questionada.

Essa bravata caberia bem se viesse acompanhada por uma declaração indignada de que foi traído por alguns de seus companheiros mais próximos, e de um pedido público de desculpas pelo que fez o partido do qual é fundador e principal líder. Em vez de bater no peito, jactando-se de uma qualidade da qual já não pode se valer completamente, o presidente Lula deveria estar comandando uma ampla campanha de expurgo interno radical no PT, exercendo a influência que nunca deixou de ter no partido.

Se há uma conspiração elitista em movimento nos bastidores políticos, ela visa, ao contrário, a preservá-lo da crise para que possa terminar seu mandato a salvo de um processo por crime de responsabilidade. Não interessa às elites, nem políticas nem econômicas, interromper o mandato do presidente Lula, se não por uma visão histórica, quanto mais não for por mero egoísmo.

As elites econômicas, felizes com as políticas adotadas até o momento pela equipe do ministro da Fazenda, Antonio Palocci, querem tudo, menos o fantasma do vice-presidente José Alencar a atormentar-lhes com a possibilidade de experimentar na prática, com a caneta do presidente da República, a tese de que a taxa de juros pode baixar drasticamente sem afetar em nada o equilíbrio das contas públicas, nem assanhar o adormecido dragão da inflação.

Qualquer criatividade estimulada pelos conselheiros econômicos do vice Alencar pode fazer desandar a economia, e isso todos temem, inclusive os investidores estrangeiros. Não é à toa que alguns dos principais bancos de investimentos internacionais estão revendo suas posições no Brasil, ou mudando para baixo suas perspectivas quanto ao futuro da economia brasileira. A crise política começa a dar sinais de que é muito maior do que se supunha anteriormente, e os investidores, assim como os políticos, já não estão tão seguros de que no final o presidente Lula não será afetado diretamente por ela.

Tampouco agrada à elite política, pelo menos no momento, a perspectiva de uma crise institucional que leve a um processo de impeachment do presidente. Não porque sejam bonzinhos, mas porque não há garantias sobre o que aconteceria uma vez deflagrado o processo. No momento não há clima político favorável ao processo de cassação de um presidente ainda popular. Qualquer avanço nesse sentido poderia provocar um clima de tensão política incontrolável, com consequências imprevisíveis.

Mas o presidente deveria saber que, com o andar das investigações, dificilmente sua imagem será eternamente preservada, e poderia aproveitar este momento, em que ainda mantém a confiança de grande parte da população, para fazer avanços em busca de um clima de entendimento político que ajudasse a encaminhar uma solução para a crise, em vez de acirrá-la.

Ao contrário, volta e meia cai na armadilha populista de tentar jogar os que ainda acreditam nele contra uma elite supostamente antagônica, ao mesmo tempo que se aproxima dos setores mais retrógrados dessa mesma elite em busca de apoio. Trocar Olívio Dutra, fundador do PT, por um indicado do PP protegido de Severino Cavalcanti, Delfim Netto, Francisco Dornelles e Pratini de Moraes não é propriamente um manifesto contra a elite conservadora.

Visitar o ex-deputado Ricardo Fiúza em Pernambuco, um dos mais aguerridos componentes da tropa de choque do ex-presidente Fernando Collor, vítima de uma campanha avassaladora do PT na CPI dos Anões do Orçamento, não é, definitivamente, uma atitude que se possa interpretar como contrária à elite política que conspira contra ele. E vir a público, num dos raros pronunciamentos sobre a crise de corrupção deflagrada pelo PT, para tentar justificar o injustificável, dizendo que sempre se fez uso do caixa dois na política brasileira, não é papel de um político que se considera o mais ético de todos.

Enquanto faz esses movimentos erráticos que não são compreendidos pela população menos esclarecida, que engana com a balela de uma perseguição da elite, vai também o presidente Lula mexendo todos os pauzinhos que pode, através dos representantes do PT nas diversas CPIs montadas, para empacar as investigações. E, no discurso, diz que sempre foi a favor de todas as CPIs, e que todos que erraram devem pagar. Até agora, no entanto, só fez tentar proteger seus apaniguados, seja no partido, seja no governo, e nada de "cortar na própria carne".

Mais de 40 pessoas, de variados escalões do governo, foram afastadas, mas nenhuma delas sofre qualquer tipo de investigação ou foi processada por malversação do dinheiro público. Uns pedem aposentadoria, outros vão para cargos menos vistosos, outros retornam a seus postos no Congresso, outros ainda pedem desfiliação do partido, mas ninguém dá a mínima explicação.

Enquanto isso, as caixas de documentos abertas na CPI dos Correios vão revelando uma escandalosa rede de corrupção nos órgãos públicos e na base parlamentar aliada — respingando aqui e ali em políticos de outros partidos. E tudo isso no governo da pessoa mais ética do país, quiçá do mundo.

24/7
O QUE FAZER?

O fracasso da experiência sindicalista-petista no governo, a cada dia mais flagrante, pode ser simbolizado pelo Land Rover que o dirigente sindical Sílvio Pereira recebeu de presente do diretor de uma empreiteira que tem negócios com a Petrobras. O governo de um ícone do novo sindicalismo brasileiro, que já teve quase um terço de seus ministros saídos das lutas sindicais e inúmeros cargos da estrutura estatal de poder ocupados por sindicalistas, vai entrar para a história da esquerda como mais uma experiência prática a ser discutida à luz do famoso livro de Lênin *O que fazer?*, escrito em 1902 para o 2º Congresso do Partido Social-Democrata Russo e adotado como fórmula para a organização partidária dos socialistas revolucionários.

No livro, Lênin chama a atenção para os riscos da incorporação pura e simples de lideres sindicais à política, sem uma preparação para serem líderes socialistas. Diz Lênin em *O que fazer?*: "Na maioria dos casos, concebe-se o militante ideal muito mais semelhante a um secretário de sindicato do que a um chefe político socialista. Porque o secretário de qualquer sindicato inglês, por exemplo, ajuda sempre os trabalhadores a sustentar a luta econômica, organiza a denúncia dos abusos nas fábricas, explica a injustiça das leis e disposições que restringem a liberdade de greve e a liberdade de colocar piquetes perto das fábricas (para avisar a todos que tal fábrica está em greve), explica a parcialidade dos juízes pertencentes às classes burguesas. Em resumo, todo secretário sindical sustenta e mantém a luta econômica contra os patrões e o governo."

Mas Lênin ressalta que "nunca será bastante insistir em que este não é um social-democrata, que o ideal do social-democrata não deve ser o secretário sindical, mas o tribuno popular, que sabe reagir a toda manifestação de arbitrariedade de opressão, onde quer que se produza e qualquer que seja o setor ou a classe social que afete; que sabe sintetizar todas estas manifestações em um quadro único da brutalidade policial e da exploração capitalista; que sabe aproveitar o menor acontecimento para expor ante todos suas convicções socialistas e suas reivindicações democráticas, para explicar a todos e a cada um a importância histórica universal da luta emancipadora do proletariado".

Há muito se discute se os trabalhadores não podem chegar aos ideais socialistas sem a ajuda dos intelectuais burgueses, e esse texto de Lênin leva a concluir que não, embora a tese não apareça em nenhum outro de seus textos. O PT, nascido da união entre sindicalistas e intelectuais paulistas, sempre viveu essa dicotomia interna, espelhada nas diversas facções em que se divide. Na época em que escreveu *O que fazer?*, Lênin combatia a tese, difundida entre os socialistas, de que bastavam as reivindicações econômicas para dar aos trabalhadores consciência de classe.

O sociólogo Francisco Oliveira, professor da USP e um dos fundadores do PT, hoje um dissidente fervoroso do governo Lula, foi o primeiro a registrar que a elite do sindicalismo passou a constituir uma nova classe social no Brasil ao ocupar posições nos conselhos de administração dos principais fundos de pensão das estatais e do BNDES. Só a Previ tem mais de 200 cargos nos conselhos das maiores empresas do país. Os sindicalistas ocupam vários postos importantes nos Estados, como as Delegacias Regionais do Trabalho. O presidente do Serviço Brasileiro de Apoio à Micro e Pequena Empresa (Sebrae) é Paulo Okamoto, que foi diretor do Sindicato dos Metalúrgicos do ABC e é tão amigo de Lula que é quem faz seu imposto de renda.

Jair Meneguelli, que presidiu o sindicato, é, desde o início do governo Lula, presidente do Serviço Social da Indústria (Sesi), que tem orçamento anual de cerca de R$ 900 milhões. O cargo é tão bom que Meneguelli abriu mão de seu mandato de deputado federal — que deveria ter assumido como suplente — para continuar nele, com um salário estimado em R$ 30 mil. Na república petista, o festival de nomeações de sindicalistas para diretorias e conselhos de estatais como Banco do Brasil, Petrobras, Itaipu, Chesf, tem o mesmo teor das nomeações fisiológicas em outras administrações, tão denunciadas pelo próprio PT. Com os escândalos, muitos desses empregos foram desativados.

Essa verdadeira "república sindicalista" foi sendo moldada à medida que decisões ampliaram o espaço de atuação e revitalizaram as finanças do sistema sindical brasileiro. O governo autorizou, por exemplo, os sindicatos a criar cooperativas de créditos que poderão funcionar como bancos. Além disso, permitiu-lhes instituir, na reforma da Previdência, planos de previdência complementar. Como as regras só permitem planos de previdência fechados, os sindicatos não terão muita concorrência privada. Uma medida em especial reforçou o poder de fogo das centrais sindicais: a autorização para que empréstimos sejam dados com desconto na folha de pagamento, com a intermediação dos sindicatos, o famoso crédito consignado que está no centro das acusações de beneficiamento do banco BMG, um dos que financiaram a farra do lobista Marcos Valério.

Não apenas o Land Rover de Silvinho Pereira, mas os ternos bem cortados de Delúbio Soares e os charutos Cohiba, que passaram a ser símbolo de status na "república sindicalista" de Lula, da mesma maneira que o uísque Logan e a gravata Hermès identificavam os componentes da "República de Alagoas" de Collor, têm uma explicação histórica de Lênin: "É comum a crença de que a classe trabalhadora tende ao socialismo. E isso pode ser verdade no sentido em que a teoria socialista revela as causas da miséria dos trabalhadores. No entanto, a força com que a ideologia burguesa se impõe sobre a classe é ainda maior."

27/7
VÁRIOS TIPOS DE JOIO

A revelação de que já em 1998 o lobista Marcos Valério utilizava empréstimos do Banco Rural para financiar o caixa dois de campanhas políticas, dando como aval contratos de sua agência de publicidade com os governos aos quais servia de intermediário, reforçou a tentativa dos governistas de reduzir todas as acusações de que são alvos a crimes eleitorais, praticados indiscriminadamente por todos os partidos políticos. Como, aliás, o próprio presidente Lula apressou-se a afirmar em Paris, antes mesmo que essa versão para o dinheiro ilegal fosse revelada pelos envolvidos.

O fato de a denúncia ter atingido o atual presidente do PSDB, senador Eduardo Azeredo, quando de sua campanha para a reeleição ao governo de Minas, só fez melhorar a situação para os governistas, que conseguiram cravar uma estaca no coração do seu principal adversário político. A insistência com que os parlamentares governistas repetiram na CPI dos Correios ontem as acusações envolvendo os tucanos mineiros mostra que a melhor defesa que têm no momento é espalhar a lama por todos os partidos, na esperança de que, todos enlameados, surja um acordo.

Tudo indica que o crime eleitoral que o ex-tesoureiro do PT Delúbio Soares confessou, corroborado pelo lobista Marcos Valério, tenha sido uma prática cuja expertise foi transferida pelo lobista para o PT como maneira garantida — e já testada com sucesso pelo menos no governo tucano de Minas Gerais — de financiar campanhas políticas. A única diferença é que o PSDB não admite esse procedimento como um ato formal do partido, ao contrário do PT.

Como resultado dessa CPI dos Correios, portanto, deveria surgir uma ampla reformulação da legislação sobre o financiamento das campanhas políticas no país, apertando os controles de fiscalização e determinando punições mais rigorosas para os que as financiarem com o caixa dois. Atualmente, as doações e contribuições de pessoas jurídicas são permitidas até 2% do faturamento bruto do ano anterior, o que é considerado pelos especialistas um limite excessivamente alto.

A empresa que doar acima desse limite ficará proibida de participar de licitações públicas e de assinar contratos com o poder público por cinco anos, além de receber uma multa pecuniária equivalente a no máximo dez vezes a diferença não declarada. Na prática, a legislação atual não trata de punição ao caixa dois, mas apenas da doação acima do limite da lei. Na reforma política que foi aprovada pelas comissões da Câmara, com o financiamento público das campanhas, a punição se tornará mais rigorosa, já que toda doação particular estará proibida.

Mesmo que o financiamento público não venha a ser aprovado, pois permanece um tema muito polêmico no Congresso, uma nova legislação sobre doações deveria ser aprovada a tempo de permitir que as próximas campanhas políticas sejam realizadas sem o fantasma do caixa dois, hoje disseminado por todos os partidos.

Mas "uma coisa é uma coisa, outra coisa é outra coisa", como já dizia o ex-presidente do PT José Genoino, quando ainda tinha condições de fazer gracinhas. A situação hoje não demanda mais apenas separar o joio do trigo, mas separar os diversos tipos de joio, e tratar de cada problema por vez. Virando-se o foco da discussão para os financiamentos ilegais, tenta-se restringir as apurações da CPI dos Correios, esquecendo-se de que o que a gerou foram denúncias graves de uso da máquina pública para financiar um vasto esquema de corrupção de parlamentares com o famoso mensalão, cuja existência está praticamente comprovada pelos documentos obtidos nos arquivos do Banco Rural, em posse do Supremo Tribunal Federal.

O que as investigações da CPI dos Correios demonstram é que muito mais do que o dinheiro dos empréstimos oficiais correu pelo chamado valerioduto, o que sugere que houve um aprofundamento da técnica para atender a uma política oficial de aparelhamento do Estado, muito mais ampla do que o simples financiamento de campanhas políticas. Além do fato de que o esquema de corrupção atual já está sendo considerado muito mais abrangente do que o que levou ao impeachment do ex-presidente Collor, politicamente tem um impacto muito maior por ter sido praticado pelo PT, o partido que se criou na defesa da ética na política e cresceu na credibilidade da opinião pública, até chegar à Presidência, exatamente por se apresentar como uma alternativa política diferenciada.

Se, no entanto, o esquema tivesse sido montado por uma quadrilha dentro do PT que, ludibriando a todos, se locupletasse do dinheiro público à custa da imagem do partido, seria mais fácil de resolver. Na cassação de Collor, a questão política foi simplificada pela quase unanimidade da opinião pública contra quadrilha alagoana que havia tomado de assalto o poder Executivo. O grave, hoje, é que tudo indica que foi montado um esquema institucional de corrupção que levou de roldão boa parte de um dos poderes da República, com o objetivo de perpetuar um partido político no poder.

Só uma atitude poderia desfazer essa percepção, que infelizmente vai sendo confirmada pelos documentos revelados na CPI: a admissão formal pelo presidente da República do que foi feito e sua completa rejeição como método de ação política antidemocrática.

Só assim poderia ser dado um passo afim de que esse final de governo fosse utilizado para, num grande acordo nacional suprapartidário, serem aprovadas algumas reformas estruturais de que o país necessita. Só assim também o presidente Lula voltaria a ter legitimidade política para tentar a reeleição à frente de um PT refundado.

28/7
SELEÇÃO NATURAL

O que torna a política fascinante é a permanente mutação, e uma das suas regras de ouro é saber que ninguém está definitivamente morto. Mas a crise atual, por exemplo, já deixou alguns corpos pelo caminho, resolvendo da maneira mais drástica a disputa de foice no escuro em que se transformara a definição sobre o candidato a governador de São Paulo pelo PT, e alimentando as ambições dentro do PSDB.

Foram caindo pelo caminho potenciais candidatos que, em outras ocasiões não muito distantes no tempo, tinham poder de empacar as decisões, como o ex-presidente da Câmara, João Paulo Cunha.

Ferido de morte por um cheque de R$ 50 mil sacado por sua mulher na boca do caixa do Banco Rural em Brasília, João Paulo hoje tenta definir não a melhor estratégia para se impor ao partido como candidato, mas a melhor hora de renunciar ao mandato para poder disputar a eleição de 2006.

O ex-chefe da Casa Civil, José Dirceu, hoje devolvido à Câmara, já apareceu como um possível curinga nessa disputa de egos e prestígios. Quando, ao reassumir o mandato de deputado federal, anunciou que seu sonho é governar o estado de São Paulo, parecia mais um complicador na disputa interna do PT.

Da mesma maneira que João Paulo, Dirceu hoje só faz se preparar para o depoimento no dia 2 de agosto na Comissão de Ética da Câmara, durante o qual deve enfrentar frente a frente seu acusador, o deputado Roberto Jefferson. Com o mandato a prêmio, José Dirceu é carta fora do baralho na sucessão paulista neste momento, e também pode renunciar para preservar seu direito de tentar voltar como deputado federal na próxima legislatura.

A ex-prefeita Marta Suplicy, embora continue no páreo, vê suas chances se dissolverem à medida que sobem os índices de popularidade do prefeito tucano José Serra, que a derrotou. Sem prestígio dentro da nova direção nacional do PT, da qual é primeira-vice mas nem sequer foi cogitada para um mandato-tampão — que não lhe servia aos planos, mas, se oferecido, mostraria seu prestígio dentro do partido —, Marta Suplicy não parece capaz de enfrentar o senador Aloizio Mercadante, que surge da crise como o candidato natural. Uma espécie de "seleção natural" foi acontecendo no PT, transferindo para o PSDB a maior angústia.

Com a crise no Partido dos Trabalhadores, vários nomes tucanos já começam a se sentir em condições de vencer a disputa pelo governo de São Paulo, que era dada como favas contadas a favor do PT. Hoje, são candidatos do PSDB o ex-ministro da Educação, Paulo Renato de Souza — que seria o preferido do ex-presidente Fernando Henrique —, o vereador José Aníbal, o deputado federal Alberto Goldman, além de secretários do governador Geraldo Alckmin.

O senador Eduardo Suplicy, que poderia ser uma opção ética nesse momento em que o PT pretende se "refundar", já se lançou a candidato à única vaga do Senado. Dois outros personagem daquela que é a mais importante seção do partido — o ex-presidente José Genoino e o ministro da Fazenda, Antonio Palocci — estão em situações opostas: Genoino, alvejado no peito por dólares escondidos em cuecas e avais a empréstimos de Marcos Valério, não está em condições políticas de repetir, pelo menos por agora, a façanha de ir para o segundo turno em uma eleição majoritária como a de governador.

Já o ministro Palocci, mais do que nunca o esteio do governo com sua política econômica, pode vir até mesmo a ser o candidato do PT à Presidência da República caso o presidente Lula desista de se candidatar à reeleição em 2006. Com a queda de José Dirceu, o PT não tem outra alternativa viável para substituir Lula.

Como se vê, mais do que nunca depende da política paulista a definição do quadro em que se dará a disputa pela Presidência da República em 2006, especialmente no PT, mas também no PSDB, cujo rumo continua a ser dado pelo ex-presidente Fernando Henrique Cardoso, que se mantém no noticiário político, ajudando o partido a encontrar caminho próprio na oposição. Embora pareça cada vez mais um grande eleitor, e não candidato à Presidência.

Mesmo que as últimas pesquisas mostrem que o prefeito de São Paulo, José Serra, é a opção mais viável para vencer Lula, o PFL continua vendo no governador de São Paulo, Geraldo Alckmin, uma alternativa melhor. Aliás, já queria tê-lo como candidato na última eleição, em vez de Serra.

A vitória de Serra na eleição para a prefeitura paulistana recolocou o grupo de Fernando Henrique no controle do partido em São Paulo, limitando as ações do atual governador, que, embora tenha sido o vice de Mário Covas, não é do grupo político que gerou o PSDB.

A afirmação de Alckmin como candidato do partido à Presidência parecia consensual, mas à medida que a possibilidade da derrota de Lula começa a ganhar força no cenário político, novas opções dentro do PSDB se movem.

O governador de Minas, Aécio Neves, não deixa que sua candidatura, nem a de Fernando Henrique, desapareçam das especulações, apenas para marcar espaço. Com a reeleição praticamente garantida ao governo de Minas, não é provável que Aécio lute pela vaga, mesmo com Lula enfraquecido.

O mais provável, hoje, é que a disputa interna no PSDB se dê entre Alckmin e Serra. O governador tem o respaldo de um apoio maciço em São Paulo, onde, segundo as pesquisas, vence Lula com facilidade. Serra é o que tem mais popularidade em âmbito nacional, graças ao recall da campanha presidencial, e cresce na aprovação dos paulistanos. Deixar a prefeitura menos de um ano depois de ter sido eleito é um problema a ser superado. O quadro de crise política, no entanto, pode justificar a quebra de compromisso.

31/7
O IMPONDERÁVEL

Analisando a crise política atual, o cientista político Amaury de Souza considera a situação do ex-chefe da Casa Civil, José Dirceu, que vai depor na terça-feira no Conselho de Ética da Câmara, "é difícil", pelos precedentes de seu ex-assessor Waldomiro Diniz, flagrado extorquindo um bicheiro, e de Marcelo Sereno, outro assessor, ligado a Delúbio Soares e Sílvio Pereira na direção do PT. "São dois auxiliares diretos de Dirceu envolvidos. E ele teve um papel determinante para a carreira meteórica de Delúbio e Silvinho no partido. Eram militantes de base que de repente foram alçados ao diretório nacional sem terem representatividade nenhuma", analisa Souza.

Se Dirceu confirmar na Comissão de Ética uma conversa que se atribui a ele, dizendo que tentou tirar Delúbio Soares da direção do PT e "não deixaram", atingirá diretamente o presidente Lula, de quem Delúbio é considerado protegido. Na avaliação de Amaury de Souza, Dirceu já está indo para a Comissão de Ética com um problema sério, pois Renilda Santiago, mulher de Marcos Valério, garantiu que ele teve a reunião com a diretoria do Banco Rural em Minas. Mas Souza acha que não vai acontecer com Lula o que aconteceu com Collor, cuja popularidade caiu rapidamente durante 1991, com o fracasso do plano econômico e a consequente volta da inflação depois do sequestro da poupança.

Analisando pesquisas de opinião da época, Amaury de Souza destaca que "da posse em 90 até o fim de 91, há uma queda constante de Collor, que se estabiliza no patamar de 10%, do qual nunca mais conseguiu sair". No caso de Lula, acredita Souza, "o processo de erosão da popularidade será através do que for sendo passado adiante em termos das descobertas da CPI".

Os dados de apoio a Lula já começam a mostrar a erosão da popularidade "por indicadores indiretos", comenta. Amaury de Souza lembra que o governo Lula está em um patamar de 40% de aprovação, enquanto o de Collor, na mesma época, estava em 10%. "A aprovação, tanto do governo quanto de Lula, tem pouca variação por indicadores como classe social, escolaridade. É mais baixa nas classes A e B, e mais alta nas classes C a E, mas uma diferença pequena estatisticamente. Mas em todos os cenários, ele já sumiu como opção de voto na classe A", destaca Souza.

Na intenção de votos no primeiro turno, os dados de janeiro deste ano mostram Lula oscilando entre 48% e 50%. Já caiu para a faixa de 35% a 40%. Toda a crise envolvendo a corrupção no governo está sendo acompanhada mais de perto pelas classes A e B, e para baixo o processo de filtragem da informação é muito mais lento, comenta Amaury de Souza. "Há uma barreira simbólica fortíssima de identificação com Lula. O processo de perda de popularidade vai ser muito mais suave", diz ele.

O cientista político acha que o imprevisto, o imponderável, podem ser decisivos no desfecho do caso. No processo de Collor, não havia nada que tornasse o impeachment inevitável, analisa Souza. Mesmo depois das denúncias de Pedro Collor, ele acha que ainda seria possível administrar a crise, que se tornou inadministrável por uma série de fatores: "Os operadores do Collor eram uns trapalhões, assim como são os de Lula. Deixaram rastro de todos os lados. Há uma riqueza de provas inacreditável."

Também foi fundamental o papel da imprensa, "fazendo seu primeiro grande aprendizado de liberdade de expressão depois da ditadura, e com isso a população se interessou muito pela CPI". Segundo Amaury de Souza, um estudo da cientista política Argelina Figueiredo mostra com muita clareza que CPIs contra o governo têm baixa probabilidade de sucesso. Apenas 54% terminam de alguma forma, e as mais exitosas são as que não vão contra o governo, mas tratam de temas como trabalho escravo, exploração infantil, meio ambiente.

Um dos fatores que Amaury de Souza destaca para esses desfechos é "o grau de atenção da opinião pública". Ele está convencido de que "se a opinião pública estivesse interessada no Banestado, a CPI não teria acabado em pizza". Ele salienta que a crise do governo Collor começou a entrar em sua fase aguda por volta de fevereiro/março de 1992; entre abril e o final de agosto a opinião pública tomou conhecimento do que estava ocorrendo com o governo e formou uma opinião fortemente negativa.

Para ele, a melhor pergunta das pesquisas de opinião começou a ser feita naquela ocasião: Você acredita que o presidente esteja diretamente envolvido no esquema de corrupção? Até abril, o patamar dos que acreditavam que Collor tinha envolvimento estava em 31%. Depois da entrevista de seu irmão Pedro, em junho, a proporção já estava em 65%; em agosto já estava por volta de 75%; e, às vésperas do julgamento, o índice foi para em torno de 85%. "Agora, no caso de Lula, em julho 39% disseram que ele estava envolvido, e desses só 14% disseram que está totalmente envolvido."

Mas Amaury de Souza chama a atenção para uma circunstância característica da nossa sociedade atual: a velocidade com que a notícia se propagou entre a população é maior do que na época de Collor, especialmente devido à transmissão pela televisão das sessões das CPIs e à internet.

Em maio, 51% acompanhavam a CPI dos Correios, e desses, 16% estavam realmente atentos. Em junho, já eram 84% (e 36% realmente atentos). A mesma percepção aparece quando se pergunta se o entrevistado acredita em corrupção no governo Lula. Em março, 32% diziam que sim; em maio, 65%; em junho, 70%; e em julho, 78%. Na pesquisa da revista *Época* desta semana, o governo Lula aparece atrás apenas do de Collor no ranking dos mais corruptos.

2/8
O DIA D

O ex-chefe da Casa Civil da Presidência da República, José Dirceu, comparece hoje ao Conselho de Ética da Câmara na qualidade de testemunha, mas com toda a pinta de réu. Há poucos dias, demonstrava uma segurança até estranha diante da avalanche de denúncias que desabava sobre o partido e o governo que um dia já foram seus. E garantia que não havia nada que o ligasse aos delitos denunciados, a não ser a acusação "de um desclassificado".

Hoje, esse "desclassificado" estará na primeira fila do Conselho, e tudo pode acontecer. É, como já está sendo conhecido em Brasília, o Dia D (de Dirceu).

Nos últimos dias, como tem acontecido regularmente desde que se iniciou essa crise, "Sua Excelência os fatos", na expressão de Ulysses Guimarães, vem confirmando as acusações do "desclassificado" Roberto Jefferson. Embora a diretora da SMP&B, Simone Vasconcellos, não tenha confirmado na Polícia Federal o que dissera aos jornais, que era mesmo o pau para toda obra de Dirceu, Bob Marques, a pessoa autorizada a sacar R$ 50 mil na boca do caixa do Banco Rural em São Paulo, permanece a suspeita.

A intimidade de Dirceu com o lobista Marcos Valério era tanta que ele conseguiu não apenas um emprego para uma ex-mulher no mesmo Banco Rural, como um financiamento no outro "banco amigo", o BMG, para que ela comprasse um imóvel em São Paulo. Ou é crível que Dirceu só tenha tomado conhecimento de todas essas transações ontem, depois que a denúncia foi publicada?

Com tantas evidências, por que não acreditar no que disse Renilda, a mulher de verdade? Segundo ela, Dirceu negociou os empréstimos do PT pessoalmente com o Banco Rural. Ao mesmo tempo que parece acuado pelas acusações, José Dirceu mantém uma relação ambígua com o Palácio do Planalto e com seu próprio partido. O que está sendo feito dentro do PT pelo novo presidente Tarso Genro é, na verdade, preparar o caminho para a saída de Dirceu do comando informal que exerce através de prepostos como Delúbio e Sílvio Pereira, na qualidade de presidente licenciado.

Ele não tem condições de voltar a comandar o partido, mas é o que insinua como objetivo ao dizer a todo momento que está sendo julgado politicamente, como na última nota que soltou. Essa nota, com críticas duras a setores da imprensa e à oposição, foi entendida como uma preparação para uma provável renúncia futura, uma jogada para tentar voltar na próxima legislatura como deputado federal, comandando os militantes petistas.

Esse movimento perdeu conteúdo político ontem com a primeira renúncia de mandato de um dos líderes do mensalão, o presidente do PL, Valdemar Costa Neto. O que poderia ser um gesto político passou a ser tão somente uma confissão de culpa.

Tarso Genro está tentando negociar a dissolução do Campo Majoritário, dando uma solução tão radical para que o PT seja refundado quanto a de José Dirceu em 2000, quando instituiu a grande inovação da eleição direta do presidente do partido, quebrando assim o voto proporcional dentro do PT, que dava representatividade às diversas tendências que o compõem. Essas tendências continuam representadas no diretório nacional, mas já não têm força para negociar a presidência, escolhida pelos cerca de 800 mil filiados.

O que Genro pretende é impedir a existência de tendências, o calcanhar de aquiles da unidade partidária. Quando Lula foi eleito, com a orientação da campanha e das alianças partidárias dominada pelo Campo Majoritário, todos os grupos do partidos foram convidados a fazer parte do governo, numa tentativa de unificação. Mas logo o pragmatismo da nova administração, especialmente na condução da política econômica, impediu a unidade.

Nesse processo que se desenrola, Lula finge se distanciar do PT, ao mesmo tempo que mantém cada vez maior poder de interferência no partido pelo qual terá que ser candidato, se tiver condições políticas de concorrer à reeleição. A lama que pegou no PT vai pegar irremediavelmente em Lula na campanha. Não adianta ele tentar se distanciar do PT — estão umbilicalmente unidos. Mas a aparência de distanciamento é a única saída política para tentar blindar o presidente.

Lula fez uma intervenção direta no partido, colocando em sua direção três ministros — Tarso Genro, Humberto Costa e Berzoini — e pode esperar agora uma "limpeza ética". A dificuldade para expulsar Delúbio Soares, no entanto, mostra que não é fácil fazer essa limpeza, e que a turma de José Dirceu continua forte.

O mesmo paradoxo que vive Lula vive José Dirceu. Ao mesmo tempo que se sente traído pelo Palácio do Planalto, recebe ajuda do ministro da Justiça, Márcio Thomaz Bastos, do coordenador político do governo, Jaques Wagner, e se utiliza da Abin, e até mesmo do advogado Fernando Neves, presidente do Conselho de Ética Pública, que não deveria ter nenhuma ligação com o governo. Ele disse em nota que faz "consultoria sobre aspectos da legislação eleitoral e partidária" para o deputado José Dirceu, que por haver deixado o cargo de chefe da Casa Civil, "não é mais autoridade vinculada à Comissão de Ética Pública".

Há um equívoco aqui — e como se fazem de ingênuos todos os participantes dessa trama: o deputado Dirceu vai hoje ao Conselho de Ética para testemunhar fatos que viveu como ministro e, portanto, o presidente do Conselho de Ética não poderia ter-lhe dado conselhos técnicos. O futuro da crise dependerá muito do que disser José Dirceu hoje — confirmará, por exemplo, que tudo o que fez foi com o conhecimento do presidente? — e do depoimento da diretora Simone Vasconcellos na CPI dos Correios amanhã.

3/8
COINCIDÊNCIAS

Duas novidades surgiram no depoimento de ontem do deputado José Dirceu no Conselho de Ética da Câmara: a acusação de Roberto Jefferson de que o então chefe da Casa Civil negociou com a Portugal Telecom uma contribuição para o PT e o PTB acertarem suas contas, e a afirmação de José Dirceu de que nunca foi stalinista. O resto foi a repetição de vários outros depoimentos, com uma peculiaridade: a testemunha foi tratada como acusada, e o acusado portou-se como acusador, sem que ninguém estranhasse. Na verdade, os fatos conspiram contra o governo e favorecem os acusadores.

Todas as denúncias feitas pelo deputado Roberto Jefferson estão sendo comprovadas; todos os detalhes contados pela secretária Karina Somaggio estão sendo confirmados, até mesmo as malas recheadas de dinheiro que pareciam metafóricas e se transformaram em dura realidade. O agora ex-deputado Valdemar Costa Neto renunciou, atingido duplamente: pelas acusações de Jefferson e pela sinceridade maliciosamente ingênua de sua ex-mulher, Maria Christina Mendes Caldeira, que também via malas de dinheiro passando de mão em mão.

Até o momento, apenas a secretária do deputado Sigmaringa Seixas apresentou explicação correta para sua presença na agência do Banco Rural onde os saques eram feitos. Todos os demais deputados petistas que apareciam nas listas de saque do Banco Rural, ou seus assessores, começavam alegando que se tratava de um homônimo, ou motivos triviais como pagar a conta da TV a cabo, para, no fim, quando já não havia como mentir, assumirem os saques.

O deputado Paulo Delgado realmente não sabia que seu assessor apanhara dinheiro como dirigente petista do Distrito Federal, e o demitiu. A alegação geral é que esse dinheiro representa o caixa dois de campanha eleitoral, o que iguala a todos e a todos absolve. O deputado José Dirceu ainda está no estágio anterior: nega peremptoriamente que seu assessor informal Bob Marques seja a pessoa autorizada pela diretora Simone Vasconcellos a sacar dinheiro na boca do caixa.

Também o ministro Ciro Gomes não acredita que seu secretário-executivo Márcio Lacerda tenha recebido R$ 457 mil de Marcos Valério, mas, por via das dúvidas, aceitou sua demissão. O irmão de José Genoino também não sabia como explicar os dólares na cueca de seu assessor, mas acabou aparecendo na lista do Banco Rural.

E é impressionante como esses petistas acreditam no ser humano. Delúbio Soares mal conheceu o lobista Marcos Valério e já se sentiu à vontade para pedir que fosse avalista de vários empréstimos para o PT. E Marcos Valério jura que nada ganhou em troca, embora suas agências de publicidade sejam as preferidas pelas estatais. Bastou o ex-secretário-geral do PT, Sílvio Pereira, revelar para um executivo da empresa GDK seu sonho de consumo, para ganhar de presente do novo amigo um Land Rover novinho em folha. E é claro que também não deu nada em troca, e nada lhe foi pedido, embora a GDK tenha vencido uma licitação milionária na Petrobras.

A maior prova de que Sílvio Pereira considerava esse tipo de favorecimento normal é que, ao apresentar uma ex-mulher do então ministro todo-poderoso José Dirceu a Marcos Valério, confidenciou-lhe que o sonho dela era morar num apartamento maior com a filha de Dirceu. Como para arranjar um empréstimo que viabilizasse a mudança Maria Ângela Saragoça precisava também de um emprego melhor, Valério, que Maria Ângela achava ser "um petista solidário", conseguiu não apenas um emprego no BMG como um financiamento no Banco Rural. E, por solicitação de Ivan Guimarães, então presidente do Banco Popular, mais uma vez Valério surge em cena, dessa vez para comprar o apartamento antigo da ex-mulher de Dirceu, permitindo assim que ela adquirisse um maior.

A confirmação de que o lobista Marcos Valério viajou a Portugal com o ex-tesoureiro do PTB Emerson Palmieri, tendo sido recebido por um ministro de Estado a pedido do presidente da Portugal Telecom, dá à nova denúncia de Roberto Jefferson ares de verdade. Com um agravante: tanto o ministro português quanto o presidente da Portugal Telecom eram ex-executivos do braço financeiro do grupo Espírito Santo, para cujo banco em Lisboa Marcos Valério tentou transferir as reservas cambiais no exterior do Instituto de Resseguros do Brasil (IRB), cuja presidência era da cota do PTB.

Os personagens são os mesmos, os bancos também. E até o momento só temos duas manifestações do presidente Lula sobre o assunto: em Paris, disse que o que o PT fez foi usar dinheiro de caixa dois na campanha eleitoral, o que seria feito sistematicamente no Brasil. Uma coincidência com a versão que, horas depois, Delúbio Soares e Marcos Valério dariam para explicar os empréstimos. Na segunda-feira, queixou-se a sindicalistas de que o ex-tesoureiro Delúbio Soares havia falido o PT. Não moralmente, mas gerencialmente. Para o presidente Lula, até o momento, portanto, temos apenas um problema de má gestão.

A coincidência é que, horas antes, havia falado a sindicalistas da categoria dos motoristas de táxi, prorrogando a isenção do IPI até 2007. A mesma categoria que o ex-presidente Collor recebeu no Palácio do Planalto quando exortou a que todos saíssem às ruas de verde e amarelo para protestar contra o impeachment que armavam contra ele. O país saiu às ruas de preto, e o resto é história. Enfim, todas as coincidências, mesmo a mais desimportante, conspiram contra o governo e seus aliados. E, como disse Nelson Rodrigues: "Deus está nas coincidências."

4/8
A CRISE RECRUDESCE

A crise vai se aproximando do presidente Lula à medida que surgem pagamentos ilegais de mais de R$ 15 milhões do lobista Marcos Valério para o marqueteiro Duda Mendonça, quando este já trabalhava para o presidente eleito, e para o escritório de advocacia que defendeu o PT no caso Celso Daniel, o que desmonta a tese de que o dinheiro era apenas para gastos de campanha; e com a missão quase oficial de Valério a Portugal para tratar de negócios particulares da Telemig Celular com as bênçãos do governo brasileiro, conforme insinuou em seu depoimento na Comissão de Ética da Câmara o deputado Roberto Jefferson.

Até mesmo o comprovante do pagamento de uma dívida do presidente Lula ao PT desapareceu, como a confirmar a suspeita de que ela foi paga pelas verbas inesgotáveis do mesmo Valério. Ao mesmo tempo que as denúncias vão se acercando do presidente Lula, ele se coloca acima de todas as mazelas que vão sendo provadas nas diversas instâncias em que as denúncias são apuradas, e parte para o ataque advertindo, à maneira do técnico Zagallo, que seus adversários vão ter que engoli-lo.

O presidente tem preferido a retórica eleitoral a tentar explicar, ou pelo menos lamentar, as irregularidades já amplamente comprovadas. O senador Eduardo Suplicy, um petista atípico nos dias de hoje, voltou à cena para sugerir que o presidente se explique em uma entrevista coletiva, duas coisas que ele não gosta de fazer.

À medida que surgem as denúncias, acirra-se a crise política com a resposta da oposição, chamada à briga pelos seguidos improvisos presidenciais em reuniões com sindicalistas, cegonheiros, taxistas, e toda sorte de representantes dos chamados movimentos sociais que o presidente pretende mobilizar para defender seu mandato, que considera ameaçado, não pelas denúncias de corrupção que atingem amplas áreas de seu governo, mas pela perseguição das elites e da imprensa.

Ontem, com a subida de temperatura, o senador Antonio Carlos Magalhães perdeu a cerimônia e tocou em um ponto delicado: a negociação atípica da empresa de internet do filho do presidente com a Telemar. O senador Tasso Jereissati acusou-o diretamente de ser o responsável, em última instância, por tudo o que acontece no país.

A palavra impeachment voltou a frequentar os discurso da oposição, e já não há mais papas na língua quando diversos oposicionistas afirmam que, diante do amplo quadro de corrupção sistêmica que está sendo comprovado, não é possível que o presidente Lula não soubesse do mensalão e de outras práticas adotadas pelo PT, inclusive na sua campanha presidencial.

Como à época que antecedeu o impeachment do ex-presidente Collor em 1992, hoje a equipe econômica faz as vezes do chamado "ministério ético" que na ocasião garantiu a governabilidade. Naquela época, houve um acordo tácito entre o Congresso, a sociedade e alguns homens públicos apartidários, entre eles Marcílio Marques Moreira e Hélio Jaguaribe, que aceitaram assumir setores estratégicos do ministério e mantiveram o diálogo em nome do governo, que se desmanchava em público.

O presidente, isolado no Palácio do Planalto, dava seus últimos suspiros em discursos populistas que acabaram gerando uma reação popular contrária nas manifestações de rua, com os caras pintadas e cidadãos vestidos de preto. Hoje, é a equipe econômica que faz a sustentação do governo, literalmente paralisado pelas denúncias que se desdobram e por um presidente que age como se nada tivesse com as graves denúncias que envolvem sem distinção membros do seu governo, de seu partido, de sua base aliada.

A situação política é tão paradoxal que o discurso presidencial tende cada vez mais à esquerda, assim como a nova diretriz de seu partido, e a política econômica é tão tradicional que o secretário do Tesouro dos Estados Unidos, John Snow, vem ao Brasil em missão explícita de apoio, temendo que a crise política contamine a área econômica. A economia só foi contaminada em um dia, quando o presidente elevou o tom populista e deu a impressão de que estaria desencadeando um processo de transição para a prática de enfrentamento que setores do governo, notadamente o ex-ministro José Dirceu, advogam como saída política.

Ao dizer que seus adversários vão ter que engoli-lo se decidir se candidatar à reeleição, o presidente Lula confia na manutenção dos índices de popularidade de que dispõe até o momento. E, ao sair discursando para os movimentos sociais e os "descamisados" alcançados pelo Bolsa Família, o mais abrangente esquema assistencialista já montado no país, o presidente mostra bem onde vai buscar os votos que perdeu nas classes médias e nos formadores de opinião.

Com o PT vivendo uma tragédia que certamente lhe custará caro nas próximas eleições, o presidente Lula, se encontrar forças para se candidatar a um novo mandato, o fará sem base partidária, mas apoiado por seu carisma pessoal, que confia sobreviverá à crise política, e em um populismo que pode lhe trazer votos dos grotões onde começou a ser votado nas eleições de 2002 graças ao apoio de políticos tradicionais do Norte e do Nordeste, que na maioria já não fazem parte de seu grupo de aliados.

O PT e Lula perderam o apoio de seu núcleo principal de aliados, o grupo de formadores de opinião, e tentam se apossar de um eleitorado que, além de nunca ter sido deles, tem memória curta e é facilmente manipulável por quem ofereça maiores vantagens imediatas. Se acontecer, será uma eleição atípica para o PT e para Lula.

6/8
BRAVATAS E RESULTADOS

No périplo pelo país atrás de suas origens, o presidente Lula garantiu em Teresina a um grupo de representantes dos chamados "movimentos sociais" — leia-se CUT, MST, associações de moradores e até de combate à corrupção — que é solidário a eles no que classificou de "embate" com o ministro da Fazenda, Antonio Palocci, para baixar os juros.

E deixou no ar a promessa de que eles cairão, "não da noite para o dia", mas cairão, para melhorar a empregabilidade. Lula admitiu ainda que a equipe econômica "é dura", mas garantiu aos companheiros que vai acabar ganhando essa queda de braço.

A tal ponto que eles saíram da reunião convencidos de que, agora sim, o presidente vai mudar a política econômica para atender às suas reivindicações. Em condições anormais de temperatura e pressão como as que estamos vivendo, essa tertúlia sindicalista teria todos os ingredientes para incendiar os mercados financeiros, criando um clima de insegurança que jogaria o dólar para as alturas.

Mas o dólar manteve-se estável em uma cotação próxima dos R$ 2,30, uma das mais baixas dos últimos tempos, e o risco-país caiu um pouco mais, refletindo a força da balança comercial, que terá um saldo de mais de R$ 40 bilhões este ano, reduzindo nossa vulnerabilidade externa.

A bravata sindical de nosso presidente já não assusta os investidores, que chegaram a ficar nervosos no início dessa crise quando um dos discursos populistas da velha face de Lula parecia indicar que ele escolhera a linha chavista para enfrentar a crise. Logo ficou claro que a consequência dessas bravatas é nenhuma, e que o importante mesmo não é olhar para o comportamento errático do nosso presidente, mas para a frieza profissional do nosso ministro da Fazenda, Antonio Palocci, este, sim, a verdadeira âncora do governo nesses dias tumultuados pelas denúncias e pelo comportamento inadequado do presidente da República.

No limite, o mercado preocupa-se muito mais com o envolvimento de Rogério Buratti, antigo assessor de Palocci na Prefeitura de Ribeirão Preto, nas falcatruas que estão sendo investigadas por três CPIs e um Conselho de Ética, do que com o envolvimento do ex-homem forte do governo, José Dirceu. E até mesmo a possibilidade de as acusações chegarem ao presidente Lula assombra muito mais pelo que pode significar em termos de mudança na política econômica do que propriamente pela sua capacidade de mobilização desses mesmos "movimentos sociais".

A exemplo do presidente do Supremo Tribunal Federal, ministro Nelson Jobim, que teme as consequências de um eventual processo de impeachment do presidente Lula, há muita gente nos círculos do poder convencida de que o MST, os sindicatos dos caminhoneiros e cegonheiros, e outras associações do gênero têm condições de parar o país contra "o golpe das elites".

Há, porém, quem considere que a possibilidade de mobilização do lumpesinato é inversamente proporcional à desmoralização que a cada dia aumenta o descrédito do PT e pode atingir a imagem do presidente Lula, já enfraquecida nos grandes centros do país onde realmente contam as manifestações populares.

No próximo dia 16, teremos oportunidade de ver, em uma manifestação que já está sendo classificada de chapa branca, qual o tamanho da disposição desses "movimentos sociais" de marchar ao mesmo tempo contra a corrupção e a favor do presidente Lula, dois comportamentos que a cada dia se distanciam mais, não exatamente por documentos ou provas cabais de seu envolvimento na trama que abarca todo seu governo, mas pela atitude dúbia que ele pessoalmente, o governo e o próprio PT assumem diante das investigações.

O governo que há dois meses usou toda sua força para impedir a criação da CPI, com a participação direta do próprio presidente, é o mesmo que continua tentando obstaculizar as investigações. A Polícia Federal vem utilizando uma tática maliciosamente astuciosa: espera que as CPIs convoquem determinada pessoa e expede uma convocação para um dia antes, esvaziando a sessão das CPIs e, segundo desconfiança de alguns deputados, ganhando tempo para manipular as investigações.

O comando da CPI dos Correios, acusado de chapa branca quando de sua instalação, aparentemente comporta-se à altura do momento político, mas não consegue que os órgãos oficiais, especialmente o Banco do Brasil, enviem os documentos necessários à apuração. Ou que os enviem com mais rapidez, para que as investigações ganhem ritmo.

O comportamento do procurador-geral da República, Antonio Fernando de Souza, ainda é uma incógnita: não declara a prisão preventiva do lobista Marcos Valério mesmo depois que documentos foram destruídos, mas também não lhe concede a "delação premiada", obedecendo a uma estratégia de investigação que, se a muitos parece adequada, pois não há garantia de que Valério esteja mesmo disposto a revelar tudo o que sabe, a outros parece falta de interesse em aprofundar as investigações.

Como a CPI é um tribunal político, mesmo a concessão da garantia do *habeas corpus* preventivo a acusados como Delúbio Soares, Marcos Valério e Sílvio Pereira, dando-lhes o "direito a mentir", como ficou vulgarmente conhecido o direito a não se incriminar com suas respostas, deixou no grande público, que assiste cada vez mais em tempo real aos depoimentos, a sensação de que até mesmo o Judiciário está envolvido em uma negociação política, na tentativa de transformar em pizza as investi-

269

gações, conforme denunciou a deputada Denise Frossard. A divulgação de relatórios parciais, com o pedido de punição para os primeiros culpados, será a melhor resposta dos parlamentares a essas desconfianças.

7/8
FAÇAM O JOGO

A crise política desencadeada pelas denúncias de corrupção fez também com que se movimentasse antes do previsto a corrida presidencial para 2006, que estava travada pelo entendimento generalizado de que o presidente Lula seria um candidato praticamente imbatível à reeleição. Mesmo aparecendo nas pesquisas de opinião como o mais competitivo candidato do PSDB, principalmente devido ao recall da última campanha, o atual prefeito de São Paulo, José Serra, não se excitava especialmente pela disputa diante da dificuldade de sair da prefeitura pouco mais de um ano depois de eleito, e tendo assumido o compromisso de permanecer no cargo até o fim do mandato.

O candidato natural seria o governador de São Paulo, Geraldo Alckmin, que sempre contou com a preferência do PFL e tem apoio do eleitorado paulista verdadeiramente sólido. A crise colocou o quadro político de cabeça para baixo, e entre os tucanos há uma certeza: Lula não será o próximo presidente do Brasil. A partir daí vários cenários são montados, desde o impeachment do presidente até sua derrota nas urnas em 2006, passando pela possibilidade de renúncia no meio do caminho.

Um dos cenários alternativos politicamente mais eficientes para o governo seria o presidente mandar emenda constitucional ao Congresso acabando com a reeleição em 2010 (reassumindo uma tese antiga sua), ampliando o mandato do próximo presidente para cinco anos e anunciando ao país que, mesmo tendo o direito, não disputaria a reeleição e presidiria a campanha de 2006 como magistrado.

De todos os cenários, os que mais preocupam a direção do PSDB são, pela ordem, a renúncia ao mandato e a renúncia espontânea à reeleição. O impeachment, que já preocupou muito, hoje não assusta tanto, pois está definido que ele só sairá caso apareça algum documento ou fato inconteste que possibilite acioná-lo sem que o presidente tenha condições políticas para reagir. Ou se sua credibilidade se deteriorar tanto nas investigações que não se torne um problema político sua deposição, mas sim sua manutenção no cargo.

A renúncia ao mandato o transformaria em "um Getulio vivo", na definição do ex-presidente Fernando Henrique Cardoso, e é o cenário mais delicado com que a oposição pode se defrontar. Já a desistência da reeleição tanto poderia parecer confissão de culpa quanto grandeza política, e neste caso lhe daria condição de ser o grande eleitor da situação em 2006. Mas ele só adotaria essa alternativa se não tivesse mesmo condições de disputar com chance de vencer, o que até o momento não mostram as pesquisas.

A questão é que o PT não tem nomes competitivos para substituir Lula, mesmo que ele se encontre "manco" das duas pernas, e por isso o presidente já havia sinalizado que o (ainda) ministro da Integração Nacional, Ciro Gomes, seria seu nome preferido caso não se recandidatasse. Afora o fato de que dificilmente Ciro seria um nome palatável para o PT, especialmente agora que o partido tem que se recompor em âmbito nacional, há ainda as questões pontuais a dificultar essa manobra.

No meio político há quem tenha visto o desabafo publicado nesta coluna, sexta-feira, anunciando que pode deixar o governo a qualquer momento, como mera tentativa de se afastar das denúncias de corrupção que atingiram sua campanha "desastrada" em 2002 e seu secretário-executivo, para, mais adiante, ter condição de disputar a Presidência. Mas é difícil crer que Ciro Gomes hoje seja um candidato tão viável quanto já foi, ou seria, caso as acusações não tivessem surgido. Há ainda quem, no PT, considere que, para perder, seria melhor um candidato como Tarso Genro, por exemplo, que refundaria o partido.

No PSDB, a postura oficial deve ser a de manter o governador Geraldo Alckmin como o candidato natural do partido, enquanto os fatos políticos não demonstrem que a alternativa Serra é inevitável. Está nas previsões dos políticos tucanos o surgimento de uma pesquisa de opinião nos próximos meses mostrando José Serra já à frente de Lula em projeções do segundo turno da eleição presidencial, um fato político relevante que faria naturalmente a escolha do PSDB se transferir para o prefeito paulista sem traumas internos.

O maior receio dos tucanos é que a escolha do candidato reproduza a divisão interna que provocou a candidatura de Serra em 2002, levando ao rompimento da aliança com o PFL. Essa será uma costura delicada, apesar de os liberais já não fazerem restrições a Serra. Além do mais, se os dois saírem candidatos — Serra à Presidência e Alckmin ao Senado —, o PFL ganhará de mão beijada os dois principais postos políticos do país: o governo de São Paulo, com Cláudio Lembo, e a prefeitura paulistana, com Gilberto Kassab. Aí começam as dificuldades. Os tucanos paulistas não admitem entregar o poder do estado tão integralmente ao PFL e temem inclusive que consigam montar um esquema eleitoral que viabilize a candidatura de Guilherme Afif Domingos ao governo paulista. Uma parte do PFL, prevendo essa reação dos tucanos, ou para evitá-la, prefere uma aliança nacional com o PMDB, tática defendida pelo prefeito do Rio, Cesar Maia, em entrevista ao jornal *Valor Econômico*.

Já o PMDB, que tem como candidato mais explícito o ex-governador do Rio, Anthony Garotinho, continua se debatendo em divisões internas. Garotinho, acreditando que o candidato do partido sairá mesmo de uma eleição direta, está trabalhando, aparentemente com sucesso, os diretórios regionais. Mas a possibilidade de que venha a ter a maioria já faz com que a direção nacional do partido pense em alterar novamente as regras do jogo para barrá-lo.

9/8
CONFISSÃO DE CULPA

Não poderia haver confissão de culpa mais vigorosa do que a feita pelo ex-ministro José Dirceu na reunião do diretório nacional do PT neste fim de semana. Desprestigiado politicamente pela sociedade civil, que identifica nele o cabeça do imenso esquema de corrupção que está sendo desvendado pelas investigações, e à beira do cadafalso para ser cassado por seus pares no Congresso, que também reconhecem nele o mentor de Delúbio Soares, Dirceu ainda tem forças dentro do PT para desautorizar decisões do novo presidente, Tarso Genro, e proteger seu apaniguado, impedindo que seja expulso sumariamente.

E, de quebra, consegue reverter uma decisão que tinha o aplauso da sociedade, a de o partido não dar legenda para parlamentares que renunciem aos mandatos para fugir da cassação. Talvez preparando a própria cama. Mente-se tanto nesse processo que não seria surpreendente que Dirceu apresentasse sua renúncia mesmo depois de anunciar que não o faria, alegando uma perseguição política qualquer. O presidente da Câmara, Severino Cavalcanti, ainda não deu andamento ao processo de perda de mandato contra Dirceu, deixando espaço para ele agir.

Está mais que demonstrado, portanto, que o Dirceu que nada sabia, que nada viu, que se afastou do PT quando foi para o governo, nunca existiu. Sempre existiu, sim, o Dirceu que controla há anos com mão de ferro o Campo Majoritário e opera politicamente em nome do grupo que sempre teve como líder principal o hoje presidente Lula.

Por outro lado, a pizza que o PT está colocando no forno tem um recheio surpreendente, que agrada a todos os paladares, seja o do PSDB, seja até mesmo o do deputado Roberto Jefferson, o grande algoz do governo: se existem tipos diferentes de crimes sendo investigados, e o caixa dois é o mais brando deles e por isso merece punição menos drástica, então a dinheirama que circulou pelas mãos do lobista Marcos Valério não era apenas para pagar dívidas de campanha, como sustentavam até agora o ex-tesoureiro Delúbio Soares e até mesmo o presidente Lula.

Agora vem a nova direção do PT e propõe punições diferentes para crimes diferentes, o que aparentemente tem lógica. Mas de que crimes diferentes estamos mesmo falando? E por que punir Delúbio Soares, se a única coisa que ele confessou foi o financiamento de dívidas eleitorais de petistas e aliados com caixa dois, que é um crime menor na nova concepção de ética petista? Ou a direção do PT sabe de mais coisas sobre Delúbio que não revela ao grande público? Ou, curvando-se às evidências, o novo secretário-geral petista, Ricardo Berzoini, já está admitindo que o dinheiro do valerioduto serviu a diversas finalidades, como pagar para deputados mudarem de partido ou votarem a favor do governo, e não apenas para somar dívidas de campanha?

Como disse o presidente Lula, o problema de uma mentira é que você acaba tendo que mentir novamente para sustentar a primeira mentira, e a trapalhada não tem fim. É tão variada a miríade de interesses abarcados pelo dinheiro que jorrou dos cofres valerianos que até mesmo uma cafetina brasiliense saiu das sombras na CPI dos Correios. É didático fazer comparações entre o esquema montado para pagar as "dívidas de campanha" do governo atual e o montado por PC Farias no governo Collor com as "sobras de campanha".

No fundo, no fundo, o que está em jogo é o dinheiro público, o meu, o seu, o nosso dinheiro. E o que detona as crises são desavenças em torno do vil metal — no caso de Collor, o irmão Pedro, insatisfeito com a partilha, e a gula de PC Farias. No caso do PT, a chantagem de Roberto Jefferson em busca de mais dinheiro, como revela Valério. E o deslumbramento com o poder de um grupo de políticos provincianos, vindo do interior paulista ou do interior nordestino, tanto faz, denuncia os sinais exteriores de riqueza.

Naquela época como agora, ficaram famosos os charutos, Cohiba ou Hoyo de Monterrey, os ternos bem cortados, Armani ou Ricardo Almeida, as orgias com prostitutas de luxo, a farra com os jatinhos particulares (lembram-se do Morcego Negro?), os cartões de crédito ("Madame está gastando muito", alertava PC Farias). Há 15 anos eram figuras como Cleto Falcão ou o piloto Jorge Bandeira se empanturrando com colheradas de caviar à beira do Lago Paranoá; hoje são figuras como João Paulo Cunha e Professor Luizinho tomando porre de licor no Antiquarius, no Rio.

Tudo igualzinho, e já não é nem mais possível fazer a distinção entre o financiamento "da causa" e o enriquecimento pessoal puro e simples, pois tudo se mistura. O elo entre os dois governos, como a lembrar a máxima de Marx de que a História só se repete como farsa, é o farsante Roberto Jefferson, que acabou vítima de sua própria vaidade depois da enésima performance diante das câmeras de televisão.

Na versão oficial do PT, no entanto, Jefferson estaria a salvo de punição rigorosa pelo único crime que confessou: o de ter levado R$ 4 milhões do PT para a campanha municipal de 2004, "dinheiro não contabilizado" no jargão petista.

Como se vê, a versão que estava sendo montada de que o PT seria "refundado" pela nova direção é tão verdadeira quanto a autoproclamada decisão do presidente Lula de investigar tudo, não deixando pedra sobre pedra.

10/8
O OVO DA SERPENTE

Nos últimos dias, três fundadores do PT deram entrevistas analisando a crise política em que o partido está envolvido, e uma opinião é comum: a disputa pelo poder interno é a origem da deterioração política do Partido dos Trabalhadores. Dois dos fundadores — o cientista político César Benjamin e o economista Paulo de Tarso Venceslau — deixaram o partido em situações diferentes, mas pelas mesmas razões: denunciaram ao próprio Lula, então presidente do PT, a malversação de recursos pela cúpula nos anos 1990, e não tiveram o seu respaldo.

O outro, o deputado federal Paulo Delgado, de Minas, encontra-se marginalizado no PT há muitos anos, por ter uma postura independente no diretório nacional. Todos situam nos anos 1990 o início da derrocada petista, sendo que Benjamin e Venceslau marcam esse período como o "ovo da serpente", no qual teria sido gestado esse projeto de poder que acabou desaguando nas práticas de corrupção, aprofundadas quando o partido chegou ao governo federal.

Fundador do PT e coordenador da campanha de Lula a presidente em 1989, o cientista político César Benjamin foi entrevistado pelo programa *Canal Livre* da TV Bandeirantes e garantiu que "o que está aparecendo agora não é fruto de uma atitude individual intempestiva de alguns. É uma prática sistêmica que tem pelo menos 15 anos no âmbito do PT, da CUT e da esquerda em geral. Nesse ponto, a responsabilidade do presidente Lula e do ex-ministro José Dirceu é enorme".

Segundo ele, o que está aparecendo agora "é o desdobramento de uma série de práticas que começaram na gestão do FAT (Fundo de Amparo ao Trabalhador) no fim dos anos 90, quando o senhor Delúbio Soares foi nomeado representante da CUT na gestão do FAT. Isso se desdobra na campanha de 94". Esse tipo de prática, segundo César Benjamin, deu "ao grupo do Lula" uma arma nova na luta interna da esquerda. "Esse esquema pessoal do Lula começou a gerenciar quantidades crescentes de recursos, e isso foi um fator decisivo para que o grupo político do Lula pudesse obter a hegemonia dentro do PT e da CUT", garantiu Benjamin.

Ele participou também da coordenação da campanha de 1994, quando houve o que classifica de "a gota d'água": o levantamento de recursos paralelos "sem que isso tivesse sido discutido na direção. Só o grupo de amigos do Lula participava desse tipo de decisão". César Benjamin diz que propôs abrir ao público o sistema de financiamento, "e o próprio Lula foi quem me falou que não faríamos isso, sem explicar por quê. Depois ficou claro que havia um financiamento via bancos, empreiteiros, que nunca havia sido discutido na direção do partido".

Benjamin identifica "as impressões digitais desse esquema em Santo André, no caso Celso Daniel," e garante: "Estamos diante de um grupo que estava montando dentro do governo Lula o que talvez pudesse vir a ser o maior esquema de corrupção já conhecido."

Paulo de Tarso Venceslau, companheiro de exílio do ex-ministro José Dirceu, dirige hoje um pequeno tabloide semanal intitulado *Contato*, e foi expulso do partido no começo de 1998, depois de denunciar um esquema de arrecadação de dinheiro junto a prefeituras do PT organizado pelo advogado Roberto Teixeira, compadre em cuja casa o presidente Lula morou durante anos e proprietário da empresa Cepem. Em entrevista ao *Estado de S. Paulo*, ele disse que deu "a eles essa grande oportunidade. Se tivessem aproveitado, e feito a depuração, não estaríamos vendo o filme de agora".

Há dez anos, Venceslau denunciou para Lula que Roberto Teixeira estava usando o nome dele para arrecadar dinheiro para o PT, "com métodos que não eram lícitos". Um relatório de investigação interna do Partido, assinado por Hélio Bicudo, José Eduardo Cardozo e Paul Singer concluiu pela culpa de Roberto Teixeira, mas quem acabou expulso do partido foi Paulo de Tarso Venceslau.

Ele identifica esse episódio como o momento em que "Lula se consolida como caudilho e o partido se ajoelha diante dele". Para ele, "o poder do Lula passou a ser quase que absoluto diante da máquina partidária. Um caudilho com esse poder, um partido de joelhos e um executor como o Zé Dirceu, só podia levar a isso que estamos vendo hoje", garante Venceslau. Segundo ele, "evidentemente que Lula não operava, assim como não está operando hoje, mas como ele sabia naquela época, ele sabe hoje, sempre soube".

Já o deputado federal Paulo Delgado, em entrevista a Roberto D'Ávila na televisão, fez uma análise sobre a história do PT e também identificou na luta interna desenvolvida a partir dos anos 1990 a raiz da crise atual. Segundo Delgado, o PT "foi muito bem nos anos 80, e a campanha presidencial de 89 acelerou nosso processo político". A partir daí, "perdemos a chance de contribuir para o aperfeiçoamento teórico da esquerda depois da queda do Muro de Berlim. O PT era a esperança da esquerda democrática porque era um partido popular e se tornou o partido do socialismo democrático", analisa o deputado.

O Paulo Delgado diz que esse papel não foi desempenhado porque o PT "entrou em uma luta interna, e a disputa pelo poder ultrapassou a ideia da consolidação teórica do PT. Com o oposicionismo deslumbrante do PT, tudo servia para fazer oposição".

12/8
DÓLAR FURADO

O relator da CPI dos Correios, deputado Osmar Serraglio, definiu a certa altura do depoimento do publicitário Duda Mendonça o núcleo do que está em jogo hoje no país: o fato de parte da campanha eleitoral de 2002 ter sido financiada por dinheiro ilegal coloca em xeque a legalidade de várias eleições, inclusive a do próprio presidente Lula e, mais que isso, a higidez de nosso sistema democrático.

O pagamento do equivalente a cerca de R$ 10 milhões no exterior para uma empresa de Duda Mendonça, com dinheiro saído de contas de vários bancos pelo mundo, e a suspeita de fraude nos dados enviados pelo Banco Rural começam a demonstrar que os tais empréstimos que o ex-tesoureiro Delúbio Soares alegava serem a fonte dos pagamentos ou não existiram ou não explicam toda a dinheirama utilizada pelo esquema montado pelo PT, que tinha inclusive um caixa no exterior.

O que também confirma, mais uma vez, uma denúncia do deputado Roberto Jefferson, segundo quem certa vez o então ministro José Dirceu alegou não poder fazer-lhe um pagamento "porque a polícia é meio tucana e prendeu vários doleiros. O dinheiro não está podendo ser enviado do exterior".

Cada vez mais distanciado da gravidade da situação, e da enormidade do crime cometido, o presidente Lula continua ativamente em busca de apoios. A carta que o enviou à Conferência Nacional dos Bispos do Brasil (CNBB) tinha o claro objetivo de conseguir o apoio político da Igreja Católica, que já foi, em outros tempos, grande sustentáculo da luta pela democracia aliada ao PT.

Mas esses foram outros tempos, e Lula corre o risco quase certo de receber uma crítica pública dos bispos brasileiros, que parecem inclinados a atribuir-lhe a culpa por tudo o que está acontecendo nessa crise política. O raciocínio que predomina entre os bispos, e que deve aparecer no documento final da Conferência, é o de que quem delega poderes é responsável pelos atos de quem escolheu como seu delegado, não cabendo a desculpa de que não sabia. E nem mesmo o sentimento de traição absolveria de culpa quem escolheu mal seu representante, ou não foi capaz de detectar a tempo as malfeitorias que estavam sendo praticadas em seu nome.

O presidente Lula faz claros movimentos em direção aos antigos aliados do PT nas lutas sociais, como sindicatos, líderes estudantis e a Igreja, mas nem a época é a mesma, nem os líderes sindicais e estudantis são os mesmos, muito menos Lula é o operário intocado que a todos arrebatava com sua pureza de intenções.

Os líderes sindicais foram cooptados pelo governo, que lhes deu e às suas centrais, poderes inimagináveis de dinheiro e atuação política, transformando-os em pelegos burocratas altamente remunerados que tomaram conta da máquina estatal brasileira.

A outrora gloriosa União Nacional dos Estudantes (UNE), hoje dominada pelo PCdoB, não passa de uma entidade chapa-branca, financiada por generosas verbas do governo federal, sem a mínima capacidade de atuação política independente.

Para culminar a série de indicações que Lula exibe como um aviso à oposição de que não pretende se render sem lutar, chega ao país o líder da autoproclamada revolução bolivariana, o presidente da Venezuela Hugo Chávez, professor de mobilização do lumpesinato por meio de programas sociais assistencialistas com o farto dinheiro do petróleo, acima de US$ 60 o barril, que na Venezuela se transforma em barril de pólvora na luta de classes que divide o país.

O presidente Lula, que namora o chavismo a cada crise política, tem apenas o carisma popular do líder venezuelano — ambos conseguem se conectar com o povo diretamente, sem a intermediação parlamentar, como se fossem um deles. O que torna essa relação politicamente proveitosa para eles e perigosa para a democracia, como se vê na Venezuela, onde hoje o Congresso e o Judiciário são dominados pelos chavistas.

O aparelhamento do Estado brasileiro pelos sindicatos e militantes petistas foi uma tentativa nessa direção, e o dinheiro fácil do petróleo foi substituído, na versão tupiniquim, pelo dinheiro fácil das estatais. Desmontado o esquema de corrupção que se espalhou pelo organismo estatal como uma infecção incontrolável, e não sendo o Brasil um país sem instituições sólidas, que possa ser submetido à vontade de um líder, resta ao presidente Lula brandir sua indiscutível popularidade como arma contra os que considera "inimigos".

Enquanto isso, debate-se o presidente na dúvida cruel sobre se deve ou não ir à televisão pronunciar-se oficialmente sobre a crise que domina seu governo. Ele tem resistido às sugestões com um argumento irrefutável: ninguém sabe onde tudo isso vai acabar, e um pronunciamento pode ser desmentido pelos fatos logo em seguida, piorando sua situação política.

Essa dúvida é reveladora do temor que tem da amplitude que pode ter tomado a delegação de poderes que fez a José Dirceu, que chamou um dia de "o capitão do time", e que Roberto Jefferson hoje identifica como "o chefe da quadrilha". A discussão relevante já não é mais sobre se Lula sabia ou não sabia, ou até que ponto sabia das maquinações de seu braço direito.

Mesmo que não se chegue a nenhum Fiat Elba que o ligue pessoalmente ao valerioduto, já está claramente definida a incapacidade do presidente de se desvincular publicamente de seus parceiros de anos e anos. E o depoimento de Duda Mendonça na CPI dos Correios ontem mostra o porquê.

16/8
MANOBRA RADICAL

Pela primeira vez em toda a crise, o fato político mais relevante está sendo gerado pelo Palácio do Planalto: a especulação de que o presidente Lula pode vir a deixar o PT. Em que pese a possibilidade de uma revelação contundente do doleiro Toninho da Barcelona ou da cafetina brasiliense Jeany Corner colocar a perder todo esse esforço governista, o fato é que essa decisão, se acontecer, muda completamente o quadro político nacional.

A crise em que o governo está envolvido é tão grande, e tem ramificações no submundo tão amplas, que a ameaça vem de proxenetas e traficantes, e somente uma decisão dramática quanto ao rompimento do símbolo com sua criação poderia mudar o jogo a favor de Lula, pelo menos momentaneamente. Isso porque o rompimento do presidente com o PT só teria sentido caso ele resolvesse terminar com serenidade e dignidade o seu mandato, sem, portanto, se candidatar à reeleição e anunciando uma série de propostas políticas, inclusive o fim do direito à recandidatura já na próxima eleição. E, evidentemente, sem entrar para outro partido, pois se assim agisse estaria banalizando seu gesto. Com a manobra radical, ele se transformaria em um grande eleitor.

O discurso do presidente Lula na sexta-feira passada já irritou seriamente militantes petistas, ligados ou não ao Campo Majoritário. A impressão generalizada é de que o presidente se atribuiu todos os méritos pelo PT que decidiu criar para exemplificar a ética na política, e se eximiu de todos os malfeitos do partido, embora tenha sido sempre o líder do Campo Majoritário, que domina o partido há anos — José Dirceu sempre foi executor do grupo —, e tenha manobrado para indicar a atual direção, em uma intervenção tão acintosa que retirou dele a credibilidade para afirmar, como fez no discurso da Granja do Torto, que estava afastado do partido.

Além do fato de o ex-tesoureiro Delúbio Soares ser uma indicação sua, e não de José Dirceu, como sabem todos dentro do PT, se o presidente Lula chegar ao extremo de se afastar publicamente do partido para tentar desconectar-se de seu passado, a sucessão presidencial ganhará outra dimensão — a começar pelo próprio PT.

O presidente do PT, Tarso Genro, diz que não quer ser candidato à presidência na eleição direta marcada para setembro, especialmente pelo Campo Majoritário, que ainda domina o partido como ficou demonstrado na última reunião do diretório nacional que não conseguiu demitir Delúbio Soares.

Genro tem tido um diálogo com a esquerda do partido considerado muito fecundo e franco. Não seria impossível que ele viesse a ser o candidato à Presidência da República desse novo PT. Para tal, no entanto, teria que se comprometer com a esquerda do partido, podendo haver já na eleição do próximo mês uma composição de transição mais à esquerda.

Se essa manobra vingar, Tarso Genro, que foi tirado do Ministério da Educação e colocado na direção do PT pelo presidente Lula para representar os interesses do Campo Majoritário, acabaria abandonando o grupo do ex-ministro José Dirceu para tentar chefiar o novo partido.

Lula e Tarso estariam assim, cada um à sua maneira, abandonando Dirceu à própria sorte. Acontece que Dirceu, apesar de fragilizado politicamente e com a cabeça a prêmio, ainda mantém o controle da máquina partidária, e tem seus trunfos na manga. Seu candidato à presidência do partido é o atual secretário-geral Ricardo Berzoini, que já entrou em rota de colisão com Tarso Genro em mais de uma oportunidade. Apoiou, por exemplo, a tese de Dirceu de que não se poderia negar liminarmente a legenda do partido a quem renunciasse ao mandato de deputado, como queria Tarso.

A esquerda do PT não tem a ilusão de que o presidente Lula vá mudar a política econômica, ainda mais agora, fragilizado do jeito que está. Caso Lula saia do partido, o PT voltara a ser oposição, uma oposição constrangida e sem muita garra. Ou pelo menos teria uma postura de independência. A grande pergunta é: o PT sem Lula existe? O deputado Chico Alencar, um dos líderes da esquerda do partido, acha que sim. Lembra que na resolução da CNBB há um trecho que diz que a sigla PT importa menos que a experiência petista "de tentar construir um partido com interlocução com os movimentos sociais, a partir da base, que não é só congressional e eleitoral".

Para Alencar, "galvanizando esses movimentos, sendo a voz dos que não têm voz, mantendo esse compromisso", o PT não deixará essa experiência se perder. Frei Betto, outro fundador do PT a partir das comunidades eclesiais de base (Cebs), que foi assessor especial do presidente Lula e deixou o governo por discordar do rumo que estava tomando, especialmente dos programas sociais como o Bolsa Família, lembrou em reunião de petistas no fim de semana que "o povo de Canaã levou 40 anos para chegar à Terra Prometida. Moisés não chegou a ver a Terra Prometida. Mas ela existe".

Os petistas de fora do Campo Majoritário estão dispostos a lutar até o final para retomar a utopia. Mas, como diz o deputado Chico Alencar, isso só será possível se "os Josés, os Paulos e os Joões" saírem agora.

O PT ficaria menor, perderia densidade eleitoral, mas poderia se recompor. Caso o Campo Majoritário demonstre continuar dominando o partido, a debandada será geral.

18/8
CONTRADIÇÕES

A situação do governo é tão instável que todos os seus maiores suportes políticos, sem exceção, inclusive o próprio presidente Lula, tentam se equilibrar entre tendências opostas, reduzindo espaços de manobra e evidenciando fragilidades difíceis de superar. A começar pelos chamados "movimentos sociais", que ameaçam ostensivamente com uma suposta capacidade de mobilização para defender o mandato do presidente, que estaria ameaçado não pelas graves irregularidades cometidas, mas por um imaginário golpe elitista. Tese, aliás, já desmontada pelo próprio presidente quando admitiu, embora a contragosto, que sérias irregularidades foram cometidas pelo PT e, apenas em parte, pelo próprio governo que comanda.

Pois essas forças sociais, sustentadas por financiamentos estatais e desencadeadas artificialmente à custa de mobilizações oficialistas, mostraram-se insuficientes para mobilizar a opinião pública na primeira grande manifestação que promoveram. Desmoralizadas pela pecha de serem organizações chapa-branca, UNE, CUT, MST e demais organizações envolvidas na passeata "contra a corrupção e a favor do governo Lula" perderam-se na própria incongruência do mote da mobilização.

Não há maneira de ser contra a corrupção e a favor de quem a promove; não existe força política que consiga motivar um manifestante não pago a ser contra o mensalão e a favor do governo que é beneficiado por ele. O presidente da CUT, João Felício, ameaçou botar as massas na rua em defesa "do nosso símbolo", como se ainda fosse possível mobilizar multidões para defender um símbolo das lutas operárias que só existe quando a crise aperta, depois que um Lula construído pela grife Duda Mendonça subiu a rampa do Planalto.

Essa mesma CUT e outras centrais sindicais avançaram contra o Congresso quando, a pedido do Planalto, foram aprovadas leis que cortaram privilégios dos servidores públicos, que são hoje a base do petismo. Os manifestantes do protesto a favor do governo atacaram também a política econômica, o único ponto que garante ao presidente Lula a possibilidade de manter-se no governo diante da crise generalizada. Essa mesma incoerência tirou do discurso do senador José Sarney a força de seu repúdio ao "monstruoso" crime que se cometeu ao comprar votos no Congresso, desmoralizando um dos suportes institucionais da democracia brasileira.

Não é possível denunciar a "monstruosidade" e livrar quem se beneficiou dela, por omissão ou desconhecimento; não é aceitável apagar os crimes do presente a golpes de biografia, como ensaiou o senador Sarney ao se referir a um líder operário e a um PT que ficaram na história e de lá não sairão, mas que no presente ainda têm muito a explicar à opinião pública. Por isso, mesmo defendendo Lula, Sarney propôs uma mudança de regime que retira poderes do presidente da República. Sugestão que se fosse feita pela oposição seria vista como golpista.

Chega a ser patética a tentativa permanente do presidente Lula de usar sua biografia como escudo protetor de eventuais erros que tenha cometido, ou tenha deixado de cometer, como patético é o também permanente esforço do ex-guerrilheiro José Dirceu em trazer para o presente seus feitos na luta contra a ditadura, como se sua história — que, de resto, não é gloriosa na visão de boa parte da opinião pública — o anistiasse pelos malfeitos presentes.

Dentro desse quadro de contradições em que se revolvem os principais atores desse nosso drama político que ainda está longe de terminar, situação peculiar é a do Partido dos Trabalhadores, mais do que nunca dividido entre suas muitas facções e engolfado em uma renhida luta pelo poder cujo final feliz aparentemente não existe. O presidente interino Tarso Genro, nomeado pessoalmente pelo Palácio do Planalto em uma intervenção direta de Lula na tentativa de reorganizar o partido que fundou e que é a principal sustentação política de seu governo, tenta uma mágica que parece impossível: desfazer o Campo Majoritário, do qual faz parte e cujo líder principal sempre foi o presidente Lula, para reorganizar uma nova maioria que possa sustentar o governo no Congresso.

Essa manobra, aparentemente apoiada por Lula, esbarra em mais uma contradição: o partido teria que partir para a esquerda, voltar a se ligar mais aos tais "movimentos sociais", o que o poria fora do campo de ação do governo, que se baseia fundamentalmente nos bons resultados da política econômica conservadora. O maior adversário dessa estratégia é justamente o ex-ministro José Dirceu, que, nos últimos 15 anos, tem dominado com mão de ferro a máquina partidária com o objetivo de chegar ao poder central. Seus métodos nada ortodoxos de fazer política sempre beneficiaram o Campo Majoritário e seu principal líder, o atual presidente Lula, que agora se diz traído por esses mesmos métodos.

Lula e Genro articulam para isolar o grupo de Dirceu sem machucá-lo muito, o que é só mais outra incoerência. Se o grupo de Dirceu continuar dominando o partido, como parece provável, como Lula permanecerá nele depois de se dizer traído? Se o novo Campo Majoritário for dominado pela esquerda, como manter a política econômica e ter apoio para uma eventual reeleição?

19/8
LULA ENCOLHEU

Para os estudiosos de pesquisas de opinião pública, só havia uma possibilidade de o presidente Lula perder a reeleição em 2006: se passasse a imagem de que teria mudado de lado, identificado com a elite econômica, ou se se envolvesse diretamente em escândalos de corrupção. Talvez por isso, nos primeiros momentos da crise política em que o país se debate há três meses, o Palácio do Planalto tenha tirado do bolso do colete a tese insustentável da conspiração das elites, para afastar Lula das acusações de que seu governo favorece os banqueiros com a política de juros altíssimos. Talvez por isso, também, o ex-presidente Fernando Henrique Cardoso venha insistindo na tese de que "Lula virou a casaca".

As pesquisas de opinião já estão mostrando que as duas "pragas", afinal, pegaram em Lula, que até aqui parecia estar "blindado" das acusações de corrupção que atingem todo o seu entorno político, já tiraram de seu governo mais de 50 altos dirigentes, entre ministros e diretores de estatais, e transformaram o PT, seu maior sustentáculo político, em um partido identificado com a corrupção que tanto combatia.

Uma pesquisa feita por telefone pelo Ibope, de segunda á quarta-feira, em âmbito nacional, mostra que Lula já perde num hipotético segundo turno para os três mais fortes candidatos tucanos — o prefeito José Serra, o governador Geraldo Alckmin e o ex-presidente Fernando Henrique Cardoso — e já está ameaçado até mesmo pelo ex-governador Anthony Garotinho, que reduziu dramaticamente a diferença para Lula num segundo turno.

A amostra por telefone é um pouco mais rica, na definição de Carlos Augusto Montenegro, diretor do Ibope. Ele diz que, às vezes, o telefone antecipa o que vai acontecer adiante. Para confirmar essa tendência, já está fazendo uma pesquisa de campo face a face, que termina hoje, e começará outra, que termina na próxima segunda-feira. Montenegro não revela, mas em Brasília tem-se como certo que as pesquisas foram encomendadas por partidos políticos, entre eles o PMDB.

No primeiro turno, Lula ainda ganha de seus adversários, mas a diferença se aproxima da margem de erro, a não ser na disputa com Garotinho, em que distância ainda é grande, mas mesmo assim Lula não vence no primeiro turno. O fato é que as pesquisas mostram que o presidente está voltando ao patamar histórico de 28%, 30%, que foi sempre o seu nível nas campanhas em que foi derrotado.

No segundo turno, Lula perde com diferença bastante acentuada para Serra, e perde também, embora mais apertado, para Fernando Henrique e Alckmin. Essa seria uma péssima notícia para o prefeito paulistano José Serra, que tinha como trunfo o fato de ser o único tucano que venceria Lula no segundo turno. Mas ele tem ainda um argumento: a ameaça representada por uma eventual candidatura do ex-governador do Rio Anthony Garotinho.

A derrocada da popularidade do presidente Lula é tão grande que o índice de "ótimo e bom" da pesquisa face a face já está menor do que o "ruim e péssimo". E o índice de pessoas que desaprova o governo Lula já está maior do que o que aprova. Esse declínio é tão acentuado, e a possibilidade de mais fatos acontecerem até o fim das CPIs previsto para novembro tão verdadeira, que o Ibope já está trabalhando com a alternativa de Lula não se candidatar, ou não chegar ao segundo turno se insistir na reeleição.

Nesse caso, as simulações preliminares indicam que Garotinho iria para um segundo turno contra os candidatos tucanos, e venceria uma disputa com Geraldo Alckmin, do PSDB. Mas perderia para José Serra. As análises dos assessores de Garotinho com o cruzamento de dados de pesquisas anteriores indicavam que ele venceria Alckmin com certa facilidade em todas as regiões do país, especialmente no Norte e no Nordeste, mas perderia no cômputo final para o governador paulista devido à força eleitoral de Alckmin no estado de São Paulo.

Por isso, a estratégia de Garotinho agora é passar alguns dias na semana viajando por São Paulo e se aproximar do líder do PMDB paulista, o ex-governador Orestes Quércia, que se mantém uma incógnita nessa disputa e será fundamental para o sucesso de uma candidatura do PMDB, seja ela qual for. O ex-governador Anthony Garotinho sofre da mesma síndrome de Brizola: não entra em São Paulo. Teve apenas cerca de 13% dos votos na capital paulista nas últimas eleições, e tem pouca penetração no estado, que abriga 25% do eleitorado brasileiro.

Essa nova pesquisa do Ibope feita por telefone, que indica uma tendência de vitória de Garotinho sobre Alckmin num hipotético segundo turno da eleição de 2006, ainda precisa ser confirmada pela pesquisa face a face que será divulgada no início da próxima semana. Mas, se confirmada, representará uma mudança nas expectativas eleitorais e certamente terá influência na decisão do diretório nacional do PMDB, que se reunirá nos próximos dias para aprovar um calendário para possíveis prévias a serem realizadas em março do próximo ano para a escolha dos candidatos.

Pelo cronograma previamente aprovado pelos governadores — o que foi visto como uma vitória preliminar de Garotinho —, os candidatos deverão se inscrever até dezembro deste ano. Já há um movimento dentro do diretório nacional, porém, para que esses prazos não sejam aprovados, pois determinariam, por exemplo, a exclusão prévia de um nome de peso como o do presidente do Supremo Tribunal Federal, ministro Nelson Jobim, que não poderia se inscrever, pois só deixará o STF em abril de 2006.

A derrocada de Lula parece ser tão irreversível que não é exagero imaginar que dentro de um mês já não seja nenhum grande trunfo vencê-lo, mesmo no primeiro turno. O que valerá, então, será a capacidade de cada candidato diante das outras alternativas, o que colocará no tabuleiro novas candidaturas, inclusive no PMDB.

20/8
SOB SUSPEITA

Os dois principais ministros do governo Lula, Antonio Palocci, da Fazenda, e Márcio Thomaz Bastos, da Justiça, foram, em questão de dias, atingidos por denúncias de corrupção de maneira irresponsável, sem que fossem apresentadas provas. Mesmo que a atual crise tenha uma característica especial, pois quando parece que uma denúncia é completamente irresponsável ela acaba se confirmando, é preciso aguardar para ver se as provas surgirão. Mas, de qualquer maneira, o dano político já está feito.

O ministro da Justiça, Márcio Thomaz Bastos, que se transformou no grande conselheiro do presidente desde que a crise política passou a exigir suas habilidades de criminalista, foi acusado por um doleiro condenado a 25 anos de prisão de ter enviado dinheiro ilegalmente para o exterior. E o ministro da Fazenda, Antonio Palocci, foi acusado por um ex-secretário seu na Prefeitura de Ribeirão Preto de receber um mensalão de R$ 50 mil de prestadoras de serviço para campanhas políticas do PT.

Os dois reagiram imediatamente, sendo que Thomaz Bastos apresentou os documentos referentes a uma remessa legal de dinheiro para o exterior em 1995, e o posterior reingresso no país. Como são, no momento, dois sustentáculos do precário governo Lula, até mesmo a oposição admite que é preciso muito cuidado ao tratar da questão, embora nenhuma denúncia possa ser descartada liminarmente.

Se a situação se deteriorar, é possível que a fragilização da equipe econômica do governo — que já tem o presidente do Banco Central, Henrique Meirelles, sob suspeita — tenha efeitos mais nocivos para o país do que o tão temido processo de impeachment do presidente Lula. O fato é que o PT parece até que está sendo castigado por seu passado politicamente irresponsável. O partido pediu inúmeras vezes o impeachment do ex-presidente Fernando Henrique Cardoso, pelos mais diversos motivos, e tentou abrir outras tantas CPIs, sempre se utilizando de uma parceria com os procuradores da República, em especial o desaparecido Luiz Francisco de Souza, para fazer denúncias as mais descabidas.

É novidade, nos métodos políticos petistas, essa sóbria atitude que o presidente Lula vem assumindo de tempos para cá ao dizer que todos têm direito a defesa e que as denúncias não podem significar a condenação automática do acusado. Essa sobriedade nunca fez parte da ação política do PT, que hoje reclamou, com razão, da afoiteza com que o procurador encarregado do caso Buratti interrompia o interrogatório para fazer relatos detalhados à imprensa.

O Ministério Público, aliás, sempre trabalhou com a crença de que as denúncias graves deveriam ser divulgadas pela imprensa para criar fatos consumados que impeçam qualquer tentativa de barrar as investigações. Não era muito diferente no tempo em que o PT era atiradeira em vez de vidraça, mas nunca houve um relato tão ostensivo dos depoimentos quanto agora. Os procuradores usavam muito uma tática em conluio com deputados do PT: indicavam a eles as denúncias que queriam ver investigadas e, baseados nas acusações dos petistas à imprensa, geralmente sem provas como agora, partiam para a investigação.

A atuação dos petistas nas prefeituras do interior paulista nos anos 1990 será alvo das investigações também nas CPIs, em que deve depor o irmão do prefeito de Santo André, Celso Daniel, assassinado em circunstâncias ainda não esclarecidas, que a família do prefeito e os procuradores paulistas suspeitam estarem ligadas a esquemas de corrupção semelhantes ao denunciado agora por Rogério Buratti.

O ministro da Justiça, por sua vez, além das denúncias do doleiro Toninho da Barcelona, será questionado por sua atuação na intermediação do novo depoimento do ex-tesoureiro Delúbio Soares ao Ministério Público, quando ele assumiu a versão do caixa dois na campanha eleitoral. Na ocasião já havia sido questionado o fato de o advogado de Delúbio, Arnaldo Malheiros, ter pedido a ajuda de Thomaz Bastos para esse novo depoimento.

A desconfiança de que o ministro da Justiça tenha orientado essa nova versão, assumida no dia seguinte pelo lobista Marcos Valério, e também pelo presidente da República na já célebre entrevista em Paris, embute a suspeita de que tenha agido para obstruir a Justiça, o que configuraria um crime passível de impeachment do presidente da República.

De acordo com essa "teoria da conspiração", Márcio Thomaz Bastos teria conversado com o presidente pelo telefone na embaixada brasileira, dando conta da versão acertada. Por isso, o presidente teria comentado o uso do caixa dois em campanhas eleitorais como fato corriqueiro. Acontece, porém, que por uma questão de fuso horário, quando o presidente deu a entrevista em Paris àquela repórter, nem Delúbio nem Valério tinham refeito seus depoimentos no Ministério Público. Embora a entrevista do presidente tenha sido dada na sexta-feira, só foi ao ar no domingo. E os depoimentos dos dois foram feitos na sexta-feira e no sábado.

Outra coincidência está intrigando a oposição: na entrevista, que por suas características inusuais foi inicialmente atribuída a um trabalho de marketing de Duda Mendonça, o presidente Lula diz a certa altura que "o problema da mentira é que você, quando diz a primeira, tem que continuar mentindo até o fim". Pois Duda Mendonça, em seu depoimento na CPI dos Correios, repetiu a frase como coisa sua. O que deixou a impressão de que foi ele mesmo quem orientou a entrevista parisiense do presidente.

O ministro da Justiça diz que não se lembra de ter telefonado para o presidente nos dias em que ele estava em Paris. Mas garante que, mesmo que tenham falado, não foi sobre esse assunto.

21/8
TÁTICAS DE GUERRA

As semelhanças entre os momentos políticos que estamos vivendo e a crise de 1954, que culminou tragicamente no suicídio de Getulio Vargas, já foram apontadas por vários políticos, da situação e da oposição, cada qual fazendo as ilações que mais beneficiam sua tendência política. O deputado Aldo Rebelo, ex-coordenador político do governo, foi o primeiro a fazer o paralelo, sendo muito criticado por isso. Ele se referia às elites políticas, que comparou à UDN golpista daquela época. Já o senador Antonio Carlos Magalhães, quando fez a comparação, queria se referir ao "mar de lama" que a oposição vê entrando no Palácio do Planalto.

Mas pelo menos uma estratégia adotada por Vargas em meio à crise, provavelmente sugerida por seu ministro da Justiça, Tancredo Neves, é a mesma de que o presidente Lula lançou mão neste momento: sair à frente da corrida presidencial.

O que parece a muitos uma alternativa política desarrazoada, surtiu efeito em certo momento da crise de 1954, e só não teve êxito porque os acontecimentos foram atropelados pela tentativa de assassinar o líder da oposição Carlos Lacerda, o que desencadeou a crise final. E está tendo algum resultado hoje, pelo menos na contenção dos adversários.

O ex-presidente do IBGE, Sérgio Besserman, em sua tese de mestrado no departamento de Economia da PUC do Rio, analisou a política econômica no segundo governo Vargas (1951-1954) e registrou que, tal como agora, "os movimentos da conjuntura política realizavam-se com um horizonte temporal delimitado": as eleições parlamentares e para governador se realizariam em outubro de 1954, e a sucessão presidencial seria em 1955.

Vargas, no entanto, teve naquela ocasião um gesto demagógico a que o presidente Lula se recusou hoje: deu um aumento de 100% para o salário mínimo a 1º de maio, por sugestão de seu ministro do Trabalho, João Goulart, o que atiçou a oposição contra seu populismo. Hoje, ao contrário, o presidente Lula atuou na Câmara para derrubar um aumento irresponsável do salário mínimo aprovado pela oposição no Senado.

Houve também outra similitude nos meses que antecederam a queda de Vargas: uma acusação de que Perón estava fazendo um acordo secreto com Vargas para formarem, juntamente com o Chile, uma aliança no Hemisfério Sul contra a influência dos Estados Unidos na região. Esse plano foi desmentido inicialmente, mas depois foi confirmado pelo ex-ministro do Exterior João Neves da Fontoura, e a partir daí Vargas foi acusado de querer montar no Brasil uma república sindicalista, a exemplo do que fazia Perón na Argentina.

Hoje, há indícios de que o quase-ditador venezuelano Hugo Chávez tenta levar Lula para um acordo desse tipo. O mais recente lance dessa aproximação foi o jantar com que Lula recepcionou Chávez na Granja do Torto, em momento especialmente tenso da crise política. Chávez saiu do jantar dizendo que havia um complô contra o presidente Lula e vaticinou: na sua análise, sempre que surge na América Latina um governo popular que se contrapõe aos interesses norte-americanos na região, esse governo é desestabilizado.

A análise maniqueísta de Chávez alimenta teses golpistas que não se justificam, na medida em que todas as denúncias de corrupção que têm surgido nascem de dentro do esquema de alianças governamental, ou do próprio PT. Mas a tese de apressar a corrida presidencial tem dado frutos. O PSDB, que vê aumentarem suas chances na corrida presidencial, já vive uma disputa interna aguerrida entre o prefeito de São Paulo, José Serra, e o governador paulista, Geraldo Alckmin, que, vendo o desembaraço cada vez maior com que Serra se movimenta nos bastidores do partido, confirmou pela primeira vez oficialmente esta semana que deseja concorrer à Presidência.

Ao mesmo tempo, e ao contrário do PFL, os tucanos fazem acordos com o governo nas CPIs e no plenário da Câmara para não tornar mais tenso o ambiente político. A derrubada do salário mínimo só foi possível com a colaboração de deputados do PSDB, o que irritou muito o PFL, que comandara a revolta no Senado liderado por Antonio Carlos Magalhães e queria conservar a posição na Câmara. O PSDB quer manter o governo enfraquecido até as eleições, e o PFL está com gosto de sangue na boca e mira no impeachment.

A tendência dos pefelistas é sair com candidato próprio no primeiro turno, ou tentar uma aliança com o PMDB. Isso porque os dois partidos acham que o PSDB está muito arrogante, considerando que tem prioridade para indicar um candidato a que os dois adiram. Por sua vez, o PMDB, eternamente dividido entre governistas e oposicionistas, tem o ex-governador Garotinho em campanha pelo país e dois ou três governadores no aguardo dos acontecimentos. Nas próximas semanas, a verticalização deverá ser derrubada no Congresso, e a partir daí, com os partidos liberados para acordos regionais, é previsível que haja um grande número de candidatos a presidente na disputa de 2006. Ainda mais se as cláusulas de barreira forem mantidas em 5% dos votos nacionais, o que provavelmente acontecerá, pois dificilmente haverá tempo para a votação da reforma política completa que reduz para 2% essa barreira. Com isso, os pequenos partidos terão que se unir em federações e serão estimulados a lançar candidatos a presidente que lhes deem visibilidade. PPS e PDT negociam o lançamento do senador Jefferson Peres ou do deputado Roberto Freire. O PSOL quase certamente lançará a senadora Heloisa Helena.

Todos esses movimentos políticos podem arrefecer o ímpeto da oposição. A não ser que, como dizia Ulysses Guimarães, sua excelência, o fato venha a se impor, como aconteceu em 1954 com o atentado da Toneleiros, e como está acontecendo agora, com a série de denúncias que não se sabe onde acabará.

23/8
RESSENTIMENTOS

A entrevista do ministro da Fazenda, Antonio Palocci, foi tão comemorada entre os tucanos quanto entre os governistas. O PSDB acha que vencerá a próxima eleição, e aposta num cenário de sarneyização de Lula, que ficaria enfraquecido pelas evidências, mas sem ser atingido pessoalmente, assim como Sarney chegou ao fim de seu mandato criticado violentamente por todos os adversários e sendo atacado por manifestantes petistas exaltados.

O presidente Lula já está praticamente isolado hoje em dia, participando de eventos organizados para os despossuídos beneficiados pelo Bolsa Família. Chegaria assim à eleição, ou fraco ou sem condições de se candidatar. Já o PFL, que quer o impeachment, está com gosto de sangue na boca. Trabalha com a hipótese de entrar com o pedido quando a credibilidade do governo se deteriorar, o que considera inevitável. Além de a orientação dos pefelistas ser mais radical do que a dos tucanos, há um fator determinante no andamento do processo, especialmente na CPI dos Correios: os "garotos" da CPI, ACM Neto e Rodrigo Maia, do PFL, e Eduardo Paes, do PSDB, na análise de políticos veteranos, estão gostando dos holofotes e às vezes vão com muita sede ao pote, especialmente os do PFL.

A insistência do prefeito Cesar Maia em que Palocci mentiu demonstra bem o ânimo do PFL, que não pretende dar trégua ao governo. A explicação de que o ministro não falou da licitação de R$ 40 milhões para aterro sanitário e reciclagem — vencida pela mesma firma Leão & Leão da qual Buratti foi vice-presidente depois de deixar o secretariado de Ribeirão Preto — porque ela não estava em discussão, não satisfaz os oposicionistas do PFL, embora pareça irrelevante para o PSDB. Tudo depende agora do depoimento de Rogério Buratti na CPI dos Bingos amanhã.

Se os recados enviados pelo ministro Palocci na entrevista coletiva — que entendia o desespero de Buratti, que não guardava mágoa dele, que ele sofreu constrangimentos ilegais por parte dos procuradores — surtirem efeito o depoimento de Buratti poderá até mesmo enfraquecer suas primeiras denúncias. Mas se, ao contrário, ele continuar ressentido e tiver mais detalhes a contar aos parlamentares, e os procuradores tiverem mesmo provas documentais de que o pagamento de propinas aconteceu na administração de Palocci, mesmo que nenhum documento ligue diretamente o nome do ministro ao delito, a situação dele se complicará.

Com o objetivo de blindar o governo com sua credibilidade, assumiu um desmentido tão peremptório que não deixou margem de manobra. Talvez por isso tenha provocado tamanha admiração no presidente Lula, que até agora não conseguiu produzir uma declaração tão enfática. Buratti disse que se sentiu isolado e por isso resolveu falar.

Foi o mesmo sentimento de Roberto Jefferson, que se sentiu abandonado por José Dirceu quando surgiu a fita com Marinho dos Correios recebendo a "peteca" de R$ 3 mil. Ao pedir ajuda ao então chefe da Casa Civil, ouviu dele uma recomendação nada tranquilizadora: "Pode deixar que na volta da Espanha eu cuido disso", teria dito Dirceu. E foi na Espanha que o então ministro soube da primeira entrevista-bomba de Roberto Jefferson.

Ao que tudo indica, está aberta a temporada de ressentimentos, e nos próximos dias tudo pode acontecer. Se, por exemplo, Dirceu, já virtualmente cassado, não conseguir se manter na chapa do novo diretório nacional do PT por manobras de Tarso Genro com o apoio de Lula, dificilmente ficará calado. Pode não fazer denúncias bombásticas, pois este não é seu estilo de fazer política, mas é perfeitamente capaz de estimular o ex-tesoureiro Delúbio Soares a abrir o jogo, ele que já mandou avisar que se for expulso do PT vai falar tudo o que sabe. Quando Delúbio disse em seu depoimento na CPI dos Correios que não é delator, deixou claro que tem o que delatar. Foi só um aviso.

Como fazer uma refundação do PT sem se livrar de Dirceu e seu grupo? Ao que tudo indica, Dirceu mantém o controle da máquina partidária e não pretende abrir mão dessa atuação política, ainda mais sendo cassado. Mas e na hipótese de Tarso Genro ganhar essa queda de braço com os "eleitoreiros" do Campo Majoritário, e, com o auxílio da esquerda do partido, assumir o controle? Nesse caso, teremos uma vitória de pirro de Lula, que se livrou de seu passado petista, mas cairá nos braços de um partido que, para começar de novo, terá que voltar às suas origens radicais, que não combinam com a política econômica em vigor.

Por isso, a presença do ministro Palocci à frente da Fazenda, ao contrário do que ele disse, não é um mero detalhe. Se o ministro fosse um não petista, não conseguiria convencer Lula a manter a política diante das pressões que viriam do partido. São as contradições do PT: se a esquerda assumir o comando, dissolvendo o Campo Majoritário como querem Lula e Tarso Genro, o governo fica sem apoio à política econômica e Palocci será atacado.

Se Dirceu ganhar a parada, o PT continuará apoiando a política econômica — a nota de Dirceu sobre a entrevista de Palocci foi uma tentativa de composição, e também a chance de pegar carona na credibilidade do ministro mas Lula terá sido derrotado por Dirceu, e não se sabe qual será sua reação.

Seja qual for o resultado dessa disputa interna do PT, que agrava ainda mais a crise política, o partido vai minguar, e pode ter um candidato ético como o senador Eduardo Suplicy à Presidência, para começar do zero. Mas se Dirceu e seu grupo continuarem a manobrá-lo, sua credibilidade será zero, o que dificultará mais ainda o já improvável projeto de reeleição de Lula.

27/8
AGONIA PÚBLICA

Prosseguindo em seu processo de catarse, o presidente Lula declarou-se ontem, em Quixadá, no interior do Ceará, estar "chateado, sofrendo muito", mas insistiu que até agora só existem "denúncias, insinuações e nenhuma prova que possa condenar uma pessoa". Essa frase, como sempre acontece quando fala de improviso, pode ter interpretações distintas, o que Lula provoca não por espertiza política ou sutileza verbal, mas porque já não consegue expressar seu pensamento com clareza, embora tenha uma empatia grande com o público menos esclarecido.

Não se sabe se o presidente está "chateado" pelos crimes cometidos por seus aliados, ou se está "sofrendo muito" vendo seus amigos sendo acusados sem nenhuma prova que possa condená-los. Ou ainda se está "chateado" e "sofrendo muito" porque não conseguem provas para condenar os que prevaricaram.

Como, em outro improviso, o presidente Lula se disse "traído", é de se supor que esteja convencido de que alguém muito próximo cometeu algum tipo de deslize. Quem ajudou a esclarecer a situação foi o ainda ministro da Integração Nacional, Ciro Gomes, ele que se viu envolvido em denúncias sobre saques na boca do caixa do Banco Rural e chegou a ameaçar pedir demissão do cargo, dizendo-se "enojado" com tudo o que está acontecendo.

Ciro defendeu arduamente seu ex-chefe de gabinete Márcio Lacerda, que estava na relação do lobista Marcos Valério como tendo recebido mais de R$ 600 mil. Esclarecido que esse dinheiro havia sido pago por serviços prestados pela empresa New Trade, de um cunhado de Ciro Gomes, na campanha presidencial de Lula no segundo turno, o problema passou a ser também do presidente da República, cuja campanha foi paga com dinheiro oriundo do caixa dois.

O fato é que Ciro parece continuar indignado, mas está firme no cargo, tendo sido guindado nos últimos dias a integrante do "gabinete de crise", e mantém o status de potencial candidato alternativo à Presidência da República, com o apoio do próprio Lula. Mas, se já era difícil que o PT o aceitasse como o candidato oficial do governo caso Lula desista de tentar se reeleger, ontem ficou mais difícil ainda. A não ser que Lula deixe o PT depois dessa conturbada transição de comando e decida terminar seu governo sem partido, apoiando pessoalmente o candidato do PSB.

Em discurso ao lado do presidente em Quixadá, o ministro Ciro Gomes não deixou dúvidas de que crimes foram cometidos: "É preciso punir quem traiu a confiança do presidente e se envolveu em escândalos de corrupção. Por mais amigo, por mais parceiro que seja", afirmou aos eleitores de seu estado, o Ceará.

E definiu claramente o ambiente em que se encontravam os "traidores": "Gente que tinha a confiança do presidente da República trocou as mãos pelos pés e fez uma coisa muito feia, muito suja", disse o ministro da Integração Nacional, em linguagem simples para ser bem entendido por seu povo. E, de maneira sutil, não inteligível para o público local, mas certamente compreendido pelos "formadores de opinião", disse que terá que ser punido qualquer um, "por mais que tenha até serviços prestados ao Brasil".

Uma acusação direta a políticos como o ex-ministro José Dirceu e o ex-presidente do PT José Genoino. Ao contrário do presidente, que, diferentemente do que fazia quando era o líder da oposição, hoje pede paciência e respeito aos ritos da Justiça, Ciro Gomes disse que a punição "infelizmente está demorando demais". Para mostrar que o governo está fazendo sua parte, o ministro da Integração Nacional citou orgulhosamente que nada menos que 59 funcionários já foram afastados de suas funções por suspeita de envolvimento nos escândalos.

Ora, um governo que em três meses de crise política já afastou um número tão grande de assessores de diversos escalões, até mesmo ministros de Estado, é um governo em franca decomposição. Mas o presidente Lula parece não se dar conta do que está acontecendo à sua volta, e quando tenta demonstrar que sabe o tamanho do problema que tem pela frente, compara-se, mesmo pela negativa, a políticos que, diante de situações como a que passa, suicidaram-se (Getulio Vargas), renunciaram (Jânio Quadros) ou foram depostos (João Goulart).

Esses paralelos, se são temas de análises de políticos e estudiosos, não deveriam estar na fala de um presidente da República no pleno domínio da situação. Dias antes, os outros dois presidentes do poderes da República — Nelson Jobim, do Supremo Tribunal Federal, e Renan Calheiros, do Congresso Nacional — haviam se reunido com o presidente e divulgado uma nota em que ressaltavam que o país vive em plenitude democrática, com todos os poderes funcionando normalmente. Não caberia, pois, referências a tentativas de golpe, nem a renúncias, muito menos a suicídio.

28/8
OPERAÇÃO ABAFA

Os sinais preocupantes de que os trabalhos das CPIs possam estar sendo deliberadamente boicotados, e de que a disputa entre as comissões, mais do que refletir uma briga de egos entre senadores e deputados, possa ser o reflexo de uma manobra dos governistas para retardar a apuração dos escândalos sem que a operação abafa seja claramente identificada pela opinião pública, está colocando em estado de alerta organizações como a Transparência Brasil, associada à Transparência Internacional, organização não governamental dedicada exclusivamente a combater a corrupção no mundo.

São inúmeras as indicações de que está em curso tentativa de acordo para preservar uma maioria de envolvidos nos escândalos. Em Brasília, há indícios de que as cúpulas partidárias tentam achar caminhos para amenizar punições. O deputado Roberto Jefferson, que será o primeiro a ser cassado, poderá ser o pretexto para um grande acordo. Se a acusação contra ele for de que não provou a prática do mensalão, estará dado o caminho para que prevaleça a alegação de uso de caixa dois nas eleições, em vez do desvio do dinheiro público, que ainda não foi desvendado.

De fato, se pegarmos exemplos de outras CPIs, veremos que a manobra governista de dividir a apuração dos escândalos em três comissões está dando resultado, se não no acobertamento dos envolvidos, pelo menos na demora das apurações. Ao delimitar a apuração da primeira CPI instalada, a dos Correios, a maioria governista forçou a oposição a lutar pela instalação de outras comissões, o que acabou dispersando as investigações.

Há diversos exemplos de acordos, explícitos ou tácitos, entre os partidos políticos, cada qual defendendo seu interesse. A tese do "dinheiro não contabilizado" para fins eleitorais, difundida pelo ex-tesoureiro petista Delúbio Soares, interessa tanto ao PFL, que tem um de seus principais quadros envolvidos — o deputado Roberto Brant —, quanto ao PSDB, cujo presidente nacional, senador Eduardo Azeredo, também está sendo acusado de ter se valido dos recursos do lobista Marcos Valério de Souza na eleição de Minas Gerais em 1998.

Acordos entre PT e PMDB e partidos aliados para a não convocação de personagens importantes nos eventos, como o presidente do Sebrae, Paulo Okamoto, e Benedita da Silva, de um lado, e a governadora Rosinha e seu marido Garotinho, de outro, são feitos à luz do dia. O deputado e ex-ministro José Dirceu, peça central para a apuração de todo o esquema de corrupção montado, ainda não foi convocado. A CPI dos Correios, a mais antiga que estão em funcionamento atualmente, já consumiu mais de setenta dias, e nem chegou à metade das apurações.

A CPI do caso PC Farias, por exemplo, começou em junho de 1992 e foi declarada encerrada três meses e meio depois, tendo o relatório final sido votado em 90 dias. Bastaram 40 reuniões no período e 22 depoimentos para estabelecer a culpa do ex-presidente Fernando Collor de Mello. A CPI do Orçamento, que começou em outubro de 1994, terminou três meses depois, com um total de 111 reuniões, porque se reunia praticamente todos os dias e não se limitava aos três dias da semana em que o Congresso normalmente funciona: terças, quartas e quintas-feiras. Ao fim da CPI, 68 pessoas foram ouvidas, entre elas 33 deputados, ao contrário de agora, quando a CPI dos Correios ouviu apenas Roberto Jefferson.

Sem falar que a moderna tecnologia que está à disposição dos senadores e deputados deveria facilitar o cruzamento de dados e as investigações. Mas até hoje não conseguiram abrir nem mesmo os disquetes enviados pelas companhias telefônicas com a quebra de sigilos de alguns dos envolvidos, com a desculpa esfarrapada de que eles não falam entre si.

A "operação abafa" em curso conta também com o silêncio obsequioso da maioria dos intelectuais e com o colaboracionismo partidário de notório cientista político que, vergonha profissional, usa seu pseudodistanciamento acadêmico para abrigar, mesmo diante de todas as evidências, a patética tese da conspiração das elites contra o operário presidente.

1/9
PT ARCAICO

O embate que se viu no plenário da Câmara na terça-feira entre o deputado Fernando Gabeira e o presidente Severino Cavalcanti foi o retrato do momento atual: o Brasil moderno reagindo às tentativas do Brasil arcaico de impor sua maneira de fazer política, que levou ao descrédito completo dos parlamentares e a essa imensa rede de corrupção que está sendo desvendada pelas CPIs.

E o Brasil moderno não está representado pelo deputado Gabeira apenas por ser ele do Rio de Janeiro, nem o arcaísmo está localizado no Nordeste do deputado Severino. Tanto que o presidente do Congresso, o senador alagoano Renan Calheiros, captando o sentimento das ruas, atuou para que as CPIs venham a ter mais eficácia. O que está em disputa é uma histórica maneira fisiológica de fazer política, que encontra adeptos em parlamentares tanto do Sul maravilha — o deputado Roberto Jefferson, do Rio, e Valdemar Costa Neto, de São Paulo, são exemplo disso — quanto de outras regiões do país.

O retrato fiel do Brasil atual e, mais do que isso, da desconstrução do governo Lula, está na inversão sintomática dos papéis. Gabeira tem uma história política ligada ao PT e aos movimentos populares, e acabou rompendo com o governo Lula antes mesmo de este chegar à metade do mandato, por discordar principalmente da política de meio ambiente. A gota d'água foi um chá de cadeira que levou do então todo-poderoso chefe da Casa Civil, José Dirceu, o mesmo que Gabeira ajudara a libertar da prisão, participando do sequestro do embaixador dos Estados Unidos, Charles Elbrick.

Já o deputado Severino Cavalcanti, hoje o principal sustentáculo do governo Lula, chegou à presidência da Câmara por um atalho inimaginável: eleito por dissidências do próprio PT e dos partidos aliados, numa revolta do baixo clero, cuja insatisfação com o governo, na ocasião não muito clara, hoje já se pode identificar com problemas no mensalão.

Esse é o reflexo de um governo que perdeu o apoio da classe média e dos formadores de opinião, e cuja popularidade, hoje decadente, apoia-se nas populações de regiões mais carentes e desinformadas, literalmente compradas pelos programas assistencialistas como o Bolsa Família.

Pois o governo do PT está hoje nas mãos de um eleitorado despolitizado e do baixo clero do Congresso, que lhe impôs uma derrota fragorosa ontem ao derrubar o veto presidencial ao aumento do funcionalismo do Congresso e dos tribunais superiores. A arrogância da política petista, como definiu bem o homem-bomba Roberto Jefferson, pensou que contratando mercenários poderia governar sem contestações, e acabou nas mãos dos chantagistas que trabalham a golpes de saques na boca do caixa, com apetite que não se satisfaz nunca.

Lula hoje é refém desses aliados, comprados no mercado atacadista do Congresso, e pode ser literalmente detonado se algum deles resolver abrir a boca e contar o que sabe. A desculpa esfarrapada que Severino Cavalcanti tentou fazer prevalecer na sua entrevista à *Folha de S.Paulo*, nada mais é do que a mesma tese desenvolvida pelo próprio presidente Lula naquela famosa entrevista parisiense: caixa dois é coisa normal no mundo da política, e o PT fez o que todo partido político sempre fez. (...)

Pela primeira vez na História do país, há uma confissão pública de um partido, e de políticos de vários partidos, de uso do caixa dois. Mas além do caixa dois, há muitos outros crimes sendo investigados, e indícios fortes de que houve a montagem de um grande esquema de corrupção, envolvendo dinheiro público, para garantir o apoio ao governo no Congresso.

Foi contra isso que se levantou o deputado Fernando Gabeira e se formou um grupo de parlamentares "pró-Congresso", representando a majoritária opinião pública deste país, cortando a possibilidade de o presidente da Câmara encontrar brechas na legislação para retardar ou mesmo impedir punições. Não é à toa que correm rumores na Câmara sobre ameaças e pressões que Severino estaria sofrendo de seu partido, o PP, cujo líder José Janene é um dos mais implicados na grande rede de corrupção.

A chantagem parece estar dominando as relações partidárias atualmente, e até mesmo o vice-presidente José Alencar sucumbiu. Ensaiou críticas ao PL e a seu presidente, Valdemar Costa Neto, que abriu mão do mandato para não ser cassado, e depois mudou subitamente de posição, chegando a elogiar o deputado que negociou o apoio do PT ao custo de R$ 10 milhões, com a aquiescência, segundo seu relato, do próprio Alencar e o conhecimento do presidente Lula.

Assim também acontece no PT, que não consegue se livrar do ex-tesoureiro Delúbio Soares nem de José Dirceu. Todos os envolvidos nessa trama parecem ameaçados pela verdade, inclusive o presidente Lula, que depois de admitir constrangidamente que fora traído, insiste agora em que não existem provas da corrupção.

9/9
RESGATE MORAL

A saída do deputado Severino Cavalcanti da presidência da Câmara deixou de ser, em questão de horas, uma disputa política da oposição em torno de um clima favorável a eventual processo de impeachment político do presidente Lula para se transformar em um símbolo da reconquista da credibilidade do Congresso brasileiro, tão desacreditado por essa crise que se arrasta há mais de três meses.

Especialmente agora, depois do relato minucioso do concessionário do restaurante da Câmara, revelando toda a baixeza da extorsão de que foi vítima pelo então primeiro-secretário da Mesa, tornou-se imperativo que os deputados façam um resgate moral da instituição e corrijam o erro que cometeram ao elegê-lo presidente, o terceiro homem na sucessão presidencial.

Todos os que estavam tomando posição política no episódio voltaram atrás. A oposição deixou de imaginar que poderia se aproveitar do momento para impor um nome seu para a presidência da Câmara, e assim criar clima político propício para contestar mais abertamente o presidente da República. Até mesmo o Palácio do Planalto, cuja primeira reação foi apoiar Severino para impedir esse movimento oposicionista, voltou atrás ao entender que se ligar a ele poderia ser um erro político fatal.

Os políticos entenderam, não tão rápido quanto a opinião pública, que o que estava em jogo era a imagem da Câmara como instituição, pois a atuação de Severino já estava incomodando antes mesmo do surgimento da denúncia do mensalinho. Sua tentativa de interferir no andamento das investigações, ora defendendo penas mais brandas para seus apaniguados, ora participando de uma farsa para explicar o R$ 1 milhão que o líder de seu partido, deputado José Janene, recebeu de Marcos Valério, já justificaria o pedido de cassação por quebra de decoro parlamentar.

Mas faltava a prova documental, que tirou os temores e suspeitas do plano subjetivo e os levou para a realidade política, na qual um poder fragilizado como o Legislativo tem em Severino Cavalcanti a prova ambulante de suas mazelas. Uma pesquisa realizada pelo Ibope Opinião, entre os dias 18 e 22 de agosto em todo o país, mostra bem a percepção da opinião pública a respeito dos políticos. O estudo sobre o grau de confiança dos brasileiros nas instituições mostra, em sua última edição, que 90% dos brasileiros não confiam nos políticos, o índice mais alto desde 1989, quando começou a ser feito e já mostrava que 81% não acreditavam em políticos.

O perigo é que esse descrédito em relação aos políticos e às instituições como os partidos alcança o mais alto índice comparado ao ano de 1989, quando foi eleito presidente Fernando Collor, um político que se dizia diferente dos demais, indicado por um pequeno partido. Naquele ano, a desconfiança dos brasileiros nos partidos políticos atingiu 70%, e hoje chega a 88%. Sintomaticamente, em 1992, ano do impeachment de Collor, os índices melhoraram um pouco: caiu para 67% o índice dos que não confiavam em partidos políticos, e para 77% o dos que não confiavam em políticos de maneira geral.

Outras instituições viram corroerem-se as expectativas da população em relação a elas, como a Câmara dos Deputados, que hoje não tem a confiança de 81% dos brasileiros, índice que em 2003 era de 63% ; e o Senado Federal, desacreditado por 76% da população, sendo que em 2003 o índice era de 57%. A reação da sociedade também pode ser medida pelas últimas manifestações populares contra a corrupção, ocorridas em diversos pontos do país. Em várias delas, havia cartazes contra os políticos, sem distinção de partidos ou ideologias.

10/9
COM OU SEM LULA?

Com a anunciada entrada do senador Cristovam Buarque no PDT, resta agora apenas a decisão do ex-governador Anthony Garotinho de permanecer ou não no PMDB para que a primeira parte do processo de decisão dos candidatos à sucessão de Lula seja definida até o fim de setembro, quando termina o prazo legal para a filiação a um partido para concorrer às eleições de 2006. O ex-governador do Rio, apesar de aparecer sempre bem posicionado nas pesquisas, não atrai os grandes partidos políticos. O PMDB trabalha com diversas hipóteses — o governador de Pernambuco, Jarbas Vasconcellos, ou o presidente do Supremo, Nelson Jobim —, sendo Garotinho uma opção quase descartada.

Por isso Garotinho tentou voltar ao PDT, mas foi barrado pela seção regional do Rio e pelo senador Cristovam Buarque, que condicionou sua adesão ao partido não à sua própria candidatura a presidente, mas ao veto à de Garotinho. Se insistir em tentar sair candidato do PMDB à Presidência, o ex-governador do Rio corre o sério risco de não disputá-la, e por isso avalia se vale a pena tentar uma legenda menor, o que reduziria sua chance a quase zero.

A definição dos candidatos à sucessão presidencial vai depender, na verdade, da decisão de Lula. Com ele na disputa, mesmo enfraquecido, a situação é uma. Outra bem diferente é o PT sair com outro candidato qualquer, com o presidente Lula desistindo da reeleição. Um terceiro cenário, mais dramático, e por isso mesmo sem previsões, é o do impedimento do presidente por crime de responsabilidade. Superada a crise política com o presidente no poder, situação que ainda é a mais provável no quadro de hoje, Lula tem ainda a carta de se transformar em um grande eleitor, podendo talvez até mesmo acabar com o instituto da reeleição, aumentando o mandato do próximo presidente para cinco anos.

Nesse cenário, a tendência é que a disputa de 2006 se pareça com a de 1989, a primeira eleição direta para presidente depois do período militar. A saída de cena de Lula, que vem disputando as eleições presidenciais há 15 anos, e a derrocada do PT significariam um recomeço do jogo político em novas bases. A tendência é que, nesse caso, todos os partidos queiram apresentar candidatos para marcar suas posições diante do eleitorado.

Os principais concorrentes, seriam, na situação de hoje, o senador Cristovam Buarque pelo PDT; o deputado Roberto Freire pelo PPS; o ministro Ciro Gomes pelo PSB. Setores do PFL, estimulados especialmente pelo prefeito do Rio, Cesar Maia, acham que o partido deve se aproximar do PMDB e construir uma candidatura alternativa. Segundo Maia, é correta a análise do ex-presidente Fernando Henrique Cardoso de que a *débâcle* do PT desfaz a lógica anterior de polarização entre tucanos e petistas, abrindo espaço para que um vetor político forte e nacional ocupe esse espaço.

Para ele, "PFL e PMDB juntos passariam a ser a mais importante força política nacional e poderiam conduzir a superação desta crise". César Maia acha que se não for possível essa aproximação, o PMDB não dará a legenda a Garotinho. E alfineta: "Se este for o caminho, certamente virá um candidato sênior." Tudo indica que, como sua candidatura não decolou, Cesar Maia, embora seja o pré-candidato do PFL, não venha a ser o candidato oficial caso o partido decida lançar-se sozinho à disputa. No momento, o mais provável é que o deputado Pratini de Moraes venha ser o candidato do PFL. Ex-ministro da Agricultura e com forte apoio no agrobusiness, Pratini seria o candidato da "direita moderna" que o partido quer representar.

Nesse quadro sem Lula, o senador Eduardo Suplicy já se apresentou para ser o candidato do novo PT, mas tudo dependerá da correlação de forças que surgirá na direção nacional do partido das eleições diretas este mês. O candidato do PSDB depende também da decisão de Lula se candidatar ou não. Com o presidente no páreo, a no momento balança pende mais para o prefeito José Serra, e o PFL aceitaria até mesmo reviver a dobradinha com os tucanos. Caso Lula não se candidate, a definição passará a ser outra, e o candidato natural volta a ser o governador de São Paulo, Geraldo Alckmin.

Antes da crise envolvendo o presidente da Câmara, Severino Cavalcanti, ainda havia quem tentasse apressar a tramitação da reforma política para ser votada antes de setembro. Se já era difícil em condições normais, com a crise na Câmara está praticamente descartada a possibilidade de haver qualquer mudança na legislação eleitoral. Com isso, entrarão em vigor nas próximas eleições as cláusulas de barreira, que exigem 5% de votos nacionais, com pelo menos 2% em pelo menos nove estados, para que um partido tenha representação na Câmara. Pela lei que está em vigor, ficariam cerca de seis ou sete partidos depois da eleição de 2006, se repetidos os resultados das últimas eleições: PT, PMDB, PSDB, PFL, PL, talvez PTB e PDT.

Com as recentes denúncias acertando em cheio pequenos partidos que foram inchados artificialmente pelo mensalão, talvez PL e PTB não atinjam os votos mínimos necessários. O P-SOL, ainda em fase de criação, apresentará a senadora Heloisa Helena como candidata à Presidência para puxar votos e pode ser reforçado pela esquerda do PT.

Tudo indica que esses pequenos partidos, tanto de esquerda quanto de direita, só sobreviveriam nas federações partidárias, previstas na reforma política que não deve ser aprovada. Se ficar claro que não haverá mudanças na legislação, é previsível que diversas fusões de pequenos partidos venham a ocorrer.

11/9
A LINGUAGEM DO PFL

Quando o PT chegou ao poder, na eleição de 2002, a maior curiosidade era saber como o PFL —, acostumado a participar de todos os governos "desde Pedro Álvares Cabral", como seus adversários costumam ironizar — iria se comportar Passados os primeiros momentos, em que, por coerência, até apoiou algumas reformas do governo, como a da Previdência, o partido mostra-se à vontade no exercício da oposição ao governo petista, e vem aumentando o tom de suas críticas, mais inflexível até que os antigos parceiros tucanos.

A agressividade, especialmente da linguagem oposicionista do PFL, pode ser exemplificada pela frase polêmica, já famosa, de seu presidente, senador Jorge Bornhausen, que disse recentemente, referindo-se ao PT, que a crise fará com que "fiquemos livres dessa raça pelos próximos 20 anos". A atuação mais agressiva do PFL na atual crise política faz com que ele seja comparado à União Democrática Nacional (UDN) de outros tempos. O prefeito Cesar Maia, pré-candidato oficial à Presidência, diz que o PFL é um sucedâneo do PSD, e não da UDN. "É um partido de fortes bases no interior, e não nos centros urbanos, como era a UDN."

Ele diz que a impressão "vem de um estilo mais udenista de três entre os dirigentes vocalizadores do PFL, como os senadores Antonio Carlos Magalhães e Jorge Bornhausen e eu mesmo". Não por acaso ACM foi da famosa "banda de música" da UDN, grupo de jovens agressivos políticos. Já o senador Bornhausen tem uma definição pitoresca para a atuação do partido: "Quando estamos na oposição, somos da UDN. No governo, somos do PSD", numa referência à capacidade de negociação política que marcou aquele partido que, diz-se, não fazia reunião sem antes chegar a um acordo político.

De fato, a UDN, criada em 1945 para combater o Estado Novo, era o partido das classes médias urbanas que tinha como bandeira a moral e os bons costumes, a honestidade, a retidão e o trato do dinheiro público. Até a recente crise política, o PT era identificado com esses valores, tanto que Leonel Brizola o apelidou de "UDN de macacão". Pela mesma razão, o PSDB, partido urbano representante de camadas médias da população, estaria sendo identificado com o udenismo pelos petistas.

No jargão político, ser udenista significa ser moralista, golpista. Segundo estudiosos, a UDN era moralista e moralizadora ao mesmo tempo, assim como hoje é o PSDB, e o PT era visto assim até que os recentes escândalos de corrupção acabaram com a imagem puritana do partido.

Na atual crise, o PT começou acusando o PSDB de golpismo quando os tucanos insistiram na criação de uma CPI para apurar as acusações do deputado Roberto Jefferson, e o então ministro da Coordenação Política, Aldo Rebelo, fez um paralelo com a atuação da UDN contra Getulio Vargas, que levou ao seu suicídio em 1954. Hoje, no entanto, quem está mais duro na oposição é mesmo o PFL, que trabalha com a hipótese de impeachment de Lula, enquanto o PSDB, por estratégia política, prefere que Lula chegue às eleições enfraquecido e tendo que explicar a vasta rede de corrupção que foi implantada no seu governo.

13/9
PT NA BERLINDA

O PT, que perdera a influência nas negociações políticas devido à crise em que se debate e que corrói sua credibilidade, voltou a ser o fiel da balança no processo de destituição do presidente da Câmara, Severino Cavalcanti. Recuperou a capacidade de negociar não por méritos próprios, mas inercialmente, pelo fato de ser a maior bancada da Câmara.

Mostrará agora se está capacitado a exercer a arte da negociação, nesse processo que só não será longo e penoso se for atropelado por uma prova documental, como o tal cheque que teria sido sacado por um motorista do então primeiro-secretário da Câmara.

O PT poderá, porém, continuar enrolado em seus próprios problemas internos, sem conseguir ter uma visão política mais ampla e generosa. Um exemplo de como as disputas próprias de um partido dividido em facções interferem nas negociações é a recente pescaria para a qual o ex-ministro José Dirceu levou o deputado Sigmaringa Seixas. Apontado como um dos possíveis candidatos do PT para a presidência da Câmara, Sigmaringa passou a ser o candidato de Dirceu, e perdeu assim sua condição de candidato de consenso.

O PT claramente se debate entre a visão apequenada de apoiar Severino, com a esperança de que com ele na presidência uma eventual tentativa de impeachment do presidente Lula seja barrada, e uma atitude política que resgate parte do prestígio junto a seus eleitores e, mais que isso, ajude a melhorar a imagem da Câmara e dos políticos de maneira geral junto à opinião pública.

Se, no pior dos casos, mantiver a decisão da bancada de não assinar requerimento pela cassação de Severino e decidir explicitar um apoio que ficou implícito na reunião que o ministro das Relações Institucionais, Jaques Wagner, aceitou ter com o presidente da Câmara antes da entrevista coletiva em que este anunciou a decisão de não se afastar do cargo, o PT estará perdendo uma chance de se manter ao lado da opinião pública. Mais que isso, estará assumindo a paternidade de uma candidatura que nunca foi integralmente sua.

Não há ninguém entre os principais líderes políticos que não acredite que Severino fez o que o concessionário do restaurante o acusa de ter feito. Mas uma prova documental mais forte facilitaria as coisas, até mesmo para que o presidente da Câmara aceitasse o afastamento temporário até o fim das investigações. Havia quem considerasse ontem a possibilidade fazer um acordo com Severino, preservando seu mandato de deputado em troca da renúncia definitiva à presidência da Câmara.

A teoria do "mal menor" tem lá seus defensores, mas parece frágil diante das evidências que se acumulam e da necessidade de dar uma satisfação ao eleitorado. O saque de R$ 40 mil no mesmo dia em que foi assinado o documento de prorrogação da concessão é indício forte de que o que Buani relata é verdadeiro. Ainda mais se ficar provado que o documento é legítimo, e não uma falsificação, como alega o perito de Severino.

Mas ainda não é o suficiente para fazer com que o PT se mexa, transformado em uma imensa máquina burocrática conservadora, que se movimenta vagarosamente, sempre no sentido de manter o poder conquistado, mesmo quando esse poder, como no caso da presidência da Câmara, caiu em seu colo por esses azares da política e pode lhe causar mais danos à imagem.

Um dos argumentos que está sendo usado para pressionar o PT a aderir ao movimento contra Severino é pragmático, como o partido pretende ser: Severino cairá, mais cedo ou mais tarde. Nesse primeiro momento, o PT tem condições de fazer o sucessor, de comum acordo com os demais partidos. Se entrar no final do processo perderá o poder de barganha que recuperou sem que tenha lutado por isso, e será superado pelos fatos políticos.

15/9
DOIS A MENOS

Dois tipos primitivos e desprezíveis de políticos tiveram ontem determinado o fim de suas carreiras, pelo menos no futuro imediato. Um, Roberto Jefferson, por repulsa de seus pares, teve o mandato cassado num processo eminentemente político, menos pelo motivo oficial, de não ter provado a existência do mensalão — mesmo porque ainda faltam as investigações de duas CPIs — e mais por ter confessado que recebeu R$ 4 milhões do caixa dois do PT que usou indicações para cargos em estatais para arrecadar dinheiro para o PTB.

Outro, o presidente da Câmara, Severino Cavalcanti, atropelado por um cheque endossado por sua secretária, que prova cabalmente que ele pediu propina para manter o concessionário do restaurante da Câmara.

Depois de ter desistido de presidir a sessão em que a Câmara cassou o mandato de Jefferson, Severino Cavalcanti já pensava ontem em renunciar ao seu mandato. Para tentar uma "saída honrosa", arranjou a desculpa de que os R$ 7.500 seriam uma doação de Sebastião Buani para a campanha para deputado em Pernambuco de um filho seu que já morreu. Como a prestação de contas da campanha não registra essa doação, na prática Severino Cavalcanti está jogando para o filho morto a acusação de ter usado caixa dois.

É sintomático da deturpação moral desse tipo de político procurar se esconder atrás do financiamento de campanhas políticas, como se o "dinheiro não contabilizado" fosse um crime menor do que receber propina pura e simples. Já foi assim há cerca de 15 anos, quando PC Farias atribuiu a "sobras de campanha" a dinheirama que não tinha explicação oficial. Nos dois casos atuais, está provado que ambos venderam-se, embora por motivos diferentes.

Severino Cavalcanti, saído das sombras do baixo clero para a presidência da Câmara por um desvio de conduta de parte ponderável da oposição junto com a base aliada do governo, se utilizava de suas funções administrativas para achacar prestadores de serviços da Câmara. Era um mero "petequeiro", no linguajar dos pequenos criminosos verbalizado por Roberto Jefferson.

Já o ex-presidente do PTB, que, saído de programas populares de televisão como advogado de porta de cadeia, passou a maior parte de sua carreira política no mesmo baixo clero da Câmara em que até ontem reinava Severino Cavalcanti, usou e foi usado pelo governo Collor e, não por coincidência, foi guindado novamente ao primeiro time pelo governo Lula. Deixou de ser um "petequeiro" qualquer para, transformado em aliado fundamental do governo, montar um grande esquema de corrupção em vários órgãos públicos, como está sendo provado na CPI dos Correios.

Ontem, mudando de atitude, Roberto Jefferson acusou o presidente de ser responsável pela corrupção, se não por ação, por omissão. E o acusou, indiretamente, de ter mentido, quando comparou sua atitude de dizer que nada sabia à do ex-presidente do PT José Genoino, a quem chamou diretamente de mentiroso. Genoino, que negara em seu depoimento na CPI conhecer os acordos envolvendo dinheiro com os partidos aliados, foi o autor do acordo que transferiu R$ 4 milhões para os cofres do PTB, como reafirmou ontem da tribuna Roberto Jefferson.

Também insinuou que o ministro da Justiça, Márcio Thomaz Bastos, planejou fazer um pronunciamento na televisão para jogar a culpa da corrupção nos Correios no PTB por orientação do presidente Lula. Para quem ameaçava com grandes denúncias explosivas, foi um traque que deve ter aliviado o Palácio do Planalto. A opinião de Jefferson sobre a falta de aptidão do presidente da República pelo trabalho não tem a menor importância.

Pode ser até que afete ainda mais a popularidade do presidente Lula, que já está em queda, porque, com seu jeito histriônico e sua capacidade de engabelar o eleitorado, Roberto Jefferson transformou-se em um ídolo popular, numa demonstração de que ainda temos muito o que aperfeiçoar em nosso sistema eleitoral. Será, porém, apenas uma disputa entre dois políticos populistas, com credibilidade entre o eleitorado menos esclarecido.

No plenário, sua filha, a vereadora pelo Rio, Cristiane Brasil, já se prepara para receber os muitos votos que o pai lhe trará. Ela trouxe do Rio uma claque que aplaudiu Roberto Jefferson quando ele chegou à Câmara, e provocou um pouco de tumulto nas galerias da Câmara. Atitude parecida, aliás, com a de seu maior inimigo político, o deputado José Dirceu, que retornou à Câmara com o apoio de uma claque do PT do Distrito Federal.

A opinião de Jefferson sobre qualquer assunto nunca teve a menor importância. Ele só é crível quando assume seus crimes e denuncia seus cúmplices. Nesses momentos, tem a credibilidade do mafioso que rompe com sua quadrilha e passa a denunciá-la. Se tivesse condições de acusar diretamente o presidente Lula pelo esquema de corrupção que foi montado no e pelo governo, o teria feito, tal a raiva que destilou durante seu discurso.

Não o fez, ou porque não tem mesmo testemunho a dar, ou porque não tem coragem de acusar diretamente o presidente, ficando no meio do caminho, com indiretas e evasivas. Em qualquer dos casos, deu um fôlego importante ao presidente Lula, embora tenha acusado seu governo de ser o mais corrupto com que conviveu, um testemunho de peso diante dos antecedentes do denunciante.

16/9
SAIR OU SAIR

O (ainda) presidente da Câmara, deputado Severino Cavalcanti, permanece entrincheirado em sua residência oficial em Brasília, mas submetido às maiores pressões políticas que se pode imaginar. Ninguém mais o procura disposto a apoiá-lo em uma resistência que pretendia, mas mostrou-se inviável politicamente. As pressões são, do lado do governo, para que renuncie ao mandato, permitindo que se abra a discussão da sucessão em cinco sessões.

Do lado da oposição, a pressão é no sentido de que se licencie para tratamento de saúde, caso em que o primeiro vice-presidente da Mesa, o deputado pefelista José Thomaz Nono, assumiria a direção da Câmara durante o afastamento.

O mais provável é que Severino renuncie ao mandato, para garantir condições de se candidatar novamente em 2006. Caso se licencie, estará agradando ao PFL e ao PSDB, e deixando de lado o governo, o que certamente não é o seu objetivo. E o governo não aceita que o PFL assuma a Câmara por tempo indeterminado, receando que aproveite o período para tentar promover o impeachment do presidente Lula.

Os que defendem a licença de saúde, mesmo não sendo da oposição, trabalham com a ideia de uma saída que não signifique uma admissão de culpa, "uma saída piedosa, de quem não chuta cadáveres", na definição de um parlamentar envolvido na operação. Segundo esse raciocínio, esse é um problema que pode vir a se transformar em questão de Estado.

O segundo homem na sucessão presidencial já teria demonstrado que não está em condições de exercer o cargo e, ao insistir na permanência, deixaria o Estado ao sabor da vontade de alguém que já não demonstra plena capacidade de tomar uma decisão compatível com o interesse público.

Foi lembrado o caso do deputado Ulysses Guimarães, que teve um problema de saúde enquanto presidia uma sessão da Câmara e teve que ser retirado discretamente do plenário pelo então deputado, hoje senador, Heráclito Fortes. Ulysses viajou para os Estados Unidos, onde médicos detectaram que estava tomando um remédio à base de lítio com dosagem excessiva, o que estava lhe causando as confusões. O paralelo só não se aplica no caso presente porque, recuperado, Ulysses reassumiu suas funções na presidência da Câmara. Severino não poderia fazê-lo.

17/9
DIRCEU SOBREVIVE?

O deputado José Dirceu, animado pela liminar que recebeu do ministro Carlos Velloso na luta para preservar seu mandato, anuncia que vai entrar no Supremo Tribunal Federal contra o processo de sua cassação, movido pela Câmara dos Deputados, insistindo na alegação de que, sendo chefe da Casa Civil da Presidência, e não estando exercendo o mandato parlamentar, não pode ser cassado por quebra do decoro parlamentar devido a fatos acontecidos naquela ocasião.

Embora vários casos possam parecer semelhantes ao de Dirceu, essa é uma questão que não tem precedentes no Supremo. Assim como não houve posicionamento político nas liminares que concederam primeiro o presidente do Supremo, ministro Nelson Jobim, aos seis deputados petistas, e em seguida o ministro Carlos Velloso, que estendeu a medida a Dirceu, a vitória na questão do direito de defesa nada tem a ver com o outro pleito de Dirceu.

José Dirceu entrou com uma petição no Supremo querendo se transformar em um dos autores do mandado de segurança que havia sido impetrado pelos outros seis deputados petistas ameaçados de cassação. O ministro Carlos Velloso explica que, como ele está na mesma situação dos autores originários, "a lei permite, e então eu o admiti. Mantive a liminar sob condição, e pedi informações à Câmara. Ela estando mantida, não haveria motivo para não ser estendida".

O fato de a Câmara ter dado as cinco sessões para que todos os acusados se defendam no processo da Corregedoria revela que, apesar dos protestos, resolveu acatar a decisão do Supremo, admitindo que o direito de defesa havia sido cerceado. Com essa decisão, fica prejudicado o mandado de segurança. Partidos como o PDT e o PPS também desistiram de entrar com um pedido de cassação contra os deputados petistas, o que levaria o processo diretamente para a Comissão de Ética, pulando a Corregedoria, onde o processo agora está parado.

O ministro Velloso esclarece que não procede o argumento de que a questão diz respeito ao regimento interno de outro poder, e portanto o Judiciário não poderia interferir. "Direito de defesa está previsto na Constituição, e essa é uma questão em que o Judiciário pode exercer a censura."

Já no caso da alegação do ex-ministro José Dirceu de que não exercia o mandato de deputado quando ocorreram os fatos de que o acusam, não há precedente. O professor do departamento de direito público da Universidade Federal de Juiz de Fora, Nilson Rogério Pinto Leão, que também é advogado em Minas Gerais, enviou e-mail ao colunista Ancelmo Gois a propósito de uma nota sobre o caso, alegando que ele não é controverso como parece. Seus argumentos são, pelo menos em parte, os mesmos dos advogados de defesa de Dirceu.

18/9
O TSE ENDURECE

O Tribunal Superior Eleitoral está se defrontando com uma série de questões que nunca foram objeto de atenção de sua estrutura de fiscalização, que na verdade sempre foi muito precária. Agora, diante dos escândalos envolvendo partidos e políticos nas eleições, está sendo montada uma estrutura verdadeira, com o apoio da Receita Federal e de auditores do Tribunal de Contas da União.

O ministro Carlos Velloso, presidente do TSE, admitindo que "a crise tem esse sentido de depurar", já fez o mea-culpa da instituição. Candidamente, diz que os partidos "até então eram confiáveis, especialmente os grandes partidos. Os partidos ideológicos não eram supostos de fazerem isso, não são legendas de aluguel".

Como sempre consideraram que "os partidos são instituições que merecem respeito, porque a democracia se exerce através deles", os ministros da Justiça Eleitoral aprovavam as contas com ressalvas, esperando que pequenas irregularidades viessem a ser corrigidas. Havia muito disso, lembra Velloso: o líder partidário procurava a Justiça Eleitoral para dizer que não tinha condições de cumprir rigorosamente a lei no interior, "e a gente ia condescendendo, compreendendo as dificuldades dos partidos pequenos, principalmente no interior".

Daqui para a frente, diz o ministro, "não há como aprovar as contas com ressalvas". É nesse ambiente em que a Justiça Eleitoral está decidida a endurecer que o PT enfrentará diversos processos iniciados pelos partidos de oposição e pelo Ministério Público. Quando o ex-tesoureiro do PT admitiu o uso de caixa dois nas eleições de 2002 e 2004, o PFL pediu o cancelamento do registro do partido. PFL e PSDB também solicitaram à Justiça Eleitoral o cancelamento dos repasses do Fundo Partidário ao PT. No primeiro semestre deste ano, o PT recebeu cerca de R$ 11 milhões em recursos públicos do fundo, e no ano passado, sua cota foi de R$ 24,9 milhões.

O dinheiro foi usado para pagar passagens aéreas dos filhos do presidente Luiz Inácio da Silva, das acompanhantes deles e da filha do ministro da Fazenda, Antonio Palocci. O PT pagou ainda passagens aéreas para viagens internacionais do marido da ex-prefeita Marta Suplicy, Luís Favre, para o então tesoureiro do partido Delúbio Soares, em fevereiro de 2004, e para Rioco Kayano, mulher do então presidente do PT, José Genoino.

Quando o publicitário Duda Mendonça, responsável pelas campanhas do presidente Lula, admitiu na CPI dos Correios ter recebido R$ 10 milhões do empresário Marcos Valério na conta da Dusseldorf, uma offshore aberta por ele, no Bank Boston em Miami, novamente o pedido de cancelamento do registro do PT foi pedido pela oposição. A possibilidade de perda do registro é real, e a suspensão do fundo partidário também, embora sejam questões em relação às quais não há consenso no TSE.

Se as contas não forem aprovadas, a consequência natural é perder o fundo partidário. Pagar as passagens dos filhos de Lula, por exemplo, é um assunto polêmico no partido. Há quem sustente que é irregular, outros entendem que não. Por incrível que pareça, a argumentação de Lula, que tantos protestos provocou, de que o PT tinha mesmo que pagar as passagens de sua família, e que o estranho seria que outro partido pagasse, encontra eco entre ministros do TSE.

Mais perigo corre o PT de ter cassado seu registro partidário, pois a lei dos partidos políticos diz que um partido pode perder seu registro "se não prestar as devidas contas" à Justiça Eleitoral. O presidente do TSE, ministro Carlos Velloso, interpreta "com rigor" essa expressão, embora ressalte que é uma posição pessoal. "O partido que faz uma declaração falsa à Justiça Eleitoral, dizendo que gastou tanto, e usou caixa dois na campanha, na minha opinião não prestou devidas contas", diz ele.

Nesse caso, "se justifica uma interpretação mais rigorosa para partido que confessa ter usado uma falsidade, ter apresentado documentos falsos à Justiça Eleitoral". Velloso ressalta, porém, que há quem interprete que a perda do registro só acontece quando o partido não presta conta nenhuma.

Outro caso polêmico é o do dinheiro de procedência estrangeira, que leva à cassação do registro. O ministro Carlos Velloso acha que não basta ficar provado que o PT tem uma conta no exterior para cassar seu registro, "pois o dinheiro pode ser brasileiro". A finalidade da norma, esclarece Velloso, "é impedir a contribuição oriunda do estrangeiro".

Isso quer dizer que se ficar provado que o governo de Taiwan deu mesmo dinheiro para a campanha do PT, como acusou a ex-mulher do deputado Valdemar Costa Neto, ou que dinheiro oriundo das Farc ou da Líbia financiou a campanha eleitoral do PT, será o caso de perda de registro.

Nesse caso, porém, a crise política seria muito maior, pois o próprio mandato do presidente Lula ficaria em xeque. Por isso, a oposição conseguiu aprovar na CPI dos Correios a contratação de auditores externos para rastrear as contas ligadas ao PT no exterior. Mas, aqui também, há os ministros que defendem uma interpretação mais rigorosa: basta que o dinheiro venha do estrangeiro, não se indagando se sua origem é brasileira. E mesmo que seja brasileiro, certamente o dinheiro que financia o caixa dois do partido é ilegal, o que representaria duas infrações da legislação eleitoral.

21/9
O GOVERNO REAGE

A nota que o presidente interino do PT, o ex-ministro Tarso Genro, divulgou na segunda-feira com críticas ao que classifica de "festival denuncista" da mídia e "covardia" das CPIs faz parte de uma reação combinada com o governo depois de diversas reuniões do novo "núcleo duro" do Palácio do Planalto, que identificou nas CPIs uma manobra de setores minoritários da oposição para tentar derrotar o governo antes das eleições de 2006.

O chamado gabinete de crise, formado pelos ministros Luiz Dulci, da Secretaria-Geral da Presidência, Márcio Thomaz Bastos, da Justiça, e Dilma Rousseff, da Casa Civil, considera a CPI dos Bingos, em que ontem depôs o doleiro Toninho da Barcelona, a mais fora de controle do que seriam parâmetros políticos normais, e há quem no governo já pense até em recorrer ao Supremo Tribunal Federal para impedir que as CPIs assumam investigações paralelas, em vez de se aterem aos chamados "fatos determinados".

É na CPI dos Bingos, na qual a oposição tem a maioria, que os depoimentos polêmicos são realizados, depois de serem barrados muitas vezes pela situação nas demais CPIs. Foi o caso do doleiro, que só depôs graças a uma artimanha do senador pefelista Antonio Carlos Magalhães, que pediu a convocação de um senhor Antônio Oliveira Claramunt, que os governistas não identificaram como sendo o doleiro.

O governo cobra também da oposição uma postura cuidadosa em relação à economia do país, alegando que as acusações ao ministro da Fazenda, Antonio Palocci, e a seu irmão, e a convocação de doleiros para depor no Congresso podem inquietar os investidores internacionais, que se sentiriam inseguros com a politização dessas questões.

Também a convocação do irmão do ex-prefeito de Santo André, Celso Daniel, que acusou membros do PT de atuarem ilegalmente na arrecadação de financiamentos de campanhas eleitorais irritou o governo, que alega que a investigação do assassinato do ex-prefeito nada tem a ver com a investigação sobre os bingos, e deveria estar restrita ao Ministério Público de São Paulo. A convocação de Gilberto Carvalho, chefe de gabinete do presidente, acusado de ser o recolhedor do dinheiro do PT no interior paulista, foi considerada uma provocação pelo Palácio do Planalto.

Outra possibilidade que deixa o governo em estado de alerta é a convocação do juiz Rocha Mattos, outro preso condenado que se oferece para depor no Congresso com acusações ao PT no episódio de Santo André. A tentativa de ligar o assassinato do ex-prefeito a um esquema nacional de corrupção, que teria sido montado pelo PT, é vista pelo governo como um sinal de que há setores oposicionistas que ainda não desistiram de relacionar o Palácio do Planalto a atos criminosos com o objetivo de obter o impedimento do presidente Lula.

Nas análises dos governistas, a bancada do PT está agindo desde o início da crise política com exagerado defensivismo, devido a um sentimento de culpa que impede uma atuação política mais definida. O depoimento do ex-ministro Luiz Gushiken na CPI dos Correios é tido como exemplar desse ponto de vista, pois ele rebateu todas as denúncias sobre supostas influências nos fundos de pensão e ainda teve condições de defender o governo com vigor.

O fato é que o Palácio do Planalto está identificando sinais positivos em pesquisas de opinião pública que, se não mostram uma recuperação do prestígio do presidente Lula, indicam que o eleitorado já estaria detectando sinais de politização excessiva nas CPIs e se cansando das inúmeras denúncias que são feitas sem conclusão.

Alguns emissários do governo já estão em campo conversando com líderes oposicionistas que consideram "mais equilibrados", para tentar circunscrever as apurações das CPIs a fatos concretos. Nessas conversas, o recado tem sido sempre o mesmo: o governo admite que o PT tem que pagar pelos desvios de conduta que cometeu, mas não é aceitável que se queira interromper um governo legitimamente eleito com acusações infundadas.

A insistência com que a oposição tenta levar até o presidente Lula as acusações de corrupção faz com que o Palácio do Planalto retorne à tese do golpismo, que foi sua primeira reação quando estourou a crise política, e também o PT retomou esse tema na nota que divulgou na segunda-feira.

Os interlocutores do presidente garantem que ele não pretende voltar a tensionar essa crise com discursos de acusações às elites golpistas, como chegou a fazer no início, mais motivado, alegam, pelas acusações pessoais à sua família do que por um desejo político de confrontar-se com a oposição por meio dos movimentos sociais.

Mas há implícita nessas conversas também a mensagem de que o Palácio do Planalto tem mantido esses movimentos sociais sob controle, mas pode apelar a eles caso considere que a atuação das oposições esteja passando dos limites políticos que considera aceitáveis.

Assim como Tarso Genro disse que se enganam os que pensam que o PT está "adormecido" pela crise, o governo já está se sentindo com força suficiente para reagir ao que considera "excessos" dos adversários políticos. Ou reúne as forças que lhe restam para lutar contra o que classifica como ato deliberado da oposição de ligar o Palácio do Planalto a crimes, com o objetivo de conseguir o impedimento do presidente Lula.

24/9
A VOZ DIGITAL

A falta de manifestações de massa expressivas numericamente nesse processo de crise política que já entra no quarto mês é uma das muitas peculiaridades do nosso momento político. O próprio presidente Lula reconheceu recentemente que se fosse outro presidente já estaria com a popularidade abaixo de zero, uma admissão de que os crimes de que seu governo é acusado são realmente graves. Ao mesmo tempo que as pesquisas de opinião apontam para uma degeneração de sua popularidade — 50% dos eleitores que votaram em Lula não votariam mais —, o povo não está mobilizado para grandes manifestações de protesto, embora aqui e ali surjam sempre passeatas como a de quinta-feira no Rio, que reuniu cerca de mil pessoas no Centro.

O arquiteto Ricardo Várzea, leitor da coluna, pergunta se não estaríamos vivendo um momento de transição, "no qual as grandes demonstrações de rua seriam substituídas, pelo menos em parte, pela audiência das transmissões televisivas diretas, pelos blogs políticos, orkut, ICQ etc., que tomam cada vez mais a atenção dos cidadãos, principalmente dos jovens, os grandes frequentadores de passeatas em todos os tempos".

Ele lembra que os depoimentos importantes das CPIs reúnem pessoas na frente das televisões nas vitrines das lojas, nos bares e restaurantes ou nos próprios locais de trabalho, como se fossem jogos do Brasil na Copa do Mundo. Embora esse processo já tenha passado de seu auge, e alguns observadores acreditem até mesmo que a sequência de depoimentos já está cansando a opinião pública, o grau de interesse continua alto, o que pode ser constatado pela audiência dos canais a cabo como a Globonews e a TV Senado.

"Pode-se dizer que estamos assistindo a um processo que, acompanhado apenas por manifestações de rua menores aqui e ali, se acentua irremissível e diariamente. Nada temos, até agora, que nos lembre os comícios das Diretas ou as marchas dos caras pintadas. No entanto, os próprios fatos insinuam caminhos de reparação nacional cada vez mais evidentes", comenta Ricardo Várzea.

Também o sociólogo Hamilton Garcia, professor da Universidade do Norte Fluminense, diz que "são as instituições democráticas, entre elas a mídia, que oferecem as condições para que o atual movimento popular anti-impunidade possa, eventualmente, evoluir para o impedimento do presidente. São elas que oferecem os espaços (CPIs) e as informações (imprensa e TV) para que as convicções se formem e, potencialmente, desaguem em mobilizações sociais". Ele lembra que "não se deve crer que as lideranças políticas, sobretudo as parlamentares e de oposição, mantenham convicções sem levar em conta as da opinião pública". As duas análises mostram que estaríamos vivendo uma transição nesse novo mundo tecnológico, que no Brasil ainda se baseia muito no sistema de comunicação de massa tradicional, mas já sofre influências das novas tecnologias, que representariam a sociedade civil global que está se formando, segundo a definição do sociólogo Manuel Castells, da University of Southern California, nos Estados Unidos.

Segundo ele, "a sociedade global tem agora os meios tecnológicos para existir independentemente das instituições políticas e do sistema de comunicação de massa". Essa nova maneira de encarar o mundo em que vivemos, tentando preencher o que Castells define como "vazio de representação", a fim de legitimar a ação política, é o que faz surgir "mobilizações espontâneas usando sistemas autônomos de comunicação". A internet e a comunicação sem fio, como os telefones celulares, "fazendo a ligação global, horizontal, de comunicação, proveem um espaço público como instrumento de organização e meio de debate, diálogo e decisões coletivas", ressalta Castells.

A campanha, através de mensagens de telefone celular, que acabou ajudando a derrotar o primeiro-ministro Aznar na Espanha depois do atentado terrorista em 2004, já é um exemplo clássico do potencial de mobilização dos novos meios de comunicação. Na internet brasileira, já começa a circular uma campanha pelo voto nulo nas próximas eleições que, para pavor dos políticos, pode ganhar terreno diante da desilusão com a atuação deles. A voz rouca das ruas de que falava Ulysses Guimarães passaria a ser a voz da decepção.

4/10
RESPONSABILIDADES POLÍTICAS

Quando o presidente Lula, depois de muitos dias de silêncio, resolveu se pronunciar sobre os escândalos envolvendo o governo, olhando persistentemente para cima, o que psicólogos identificaram na ocasião como sinal de extremo desconforto, e confessou que havia sido traído, ficou a sensação de que caminhava para assumir os erros de seu governo e para tentar reorganizá-lo da melhor maneira possível.

Não pediu desculpas ao povo brasileiro, nem indicou quem o traíra, mas parecia disposto a recomeçar. Lá se vão dois meses daquela reunião ministerial, quem presumivelmente o traiu está cada vez mais convencido de sua inocência, e o presidente, ele próprio, também já esqueceu de tudo o que aconteceu.

O deputado José Dirceu admite que ele e o presidente Lula têm "responsabilidade política" sobre os acontecimentos, mas alega que não sabiam das ilegalidades. Essa é uma antiga discussão política. Não foi Getulio Vargas quem ordenou que atirassem em Carlos Lacerda. Mas ele foi acusado, pela oposição da época, de "responsabilidade política" pelo ambiente que levou ao atentado que resultou na morte do major Rubens Vaz ao dar autonomia à sua Guarda Pessoal, liderada por Gregório Fortunato.

Assim como Lula e Dirceu são acusados pela oposição de, no mínimo, serem responsáveis pelo clima de permissividade que levou o tesoureiro Delúbio Soares — se é que o fez mesmo sozinho — a se considerar no direito de organizar o esquema de financiamento ilegal que foi montado. E certamente não foi Delúbio quem estabeleceu as metas a serem atingidas, nem escolheu quem receberia o dinheiro.

Simplesmente ninguém até agora foi punido, a não ser o autor das denúncias que tanto chocaram a opinião pública. A tal ponto que o presidente Lula, que foi traído e não se dignou a denunciar e punir quem o traiu, já encontra espaço político para dizer com a maior desfaçatez que "o povo precisa ter é apenas cautela, porque o denuncismo ficou solto durante quatro, cinco meses". E ainda fazer ironia com os membros das CPIs, que os partidos de sua base política boicotam desde o início dos trabalhos: "Eu acho que os deputados devem estar com muita dificuldade de apurar a concretude das denúncias feitas."

As mentiras, seguidas de confissões públicas de acordos eleitorais azeitados a dinheiro; os pagamentos na boca do caixa do Banco Rural; o troca-troca de partidos estimulado a partir da Casa Civil, no que parecia uma estratégia política superior e revelou-se, ao final, uma simples compra e venda de consciências; os dólares na cueca, nas malas, pagos em salas ministeriais ou em festinhas em hotéis cinco estrelas em Brasília; o pagamento recebido em contas no exterior pelo publicitário oficial do governo — tudo que caracterizava o esquema de poder montado de repente virou conto da carochinha.

Num acesso de autocrítica, Lula admitiu que "vivemos momentos, não apenas agora, mas em outros momentos históricos, em que as denúncias aparecem e depois não se concretizam e fica o dito pelo dito, não existe reparação, não existe retratação". Tem razão o presidente. Quem analisar a história pregressa de Lula no comando da oposição nesses últimos 22 anos verá que acusar sem provas e não pedir desculpas é a prática petista.

Aproveitando que estava anunciando números recordes da economia na Federação das Indústrias de São Paulo (Fiesp), que já foi seu alvo preferencial de críticas, Lula fez o mesmo que o ex-presidente Fer-

316

nando Henrique Cardoso na campanha eleitoral de 2002: alertar para o perigo de instabilidade política quando a economia vai tão bem: "(...) Essa é uma coisa que nós trabalhamos com muito cuidado, para não permitir que viesse a criar qualquer problema na economia brasileira".

E assim vai-se armando uma imensa pizza, que parecia improvável há alguns dias, mas vai se tornando real com a participação, mais uma vez direta e explícita, do próprio presidente Lula. A situação do senador Delcídio Amaral, presidente da CPI dos Correios, é exemplar dessa situação promíscua. Delcídio, feito presidente da CPI por indicação do PT, só aceitou a missão depois de conversar com o presidente Lula.

Recentemente, incomodado com situações de política regional no Mato Grosso do Sul, negociou sua ida para o PSDB e, mesmo trocando de partido, pretendia continuar à frente da CPI, o que seria uma ameaça ao governo, além de um claro estelionato político. Mais uma vez o presidente Lula chamou Delcídio ao Palácio, convencendo-o a permanecer no partido com a garantia de que será o candidato a governador em Mato Grosso do Sul. Qual independência tem o senador Delcídio Amaral para levar os trabalhos a bom termo?

O jogo político está feito, e é inegável que a desorientação dos governistas era apenas aparente, pois conseguiram superar os momentos críticos nas CPIs, transformando tudo o que já foi apurado em uma grande confusão que não levará a nada. A oposição deixou-se levar por um triunfalismo infantil, como se a candidatura de Lula estivesse morta, e agora não sabe o que fazer com o que já apurou e o que falta apurar. Uma falta absoluta de organização faz com que as CPIs atirem em todas as direções e não acertem nenhum alvo.

Enquanto isso, Lula aparece com um piso de 30% do eleitorado, índice que já foi seu teto em eleições passadas, fazendo com que renasça das cinzas como um candidato viável. Perdeu a condição de imbatível, é verdade, e sofrerá ataques de todos os lados. Mas já está armando seu discurso de candidato. Do ponto de vista político, abstraindo-se questões morais ou éticas, vitória do governo.

6/10
RADICALIZAÇÕES

Os comentários dos últimos dias do presidente Lula, com críticas às CPIs, só fizeram radicalizar mais ainda o clima político, que já vinha radicalizado da disputa pela presidência da Câmara. A CPI dos Bingos, mais conhecida como a "do fim do mundo" porque nela tudo pode acontecer, promoveu ontem uma acareação que serviu para que a oposição retomasse com virulência as acusações ao governo, levando novamente a crise para dentro do Palácio do Planalto.

O ex-assessor de José Dirceu na Casa Civil, Waldomiro Diniz, pivô do primeiro grande escândalo do governo Lula ao ser flagrado pedindo propina ao bicheiro Carlos Cachoeira, era um dos acareados, e Rogério Buratti, ex-secretário de Antonio Palocci na Prefeitura de Ribeirão Preto, era outro.

Acusações múltiplas de chantagem e achaques surgiram a todo momento, numa triste demonstração de como a corrupção esteve enraizada nas negociações das estatais, no caso a Caixa Econômica Federal. O presidente da CPI, senador Efraim de Moraes, rebateu com violência o comentário do presidente Lula de que a CPI dos Bingos não convocava nenhum "bingueiro", e chegou a dizer que ele precisava governar melhor antes de se meter nos trabalhos da CPI.

O senador Tasso Jereissati, depois de retirar a acusação de "trambiqueiro" que usou contra o presidente, reafirmou a acusação de que uma grande rede de corrupção fora armada dentro do governo, retomando o mote que havia sido perdido pela oposição nos últimos dias, o de que o que aconteceu foi a utilização dos órgãos estatais para financiar um esquema de poder do PT.

A aprovação de quebra de sigilo de várias corretoras que trabalharam com fundos de pensão foi também uma reação da oposição a comentários do presidente. E os governistas aprovaram ontem, numa retaliação à oposição, a convocação para a CPI do Mensalão de Ricardo Sérgio, ex-diretor do Banco do Brasil no governo Fernando Henrique, que teve papel importante nas privatizações.

Radicalizações de ambos os lados tiveram fortes efeitos políticos nos fatos que antecederam os embates de ontem, a começar pela decisão do PFL de lançar um candidato à presidência da Câmara sem aceitar uma negociação com o governo, no pressuposto de que o PT já teria perdido o direito a indicar o presidente, embora tivesse a maior bancada na Câmara, no momento em que seu candidato oficial foi derrotado pela candidatura de Severino Cavalcanti.

O governo, que se sentia fraco na ocasião, estaria disposto a negociar um candidato palatável à oposição, mas teria sido levado a tentar uma reação política diante da disposição da oposição, especialmente do PFL, de derrotá-lo integralmente. Essa radicalização do PFL, que levou o PSDB a apoiar a candidatura do vice-presidente Thomaz Nonô, impediu

318

que surgisse o candidato de consenso, que tanto poderia ter sido o deputado Sigmaringa Seixas, do PT, como o presidente do PMDB, Michel Temer.

Qualquer dos dois teria evitado a disputa encarniçada que se viu na eleição de Aldo Rebelo, e o governo atribui à radicalização do PFL a possibilidade que teve de reunir novamente sua tropa na Câmara, refazendo pelo menos em parte a base aliada.

Essa recuperação do poder político na Câmara, porém, leva o governo a fazer avaliações equivocadas e a assumir posições arrogantes, como a do presidente Lula ao criticar em público a atuação das CPIs, irritado com a aprovação da acareação de seu chefe de gabinete, Gilberto Carvalho, com os irmãos do prefeito de Santo André, Celso Daniel, assassinado em circunstâncias ainda não esclarecidas.

É uma recuperação aparente, no entanto, porque a maioria do governo, de apenas 15 votos, é muito frágil, e pode ser quebrada a qualquer votação mais polêmica. Além do mais, o movimento do governo de tentar uma reação política também gerou uma união de forças do PFL com o PSDB que terá repercussões na campanha sucessória do próximo ano. E a parte oposicionista do PMDB ficou mais oposicionista ainda, dificultando o projeto do governo de vir a ter o apoio do partido na campanha para a reeleição de Lula.

27/10
DEPOIS DAS CPIS

Os dois casos recentes que acirraram as relações entre a situação e a oposição estão intimamente relacionados ao uso de caixa dois nas eleições, o que favorece a posição oficial do governo de que essa é uma questão corriqueira entre os partidos políticos. E é mesmo, como está ficando provado no decorrer dessa crise política que não livra praticamente ninguém e mostra a cada dia que a principal tarefa do próximo Congresso será aprovar uma reforma política profunda.

Mas a crise petista é mais ampla do que o uso de caixa dois em suas campanhas eleitorais, ou a arrecadação ilegal de dinheiro nas prefeituras que vem administrando, como a de Santo André, que teve o prefeito Celso Daniel assassinado, ou mesmo a de Ribeirão Preto, onde o atual ministro da Fazenda, Antonio Palocci, foi prefeito.

Um substituiu o outro no papel de coordenador da campanha presidencial que levou Lula ao governo em 2002 e que, sabe-se agora, também recebeu dinheiro "não contabilizado". Assim como Palocci, Celso Daniel certamente teria papel central no governo Lula, o que dá a dimensão da gravidade dos esquemas montados. Ao chegar ao poder, o PT armou um amplo esquema de financiamento ilegal de políticos e partidos para ter sustentação na Câmara, através de uma base partidária inflada a saques na boca do caixa do Banco Rural, mas tenta fazer passar tudo como sendo apenas caixa dois, que seria um crime menor. O PSDB está ameaçando pedir uma CPI sobre o caixa dois apenas para tentar se recuperar do erro estratégico que cometeu ao não obrigar seu presidente, o senador Eduardo Azeredo, a se licenciar do cargo desde que surgiram as primeiras denúncias de que usou caixa dois em sua campanha a governador de 1998, financiado pelo mesmo lobista Marcos Valério que foi o artífice do esquema de financiamento ilegal do PT quatro anos depois.

A impressão de que o PT tem algo a esconder no caso do assassinato do ex-prefeito Celso Daniel permanece, depois da acareação de seus irmãos com Gilberto Carvalho, o chefe de gabinete do presidente Lula. Como ressaltou o senador Jefferson Perez, a versão dos irmãos de que Carvalho lhes falou sobre o esquema de arrecadação ilegal que havia em Santo André parece verossímil. Mesmo a estranheza de alguns petistas em relação às razões que teriam levado Carvalho a fazer uma revelação tão grave aos irmãos do prefeito assassinado não tem razão de ser, pois é perfeitamente verossímil que, como representante do PT, Carvalho tivesse querido explicar à família do morto por que o partido não poderia investigar a fundo o sequestro e a morte, inclusive para preservar a memória de Daniel.

A família do morto, no entanto, talvez por não fazer parte da política petista, não considera que esteja preservando a memória do morto escondendo seus malfeitos políticos. Tudo estaria ligado ao famoso esquema de financiamento de campanhas eleitorais, que Celso Daniel consideraria "um mal menor", segundo um de seus irmãos. O crime, que a polícia e o PT insistem em classificar de comum, teria sua raiz em divergências do prefeito com assessores seus, que estariam se beneficiando do dinheiro para fins pessoais. Mesmo sendo importante definir que nem tudo é caixa dois, e que, ao contrário do que dizem o PT e o deputado José Dirceu, não foi a imprensa que inventou a lista de deputados petistas e da base aliada que receberam comprovadamente o mensalão, é preciso que se tire das CPIs sugestões de novas regras para o financiamento das campanhas políticas.

O cientista político Jairo Nicolau, professor-pesquisador do Instituto Universitário de Pesquisas do Rio de Janeiro (Iuperj), um dos maiores especialistas em legislação eleitoral, preparou um trabalho em que propõe alterações para superar o que classifica de "falência do sistema de financiamento político no Brasil". Ele admite que o financiamento ilícito de campanhas é hoje um problema nas principais democracias do mundo. Escândalos recentes atingiram importantes líderes políticos na Alemanha, na Itália, no Japão e na França. Segundo Nicolau, "a experiência mostra que com muita frequência legislações extremamente rigorosas têm sido burladas por fraudes extremamente sofisticadas". Os estudiosos admitem, ressalta, que é "uma ilusão acreditar que possa existir um sistema de financiamento dos partidos e das campanhas invulnerável à corrupção eleitoral, sobretudo em economias com o grau de informalidade da brasileira".

Uma legislação mais eficaz, segundo Nicolau, deveria contemplar três aspectos: transparência, praticidade e sanções rigorosas para os transgressores. Algumas sugestões do estudo de Jairo Nicolau:

1 — Manter o sistema de financiamento misto. A tendência na maioria das democracias é adotar um sistema misto para financiamento das campanhas, e não o financiamento público exclusivo. A experiência internacional revela que subsídios indiretos são preferíveis aos diretos (dinheiro vivo). Se o objetivo é ampliar o papel dos recursos públicos nas campanhas brasileiras, deveríamos estudar maneiras de fazê-lo de indiretamente. Por exemplo, garantindo a impressão de panfletos e material de campanhas, ou garantindo espaços públicos para a difusão de publicidade.

2 — Introduzir um rigoroso sistema de sanções, que deveriam ter vigência até a data da eleição seguinte para o mesmo cargo. As empresas que doassem ilegalmente, além de pagar multas, ficariam cinco anos sem poder participar de licitações ou de celebrar contratos com o poder público. Os partidos políticos seriam punidos com a anulação dos votos, multas e proibição de acesso ao fundo partidário e ao horário eleitoral gratuito. Os políticos transgressores teriam os seus mandatos cassados.

3 — Criar um sistema de auditoria por sorteio. Apenas um número reduzido de candidatos (10%, por exemplo) seria rigorosamente investigado. Desses seria pedida uma prestação extremante detalhadas com checagem dos dados junto às empresas doadoras, aos prestadores de serviços e fornecedores.

28/10
TRISTE MEMÓRIA

A mega-acareação realizada ontem na CPI do Mensalão, se não serviu para acrescentar dados novos às apurações sobre o esquema de corrupção política de que o PT se utilizou para montar sua maioria parlamentar na Câmara, serviu pelo menos para avivar a memória dos cidadãos sobre o que aconteceu nos primeiros dois anos e meio do governo Lula.

Por um acaso político benfazejo, a rememoração desses tristes episódios ocorreu no mesmo dia em que a Comissão de Ética aprovava praticamente por unanimidade o pedido de cassação dos direitos políticos do ex-ministro José Dirceu, considerado o mentor de todo esse esquema corrupto. Mesmo tendo ganhado mais alguns dias com o novo recurso ao Supremo, Dirceu não evitará a cassação em plenário, como ficou evidenciado na votação de ontem.

Ver e ouvir novamente criminosos confessos tentando posar de pessoas sérias, explicando pormenorizadamente como os "recursos não contabilizados" foram distribuídos, traz à tona toda a profissionalização, e ao mesmo tempo a grosseria, do esquema de corrupção que foi montado, com pacotes de dinheiro circulando de mão em mão, encontros clandestinos em hotéis de Brasília, listas de beneficiados sendo montadas e remontadas de acordo com os interesses políticos deste ou daquele partido da base aliada, deste ou daquele cacique político que tinha acesso ao valerioduto.

Foi didático rever figuras patéticas como a de Delúbio Soares, o tesoureiro expulso do PT, que continua se jactando de suas "convicções políticas" com aquele sorriso abobalhado provocado por antidepressivos; ou o lobista Marcos Valério tentando passar-se por um executivo compenetrado, preocupado com a segurança de sua família; ou sua assecla Simone Vasconcelos dizendo-se "constrangida" com a necessidade de entregar pacotes de dinheiro a estranhos até mesmo em quartos de hotel; ou então o tesoureiro do PL, Jacinto Lamas, que não teve pejo de pegar nada menos que 18 pacotes de dinheiro em bancos em Brasília e Belo Horizonte e, no entanto, mostrava-se visivelmente nervoso, como no primeiro depoimento.

O constrangimento de Simone Vasconcelos não impediu que ela fizesse plantão no Banco Rural para distribuir pacotes de dinheiro a deputados que ela sabia que estavam sendo subornados, nem Jacinto Lamas teve qualquer dificuldade para apanhar os pacotes de dinheiro e disfarçá-los em saquinhos de papel como se fossem embrulhos de presente, como descreveu Simone. Marcos Valério ensaiou queixar-se do tratamento que vem recebendo, dizendo que a vida de sua família está transtornada. Como se ele não tivesse culpa alguma no cartório, e o país não estivesse transtornado há meses exatamente por suas ações.

E o que dizer do ex-deputado Valdemar Costa Neto, a quem Valério garante ter encaminhado mais de R$ 10,5 milhões, que renunciou para não ser cassado e ontem resolveu dar uma lição de moral política, alegando que é impossível controlar o uso de caixa dois nas campanhas eleitorais, para apoiar um amplo acordo que zerasse as contas partidárias. E faz essa proposta com a mais absoluta cara de pau, depois de se constatar que no caminho do dinheiro do valerioduto até ele sumiram simplesmente R$ 4 milhões.

É a palavra de um criminoso contra a de outro criminoso, e como o dinheiro de caixa dois é "não contabilizado", não saberemos nunca quem roubou quem. Ontem, entre as diversas contradições dos acareados, ficou claro que todos podem ter embolsado algum dinheiro, aumentando o que foi dado ou reduzindo o que foi recebido.

Não foi por acaso, também, que a palavra impeachment voltou a frequentar o discurso dos oposicionistas nos últimos dias, e ontem, na acareação, o deputado Moroni Torgan, do PFL, fez um pronunciamento duro contra o presidente Lula, pois ficou confirmado uma vez mais o uso de caixa dois na campanha presidencial de 2002.

O ex-tesoureiro do PT Delúbio Soares reafirmou ter repassado R$ 457 mil para Márcio Lacerda, ex-assessor de Ciro Gomes, pelos gastos com a propaganda do atual ministro no segundo turno, em apoio a Lula. O presidente do PL, o ex-deputado Valdemar Costa Neto, por sua vez, garantiu que investiu os R$ 6,5 milhões que admite ter recebido na campanha de segundo turno de Lula num "acordo político", que foi confirmado pelo ex-tesoureiro Delúbio Soares.

Essas confirmações de uso de caixa dois na campanha presidencial de Lula reforçaram a decisão do PSDB de pedir a abertura de uma CPI do Caixa Dois. Não parece verossímil que essa CPI seja realmente implantada, mas ela se transforma em um trunfo no momento em que o clima político voltou a ficar acirrado entre o PT e o PSDB, em uma explicitação do que será a campanha presidencial do próximo ano.

A propaganda eleitoral do PT divulgada ontem pela televisão em rede nacional, comparando o governo de Lula com o de Fernando Henrique Cardoso, foi considerada pelos tucanos "uma declaração de guerra", na definição do futuro presidente do PSDB, o senador Tasso Jereissati, que aliás já havia falado em impeachment de Lula dias antes, quando da despedida do senador Eduardo Azeredo da presidência do partido, atingido justamente por denúncias de uso de caixa dois.

O ataque ao presidente do PFL, senador Jorge Bornhausen, que teve cartazes apontando-o como nazista confeccionados por dirigentes do PT e da CUT do Distrito Federal, é outro ingrediente explosivo do atual momento político. Bornhausen faz uma ligação direta entre a execução do atentado político e as críticas que o presidente Lula vem fazendo a ele, reveladas pelo blog do Moreno, no Globo Online. É previsível que a oposição venha a retomar uma linha mais agressiva, tentando reavivar um clima favorável ao impeachment do presidente Lula.

29/10
POLÍTICOS NA BERLINDA

A crise que domina o cenário político brasileiro nos últimos meses tem provocado uma crescente degradação das instituições políticas na percepção do cidadão comum, e à medida que ela se acirra na polarização entre PT e PSDB, vai deixando na opinião pública uma sensação de desamparo que pode gerar fatos políticos novos incontroláveis, como se viu no recente referendo sobre a comercialização de armas de fogo.

O desprestígio dos políticos e dos formadores de opinião, como artistas e intelectuais, ficou claro na aprovação do "Não", quando a maioria esmagadora do eleitorado posicionou-se contra a proibição, que era apoiada por várias instâncias dos poderes públicos.

A tal ponto que se cogitou unir o presidente Lula e seu adversário político mais tradicional, o ex-presidente Fernando Henrique, para uma peça de propaganda do "Sim" que supostamente seria o golpe de misericórdia nos opositores da proibição. O que parecia o "politicamente correto" foi derrotado por um sentimento difuso da população, que misturou num só balaio posições políticas, preconceitos, receios e uma defesa acirrada dos "direitos individuais" que pareciam estar ameaçados.

Esse sentimento de falta de confiança nos poderes públicos não é demérito apenas nosso, e está registrado na pesquisa do instituto chileno Latinobarômetro, feita em 18 países e publicada anualmente pela revista inglesa *The Economist*. A pesquisa, de maneira geral, mostra que a democracia vem se consolidando no continente, mas a duras penas. Ela mostra, por exemplo, que apenas metade dos cidadãos da América Latina é de democratas convictos, e apenas um em cada três cidadãos está satisfeito com os resultados práticos da democracia, sentimentos que são mais ou menos idênticos há três anos, mas piores do que há dez anos.

O apoio à democracia está menor na maioria dos países consultados, e no Brasil, o recente escândalo de corrupção parece ter apagado o brilho trazido pela eleição de Lula em 2002, diz a revista. Mas a democracia vem ganhando terreno no continente: 62% disseram que não apoiariam um golpe militar, e 70% concordam com a frase de Churchill de que a democracia é o melhor sistema, apesar de suas falhas.

Mas, segundo a pesquisa, os mecanismos democráticos não funcionam bem no continente: apenas 26% acham que em seus países todos são iguais perante a lei. Apenas 20% têm confiança nos partidos políticos e 25% acreditam no Congresso e nas Cortes. Os principais problemas na região continuam sendo o desemprego, o crime e a pobreza. Apenas 30% acreditam que seus países estão progredindo.

Lula ainda é o mais popular entre os presidentes latino-americanos, embora menos de 50% dos consultados tenham respondido a essa pergunta sobre ele. A pesquisa mostra também o crescimento do protestantismo no continente com o maior número de católicos no mundo. Em 1995, 80% dos consultados se diziam católicos; hoje são 70%, enquanto os protestantes, que eram apenas 3%, passaram a ser 15%.

Esses números refletem as mesmas preocupações da população brasileira com que os políticos estão se defrontando em meio a uma guerra encarniçada entre as forças políticas hegemônicas, o PT e o PSDB. E um receio já domina as conversas de bastidores nesses momentos que antecedem a decisão sobre quem vai enfrentar quem na campanha eleitoral de 2006: o perigo de essa retaliação toda abrir espaço para um aventureiro que se apresente como o presidente cassado Fernando Collor se apresentou com sucesso: contra os políticos.

Assim como Collor era de uma tradicional oligarquia política do Nordeste e conseguiu vender a imagem de um político moderno, desligado das forças políticas tradicionais — com as quais negociava por baixo dos panos —, um Garotinho ou um bispo desses metidos em política podem surgir diante do eleitorado como uma alternativa. O fato é que a situação está ruim para os políticos, e com a fragilidade da sua imagem pública, eles vêm sendo atropelados em suas decisões, especialmente pelo Supremo Tribunal Federal.

Dois episódios recentes reforçam essa percepção: uma liminar de um juiz do Supremo devolveu o mandato ao senador João Capiberibe, do Amapá, desmoralizando o presidente do Senado, Renan Calheiros, que, para cumprir uma decisão do mesmo Supremo de cassá-lo, havia arrostado uma manifestação quase unânime do Senado em favor de mais tempo para a defesa do senador. É verdade que há quem diga que todo o empenho de Renan em cumprir a decisão do STF nada mais era do que vontade de prestar um favor ao senador José Sarney, a quem Capiberibe acusa de estar por trás de sua destituição, para colocar no lugar dele o senador Gilvan Borges, seu correligionário.

O Supremo também anulou, por uma filigrana jurídica, a decisão da Comissão de Ética da Câmara que havia aprovado a cassação do mandato do deputado José Dirceu. Mesmo que no mérito as decisões sejam acertadas, a antiga disposição de não interferir nos trabalhos de outro Poder, que era tradição no relacionamento entre os poderes, está sendo ultrapassada, provavelmente pela péssima imagem dos políticos de maneira geral diante da opinião pública, o que fragiliza sua atuação.

Se essa situação não é boa para a oposição, que já se colocava como uma alternativa inescapável na sucessão de Lula, bom para Lula também não é, a não ser que resolvesse ele mesmo encarnar a figura do político moderno, alheio às chicanas e mutretas que a opinião pública identifica como arma dos políticos tradicionais. Mas, depois do escândalo em que o PT e a base aliada do governo se envolveram, dificilmente Lula teria êxito nessa empreitada.

1/11
OURO DE TOLO

A denúncia de que dinheiro de Cuba financiou a campanha do PT em 2002 é verossímil, embora muita coisa não faça sentido na reportagem. Não faz sentido, por exemplo, que o então coordenador da campanha presidencial fosse pedir conselhos a seu ex-assessor Rogério Buratti sobre como internar os milhões de dólares que Cuba estaria colocando à disposição do PT.

Tanto o governo de Cuba quanto Palocci saberiam como colocar esse dinheiro aqui ou em qualquer outro lugar do planeta. O conselho de Buratti — "através de doleiro" — parece ridículo, por óbvio. Também não é crível que o principal representante político de Cuba no país, o diplomata Sérgio Cervantes, fosse entregar pessoalmente esse tipo de dinheiro em seu apartamento em Brasília. E soa um tanto quanto fantasiosa a ideia de dólares de Cuba vindo embalados em caixas de rum e uísque.

Antes de assumir essas denúncias, a oposição tem que escolher: ou o PT tem uma conta em paraísos fiscais através da qual paga no exterior serviços como os de Duda Mendonça, ou, nesses tempos de alta tecnologia, recebe dólares por meios completamente anacrônicos e rocambolescos. Outro problema grave da reportagem da *Veja* é que, mais uma vez, a única pessoa que viu o dinheiro foi o falecido Ralf Barquete. As duas testemunhas ouvidas pela revista, e que confirmam a história diretamente, não viram o dinheiro, simplesmente ouviram falar dele.

Mas não há dúvida de que a reportagem está detalhadamente apurada, e nenhuma das ressalvas feitas anteriormente livra o governo e o PT da obrigação de explicarem as denúncias, que são verossímeis e combinam com outras denúncias de dinheiro estrangeiro nas campanhas do PT. Sabe-se, por exemplo, que a campanha de um deputado federal de São Paulo em 2002 foi irrigada pelo dinheiro das Forças Armadas Revolucionárias da Colômbia (Farc), o que causou até desentendimentos na direção nacional do partido, que fez uma reclamação formal ao comando das Farc. Não para que parassem de enviar dinheiro, mas para que o fizessem através dos canais competentes do PT, e não individualmente para os candidatos que escolhessem.

A contribuição das Farc para a campanha petista de 2002, aliás, já foi motivo de uma investigação da Agência Brasileira de Informações (Abin) no segundo governo de Fernando Henrique Cardoso. Ao contrário do que alegam os petistas, o governo tucano tratou as denúncias com benevolência e arquivou-as, para que não fosse acusado de estar interferindo na campanha presidencial que estava em curso.

O padre Olivério Medina, que está preso por decisão do STF e pode ser extraditado a pedido do governo da Colômbia, de acordo com informes da Abin publicados pela mesma revista *Veja*, seria a pessoa que fez o anúncio, num churrasco em um sítio nos arredores de Brasília, de que as Farc ajudariam com US$ 5 milhões a campanha do PT.

Anteriormente, já havia denúncias de que dinheiro da Líbia de Muamar Khadafi, de organizações internacionais, especialmente alemãs, e da Organização para Libertação da Palestina (OLP) irrigava os cofres petistas. A relação do PT com diversas organizações de esquerda, clandestinas ou não, sempre foi muito próxima, a tal ponto que, quando foi eleito, o presidente Lula mandou ninguém menos que seu então principal ministro, o chefe da Casa Civil José Dirceu, para uma conversa oficial com o presidente da Colômbia. O recado foi de que as relações do PT com as Farc eram partidárias, e não representavam as posições oficiais do governo que acabara de se eleger.

E há ainda a denúncia da ex-mulher do ex-deputado Valdemar Costa Neto de que o governo de Taiwan entregou a ele milhões de dólares para serem repassados para a campanha petista. Convenhamos, são muitos os precedentes históricos e os indícios para que nada disso seja verdade.

O pior para o PT é que até agora todas as denúncias foram sendo comprovadas, uma a uma. Por isso, é risível quando o novo presidente do Partido, Ricardo Berzoini, nega a denúncia de uso de dinheiro cubano alegando que a prestação de contas do PT está registrada no Tribunal Superior Eleitoral. Ou quando algum petista diz que o partido não cometeria uma infantilidade como essa, sabendo que a legislação eleitoral proíbe terminantemente esse tipo de financiamento estrangeiro. Ora, a legislação também proíbe o caixa dois, e o próprio presidente da República pronuncia-se oficialmente sobre o assunto para justificar seu partido, alegando que essa é uma prática corriqueira entre os partidos políticos.

Embora todo esse contexto faça com que a luta política fique a cada dia mais acirrada, é pouco provável que o pedido de impeachment do presidente Lula, se vier a ser feito com base no financiamento ilegal da campanha, seja mais do que uma arma política da oposição, sem consequências concretas. O uso de caixa dois na campanha não autoriza processo de impeachment, pois se, na época da campanha, Lula não era presidente, não poderia praticar crime de responsabilidade.

O artigo 86 da Constituição brasileira determina que "o presidente da República, na vigência de seu mandato, não pode ser responsabilizado por atos estranhos ao exercício de suas funções". Assim, qualquer irregularidade cometida durante a campanha só poderá provocar um processo criminal contra Lula depois do fim de seu mandato.

Isso quer dizer que um processo de impeachment só poderá ter validade se baseado nos atos praticados durante o exercício da Presidência. Por exemplo, se ficar provada a participação do presidente Lula na compra de votos de deputados e na distribuição do mensalão. Mas, mesmo que as denúncias de recebimento de dinheiro do estrangeiro não tenham como consequência a perda do mandato presidencial, o estrago político já está feito.

2/11
O FEITICEIRO

A desconstrução a que o deputado José Dirceu vem sendo submetido por vontade própria, na luta diária para desqualificar sua atuação à frente da Casa Civil e demonstrar que a figura quase onipresente e onipotente que ele criou para si mesmo não passa de uma mistificação política, tal qual o mito do guerreiro que aprendeu as artes da guerrilha nas selvas cubanas, vem recebendo uma providencial ajuda do Palácio do Planalto, mesmo à revelia do principal inquilino.

Lula já deu todos os sinais de que preferiria uma morte súbita do antigo "capitão" a essa morte a conta-gotas, que acirra os ânimos no Congresso e coloca em suspenso uma solução para a crise política que há meses ameaça atingir o próprio presidente.

A ajuda que Dirceu vem recebendo, de maneira indireta, é ficar demonstrado que ele não era mesmo o único capaz do jogo bruto das articulações políticas, atribuídas a ele muitas vezes por inconfidências dele mesmo, mas que continuam sendo produzidas aos borbotões no Palácio do Planalto, como a confirmar a nova versão de Dirceu sobre ele próprio, o de um simples ministro palaciano sem esse poder todo, que desconhecia as manobras corruptas montadas nos bastidores pelo tesoureiro Delúbio Soares a mando do verdadeiro "chefe".

A eleição de Aldo Rebelo para a presidência da Câmara, desencavada a liberação de verbas para os mesmos líderes dos partidos envolvidos no mensalão, muitos deles — como Valdemar Costa Neto e o ex-presidente Severino Cavalcanti — já fora do Parlamento, mas fortes o suficiente para continuar recebendo regalias de um Planalto sem constrangimentos, foi a primeira prova de que o governo sabe vencer eleições com golpes baixos desferidos por outros que não o belzebu Dirceu.

Agora, surgem acusações, tanto na Câmara quanto no Senado, de ações sub-reptícias de órgãos de segurança e sindicalistas ameaçando líderes da oposição, na semana seguinte ao atentado político contra o presidente do PFL, senador Jorge Bornhausen, retratado como nazista em cartazes encomendados e distribuídos em Brasília por sindicalistas da CUT. Um clima de guerra suja que recebeu da oposição uma resposta violenta, que pecou até agora pelo emocionalismo, fazendo com que o governo pudesse acusar os partidos oposicionistas de apelarem para uma linguagem não compatível com as normas democráticas.

Dizer que pode até "dar uma surra" no próprio presidente Lula, como disse e repetiu o senador Arthur Virgílio na tribuna do Senado, apoiado na Câmara pelo deputado ACM Neto, que denunciou que está sendo grampeado pelos órgãos de segurança, não dá à oposição as melhores condições políticas para se contrapor ao governo. Usando um tratamento desrespeitoso contra o presidente da República, ou uma linguagem política agressiva no pior estilo da oposição udenista da década de

1950, ou mesmo do petismo oposicionista mais exacerbado de anos anteriores, a oposição está dando chance ao governo de se fazer de vítima do destempero dos adversários, em vez de ter que responder conclusivamente às denúncias.

Enquanto vêm do presidente Lula informações de que ele está interessado em acalmar os ânimos políticos, o PT adota a radicalização como tática de guerra e volta a prometer a mobilização das chamadas "forças sociais" para defender o governo, supostamente ameaçado por uma conspiração direitista, da qual faria parte a imprensa. A embaixada cubana ousou até mesmo atribuir ao "imperialismo ianque" as denúncias sobre o ouro de Cuba, num malabarismo digno de um Maradona e indigesto para o governo brasileiro, que recebe o presidente George W. Bush nos próximos dias espremido entre seus "companheiros" latino-americanos que querem, como anunciou Hugo Chávez, mandar "al carajo" a Alca, e o desejo de fazer parte do Conselho de Segurança da ONU, o que não ocorrerá — se ocorrer — sem a ajuda dos Estados Unidos.

Pois todos esses movimentos, envolvendo ameaças de "venezuelização"; suposto uso da Abin para grampear adversários; compra de apoio parlamentar com liberação de verbas; acordos com "mensaleiros" e nomeações políticas estão sendo comandados do Palácio do Planalto sem que José Dirceu tenha movido uma palha, envolvido que está na campanha para acrescentar à sua biografia o rótulo de perseguido político que será cassado não por ser o "chefe da quadrilha", mas pelo que representa. Não importa que, como bem disse seu antigo companheiro de partido Chico Alencar, ele esteja sendo cassado "pelo que deixou de representar".

A via-crúcis de Dirceu, que recorre a todo tipo de expediente protelatório, já está se voltando contra ele. Não consegue comover a opinião pública e está propositadamente desmontando a imagem que criou para si mesmo, no sonho de convencer as pessoas de que era, no máximo, um aprendiz de feiticeiro. Se ainda estivesse na Casa Civil, estaria sendo acusado por todos esses atos, dos cartazes aos grampos da Abin, passando pela eleição de Aldo Rebelo. Como já não está lá e, muito pelo contrário, aparentemente não consegue nem mesmo falar com o presidente Lula para dar-lhe os parabéns no aniversário, está começando a ficar claro que pelo menos não era o único responsável pelo arsenal de maldades de que o governo se utiliza na luta política. Por isso mesmo, o presidente Lula virou o alvo preferencial da oposição, que identifica nele o verdadeiro feiticeiro.

5/11
O FIO DA MEADA

A oposição está aguardando um pronunciamento do presidente Lula sobre a conclusão da CPI dos Correios de que pelo menos parte do valerioduto saiu dos cofres do Banco do Brasil, acusação que leva a crise política novamente para seu início, quando estava evidente, mas sem comprovação, que um esquema de corrupção com base nas estatais havia sido montado pelo governo para manipular os partidos políticos e os votos "aliados" na Câmara. Se o presidente calar, insistindo em que não sabia de nada, ou se tentar desqualificar a conclusão da CPI, a oposição vai acusá-lo diretamente de envolvimento no mensalão e de tentar obstruir os trabalhos das CPIs.

Na verdade, o presidente, desde o início desse processo, atuou de maneira dissimulada. Mas sendo a ambiguidade tão característica de seu governo, não chega a ser novidade ele falar uma coisa e agir de maneira oposta. Esse pode ser, aliás, um vício antigo de sindicalista, que precisa bravatear para a assembleia, mas tem que ser pragmático nas negociações. Um exemplo claro desse comportamento revela-se agora com o desvendar das missões de Luiz Marinho na Alemanha, para negociações salariais com a cúpula da empresa e, em uma delas, para impedir a demissão de operários da fábrica da Volkswagen em São Bernardo.

As negociações nem sempre foram tão duras quanto Marinho relatava na volta, a se acreditar na entrevista ao jornal alemão *Die Welt* do ex-gerente de Recursos Humanos da Volkswagen alemã Klaus Joachim Gebauer. Ele próprio demitido pela empresa, acusado em um escândalo de corrupção, contou que o então presidente do Sindicato dos Metalúrgicos do ABC era levado para boates em Wolfsburg, sede da empresa, onde "garotas dançavam sobre as mesas e flertavam com os visitantes, assim como os homens gostam". Luiz Marinho, atual ministro do Trabalho, nega que tenha sido tão pragmático quanto esse relato demonstra.

Mas, voltando à ambiguidade do presidente, o fato é que Lula orientou desde o início o PT a não permitir a criação de CPI para apurar os fatos denunciados pelo seu antigo parceiro e hoje deputado cassado Roberto Jefferson, mas sempre deu declarações a favor da "apuração total". Quando ficou impossível segurar a CPI, impôs a maioria do governo para fazer relator e presidente, na expectativa de controlar as investigações.

Mais adiante, quando ficou claro que havia realmente o esquema denunciado por Roberto Jefferson, o presidente endossou de Paris a versão de que o PT utilizara-se de um caixa dois, expediente, segundo ele, corriqueiro na política brasileira. Aqui no Brasil, ao mesmo tempo, o lobista Marcos Valério de Souza e o ex-tesoureiro do PT Delúbio Soares anunciaram os tais "empréstimos" dos bancos Rural e BMG para justificar o dinheiro do valerioduto.

Mesmo o uso de caixa dois em campanha eleitoral não é coisa banal como quis fazer crer o presidente Lula. Não declarar os valores reais arrecadados constitui crime previsto no Código Eleitoral cuja pena varia de um a cinco anos de reclusão. Além do mais, o artigo 21 da Lei Eleitoral é bem claro quando torna o candidato "o único responsável pela veracidade das informações financeiras e contábeis de sua campanha".

Como mais de um político já confessou que foi usado caixa dois na campanha eleitoral de Lula no segundo turno da eleição de presidente, além do pagamento do publicitário Duda Mendonça em paraísos fiscais, dificilmente o presidente escapará de ser pelo menos citado no relatório final das CPIs.

Que esse dinheiro não era para pagar apenas campanhas sabe-se desde que ficou provado que ele foi usado para pagar advogados, ou que o diretor do Banco do Brasil Henrique Pizzolato, o mesmo que antecipou a verba de marketing para Valério, recebeu R$ 300 mil dessa caixinha.

E a existência do mensalão já estava provada desde que se fez o cruzamento entre os recebedores do dinheiro, as datas sucessivas de pagamento, votações importantes e trocas de partido. Mas agora a farsa cairia por terra completamente com a prova de que o dinheiro veio de empresas públicas, ficando comprovado o esquema montado pelo governo nas estatais. O relator Osmar Serraglio diz que a situação nos Correios, onde tudo começou, é ainda mais vergonhosa.

O presidente Lula dedicou-se esse tempo todo a desqualificar as CPIs e, em diversos pronunciamentos, bateu na tecla de que nada ficara provado sobre dinheiro público no valerioduto. Está agora na obrigação de pelo menos se desculpar perante a opinião pública, no mínimo por não saber que debaixo de seu nariz estava montado um esquema de malversação do dinheiro público dessa magnitude. E por mais que os petistas procurem demonstrar, em uma linha de defesa mais do que frágil, que houve corrupção nos governos anteriores do PSDB, nada será igual a esse esquema que agora começa a ser comprovadamente demonstrado.

Montar uma ocupação da máquina estatal com o objetivo de organizar a corrupção em órgãos públicos para manipulação política da Câmara é fato gravíssimo para a democracia, e nunca antes visto no país. Por isso, o deputado José Dirceu está às vésperas de ser cassado por seus pares, que reconhecem nele o operador de tal esquema.

O relatório da subcomissão de movimentação financeira da CPI dos Correios, do deputado Gustavo Fruet, que deve ser divulgado na próxima semana, também mostrará que não há documento ou amparo legal para justificar os "empréstimos". Além disso, documentos do contador, alguns encontrados no lixo, e o Imposto de Renda da agência SMP&B, que teve que ser retificado diversas vezes, desmentem a versão de Valério. Todas as alterações nas declarações de renda, por exemplo, foram feitas depois que a CPI dos Correios foi instalada.

9/11
FATOS E VERSÕES

O presidente Lula tem toda razão de não conceder entrevistas coletivas, especialmente as que, como a do programa *Roda Viva*, da TV Cultura, permitem o contraditório. A última entrevista que concedeu no Palácio do Planalto teve como regra a proibição de réplicas, o que o deixou muito à vontade, quase falando sozinho. Na segunda-feira, o ambiente estava muito cerimonioso, os jornalistas ficaram afastados do presidente, uma separação psicológica e até mesmo física, com um tapete que diferenciava seu ambiente do dos entrevistadores.

Mas quando estes replicavam suas respostas, ficava claro que elas não correspondiam inteiramente à realidade. Como na letra de Cazuza, suas ideias não correspondem aos fatos. Como quando tentou negar que dinheiro do caixa dois tenha sido usado em sua campanha presidencial, e foi confrontado por Heródoto Barbeiro com o fato de que seus próprios aliados, como o presidente do PL Valdemar Costa Neto, haviam confessado. Lula chegou ao ponto de perguntar a Heródoto "por que você acredita nele e não em mim?", numa demonstração clara de que não tinha mais argumentos. Ou quando chegou a fazer um apelo a Augusto Nunes para que parasse de citar frases suas para confrontá-las com suas atitudes.

O presidente só foi poupado deliberadamente em poucos momentos da entrevista: quando Rodolfo Konder deixava de lado a crise política para filosofar sobre os caminhos da História, ou quando Matinas Suzuki introduziu o futebol na discussão, dando chance para que o corintiano Lula respirasse um pouco. Houve momentos em que respostas vagas ou imprecisas do presidente passaram sem contestação, como quando negou que tivesse declarado que daria um cheque em branco ao seu então aliado Roberto Jefferson.

De fato, nunca se ouviu da boca do presidente tal frase, mas Jefferson fez a declaração depois de um encontro com o presidente e demais líderes da base aliada, e o Palácio do Planalto não o desautorizou. Quando, no início do programa, Lula admitiu que o presidente é sempre responsável pelo que acontece no governo, mesmo que não saiba de nada, para em seguida dizer que o que cabe ao presidente "é mandar apurar" as denúncias, não foi contestado. Ora, na política ou em uma empresa, ser responsável pelos atos praticados por seus subordinados implica assumir as consequências desses atos, e se sujeitar a ser punido por eles.

O presidente Lula se coloca o tempo todo à parte dos acontecimentos, e chega a duvidar de fatos que já foram confessados por seus aliados. Assim, caixa dois em sua campanha cheira à "fantasia"; mensalão na Câmara é "folclore". Traiu-se em determinado momento ao se referir ao ex-tesoureiro do PT como "nosso Delúbio", a indicar o que todos já sabem: que Lula era o verdadeiro suporte de Delúbio dentro do PT. Mesmo assim, atribuiu a ele todos os malfeitos petistas, assim como, parecendo estar defendendo José Dirceu, deu-lhe o tiro de misericórdia ao fazer uma análise política que culminou com a constatação — correta, aliás — de que a Câmara está "condenada" a cassá-lo.

Se Lula está convencido de que não há prova contra Dirceu, por que o tirou do Palácio do Planalto em cima das acusações de Roberto Jefferson? E se de fato acha que sua cassação será exclusivamente por questões políticas, por que não orienta sua base aliada a defendê-lo na Comissão de Ética, onde foi derrotado quase por unanimidade?

Se ontem Lula tivesse se declarado esperançoso na absolvição de Dirceu, teria pelo menos dificultado a posição de deputados de sua base. Mas, aceitando como certa sua cassação e, mais que isso, compreendendo que essa decisão é a única resposta que os deputados podem dar à sociedade, Lula deu o sinal verde para a cassação de Dirceu. Ou o "beijo da morte", como definiram líderes oposicionistas.

Ontem, a senadora Heloísa Helena disse no plenário do Senado que o presidente Lula "tem mel na boca e bílis no coração", e que é capaz de dar um abraço ao mesmo tempo que apunhala pelas costas. Dirceu, Delúbio e Heloisa Helena conhecem Lula há muito tempo, saberão interpretar suas palavras melhor do que ninguém. A entrevista do Roda Viva deu ainda um roteiro do que será a campanha de reeleição, embora Lula tenha insistido em que não decidiu se concorrerá. E Gilberto Carvalho, seu chefe de gabinete, tinha razão quando disse que a campanha da reeleição será "dolorosa".

O presidente mostrou que não tem condições de enfrentar debates sobre questões delicadas como o contrato de seu filho com a Telemar ou a compra do AeroLula, dois casos que o tiraram do sério durante a entrevista. Se estiver bem colocado nas pesquisas, poderá até evitar os debates. Mas não escapará dos programas de seus adversários, que colocarão no ar declarações e noticiário desmentindo suas versões.

Quando garantir que quer apurar tudo nas CPIs, bastará que mostrem as manobras dos petistas para tentar impedir sua criação — a dos Bingos foi engavetada e só saiu por decisão do Supremo — e depois, a tentativa dos petistas de desqualificar as testemunhas contrárias ao governo e as manobras para evitar convocações desagradáveis.

Na entrevista do *Roda Viva*, sempre que acuado pelos fatos, o presidente Lula alegava que as investigações ainda estão em curso, e o relatório final das CPIs ainda não saiu. E indo mais além na tentativa de ganhar tempo contra as denúncias, lembrava que o Ministério Público ainda tem que aceitá-las, e o Supremo Tribunal Federal terá que julgá-las. Na campanha eleitoral, provavelmente algumas dessas etapas estarão concluídas, reduzindo a margem de manobra do presidente. Mas, por esse raciocínio, ele acabará chancelando a tese de que o Supremo Tribunal Federal absolveu o presidente cassado Fernando Collor.

11/11
SOMBRAS DO PASSADO

O depoimento de Vladimir Poleto ontem na CPI dos Bingos foi mais danoso à imagem do ministro da Fazenda, Antonio Palocci, do que todos os problemas políticos que ele possa estar tendo com as críticas da ministra Dilma Rousseff a sua política econômica. E pode vir a ser fatal para o próprio governo do presidente Lula e para o PT, pois tornou verossímil a reportagem da revista *Veja* sobre o recebimento de dólares de Cuba.

O espectro do passado de Palocci em Ribeirão Preto o assombra desde que outro ex-assessor seu, Rogério Buratti, revelou que havia um esquema de recebimento de propinas na prefeitura, esquema esse que vem sendo provado paulatinamente nas investigações que o Ministério Público vem realizando.

A existência da República de Ribeirão Preto, que se reunia em uma casa do Lago Sul em Brasília, que os ex-assessores apelidavam de "central de negócios", é uma cunha na credibilidade de Palocci, mesmo que todos eles se empenhem em afirmar que o ministro da Fazenda nunca frequentou a casa. A ligação de Poleto, de Buratti e de tantos outros com o chefe de gabinete do ministro, Juscelino Dourado, que até mesmo já se demitiu, e com outros assessores de Palocci, e as ligações telefônicas de Poleto para Ademirson da Silva, assessor especial de Palocci, quase duas por dia, mostram que continuaram mantendo contato íntimo mesmo depois que Palocci virou ministro da Fazenda.

O senador Arthur Virgílio, falando em nome da oposição, entregou os pontos ontem na CPI, depois do depoimento mentiroso de Poleto. Disse que se empenharam em defender o ministro pela política econômica que vinha desenvolvendo, mas que não tinha mais fôlego para protegê-lo diante das evidências de que esteve pessimamente cercado quando foi prefeito de Ribeirão Preto.

Se pudesse dividir o ministro Palocci em dois, disse Virgílio, ficaria com o atual ministro da Fazenda e abandonaria o Palocci de Ribeirão Preto. Mas como isso não é possível, Arthur Virgílio disse que a oposição não poderia mais se calar diante das evidências de que, tanto na gestão da prefeitura quanto na campanha presidencial de 2002 de Lula, Palocci atuou como arrecadador informal de financiamento para o PT e participou de irregularidades como a que começa a ser provada na história dos dólares de Cuba denunciada pela revista *Veja*.

Vladimir Poleto é um caipirão com jeito de inocente, mas que só paga suas coisas em dinheiro vivo. Pagou R$ 60 mil adiantados pelo aluguel da casa para negócios em Brasília, e disse ontem que pagou seus advogados também em espécie. Desmascarado pela gravação feita pelo repórter Policarpo Junior e divulgada ontem pela *Veja*, Vladimir Poleto transformou-se no primeiro caso de depoimento mentiroso das CPIs que foi desmontado em plena sessão, e logo num caso tão grave quanto o dos dólares cubanos.

Eu mesmo escrevi que a história da *Veja* parecia inverossímil em vários pontos, mas, diante das mentiras flagradas de Poleto, fica claro que naquelas caixas de uísque e rum havia mais coisa do que simplesmente bebida. Em depoimento anterior na CPI, Rogério Buratti já havia confirmado que ouvira de Ralf Barquete uma pergunta sobre a melhor maneira de internar dólares. O que parecia uma consulta absurda, despropositada, foi justificado por Buratti por ele trabalhar com transferência de dinheiro.

O depoimento de Buratti ainda confirmou que o dinheiro viria de Cuba. No mesmo depoimento, colocou o ministro Palocci em situação difícil ao afirmar que ele sabia que um grupo de donos de bingos havia doado R$ 1 milhão para a campanha presidencial de Lula.

Mas mesmo os detalhes mais desajustados parecem possíveis com essas "figuraças" que assessoravam o hoje ministro Palocci em Ribeirão Preto. Já corre no governo o hábito de classificar como oriundas das "Organizações Tabajara", do programa *Casseta e Planeta* da Rede Globo, as trapalhadas que se sucedem.

O que mais abala hoje o ministro Palocci nas críticas da ministra Dilma Rousseff ao plano de longo prazo de equilíbrio fiscal que está sendo elaborado por sua equipe não é um eventual objetivo político que porventura pudesse estar por trás das declarações, mas exatamente o contrário.

Ele está convencido de que a ministra Dilma está fazendo críticas abertas à sua equipe apenas com o objetivo de ocupar espaço em um governo que já não tem comando. A ministra teria se reunido com políticos na casa do senador Ney Suassuna e ouvido críticas pesadas à política econômica do governo, sem que a tivesse defendido.

Ontem, depois de ter acertado um depoimento na Comissão de Assuntos Econômicos do Senado, foi convocado também por uma comissão da Câmara que trata do Fundo de Desenvolvimento do Ensino Básico (Fundeb), o que foi interpretado pelo próprio Palocci como um sinal de que os políticos já estariam considerando que ele está enfraquecido.

O ministro da Fazenda anda bastante abatido nos últimos dias e faz uma análise íntima sobre seu futuro político. Está convencido de que perdeu o apoio incondicional do presidente da República, e avalia se valerá a pena continuar no governo sendo alvo de todo tipo de críticas.

Mesmo surpreso pelas críticas da ministra Dilma Rousseff, o ministro Palocci esperava que o presidente Lula assumisse a defesa da política econômica. Não tendo acontecido nem uma retratação por parte da ministra, nem uma atitude do presidente Lula a seu favor, Palocci depreende que a opinião pública pode entender que o presidente já não está tão convencido de que a equipe econômica está no caminho certo. Se, ao contrário, o presidente Lula der uma demonstração clara de que não mudará os rumos da economia, ele poderá falar no Senado com um respaldo político de que já se ressente.

19/11
RECALQUES

Se a disputa eleitoral já estava informalmente nas ruas havia muito tempo, na disputa política que se trava entre um governo em campanha permanente e a oposição dividida entre o desejo de deixar Lula sangrando em praça pública até derrotá-lo nas urnas e o receio de que, mesmo ferido, ele consiga chegar aos palanques e renasça das cinzas qual uma fênix populista a reboque das 11 milhões de famílias do Bolsa Família, ontem ela começou oficialmente.

Não apenas porque o PSDB elevou o tom de suas críticas, tendo à frente o ex-presidente Fernando Henrique Cardoso, mas principalmente porque o presidente Lula, num delicioso ato falho, revelou seu segredo de polichinelo: vai ser mesmo candidato à reeleição.

O presidente se empolgou em uma entrevista a radialistas e entregou o jogo: "Gosto do debate, adoro um debate, gosto de polêmica. É bonito. O povo vai se politizando. O povo vai ensinando a gente. É assim que penso. E vou, sim, disputar as eleições", disse Lula, citando o Bolsa Família e o biodiesel como "armas" do governo na campanha.

O ato falho é definido como o aparecimento, na linguagem falada ou escrita — no caso de Lula, só podia mesmo ser na falada — de termos inapropriados que remetem para conteúdos ou desejos recalcados. Quer dizer, o presidente Lula tem um desejo recalcado de se reeleger, e acha que consegue esconder esse seu "recalque" da opinião pública.

Depois do "ato falho", o presidente Lula voltou a falar contra a reeleição com o governador de Alagoas Ronaldo Lessa, a quem se declarou a favor de um mandato de cinco anos, em vez da possibilidade de oito anos que a reeleição dá aos presidentes brasileiros. Já houve anteriormente uma tentativa de movimento, defendido entre outros pelo deputado Delfim Netto, de prorrogar para cinco anos o mandato de Lula e acabar com a reeleição.

A tese teria teoricamente o apoio de governadores, deputados e vereadores, que teriam também seus mandatos prorrogados. Mas o movimento não chegou a decolar naquela ocasião, e dificilmente teria melhor sorte hoje, com a situação política radicalizada como está.

Outro "recalque" que Lula não consegue esconder é em relação ao ex-presidente Fernando Henrique, que ontem deu o tom da oposição com a dureza de seu discurso e com os risos desabridos diante das piadas do comediante cearense Tom Cavalcante, que, imitando Lula à perfeição — papel que certamente desempenhará na campanha eleitoral, levou a plateia de tucanos ao delírio.

O próprio FHC já cometera um "ato falho" durante um jantar com a cúpula tucana no ano passado, "ato falho" esse que, na ocasião, muitos consideraram que poderia ser mais do que isso. Ao falar sobre presidencialismo nos Estados Unidos, Fernando Henrique elogiou o ex-presidente

Bill Clinton, sua carreira, que considera brilhante, e lamentou: "O presidente nos Estados Unidos, depois de ser presidente duas vezes, não pode ser mais nada. Aqui no Brasil não. De lá para cá, embora a especulação continue viva, fica cada vez mais claro que ele não será o candidato, mas o grande eleitor do PSDB, para o bem e para o mal.

Se havia alguma dúvida de que a campanha se travará entre Fernando Henrique e Lula, ela se dissipou ontem. Quatro presidenciáveis do PSDB estavam no palco da convenção — o novo presidente, Tasso Jereissati; o governador de Minas, Aécio Neves; o governador paulista, Geraldo Alckmin; e o prefeito paulistano, José Serra —, mas foi Fernando Henrique quem dominou a cena e monopolizou os ataques dos governistas.

Há uma tese em debate entre os tucanos de que o prefeito José Serra, mesmo sendo o único a aparecer como possível vencedor de uma disputa com Lula, por ter sido ministro de Fernando Henrique, representaria o passado do PSDB e seria mais exposto a comparações entre os dois governos. Ao passo que Alckmin, até mesmo por ser um completo desconhecido fora de São Paulo, representaria algo novo o futuro do PSDB, e teria condições de crescer junto ao eleitorado.

Desde ontem ele já não tem esse argumento na sua disputa com Serra — tanto Tasso quanto Aécio são forças políticas ponderáveis e aliados na tentativa de tirar o peso acachapante que os paulistas têm dentro do partido, mas não disputam para valer a indicação. Ontem ficou claro que a base da campanha petista será a comparação com os oito anos de Fernando Henrique, seja qual for o candidato. O que já aconteceu no depoimento do ministro Antonio Palocci na Comissão de Assuntos Econômicos do Senado dias atrás.

Mesmo tendo todo o cuidado para não ofender os tucanos, que, afinal, o estavam tratando com toda a consideração, Palocci desfiou números da economia que, nas mãos de um governista mais empedernido, trariam embutidas críticas às gestões anteriores. Palocci, ao contrário, falou em "processo", reconhecendo a importância dos passos que foram dados anteriormente. Não só irritou Lula com esse comportamento "politicamente correto", como não refletiu as tintas de guerra com que serão feitos os programas petistas.

O "processo" da política econômica a que se referiu Palocci se transformará em criação original do petismo. O presidente "entendeu" a situação de Palocci, que tinha que agradar aos oposicionistas, mas já há petistas prevendo que os tucanos vão usar nos programas eleitorais os elogios de Palocci ao Plano Real e à Lei de Responsabilidade Fiscal para quebrar a unidade das críticas.

E os petistas não terão a compensação de também usar os elogios dos senadores tucanos à política econômica de Lula, pois ela será, ao mesmo tempo, o trunfo e o calcanhar de aquiles da campanha pela reeleição.

20/11
AMBIGUIDADES

A atitude ambígua do presidente Lula em relação ao ministro da Fazenda, Antonio Palocci, tem razões pessoais e razões políticas. Não agrada ao presidente ver Palocci apontado pela oposição como o grande avalista da estabilidade política do país, assim como não agradava ver José Dirceu ser apontado como o verdadeiro chefe de governo. Por isso, ter a ministra Dilma Rousseff representando setores do PT e do ministério na reivindicação de mais verbas para investimentos faz bem ao equilíbrio interno do governo, na sua avaliação. O fato é que o presidente Lula não defende mais tão ardorosamente a política econômica de Palocci como já fez, mas não tem uma alternativa segura para contestá-la.

Contudo, ele precisa entrar na campanha eleitoral dando a esperança aos militantes petistas que permaneceram no partido de que o segundo mandato será diferente, e que finalmente tirará da cartola o tão sonhado — pelos petistas mais radicais — plano B. Por isso está dando corda à ministra Dilma Rousseff, que vocaliza as reivindicações das bases petistas por uma mudança de rumos na economia. O fato de ter elogiado Dilma pelo programa de biodiesel não quer dizer, necessariamente, que estava endossando suas críticas ao projeto de ajuste fiscal de longo prazo defendido pelo ministro Antonio Palocci.

Mas, como em política as aparências valem mais do que os fatos, o momento que Lula achou para elogiar a ministra levou a interpretações de que estava endossando suas críticas. O que, tudo indica, não teria sido um erro de cálculo do presidente, mas uma estratégia premeditada. Além do mais, esse projeto, mesmo que tecnicamente seja correto, não é politicamente viável em ano eleitoral.

Uma das críticas a ele é justamente ser extemporâneo do ponto de vista do momento político petista. Se uma sinalização de ajuste para 10 ou 15 anos seria tranquilizadora para os setores financeiros, levantar esse assunto às vésperas da eleição é um prato cheio para a oposição, que já começou a criticar o que seria um exagerado conservadorismo da equipe econômica.

A condescendência do presidente Lula com as críticas públicas de Dilma Rousseff ao projeto de Palocci dá a ela um poder de contestar a política econômica que não havia sido dado a nenhum outro ministro, mesmo quando José Dirceu era todo-poderoso. Ao declarar, na entrevista às rádios de sexta-feira, que quando há divergências no governo ele reúne os ministros discordantes e determina qual é a "política pública" do governo, Lula simplesmente deixou no ar a sugestão de que a política econômica de Palocci não tem ainda status de "política pública", ainda está em discussão. Com o agravante de que o próprio Palocci disse que estava no governo para realizar "esta política econômica, e não outra".

Na verdade, o presidente Lula não tem nenhuma intenção de mudar a política econômica, e caberá ao ministro Palocci ter paciência nesse processo eleitoral para seguir tocando o barco como considerar mais adequado. Caso fizesse uma inflexão na política econômica, Lula entraria no ano eleitoral novamente sob suspeita do mercado internacional, e isso se refletiria imediatamente nos números da economia.

Tirar o ministro Palocci por problemas de sua administração em Ribeirão Preto seria aceitável para o mercado, desde que o substituto não mudasse a linha central da política econômica. O mais provável é que nada aconteça, mas se houver necessidade de substituir Palocci pela inviabilidade política de ele permanecer no governo diante de novas acusações, ou de um improvável depoimento traumático na CPI dos Bingos, o presidente não tem a alternativa de dar uma guinada na conduta da política econômica.

Além disso, Lula tem outra armadilha pela frente, armada pelo seu hoje arqui-inimigo Fernando Henrique Cardoso, que resolveu bater no "alto custo que o país está pagando" pelo que classifica de "ultra-ortodoxia" da atual política econômica, ou seja, o custo PT, que fará com que o país cresça a metade do que vão crescer os demais países emergentes.

Quando Fernando Henrique critica a política fiscal "apertada a ponto de praticamente eliminar o investimento público federal e comprometer serviços fundamentais", ou quando diz que a combinação de taxa de câmbio, dívida interna elevada, taxas de juros altos e controle da inflação "nos condena a taxas de crescimento medíocres e desemprego estabilizado em nível elevado", está reverberando críticas que a própria oposição faz à equipe econômica.

Não importa se "a dose de juros cavalar" funcionou da mesma maneira em seu governo. Não vai dar para o PT fazer essas críticas à política econômica na campanha presidencial, sob pena de Lula fazer uma campanha esquizofrênica e perder o único trunfo que tem para mostrar:

um crescimento econômico acentuado. Há quem preveja que o país estará crescendo a 5% nas proximidades da eleição.

Os próximos meses, portanto, serão de tensão crescente, com a política econômica sendo posta em xeque pela base partidária governista, que anseia por mais verbas para gastar no ano eleitoral que já se iniciou. E Lula terá que continuar em uma posição ambígua, defendendo a política econômica mas abrindo espaços para sua contestação.

23/11
SITUAÇÃO CRÍTICA

A pesquisa CNT/Sensus divulgada ontem registra um momento delicado para as chances de reeleição do presidente Lula. A menos de um ano das eleições, a aprovação de seu governo caiu para 46,7% e a desaprovação chegou a 44,2%, marcas consideradas tecnicamente críticas. Um candidato com menos de 50% de aprovação, e com mais de 40% de desaprovação, não tem condições de concorrer à reeleição, dizem os especialistas. Assim como é consenso entre políticos e analistas que outro presidente que não Lula já poderia ter sido derrubado pelos escândalos — o próprio Lula reconheceu isso recentemente —, também os índices técnicos de popularidade podem ser desmentidos pelo carisma de Lula, mas a tendência não é essa até o momento.

O reflexo disso já pode ser sentido nas simulações de voto: apesar de tudo, Lula mantém-se como vencedor no primeiro turno, mas perde para o prefeito paulistano José Serra no segundo, o que já havia sido registrado em outras pesquisas. Uma indicação de que o declínio de sua popularidade começa a se refletir na decisão de voto é o fato de que todos os seus principais adversários estão tendo crescimento, mesmo no primeiro turno. O governador de São Paulo, Geraldo Alckmin, subiu de 13,1% para 15,8%; o ex-governador do Rio, Anthony Garotinho, manteve-se acima de 15%, chegando a 16%. E o prefeito José Serra subiu de 23,8% para 24,4%.

Essa situação de desgaste da imagem do presidente Lula já estava desenhada anteriormente, mas aparece de maneira dramática na pesquisa CNT/Sensus divulgada ontem. Na pesquisa anterior, Lula havia chegado a um ponto crítico: de uma aprovação, em janeiro de 2003, de espantosos 83,6% logo após a eleição, chegou em setembro a 50%, considerado o mínimo para que um candidato tente a reeleição.

Ao mesmo tempo, o índice de rejeição ao presidente, havia chegado a 39,4% em setembro.

O índice dos que consideram o governo do presidente Lula "ótimo ou bom" está em 31,1%, enquanto a soma de "ruim e péssimo" atingiu 29%, isto é, os dois patamares estão em empate técnico, com a tendência ascendente da avaliação pessimista. O fato é que, mesmo criticada por muitos por falta de agressividade, a oposição está conseguindo erodir a imagem do governo Lula.

Nada menos do que 77,5% acham que mais fatos surgirão nos escândalos de corrupção que vêm sendo denunciados, enquanto 72,6% consideram que Lula foi afetado diretamente pelos escândalos. Essa percepção do eleitorado faz com que 64,6% dos entrevistados tenham declarado que levarão em conta as denúncias e os escândalos na hora de decidir seus votos.

Há na pesquisa também uma revelação interessante: 51% dos entrevistados entendem que a vitória do "Não" no referendo do desarmamento foi uma derrota do governo e 56,4% consideram que o resultado foi uma desaprovação da política de segurança pública. Portanto, apesar de algumas análises de que o referendo não representava um sinal de desgaste do governo Lula, a percepção da opinião pública é de que a resposta das urnas foi uma crítica direta ao governo.

As críticas à política econômica continuam majoritárias na pesquisa, e talvez isso explique a última crise, que teve ontem um de seus dias mais críticos. O ministro da Fazenda, Antonio Palocci, chegou à Câmara para depor em uma comissão na qualidade de ministro demissionário e terminou o dia confirmado no cargo pelo próprio presidente Lula, em uma declaração dada ao mesmo tempo em que Palocci, na Câmara, dizia que ficaria no cargo enquanto Lula quisesse, mas para executar a atual política econômica, não outra.

Os próximos dias mostrarão se o presidente Lula está disposto a parar de brincar com a política econômica e vai voltar a apoiá-la incondicionalmente, ou se a ministra Dilma Rousseff continuará vocalizando, com sua autorização, setores do governo e do partido que querem uma mudança.

O fato é que Lula, até ser confrontado pela disposição de Palocci de se demitir, ensaiou uma política ambígua que lhe seria muito útil na campanha eleitoral. Ele sabe que não pode mudar a economia, mas precisa sinalizar para o partido e para a opinião pública que uma mudança é possível num eventual segundo mandato.

Mas essa ambiguidade enfraquece o ministro Palocci, põe em dúvida a continuidade da política econômica, e parece impossível mantê-

343

la durante a campanha eleitoral. A deputada Luciana Genro, do PSOL, no seu estilo agressivo de fazer oposição, disse que a discussão entre Palocci e Dilma Rousseff nada mais é do que uma tentativa de Lula de fingir que pode vir a alterar a política econômica em médio prazo.

O próprio Palocci, em que pese tenha repetido os elogios aos governos anteriores e se mostrado compreensivo com os eventuais erros que identificou, espantou-se com críticas de alguns deputados do PSDB. Foi o ex-presidente Fernando Henrique quem deu início à crítica ao que classificou de "ultraortodoxia" da equipe econômica, e ontem essa foi a tônica dos oposicionistas.

Chamando a atenção para a discrepância entre os discursos e a prática do governo anterior, Palocci rejeitou as críticas. A tática deu certo na Câmara, mas certamente não será possível adotá-la na campanha eleitoral.

A pesquisa de opinião divulgada ontem só mostra como vai ser difícil para Lula resistir a uma campanha eleitoral que ponha em choque o que o PT defendia antes de ser governo e a política econômica que adota. E vai revolver todas as denúncias de corrupção que estão corroendo seu prestígio junto ao eleitorado.

26/11
DILEMA TUCANO

A demonstração de força que o governador de São Paulo, Geraldo Alckmin, deu ontem na Associação Comercial do Rio, sendo homenageado por mais de 300 convidados, entre empresários e políticos, mostra como será difícil para o PSDB sair com um candidato de consenso para a disputa das eleições presidenciais do próximo ano. Quando o governador de Minas, Aécio Neves, diz que o partido não tem candidato natural e se põe no páreo, não para ganhar, mas para impedir que "o que mais quer" seja escolhido automaticamente, complica-se ainda mais a situação do prefeito paulistano José Serra, que é "o que mais quer", e é também o único até o momento que aparece em todas as pesquisas de opinião como capaz de vencer Lula no segundo turno.

É espantoso que, com essa credencial, Serra não seja visto no partido como o candidato natural. O governador paulista insiste na tese de que pesquisas de opinião a quase um ano da eleição não querem dizer nada, e que, por ser menos conhecido do que Serra, tem mais condições de crescer no eleitorado. Essa é uma tese vendida por diversos marqueteiros e tem boa aceitação em setores do partido que, historicamente, sempre foram refratários à candidatura de Serra.

Discute-se internamente no PSDB também o tom que se quer dar à campanha presidencial, e a tese do governador Aécio Neves de que a radicalização política não é o melhor caminho para o confronto com o PT tem adeptos de peso, a começar pelo senador Tasso Jereissatti, presidente do partido, que já levou o governador Alckmin para uma visita a Juazeiro do Padim Ciço, numa demonstração explícita de sua preferência.

Abro aqui um parêntese para fazer a correção de uma informação que dei na coluna de quinta-feira: não é verdade que esta seja a primeira vez que dois não paulistas ocupam os cargos mais importantes da executiva do PSDB, feito que atribui à ação do governador Aécio Neves contra o peso político paulista no partido.

Na verdade, o peso paulista sempre existiu, a despeito de os postos-chave do partido terem sido ocupados quase sempre por políticos de outros estados. Assim foi com o mineiro Pimenta da Veiga, que, em 1994, teve como secretária-geral a cearense Moema Santiago; ou com o alagoano Teotônio Vilela, que teve como secretários-gerais o amazonense Arthur Virgilio e em seguida o carioca Márcio Fortes.

Tudo indica que o peso paulista continuará influindo na escolha do próximo candidato, até mesmo porque há um consenso no partido de que o governador Aécio Neves é um candidato natural a presidente mais adiante. Se Lula fosse reeleito no próximo ano, como parecia praticamente certo antes de a crise atual explodir, Aécio seria naturalmente o candidato em 2010, depois de ter sido reeleito no governo de Minas Gerais.

Nesse caso, Serra, no meio de seu segundo mandato na prefeitura de São Paulo, teria dificuldades de ultrapassar Aécio. Mas como em política as teorias geralmente perdem para a realidade, o enfraquecimento de Lula embolou a disputa no ninho tucano. Mas Serra já decidiu que só será candidato se houver um apelo do partido, isto é, se ficar claro até abril que somente ele pode vencer Lula. Serra tem um problema difícil de superar: o compromisso que assumiu por escrito de ficar na prefeitura até o fim do mandato, que completará seu primeiro ano no início de 2006.

O apelo tucano precisaria partir, para começar, do próprio governador Geraldo Alckmin, que teria, além de tudo, que se dispor a permanecer no cargo até o fim do mandato para apoiar a candidatura do partido. Em contrapartida, Alckmin faria parte do ministério de um eventual governo Serra. Parece pedir demais a quem se considera em condições de ser ele mesmo o presidente.

Mesmo que venha a não ser o escolhido pelo partido, Alckmin tem todas as chances de sair vencedor na disputa pela vaga do Senado, ou mesmo de se eleger deputado federal com grande votação, o que o deixaria em condições políticas melhores do que a de ser um ministro demissível a qualquer momento pelo presidente.

Ontem, no Rio, Alckmin iniciou uma nova etapa na sua campanha, assumindo um discurso que agrada muito a Aécio e Tasso. Disse que se for candidato não fará uma campanha contra o PT ou Lula, mas sim olhando para o futuro, com propostas alternativas de governo. Cresce no PSDB a ideia de que a candidatura Serra levaria para a campanha presidencial o acirramento de posições que hoje impera na política nacional, transformando a disputa em uma luta sangrenta que poderia abrir espaço para outros candidatos.

A ideia de que Alckmin é um candidato mais leve, que pode representar o oposto de Lula sem ser agressivo, e o apoio maciço dos empresários e de setores do PSDB e do PFL, tudo faz com que o governador paulista seja um candidato realmente forte no PSDB. Uma questão delicada, mas que terá que ser enfrentada, é a imagem de Serra, muito ligada à de Fernando Henrique, que continua sendo o principal líder tucano. Há quem prefira a imagem de Alckmin como proposta de renovação do partido, e não mera repetição dos governos tucanos e da campanha presidencial de 2002.

Mas já não há rejeição a Serra como houve na campanha de 2002, e a forte posição junto ao eleitorado é o seu principal trunfo. Será muito difícil o partido abrir mão de um candidato apontado pelas pesquisas como favorito para lançar outro que tenha potencial mas que entre na campanha cercado de incertezas. Este é o dilema tucano.

27/11
MENTIRAS POLÍTICAS

A radicalização está colocando em xeque alguns dos alicerces da democracia brasileira e contrapondo entre si os poderes da República em uma disputa política que pode ter graves consequências para o Estado de Direito. Quando o presidente da República vai a público e garante que o mensalão nunca existiu, ou que o denunciante do mensalão, o deputado Roberto Jefferson, foi cassado exatamente por não tê-lo provado, está fazendo política à custa da verdade. Se essas "mentiras políticas" fossem tratadas com a gravidade que têm em outros países, o presidente Lula poderia ser impedido independentemente de ficar provada sua participação no esquema de corrupção que está sendo apurado pelas CPIs.

Desqualificando comissões parlamentares que ainda estão em andamento, ou, pior, não levando em conta relatórios parciais que já definiram que houve pagamentos periódicos a parlamentares, o presidente Lula atua como um político em vésperas de eleição. Roberto Jefferson foi cassado por ter ferido o decoro parlamentar ao admitir publicamente que recebeu R$ 4 milhões do PT, através do lobista Marcos Valério, e por não ter denunciado à Câmara o mensalão assim que soube.

Da mesma maneira, quando o Legislativo se insurge contra uma decisão do Supremo Tribunal Federal, e partidos políticos da oposição ameaçam boicotar a aprovação do Orçamento da União enquanto não houver o julgamento da cassação do deputado José Dirceu, estão pressionando Sepúlveda Pertence, o último ministro do Supremo a dar seu voto. Paradoxalmente, as tecnicalidades que estão sendo criticadas hoje por serem teoricamente favoráveis a Dirceu podem acabar funcionando contra ele.

Alguns ministros acham que o voto do ministro César Peluso, que mandou retirar do relatório final o depoimento da dona do Banco Rural, é mais radical do que a decisão de mandar ouvir novamente as testemunhas de defesa. Caso o Supremo decida pelo voto de Peluso, o julgamento da Dirceu poderá ser realizado na próxima quarta-feira, e ficará demonstrado que os votos dos ministros visavam a garantir o amplo direito de defesa, e não a ajudar o réu a atrasar seu julgamento.

O senador Aloizio Mercadante, líder do PT no Senado, lembra que o pensador francês do século XIX, Alexis de Tocqueville, dizia que o papel do Parlamento é fundamentalmente preservar as garantias e os direitos individuais. "Onde não existia o Estado de Direito, prevaleceu esse tipo de pensamento de que no processo político vale tudo. Essa é uma discussão decisiva para o processo democrático, emblemática tanto para o Estado de Direito democrático quanto para a estrutura do Estado republicano", diz o senador petista.

Para ele, o argumento de que o Orçamento não pode ter a assinatura do José Dirceu por que ele é ilegítimo "é um absurdo. O mandato dele foi dado por 500 mil votos, e só perde a legitimidade se for cassado pelo plenário da Câmara". Neste caso, ressalta Mercadante, "não estamos discutindo o José Dirceu. Estamos discutindo a prerrogativa de um cidadão diante do Estado e das instituições".

Outra situação perigosa para as instituições democráticas é o movimento no Congresso para fazer alterações na Constituição, mudando regras eleitorais depois de passado o prazo legal de um ano antes das eleições. "A Constituição, que todos protege, deixa de ser respeitada, e passa a ser olhada como um instrumento capaz de servir a todos na medida em que não há o pudor de modificá-la", diz o deputado Miro Teixeira (PDT-RJ), interpretando uma nota oficial da Ordem dos Advogados do Brasil que se colocou contra a vontade do Congresso fazer mudanças por meio de emendas constitucionais.

A OAB diz que uma emenda constitucional determinando mudança naquele dispositivo no período entre 30 de setembro de 2005 e 1º de outubro de 2006 (data da realização das próximas eleições) afrontaria a Constituição tanto formal quanto materialmente, tornando inválido o instrumento da mudança.

Como consequência, diz a Ordem dos Advogados, "tal emenda submeteria a Constituição ao Poder Público, e não esse à Constituição, como se tem no Estado Democrático de Direito. Ao invés de se submeter ao Direito, o Estado (pelo órgão competente do Poder Legislativo, competente para fazer processar mudanças constitucionais nos termos da Constituição) estaria submetendo o Direito a ele, aos interesses dos autores da norma modificativa".

É exatamente o que está acontecendo com as duas emendas constitucionais que pretendem mudar as regras da próxima eleição, acabando com a verticalização — que obriga que as alianças partidárias regionais sigam a realizada para a eleição nacional — e reduzindo as cláusulas de barreira de 5% para 2% dos votos nacionais. Os governadores e candidatos a governador querem fazer uma legislação que melhor satisfaça suas eleições, e preferem a quebra da verticalização.

PT e PSDB, por uma índole parlamentarista, são a favor, mas a bancada do PT ficou contra o fim da verticalização e a lista, porque viram que dariam poder a um Delúbio Soares da vida. E o fim da verticalização está sendo defendido pela direção do PT porque quer fazer acordos regionais com PTB, PP e PL sem aparecer nacionalmente com os "impuro". Com Lula ficariam PSB e PC do B, mas dos estados viriam o apoio dos "renegados". O PP está agora a favor da verticalização porque quer que o PT assuma a parceria.

São esses interesses diversificados e eleitoreiros que estão presidindo a tentativa de mudanças depois do prazo legal. Mas quase certamente essas mudanças não vingarão, por dificuldades políticas de acordo, ou simplesmente porque serão questionadas no Supremo.

1/12
ANGÚSTIAS TUCANAS

O acirramento dos ânimos políticos está levando ao crescimento, dentro do PSDB, da tese de que o candidato do partido deve ser o prefeito paulistano José Serra, que teria o perfil mais apropriado para uma disputa que se prenuncia virulenta. A tese contrária, que estava sendo apoiada pelos apoiadores do governador de São Paulo, Geraldo Alckmin, defendia que a agressão ao PT não seria o melhor caminho para enfrentar a campanha de reeleição do presidente Lula.

O governador paulista seria um candidato mais leve, enquanto o prefeito José Serra, com seu modo aguerrido de fazer política, atrairia para a campanha a virulência dos adversários, e o PSDB perderia a chance de colocar-se em contraposição ao atual governo pela competência de gestão, e não pela agressividade.

O governador Alckmin, com o perfil de médico interiorano, político pacato, mas eficiente administrador, seria a melhor contraposição ao líder sindical petista, um presidente que tentará a reeleição com a popularidade decadente e que terá a apoiá-lo um partido despedaçado pelas diversas defecções de políticos e pelas acusações de corrupção, e que, por isso mesmo, terá que ser mais agressivo para não ser desmoralizado nas urnas em 2006.

Essa postura de contrapor à possível agressividade do partido do governo um candidato de perfil moderado, no entanto, está deixando inquietos alguns dos principais líderes tucanos, que temem que uma postura mais passiva diante das possíveis acusações petistas poderá dar ao PSDB uma imagem anódina, que não corresponderia ao desejo da eleitorado.

Preocupa esses líderes tucanos a acusação de que o partido está tendo um comportamento ambíguo diante das acusações contra o ministro da Fazenda, Antonio Palocci, na sua gestão à frente da Prefeitura de Ribeirão Preto. O partido não pretende mudar sua posição com relação ao ministro Palocci, porque entende que é seu papel proteger a governabilidade e a manutenção de uma política econômica que classifica como continuidade da dos governos de Fernando Henrique Cardoso.

Mas também não quer passar a imagem de que está envolvido em qualquer acordo político para preservar o governo Lula, e considera que a campanha eleitoral será virulenta independentemente do tom que o candidato tucano queira dar. Para enfrentar uma campanha agressiva, o prefeito José Serra teria características mais apropriadas, além de um

349

trunfo político que até agora se mostra imbatível: as pesquisas de opinião, que o apontam como o único candidato de todos os partidos em condições de vencer o presidente Lula no momento.

O governador de São Paulo, Geraldo Alckmin, talvez para mostrar-se capaz de estocadas políticas mais agressivas, tem alterado o tom de suas críticas nos últimos dias, além de estar mais solto na sua peregrinação pelo país. Mas já anunciou que não fará uma campanha de acusações contra Lula, mas sim apontando para o futuro. Essa postura, que é apoiada por líderes tucanos importantes, como o governador de Minas Gerais, Aécio Neves, não encontra repercussão em grande parte do partido, que acha que na campanha eleitoral será preciso mais combate diante dos petistas, que já ensaiam se reorganizar.

Além de todos os detalhes da campanha eleitoral, há também a postura no governo em substituição a Lula em 2007. Se existe o temor de que uma campanha sangrenta possa inviabilizar a governabilidade do próximo presidente da República, há também a previsão de que haverá necessidade de um candidato que conheça a máquina pública para desmontar o aparelhamento feito pelo PT.

O eventual próximo presidente da República eleito pelo PSDB terá diante de si uma tarefa hercúlea, segundo a análise de diversos dirigentes tucanos: a de retomar para o Estado brasileiro a máquina administrativa, que estaria hoje dominada pelos petistas e por seus aliados.

A tarefa não seria simples, pois além do fato de que cargos-chave na administração pública estariam dominados pelo partidarismo, haveria uma inversão da função de diversos postos públicos, o que teria reflexos no próprio andamento da economia. As agências reguladoras seriam um exemplo dessa distorção das funções dos órgãos do Estado.

Um mecanismo que seria modernizador das decisões do Estado acabou sendo entregue a políticos que não teriam a capacidade técnica para dirigi-lo. O ex-deputado do PCdoB, Haroldo Lima, na agência do petróleo, a ANP, e o ex-deputado Paulo Lustosa na Anatel seriam exemplos desse uso político das agências reguladoras.

O prefeito José Serra, que continua mais candidato do que nunca, sabe que tem pela frente uma decisão difícil: a de deixar a prefeitura no início do próximo ano, quando terá completado apenas um ano de mandato. Ele sabe também que não poderá ser um candidato como foi em 2002, enfrentando restrições de partidos aliados como o PFL. Por isso não pretende forçar nada, e condiciona sua candidatura a um consenso partidário.

2/12
DOIS TEMPOS

O presidente Lula sentiu o golpe. Ou melhor, os golpes que vieram simultaneamente, misturando o tempo político com o econômico: a forte queda do PIB no terceiro trimestre e a cassação do mandato do antigo "capitão" de seu time. Há muito tempo o presidente não revelava na face toda sua angústia como na noite de quarta-feira, em Curitiba, quando perguntou que país aguentaria uma crise política como a que vivemos há cerca de seis meses sem que a sua economia fosse abalada.

Mais uma vez a áspera realidade vem obrigar Lula a sair do seu mundo imaginário e a encarar as complexas questões da política brasileira, que não são triviais como parecem frequentemente em seus improvisos, e como pareciam quando comandava as bravatas do PT oposicionista.

É impressionante como os petistas estão pagando, uma a uma, pelas posições radicalizadas que assumiram nos últimos 25 anos. Desde o moralismo exacerbado, que levou Brizola a apelidar o PT de "UDN de macacão", até a solução fácil para todos os problemas pela "vontade política", que transformaria em ouro tudo o que o PT tocasse.

O todo-poderoso José Dirceu, que cunhou a frase "Este é um governo que não rouba nem deixa roubar", tem o mandato cassado por comandar um amplo esquema de corrupção política dentro da Câmara em benefício do governo. Ninguém é capaz de acusar Dirceu de corrupto, como ele se defendeu na tribuna da Câmara, mas sim de corruptor.

Até mesmo a atuação do Supremo Tribunal Federal, que lhe deu acolhida em vários recursos na sua luta para escapar do processo de cassação, já havia sido criticada por Dirceu em seus tempos de guerrilheiro oposicionista, como se viu nas declarações relembradas pelo líder do PSDB, deputado Alberto Goldman.

A falta de provas que ele tanto alega para classificar sua cassação como "um linchamento político" — com o apoio público do presidente Lula — não foi argumento suficiente quando o Supremo absolveu o ex-presidente Fernando Collor. Dirceu indignou-se com a decisão, e disse textualmente que não eram necessárias provas cabais, pois todos sabiam que Collor era corrupto. Exatamente o que alegaram com sucesso sobre sua atuação no comando do mensalão.

O presidente que até poucos dias se vangloriava de que a crise política não afetara a economia, agora culpa a política pelos maus resultados do terceiro trimestre. Números que apenas no dia anterior, com a divulgação do Pnad, considerava excelentes, como nunca se vira nos últimos 20 anos. O prometido "milagre do crescimento" não aconteceu, e nem acontecerá tão cedo num governo que é ambíguo com relação ao rumo a seguir.

Ao mesmo tempo que promete que não abrirá mão do equilíbrio fiscal no ano de eleição, estimula o debate sobre os gastos correntes do governo, que, para a ministra Dilma Rousseff, são vida, e para o assessor especial Marco Aurélio Garcia não podem ser cortados. O fato é que o governo entra em seu último ano com uma média de crescimento da economia semelhante à dos governos anteriores, que tanto criticava. Com o agravante de que estamos passando por um período de abastança internacional, sem que crises globalizadas prejudiquem nossa economia.

Houvesse no governo posições mais harmônicas sobre a política econômica, certamente o resultado seria bem diferente. É o chamado "custo PT" cobrando seu pedágio. De um lado, a política macroeconômica tem que ser mais ortodoxa para sinalizar a seriedade da escolha. Por outro, o crescimento dos gastos públicos prejudica o equilíbrio fiscal.

A cassação de José Dirceu teve um efeito avassalador para a imagem do governo. Trouxe à tona novamente toda a crise política que se iniciou com as denúncias do ex-deputado Roberto Jefferson, como a repisar as culpas do próprio presidente Lula nos episódios. Novas cassações se seguirão à de Dirceu, dissipando-se do cenário a possibilidade de uma pizza que livre os petistas do castigo final. Depois de cassar Dirceu, por que não cassar João Paulo Cunha ou Professor Luizinho?

Mas os processos entrarão por 2006 adentro, ano em que Lula terá que reorganizar suas forças políticas para tentar a reeleição. Não poderá contar com a maior parte do "núcleo duro" que coordenou a campanha e o assessorou nos primeiros meses no Palácio do Planalto. Com exceção do secretário-geral da Presidência, Luiz Dulci, estão todos avariados politicamente, atingidos em graus diversos pelas denúncias.

José Dirceu, o coordenador político, está cassado; o publicitário Duda Mendonça foi flagrado recebendo pelo valerioduto no exterior; o ex-presidente do PT José Genoino curte o ostracismo político; o ex-ministro Luiz Gushiken está recolhido ao Núcleo de Assuntos Estratégicos tentando se defender de um provável indiciamento pela CPI dos Correios.

E o ministro Antonio Palocci, o último dos sobreviventes em atividade política de peso no governo, vive sob a dupla ameaça que vem do passado em Ribeirão Preto e o presente econômico sendo questionado, principalmente por seus aliados.

Para sorte do equilíbrio fiscal, parece não haver tempo para uma mudança de rumos na economia, nem disposição para tal do presidente Lula. Mesmo porque, se decidisse enfrentar a campanha eleitoral com uma postura populista — coisa que reiteradamente recusa —, o presidente Lula quase certamente provocaria uma crise econômica que tiraria de vez suas chances de se reeleger.

A pressão por gastos provocará, no entanto, momentos de tensão, a começar pela definição do salário mínimo em ano eleitoral, com repercussões no déficit da Previdência mas também no eleitorado de baixa renda, onde hoje se concentra a força de Lula.

3/12
REPENSANDO AS PUNIÇÕES

Não é possível afirmar se o ex-deputado José Dirceu continuará ou não tendo força no jogo político brasileiro, mas sua luta de quatro meses para tentar escapar da perda do mandato parlamentar está gerando frutos no Congresso no que se refere aos processos internos de punição. A obstinação com que tentou manter-se na cena política não o torna um injustiçado, como se descreveu na entrevista coletiva de quinta-feira, já na qualidade de ex-parlamentar. E a obstinação apenas não será suficiente para dar-lhe destaque na dinâmica política, se não assumir algum papel importante na organização do PT. O livro que pretende lançar o mais rápido possível, tendo o escritor Fernando Morais como *ghost-writer*, será um fracasso de público se não contiver revelações que justifiquem sua edição.

Com revelações, o livro poderia até mesmo marcar o recomeço da vida política de Dirceu. Mas dificilmente ele fará revelações que coloquem em risco o grupo político ao qual está historicamente ligado, mesmo que revele a poucos íntimos a inconformidade com a atitude pouco ativa do presidente Lula a seu favor.

As conversas sobre a extinção do Conselho de Ética da Câmara, que seria substituído pela Comissão de Constituição e Justiça, estão em andamento, com o apoio de ministros do Supremo, mas nada se faria nessa legislatura, evidentemente. Os 13 deputados que estão na lista de cassação pelo mensalão, e mais outros que eventualmente surgirem nas investigações, continuarão sendo julgados pelo Conselho.

A tese de que a Comissão de Constituição e Justiça, por sua própria especialidade, não erraria tanto nos processos, tem muitos adeptos no Congresso, mas é rejeitada pelos integrantes do Conselho. O deputado

Chico Alencar, do PSOL, diz que o Conselho não errou tanto quanto ficou na percepção da opinião pública. Ele atribui à tenacidade dos advogados e à "densidade política especial" de Dirceu as atribulações do processo. E admite que, a partir de agora, o Conselho está tratando os demais processos com "cautela máxima", e um preciosismo jurídico estafante.

Chico Alencar revela que o que está sendo discutido entre os parlamentares é se "qualquer órgão da própria Câmara pode julgar seus membros". Esse ponto foi ressaltado pelo próprio Dirceu em sua despedida da Câmara, embora ele tenha exagerado ao afirmar que nenhum outro parlamento do mundo usava esse método. Além de existirem parlamentos com o mesmo sistema — no México, no Uruguai, no Coreia do Sul —, o acerto deste ou daquele sistema jurídico deve ser avaliado por sua eficácia na sociedade em que é usado.

No Brasil, ao que indicam as pesquisas, não há uma discordância da opinião pública quanto ao fato de a Câmara poder punir seus integrantes. Nem mesmo parece haver um clamor popular contra a cassação de Dirceu. Ao contrário, existe, sim, o temor de que o corporativismo impeça que as punições sejam aplicadas. Chico Alencar diz que há quem defenda que os órgãos do Congresso devam apenas instruir os processos por quebra de decoro e enviá-los ao Supremo para a decisão.

4/12
EM BUSCA DA LEGITIMIDADE

Uma das questões mais perturbadoras do atual cenário político é qual será a reação do eleitorado em 2006 diante da crise em que o país está mergulhado, com perspectivas de uma continuação pelo ano eleitoral adentro, quando se radicalizam as posições. Há o temor entre os políticos de que ganhe corpo um movimento incipiente a favor do voto nulo de protesto. E há quem considere que a nossa Operação Mãos Limpas ocorrerá com a renovação radical do cenário político nas eleições do próximo ano. O presidente do PPS, deputado Roberto Freire, por exemplo, acha que o sentimento difuso de repulsa que domina a sociedade diante do quadro de corrupção que vai sendo desvendado pelas CPIs será organizado naturalmente nas próximas eleições.

Por isso, ele não acredita que a polarização entre PT e PSDB, dada como inevitável, se concretize na campanha presidencial de 2006: "PT e PSDB são dois lados da mesma moeda", analisa Freire. Ele considera que a política econômica em vigor há três mandatos presidenciais é que impede o PSDB de fazer uma oposição realmente vigorosa ao PT.

Como considera que esse é o cerne dos problemas que o país vive, acha que o eleitorado vai rejeitar essa continuidade: "Não acho que a repetição da disputa de 2002, entre Serra e Lula, seja a solução dos problemas que a sociedade brasileira busca", diz Freire. Ele acha que se tivéssemos uma legislação eleitoral mais flexível, já teria ocorrido uma grande conjugação de esforços políticos para a formação de um novo partido nacional que representasse com mais propriedade os anseios de mudança da sociedade.

Freire acredita que as eleições reorganizarão as forças políticas, na impossibilidade de uma reorganização partidária como a que está acontecendo em Israel, onde, a poucos meses da eleição, um novo partido político está sendo criado por líderes como o premiê Ariel Sharon, que deixou o Likud para formar um partido que ficará ao centro do espectro político do país, e já é considerado o favorito.

Entender as mudanças na sociedade civil e adaptar-se às novas condições, aliás, é a tarefa em que muitos grupos estão empenhados. Recentemente, a Comunitas, ONG dedicada ao fortalecimento da sociedade civil e baseada nos programas da Comunidade Solidária, da ex-primeira-dama e socióloga Ruth Cardoso, realizou seminários no Rio e em São Paulo para discutir, entre outras coisas, "a crise e a reinvenção da política".

A preocupação é o descompasso "entre as realidades emergentes na sociedade brasileira nas últimas duas décadas e os velhos padrões de governança, participação política e ação social ainda predominantes". Na base da discussão, está a crise de legitimidade das instituições políticas, e como enfrentar a desarticulação entre as formas emergentes de participação dos cidadãos e o sistema político.

8/12
DIRCEU *VERSUS* LULA

O relacionamento aparentemente cordial entre o presidente Lula e o deputado cassado José Dirceu já dá sinais importantes de deterioração, o que pode ter consequências sérias para a campanha de reeleição. Nada indica que Dirceu esteja disposto a subir no mesmo palanque que Lula, como o presidente anunciou ontem, a persistirem as linhas atuais da política econômica. E talvez por isso mesmo o presidente dê sinais tão desencontrados sobre eventuais alterações no modelo. Talvez por isso também Lula tenha incensado tanto Dirceu, reafirmando que ele foi responsabilizado injustamente por uma prática — o mensalão — que não foi provada.

Ao mesmo tempo, José Dirceu, mesmo fora do governo, ou até por causa disso, começa a verbalizar as reivindicações dos chamados movimentos sociais, que, por sua vez, divulgaram nos últimos dias diversos relatórios com críticas ao governo de Lula. A distância é cada vez maior entre o presidente que conta ao telefone a George W. Bush os avanços de sua política social com base nos dados do Pnad, e os movimento sociais que, no relatório do Ibase divulgado ontem, atribuem ao "modo de fazer política predominante no governo Lula e às alianças daí emergentes — juntamente com a política macroeconômica, que é, ao mesmo tempo, sua consequência e sua expressão", a limitação à participação da sociedade civil no governo federal.

O ex-todo poderoso Dirceu, em entrevista à revista de esquerda *Fórum*, ligada ao Fórum Social Mundial, lembra experiências como a de Allende no Chile, a de Jango no Brasil a dos sandinistas na Nicarágua, e alguns governos de esquerda na Europa para justificar a frase que um manifestante chileno exibiu em um cartaz: "É um governo de merda, mas é o meu governo."

Dirceu explica o que deveria ter sido feito: "Primeiro, vamos tentar o governo; segundo, vamos disputar o governo internamente; terceiro, vamos mobilizar a sociedade contra as políticas que consideramos conservadoras; quarto, vamos criar alternativas para o governo avançar."

Pela primeira vez Dirceu explicita suas divergências com o projeto do ministro da Fazenda, Antonio Palocci: "Tínhamos uma ideia de promover um ajuste fiscal e monetário, depois uma transição, e em seguida um projeto de desenvolvimento. De certa forma, ficamos no ajuste fiscal e monetário e iniciamos um processo de transição, criando alguma base para um projeto de desenvolvimento. Mas tanto esse processo quanto a transição foram abortados em determinado momento", diz ele.

Esse momento, para Dirceu, chegou no fim de 2004, quando o governo decidiu "reduzir a banda de inflação, não diminuir a TJLP, não abaixar os juros e aumentar o superávit. Isso significa uma inflexão definitiva para outra política. Quando a opção do presidente é clara em relação ao caminho que o ministro Palocci sempre defendeu, eu devia ter saído", lamenta.

O papel do PT é outra fonte de amargura para Dirceu. Ele diz que se continuasse à frente do partido em vez de assumir a chefia da Casa Civil seria criada "uma situação de impasse e rompimento". Ele acha que houve uma incompreensão quanto ao papel do partido e dos movimentos sociais com relação ao fato de chegar ao poder um governo de esquerda como o de Lula: "Isso não significa não fazer luta, não pressionar, não fazer greve, não fazer ocupação, não combater as políticas de que se discorda", diz, fazendo um mea-culpa.

"Faltou de nossa parte — é um dos cinco, seis grandes erros que costumo apontar — mais empenho nesse diálogo e nessa relação. Na verdade, nunca ficou muito claro que a gente fazia isso no governo, e o PT acabou não fazendo também. E faltou também da parte dos movimentos buscar mais os governos."

Em dois momentos, Dirceu não resiste a uma análise mais cáustica sobre o presidente Lula. Quando fala de sua saída da articulação política do governo, diz que saiu porque se deu conta de que "o presidente queria que eu saísse". "Problema pessoal?", pergunta o entrevistador, e Dirceu não deixa passar: "Uma mistura de coisas. O personagem é difícil, está ficando claro isso."

E, no fecho de ouro da entrevista, perguntado se Palocci não estaria retardando o surgimento de um governo de esquerda, Dirceu responde: "É uma opção que o presidente fez. Ele é assim, fez uma opção pela segurança e pela estabilidade." "O senhor faria diferente?", pergunta o jornalista. E Dirceu: "Eu faço, fazia o que o presidente decidia. Eu não era presidente, era ministro, tanto é que ele me demitiu quando precisou."

Para Dirceu, Palocci quer aprofundar o ajuste, com maior abertura comercial, CPMF fixa, ainda que com alíquota decadente, 5% de superávit, despesa corrente fixa, Banco Central independente. E dá sua opinião: "Isso é inviável para um governo forte, com maioria, ainda mais com um governo que está enfrentando um processo de desestabilização, com a oposição saindo dos marcos democráticos."

Os movimentos sociais, que Dirceu quer mobilizar, começam a manifestar sua insatisfação em relação ao governo Lula. Ontem, o projeto Mapas (Monitoramento Ativo da Participação da Sociedade), coordenado pelo Ibase, divulgou relatório em que diz que "a partir do momento em que o governo Lula optou por alianças com os setores políticos e econômicos dominantes, revertendo prioridades historicamente assumidas pelo PT, a proposta de um modo participativo de fazer política que fortalecesse os espaços públicos de participação teve de ser abandonada".

A conclusão é que "como o governo Lula optou por caminho diferente, e a crise do próprio PT fragilizou seu papel como canalizador e institucionalizador de diferentes movimentos sociais, o resultado pode vir a ser muito diverso, colaborando para uma dispersão ainda mais acentuada das lutas sociais".

9/12
SEM AS BASES

Na campanha eleitoral que o elegeu presidente em 2002, o então candidato Lula prometeu combater a corrupção e, naquele exagero que hoje faz com que já não se leve a sério muita coisa do que diz mas que, àquela altura, soava aos ouvidos dos brasileiros como sinal de mudanças, disse que sua simples presença no Palácio do Planalto faria os níveis de corrupção caírem imediatamente.

Três anos depois, cercado por uma série de denúncias de corrupção que ceifou quase uma centena de ministros e auxiliares dos mais diversos escalões, inclusive o seu "núcleo duro" decisório, a Transparência Internacional, seção Brasil, divulga um relatório no Dia Internacional de Combate à Corrupção com o sugestivo título "Nada a comemorar".

É impressionante como Lula chega ao fim de seu mandato, na tentativa de reeleição, deixando para trás praticamente todos os movimentos sociais que um dia foram seu principal sustentáculo político. Fica cada vez mais claro que sua candidatura em 2006 se baseará na política econômica que é rejeitada pelos tais "movimentos sociais" e nos programas assistencialistas como o Bolsa Família. O presidente que se elegeu com os votos da classe média e das grandes cidades, está indo em direção aos grotões.

10/12
SER OU NÃO SER?

A dificuldade cada vez mais acentuada de se reeleger, revelada por pesquisas eleitorais, está tirando a tranquilidade do presidente Lula, levando-o a fazer avaliações completamente despropositadas, como a de que a oposição brasileira é golpista como a venezuelana.

Ele, que já dissera que na Venezuela de seu amigo Hugo Chávez há democracia demais, agora se mete na política interna do país para criticar a atuação política do empresariado anti-Chávez, num momento em que o país ainda não se refez do trauma da última eleição, boicotada por 75% do eleitorado e pelos partidos políticos de oposição, que, num suicídio eleitoral, deram a Chávez o controle total do Parlamento e a quase certeza de poder se candidatar a um quarto mandato em 2012, no que já é classificado de "despotismo legislativo".

Se meter em questões internas, como fazia quando era um simples líder sindical, não é novidade para Lula, que recentemente disse que torcia pela vitória do líder indígena Evo Morales na Bolívia, e deu trabalho ao Itamaraty para consertar a gafe. Não é por acaso que nos últimos dias têm sido constantes as informações de que o presidente Lula voltou a estar inclinado a não se candidatar. Duas pesquisas de opinião recentes indicam que a situação eleitoral do presidente nas duas principais cidades do país é desalentadora.

Também em entrevista ao jornalista Mino Carta, na edição deste fim de semana da revista *Carta Capital*, o presidente faz considerações ambíguas sobre a reeleição. Diz, por exemplo, que só será candidato se não tiver que vender a alma ao diabo nas alianças políticas. "Caso contrário, se ganhar é vitória de pirro, ganha e não governa", pontifica Lula. Em outro trecho da entrevista, claramente referindo-se ao seu ex-coordenador político José Dirceu, diz que "alguém andou sonhando muito" quando montou a base parlamentar, e que "dinheiro não ganha eleição".

Lula diz também que só concorrerá para vencer, não para disputar. E que sabe que sua candidatura é importante para o PT, "fragilizado" pelas denúncias de corrupção. E completa: "A não ser que devolva aos acusadores as acusações que fizeram contra ele." Temos nesse conjunto de respostas e comentários uma radiografia perfeita de como anda a cabeça de nosso presidente. E, mais que isso, a reafirmação de que a orientação política do PT vem dele mesmo. A tática de tentar marcar os adversários com a pecha de que todos são iguais nas falcatruas eleitorais do caixa dois faz parte da estratégia candidamente revelada por Lula na entrevista.

Quando diz que quem vende a alma ao diabo não consegue governar, parece estar falando de seu próprio governo, que fez as alianças políticas mais esdrúxulas para vencer a eleição, sabe-se agora, incentivadas por muito dinheiro. Quando diz que só entra na disputa para vencer, revela um estado de espírito até compreensível para quem perdeu três eleições seguidas e não gostaria de deixar o Palácio do Planalto, depois de uma vitória consagradora, novamente derrotado. O presidente se debate entre preservar seu prestígio político em 2006, quem sabe até mesmo para uma eventual volta ao poder, e ajudar a recuperar o partido que criou do zero com a força de sua liderança sindical.

Apresenta-se para o presidente Lula uma rara oportunidade de saída honrosa com o movimento pelo fim da reeleição. Lula reconhecidamente nunca apoiou esse mecanismo, e agora está sendo procurado pela oposição com uma proposta inusitada para quem é "golpista": em vez de propor o impeachment de Lula, a oposição lhe oferece a possibilidade de

359

um mandato de cinco anos em contrapartida ao fim da reeleição. E ele seria o último presidente a poder se reeleger, com o que teria um mandato de nove anos, maior do que o que estava previsto quando se elegeu a primeira vez, e maior ainda do que o de seu maior adversário político, o ex-presidente Fernando Henrique Cardoso.

13/12
DIRETO COM O POVO

O presidente Lula prepara-se para a reeleição com todos os instrumentos de que dispõe, utilizando-se não apenas de programas assistencialistas como o Bolsa Família, como acionando ao mesmo tempo dois mecanismos de distribuição de renda que afetam diretamente o dia a dia dos cidadãos mas impactam os custos do Estado: o aumento real do salário mínimo, que eleva os custos das aposentadorias e dos salários dos servidores em todo o país, e o reajuste da tabela do Imposto de Renda. É a clássica utilização da política macroeconômica com objetivos político-eleitorais, que a teoria econômica denomina "ciclos políticos de negócios".

Apesar da reclamação das centrais sindicais, o governo deve propor mesmo o aumento do salário mínimo para R$ 350, um reajuste real acima de 11%, o maior já dado no seu governo. Diferentemente do início deste ano, quando a oposição tentou emparedar o governo propondo um salário de R$ 384, no próximo ano eleitoral quem está puxando o teto para cima são o próprio governo e seus sindicatos aliados.

Em outros tempos, a equipe econômica teria força para impedir os dois aumentos simultâneos, mas desta vez é possível que perca a parada, ainda mais depois da aprovação pelo diretório nacional do PT de uma moção pela mudança da política econômica. Embora dividido e tendo perdido por apenas um voto, o partido posicionou-se contrariamente à continuidade da política cautelosa do ministro Antonio Palocci, numa confirmação de que o ano eleitoral será também de muitas pressões políticas sobre o governo Lula.

Muitos petistas ligados ao presidente, como o assessor especial Marco Aurélio Garcia, votaram pela crítica ao modelo econômico, ele que já dissera que o aumento dos gastos correntes "é vida" que não pode ser cortado. Os aumentos dos gastos com salário mínimo e o reajuste da tabela do Imposto de Renda são dois fatores que aumentam os gastos correntes do governo de maneira imediata, e provocam reflexos até mesmo nos setores informais da economia, causando inflação e desemprego em médio prazo. Mas o efeito no crescimento do PIB, e na melhoria imediata da vida dos que permanecem empregados, recompensa eleitoralmente.

Na proposta de Orçamento para 2006 que está no Congresso, o salário mínimo foi fixado em R$ 321, e as centrais sindicais querem um reajuste para R$ 400, o que equivaleria a um aumento real acima de 25%, o maior reajuste de salário mínimo dos últimos dez anos. Em maio de 1995, logo após a implantação do Plano Real, o governo Fernando Henrique deu um aumento real para o salário mínimo de mais de 22%, que foi responsável por cerca de 40% da queda da pobreza registrada na ocasião, tamanho é o impacto direto do salário mínimo na vida do país, especialmente no que os economistas chamam de "cauda inferior" das classes mais pobres. Esse aumento de agora, mesmo o de 11% que o presidente quer dar, complementando o aumento real de cerca de 9% dado em maio deste ano, teria grande impacto, pois a inflação sob controle potencializa seus efeitos.

Em fase de muda, a nova direção do PT classificou a derrota que impôs ao presidente Lula de "deslocamento das forças internas", na peculiar definição do presidente do partido, deputado Ricardo Berzoini — que desempatou contra o governo. Uma linguagem metafórica que lembra os "recursos não contabilizados" do "nosso" Delúbio, e reafirma a situação estranha do PT, que precisa se expressar por metáforas para encontrar uma posição de equilíbrio entre tentar recuperar o espaço político perdido na militância e não perder o contato com Lula, sua única referência com respaldo popular ainda mantido, embora declinante.

Provavelmente o presidente Lula terá uma conversa franca com a direção do PT para tentar retomar o controle do partido, e poderemos ver nos próximos meses o presidente reforçando a impressão de que pensa mesmo em não se recandidatar. Assim como em 2002 impôs a ampliação do espectro das alianças políticas para concorrer pela quarta vez — alianças que se mostraram eficazes para vencer, mas desastrosas para governar —, Lula agora, mesmo batido pelos reveses dos últimos tempos, continua com a faca e o queijo nas mãos para impor condições a seu partido, pois a única força que ainda resta para uma eventual reeleição é sua ligação com as massas populares, turbinada pelo uso dos mecanismos próprios do governo.

Vai ficando cada vez mais claro que Lula se elegeu presidente sem o PT, o que ficará mais patente no próximo ano se conseguir, apesar dos pesares, se reeleger. O sociólogo Cândido Mendes, por exemplo, acha que o presidente tem que testar até o limite dos riscos calculados sua li-

361

gação com o povo. Esse é o sentido de seu mais recente livro, *Lula depois de Lula*, no qual defende a tese de que o presidente deveria fazer uma manobra "essencialmente política" de usar um instrumento democrático como o plebiscito para reforçar a ideia da reeleição e buscar, por meio da consulta popular, anular os efeitos da crise política. Cândido Mendes defende a tese de que Lula não é carismático, pois não manipula as habilidades de encantar as massas, e sim faz parte delas. Quanto mais parece repetitivo ou vazio à classe média, mais se aproxima das classes baixas.

Sua tese é que o presidente, independentemente do PT, manteve "a simbologia do operário-presidente" e conservou "o imaginário do Lulalá". Mesmo sendo improvável que venha a arriscar uma manobra desse tipo, ou que tenha perdido a hora de fazê-lo, é possível que vejamos, antes da confirmação de que é mesmo candidato à reeleição, o presidente num périplo pelo país para checar pessoalmente os programas sociais que serão seu esteio político na campanha eleitoral. Lula não é Chávez, nem o Brasil é a Venezuela. Muito menos a oposição brasileira é golpista. Mas o que resta a Lula é seu contato com o povo.

15/12
LADEIRA ABAIXO

A performance do prefeito de São Paulo, José Serra, na pesquisa do Ibope divulgada ontem foi uma ducha de água fria nas pretensões de Geraldo Alckmin, ainda mais porque o governador paulista conseguiu atingir todas as metas a que se propunha nessa altura da disputa eleitoral interna do PSDB: ficou empatado com Garotinho e perdeu por pouco para Lula na simulação de segundo turno.

Mostrando fôlego para subir nas pesquisas de opinião, apesar de ser menos conhecido, Alckmin começaria a colocar em prática sua teoria de que tem mais espaço para subir na aprovação do eleitorado nacional do que Serra, que estava estacionado na casa dos 30% nas últimas pesquisas.

Afinal, para quem tem apenas 40% de nível de conhecimento nacional, 20% de apoio é mais do que os 30% de um Serra conhecido por praticamente todo o eleitorado brasileiro, por ter disputado a última eleição presidencial contra Lula em dois turnos. Mas eis que Serra aparece superando Lula já no primeiro turno, e com a marca de 37% de preferência, índice que Alckmin só conseguiria num hipotético segundo turno, em que Serra obteria quase metade dos votos (48%), vencendo Lula por uma diferença de 13 pontos percentuais.

Além do mais, o presidente Lula atingiu seu mais baixo índice de intenção de voto nas simulações de primeiro turno desde que assumiu o governo, voltando, ele sim, para a casa dos 30%, seu patamar histórico nas eleições anteriores, em que foi derrotado. Na simulação do segundo turno, o candidato tucano Serra recebe quase um terço dos votos dados a Lula na eleição de 2002, e teria uma sólida maioria entre os que não votaram naquela ocasião.

Esses números confirmariam que as chances de Serra crescer são reais, pois ele teria praticamente garantido os mesmos votos que obteve na eleição de 2002, e atrairia uma legião de eleitores arrependidos que votaram em Lula, especialmente da classe média.

É muito difícil que o governador Geraldo Alckmin consiga superar Lula na última pesquisa do Ibope antes do prazo de desincompatibilização, que é março do próximo ano. Embora seja previsível que Lula continue perdendo prestígio, uma vez que a crise não dá mostras de terminar. Por isso, suas chances de sair candidato continuam menores que as de Serra, embora não desprezíveis.

O que é surpreendente na pesquisa do Ibope é que Lula perderia em todos os segmentos de renda, inclusive entre os eleitores que ganham até dois salários mínimos, a base da pirâmide social, onde se concentram os programas assistencialistas do governo, como o Bolsa Família.

Acima de dois salários, e até mais de dez, os resultados são praticamente estáveis: Serra tem cerca de 51% dos votos, contra apenas 34% de Lula. Lula teria resultados adversos também nas capitais, na periferia e no interior do país. Continua vencendo apenas no Nordeste, mas sua margem de liderança já está muito estreita: venceria por uma diferença de apenas três pontos.

O governo Lula continua tendo avaliação negativa na maioria dos segmentos sociais, mas mesmo onde apresenta recuperação do prestígio, Lula perde feio para Serra num eventual segundo turno. É o caso, por exemplo, da faixa de renda entre cinco e dez salários mínimos, na qual a avaliação do governo de "ótimo e bom" subiu de 23% para 27% em dezembro, caindo o "ruim e péssimo". Mas nessa faixa, Lula perde para Serra por 50% a 32% na simulação do segundo turno.

O que parece mais preocupante para a candidatura de Lula à reeleição é que cresce a cada pesquisa a desconfiança do eleitorado em relação a ele, o que pode ser fatal para um candidato que terá a seu lado apenas a capacidade pessoal de seduzir o eleitorado. Hoje o presidente tem a confiança de apenas 43% dos eleitores, o menor índice desde que assumiu o governo, com um saldo negativo de dez pontos.

Ainda tem no Nordeste o maior número de eleitores que confiam nele. Essa desconfiança generalizada vem do aumento cada vez maior da frustração dos eleitores diante das expectativas que tinham em relação ao governo Lula, sentimento que vem sendo detectado desde o início do ano.

Apenas 20% afirmam que o governo é melhor do que esperavam, o menor índice já registrado nas pesquisas. A reprovação ao modo de governar de Lula já atingiu 52% do eleitorado, que passou também a ter uma visão mais crítica com relação às políticas setoriais.

Das sete áreas apresentadas na pesquisa do Ibope (combate à fome e ao desemprego; programas sociais na área de saúde e de educação; segurança pública; combate à inflação; taxa de juros; combate ao desemprego), todas tiveram um índice de desaprovação maior do que a aprovação, num claro sinal de que a percepção da ineficiência do governo já está chegando à população.

Apesar das críticas aos juros altos e do temor do desemprego, a área econômica traz boas notícias dos eleitores: o brasileiro está mais otimista em relação à sua renda pessoal, e também à das pessoas em geral. Com o empenho pessoal de Lula em aumentar "o mais possível" o salário mínimo, e de dar aumento aos servidores, além de agradar à classe média, reajustando a tabela do Imposto de Renda, pode ser que esse clima otimista se reflita nos índices de popularidade do presidente.

Se a verticalização for mantida, é provável que o número de candidatos à Presidência seja menor do que o esperado, com PMDB, PFL e PDT desistindo de candidatos próprios. Nesse caso, é possível que a eleição, polarizada entre PT e PSDB, seja resolvida ainda no primeiro turno.

Paradoxalmente, para Lula hoje o melhor seria, não podendo ter o PMDB em sua chapa, que o partido apoiasse a candidatura de Garotinho. Ela garantiria um segundo turno e, caso ele fosse disputado entre Garotinho e Lula, seria talvez a única chance de Lula vencer a eleição.

27/12
SÍMBOLOS E REALIDADE

No seu último programa de rádio de 2005, o presidente Lula deu o tom do que será a campanha eleitoral se ele, como tudo indica, confirmar que será mesmo candidato à reeleição. Tenho a impressão de que Lula, diante das pesquisas eleitorais que mostram o declínio consistente de sua popularidade, adoraria achar uma maneira de não disputar novamente a Presidência, guardando-se para, quem sabe, tentar voltar em 2010.

O único jeito seria, ao mesmo tempo que anunciasse a decisão de não disputar um segundo mandato, enviar um projeto para o Congresso extinguindo a reeleição, contra a qual sempre se colocou, e ampliando o mandato do próximo presidente para cinco anos.

Seria uma saída política em grande estilo, que preservaria sua imagem, mas não atenderia aos interesses do PT, seu partido, que não tem ninguém em condições de disputar a Presidência com chances pelo menos semelhantes à de Lula, mesmo decadente. "Eu não prometo, eu garanto ao povo brasileiro que nós vamos ter o Brasil se desenvolvendo muito mais em 2006, com um crescimento mais vigoroso e mais sólido, porque nós fizemos o que tínhamos que fazer em 2003, 2004 e 2005", disse o presidente na rádio ontem, com uma confiança que não se baseia em números, nem mesmo nos oficiais.

A promessa do ministro da Fazenda, Antonio Palocci, de que o crescimento do ano eleitoral será tão forte quanto o de 2004, quando o PIB do país cresceu 4,9%, vai contra a previsão do próprio Ipea, instituto de pesquisas ligado ao Ministério do Planejamento, que prevê um crescimento de 3,5%. Sem dúvida a chegada do ano eleitoral está influindo nas promessas de fim de ano, como a do ministro das Minas e Energia, Silas Rondeau, que garantiu em entrevista ao *Globo* que o preço da gasolina não subirá em 2006.

Ora, evidentemente não é possível dar esse tipo de garantia, mesmo que se conte com a autossuficiência em petróleo prevista, a não ser que o preço da gasolina seja controlado politicamente pelo governo, em prejuízo dos critérios técnicos da Petrobras, isto é, dos acionistas da empresa, e da sua capacidade de continuar investindo para ser competitiva no mercado internacional.

Essa discussão, aliás, já aconteceu em 2002, só que com o sinal trocado: o então candidato do PSDB, José Serra, insistiu muito com o governo para que controlasse o preço da gasolina durante a campanha eleitoral, alegando que os preços internacionais do barril de petróleo não deveriam influir tão decisivamente nos preços internos, pois nossa produção cobria praticamente 80% do consumo interno.

Serra não foi atendido pela equipe econômica então comandada por Malan, que insistiu em manter a competitividade da Petrobras, e a valorização das ações da empresa, balizando os preços internos pelo mercado internacional. O mesmo critério vem sendo adotado pela atual direção da estatal, que já emitiu uma nota oficial em que reafirma a política de preços. Vamos ver se Palocci conseguirá resistir à pressão política.

O anúncio da autossuficiência em petróleo está marcado para o início do próximo ano, com grande festa política, que faltou ao anúncio do pagamento antecipado de nossa dívida ao Fundo Monetário Internacional (FMI), outro ponto de destaque na campanha da reeleição.

A não renovação do acordo com o FMI primeiro, e depois o pagamento, têm um valor simbólico mais relevante do que o econômico, pois os critérios do Fundo continuam sendo adotados na nossa política econômica, e a dívida com ele é dos dinheiros mais baratos que um país pode receber. Mas um governo que se quer popular, ainda mais em crise de popularidade, vive mais de símbolos do que da realidade. O problema é quando o símbolo é abalroado pela realidade.

Quem cuidava da estratégia para transformar os símbolos em pontos positivos para o governo era o ex-ministro Luiz Gushiken, hoje confinado no Núcleo de Assuntos Estratégicos, tateando o futuro enquanto tenta se defender das acusações presentes nas CPIs. Antes de virem à tona as denúncias do mensalão, Gushiken dava como certo que não havia espaço para surpresas: para ele, a disputa política se daria entre PT e PSDB, "partidos que têm pontos em comum, mas não trabalham juntos porque ambos disputam o mesmo poder".

Uma das estratégias de imagem do governo Lula, revelada aqui na coluna tempos atrás pelo próprio Gushiken, era fazer o contraste de nossa política pacifista e desarmamentista com o mundo em permanente conflito. Por isso o governo dava tanta importância ao referendo sobre as armas, prevendo que a vitória do "Sim" provocaria um desarmamento em massa que chamaria a atenção do mundo inteiro. Como se sabe, ganhou o "Não", numa convergência de vários fatores, entre eles uma clara rejeição ao governo Lula.

Já registrei aqui na coluna que, assim como os historiadores, políticos costumam marcar as etapas de desenvolvimento de um país a cada 20 ou 25 anos, período que seria necessário à cristalização das mudanças. Não é por acaso, portanto, que de tempos em tempos apareçam grupos políticos fazendo planos de ficar no poder por 20 anos. Fora o grupo de Collor, que tinha essa pretensão por razões que nada tinham a ver com a política, tanto o PSDB quanto o PT assumiram informalmente essa meta.

Com a queda de Dirceu, e o desmantelamento da cúpula que dirigiu a campanha em 2002, Lula anda à procura de coordenadores, marqueteiros e alianças políticas para recolocar em pé o projeto inicial. Que tinha também um objetivo simbólico a ser atingido: o PT permanecer no poder até 2022, quando serão comemorados os 200 anos da Independência do Brasil. Ao que tudo indica, este é um sonho que já foi abalroado pela realidade.

28/12
A TURMA DO MENSALÃO

A crise em que o país vive há mais de seis meses parece ter anestesiado o senso crítico dos políticos, que poucas vezes como nos últimos tempos enfrentam a ira dos cidadãos com atitudes despudoradas, como se não temessem as consequências de seus atos. Há fatos graves, como a absolvição em plenário da Câmara do deputado Romeu Queiroz, usuário confesso do valerioduto. E fatos folclóricos, mas nem por isso menos agressivos ao cidadão comum. Um exemplo desses é o prefeito do Rio de Janeiro, Cesar Maia. Em entrevista de fim de ano, atribuiu a pouca receptividade que sua candidatura a presidente está tendo a desgastes como o provocado pelo lançamento de sua pré-candidatura logo após ter sido reeleito no primeiro turno, colocando-o no mesmo patamar da crise da saúde e da favelização da cidade.

Na mesma entrevista, Cesar Maia mostrou que sabe fazer diagnósticos, mas não aprendeu nada: anunciou que passará o Reveillon em Nova York e o Carnaval em Lisboa. Maia acha normal passar longe daqui as duas principais datas da cidade que dirige.

O exemplo mais genérico é o espetáculo do Congresso vazio, apesar da convocação extraordinária que dará a cada parlamentar cerca de R$ 100 mil. O presidente da Câmara, Aldo Rebelo, resistiu muito a aceitar a convocação, temendo o desgaste dos políticos com a opinião pública.

Mas fazer a convocação extraordinária sem sessão plenária é aumentar a percepção do eleitorado de que os políticos só cuidam de seus interesses, lembrando-se dos eleitores apenas às vésperas das eleições.

A atual legislatura é considerada a mais fraca dos últimos anos, e não apenas pela baixa qualidade dos políticos. A produção legislativa da Câmara foi abaixo da média da última década, e se aumentou a participação de deputados e senadores na produção legislativa do Congresso, isso aconteceu apenas porque o Executivo reduziu sua fúria legiferante diante da crise política em que está envolvido.

Segundo o site Congresso em Foco, o presidente Luiz Inácio Lula da Silva reduziu à metade a edição de medidas provisórias e leis sancionadas este ano, em comparação com 2004, e, por tabela, amenizou o desequilíbrio entre Executivo e Congresso na produção legislativa. Das 139 leis federais que entraram em vigor em 2005, 37 (26,6% delas) foram propostas por deputados ou senadores, enquanto no ano passado, apenas 17 (6,7%) das 275 normas jurídicas elaboradas foram iniciativa de parlamentares.

A edição de medidas provisórias caiu de 73 no ano passado para 36 até ontem. Mas a inocuidade da atividade parlamentar pode ser atestada neste dado levantado pelo Congresso em Foco: das 37 leis que entraram em vigor este ano por iniciativa dos congressistas, 23 prestam homenagem a personalidades, dando nome a pontes, portos e rodovias, ou estabelecem datas festivas.

Crescem na opinião pública duas campanhas simultâneas e contraditórias entre si: a pelo voto nulo e a da renovação total do Congresso, num apelo para que não se vote em quem tem mandato. Votar nulo é a denúncia da inutilidade do Congresso, o que é perigoso para a democracia.

Embora seja muito difícil de acontecer, existe a previsão no Código Eleitoral, em seu artigo 224, de que se mais da metade dos votos forem nulos, seja convocada nova eleição de 20 a 40 dias depois. O que não está estabelecido, e dependerá de interpretação do Tribunal Superior Eleitoral, é se todos os candidatos que concorreram ao primeiro pleito teriam direito a concorrer à nova eleição.

Já a negação total dos que têm mandato nivela todos por baixo, e traz embutida a ideia equivocada de que a renovação total pode melhorar o perfil político do Congresso. Há no Congresso um grupo de deputados e senadores que pretende propor aos líderes partidários e à Mesa Diretora uma "agenda positiva" com diversos pontos, entre eles a votação em plenário ainda nesta convocação extraordinária da redução do recesso parlamentar para 40 dias e do não pagamento de salário extra nas convocações extraordinárias. Mas apenas cerca de 20 deputados já abriram mão do pagamento da convocação extra, prerrogativa que está à disposição de qualquer um deles.

Também estão na lista de reivindicações dos que querem dar uma explicação pública ao eleitor a aprovação de regras definitivas para todo e qualquer reajuste de remuneração na Casa, que somente valeria para a legislatura seguinte; a vedação do nepotismo; uma nova regulamentação para plebiscitos e referendos; e a revisão do papel da Corregedoria da Câmara, para evitar que o corporativismo predomine na análise de processos contra deputados.

Dificilmente essa lista será aprovada na íntegra. E os parlamentares não poderão se queixar quando aparecerem como personagens em músicas do próximo carnaval sobre o mensalão, ou forem retratados como Judas na Semana Santa, junto com os delúbios, os valérios, os sílvios pereiras. Todos identificados aleatoriamente como "a turma do mensalão".

O pagodeiro mais popular do país, Zeca Pagodinho, já lançou uma música chamada "Comunidade carente", de rara agressividade contra os políticos. Um personagem diz que mora em uma comunidade carente e que vive muito mal, mas está "de saco cheio de caô (mentiras)". Diz que a comunidade já comprou "vara de marmelo, arame farpado e cipó-camarão" para "dar um pau" no primeiro candidato que aparecer por lá para fazer promessas.

Faz sucesso também na internet a música "Festa de arromba do mensalão", de Maurício Ricardo, no site Charges.com.br. Numa paródia da música de Roberto e Erasmo Carlos, a letra diz assim a certa altura: "Veja só que festa de arromba/ Fez a turma do mensalão/ Pra festejar os saques aos cofres da União/ E dividir a grana que roubaram do povão/ Na porta me barraram/ e só fui liberado/ Porque alguém achou que eu era deputado/ Hei! Hei! Que onda, que festa de arromba!"

30/12
OS NÚMEROS DO IMPASSE

Uma pesquisa que não pode ser divulgada oficialmente porque não foi registrada no Tribunal Superior Eleitoral está causando furor nos meios políticos nestes últimos dias do ano, e mais ainda entre os tucanos. Trata-se de um levantamento feito por telefone, sob encomenda do PSDB, que aponta o crescimento da candidatura do prefeito paulistano José Serra, surgindo pela primeira vez a possibilidade de ele vencer Lula já no primeiro turno. Mas a pesquisa aponta também um crescimento da candidatura do governador de São Paulo, Geraldo Alckmin, o que complica o processo decisório no PSDB. O senador Bornhausen, presidente do PFL, não conhece a pesquisa. Mas diz ter certeza de que se os acordos forem feitos corretamente, existe a chance de derrotar Lula já no primeiro turno.

Realizada pelo Instituto de Pesquisas Sociais, Políticas e Econômicas (Ipespe), fundado pelo sociólogo Antônio Lavareda, a pesquisa tem valor político até mesmo por isso, pois Lavareda é o pesquisador preferido do PFL, partido que provavelmente comporá com o PSDB a chapa que concorrerá na eleição presidencial do próximo ano. O senador Bornhausen repete para quem quiser ouvir que segue fielmente o que as pesquisas de Lavareda apontam.

Foi por elas, por exemplo, que o PFL marcou sua posição de oposição inflexível ao governo Lula. E também por causa delas o mesmo Bornhausen não se abalou quando foi acusado de ter ultrapassado a fronteira da política civilizada quando disse que esperava se ver livre "dessa raça" nos próximos 20 anos, referindo-se aos petistas. O PFL fez uma pesquisa quantitativa com Lavareda, para saber o perfil do candidato que o eleitorado quer. Eficiência administrativa e honestidade foram os atributos mais apontados.

De acordo com a pesquisa por telefone, Serra teria hoje 40% dos votos no primeiro turno, contra 26% de Lula. Garotinho teria apenas 9%, e Heloisa Helena, 5%. Na simulação com Alckmin como candidato do PSDB, Lula lideraria com 28%, seguido de Alckmin com 25%, num empate técnico. Garotinho subiria nesse caso para 15%, e Heloisa Helena para 8%. Num hipotético segundo turno, Serra venceria Lula por 20 pontos percentuais — de 52% a 32% — e Alckmin também derrotaria o presidente, mas próximo à margem de erro: de 42% a 37%.

Apesar de muito boa para Serra, a pesquisa revela um dado inquietante, embora não decisivo, para a decisão do partido: a maioria dos pesquisados na capital paulista disse que Serra não deveria abandonar a prefeitura de São Paulo para disputar a Presidência da República. O lado bom para os serristas é que a maioria não é tão esmagadora quanto se temia: 48% desaprovaram sua saída, mas 40% acham que ele tem que deixar a prefeitura. Atualmente, um paradoxo deve estar inquietando Serra: quanto mais bem avaliada é sua gestão na prefeitura, mais difícil fica sua saída do cargo com cerca de um ano de mandato.

Serra foi apontado por uma pesquisa do Datafolha como o prefeito paulistano mais bem avaliado nos últimos anos no primeiro ano de gestão. Além do caso do prefeito Pimenta da Veiga, que deixou a prefeitura de Belo Horizonte e perdeu a eleição para o governo de Minas, há outro caso clássico, desta vez no PSDB paulista, o de Mário Covas. Eleito o deputado federal mais votado do estado, com uma votação espetacular no litoral de Santos, aceitou ser prefeito biônico de São Paulo. Foi tão criticado que, nas eleições seguintes, perdeu para Paulo Maluf em Santos, seu reduto eleitoral.

A decisão seria mais fácil se Serra fosse o único candidato a vencer Lula, mas o enfraquecimento progressivo do presidente nas diversas pesquisas eleitorais pode reduzir os argumentos a seu favor. No PSDB, a opinião geral é que Serra não tinha planos de concorrer novamente à Presidência agora, preparando-se para 2010. Mas as pesquisas que mostram sua crescente aceitação pelo eleitorado nacional, como uma tentativa de desfazer um equívoco cometido em 2002 — de acordo com as pesquisas, Serra manteve seus eleitores da eleição anterior e conquistou grande parte dos que votaram em Lula —, o animaram.

O governador Alckmin trabalha com essas dificuldades de Serra para deixar a prefeitura e, internamente, vem afirmando que a candidatura do prefeito daria ao PT um argumento forte na campanha eleitoral, do tipo "Serra prometeu por escrito que não deixaria a prefeitura e não cumpriu. Você acredita no que ele promete?". Se Alckmin fugir às suas características e ameaçar disputar a candidatura na convenção, a situação de Serra se complicará. Mas também o PSDB perderá a unidade.

2006

3/1
BECO SEM SAÍDA

Se o melhor que o presidente Lula tem a fazer diante das acusações de corrupção que atingem seu governo é o que apresentou na entrevista ao *Fantástico* no domingo, então ele está em maus lençóis. Alegar que só pode saber do que acontece nos bastidores do governo que supostamente comanda se alguém lhe contar ou denunciar é um atestado de incompetência incomensurável, para usar a qualificação que ele dedicou ao "erro" do PT. E não lhe tira a culpa.

Supondo que o seu chefe da Casa Civil, o então todo-poderoso José Dirceu, fosse realmente autônomo em suas ações políticas, ou até mesmo admitindo que o tesoureiro do PT, Delúbio Soares, fosse autônomo em relação a José Dirceu, só mesmo um presidente descolado da realidade não notaria que sua base de sustentação no Congresso havia inchado excessivamente. Ou não estranharia a presença constante do tesoureiro do partido no Palácio do Planalto.

Para um presidente que se recusou a entregar parte do primeiro Ministério ao PMDB no começo do governo, sob a alegação de que não queria aprofundar negociações com políticos fisiológicos, e logo depois disse que daria um cheque em branco para o presidente do PTB, Roberto Jefferson, é uma mudança de posição tão radical que não é possível que

371

o próprio Lula não tenha participado das negociações, ou pelo menos não tenha sido comunicado sobre elas.

Quanto ao pedido de desculpas de que ele se considera credor, é preciso lembrar ao presidente que é ele quem deve desculpas ao povo brasileiro. Senão por ter comandado todo esse esquema de corrupção que está sendo desvendado pelas CPIs, pelo menos por não ter notado nada do que se passava à sua volta. Um presidente da República é responsável, em última instância, pelo que acontece no governo, de bom e de ruim. Não vale se autoelogiar pelos bons resultados e culpar outros pelos erros.

Mas o que torna inverossímil a alegação de que nada sabia é a história de Lula no PT, partido que ele ajudou a fundar com seu carisma de líder operário, e de cuja direção nunca saiu. Há diversos relatos de que Lula foi avisado pessoalmente por vários companheiros de partido — Paulo de Tarso Venceslau e Cesar Benjamim são dois deles — sobre falcatruas que estavam sendo cometidas pelo PT nas prefeituras que administrava, já nos anos 1990, e Lula nunca moveu uma palha para esclarecer as denúncias, ou mudar os procedimentos petistas.

A entrevista revelou duas importantes facetas da estratégia do presidente para a campanha eleitoral. Pela primeira vez ele se referiu à data fatal de junho como o prazo que tem para decidir se vai se recandidatar ou não. De fato, pelo calendário eleitoral confirmado ontem pelo Tribunal Superior Eleitoral, o presidente Lula tem até o dia 30 de junho para se anunciar como candidato, caso decida concorrer à reeleição. O último dia de junho é a data limite para os partidos realizarem convenções, que podem começar no dia 10 de junho, tendo os partidos até 5 de julho para registrar seus candidatos no TSE.

Como presidente da República não precisa se desincompatibilizar do cargo para concorrer à reeleição, Lula poderá manter a postura de candidato, comparecer às inaugurações, fazer comícios, sem estar legalmente impedido por ser candidato. Embora as restrições legais só valham a partir do registro da candidatura, em julho, moralmente ele ficará impedido de atuar como candidato assim que anunciar que o será.

Mantendo a dúvida, tem ainda outra vantagem: poderá acompanhar as pesquisas eleitorais, e avaliar melhor suas chances até o último momento. Essa estratégia pode ser interessante para ele, mas não é para o PT, o partido que será o suporte de sua eventual candidatura. Se Lula finalmente decidir não se candidatar perto de junho, o PT terá pouco tempo para organizar a campanha de seu substituto.

As críticas abertas que Lula fez, mesmo que tenha, com uma metáfora canhestra, tentado isolar os "erros" do PT em uma pequena parte da "família petista", certamente não ajudam a recuperar a imagem do partido, nem o ânimo dos petistas, em uma campanha eleitoral. Como os militantes vão erguer a bandeira vermelha do PT se o próprio candidato diz que o partido "vai custar muito a recuperar a credibilidade"?

O fato é que Lula está aparentemente em um beco sem saída: se defender o PT, perde mais ainda a popularidade entre os não petistas que ajudaram a elegê-lo. Se o criticar, está ajudando a afundar o partido pelo qual concorrerá. É a mesma situação ambígua do PT, que critica a política econômica de Lula, mas terá que basear sua campanha nos eventuais êxitos dela. Se for candidato, o presidente contará apenas com seu carisma pessoal e com os resultados de seu governo. Para o bem ou para o mal.

4/1
AMBIENTE DESFAVORÁVEL

Desta vez o presidente Lula pode dizer, com toda propriedade, que nunca antes na História do Brasil um presidente fez o que ele fez: acaba de quebrar um recorde, o de emendas parlamentares liberadas no último mês do ano: R$ 7,8 bilhões, contra a marca anterior de R$ 7,2 bilhões de Fernando Henrique, em 2001. Os dois recordes têm em comum o fato de terem acontecido em vésperas de ano eleitoral. Este ano também deverá ser marcado por uma redução importante da pobreza, em decorrência do aumento real de 9% do salário mínimo em 2005. Na proposta de Orçamento para 2006 que está no Congresso, o mínimo deve passar para R$ 350, o que representará aumento real de 11%.

O resultado de um aumento sobre o outro deve provocar um efeito semelhante ao que aconteceu em maio de 1995, logo após a implantação do Plano Real, quando o governo Fernando Henrique deu um aumento real para o salário mínimo de mais de 22%, que foi responsável por cerca de 40% da queda da pobreza registrada na ocasião, devido ao impacto direto do salário mínimo na vida do país.

Ano eleitoral é assim mesmo. As três maiores quedas de pobreza acontecidas no Brasil nos últimos 25 anos se deram em 2002, 1994 e 1986. Fora 2002, os dois outros foram anos também de planos econômicos bem-sucedidos, que levaram os governos a grandes vitórias eleitorais, o Plano Real em 1994 e o Plano Cruzado em 1986. E aí começa a diferença.

373

Em 2002, apesar de ter liberado esse dinheirão todo no dezembro anterior, e de ter promovido uma queda na pobreza devido à rede de proteção social que criou, Fernando Henrique não foi capaz de eleger José Serra seu sucessor. Havia no país um anseio por mudanças que Serra não incorporava, apesar de seu slogan "continuidade sem continuísmo".

Os que apostam na capacidade de Lula de recuperar a popularidade perdida, especialmente na classe média, acreditam nos bons resultados da economia que o governo espera para este ano, na crença de que a máxima de James Carville, o marqueteiro de Bill Clinton, esteja correta: "É a economia, estúpido", ele dizia para explicar a vitória de Clinton sobre George Bush, pai.

Mas tendo a concordar com os que acreditam que a situação econômica só influi decisivamente no resultado de uma eleição quando o país está em recessão, como era o caso dos Estados Unidos em 1991, ou quando a crise econômica é resolvida por um plano como o Real aqui no Brasil.

Em 1998, o então presidente Fernando Henrique amargava uma péssima situação no começo da corrida eleitoral, enquanto Lula desfilava com sua caravana da cidadania pelo país assolado por uma das piores secas dos últimos anos. No final, mesmo com a crise econômica que levaria à desvalorização do real no início de 1999, o eleitorado preferiu a estabilidade à mudança, e reelegeu Fernando Henrique no primeiro turno.

Hoje, as pesquisas eleitorais mostram que o desgaste da imagem do presidente Lula já vai longe, e a de seu governo vem se deteriorando mesmo antes da crise política que domina o país desde as primeiras denúncias do ex-deputado Roberto Jefferson.

Já nas eleições municipais de 2004, o então presidente do PT, José Genoino, identificara como razão principal da derrota de seu partido a bem-sucedida campanha oposicionista para instalar no país um clima antipetista, baseado na acusação de que o partido é autoritário e não sabe fazer alianças políticas. Essa face petista se sobrepôs desde então à outra, a da paz e amor que marcou a campanha vitoriosa que levou Lula ao Palácio do Planalto e que, hoje se sabe, corresponde mais à criação do marqueteiro Duda Mendonça (pago pelo valerioduto em paraísos fiscais) do que à realidade petista.

O autoritarismo do PT estaria patente nas alianças políticas feitas a peso de ouro, e também em iniciativas para controlar a imprensa e as produções culturais com a criação de conselhos estatais. E em posições e declarações de ministros e líderes partidários, que deixariam à mostra uma face política radical que estaria apenas aguardando um bom momento para se manifestar mais claramente.

Hoje, há consolidada na opinião pública em relação ao governo, especialmente nas classes média e alta que votaram em Lula, a imagem de corrupção e ineficácia administrativa que tem nas estradas esburacadas o melhor exemplo. Além disso, há um temor de que o que seria o "verdadeiro PT" ainda venha a prevalecer num segundo governo Lula.

Ele mantém ainda preservada a identificação com os mais pobres, reforçada pela distribuição do Bolsa Família, mas há um crescente sentimento de que não está preparado para exercer a Presidência da República, segundo pesquisa do instituto Ipsos divulgada no fim de semana.

Na entrevista ao *Fantástico* no domingo, Lula mostrou os pontos fracos que a pesquisa revela como os mais perceptíveis pela população: não ter preparo para ocupar o cargo; não cumprir o que promete; e não ter pulso forte/não ser decidido. E entre os pontos que eram fortes e estão desaparecendo, o Ipsos aponta: ter um passado limpo; ser inteligente; e ser "gente como a gente".

Na entrevista, sempre que confrontado com os fatos por Pedro Bial, um entrevistador educado e respeitoso, mas incisivo e firme, o presidente Lula não conseguia se sair bem, provavelmente porque não pode explicar certas coisas que aconteceram ao seu redor. Se for candidato à reeleição — probabilidade ainda maior —, é previsível que Lula tente não enfrentar as maratonas de entrevistas e os debates eleitorais que fizeram sua alegria na campanha de 2002. Naquela ocasião, qualquer coisa que dissesse era tida como verdade. Na próxima campanha, terá que se esforçar para convencer o eleitorado de que não sabia de nada. E que, mesmo assim, merece governar o país por mais quatro anos.

5/1
DIRCEU E SEU DILEMA

O ex-ministro José Dirceu já está em Paris, de volta de sua peregrinação ao interior da França, onde, levado por seu amigo e *ghost-writer* Fernando Morais, teve a companhia do escritor Paulo Coelho — sobre quem Morais escreve um livro. Agora chegou a hora de decidir o que fazer do livro que planeja escrever. Embora esteja obcecado por ele, que considera uma chance de fazer uma limpeza em sua biografia, Dirceu está às voltas com um dilema que lhe consome os dias: contar ou não toda a verdade de sua experiência na campanha eleitoral e no Palácio do Planalto, nos primeiros anos de Lula, ajudando a organizar e a tocar o governo.

O que está sendo decidido nesses dias em Paris é o recomeço da vida política de José Dirceu. Se contar o que sabe, pode até mesmo mudar o rumo da História.

Paradoxalmente, esse recomeço pode significar o fim da carreira política do mito que Dirceu ajudou a criar e a eleger presidente da República. Na ilusão, agora ficou claro, de guiar o mito, de governar através do símbolo do ex-operário que chegou ao poder.

O general Golbery do Couto e Silva, o estrategista de Geisel e Figueiredo, considerado o feiticeiro do regime militar, dizia que qualquer um que chegasse à Presidência, ao alcançar o topo da rampa do Palácio do Planalto depois de saudado pela Guarda Presidencial, se convenceria de que estava ali por virtudes próprias.

Aconteceu com Figueiredo, que Geisel e Golbery fizeram presidente na suposição de controlá-lo, e aconteceu com muito mais razão com Lula, um líder carismático nato. Dirceu hoje alimenta sentimentos ambíguos em relação a Lula, deixa escapar críticas indiretas, mas se recusa a falar mal dele em público. Mas também não o defende em conversas informais, como ainda faz quando se pronuncia publicamente. Mesmo assim seu comportamento vem mudando, de acordo com a percepção do que recebe de volta do Palácio do Planalto.

Como sabe muito, a língua coça de vez em quando, mas até agora tem conseguido manter longe dos indiscretos os eventuais ataques que possa fazer ao homem que ajudou a eleger presidente da República. Não há dúvidas de que se sente, ele sim, traído. Quando o presidente Lula admitiu, por exemplo, na entrevista ao *Roda-Viva*, que Dirceu seria cassado, mesmo injustamente, deu ali o empurrão, o sinal verde que faltava para a cassação. Dirceu tem dito a amigos que se Lula tivesse se posicionado claramente contra a cassação, muitos dos aliados teriam mudado os votos. Por isso não dá muita importância quando, depois da cassação, o presidente subiu o tom de sua defesa.

À sua maneira, Dirceu vem revidando. Disse que Lula era "um personagem difícil" em entrevista à revista do Fórum Social Mundial. E, em recente entrevista à imprensa estrangeira, foi mais sutil: admitiu que Lula tem 50% de chances de perder a eleição, mas isso não deveria ser encarado como o fim do mundo. Dirceu revela com frequência o sentimento de estar "com a faca e o queijo na mão", apesar de as aparências dizerem exatamente o contrário.

Dirceu vai ao Fórum Social Mundial na Venezuela, e planeja viagens aos Estados Unidos e a Cuba, os dois polos de sua atuação política nos últimos tempos quando, exatamente por ser homem de confiança de Fidel Castro, passou a ser um canal especial do governo republicano de

Bush. Mas Dirceu diz que precisa voltar às suas origens, e a ida a Betharram foi o primeiro passo nesse sentido. Ele visitou, com Paulo Coelho, uma igreja da ordem de Nossa Senhora de Betharram, cujos padres fundaram um colégio em Passa Quatro, sua terra.

Nas conversas em Paris, e em telefonemas para o Brasil, Dirceu já deu a entender que não tem mais nada a perder, só a ganhar. É um homem ferido, mas que acha que tem boas chances de dar a volta por cima, principalmente porque detém informações que podem comprometer o governo. Demonstra não gostar mais de Lula, e em alguns momentos pode deixar escapar um sentimento de menosprezo, como em uma situação descrita pela jornalista Mônica Bergamo, que acompanhou sua viagem ao interior da França.

Numa conversa, Paulo Coelho teria comentado que Lula tinha que focar mais suas ações, ser menos dispersivo. Coelho avalia Lula: "O Hugo Chávez (da Venezuela) se posiciona, o George Bush se posiciona. O Lula ainda está no meio do caminho. O Chávez tomou o espaço dele. Ele precisa se posicionar." "Tá querendo muito do Lula", brinca Dirceu, baixinho.

Nas recentes conversas no exterior, volta e meia Dirceu ia abrir a boca, parava, e dizia "não, melhor não dizer nada, eu não posso falar mal do Lula". Mas revelava ter vontade, e muita. Sobre a entrevista de Lula ao *Fantástico*, por exemplo, achou as respostas do presidente, que leu na internet, "muito infelizes".

Porque leu na internet, Dirceu não sentiu o que muitos sentiram quando o presidente Lula quase se trai em uma das respostas, quando disse que Delúbio já havia assumido sua culpa. Em seguida, acrescentou: "O Dirceu ainda..." Deu a impressão de que diria "ainda não", o que seria trágico para ele e Dirceu. Mas disse que Dirceu ainda estava com a situação indefinida, sem provas que o condenassem.

Não resta dúvida de que Dirceu é um homem magoado, e como não é de seu feitio esconder os sentimentos, revela-se "mordido" e acha que o livro pode ser um ajuste de contas. Por outro lado, está na dúvida entre entregar tudo ou não entregar nada e, preso a essa questão fundamental, até ontem não tinha escrito uma só linha.

É claro que Dirceu jamais reconhecerá que cometeu as ilegalidades de que é acusado, mas imaginemos que decida assumir a versão oficial petista do caixa dois, e revele que Lula sabia dela. Ou que pelo menos escreva o que já disse várias vezes, que nada fez sem o consentimento de Lula. Em plena campanha eleitoral, seria um prato cheio. Se, ao contrário, continuar respeitando a "lei do silêncio", o máximo que pode acontecer é o livro ser um fracasso.

7/1
PÁGINA VIRADA

A crise interna do PT vai se explicitando à medida que a crise política do país continua seu curso sem dar mostras de que esteja próxima do fim. Mesmo cassado e sem ânimo para manter seu espaço dentro do PT, o ex-ministro José Dirceu se mantém um protagonista da crise, seja pela possibilidade, remota, mas existente, de que revele no livro que está escrevendo fatos que envolvam definitivamente o presidente Lula com as denúncias de corrupção, seja pelas declarações políticas que dá. Em Paris, ao dizer que o PT é uma "página virada" em sua vida, Dirceu, o principal organizador do partido desde a sua fundação, revelou a intensidade do ressentimento político que guarda, o que potencializa a ameaça que seu livro representa.

Ao desqualificar atuais líderes partidários, Dirceu mostrou também o tipo de liderança centralizadora e dogmática que exerce no partido, o que, para muitos, foi o que levou aos desmandos cometidos. O ex-presidente do PT Tarso Genro, por exemplo, se colocou no grupo dos que tentam "suprimir" do partido atitudes como a do ex-ministro-chefe da Casa Civil, José Dirceu. "Eu conheço a personalidade do Zé Dirceu. Sei que ele realmente não gosta de ouvir quem não pensa como ele e quem ele não tutela", disse Tarso. Foi uma resposta à declaração de Dirceu em Paris: "Ficar no PT para ouvir os discursos do Tarso e do Raul (Pont) não dá..."

Essa divisão petista já havia ficado clara anteriormente em diversos embates mesmo dentro do governo, entre os "eleitoreiros", comandados por Dirceu, e os "reformistas", grupo que considerava inadequado o pragmatismo que o partido utilizava nas relações políticas e nas ações do governo.

O então assessor especial da Presidência e fundador do PT, Frei Betto, amigo de Lula, acabou deixando o governo devido a desentendimentos desse teor, culminando com discordâncias sobre a maneira de gerenciar o Bolsa Família, que se transformou em uma arma eleitoral para o governo e não um caminho de inclusão social.

Frei Betto se recusou a assinar um manifesto de intelectuais a favor de José Dirceu, e escreveu um livro intitulado *Mosca Azul*, com uma visão bastante crítica do período em que esteve no governo de Lula.

8/1
CRÍTICA E AUTOCRÍTICA

Ao mesmo tempo que se prepara para uma campanha eleitoral totalmente diferente de tantas que já disputou nos últimos anos, especialmente por ser a primeira em que está no governo, o PT vai expondo suas dissidências internas, talvez liberando as energias represadas durante todos esses anos em que a centralização da cúpula partidária foi a tônica. De Paris, onde escreve seu livro, o ex-todo-poderoso José Dirceu critica a atual direção partidária do PT e recebe em troca a acusação de centralizador e stalinista, acusação que está no centro de outra grande discussão, a da política cultural do governo Lula.

O poeta Ferreira Gullar, por vocalizar as críticas de um grupo ao que considera ineficiência do Ministério da Cultura, recebeu em troca a classificação de "stalinista" de um assessor do ministro Gil, o que desencadeou amplo debate entre a intelectualidade. Também o escritor Fernando Morais, que ajuda Dirceu a escrever seu livro, ao ser acusado de "stalinista-quercista" por Diogo Mainardi, rejeitou apenas o epíteto "quercista", esclarecendo que já não o era.

Francisco Whitaker, uma das principais lideranças da ala católica do PT e um dos pioneiros do Fórum Social Mundial, se desligou do partido nos primeiros dias do ano com uma carta em que faz severas críticas aos rumos que o PT tomou nos últimos anos, sem citar diretamente José Dirceu, mas criticando os seus métodos na direção partidária e culpando-os pelo "tamanho e a gravidade das irregularidades agora praticadas".

Whitaker constata com espanto que "o partido tinha até dinheiro no exterior, ao melhor estilo dos aproveitadores de sempre", e diz que os erros da direção abriram "os flancos possíveis para a oportunidade com que a direita sonhava: tentar destruir, junto com a mídia que controla, esse partido incômodo e seu preocupante projeto de mudança". Whitaker tem uma visão pessimista da atividade parlamentar, que exerceu por dois mandatos de vereador em São Paulo, mas que considera pouco produtiva e muito burocratizada. Critica também a transposição para dentro do partido dessa atmosfera. Ele classifica de leninista a corrente que há anos dirige o PT e diz que ela "usou a mão de ferro da disciplina partidária para construir uma falsa unidade. E as bases do partido passaram a ser simples espectadoras das decisões que iam sendo tomadas".

Um subproduto "pouco positivo dessa orientação" foi a possibilidade de "alocar" os quadros partidários na máquina do Estado, na análise de Whitaker, que ressalta que o pragmatismo foi avançando sempre mais, "e por caminhos ainda mais equivocados".

"Se para exercer o poder é necessário ganhar eleições, para ganhar eleições é preciso muito dinheiro. Se a ética é somente uma tática — será que foi assim desde o começo do partido? — não interessa de onde vem esse dinheiro. Menos ainda para quem acha que os fins justificam os meios", alfineta ele. Quando se controla a administração pública, lembra Whitaker, "as tentações se multiplicam. E hoje constatamos com espanto que até o dinheiro público pode ter sido apropriado para fins partidários".

Por sua vez, o sociólogo Hamilton Garcia, que fez uma tese de doutorado em História Moderna e Contemporânea da Universidade Federal Fluminense comparando as atuações do Partido Comunista Brasileiro e do PT, que tem como subtítulo "Socialismo, pragmatismo e poder", diz que o discurso da utopia socialista petista serviu para ofuscar "a terrível obra do pragmatismo", que teve entre outras consequências "afastar o grosso das classes populares do movimento radical de esquerda; destruir o ambiente propício para a coalizão de forças democráticas avançadas, e desqualificar a própria esquerda pela utilização do método arquetípico de patrimonialismo brasileiro, a corrupção".

Garcia, que participa de um fórum de debates de filiados do PT no Rio, ressalta que o PT e a esquerda defrontam-se com uma derrota metapolítica e permitem que "a democracia e a reforma econômico-social, duas metas que excluem a corrupção, possam voltar a ser um atributo da direita com sua perspectiva perversamente modernizadora e elitista, que tantos prejuízos causaram à democracia-cidadania desde 1964".

Segundo ele, num país democrático, mesmo com todas as deficiências da democracia brasileira, não é possível implementar um projeto anticapitalista sustentável nem pela força, pela corrupção e pelo aparelhismo, nem pela supressão da democracia e das classes empresariais, tampouco por uma economia centralmente planificada, mas sim "partindo de um programa consistente que se mostre exequível e desejável pela maioria dos brasileiros, portanto eleitoralmente sufragável, induzindo-os a ultrapassar a barreira do medo e do conservadorismo".

Como se vê, o debate político do PT está retornando a um tempo em que o partido se preparava para assumir o poder com a intenção de fazer política de maneira diferente dos demais partidos. Ao contrário, no entanto, da sua origem, hoje o partido está dividido, perdeu substância e se defronta com uma campanha eleitoral em que as utopias deram lugar ao pragmatismo dos pacotes de obras eleitoreiras e dos programas assistencialistas. Pragmatismo que poderá levar Lula à reeleição ou a ser sepultado como responsável pelo desmoronamento do sonho petista.

11/1
O PONTO FRACO

A presunção de que o presidente Lula é um "pato manco" (*lame duck*), expressão americana que identifica um político em fim de mandato sem chances de reeleição, está provocando uma excitação exacerbada nos eventuais postulantes à Presidência da República nos demais partidos, especialmente se a possibilidade de Lula não concorrer à reeleição entrar a sério nas cogitações políticas. A cada dia fica mais claro que o presidente quer se candidatar, mas também que ele não faz jogo de cena quando diz que ainda não se decidiu.

Nas vezes anteriores em que concorreu, teve chances de vencer em 1989 contra Collor, e praticamente sabia que perderia contra Fernando Henrique Cardoso, embora seja possível supor que em 1994 tivesse esperanças de, chegando ao segundo turno, virar o resultado previsto. Perdeu as duas no primeiro turno, mas não inviabilizou suas chances de chegar ao poder, tanto que em 2002 foi o franco favorito, mesmo quando "zebras" como Roseana Sarney ou Ciro Gomes surgiram inesperadamente no cenário eleitoral.

Desta vez é diferente. Participar da eleição sem um conjunto político de apoio forte e correndo o risco de perder sendo presidente da República seria um fim de carreira melancólico para Lula, se é que é possível falar em fim de carreira para um político de sua envergadura. Mas Lula já disse a mais de um interlocutor que só será candidato se preencher duas condições: ter a seu favor a economia indo bem, e organizar uma base política forte, com o apoio do PMDB.

Por enquanto, tem a primeira condição, mas dificilmente terá a segunda, pelo menos não a coesão que significaria um forte apoio da maior máquina partidária do país. A economia brasileira começou o ano dando mostras de que tem todas as condições de crescer este ano mais do que em 2005, e os dados macroeconômicos são cintilantes, embora possam ser questionados aqui e ali com conceitos técnicos que não chegam ao grande eleitorado. O crescimento do emprego, por exemplo, pode ser contestado pelos critérios técnicos que o governo utiliza para mensurá-lo, mas existe.

A autossuficiência do petróleo, uma das bandeiras do governo este ano, pode não passar de uma jogada de marketing se o crescimento econômico do país for sustentável, e se não for definida uma política oficial de energia englobando o álcool e os biocombustíveis. O pagamento antecipado da dívida ao FMI, e a redução de nossa dívida externa, que

381

Lula apresenta como uma libertação do jugo internacional, não passa de uma decisão política simbólica. Não só porque essa dívida é o dinheiro mais barato que um país pode obter, como porque as normas do FMI continuam regendo nossa economia. Mas, de qualquer maneira, reduzir a exposição em dólar é sempre bom.

O que será mostrado ao eleitorado como o rompimento dos grilhões do capitalismo internacional foi comemorado ontem no Palácio do Planalto na presença do "opressor", o diretor-geral do FMI, Rodrigo Rato, que rasgou elogios ao atual governo. E a redução da dívida externa se transforma em aumento da dívida interna, à base de juros que continuarão altíssimos este ano, mesmo que sejam reduzidos.

No campo político, Lula tem ainda a esperança de convencer o PMDB de que, apoiando sua candidatura desde o início por meio de indicação do vice-presidente, participará de um governo popular como parceiro, e não apenas como eventual coadjuvante, como vem acontecendo nos últimos governos desde o Plano Real. O argumento carece de atrativos no momento, pois as pesquisas de opinião mostram claramente que o presidente Lula hoje tem mais chance de perder do que de ganhar a eleição de outubro.

Pragmático como nunca, o PMDB, que já foi "pule de dez" nessa coligação, hoje se divide entre ter candidato próprio, se não para ganhar, para vender caro uma posição no segundo turno, ou aderir aos dois polos em que a política brasileira se divide nos últimos anos, PT e PSDB.

Os governistas ainda tentam levar as prévias para mais adiante, na esperança de que Lula dê demonstrações de força eleitoral que inviabilizem uma candidatura própria do partido. Nesse caso, a melhor aposta ainda é o atual ministro Nelson Jobim como vice-presidente da chapa de Lula. Mas as manobras de início de ano não aparentam favorecer uma mudança na percepção do eleitorado. Exatamente o oposto, algumas, claramente eleitoreiras, estão surtindo o efeito contrário.

É o caso da operação "tapa-buracos" nas estradas, que salientou para a opinião pública a ineficiência do governo e a irrelevância da medida, que de "emergencial" não tem nada. As bandeiras do PT levadas aos primeiros buracos, com o ministro dos Transportes do lado, foram tão ingênuas politicamente que causa espanto. E a verba que o Ministério da Integração Nacional conseguiu para financiar um enredo da Mangueira, escola da samba do Rio, a favor da transposição do Rio São Francisco, é tão descaradamente uma ação política que pode reverter contra o governo e contra a escola de samba, uma das mais populares do país.

A tentativa de "aparelhar" o Supremo Tribunal Federal com indicações políticas como a do ex-presidente do PT, Tarso Genro, ou do deputado federal, Luiz Eduardo Greenhalgh, também caíram muito mal na opinião pública. Por tudo isso, e pelas CPIs que continuam funcionando e que devem produzir relatórios bombásticos que terão que ser lidos obrigatoriamente pelo presidente da República, os potenciais candidatos à sua sucessão estão mais animados do que nunca. Resta saber se a força da economia sobrepujará a questão ética, que vem se mostrando o calcanhar de aquiles deste governo.

12/1
SINTONIA FINA

Não existe ainda a sensação de que haverá um impasse para a escolha do candidato do PSDB à Presidência da República, mas a atitude do governador de São Paulo, Geraldo Alckmin, de se mostrar disposto a esticar a corda, se for preciso, para manter sua postulação, certamente é uma surpresa para a cúpula tucana, que não estava mobilizada para ter que intervir na escolha tão cedo.

O presidente do partido, senador Tasso Jereissati, está em viagem de férias no exterior, e o ex-presidente Fernando Henrique Cardoso tenta se recolher para dar os toques finais no livro sobre seus oito anos na Presidência da República.

A reunião de ontem do governador Alckmin com o presidente do PFL, senador Jorge Bornhausen, foi uma tentativa de outro passo adiante, para pelo menos se igualar ao prefeito paulistano, José Serra, que já havia se recomposto com os pefelistas e recebido o apoio explícito do prefeito do Rio, Cesar Maia. Uma hipótese que parecia remota, a de Alckmin se dispor a disputar a indicação em uma convenção do PSDB, hoje já é uma possibilidade a ser levada em conta, embora remota.

Há o entendimento generalizado no partido de que, neste caso, José Serra não se disporia a deixar a prefeitura, pois não teria argumentos para apresentar aos eleitores. Toda a estratégia de Serra está baseada na necessidade de vir a receber um apelo dos tucanos — e quem sabe até mesmo do PFL — para disputar a Presidência, por ser o único oposicionista com condições de vencer Lula. Teria assim uma desculpa política para justificar o abandono da prefeitura pouco mais de um ano depois de assumir prometendo que não a faria de trampolim para alcançar a Presidência da República, como acusava o PT na campanha eleitoral.

Além do mais, ao deixar vazar que não se interessa por outro cargo que não seja a Presidência, o governador Geraldo Alckmin também inutiliza outra estratégia dos serristas, que seria ele ficar no governo paulista até o final do mandato, não apenas para apoiar a campanha eleitoral de Serra, mas para preparar a eleição do sucessor, sem deixar que o PFL usasse o período em que estaria no governo com o vice Cláudio Lembo para fortalecer uma candidatura própria. Em troca, o PFL ficaria à frente da prefeitura paulistana por três anos.

Aproveitando-se da disputa interna insuspeitada meses atrás, o senador Bornhausen colocou ontem no tabuleiro o apoio tucano a uma candidatura do PFL ao governo de São Paulo, o que é uma heresia para o tucanato paulista. Mesmo que Alckmin ficasse tentado a usar essa carta para conseguir o apoio do PFL, teria a rejeição partidária. Para levar às últimas consequências sua postulação, o governador Geraldo Alckmin teria também que assumir a responsabilidade por uma derrota, que não pode ser descartada nem por ele nem por Serra. Por isso, a decisão tem que ser colegiada, e não individual.

O governador de Minas, Aécio Neves, potencial beneficiário de uma divisão mais acentuada no ninho tucano, já se referiu a "individualismos" a serem evitados. O fato é que ainda não há o sinal vermelho dentro do PSDB, mas apenas passos mais audaciosos por parte de Alckmin, para demonstrar sua disposição de fazer o partido aceitar o que considera a "naturalidade" da escolha que seu nome representaria. Não há quem considere que os dois candidatos sejam irresponsáveis politicamente a ponto de criar uma situação de crise que anule a vantagem que o PSDB tem no momento sobre o PT na disputa presidencial. E essa vantagem é representada hoje por José Serra, e não por Alckmin.

O governador de São Paulo aproveita a liberdade de movimentos que tem para articular às claras, o que Serra ainda não pode fazer. Com isso, Alckmin expõe uma faceta ousada, e se torna mais conhecido fora das fronteiras do estado onde sempre atuou. Também ontem em São Paulo houve uma reunião da cúpula política do PSDB ligada a Serra na qual estavam presentes o deputado federal Márcio Fortes, o secretário Aloysio Nunes Ferreira e o líder Alberto Goldman.

A avaliação é de que não existe conflito insuperável entre os dois, e que a escolha natural obedecerá a critérios partidários, e não pessoais. Os dois se preocupam em passar à opinião pública a imagem de que não prejudicam São Paulo com suas disputas políticas, e um assessor de Alckmin é o primeiro a avaliar que o prefeito José Serra está sabendo se aproveitar dessa situação para conseguir mais apoio do governador para obras que interessam à cidade.

Se o governador tenta reduzir a importância das pesquisas eleitorais, avaliando que na campanha política tem potencial de crescimento maior até que o de Serra, do lado do prefeito já se fala em diferenças de imagem política que justificariam a dianteira de Serra em relação a Lula. Sua atual popularidade estaria refletindo o reconhecimento da população à sua estatura política, e não se deveria apenas à simples lembrança de seu nome devido à disputa de 2002.

Ser apenas "um bom gerente", como Alckmin se apresenta, não seria suficiente para enfrentar os desafios que o país tem pela frente. Bom gerente por bom gerente, Serra já teria demonstrado em diversas oportunidades que também é, desde quando foi secretário de Planejamento do governo Franco Montoro, passando pelo Ministério da Saúde e chegando à prefeitura, onde deu um choque de gestão nas contas públicas em menos de um ano de governo. Discute-se agora dentro do PSDB a estatura política de cada um dos postulantes, e a compreensão que têm do momento que o país vive.

13/1
RENOVAÇÃO

O crescente desgaste dos métodos políticos tradicionais está criando uma efervescência política que se traduz tanto na campanha, ainda incipiente, de voto nulo, quanto no vislumbre de que novos caminhos poderão ser trilhados a partir das próximas eleições. Essa percepção alimenta outros movimentos, como o da renovação total do Congresso — "não vote em quem já teve mandato" — ou o desejo de participação de novos atores, mesmo que em muitos casos não sejam tão novos assim.

É o caso do plano federal, no qual a busca de uma alternativa à polarização entre PT e PSDB alimenta sonhos tanto em partidos recém-criados como o PSOL quanto no tradicionalíssimo PMDB.

O PSOL deve lançar a senadora Heloísa Helena para puxar votos, mas não deixa de "sonhar o sonho impossível", a remota possibilidade de que uma revolta da opinião pública possa fazer dela uma surpresa eleitoral. Partidos como o PDT e o PPS também levam em conta em suas estratégias eleitorais a apresentação de nomes que possam empolgar o eleitorado, decepcionado com políticas tradicionais.

Os senadores Cristovam Buarque e Jefferson Peres, pelo PDT, e o deputado Roberto Freire, pelo PPS, fazem parte do restrito grupo de políticos que, embora atravessem muitos mandatos, não são identificados com a politicagem que, na percepção da maioria da opinião pública, domina hoje o Congresso. Mas a proposta mais viável de terceira via vem mesmo do PMDB, pelo alto poder de fogo de sua máquina partidária.

Marcado pela fama de fisiológico, a que tem feito jus nos últimos tempos, pelo menos parte do partido está convencida de que somente uma candidatura própria nascida das bases, com um programa de governo que represente uma alternativa econômica para o país, pode resgatar sua credibilidade junto ao eleitor. Saberemos se essa parte é majoritária à medida que as manobras contra as prévias, marcadas para início de março, forem se desenvolvendo nas instâncias partidárias.

O paradoxo é que quem praticamente inventou as prévias, e até o momento tem a preferências das chamadas bases partidárias, é o ex-governador do Rio, Anthony Garotinho, um político polêmico, fortemente marcado como populista. A combinação de PMDB e Garotinho, embora possa ter força eleitoral, não forma um quadro de recuperação de credibilidade junto à opinião pública. É nesse vácuo que o governador do Rio Grande do Sul quer entrar, assumindo para si a tarefa de representar uma terceira via alternativa à polarização PT e PSDB.

Ele tem a seu favor um passado político, e um sentimento antipaulista na política que pode se explicitar nas urnas. É um projeto mais coerente do que o do Garotinho, embora o ex-governador do Rio apresente no momento mais força eleitoral nas pesquisas de opinião. Se conseguir a legenda do PMDB, Garotinho pode tanto se transformar no fiel da balança eleitoral, quanto provocar a repulsa do eleitorado a um projeto demagógico.

14/1
AS NUANCES DA DISPUTA

Não há razão para o Palácio do Planalto se regozijar, nem se preocupar, com a pesquisa Pulso Brasil, do Ipsos Opinion de dezembro, que mostra uma pequena recuperação do prestígio do governo na opinião pública. As notas médias dadas ao governo e a Lula tiveram uma ligeira melhora. A pesquisa é feita para assinantes, não para divulgação, e por isso não é registrada no TSE.

Em relação à corrida sucessória, mostra o presidente Lula se recuperando diante do governador de São Paulo, Geraldo Alckmin, mas perdendo mais terreno ainda para o prefeito paulistano, José Serra.

Há quem veja nos resultados dessa pesquisa a razão da súbita agressividade da estratégia de Alckmin, encurtando os espaços políticos e se declarando disposto a deixar o governo em março para disputar a Presidência. Como a escolha do candidato do PSDB será feita por um pequeno núcleo de dirigentes tucanos, ficou a sensação de que Alckmin estaria disposto a enfrentá-los. O governador paulista andou telefonando nos últimos dias para vários deles para deixar claro que não pretende afrontar uma decisão partidária, mas apenas marcar sua posição na disputa.

Lula, que em novembro estava empatado tecnicamente no segundo turno com Alckmin, em dezembro voltou a subir nas intenções de voto sempre que foi comparado ao governador paulista. Alckmin permaneceu no nível anterior. No mesmo período, José Serra, o outro presidenciável tucano, ampliou a vantagem sobre Lula na simulação de segundo turno.

Houve uma piora muito grande do governo de julho para agosto, com a revelação de que o marqueteiro oficial Duda Mendonça recebera pagamentos do valerioduto no exterior e também com as acusações de Rogério Buratti ao ministro Antonio Palocci. Outro pico de impopularidade foi registrado entre outubro e novembro, pelo efeito de todo o processo da cassação do ex-ministro José Dirceu e da presença assídua do ministro Antonio Palocci nas CPIs.

A falta de notícias tão ruins para o governo em dezembro já seria razão para que os índices melhorassem, mas há ainda o efeito das festas de fim de ano. As chamadas "pesquisas natalinas" estão sempre sujeitas a certos desvios, embora não exista um histórico do Pulso Brasil que confirme tecnicamente essa tendência. As pessoas estariam com o espírito mais desarmado nessas ocasiões, e mais preocupadas com os festejos. É preciso aguardar os dados de janeiro e fevereiro, pois essa pesquisa não reflete, por exemplo, os efeitos da entrevista do presidente Lula ao *Fantástico*, no dia 1º de janeiro.

O fato é que depois de duas grandes pioras, o governo respirou, saiu debaixo d'água. A volta do ministro da Fazenda, Antonio Palocci, à CPI dos Bingos em janeiro é uma notícia potencialmente ruim, assim como a má repercussão da operação tapa-buracos. Mas há também boas notícias para o governo, como o aumento do salário mínimo e o pagamento antecipado da dívida do FMI, que pode ser criticado, como já vem sendo, pelos adversários políticos, mas carrega um simbolismo importante para a campanha petista.

As pesquisas de intenção de voto vêm mostrando também que tanto Alckmin quanto Serra são candidatos fortes, e seus resultados não serão suficientes para a decisão do PSDB. Outros dados terão que ser incorporados às análises, como a capacidade de fazer alianças, dentro e fora do partido. Entre os que o conhecem, o governador Geraldo Alckmin tem imagem muito positiva, e se beneficia de um fenômeno que é constatável em históricos de campanha: o candidato que é pouco conhecido, mas com avaliação positiva, quando entra na campanha eleitoral, consegue num primeiro momento deslocar essa imagem positiva para os que não o conhecem. Até levar pancada dos adversários e cristalizar uma eventual rejeição, já cresceu bem. Ele tem o perfil de pegar o voto de quem está insatisfeito com Lula, da mesma forma que Serra, só que Serra tem mais *recall*.

Tecnicamente, o fato de Alckmin continuar perdendo para Lula no segundo turno não tem nenhum significado em termos de favoritismo. Os outros dados das pesquisas mostram que os dois se equivalem. Um técnico resume assim a situação: quem olhar a ponta do iceberg, vê Serra. Se olhar o que está embaixo, Alckmin se sai muito bem, em alguns casos bem melhor do que Serra, como um potencial de crescimento muito maior. E um crescimento de Alckmin na campanha, que é certo, pode ter um efeito dominó positivo.

Serra, ao contrário, tem que trabalhar para manter o nível em que está, com pequena margem de crescimento por ser bastante conhecido. Mas o PFL, que preferia o governador paulista como candidato na eleição de 2002, hoje está convencido de que o prefeito José Serra tem condições de vencer a disputa já no primeiro turno, embora os dados de entendimento do eleitorado e perfil do candidato mostrem que Alckmin continua sendo uma aposta muito boa, com um potencial de crescimento muito grande. Mas se Serra mantiver os níveis de intenção de votos que vem obtendo, pode vencer no primeiro turno.

19/1
LULA E SEU LABIRINTO

O presidente Lula não está com a menor disposição de ceder às pressões petistas para anunciar logo sua candidatura. Ele me disse, na noite de terça-feira, que usará todo o tempo de que dispõe até junho, data-limite para os partidos oficializarem suas candidaturas, para avaliar a situação política e econômica e tomar uma decisão. Enquanto não oficializa sua decisão, aproveita-se das brechas legais e sai pelo país a inaugurar obras, coisa que pode fazer até ser anunciado oficialmente candidato.

Naquela tarde, ele havia cometido um dos muitos atos falhos que os improvisos lhe reservam: "Em 2007, não estarei mais aqui", discursou Lula para uma plateia de reitores, deixando atrás dessas seis palavrinhas um rastro de especulações. Estaria anunciando que não será candidato à reeleição? Ou admitindo que perderá a eleição?

Talvez a segunda opção seja a mais próxima da verdade de seu subconsciente. Mas esclareceu que o que quis dizer foi que as políticas educacionais devem ser permanentes, independentemente de quem esteja no governo. De qualquer maneira, Lula parece condenado a ser candidato, como avalia o ministro da Fazenda, Antonio Palocci. Mas parece também sinceramente dividido entre a conveniência política do PT e dos partidos aliados, e a sua própria conveniência.

Lula não chega a admitir isso claramente, mas não se incomoda em dizer que se o PT considerar que junho é muito tarde, que lance outro candidato logo. Ele sabe que o partidos não tem alternativa, e tenta enquadrá-lo para conseguir montar um esquema político minimamente organizado que possa dar sustentação à sua provável candidatura. Por isso, por exemplo, quer que o PT desista de apoiar a verticalização, para abrir espaço para que outros partidos, e até mesmo outros grupos políticos, o apoiem sem constrangimentos legais.

Ele já desistiu de ter o PMDB como parceiro oficial na chapa, mas ainda sonha com o apoio de muitos caciques do partido, mesmo que, como tudo indica, o PMDB vá escolher o caminho da candidatura própria. Lula acha impossível qualquer candidato ter o apoio integral da máquina partidária peemedebista, e toma como exemplo dessa impossibilidade a candidatura de Ulysses Guimarães: "Se abandonaram o velho Ulysses, como não vão abandonar o Garotinho?", pergunta ele.

Garotinho, aliás, é um ponto de interrogação na estratégia de Lula. Alguns de seus assessores, entre eles o articulador político Jaques Wagner, consideram que seria até bom para a candidatura de Lula que Garotinho conseguisse a legenda do PMDB, pois praticamente estabeleceria a necessidade de um segundo turno, e levaria à união do PT com o PSDB num eventual segundo turno se, em vez da polarização prevista, um deles for para a disputa contra Garotinho.

Ironicamente, a ameaça de vitória de Garotinho poderia vir a provocar a necessidade de união entre PT e PSDB, partidos de origem na social-democracia que hoje são os maiores adversários, mas que já estiveram unidos em muitos momentos políticos. Ainda hoje, embora admita que é praticamente impossível uma união no ambiente radicalizado em que será disputada a próxima eleição, Lula, apoiado por alguns de seus principais assessores, considera que essa seria a solução para a política brasileira.

22/1
LULA E O SEGUNDO MANDATO

A decisão, revelada aqui na coluna de quinta-feira e reafirmada por Lula aos senadores do PMDB, de só definir se é candidato à reeleição em junho, tem a ver com o exame das condições objetivas para organizar uma campanha com chances de vencer a eleição. A melhora nas pesquisas eleitorais é uma dessas condicionantes, até porque o presidente ainda tem a esperança de que, apresentando condições reais de vitória, o pragmatismo do PMDB possa levar o partido a não referendar na convenção a candidatura própria que será escolhida em março, o que pode vir a ser a melhor das hipóteses, pois dificilmente o partido mudará de posição para apoiá-lo oficialmente ocupando a Vice-Presidência.

Lula espera também que o PT se enquadre nesse realismo eleitoral e deixe de defender a verticalização, para permitir a organização de palanques eleitorais diversificados pelos estados. O resultado da pesquisa Ibope/Isto É, se não pode ser comparado com o das pesquisas anteriores, dá, porém, uma tendência do comportamento do eleitorado no momento em que a crise política amaina: Serra é mesmo a melhor aposta dos tucanos contra Lula, pois o governador Alckmin continua na luta própria para ultrapassar Garotinho e se qualificar para um segundo turno.

Outro ponto importante: quando Garotinho sai da lista de candidatos, quem sobe é Lula, ultrapassando Serra. A tese, portanto, de que a candidatura de Garotinho seria boa para Lula, pois garantiria a realização do segundo turno, não se confirma quando melhora a aprovação do presidente.

O PMDB pode ter também uma boa pista para sua decisão sobre candidatura própria. O governador do Rio Grande do Sul, Germano Rigotto, não aparece como uma alternativa viável no momento, e Garotinho também não tem chances de ir para o segundo turno quando o candidato do PSDB é José Serra.

A decisão sobre ter candidato próprio ou não, e em caso positivo quem, deveria ser tomada, como recomenda o senador José Sarney, depois que o PSDB definir seu candidato. Até junho, o presidente Lula espera que esse quadro esteja mais claro para se decidir, e também aguarda que as CPIs tenham terminado suas investigações.

Não é por acaso que as oposições retomaram o tom agressivo nos últimos dias, e provavelmente veremos uma tentativa de prolongamento das CPIs para dentro do ano legislativo, com um cerco mais ativo ao entorno do presidente Lula.

Além das acusações do esquema de corrupção montado à sombra do Palácio do Planalto — se não com o consentimento do presidente —, a oposição vai retomar a tese de que um segundo mandato de Lula pode significar a oportunidade para o PT implantar seu projeto autoritário de governo e executar, finalmente, o famoso Plano B na economia, mais estatizante.

O presidente garante que um eventual segundo mandato não trará surpresas de maneira alguma: não fiz no primeiro, quando tinha toda a força política, vou fazer num segundo mandato?, pergunta ele. Lula diz que já sabe que há limites para a ação do Estado, que não dá para inventar muito. Governo não é de esquerda nem de direita, tem que fazer o que tem que ser feito, diz com convicção. E afirma estar convencido de que a economia está no rumo certo, apesar de todo mundo dar palpite: "Você ouve um e é assim, o outro diz que é assado."

Pelo menos da boca para fora, Lula garante que não interfere nas decisões do Banco Central, ao contrário das notícias que indicam que ficou irritado com a queda de apenas 0,75 ponto percentual na taxa de juros. Garante que não pede ao Banco Central para mudar artificialmente a política, porque em seis meses vem o revés. Segundo suas palavras, não é justo jogar toda a culpa no Banco Central, que tem apenas os juros para tentar conter a inflação. Os preços administrados têm que ser realmente administrados pelo governo, sem quebra de contratos mas com negociação, para não pesarem muito na inflação.

O governo tomará também atitudes para baixar preços em setores importantes da economia, como a abertura do mercado de importação para forçar a competição dos preços do cimento e do aço, por exemplo. Admite que a intervenção não deu resultados na redução do preço do álcool combustível, mas espera que, depois da queima de estoques, a situação volte ao normal.

Entre as medidas que ainda pretende anunciar este ano para garantir o crescimento econômico, uma condicionante básica para sua candidatura à reeleição, está a liberação de impostos para bens de capitais produzidos internamente, já que a importação está desonerada. Também pretende anunciar novas medidas para incentivar a construção civil, como um seguro habitacional que vai facilitar os financiamentos.

Embora atribua à sua força junto aos movimentos sociais o receio da oposição em pedir seu impeachment, o presidente Lula anda meio irritado com as reivindicações incessantes. Diz que nunca estão satisfeitos, e que, se faz 90% do que prometeu, cobram os 10% que ainda faltam como se nada houvesse sido feito.

Recentemente, ele desabafou com a ministra da Secretaria Especial de Políticas para Mulheres, Nilcéa Freire, dizendo que não aguentava mais os ativistas reclamando e fazendo greve por qualquer coisa. A ministra ouviu o desabafo com calma e depois lembrou ao presidente que ele não podia reclamar, pois fora ele mesmo quem ensinara os ativistas a lutar pelos seus direitos dessa maneira.

Lula acha graça da armadilha em que sua militância política volta e meia coloca o governo.

3/2
A CORRUPÇÃO E O VOTO

PARIS. Não foi à toa que o ex-presidente Fernando Henrique Cardoso deu a palavra de ordem para a campanha tucana deste ano: atacar a "ladroagem". Até mesmo o uso da palavra "ladroagem" tem razão política — é mais agressiva e também muito popular. É como falar em "carestia", em vez de inflação; torna as percepções mais nítidas. Pesquisa da empresa Ipsos Opinion mostra que, além de a corrupção ser vista como um grande mal pela maioria dos brasileiros, a percepção é de que existe corrupção no governo Lula. De acordo com opinião da maioria dos pesquisados, são necessárias leis e penas mais duras, e uma Justiça que realmente mande prender.

Na Região Sul do Brasil, onde Lula tem sua pior avaliação, essa análise é mais severa. Eles acham que a solução da corrupção não está na Justiça, nem na população, nem nas leis, mas sim nos próprios políticos, "que não cobram honestidade entre eles". Opção escolhida por 29% dos pesquisados, sobe para 53% no Sul do país, o que mostra qual será a reação da opinião pública aos acordos que estão sendo firmados entre os partidos políticos para não cassar deputados.

7/2
REJEIÇÃO E APROVAÇÃO

Para quem já fora dado como virtualmente reeleito, os resultados das recentes pesquisas de opinião não deveriam servir de consolo. Mas para o presidente Lula pós-mensalão, voltar aos mesmos patamares de popularidade que tinha antes da primeira entrevista do ex-companheiro Roberto Jefferson, denunciando a distribuição de propinas pela base partidária governista, é uma boa notícia. Com uma diferença: embora a aprovação do governo Lula fosse a mesma, 35% então, contra 36% hoje, a taxa de reprovação, dos que consideravam o governo "ruim ou péssimo", estava em ascensão, subira de 19% para 23%, patamar em que se encontra hoje, embora em declínio. O índice melhorou em relação à última pesquisa, de dezembro, quando chegou a 28%, mas é um patamar ainda alto de reprovação.

O que fez com que, naquela ocasião, Lula aparecesse em todas as pesquisas como o favorito para a reeleição, e hoje, com os mesmos índices de popularidade, e em alguns aspectos até melhores, ele continue perdendo para o prefeito de São Paulo, José Serra?

Tudo indica que o alto índice de rejeição pessoal que ele ostenta depois dos escândalos, de 37%, tenha cristalizado a percepção da opinião pública de que ele não é uma boa opção para um novo mandato. Além do mais, há o índice estarrecedor de 82% dos que acreditam que há corrupção no governo Lula, número que não se alterou na atual pesquisa em relação ao final do ano passado.

O que demonstra que, mesmo com toda a exposição positiva de imagem a que Lula foi submetido no início do ano, a percepção de corrupção no seu governo não se esvaneceu. Entre os que acreditam na existência de corrupção no governo, 35% acham que o presidente tem muita responsabilidade, 50% atribuem a ele um pouco de responsabilidade, e apenas 13% o isentam de qualquer responsabilidade.

A melhora da popularidade de Lula pode ser apenas aparente, fruto de sua grande exposição à televisão nos últimos meses, e do anúncio de medidas populares como o aumento do salário mínimo. Note-se que a popularidade do presidente Lula já se recuperou uma vez antes, depois da primeira onda de escândalos, quando Waldomiro Diniz, o assessor direto do então chefe da Casa Civil, José Dirceu, apareceu em um vídeo pedindo propina ao bicheiro Carlinhos Cachoeira.

De 35% em agosto de 2003, com reprovação considerada então recorde de 17%, a popularidade de Lula voltou, em dezembro de 2004, a uma aprovação de 45%, como nos primeiros meses de governo, graças a um ambiente econômico otimista, com o país crescendo quase 5% naquele ano. Hoje, o ambiente econômico voltou a ser altamente favorável, com diversos anúncios de cunho popular ou simbólico, como o pagamento do empréstimo ao FMI ou a autossuficiência do petróleo.

Além do mais, o programa de crédito subsidiado fartamente distribuído nas classes mais pobres e mais empregos com menores salários, até três mínimos, levando à melhoria de renda das classes mais baixas, provocaram o aumento do consumo popular nos últimos anos, efeito semelhante ao do Plano Real que levou os tucanos ao poder.

Tudo leva a crer que a candidatura de Lula terá um ambiente favorável pela frente, e a questão é saber se a economia será suficiente para embalar a candidatura rumo à vitória. Em 2004, o melhor ano em termos econômicos da administração Lula até hoje, não foi suficiente. O governo perdeu as principais prefeituras do país, especialmente a de São Paulo, mesmo embalado por uma popularidade recorde do presidente Lula, e uma aprovação alta da gestão da ex-prefeita Marta Suplicy.

O então candidato oposicionista José Serra tinha uma taxa de rejeição pessoal baixa, praticamente a mesma que tem hoje, em torno de 17%, enquanto Marta Suplicy era rejeitada por cerca de 30% do eleitorado paulistano — rejeição menor que a de Lula hoje em âmbito nacional e por razões menos graves. Marta era considerada arrogante e prepotente, enquanto o PT já perdera o apoio da classe média de todo o país, atemorizada com autoritarismo revelado por setores do governo e com o aparelhamento do Estado.

Hoje, além de todos esses problemas, há a questão da corrupção, que surgiu em meados de 2005. Portanto, o desempenho sofrível do PT e do presidente Lula nas regiões Sul e Sudeste vem se mantendo inalterado desde as eleições municipais de 2004, o que mostra que ele continua não tenho o apoio da região mais rica e esclarecida do país.

Parece claro a essa altura da campanha eleitoral, pelas declarações do principal líder da oposição, o ex-presidente Fernando Henrique Cardoso, que a questão da corrupção será central. Nas suas declarações, o ex-presidente faz questão de deixar patente que a corrupção petista é sistêmica, foi organizada a partir da Casa Civil da Presidência da República, e não tem similar em outros casos já ocorridos. Os relatórios finais das CPIs certamente levarão para o centro dos debates as acusações ao governo petista, o que pode ser mais um ponto de inflexão na popularidade de Lula.

O chamado dimasduto, cópia de uma suposta lista de arrecadação de "dinheiro não remunerado" pelo diretor de Furnas, Dimas Toledo, para a campanha da base aliada de Fernando Henrique em 2002, é a peça mais importante da estratégia petista de igualar todos por baixo, de tentar mostrar que também o PSDB fazia uso do caixa dois em suas campanhas eleitorais. Se verdadeira, a tal lista serviria para desmoralizar os principais partidos de oposição ao governo, mas não salvaria a face petista.

Seria o caminho aberto para uma terceira via eleitoral, que ainda não se divisa. Com suas incongruências e imperfeições, essa lista pode, no entanto, desmoralizar a posição petista se ficar provado, como afirma o prefeito paulistano e um dos nomes da lista, José Serra, que é tão falsa quanto o Dossiê Cayman.

8/2
BURACO NEGRO

Se depender do governador Geraldo Alckmin, não vai ser fácil escolher o candidato do PSDB que enfrentará Lula nas eleições deste ano. Ou melhor, pode ser até fácil demais, mas não por sua desistência, e sim pela do prefeito José Serra. O governador paulista continua firme no propósito de ser candidato à Presidência, e só vê uma maneira de resolver o impasse, caso existam dois candidatos: realizar uma prévia no partido. Não que esteja se rebelando, ou que considere inapropriado o colégio eleitoral de caciques que, em princípio, escolherá o candidato, formado pelo ex-presidente Fernando Henrique Cardoso, pelo presidente do partido, senador Tasso Jereissati, e pelo governador de Minas, Aécio Neves.

Mas, mineiramente — sua família é de Minas, ele costuma ressaltar ultimamente —, diz que acredita que os três não irão querer assumir tamanha responsabilidade, se puderem dividi-la com um colégio eleitoral maior. Alckmin está tão convencido de que ganha em qualquer instância partidária que não faz questão de definir o colégio eleitoral. Ele já foi escolhido como o preferido pelas bancadas da Câmara e do Senado, de acordo com pesquisas feitas por jornais, e está trabalhando as direções regionais do partido e os governadores.

Na verdade, a cúpula do partido gostaria que não fosse preciso chegar a essa confrontação para definir o candidato, e é quase certo que não haverá necessidade, pois é improvável que Serra aceite disputar uma prévia para sair candidato. Seu maior trunfo até o momento, o de melhor candidato tucano por ser o único que derrota Lula no segundo turno, está, no entanto, desaparecendo à medida que a corrida sucessória avança.

Com a recuperação de Lula mostrada na última pesquisa Datafolha, Serra já aparece empatado tecnicamente com ele no primeiro turno, e teve sua vantagem reduzida no segundo turno para oito pontos percentuais. Mas continua sendo a melhor aposta tucana, pois Alckmin estancou nos 20% da preferência. Acontece que a direção do PSDB já tem pesquisas que mostram Lula novamente à frente de Serra nos dois turnos, o que aumenta o risco de deixar a Prefeitura de São Paulo para enfrentar o que o presidente Fernando Henrique chamou de "buraco negro".

Serra, que sempre jogou politicamente com o tempo, gostaria de levar a decisão até o prazo fatal, no final do mês de março, mas também está sendo pressionado para se definir oficialmente, pois o partido de maneira geral já está ansioso para colocar seu bloco na campanha eleitoral, para neutralizar a corrida solitária de Lula, o não candidato mais candidato do mundo.

Quem trabalha pela antecipação da escolha, claro, é o próprio grupo de Alckmin, que não quer dar tempo para Serra se decidir com mais calma, coisa que até agora a cúpula partidária estava concedendo. Já existe, no entanto, a convicção de que não há razão para levar a decisão até o final de março, se é possível anunciá-la no início do mês.

Alckmin gosta de salientar que prévias dentro do partido não são instrumento de rebeldia, e cita o que ocorreu na disputa pelo governo paulista em 1994, quando ele era presidente regional do partido, e o senador Mário Covas, o candidato natural. O então deputado federal José Serra anunciou que também era candidato, e criou-se um impasse, resolvido da seguinte maneira: Alckmin marcou uma data para que as candidaturas fossem registradas no partido e anunciou que uma prévia decidiria caso houvesse mais de um candidato. Apenas Covas registrou-se oficialmente, e o impasse foi resolvido.

Assim como desdenha a vantagem que seu concorrente Serra tem no momento nas pesquisas de opinião, Alckmin também não valoriza a queda. Só considera que Serra, para abandonar a Prefeitura de São Paulo, "a terceira cidade do mundo", precisaria ser ungido pelo partido. E ele não está disposto a deixar que isso aconteça, pois se considera um candidato mais natural do que Serra.

Diz que Serra, se sair da prefeitura, passará a campanha toda tendo que se explicar, e as suas promessas serão colocadas em dúvida pelo PT. Além do mais, a ex-prefeita Marta Suplicy, que passou a campanha do ano passado afirmando que Serra deixaria a prefeitura, ganharia uma força nova na disputa pelo governo do estado.

Alckmin acha que os índices de aprovação de Serra são seu teto, e que os 20% que apresenta no Datafolha são sua base para iniciar a campanha. O governador paulista está convencido de que a campanha presidencial só começa para valer em agosto, com propaganda de rádio e televisão, e não se importa com os números que Lula e Serra ostentam neste momento.

Insiste no exemplo da campanha de 2002, quando, em julho, Maluf aparecia em pesquisas Datafolha como possível vencedor já no primeiro turno. No final, Maluf não chegou ao segundo turno, e Alckmin venceu José Genoino, apesar de toda a "onda vermelha" da eleição de Lula.

Outro cálculo que está sendo feito pela cúpula tucana é a capacidade de votação dos candidatos nos dois principais colégios eleitorais do país, São Paulo e Minas Gerais. Tanto Serra quanto Alckmin vencem Lula com facilidade em São Paulo, de acordo com as pesquisas de opinião. Mas Alckmin demonstra maior capacidade de somar votos do que Serra: recebe 2,5 vezes mais votos que Lula, enquanto Serra recebe 1,9 vezes mais votos. A penetração de Alckmin em Minas também seria maior que a de Serra, além de contar com a simpatia do governador Aécio Neves.

A cúpula do partido acha, no entanto, que é difícil abrir mão de um candidato que se mostra competitivo para apoiar outro que tem potencial de crescimento, mas no momento perde feio de Lula. No final das contas, a decisão será tomada mesmo pelos dois candidatos. O primeiro que piscar abrirá o caminho para o outro. Serra provavelmente não terá outra oportunidade tão boa para chegar à Presidência da República. Mas tem muito mais a perder do que Alckmin.

9/2
DONA LUISINHA

O que vai estar mais em foco na campanha presidencial deste ano: a ética na política ou a capacidade de realização dos pretendentes ao cargo, especialmente a do presidente Lula? Esta será a primeira campanha eleitoral em que Lula e o PT estarão no governo, e o presidente pleiteará mais quatro anos com base no que já realizou. Por isso quer tanto comparar os números de sua administração com os dos governos de Fernando Henrique, seu inimigo íntimo.

A derrocada da legenda que ajudou a fundar, e que foi seu maior suporte eleitoral nas primeiras disputas, desta vez é a maior ameaça à vitória de Lula. Ele conseguiu se dissociar até certo ponto da corrupção petista, mas continua muito vulnerável, dependendo, sobretudo, do silêncio dos envolvidos nos escândalos.

O caso do ex-chefe da Casa Civil, José Dirceu, é emblemático: desistiu de escrever um livro relatando sua experiência no governo porque não poderia contar tudo o que viveu sem comprometer o presidente. Se o sigilo bancário de seu amigo Paulo Okamoto for mesmo quebrado, é provável que venha à mostra mais uma lambança da administração petista, e desta vez atingindo gravemente o próprio presidente Lula.

A comprovação de que uma dívida pessoal foi paga com dinheiro de esquema ilegal, e já com Lula empossado na Presidência, certamente trará à tona de novo a questão do impedimento do presidente. Se na ocasião em que o marqueteiro Duda Mendonça admitiu que recebeu pagamentos ilegais em uma conta de paraíso fiscal, a oposição não sentiu respaldo na opinião pública para bancar o impedimento, o que aconteceria agora, quando o presidente sobe nas pesquisas de opinião?

Estudos acadêmicos sobre a responsabilidade dos governantes mostram que a desculpa costumeira de que não sabiam de nada do que acontecia, como faz Lula hoje, não é aceita pelos eleitores. Um estudo clássico sobre como os governantes lidam com acusações é o que Kathleen McGraw, hoje no Departamento de Ciência Política da Universidade de Ohio, escreveu em 1991.

Por meio de testes, ela provou que alegações de desconhecimento são julgadas pela opinião pública como "desculpas esfarrapadas". A situação brasileira parece confirmar a pesquisa, pois 82% dos pesquisados acham que existe corrupção no governo, e um crescente número de pessoas atribui ao presidente Lula culpa direta.

A consequência desse sentimento é o aumento da taxa de rejeição, o que limita uma eventual recuperação de popularidade, e tende a se refletir no resultado eleitoral. O PSDB, mesmo diante da melhoria de posição do presidente Lula nas pesquisas de opinião, considera inevitável que a campanha eleitoral centrada nas acusações de corrupção — não apenas por parte dos tucanos, mas de todos os demais partidos, da direita à esquerda do espectro partidário — leve o presidente a uma situação inusitada: ter que se defender das acusações apoiado por um PT desmoralizado, e por partidos como o PTB e o PP, inevitavelmente ligados ao mensalão na percepção da opinião pública.

Para compensar essa situação, que no mínimo dificultará, se não inviabilizar, a recuperação do apoio de uma ampla faixa da classe média nacional e do eleitorado dos grandes centros, a campanha de reeleição de Lula se baseará principalmente na melhoria de condições de vida dos mais pobres, entre os quais já conta com uma aprovação espetacular de 60%. Essa guinada em busca dos votos populares, que sempre foi feita pelo PT na base da retórica e de promessas muitas vezes irrealizáveis, agora vem acompanhada da possibilidade de atos concretos de governo, o que dá a ela uma consistência e uma capacidade de irradiação que não tinha nas campanhas anteriores.

É o caso das últimas medidas, desde o aumento real do salário mínimo até o incentivo para construções populares. Medidas que têm claro sentido de beneficiar as classes mais pobres, onde hoje se concentram os votos de Lula, mas que também trarão consequências sérias à economia, como o aumento do déficit da Previdência ou o incentivo à favelização. A equipe econômica está claramente "lavando as mãos" nesse ano eleitoral, aceitando o relaxamento fiscal em troca da possibilidade de mais quatro anos de governo, o que pode ser desastroso.

O papel de "pai dos pobres" leva também ao retorno de uma situação que já parecia superada na política nacional, a de um candidato "dos pobres" se opondo ao candidato "dos ricos", o que pode radicalizar a campanha. Com o pragmatismo que assumiu na condução da área econômica, o governo Lula parecia ter superado essa dicotomia que engessava a votação do PT e assustava faixas conservadoras do eleitorado.

O PSDB já se convenceu de que até abril, quando entra em vigor o novo salário mínimo, a popularidade do presidente Lula continuará melhorando, e por isso quer apressar sua escolha, para não deixá-lo correndo sozinho. Como não vai ser possível fazer uma campanha política contra o Bolsa Família ou a desoneração do material de construção, os tucanos se preparam para convencer o eleitorado de que os resultados bons são decorrentes da continuidade da política econômica, e poderiam ser melhores se o governo fosse mais eficiente nas políticas e nos gastos, entrando aí também a corrupção.

Alckmin diz que tudo o que Lula gostaria de ter é um terceiro turno da eleição de 2002, já que ganhou os dois primeiros. Na análise das pesquisas qualitativas os tucanos tentam entender se o eleitorado quer esse terceiro turno para desfazer o erro que teria cometido ao levar Lula ao governo.

Embalados pela minissérie da TV Globo, os tucanos brincam dizendo que o espírito de Dona Luisinha baixou no PSDB. Dona Luisinha teve que se desdobrar entre duas filhas para não apoiar nem Juscelino Kubitschek, marido de Sarah, nem Gabriel Passos, marido de Amélia, na disputa pelo governo de Minas Gerais em 1950. Os caciques tucanos fazem o mesmo, pois a vitória depende da união dos tucanos paulistas.

11/2
REFORMA COSMÉTICA

Não há dúvidas de que a legislação aprovada pela Câmara sobre propaganda eleitoral não toca nos pontos fundamentais da questão, em que pese a boa intenção de mostrar à opinião pública que alguma coisa está sendo feita para coibir o uso de caixa dois nas campanhas. Não vai ser proibindo a distribuição de chaveirinhos, ou os showmícios, que se baratearão realmente as campanhas eleitorais.

As medidas aprovadas por consenso são meramente cosméticas, e por isso mesmo chegou-se a um consenso. As outras, que realmente tocam no centro do problema, ou foram deixadas de lado, ou estão mal paradas nas discussões intermináveis dos políticos.

Não tocar nos programas de propaganda política pela televisão, impedindo que os altos custos dos marqueteiros influenciem no resultado eleitoral em vários sentidos, é não querer resolver a questão. Também a distribuição de tempo durante o ano deveria ser revista, para impedir que partidos de aluguel se aproveitem do horário gratuito a que têm direito para vender seu apoio a outros partidos, ou até mesmo a marcas de refrigerantes, como já foi feito.

Todos os políticos sabem que foi a partir do uso da propaganda gratuita na TV, na campanha que elegeu Fernando Collor em 1989, que se deu partida na alucinação dos gastos nas campanhas eleitorais, que sempre foram caras, diga-se. Com base nas experiências das campanhas eleitorais americanas, e se aproveitando do fato de que tinha em casa um especialista em pesquisa de opinião, o cunhado Marcos Coimbra, do Vox Populi, Collor fez a primeira campanha com apelos de marketing na TV, com direito a desenho animado e tudo o mais. E acompanhava a reação da opinião pública através das pesquisas, especialmente as qualitativas, que lhe davam o caminho por onde seguir adiante, explorando os anseios populares.

De lá para cá, só cresceu o poder de fogo dos marqueteiros, até que o próprio Lula se convenceu de que, para vencer na sua quarta tentativa de chegar ao Planalto, precisava de alianças mais amplas e de uma campanha de marketing competente, que mudasse sua imagem agressiva, não necessariamente nessa ordem. A campanha de Lula foi buscar Duda Mendonça nas hostes malufistas, adotou os mesmos métodos ilegais de pagamento em paraísos fiscais e comemorou a vitória com Romanée-Conti, numa prova de que uma boa marquetagem pode tudo, até mesmo transformar o antigo "sapo barbudo" em "Lulinha paz e amor".

A conta veio depois, com os escândalos do mensalão e a confissão de Duda, que quase provoca o impedimento de sua criatura. Tudo isso são custos de campanha, muitos deles intangíveis, que não podem ser controlados por legislação, mas pelo sentimento da opinião pública, que nesta próxima eleição, mais do que nunca, deverá reagir às campanhas escandalosas.

400

Mas o formato da campanha na televisão deveria ter sido alterado, com a proibição de cenas externas, por exemplo. Não se colocaria obstáculo à apresentação de cenas já acontecidas, como as da CPI, mas se proibiria o aparato propagandístico, que encarece o programa televisivo e "vende" o candidato como produto, muitas vezes com propaganda enganosa.

Na legislação aprovada há também questões mal-resolvidas, como a obrigação de apresentação na internet da prestação de contas periodicamente, mas sem a citação dos doadores, que só serão conhecidos no fim. É medida inócua, pois qualquer adversário político poderá arguir de seu contendor os nomes dos doadores nos programas eleitorais, lançando suspeitas que só poderão ser superadas com sua revelação.

A medida, em vez de preservar os doadores, servirá como chantagem política. A transparência nesse caso seria a melhor solução, desde que os doadores não ficassem expostos a ações de represálias de órgãos do governo. Também o fato de os partidos não terem conseguido chegar a um acordo sobre o teto das campanhas eleitorais é um sinal de quão difícil é assumir oficialmente os custos. No fim, como dificilmente haverá um acordo sobre os custos até o prazo final, caberá mesmo a cada partido definir suas necessidades, com desgaste para a classe política de maneira geral.

Seria mais sensato desde o início atribuir aos partidos essa definição, sem que isso significasse uma tarefa impossível de se atingir pelo consenso dos políticos. As restrições à colocação de faixas e cartazes, e até mesmo de anúncios em jornais e revistas, podem restringir a campanha dos novos candidatos, favorecendo a pouca renovação do atual Congresso.

Há quem veja nessas restrições também um benefício indireto aos evangélicos, que não precisam de campanhas eleitorais para eleger seus representantes. Com a falta de divulgação dos candidatos, a bancada dos evangélicos terá vantagem enorme sobre os demais concorrentes, e poderá aumentar sua representação.

Os especialistas em legislação eleitoral são favoráveis a regras menos rigorosas e detalhadas, e a mais fiscalização do Tribunal Superior Eleitoral. Uma das regras que deveria ser alterada, segundo eles, é a que permite a uma empresa doar 2% de seu lucro bruto às campanhas, um volume muito alto. A limitação das doações, e a discriminação clara na internet, seriam medidas mais eficazes. O TSE deveria também fiscalizar as prestações de contas de maneira mais direta, usando o sistema de amostragem, e as penas para o uso de caixa dois nas campanhas deveriam ser duras e automáticas, tanto para o político quanto para a empresa flagrada doando além dos limites da lei.

A definição do teto das campanhas eleitorais poderia ser feita em cada estado pelos tribunais regionais, com base em estudos dos próprios partidos, e seria a única barreira legal para as campanhas. A partir daí, cada um poderia gastar como quisesse sua verba, até mesmo com camisetas, chaveirinhos e showmícios, além dos programas de rádio e TV. Com punição mais rigorosa para os infratores, estariam coibidos os abusos.

Do jeito que está sendo aprovada, com a possibilidade de diversas emendas na próxima semana, ninguém sabe que cara terá a nova legislação. Mas uma coisa é certa: ainda não foi desta vez que a corrupção eleitoral foi enfrentada de maneira eficaz e inteligente. Talvez na próxima legislatura, juntamente com a indispensável reforma política, se possa atacar a questão de maneira menos apressada e mais eficiente.

14/2
LULA 10 PONTOS NA FRENTE

A pesquisa CNT/Sensus que será divulgada hoje de manhã em Brasília mostra Lula vencendo novamente seus adversários nos dois turnos, abrindo uma diferença de 10 pontos no segundo turno sobre o prefeito de São Paulo, José Serra, que continua sendo seu adversário mais próximo. Isso deve facilitar a escolha do governador de São Paulo, Geraldo Alckmin, como candidato do PSDB para enfrentar Lula, pois dificilmente Serra encontrará ânimo, ou justificativas, para disputar a indicação e deixar a prefeitura com pouco mais de um ano de mandato.

Na verdade, disputar novamente agora a Presidência não estava nos planos de Serra, que se viu pressionado — e mesmo pessoalmente tentado — diante da queda de Lula e de sua ascensão nas pesquisas de opinião. Somente sendo o único candidato tucano a derrotar Lula ele poderia justificar a saída, depois de ter assinado um documento se comprometendo a não fazê-lo, e de dar declarações públicas de que não o faria, como a entrevista que circula na internet em que garante ao âncora Boris Casoy que não fará da prefeitura um trampolim para a Presidência.

Se essa já era uma questão difícil quando Serra aparecia como favorito nas pesquisas, agora, com a mudança dos ventos, mesmo momentânea, não há mais razão para Serra se angustiar com o assunto. Com a vantagem para ele de que nunca disse que realmente disputaria a Presidência este ano.

A tendência de melhora de Lula já havia sido detectada em uma pesquisa interna da Ipsos Opinion a que os políticos tiveram acesso. Assim como mostrará a pesquisa de hoje do CNT/Sensus, todas as avaliações do governo Lula melhoraram na opinião dos eleitores. De dezembro para janeiro, na simulação do primeiro turno, o presidente Lula subiu de 31% das preferências para 35%, enquanto Serra caiu nada menos que sete pontos percentuais, indo de 38% para 31%. Num hipotético segundo turno, Lula também passa Serra, subindo de 37% para 46% dos votos, enquanto Serra caiu os mesmos nove pontos percentuais, indo de 51% para 42%.

A margem favorável ao presidente era pequena, de quatro pontos percentuais nos dois casos, e se ampliou agora na pesquisa CNT/Sensus. É consequência direta de Lula estar em campanha permanente sem opositor, além de ter usado a televisão no mês passado em duas ocasiões importantes: o pronunciamento por meio de uma cadeia nacional de rádio e televisão, a pretexto de anunciar o pagamento antecipado da dívida com o FMI, e a entrevista que deu ao *Fantástico* no início do novo ano.

O governador de São Paulo, Geraldo Alckmin, andava mostrando a pesquisa do Ipsos Opinion em todas as reuniões políticas, satisfeito com sua atuação: se mantém na faixa dos 18% — em dezembro tinha 19% —, que considera ótima para o atual momento de superexposição de Lula. O fato é que a avaliação de Lula e a do governo melhorou pelo segundo mês consecutivo. Voltaram a subir na avaliação popular as frases "entende os problemas dos pobres" e "é gente como a gente".

Na análise dos pontos fortes do governo, o apoio às populações mais pobres, que sumira em outubro, voltou a aparecer agora em janeiro. Todas essas mudanças têm uma razão de ser: melhorou a avaliação da área social do governo. Até mesmo a percepção de uma melhora na gestão aumentou, embora o índice ainda seja apenas medíocre: 50% dos consultados concordaram com estas três afirmações: "tem pulso forte"; "tem experiência administrativa" e "tem preparo para assumir o cargo".

Além da exposição pública, há outra explicação para a melhoria da avaliação de Lula: aumentaram o consumo e a confiança do consumidor; há uma percepção de maior poder de compra. Mas o presidente continua a enfrentar problemas sérios de rejeição, apesar de ter melhorado também nesse quesito. Hoje são 53% os que consideram que ele não merece uma segunda chance, enquanto 45% apoiam a reeleição. Mas esse número já foi pior: em dezembro do ano passado, a reeleição de Lula chegou a ter a rejeição de 61% do eleitorado. Atualmente, o índice dos que

403

não votariam nele de maneira alguma está em 31%, enquanto os que já decidiram votar é de 34%.

O PSDB tem estudos que mostram que a melhoria da avaliação do governo Lula não significa que a disputa pela Presidência esteja perdida, embora venha a ser muito mais difícil derrotar Lula do que chegou a parecer há alguns meses. A situação de hoje parece estar longe da época em que Lula era um candidato imbatível, mas está mais favorável à reeleição do que já esteve. A corrupção, uma marca que não desaparece nas críticas ao governo e que tem tudo para renascer na campanha eleitoral, se junta à má avaliação do governo como um todo para aumentar a rejeição a Lula e sua administração.

A análise dos especialistas mostra que hoje Lula teria muito mais dificuldade para conseguir o apoio dos eleitores dos demais candidatos. Há um consenso sobre a motivação do voto em uma eleição de dois turnos. No primeiro, vota-se a favor de um candidato, no segundo, vota-se contra. Lula é de longe o candidato mais conhecido do eleitorado, mais conhecido até mesmo que Serra, e está sozinho na raia neste momento. O governador Geraldo Alckmin é o menos conhecido de todos, sendo que uma parte da população diz que nunca ouviu falar dele.

Sua insistência em manter a candidatura, mesmo que a tendência da cúpula partidária aparentemente fosse por Serra, facilitará a definição sem que sua candidatura pareça uma escolha pelo candidato para perder. A cúpula tucana, que se preocupava em encontrar uma saída honrosa para Alckmin que não dividisse o partido, agora deve se preparar para não parecer que Serra desistiu com medo de perder.

15/2
O PIOR DOS MUNDOS

Em vez de ficar tentando desmoralizar a pesquisa do CNT/Sensus que mostrou Lula subindo na preferência do eleitorado, a oposição deveria definir logo seu candidato e expô-lo, e suas ideias, ao veredicto da opinião pública. Não faz o menor sentido apontar suspeitas na pesquisa, sob a alegação de que ela foi encomendada pelo presidente da Confederação Nacional dos Transportes (CNT), Clésio Andrade, que foi sócio do lobista Marcos Valério, o operador do mensalão.

Quando a pesquisa da CNT em novembro mostrou Serra em primeiro lugar, ninguém se lembrou desse passado de Clésio, nem que, no presente, ele é nada mais nada menos que o vice do governador de Minas, Aécio Neves, um dos capas-pretas do PSDB que vão escolher o candidato do partido.

Antes de desqualificar a pesquisa, a oposição alegava, no site que o prefeito do Rio, Cesar Maia, usa para se pronunciar, que ela não significava grande coisa porque, historicamente, de dezembro de um ano a fevereiro do ano seguinte, as avaliações dos governos sempre melhoram. "Numa série de dez anos — excluindo anos em que neste período ocorreu um fato relevante — se pode observar que é sempre assim", garantia a análise. O que deveria preocupar mesmo os tucanos e o PFL é que algumas simulações indicam que o presidente Lula pode até mesmo ganhar no primeiro turno, devido à combinação de candidatos.

Quanto mais candidatos, melhor para a realização de segundo turno, e nesse caso a eventual manutenção da verticalização pode reduzir o número de concorrentes, favorecendo Lula, que ficou contra ela para agradar o PMDB. Mas só há segundo turno quando o candidato do PSDB é José Serra e o do PMDB é Garotinho. Mesmo com Garotinho no páreo, quando o candidato tucano é o governador Geraldo Alckmin, Lula vence no primeiro turno, porque Alckmin não sai da faixa de 18%.

Quando o candidato do PMDB é o governador do Rio Grande do Sul, Germano Rigotto, ele recebe míseros 2,5% de intenções de voto, e ajuda Lula a ganhar no primeiro turno, o que reforça a pregação de Garotinho de que a candidatura de Rigotto é "laranja" de Lula, inflada pelos governistas do PMDB na impossibilidade de unirem-se oficialmente à chapa do presidente. O cientista político Sérgio Abranches já havia detectado, de maneira indireta, a posição dos eleitores de Rigotto mais próxima a Lula. Analisando as pesquisas, ele constatou que, na média nacional, 36% avaliam positivamente o desempenho de Lula. Entre os que o apoiam, esse percentual chega a 71%, mas nos que votam em outros candidatos, o percentual cai fortemente.

Entre os eleitores de Serra e de Alckmin, é de 16%. Dos que preferem Garotinho, apenas 21% avaliam Lula positivamente. Entre os que preferem Rigotto, a avaliação positiva chega a 28%, a mais alta, e entre os eleitores de Heloísa Helena, bate em 23%. A avaliação líquida de Lula entre os "lulistas" é quase unânime, constata Abranches, enquanto entre os "não Lula", "está muito abaixo da média nacional e é negativa para todos, exceto entre os simpatizantes de Germano Rigotto, ficando ligeiramente positiva".

O fato é que tanto Rigotto quanto Alckmin têm uma dura aposta à frente: convencer seus pares de que crescerão durante a campanha eleitoral. A questão do PMDB é mais complexa, como são todos os movimentos políticos do partido. O candidato mais viável até o momento é Garotinho, que desagrada aos caciques partidários. Com Lula crescendo na preferência dos eleitores, os governistas do PMDB ganham força, e se essa tendência permanecer até junho, data-limite das convenções oficiais partidárias, é possível que tenham condições de impor uma mudança de estratégia para apoiar Lula oficialmente.

Para que isso não aconteça, o vencedor das prévias de março deverá mostrar a capacidade de crescimento de sua candidatura, se não para vencer, pelo menos para disputar com chances, o que impediria a ação dos governistas contra a candidatura própria. Uma candidatura competitiva no primeiro turno, que não seja a de Garotinho, talvez seja a solução mais favorável ao estilo peemedebista para negociações no segundo turno.

Quanto ao PSDB, tudo indica que a possibilidade de acordo com Garotinho começará pela prévia, com os peemedebistas ligados aos tucanos, que são praticamente a metade do partido, ajudando na vitória de Garotinho para inviabilizar as negociações dos governistas. Essa parceria, que começou a ser costurada quando, no fim do ano passado, o ex-presidente Fernando Henrique telefonou ao ex-governador para desejar-lhe feliz ano-novo, pode evoluir para um eventual segundo turno dos tucanos contra Lula.

Outro dado fundamental da pesquisa CNT/Sensus é o que mostra o voto espontâneo em Lula na casa dos 30%, quando em novembro ele era de 19,4%. O voto espontâneo é o considerado praticamente certo, dado pelo pesquisado sem a ajuda da lista que o apresentador mostra em seguida, com base na qual é contabilizada a votação final. Para comparação, o prefeito José Serra está no patamar de 10%. Se confirmado por outras pesquisas, esse seria o piso do presidente Lula neste momento, o que o coloca como franco favorito.

Uma leitura dos resultados mais otimista do ponto de vista dos tucanos é a que mostra que Lula na verdade cresceu em cima dos indecisos, enquanto Serra apenas oscilou na margem de erro da pesquisa, de três pontos para mais ou para menos. Lula subiu dez pontos, enquanto Serra perdeu 3,9. Os indecisos e os que votariam branco ou nulo somam 14,9%, contra 21% da pesquisa anterior, ou seja, seis pontos percentuais a menos. Se tirarmos três pontos de cada um dos candidatos, a diferença entre os dois fica próxima de oito pontos percentuais, mais ou menos a redução dos indecisos, brancos e nulos.

O PSDB está no momento no pior dos mundos: tem José Serra, candidato competitivo, que teria que fazer um sacrifício pessoal enorme para encarar a disputa; e tem o governador Geraldo Alckmin, que pode vir a ser competitivo, mas, se não decolar, pode também ajudar Lula a vencer no primeiro turno.

16/2
PT EM BAIXA

Apenas 2% dos pesquisados apontaram o PT como razão principal para votar a favor da reeleição de Lula, o que significa dizer que o partido que serviu de sustentáculo a todas as campanhas eleitorais do atual presidente hoje já não representa nem mesmo um símbolo mobilizador. Quer dizer também que o presidente está livre para montar seus palanques como bem entender e que, caso reeleito, governará com uma coalizão de forças políticas que não terá o PT como centro.

Caso o PMDB venha a formar um eventual segundo governo Lula, ele terá um caráter de centro-esquerda que afastará o perigo de uma tentação chavista, potencialmente perigoso com o PT forte. Teremos que conviver, no entanto, com um governo populista, que terá se elegido com base no assistencialismo, e com a máquina estatal inchada pelo empreguismo. E provavelmente formado com o apoio dos mesmos partidos que estiveram envolvidos nos escândalos de corrupção. Será um governo fraco institucionalmente.

Na verdade, Lula, com a balela de que de nada sabia, conseguiu se desvencilhar de todos os que poderiam manchar sua imagem, como o ex-todo-poderoso José Dirceu, e não se deixou respingar pela lama que atingiu em cheio o PT. Se pudesse, Lula teria evitado o discurso na festa de aniversário petista, na segunda-feira, em que mais uma vez expôs sua peculiar visão do mundo. Para defender os "companheiros", voltou a falar genericamente em perdão, fingindo não saber a diferença entre crime e um mero erro. Cada vez que abre a boca para se referir aos escândalos, mesmo que evite a palavra "mensalão", Lula se enrola diante da impunidade que incentiva.

E é nesse embaraço, sobretudo, que está a chance de uma derrota na eleição de outubro. A indignação que tomou conta da opinião pública diante daquele festival de desfaçatez em que se transformou a festa do PT, com Lula exortando os militantes a não abaixarem a cabeça, é a chave para a pregação da oposição, e não a desqualificação de uma pesquisa de opinião que, com todas as inconsistências técnicas que possa ter, serviu quando apontava um tucano na liderança.

Na pesquisa segmentada por renda, vê-se que Lula continua dominando as classes inferiores, melhorando 14 pontos na faixa de cinco a dez salários mínimos, e oito pontos entre os que recebem de um a cinco salários mínimos. O crescimento de quatro pontos na faixa de dez a 20 mínimos é sinal de uma ligeira recuperação na classe média, embora os números positivos ainda sejam muito baixos, de 30,2% para 34,5%. Entre os que recebem até um piso, a variação ficou dentro da margem de erro, de mais ou menos três pontos, mas já chega a 55%.

A popularidade do presidente melhorou em todas as regiões do país, até mesmo na região Sudeste, onde ele era mais fraco, e no Sul, onde a desaprovação caiu. Na região Centro-Oeste, que representa 6% do total, a aprovação cresceu de 34% para 55%. A desaprovação, que no geral caiu de 44,2% para 38,7%, regrediu na região de 56% para 38%. Já na região Sudeste, que corresponde a 42,6%, a aprovação de Lula subiu de 40% para 49% e a desaprovação caiu de 47,5% para 43,4%. Na região Norte, a aprovação se manteve estável em 54,6%, enquanto a desaprovação teve queda de 38,8% para 32,2%. No Nordeste, onde o presidente vem tendo os melhores índices e que representa 28,2%, a aprovação passou de 59% para 64,3%. A desaprovação caiu de 34,5% para 23,8%. No Sul, a aprovação variou de 41,9% para 42,9%, mas a desaprovação caiu de 50,3% para 46,3%. Para vencer Lula, a oposição terá que convencer o eleitorado de que pode fazer melhor, com mais eficiência e menos corrupção.

18/2
SERRA DIZ SIM, COM RESSALVAS

O prefeito José Serra expôs finalmente, na noite de quinta-feira, na mesa do restaurante Massimo, em São Paulo, sua decisão: é candidato, aceita enfrentar Lula na campanha deste ano, mesmo sabendo que o presidente recuperou parte de sua popularidade nos últimos meses, mas não pretende "bater chapa" com o governador Geraldo Alckmin.

A depuração das pesquisas de opinião, que foram analisadas ontem por um pequeno grupo de tucanos, mostraria que existe no momento um empate técnico entre Lula e Serra num hipotético segundo turno, com viés de vitória para Lula.

As chances de uma vitória de Serra são reais, desde que o partido caminhe unido. Na impossibilidade de um consenso em torno do nome de Serra, Alckmin venceria a disputa por uma espécie de W.O. (desistência do adversário), mas certamente não levaria integralmente a alma do partido. Poderia ser uma vitória de pirro, que enfraqueceria sua postulação, pelo menos nos momentos iniciais da campanha. O PSDB, que tem uma campanha dificílima pela frente, tem um problema mais difícil ainda internamente.

Serra não tem ao seu alcance nenhuma arma política que neutralize o ímpeto do governador Alckmin, que está revelando uma disposição de disputar a eleição inversamente proporcional aos números que ostenta nas pesquisas de opinião, no pressuposto de que tem potencial de crescimento. Se a cúpula tucana não conseguir demovê-lo da decisão de se apresentar candidato seja de que maneira for, não haverá a tão temida prévia, mas tampouco haverá o tão necessário consenso.

A "Santíssima Trindade" tucana, como já ficaram conhecidos os componentes do pequeno núcleo que vai escolher o candidato do PSDB para disputar com Lula a Presidência, andou nos últimos dias tratando das duas faces da mesma moeda: a objetiva, avaliando números e tendências de pesquisas eleitorais, e a outra, totalmente subjetiva, que trata da alma do partido e, sobretudo, da dos candidatos. O jantar que o presidente do partido, Tasso Jereissati, o ex-presidente Fernando Henrique e o governador de Minas, Aécio Neves, tiveram com o prefeito José Serra em São Paulo, mais do que uma aparente indelicadeza com o governador Geraldo Alckmin, foi uma conversa para saber qual é o ânimo de Serra de encarar mais uma campanha eleitoral que se prenuncia dificílima.

Pode ter sido também o gesto de apoio que permitirá a Serra não aceitar a missão, sem parecer que o partido o preteriu. O fato de que seu grupo venceu a disputa pela liderança do PSDB na Câmara, com o deputado Jutahy Júnior, pode ser também tomado como um incentivo à sua posição. Todas as pesquisas informais realizadas por institutos e jornais mostravam uma predominância da preferência por Alckmin nas bancadas da Câmara e do Senado. Na primeira oportunidade em que essa preferência poderia se manifestar concretamente, com a eleição do candidato apoiado por Alckmin, venceu o de Serra.

Mas mesmo assim seus aliados alegam que ele precisará de mais gestos desse tipo para aceitar a tarefa. Na próxima terça-feira, a "Santíssima Trindade" vai se reunir com o governador paulista para sondar sua alma, sua disposição para o consenso. A questão é que, embora apareça com menos força nas pesquisas de opinião, Alckmin tem conseguido expressivos apoios na chamada "sociedade civil", a começar pelos empresários que o escolheram em uma enquete especializada.

Ontem ele esteve no Rio para uma reunião com economistas tucanos na Casa das Garças, instituto de estudos econômicos que reúne nomes como Edmar Bacha, Armínio Fraga e Pedro Malan, e que está ouvindo os diversos candidatos com quem se afina: Serra, Rigotto e Jobim já estiveram lá, mas é improvável que Garotinho venha a ser convidado. Embora todos sejam companheiros de longa data de Serra, o governador paulista vem se aproximando do chamado "grupo da PUC", responsável pelo Plano Real, que discorda de algumas ideias de Serra, respeitado economista com ideias próprias que não rejeitam completamente a intervenção do Estado na economia.

Sobre o câmbio flutuante, Serra teria dito que ele "pode flutuar acima de três reais", o que é uma heresia tanto para a equipe econômica anterior quanto para a atual. Enquanto Alckmin se reunia com os economistas, a "Santíssima Trindade" e mais alguns líderes tucanos se reuniram para assistir a uma apresentação do analista Antonio Lavareda, do Indesp, baseada em pesquisas de intenção de votos. Prepara-se o terreno para uma decisão que deve ser anunciada na primeira semana de março, preferencialmente sem grandes traumas internos.

O fato é que, embora os líderes tucanos estejam convencidos de que a melhor escolha seria Serra, Alckmin continua otimista com relação a suas chances, e elas dependem muito mais da determinação até então insuspeitada que ele vem demonstrando. A disputa é elegante, e os tucanos sabem que a chance que têm de vencer é proporcional à capacidade que demonstrarem de unir forças políticas contrárias a Lula.

Para confirmar a velha máxima mineira de que política é como nuvem, muda sempre de formato, hoje quem mais se bate pela candidatura de José Serra é o PFL, que na eleição de 2002 rompeu a parceria com o PSDB exatamente para não apoiar o candidato. Naquela ocasião, o governador Alckmin era o preferido das lideranças pefelistas, e hoje ele pode vir a ser responsável pela desagregação da aliança. O PFL, com um olho nos três anos de mandato da prefeitura e outro no potencial de competitividade de Serra, ameaça lançar o prefeito Cesar Maia como candidato independente se o PSDB escolher Alckmin.

21/2
POLO DE PODER

À medida que uma definição consensual parece mais difícil, a discussão no PSDB vai necessariamente mudando de enfoque, do imediatista para um panorama mais de longo prazo, no qual o objetivo não seja apenas decidir por Serra ou Alckmin como candidato à Presidência, mas escolher a melhor estratégia para que o partido não deixe de ser um polo de poder na política nacional.

Desse ponto de vista, a vitória para o governo de São Paulo seria estrategicamente tão importante quanto a da Presidência. O que dificulta os entendimentos no momento é que a grande vitória de Alckmin é ser indicado candidato: ele não perde nada se for derrotado, tem essa vantagem natural, e ainda ganha dimensão nacional.

Mas em compensação, se, com a indicação à Presidência, Alckmin, que tem mais de 60% de apoio no estado, garantir a eleição do governador de São Paulo para os tucanos, o partido estará em 2010 na mesma posição de hoje, com Lula fora do páreo e o PT sem candidato à Presidência. Nessa análise, o PT vai sair da posição de polo de poder no momento em que terminar um eventual segundo mandato de Lula, pois o verdadeiro polo de poder é Lula, não de o PT.

A avaliação da cúpula tucana é de que a vitória contra Lula nas eleições de outubro está ao alcance do partido, mas no momento é apenas uma possibilidade, não uma probabilidade. O prefeito José Serra está com muito prestígio em São Paulo, e a previsão partidária é que esse prestígio só tende a crescer. Desse ponto de vista, sua situação é boa politicamente, o que não recomendaria uma desgastante luta interna para sair candidato à Presidência. Mas se desistir agora, que parece ser seu melhor momento, Serra pode estar limitando sua carreira ao governo de São Paulo, embora em política nada seja tão definitivo assim.

O cavalo parece que está passando na sua frente encilhado, mas nem tanto: os arreios estão soltos, na metáfora de um dirigente tucano. A contrapartida de uma derrota tucana este ano, na avaliação partidária, é que o Brasil não terá nunca uma situação tão má quanto com a reeleição de Lula. A eleição de 2010 se transformaria em uma probabilidade forte para o candidato do PSDB, e existiriam dois candidatos no páreo: Serra, reeleito em 2008 na Prefeitura de São Paulo, e Aécio Neves, no final de seu segundo mandato à frente do governo de Minas.

Uma alternativa que parece menos viável, mas que pode evoluir dependendo das negociações, é Serra cortar caminho e se candidatar ao governo de São Paulo nas próximas eleições, o que, caso saia vitorioso, o colocaria em condições políticas de pleitear a Presidência em 2010. A dúvida é que, se não conseguirem fazer acordo entre Serra e Alckmin agora, mais difícil ainda será um acordo entre Aécio e Serra, dois líderes de peso do partido disputando a mesma vaga.

Essa alternativa poderia pacificar os tucanos paulistas, mas poderia também prejudicar a carreira de Serra, que já encontra dificuldades para justificar a saída da Prefeitura para concorrer à Presidência. Nesse caso, no entanto, tem o apelo partidário como explicação, e um projeto maior de país pela frente, o que, as pesquisas mostram, é aceito pela maioria do eleitorado da capital. Sair da prefeitura para tentar o governo de São Paulo poderia ser mal interpretado como um gesto egoístico.

Todos esses aspectos serão debatidos no jantar que a "Santíssima Trindade" tucana — o ex-presidente Fernando Henrique, o presidente do partido, senador Tasso Jereissati, e o governador de Minas, Aécio Neves — terá hoje com o governador Geraldo Alckmin. Eles entendem que a única alternativa do governador é criar constrangimentos para que Serra não se decida a deixar a prefeitura, mas entendem também que toda essa estratégia tem limite: os interesses do partido. O governador deve saber, raciocinam alguns líderes, que se os dirigentes resolverem bancar a candidatura de José Serra, Alckmin perde na convenção em junho.

Mas o PSDB perde também, e pode ficar sem boa parte da votação de São Paulo, o que só facilitaria a vida de Lula. E como a recíproca é verdadeira, cada um sabe que só ganha com o apoio do outro. O ex-presidente Fernando Henrique Cardoso define o papel dos integrantes da "Santíssima Trindade" como "facilitadores do entendimento", e não de "decisores de uma divergência".

A solução que dá condições ao partido de ser competitivo de cara é Serra candidato a presidente, com o apoio de Alckmin, que sairia para o Senado, ou ficaria no governo até o final para ajudar a eleição do governador. Essa armação de candidaturas foi feita depois de análises de pesquisas quantitativas, e de diversos cruzamentos que, segundo o cientista político Antonio Lavareda, respondem quase que por uma pesquisa qualitativa e mostraram que 60% dos eleitores do partido preferem Serra como candidato.

Mas essa estratégia representa um "tudo ou nada", isto é, o PSDB poderia, no fim das contas, perder as posições que tem hoje em São Paulo e ainda perder a Presidência para o PT. "Pode ser um desastre amanhã", resume um dirigente tucano. A ampliação das consultas, reivindicada por setores do partido que o governador Marconi Perillo, de Goiás, vocaliza, já está sendo feita. O governador Aécio Neves foi o encarregado de ouvir os governadores, e o senador Tasso Jereissati está ouvindo as bancadas.

A irritação do governador de Goiás, que apoia Alckmin, tem por base o resultado da votação para a liderança do PSDB na Câmara. O vencedor, deputado Jutahy Junior, ligado a Serra, teria oferecido lugar em comissões a tucanos de Goiás e do Pará. Seriam sete deputados que trocaram de lado, contra a orientação de Perilo e do governador Jatene, do Pará, no que teria sido um jogo bruto do grupo de Serra.

Antes que esses desentendimentos impeçam uma solução de consenso, e que se repita a situação de 2002, quando Serra já saiu derrotado pela divisão da base governista, a cúpula do partido espera nessa conversa de hoje com Alckmin encontrar caminhos para superar o impasse.

22/2
SÃO PAULO NO CENTRO

Embora a possibilidade de realização de prévias para escolha do candidato à Presidência tenha sido admitida ontem pelo presidente do PSDB, o senador Tasso Jereissati, é improvável que elas venham a acontecer, muito pela falta de tradição tucana de resolver suas pendências consultando as bases partidárias, mas também pela inexistência de tempo para organizar tal tipo de plebiscito interno.

Tomada a decisão da prévia, uma nova discussão tomaria conta do cenário: qual é a abrangência do colegiado? A contrapartida para a admissão das prévias, que soou como uma vitória política do governador de São Paulo, foi a garantia de Alckmin de que não levará adiante a ameaça de não aceitar uma decisão partidária que lhe seja desfavorável.

Houve momentos no almoço de ontem do triunvirato tucano — o ex-presidente Fernando Henrique Cardoso, o senador Tasso Jereissati e o governador Aécio Neves — em que ficou registrado o desagrado com algumas atitudes do grupo de Alckmin, como a crítica do secretário Gabriel Chalita à autoridade dos três para decidir pelo partido. Ou a ampliação da repercussão do jantar com o prefeito José Serra no restaurante Massimo, em São Paulo, como se o governador houvesse sido relegado a segundo plano.

O presidente do partido se encarregou de lembrar a Alckmin que o primeiro encontro seria com ele, e foi cancelado devido à sua agenda. Mas o tom geral do almoço foi animador, e já existe a sensação de que será possível haver uma decisão por volta da primeira quinzena de março. Caso Alckmin venha a ser o nome escolhido, esse processo tumultuado dos tucanos terá servido, mesmo sem querer, para redesenhar seu perfil político, o que será benéfico para uma eventual campanha.

O governador paulista começou a disputa como o candidato natural diante do favoritismo aparentemente insuperável do presidente

Lula. Uma piada que corre há tempos entre os tucanos diz que se Lula estivesse muito fraco para a sucessão, o nome mais provável do PSDB seria o do ex-presidente Fernando Henrique Cardoso. Se estivesse em situação razoável, o candidato seria o prefeito de São Paulo, José Serra. E se estivesse muito forte, o candidato natural seria o governador Geraldo Alckmin, para perder.

A deterioração da imagem do presidente Lula durante os primeiros meses da crise de corrupção de seu governo fez com que o nome do prefeito José Serra surgisse nas pesquisas de opinião como o tucano capaz de derrotá-lo, e a possibilidade de vitória tirou de Alckmin a atribuição de "candidato natural".

A situação se inverteu novamente com a recuperação, até certo ponto surpreendente, de Lula. Os tucanos, que chegaram a pensar que Lula perderia para qualquer um dos possíveis candidatos, passaram a se debater entre a dúvida de lançar Serra, que aparece com um apoio mais consistente ao longo de uma série de pesquisas de opinião, ou apoiar o governador Geraldo Alckmin, que vem demonstrando uma persistência na busca de seu objetivo desconhecida para a maioria.

O candidato que seria escolhido para perder está se transformando no guerreiro que enfrenta a cúpula partidária e se impõe, organizando apoios políticos e tecendo alianças. A imagem do político obstinado e confiante tomou lugar do "picolé de chuchu", definição do político sem personalidade, sem carisma. Alckmin está conseguindo convencer a cúpula partidária de que é melhor garantir a presença do PSDB na prefeitura de São Paulo, e armar um forte esquema político para eleger o próximo governador, coisa que juntos, ele e Serra, com o prestígio de ambos no estado, têm chance de fazer.

Quem for o preterido dos dois terá o poder de indicar o candidato ao governo de São Paulo, fortalecendo seu grupo político dentro do partido. É provável que vejamos nos próximos dias o governador Geraldo Alckmin refreando seus correligionários, para desmontar o clima de enfrentamento. Serra continua sendo o candidato mais competitivo dos tucanos para derrotar Lula, e por isso é o preferido do PFL, aliado na formação da chapa presidencial.

Se resolver não formalizar sua candidatura, será para não dividir o PSDB, pensando na melhor estratégia de longo prazo para o partido e para sua carreira política. Sua decisão representará um sacrifício pessoal em qualquer hipótese: se for o escolhido, terá que abrir mão de um mandato que está sendo bem avaliado na Prefeitura paulistana, e pode arriscar seu futuro político com uma segunda derrota para Lula; se decidir não se apresentar oficialmente, será para não aprofundar uma divergência partidária.

O fato é que os dois pré-candidatos estão cegos diante das possibilidades do outro. Serra não consegue ver em Alckmin um adversário, pois não acredita que o governador seja capaz de ir às últimas consequências para conseguir ser indicado, contra a orientação da cúpula partidária e do que mostram as pesquisas de opinião. Já o governador de São Paulo não acredita que Serra aceite o desafio de "bater chapa" com ele em uma convenção, e está convencido de que, na data fatal, o prefeito paulistano não confirmará sua candidatura.

A "Santíssima Trindade" da cúpula tucana tenta abrir os olhos dos dois e superar essa divergência, antes que ela se torne uma crise que inviabilize a candidatura, seja ela de quem for. A única combinação aceitável é que nenhum dos dois saia derrotado da disputa. Por isso não haverá prévia, nem candidato com privilégios sobre o outro. Além das pesquisas, e da capacidade de agregar apoios políticos, outro critério vai ter peso importante na decisão: o futuro do PSDB no quadro nacional a partir de seu peso político em São Paulo, onde está enraizado o maior adversário, o PT.

23/2
DECISÃO AZEDADA

O dado mais significativo da pesquisa do Datafolha que confirmou o crescimento de Lula nas intenções de votos é que esse crescimento se deu também entre os eleitores que ganham acima de dez salários mínimos, embora seja uma incorreção técnica dizer que ele dobrou sua aprovação, já que o universo dos pesquisados nessa faixa de renda é de apenas 5% da pesquisa, o que quase triplica a margem de erro.

Mas, de qualquer maneira, o crescimento de Lula nesse segmento do eleitorado, e mais no segmento que tem curso superior, indica uma tendência de esquecimento dos fatos que fizeram esses eleitores abandonarem Lula em meio à crise de denúncias de corrupção que dominou o cenário político durante mais da metade do ano passado.

Mesmo que qualquer dos candidatos tucanos ainda vença Lula nesses segmentos, sua melhora de avaliação mostra que está dando certo a estratégia do governo de abrir seu "saco de bondades" para a classe média, com medidas como o reajuste da tabela do Imposto de Renda, o

415

aumento salarial dos militares, e a decisão de ontem de adiar por um ano eleitoral a mudança do critério de cobrança do telefone fixo, de pulso para minuto, o que encareceria muito as conversas e, sobretudo, o uso da internet.

Mas o que deve estar afetando para melhor o humor da classe média é o dólar baixo, que permite viajar e comprar importados com preços mais baratos e, num efeito que atinge todas as faixas da população e barateia o preço dos alimentos. O mais importante é que a oposição não pode se colocar contra a Bolsa Miami distribuída pelo "populismo cambial" do governo, ou pelo menos tem que fazê-lo de maneira muito cuidadosa, assim como não pode se colocar contra o Bolsa Família que garante os votos dos grotões do país a Lula.

O prefeito José Serra foi aconselhado a não repetir suas críticas à medida provisória do governo que isentou do imposto de renda as aplicações de estrangeiros em títulos do governo, que acentuou a queda da cotação do dólar. Serra, que já falou em "responsabilidade cambial" e gerou especulações de que interviria no câmbio caso chegasse à Presidência, criticou o governo nesse caso por considerar inexplicável a isenção dos estrangeiros, já que, pelo acordo de bitributação, os investidores americanos — principais alvos da medida para alongar o perfil da dívida pública — não terão nenhum benefício, pois pagarão impostos no seu país.

Somente os investimentos ilegais, de dinheiro não declarado, em paraísos fiscais, se beneficiarão da medida, contra o investidor legal brasileiro, que continuará a ser taxado. Mas esses são detalhes técnicos que não rendem discussões em campanhas eleitorais. O efeito da medida, sim, provoca a valorização do real e a queda da inflação, criando um aparente ciclo virtuoso. Até que afete o resultado da balança comercial do país, o que, para alguns analistas, poderá ocorrer durante a campanha eleitoral.

8/3
TRISTE MEMÓRIA

O PFL começou ontem a testar a tese de que o eleitorado não perdoou Lula pelos escândalos de corrupção que ele alega não ter visto, como parecem sugerir as pesquisas de opinião que o mostram novamente na liderança da corrida presidencial. Nos próximos 15 dias, os filmetes do partido na propaganda gratuita da televisão explorarão diversos aspectos dos escândalos ligados ao mensalão, no pressuposto de que as lembranças estão apenas adormecidas no coração do eleitor e de que a mesma indignação que levou a uma rejeição de Lula nos primeiros meses da crise política voltará a dominar o eleitorado nas próximas duas semanas.

Se é verdade, como dizia Roberto Campos, que o brasileiro tem memória curta, vamos reavivá-la, diz o presidente do PFL, senador Jorge Bornhausen.

A análise das últimas pesquisas de opinião feita pelos líderes do PFL mostraria pelo menos duas vulnerabilidades a serem atacadas: se mais de 80% da população está convencida de que o governo Lula é corrupto, e boa parte admite que o presidente está envolvido diretamente, a retomada da dianteira nas pesquisas seria mais resultado do aproveitamento que Lula vem fazendo de sua exposição pública, e da propaganda oficial do governo, do que da reconquista da confiança do eleitorado.

Outro ponto, na avaliação dos pefelistas, é o alto índice de rejeição de Lula, em torno de 30%, seja qual for o método que se utilize para medi-la. Com uma rejeição tão grande, ele seria um candidato altamente vulnerável, submetido ao ataque dos adversários políticos, a partir de abril, quando todos os candidatos estarão em atividade e com espaços iguais nos meios de comunicação.

Ao contrário de hoje, quando está sozinho na disputa, o presidente terá todos os demais candidatos contra si na campanha eleitoral. Serão 75% contra 25%, faz as contas um dirigente pefelista.

Por meio de pesquisas, tanto qualitativas quanto quantitativas, o PFL constatou, na última leva de filmetes em que dizia que Lula era um "péssimo exemplo" para o país, que a imagem do governo piorou bastante depois da campanha. Ele não pretende testar a reação do eleitorado à exposição maciça das mazelas do governo, mas aguardará que as pesquisas de opinião que vêm sendo divulgadas periodicamente reflitam a reação do eleitorado, aproveitando também o retorno das grandes denúncias pelas CPIs.

A prorrogação das CPIs, por sinal, mostra novamente a divisão entre tucanos e pefelistas na condução da política oposicionista. O PFL, desde o início mais agressivo que o PSDB, quer prorrogar os trabalhos para ganhar mais tempo da campanha eleitoral, com o governo sob bombardeio.

Nem mesmo a situação delicada em que se encontra o deputado Roberto Brant, cuja cassação está sendo votada hoje no plenário da Câmara, arrefece o ânimo do PFL. Eles acreditam que Brant será absolvido e que o partido não ficará com sequelas desse episódio.

417

Já os tucanos hesitam em apoiar a prorrogação das CPIs, para não dar tempo aos governistas de entrarem com mais disposição na investigação do PSDB mineiro. O novo depoimento do marqueteiro Duda Mendonça, cujos dados bancários estão sendo entregues à CPI pelos órgãos de fiscalização norte-americanos, e o depoimento amanhã do delegado de Ribeirão Preto na CPI dos Bingos, que promete revelar detalhes e dar as provas do envolvimento do ministro da Fazenda Antonio Palocci na arrecadação ilegal de dinheiro para o PT quando era prefeito da cidade, dão ânimo ao PFL no que seria uma retomada das denúncias oposicionistas.

A direção do partido não acredita que o eleitorado tenha "perdoado" Lula, mas sim que ele foi "distraído" por medidas do governo, como a convocação extraordinária do Congresso, que desviou a indignação da opinião pública para o Congresso. Não acredita também que a chamada Bolsa Miami — o dólar baixo que está permitindo viagens internacionais à classe média — tenha poder de mudar os valores dessa mesma classe média, que rejeitaria o clima de corrupção existente.

Em análises reservadas sobre a situação do país, dirigentes da oposição consideram que o episódio envolvendo o comandante do Exército, general Francisco de Albuquerque, reflete um clima de impunidade que impera no governo a partir da percepção de que a estratégia de Lula de negar sempre aparentemente deu resultado.

Mais que a "carteirada" do general, que ainda refletiria resquícios do autoritarismo, essa impunidade estaria representada na pronta reação do ministro da Defesa e vice-presidente José Alencar, que imediatamente absolveu o general, classificando-o de "um grande democrata".

Diante das evidências, pelo menos mais cuidado e recato nos comentários seriam obrigatórios por parte do governo. A própria Comissão de Ética Pública, que supostamente teria pedido explicações ao general, estaria sendo usada para coonestar a atitude, e não para puni-la.

A comissão teria perdido a credibilidade depois que um de seus membros, o economista Antoninho Marmo Trevisan, intermediou a negociação de compra pela Telemar da empresa Gamecorp, de jogos digitais e conteúdos para celular do filho de Lula, Fábio Luiz Lula da Silva, por incríveis R$ 5 milhões.

Embora a oposição trate com cuidado temas ligados à pessoa do presidente e sua família, é inevitável que eles façam parte da campanha eleitoral à medida que novas denúncias vão surgindo, como a de que o presidente do Sebrae e amigo íntimo de Lula, Paulo Okamoto, além de pagar uma dívida pessoal do próprio presidente, teria pago também dívidas de uma campanha eleitoral malsucedida de Lurian, filha de Lula.

Okamoto nega a acusação, mas se empenha no Supremo para impedir a quebra de seu sigilo bancário, que poderia esclarecer suas generosas atuações à família do presidente.

10/3
VERGONHA ESCONDIDA

A disparidade de comportamento entre os membros do Conselho de Ética e o plenário da Câmara, um recomendando a cassação dos mandatos da maioria dos envolvidos nos escândalos políticos, e o conjunto dos deputados absolvendo todos os que foram julgados, com exceção dos dois principais envolvidos, dá o que pensar.

Primeiro, na incongruência que é cassar o mandato de Roberto Jefferson, que denunciou os crimes, e de José Dirceu, que os coordenou, e simplesmente livrar da cassação os que se beneficiaram deles. É como se o plenário da Câmara estivesse dizendo que os deputados e senadores são todos uns pobres ingênuos, levados a cometer irregularidades por circunstâncias das quais não poderiam se livrar.

Depois, pensar no que leva um conjunto de deputados a agir de maneira tão diferente diante do mesmo fato. A primeira dedução, quase óbvia, é que enquanto na Comissão o voto é aberto, no plenário ele é secreto, o que acoberta as decisões individuais com o amplo manto do anonimato.

Esse parece ser um ponto crucial para o aperfeiçoamento de nossa democracia, e não é à toa que desde 2001 tramitam no Congresso diversas emendas constitucionais, e ontem mesmo já surgiram outras novas, transformando em aberto o voto secreto. A demora para aprovar essa mudança mostra bem as dificuldades que temos para moralizar nossos hábitos políticos.

É a mesma dificuldade que existe para aprovar uma reforma política de profundidade, que organize a atuação política e não permita que infidelidades e traições fiquem impunes. É também devido a essa geleia geral em que se transformou a política do país, que os políticos querem derrubar a verticalização, que impede as coligações que não tenham coerência partidária.

Existem poucas ocasiões em que o voto é secreto no Congresso brasileiro: para a aprovação de embaixadores no Senado; para casos de perda de mandato de parlamentar; prisão de parlamentar em caso de flagrante de crime inafiançável; escolha de ministro do Tribunal de Contas da União e de presidentes e diretores do Banco Central; exoneração do procurador-geral da República antes do término de seu mandato.

Em todos os casos, o motivo alegado é proteger os parlamentares das pressões dos demais poderes, mas, na prática, o que se vê é o contrário: o sigilo dá ao parlamentar a oportunidade de agradar membros de outros poderes, ou de proteger seus pares, sem que o eleitorado possa puni-lo.

Serve também para pequenas vinganças políticas, como quando a indicação do ex-deputado Luiz Salomão para presidir a Agência Nacional do Petróleo (ANP) foi derrubada sob a coordenação anônima do senador José Sarney; ou quando o ex-presidente Itamar Franco quase foi vetado como embaixador.

Mas o choque de visões entre a Comissão de Ética e o plenário da Câmara reflete também um ambiente político deteriorado, em que a esperteza predomina sobre os valores éticos. A recuperação da popularidade do Congresso, depois que foi aprovado o fim do recesso parlamentar, ou mesmo a do presidente Lula, ainda que depois de todos os escândalos, parece ter dado aos políticos a certeza de que a opinião pública tem mesmo memória curta e que, a sete meses das eleições, tudo é permitido.

Os quatro deputados que renunciaram, com medo da cassação, para poder se candidatar novamente nas eleições deste ano, devem estar arrependidos, pois pelo clima de camaradagem que campeia no plenário da Câmara, a chance de serem absolvidos seria grande.

Ao lado da esperteza, há também uma tentativa de explicar o corporativismo pela compreensão das dificuldades que todos têm para financiar suas campanhas eleitorais.

Uma das sequelas mais perigosas dessa crise política em que o Congresso se afunda é a banalização das ações criminosas. Desde que o presidente Lula disse na famosa entrevista em Paris que o que o PT havia feito era o que se faz "sistematicamente" na política brasileira, procura-se transformar o uso de caixa dois nas campanhas políticas em fato corriqueiro, que não merece punição tão drástica quanto a cassação, mas sim uma legislação mais moderna que proteja os políticos dessa "tentação".

Na verdade, nesse valerioduto descoberto agora, mas que já funcionava regionalmente em Minas desde 1998, há dois tipos de crime: o caixa dois propriamente dito, que envolve todos os deputados do PT que sacaram dinheiro na boca do caixa do banco Rural, e mais o deputado Roberto Brant, do PFL, absolvido ontem, e o senador Eduardo Azeredo, do PSDB; e o puro e simples suborno, que é o pagamento do mensalão aos deputados para que trocassem de legenda ou votassem a favor do governo em questões importantes.

Foi à custa do mensalão que os partidos aliados — PTB, PP, PL — incharam durante a atual legislatura, para garantir ao governo uma maioria folgada na Câmara. Tudo indica que foi graças aos conselhos profissionais do grande advogado criminalista Márcio Thomaz Bastos, que por sorte de Lula ocupa o Ministério da Justiça desde o início do governo, que o PT e o próprio presidente passaram a bater na tecla de que tudo se limitava a caixa dois de campanha eleitoral. Um crime, na definição de Thomaz Bastos, mas um crime desculpável, na visão condescendente do corporativismo político.

As duas situações são criminosas, e não dizem respeito apenas a crimes eleitorais. Estamos em fase de vale-tudo político, e o que prevalece é a interpretação literal da famosa frase de Tayllerand — "A política é a arte de vencer. Só conta o resultado. O único critério de excelência é a vitória. E se em outras circunstâncias da vida pode haver derrotas sublimes, mais nobres que as vitórias, no jogo da política, a única justificativa para empreender algo é levá-lo ao sucesso."

11/3
SEM IMUNIDADES

Os problemas jurídicos envolvendo o processo do ex-deputado José Dirceu, e, recentemente, as decisões do plenário da Câmara, que absolveu os deputados condenados pela Comissão de Ética, fizeram com que a extinção pura e simples dessa Comissão começasse a ser pensada. Primeiramente, pensou-se em substituí-la pela Comissão de Constituição e Justiça, com o apoio de ministros do Supremo, para evitar problemas jurídicos nos processos. Depois, os próprios membros da comissão ameaçaram uma renúncia coletiva, em protesto contra o seu esvaziamento. Mas o que está sendo discutido mesmo entre os parlamentares é uma maneira de evitar que um órgão da própria Câmara julgue seus membros.

O ex-ministro José Dirceu, em sua despedida da Câmara depois de cassado, levantou essa questão, ressaltando que nenhum outro parlamento do mundo usava esse método. Não é exatamente verdade, pois alguns parlamentos, como os do México, do Uruguai e da Coreia do Sul, atuam da mesma forma que o brasileiro. Mas os parlamentos dos países mais avançados, como os Estados Unidos e a Inglaterra, não têm em seu regimento interno a figura da cassação de mandato.

A decisão colegiada no plenário da Câmara parece ser a menos propícia a um julgamento justo, até mesmo pelo voto secreto, que acoberta o corporativismo. O temor de que o corporativismo impeça que as punições sejam aplicadas, ou de que force a cassação dos parlamentares que não caiam nas graças de seus pares, está mais do que justificado.

O caso atual é emblemático. O ex-deputado Roberto Jefferson, que denunciou o esquema de corrupção do qual ele foi beneficiário, foi julgado e condenado por seus pares, muitos deles acusados de estarem envolvidos no esquema de mensalão. E muitos outros, agora se sabe, não haviam sido denunciados na ocasião, nem o foram até agora, mas certamente gostariam de se ver livres daquele parceiro incômodo que tanto sabia das maracutaias que tantos cometeram.

O ex-ministro José Dirceu, embora claramente fosse o coordenador do esquema dentro do governo, acabou sendo cassado sem provas materiais, argumento que serviu para absolver vários denunciados. Nesse caso, o julgamento político da Câmara serviu certamente para um acerto de contas político com o arrogante ex-todo-poderoso do governo. Essa distorção de critérios está fazendo com que ele pense em recorrer ao Supremo novamente, desta vez para reaver seu mandato.

Uma emenda constitucional que começa a ser discutida pela bancada do PDT através do líder Miro Teixeira prevê que o Conselho de Ética remeterá diretamente para o Ministério Público os processos que envolvam crimes de parlamentares. Durante o andamento do processo, os deputados e senadores envolvidos ficariam com seus mandatos suspensos e perderiam a remuneração. Condenados, aí sim perderiam o mandato. Absolvidos, retornariam ao Congresso e receberiam os atrasados.

O Ministério Público só poderia processar os envolvidos por meio do Supremo Tribunal Federal, em rito sumário. Juntamente com essa alteração, cairiam todas as imunidades que ainda restam aos parlamentares, com exceção da de não poder ser processado por palavras e atos no exercício do mandato.

Essa é uma longa trajetória para transformar os parlamentares brasileiros em cidadãos comuns, sujeitos às leis do país. Anteriormente, um parlamentar só podia ser processado com a autorização do Congresso, que permanentemente recusava o pedido, fosse por motivações políticas — como o pedido, recusado, dos militares para processar o deputado Márcio Moreira Alves, que resultou no fechamento do Congresso — fosse por crime comum.

Hoje, o processo no Supremo pode acontecer, mas pode ser suspenso se a Câmara ou o Senado assim decidirem. A imunidade parlamentar já está muito reduzida, mas deputado ou senador só pode ser preso em flagrante por crime inafiançável.

Os processos por quebra de decoro parlamentar continuariam sendo julgados pelas comissões da Câmara e do Senado, e há quem defenda que os órgãos do Congresso devam apenas instruir os processos por quebra de decoro e enviá-los para o Supremo para uma decisão.

Outros consideram que, depois de definir claramente o que é quebra de decoro parlamentar, tudo o que não envolver crime deve ser julgado pelo regimento interno das duas Casas, o que envolve discussão mais delicada, a necessidade de sair desse impasse provocado pelo caráter radical das punições do Conselho de Ética, que só preveem a cassação do mandato ou a absolvição.

A cassação de mandato ficaria restrita aos que cometeram crimes, como nos casos de hoje de mensalão e caixa dois de campanha eleitoral, que seriam julgados pelo Supremo. Os demais, como processos por ofensas a colegas, ou por rasgar documentos em plenário, e outras transgressões ao decoro e à ética parlamentar que teriam que ser definidos no regimento interno, receberiam penas que variariam de advertência a suspensão do mandato.

A suspensão dos direitos políticos por oito anos, como existe hoje para o cassado, pode significar o fim da vida política para quem sofre a punição na idade do ex-deputado José Dirceu, por exemplo. Há a sugestão de que aquele que tiver o mandato cassado não possa disputar o próximo pleito. Todas essas mudanças seriam introduzidas em uma futura reforma política, a ser definida pelo próximo Congresso, que será eleito este ano.

12/3
OPINIÃO PÚBLICA x POVO

Quando o deputado Roberto Brant, em seu discurso de defesa na tribuna da Câmara, advertiu seus pares para que tivessem cuidado "com o monstro da opinião pública", e que pensassem "apenas no povo", estava tentando encorajá-los a arrostar a indignação da sociedade no pressuposto de que a "opinião pública" representa apenas uma parcela de elite da sociedade, e não os cidadãos de maneira geral. Seu argumento foi vitorioso, e tanto ele quanto o deputado Professor Luizinho não foram cassados por terem utilizado dinheiro de caixa dois em suas campanhas eleitorais.

Essa é uma discussão muito presente nos dias atuais, quando os meios de comunicação ganham cada vez mais força na sociedade, refletindo seus pensamentos ou influenciando-os.

De fato, a "opinião pública" surgiu no fim do século XVIII, por meio principalmente da difusão da imprensa, como maneira de as elites se contraporem à força do Estado absolutista e legitimarem suas reivindicações no campo político. A existência de uma "opinião pública" está ligada ao surgimento do Estado moderno, em que as forças da sociedade ganham espaço para suas reivindicações contra o absolutismo do reinado. Hoje, o sociólogo francês Jean Baudrillard é um crítico da "sociedade do espetáculo" dominada pelos meios de comunicação, especialmente a televisão e o noticiário em tempo real da internet, que substituem "o real por signos do real".

Outro francês, Pierre Bourdieu, debruça-se sobre as pesquisas de opinião em um livro sintomaticamente intitulado *A opinião pública não existe*. Ele critica a pressuposição de que todas as pessoas têm uma opinião sobre as coisas, de que todas as opiniões têm o mesmo peso e, sobretudo, de que exista um consenso sobre a pergunta certa a ser feita aos pesquisados. Bourdieu acha, em suma, que a pesquisa de opinião virou um artefato político. Segundo ele, o que existe é uma opinião "mobilizada", a das elites e dos grupos de pressão.

O cientista político Marcus Figueiredo, diretor do Doxa (opinião, em grego) — Laboratório de Pesquisas em Comunicação Política e Opinião Pública do Iuperj —, ressalta que o que se define por opinião pública não representa necessariamente a visão de uma elite, mas reflete sempre um sentimento presente, em maior ou menor grau, na sociedade. Mas Figueiredo acha que o deputado Brant tem razão, nem sempre a opinião pública representa o pensamento majoritário no povo, mas ela pode fazer com que o povo mude de ideia.

Ele observa, por exemplo, que a mudança de avaliação do eleitorado em relação a Lula não partiu do nada, está baseada em fatos concretos: o fim do ano amenizou o noticiário, as notícias econômicas estão boas e o governo se aproveitou das circunstâncias para vender bem sua imagem. Mas a situação pode mudar com a campanha eleitoral, lembra ele, que não aceita a tese de que o povo brasileiro tem memória curta. É preciso saber, porém, usar as denúncias, que, se forem requentadas, podem surtir efeito contrário. O eleitor poderá raciocinar "isso é campanha política, todo mundo ataca todo mundo".

Além do mais, ressalta Figueiredo, não há nada que ligue diretamente Lula aos acontecimentos, e ele conseguiu convencer que não sabia de nada. Os deputados que acham que o povo tem memória curta podem ser punidos nas urnas, afirma Figueiredo, lembrando que há inúmeros casos em que essa punição veio, sendo o mais famoso deles o do ex-presidente Collor, que não conseguiu ainda voltar à vida pública, nem mesmo em Alagoas.

14/3
AVANÇOS E RECUOS

Os avanços institucionais da política brasileira estão, paradoxalmente, na dependência das idiossincrasias de alguns de seus líderes mais expressivos, entre eles o próprio presidente da República, e de métodos retrógrados de fazer política. Por vias transversas, dois dos principais partidos do país, PSDB e PMDB, chegaram às prévias partidárias para a escolha de seus candidatos para disputar com Lula a eleição presidencial deste ano. O PMDB, dividido como sempre por adesistas ao governo do momento, está prestes a decidir-se pela candidatura própria numa prévia que reunirá mais de 20 mil filiados.

O PSDB, na impossibilidade de escolher um entre dois de seus políticos paulistas mais destacados, possivelmente deverá decidir seu candidato em prévias mais modestas, reunindo o seu diretório nacional. Mas há forças poderosas, algumas de cunho puramente psicológicos, agindo para que os dois partidos se definam, não por meio de um colegiado democraticamente ampliado, mas através de conchavos políticos nos bastidores pouco transparentes.

O presidente Lula continua agindo, por meio de políticos de peso como o presidente do Senado, Renan Calheiros, e o senador José Sarney, para adiar as prévias do próximo domingo do PMDB, na tentativa de impedir que um fato consumado atrapalhe seus planos pessoais, que preveem o PMDB como parceiro de chapa presidencial ou, na pior das hipóteses, um PMDB sem candidato próprio, fazendo as coligações regionais mais estapafúrdias e abrindo mais palanques para Lula nos estados.

Se, como tudo indica, os governistas não conseguirem número suficiente para adiar as prévias, Anthony Garotinho e Germano Rigotto, os dois pré-candidatos, ganharão mais um round na dura luta contra os que querem impedir o partido de ter candidato próprio, dessa vez alegando a verticalização como pretexto. Há estudos acadêmicos que mostram que o PMDB e o PFL deixaram o protagonismo político para o PSDB e o PT porque ambos desistiram de apresentar candidatos próprios à Presidência da República nas últimas eleições, contentando-se com papéis coadjuvantes, como parece que acontecerá mais uma vez este ano.

Mesmo escolhendo seu candidato no próximo domingo, é provável que o PMDB, na convenção de junho, não referende esse candidato, a não ser que a dinâmica própria da candidatura como fato consumado desencadeie um processo irreversível nas bases do partido. Isso só acontecerá, no entanto, se o candidato que sair das prévias se mostrar competitivo e Lula não aumentar sua vantagem atual. Garotinho e Rigotto anunciaram ontem seus números, cada qual prevendo sua vitória com mais de 60% dos votos.

Já o PSDB, impedido de escolher por consenso seu candidato, talvez defina hoje que a solução é submeter os dois ao diretório nacional. Se esta for a decisão, não terá sido tomada por um projeto de democratização da escolha do nome, mas empurrada goela abaixo dos principais líderes do partido pela persistência do governador paulista Geraldo Alckmin, que, apesar de se encontrar em posição desfavorável em relação a Serra nas pesquisas de opinião e na preferência dos principais líderes do partido, se recusa a abrir mão da candidatura, especialmente depois de ter se transformado, aos olhos do grande público, de político abúlico em destemido lutador.

Essa disposição insuspeitada anteriormente, pelo menos para o eleitorado não paulista, deu um novo status a Alckmin, que já não pode ser visto como um "picolé de chuchu", e está criando o maior problema interno para o PSDB. O prefeito José Serra chamou ontem sutilmente a atenção para a necessidade de não dividir o partido com a realização de prévias, praticamente colocando no colo de Alckmin a culpa pela desunião previsível dos grupos políticos no estado de maior concentração do eleitorado, de onde o PSDB deveria sair forte para tentar derrotar Lula.

O que se vê hoje, no entanto, é um empate técnico entre Lula e qualquer dos dois pré-candidatos tucanos em São Paulo, onde são mais fortes e têm hoje o governo do estado e a prefeitura da capital, ambos com aprovação maciça do eleitorado. O prefeito José Serra ainda tem esperança de demover o governador Alckmin de sua posição irredutível e ser aclamado pelo partido.

Ele tem se referido muito ao que aconteceu com o então governador de Minas Gerais, Tancredo Neves, que foi conclamado pelos partidos de oposição na época a sair do governo para disputar a eleição presidencial no Colégio Eleitoral em 1984, o que deu legitimidade política à sua decisão. Já o governador Geraldo Alckmin, depois de se apresentar candidato desde o primeiro momento, não cogita desistir agora e, na pior das hipóteses, considera que somente perdendo nas prévias teria uma saída honrosa para apoiar Serra sem constrangimentos.

Não há prognóstico possível a ser feito caso a disputa vá para o diretório nacional, já que qualquer um dos candidatos venceria em São Paulo por margem pequena de votos. O resultado final ficaria nas mãos dos representantes dos três outros estados mais decisivos, Minas Gerais, Rio e Ceará. Como a candidatura de Serra é amplamente majoritária no Rio, a decisão ficaria com dois dos três membros da Santíssima Trindade do PSDB: Aécio Neves e Tasso Jereissati, que já estiveram mais próximos de Serra do que estão hoje.

De qualquer maneira, se Serra mantiver a decisão de não concorrer nas prévias internas no partido — ontem, quando se declarou candidato pela primeira vez, disse que se a decisão for por prévias, terá que reexaminar a situação —, o nome do governador Geraldo Alckmin será anunciado hoje mesmo, sendo improvável que Serra tenha mais tempo para se decidir.

15/3
ALCKMIN É O ANTI-LULA?

Embora não esteja, na largada, em posição competitiva para a disputa presidencial, o governador Geraldo Alckmin terá, apesar das aparências de divisão interna, um ambiente menos conturbado, dentro e fora do PSDB, do que o que encontrou o atual prefeito José Serra quando foi candidato em 2002. Naquela ocasião, Serra teve de dar muitas cotoveladas para se transformar em candidato viável, dentro e fora do partido. Cotoveladas que reforçaram a fama de agressivo e dificultaram as relações políticas com o PFL e parte do PMDB, partidos que compunham a base do governo Fernando Henrique e que acabaram "lulando", pelo menos em partes importantes.

O rompimento com o PFL, porém, não teve início com a escolha de Serra como candidato à Presidência, nem mesmo quando, em 2001, o então deputado Aécio Neves decidiu quebrar um acordo tácito entre a base tucana e ganhou o apoio do PMDB contra a candidatura do PFL para presidente da Câmara.

Já em 1999, tendo como pano de fundo a queda de popularidade de Fernando Henrique depois da desvalorização do real, logo após sua reeleição, o PFL já ensaiava lançar candidato próprio, na figura do então presidente do Senado, Antonio Carlos Magalhães. A disputa pelas presidências da Câmara e do Senado, dois anos depois, apenas deixou explícita a união entre PSDB e a maioria do PMDB, coligação que acabou disputando contra Lula um ano depois.

Antonio Carlos Magalhães foi pivô da divisão de então, e tornou-se um grande aliado de Lula depois que seu partido teve que desistir da candidatura da senadora Roseana Sarney, abortada quando parecia fadada a derrotar Lula, devido a um inexplicável pacote de dinheiro vivo encontrado no escritório de seu marido, Jorge Murad.

A ação da Polícia Federal até hoje é atribuída à influência de Serra, e fez com que parte do PFL e a família Sarney se virassem contra o tucano. Hoje, ironicamente, o PFL, com exceção de Antonio Carlos Magalhães, prefere a candidatura Serra, superados os mal-entendidos. Mas nada indica que a escolha de Alckmin vá ser rejeitada pelos liberais.

Quem deu, no episódio de agora, impensáveis cotoveladas foi Alckmin, enquanto Serra, que tinha a seu favor os números das pesquisas de opinião e o apoio do PFL, não tentou competir à base da força, mas do convencimento de que seria a melhor opção partidária.

A estratégia não deu certo, e Serra saiu do episódio abatido, mas tendo assumido o papel correto para o momento. Colocou-se à disposição do partido, e não aceitou dividi-lo com disputas de facções. Uma provável derrota na eleição para Lula ficará debitada para sempre na conta de Alckmin, que, se não divide irremediavelmente o partido, parece mais fadado ao fracasso por sua própria fragilidade como figura pública nacional.

Serra preservou-se para nova disputa, em 2010, quando, se tudo der certo, estará reeleito na Prefeitura de São Paulo e continuará sendo a referência nacional do PSDB caso, como tudo indica, Alckmin não consiga se eleger. Terá uma provável disputa com o governador de Minas, Aécio Neves, mas essa será outra história, no tempo político devido.

Por paradoxal que pareça, o fato de Alckmin ser um candidato eleitoralmente mais fraco faz com que seja mais aceito pelos líderes tucanos, pois para uma improvável vitória precisará mais do apoio de todos, e fará, portanto, mais concessões nos acordos, ao contrário de Serra, que seria o candidato imposto pela preferência do eleitorado e teria o comando total da campanha.

Seu jeito interiorano agrada aos prefeitos do Nordeste e do Centro-Oeste, onde Lula está mais forte. Seu jeito "família" pode capturar a classe média, que havia abandonado Lula e está voltando a apoiá-lo. Na rápida fala que fez ontem ao ser indicado oficialmente, Alckmin já mostrou a direção que terá sua campanha: falou mais em competência e eficiência do que em corrupção.

Ao abrir mão do candidato que aparece em melhor posição nas pesquisas, o PSDB agiu com pragmatismo: preferiu manter a Prefeitura de São Paulo, um polo de poder importante no país, a arriscar perder tudo de uma vez. Mas também admitiu implicitamente que considera difícil a vitória. A corrida pela Presidência, que já esteve irremediavelmente perdida e praticamente ganha, no momento parece longe das possibilidades tucanas.

A escolha do PSDB põe uma boa parcela de votos de esquerda novamente ao alcance de Lula, um eleitorado que, desiludido com o governo petista, encontrava em Serra uma alternativa viável. Em compensação, recoloca ao alcance do PSDB um voto da elite financeira e empresarial que, temerosa de uma certa "independência" de Serra em relação à política econômica atual, chegava a preferir a manutenção da equipe chefiada por Palocci, apesar de todas as enrascadas em que o ministro da Fazenda e sua "turma de Ribeirão Preto" vêm sendo flagrados nos últimos meses.

Alckmin tem uma capacidade de trabalhar as bases partidárias que era desconhecida de seus adversários, e que acabou colocando-o em posição de força no partido, especialmente em São Paulo. Esse trabalho de sapa partidária lhe valeu ontem diversas críticas de adeptos da candidatura de Serra, que chegaram a comparar seus métodos aos de caciques políticos como Orestes Quércia, contra os quais surgiu o PSDB.

É provável que a divisão tucana não tenha grandes reflexos na campanha, pois o grupo de Serra, para eleger o sucessor de Alckmin, vai precisar do apoio dessa máquina do governo que ele controla e usa tão bem. Só haveria uma crise séria se, inebriado pela vitória, o grupo de Alckmin começasse a trabalhar para fazer também o candidato ao governo paulista. Mas nada indica que Alckmin seja um suicida político.

22/3
PALANQUES INSTÁVEIS

Os dois principais candidatos à Presidência da República, o presidente Lula, ainda não declarado, e o governador de São Paulo, Geraldo Alckmin, já indicado pelo PSDB, estão com o mesmo problema: armar seus respectivos palanques pelo país, tendo como limitação a regra da verticalização, que deve ser mantida pelo Supremo Tribunal Federal em decisão a ser tomada talvez ainda esta semana, mas certamente até o dia 31, prazo final para que os postulantes a cargos eletivos, com exceção dos que tentarão a reeleição, deixem seus postos nos diversos níveis de governo.

Mais do que com o PT, o presidente Lula arma sua estratégia com o PMDB, abrindo espaço para ter mais de um palanque nos estados onde não for possível um acordo político entre os dois partidos. Para tanto, o PMDB não pode ter candidato próprio à Presidência, e todas as manobras que a ala governista do partido vem fazendo para não validar as prévias são combinadas com o Palácio do Planalto.

Um candidato como Garotinho, que venceu a consulta de domingo, só atrapalharia os planos de reeleição de Lula. O ex-governador do Rio aparece num patamar logo abaixo do de Alckmin e, na situação atual, ajudaria a ter um segundo turno na eleição presidencial sem representar uma ameaça concreta aos tucanos, que até o incentivam a continuar na sua luta.

O governador paulista telefonou a Garotinho após a consulta, e ele pareceu muito sensibilizado pelo gesto. O PSDB conta com o eventual apoio de Garotinho e de parcela ponderável do PMDB num segundo turno contra Lula, mas não conta com a possibilidade de Garotinho, conseguindo se tornar candidato oficial do PMDB, vir a superar Alckmin na disputa pelo segundo turno. Como a hipótese de ser candidato oficial é remota, o mais provável é que Garotinho e seus adeptos no PMDB fiquem de fora da disputa, e apoiem o candidato tucano.

Já o PSDB luta para confirmar a aliança formal com o PFL, mas o prefeito do Rio, Cesar Maia, não parece muito entusiasmado com a parceria. O PFL parte da certeza de que, com verticalização, o PMDB não terá candidato a presidente, permitindo assim coligações do PFL com o PMDB em estados como Pernambuco, Brasília, Tocantins. E na Bahia, a coligação cruzada PSDB, PT, PDT contra o grupo do senador Antonio Carlos Magalhães fica impossibilitada. (...)

30/3
TÉCNICO x POLÍTICO

O relatório final da CPMI dos Correios protegeu claramente o presidente Lula, eximindo-o de culpa pelo mensalão, mas deixou nas entrelinhas diversas críticas à atuação do presidente no episódio e nos seus desdobramentos. O relator diz com todas as letras que mensalão e caixa dois são coisas distintas, desmontando a tese defendida pelo presidente, criada claramente pela astúcia do advogado criminalista que ocupa o Ministério da Justiça. Se não trouxe novidades, o relatório reavivou a memória de todos sobre o escândalo de corrupção patrocinado pelo Executivo com o objetivo de submeter a maioria do Congresso às suas vontades.

Se o presidente Lula até ontem continuava dizendo que o mensalão não existiu, a partir do relatório ele terá que admitir não apenas sua existência, mas a participação ativa de ministros e de órgãos ligados ao Executivo na intrincada trama montada pelo PT para financiar apoios políticos ao governo na Câmara.

A boa vontade da CPMI com o presidente ficou patente também quando foi tratada a negociação da Telemar com a Gamecorp, empresa de vídeos e jogos eletrônicos do filho de Lula que, no entanto, não é citado nominalmente no relatório. O relator estranha a transação de R$ 5 milhões, e mais o pesado investimento da Telemar no apoio publicitário dos programas gerados pela empresa, mas não explica o porquê do estranhamento.

Ora, a única razão de a transação ter despertado tanta celeuma é o fato de o filho do presidente ser o proprietário, pois a Telemar, sendo uma empresa privada, pode fazer maus negócios com quem quer que seja, sem que o público em geral tenha nada com isso, a não ser os que têm ações da empresa.

O que se estranhou nesse caso específico foi que a empresa Gamecorp, sendo uma novata no setor, tenha tido um incentivo inusual, num mercado tão competitivo como o de tecnologia. Fica ridículo, portanto, o relatório oficial da CPMI citar um suposto escândalo envolvendo até mesmo o BNDES, que é sócio da Telemar, sem dar o nome do santo.

No mais, o indiciamento de políticos envolvidos no recebimento de vantagens para aderir ao governo, e de dois ex-ministros componentes do "núcleo duro" de poder original — José Dirceu e Luiz Gushiken — mostra o quanto a CPMI está convencida de que toda a trama nasceu nos gabinetes do Palácio do Planalto.

Dirceu está tentando reaver no Supremo seu mandato de deputado federal, cassado por ter sido o coordenador do mensalão, e Gushiken, sem as prerrogativas de ministro e isolado no Núcleo de Assuntos Estratégicos, distribuiu ontem um documento em que refuta as acusações de ter manipulado verbas publicitárias e fundos de pensão para nutrir de dinheiro o valerioduto.

Seus argumentos, na maioria técnicos, servirão para a defesa nos tribunais, mas não servem para a defesa em um julgamento político. Essa diferença entre as instâncias técnica e política foi muito bem analisada, aliás, pelo demissionário presidente do Supremo Tribunal Federal, ministro Nelson Jobim, homenageado ontem pelo Senado.

431

Jobim, que deixa o Supremo dez anos antes da aposentadoria compulsória para retomar a vida política, culpou os políticos pela presença dos tribunais superiores nas disputas internas da Câmara e do Senado, especialmente no que se refere às CPIs.

Ele, que tem sido acusado de tomar decisões que favorecem o governo, se defendeu de maneira indireta, lembrando que no Congresso as negociações são feitas visando ao interesse e à conveniência políticas, enquanto no Supremo o que norteia as decisões são a legalidade e a constitucionalidade.

Se os políticos não são capazes de resolver seus conflitos e os perdedores querem continuar a disputa política nos tribunais, têm que saber que estão abrindo mão de seu poder de negociação e se submetendo a critérios que nada têm de políticos, ressaltou.

Jobim disse que o Supremo, à medida que vem sendo instado a se pronunciar sobre quebra de sigilos ou direitos individuais, está na prática criando uma jurisprudência sobre como devem funcionar as CPIs, e sugeriu que o Congresso tomasse a iniciativa de fazer um documento com as principais normas para que as próximas CPIs possam funcionar mais a contento. (...)

Perguntada pelo senador Cesar Borges sobre recente coluna minha, a senadora Ideli Salvatti negou que tivesse feito comentário que dava a entender que o presidente Lula já sabia sobre o extrato do caseiro Francenildo Costa quando foi comunicado, em Santa Catarina, sobre a notícia da revista *Época*.

Ontem, ela me telefonou e reconheceu que dissera que "a expressão facial" do presidente foi como quem diz "Ah, eu sabia". Mas a senadora Ideli explicou, em nota oficial, que a exclamação que usou significava que o presidente "já desconfiava" que havia alguma coisa errada com os depósitos do caseiro, e não que ele sabia da quebra do sigilo.

De acordo com essa versão, o presidente, que nunca sabe de nada do que acontece à sua volta, quando desconfia que sabe, está redondamente enganado: desconfiou do "pobre" caseiro e confiou no "mais que irmão" Palocci. Deu no que deu.

31/3
TRAPALHADAS TUCANAS

Nem bem escolheram seu candidato à Presidência da República, os tucanos já estão se debatendo entre si pela eleição de 2010, como se

Geraldo Alckmin não tivesse condições de vencer Lula nas eleições de outubro. Ou como se já houvesse um consenso sobre o fim da reeleição. O prefeito de São Paulo, José Serra, ao que tudo indica deixará o cargo para disputar o governo de São Paulo, já de olho na Presidência.

É aventada até mesmo a hipótese de que, desincompatibilizando-se hoje, Serra poderá, na eventualidade de a candidatura de Alckmin não decolar, ser indicado como candidato do PSDB na convenção de junho.

O governador Aécio Neves, por sua vez, anunciou que se candidatará à reeleição, mas já fala em um "projeto nacional" para 2010 e critica a hegemonia paulista, demonstrando que será uma pedra no caminho de Serra ao Palácio do Planalto. Ou será que está pensando também em inviabilizar uma eventual tentativa de reeleição de Alckmin?

O governador mineiro sinaliza a segunda etapa de seu projeto político com a realização em Belo Horizonte de eventos de alcance nacional, e até mesmo internacional, como a reunião do BID que acontece lá, ou o show da turnê de despedida do tenor Luciano Pavarotti, adiado para o meio do ano.

Em evento paralelo à reunião do BID, o governo mineiro está promovendo um seminário que reunirá o formulador do Consenso de Washington, o economista John Williamsom, e dois prêmios Nobel — Douglass North (1993) e Joseph Stiglitz (2001) —, além do economista-chefe do Departamento de Relações Econômicas e Sociais da ONU, Jan Kregel.

O candidato oficial do PSDB, Geraldo Alckmin, terá que conviver com esses fantasmas, embora tenha uma vantagem sobre o que aconteceu com Serra em 2002: mesmo que não queiram, tanto Aécio quanto Serra levarão para Alckmin muitos votos nos dois maiores colégios eleitorais do país.

O Lula de hoje não é o da outra eleição, que tinha o apoio majoritário da população. Hoje, com o eleitorado dividido entre Lula e o anti-Lula, e com os escândalos de corrupção comendo a credibilidade do governo, não há muito espaço para alianças "brancas" que favoreçam o governo.

Ao que tudo indica, em São Paulo os dois tucanos não terão que dividir o eleitorado com um candidato petista forte, como aconteceu em 2002. De qualquer maneira, não tem sentido dar início à disputa de 2010 sem nem mesmo ter começado a deste ano. Outro dia, um tucano radiante fez o seguinte comentário: "Não é preciso oposição, esse governo se atrapalha por si mesmo, só dá tiro no pé."

É verdade, mas os tucanos também não ficam atrás em suas trapalhadas. Só há uma diferença entre os dois: a rapidez com que os tucanos se livram de seus incômodos políticos e a lentidão com que os petistas resolvem suas pendengas.

Os tucanos devem ao ex-presidente Fernando Henrique Cardoso a lição de agir rapidamente quando apanhados no contrapé. Já na campanha de 1994, quando o então ministro da Fazenda, Rubens Ricupero, foi alcançado pela parabólica se gabando da própria esperteza — "O que é bom a gente divulga, o que é ruim a gente esconde" — sua substituição foi fulminante, apesar de ser um ministro altamente popular na ocasião.

O então governador do Ceará, Ciro Gomes, assumiu a Fazenda num golpe de marketing perfeito, pois também era muito popular naquele momento. Fez uma série de "bondades" no ministério, como a tarifa zero para importação de certos produtos por pessoas físicas, que acarretaram vantagens eleitorais claras para Fernando Henrique naquele clima entusiasmado do início do Plano Real.

Já no governo, depois de ter trocado o vice original, Guilherme Palmeira, pelo senador Marco Maciel, que nunca gerou um pingo de desconfiança em sua atividade política, o presidente Fernando Henrique não poupou os principais colaboradores a cada situação embaraçosa que se apresentava.

Foram substituídos sucessivamente, por decisão própria ou premidos pela situação, em movimentos rápidos, o ministro do Desenvolvimento e amigo fraterno Clóvis Carvalho; o secretário particular Eduardo Jorge; os economistas Pérsio Arida, André Lara Resende e Luiz Carlos Mendonça de Barros; Xico Graziano; o diplomata Julio César Santos; o ministro da Aeronáutica Mauro Gandra, e por aí vai. Todas ações fulminantes, para não dar margem à exploração política dos casos.

Quando fugiu dessa prática, contra a opinião de Fernando Henrique, no caso recente do senador Eduardo Azeredo, acusado de ter iniciado o esquema de Marcos Valério de financiamentos de campanha política em 1998 em Minas, o PSDB se expôs politicamente. Azeredo não era apenas o presidente do partido como também um político muito querido, e seus pares custaram a exigir sua renúncia do cargo.

Hoje, indiciado na CPI dos Correios, é o exemplo usado pela situação de que o PSDB tem os mesmos hábitos petistas no financiamento de campanhas eleitorais, embora seu caso seja claramente de caixa dois e não de mensalão através do valerioduto.

O governador Geraldo Alckmin também agiu rápido ao tirar de seu governo o secretário de imprensa Roger Ferreira, um de seus homens de confiança, depois que surgiram denúncias de que verbas publicitárias da Nossa Caixa teriam sido usadas para financiar órgãos de imprensa ligados a políticos em troca de apoio na Assembleia. Mas está lento demais nas explicações sobre os 400 vestidos de alta costura que sua mulher teria recebido de presente de um costureiro paulista.

1/4
TODOS OS HOMENS DO PRESIDENTE

Não é mera retórica a citação do caso Watergate, que levou ao impeachment do presidente Richard Nixon nos Estados Unidos em agosto de 1974, por diversos políticos e juristas presentes ao ato do movimento "Da indignação à ação", coordenado pelo jurista e ex-ministro da Justiça Miguel Reale Jr., na sede da OAB de São Paulo.

Nixon foi eleito presidente em 1968, e reeleito em 1972 com uma vitória esmagadora: ganhou em 49 dos 50 estados, mesmo estando sob investigação a invasão do Comitê Nacional do Partido Democrata, em junho do ano da eleição. Durante a investigação oficial, foram apreendidas fitas gravadas que demonstravam que o presidente tinha conhecimento das operações ilegais contra a oposição. Em 9 de agosto de 1974, quando várias provas já ligavam os atos de espionagem ao Partido Republicano, Nixon renunciou. Já contei aqui na coluna, mas vale a pena repetir, episódio narrado no recente livro de Bob Woodward *O homem secreto*, sobre a verdadeira identidade do informante Deep Throat que o ajudou, e a Carl Bernstein, repórteres iniciantes do *Washington Post*, a desvendarem o caso Watergate, que levou o presidente Nixon à renúncia.

Certo dia, quando chegaram à conclusão de que tinham elementos suficientes para identificar John Mitchell — que ocupara, entre outros cargos, o equivalente ao de ministro da Justiça de Nixon — como uma das cinco pessoas que controlavam um fundo secreto do comitê de reeleição que financiava ações ilegais como a invasão do escritório do Partido Democrata no prédio Watergate, Bernstein e Woodward ficaram chocados: "Meu Deus. Este presidente vai ser impichado", exclamou Bernstein.

Depois dessa conversa, mais 12 meses se passariam até que o Congresso abrisse o processo de impeachment contra Nixon, e mais outros 10 meses até que o presidente renunciasse. Sete altos funcionários da Casa Branca foram condenados, entre eles John Mitchell e o chefe do Gabinete Civil H.R. Haldemann, e o próprio Nixon foi considerado "coconspirador não indiciado".

Desde o início de nossa crise política, a partir de uma denúncia do ex-deputado Roberto Jefferson em junho do ano passado, já se passaram dez meses e as acusações se sucedem incessantemente, sempre chegando às portas do Palácio do Planalto.

Não é à toa que os petistas querem retirar do relatório final da CPI dos Correios o indiciamento dos dois ministros ligados diretamente ao presidente Lula, José Dirceu e Luiz Gushiken, identificados formalmente como organizadores do mensalão. Agora, com a quebra ilegal do sigilo bancário do caseiro Francenildo Costa, mais um ato criminoso aparece sendo arquitetado dentro do Palácio do Planalto por outro membro do "núcleo duro" do governo, o ministro da Fazenda Antonio Palocci.

Ele teria pedido ao presidente da Caixa Econômica Federal que entrasse na conta do caseiro durante uma reunião da qual participou também o presidente Lula. Não existe, até o momento, nada que indique que o presidente pessoalmente tenha participado dessa conversa, mas a oposição ainda não engoliu a versão da senadora Ideli Salvatti de que, quando disse que o presidente Lula fez cara de quem "já sabia" dos depósitos na conta do caseiro, quis apenas dizer que ele "desconfiava" de alguma coisa errada.

As investigações da Polícia Federal prosseguem para definir exatamente até onde vai a cadeia de comando dessa operação criminosa que, mais uma vez, envolve altos funcionários do primeiro e do segundo escalões do governo e políticos petistas, sem que o presidente Lula de nada soubesse.

Ao mesmo tempo, agrava-se a situação do amigo e presidente do Sebrae Paulo Okamotto, que faz das tripas coração para proteger seu sigilo bancário, embora diga que não vê nada de mal no que fez, referindo-se ao pagamento de uma dívida pessoal do presidente Lula com o PT.

Okamotto, que pagou a dívida estranhamente em dinheiro vivo, conta uma história atravessada sobre retiradas de dinheiro de diversas contas, inclusive da de sua mulher, para pagar ao PT, mas não permite que os parlamentares da CPI tenham acesso a essas contas. Se não fez nada de errado, e se são infundadas as desconfianças da oposição de que ele na verdade usou dinheiro do valerioduto para pagar as dívidas do amigo presidente, por que insiste em não permitir a quebra de seu sigilo, apelando para o Supremo?

E, se não deve nada, por que fugiu ridiculamente do oficial de Justiça que foi intimá-lo para uma acareação na CPI dos Bingos com o ex-militante petista, Paulo de Tarso Wenceslau, que o acusa de ser um dos coordenadores da arrecadação ilegal de caixa dois para campanhas eleitorais do PT?

A montagem de um esquema de compra de parte do Congresso Nacional, um dos poderes da República, através do mensalão, cuja existência o relatório oficial da CPMI dos Correios confirmou, já é um dos maiores atentados à democracia ocorridos no país. A quebra ilegal do sigilo do caseiro nos mostra um estado policial usando seus poderes de maneira ilegítima para constranger uma testemunha.

Reduzir todos esses acontecimentos à mera "luta política" de um ano eleitoral é simplificar perigosamente o que vem acontecendo no país. Assim como Nixon, Lula pode até mesmo vir a ser reeleito. Mas as investigações continuarão. Como no caso Watergate, todos os homens do presidente, de uma maneira ou de outra, estão caindo como consequência das denúncias de corrupção envolvendo o governo. Todos os homens do presidente estão envolvidos nos crimes contra o Estado de Direito que vêm sendo perpetrados.

5/4
A PENEIRA DO PT

O Partido dos Trabalhadores se meteu em uma enrascada com a apresentação de seu relatório alternativo ao do relator da CPMI dos Correios, deputado Osmar Serraglio. Mesmo que consiga derrotar o relatório oficial, o que não é certo, a situação não parece ter votos para aprovar o seu relatório, o que fará com que a CPMI seja encerrada sem um resultado oficial. O PT será, portanto, responsabilizado pelo fracasso da CPMI, e não conseguirá apagar da memória da opinião pública as conclusões do relatório oficial, já amplamente divulgado, elogiado por suas conclusões objetivas e seu equilíbrio. O relatório petista tenta, portanto, esconder o sol com a peneira.

Mais que isso: o PT cairá no ridículo diante de algumas afirmações de sua versão o relatório, especialmente quando se coloca de vítima diante da "sedução" do lobista Marcos Valério, que, pela descrição petista, era "um arquiteto de sofisticadas operações financeiras de distribuição de dinheiro a parlamentares".

No afã de justificar seus erros com os cometidos por outros partidos anteriormente, o relatório petista diz que o publicitário seduziu o Partido dos Trabalhadores "com um mecanismo para arrecadar fundos, cuja gênese — como comprovaram as investigações — se deu nas campanhas políticas desde 1997, mas se explicita com todas as suas características na campanha eleitoral de 1998 para o governo do estado de Minas Gerais, na qual saiu derrotado o hoje Senador Eduardo Azeredo (PSDB-MG)".

437

De acordo com essa versão, que mais parece um conto da carochinha, o valerioduto foi a verdadeira "herança maldita" do PT, que, em sua pureza virginal, foi seduzido pelo lobista mineiro que ensinara os caminhos da corrupção aos representantes das elites conservadoras. O pobre partido, impotente diante de tal poder de sedução, entregou-se ao gigolô, e viu desfazer-se sua pureza, até então intocada.

No mesmo dia em que essa versão rósea do que seria uma corrupção institucionalizada pelos conservadores era apresentada pelo PT, na CPI dos Bingos ocorria a acareação entre o ex-militante petista Paulo de Tarso Venceslau e o amigo do presidente Lula, Paulo Okamotto. Foram passadas em revista todas as manobras e artimanhas de que o PT já se utilizava nos anos 1990 para financiar suas campanhas eleitorais, como a contratação superfaturada de empreiteiras e prestadoras de serviços em vários municípios.

O mesmo esquema que, como foi denunciado, ocorreu até recentemente em Ribeirão Preto e em outros municípios dirigidos por petistas. O mesmo esquema que, de acordo com o Ministério Público, é o responsável pelo assassinato do prefeito de Santo André, Celso Daniel.

Não satisfeito em tentar transformar suas ilicitudes em mera continuidade do que "se faz aqui habitualmente", o relatório petista afirma textualmente que "não houve pagamentos para obter aprovação de projetos de interesse do governo, mas o repasse — ilegal, repita-se — para partidos". Com isso, quer descaracterizar a existência do mensalão, que o relatório oficial de Serraglio havia definido claramente como "uma realidade".

O relator oficial ainda se deu ao trabalho de explicar que "a expressão, obviamente, para além da estreiteza conceitual, tem caráter midiático, comunicacional. Concentra, em uma só palavra, ressoante, a ideia de uma prática ilícita de cooptação política, contrária ao interesse público, financiada com dinheiro escuso de cofres públicos e privados. Sintetiza a degradação de um escambo imoral de favores, que teve membros importantes da classe política como protagonistas".

Pois o PT acha que pode se colocar contra as evidências, afirmando que o "fantasioso mensalão" não passou de caixa dois. Ao centrar seu objetivo na tentativa de apagar da história recente a existência do "mensalão", o PT demonstra mais uma vez que não tem apreço pela coerência. Seus membros na CPI dos Correios aprovaram um documento no qual a existência do "mensalão" não era contestada, simplesmente para tentar transferir as investigações para a CPMI específica do Mensalão, na qual tinha a maioria.

O relator Osmar Serraglio teve tanto cuidado com a situação do presidente Lula que, ao se referir a ele, usou uma linguagem rebuscada para dizer que não tinha condições de afirmar se o presidente tinha "sabença" dos acontecimentos. Essa boa vontade da oposição com o presidente não foi levada em conta pela situação, que agora quer ainda retirar do relatório qualquer referência aos ex-ministros José Dirceu e Luiz Gushiken e ao ex-presidente do PT José Genoino.

Além do mais, reafirmando o caixa dois para negar o "mensalão", o PT abre seu flanco para um enquadramento do próprio presidente Lula em uma fiscalização sobre o uso de caixa dois nas campanhas eleitorais. Em várias ocasiões, a mais famosa delas o depoimento do marqueteiro Duda Mendonça, que admitiu ter recebido R$ 10 milhões em uma conta num paraíso fiscal a mando de Marcos Valério, o uso de caixa dois na campanha petista de 2002 apareceu nos depoimentos.

7/4
RETROCESSO POLÍTICO

Mais um "mensaleiro", e desta vez dos grandes, se não na quantia, no peso político, foi absolvido pelo plenário da Câmara num misto de compadrio e irresponsabilidade que, mais cedo ou mais tarde, se voltará contra a imagem dos políticos, enfraquecendo um dos Poderes da República e a democracia brasileira. O ex-presidente da Câmara João Paulo Cunha, que recolheu, tendo como intermediária a própria mulher, R$ 50 mil pagos pelo lobista Marcos Valério, se declarou uma pessoa "do bem" e encorajou seus pares a não temerem a opinião pública, a exemplo do que já fizera, com êxito, o deputado pefelista Roberto Brant.

A tese de que os meios de comunicação não refletem necessariamente a opinião média do eleitorado, mas apenas o pensamento das elites brasileiras, transforma os deputados em parceiros do nivelamento por baixo de nossa política, e tem o respaldo no comportamento do próprio presidente Lula, que se orgulha de ter um canal direto com o povo que dispensa a intermediação das elites, políticas ou intelectuais.

Esse desprezo por intermediações e pela elite do país está espelhado no texto que o ministro Tarso Genro distribuiu a militantes petistas, no qual destaca como um dos feitos do governo, e que seria alvo dos conservadores, a "plebeização do processo democrático no país".

Como se a defesa da democracia dependesse de uma permanente luta de classes, uma disputa entre elite e povo, na qual a elite está sempre do lado errado e este governo sempre do lado certo, o do povo. Um discurso diversionista para um dos governos mais conservadores em termos econômicos e sociais que o país já teve, e isso num momento da economia mundial que permitiria um salto à frente no caminho do desenvolvimento.

Nunca as elites financeiras ganharam tanto dinheiro com os juros. E os programas sociais de cunho assistencialista permitem que o governo garanta sua popularidade nos setores mais pobres e mais excluídos da sociedade brasileira, além de permitirem que esses "mensaleiros" se apeguem à esperança de que o grosso do eleitorado não será atingido pelo clamor de seriedade que os meios de comunicação, de maneira geral, ecoam.

A chamada "opinião pública" surgiu no fim do século XVIII, como maneira de as elites se contraporem à força do Estado absolutista, e a imprensa teve papel fundamental na sua consolidação. Não é à toa, portanto, que o surgimento da "opinião pública" está ligado ao surgimento do Estado moderno, e a negação da opinião pública, como virou moda no Parlamento e no governo brasileiros, representa a tentativa de retroceder na história, de fazer prevalecer o atraso nas relações do Congresso com os eleitores. Não é à toa também que esta está sendo considerada a pior de todas as legislaturas.

O deputado João Paulo Cunha, na sua análise histórica sobre o papel da imprensa no país, quer também retornar no tempo, quando os jornais, no Brasil e no mundo, existiam para defender interesses dos grupos políticos ou familiares aos quais pertenciam. O que o PT sempre criticou e atacou, o uso dos meios de comunicação em apoio a um determinado grupo político, João Paulo apontou como uma prática que deveria ser retomada, contra a profissionalização, tendência dominante.

Segundo a historiadora Isabel Lustosa, em seu livro *Insultos impressos*, os jornais surgidos no Brasil no período de intenso debate político que antecedeu a Independência, em 1822, nasciam impulsionados pelo propósito de preparar o povo para o regime liberal que se inaugurava. Para Hipólito da Costa, o primeiro jornalista brasileiro, fundador do primeiro jornal do país, o *Correio Braziliense*, impresso em Londres em 1808, a instrução seria a chave de uma conduta racional e asseguraria o bom funcionamento dos governos.

Todos os jornais se outorgavam a tarefa de educar o povo. Mas o clima tenso e apaixonado que caracterizava a vida política se transferiu rapidamente para o texto, em que cada jornal defendia seu ponto de vista político, a favor ou contra a Independência. No mundo inteiro os jornais começaram assim, panfletários, e os brasileiros não foram exceção à regra, e só muito recentemente, mais acentuadamente no eixo Rio — São Paulo, começaram a se profissionalizar e a dar mais atenção a questões éticas na informação.

A maior influência hoje na imprensa brasileira é a da cultura anglo-saxão, e atribui-se a essa influência, especialmente da imprensa dos Estados Unidos, distorções da ética jornalística, especialmente a glamurização da notícia, a busca do espetáculo para atrair os leitores. O jornalista Alberto Dines, fazendo uma análise sobre essa influência, lembra os aspectos positivos dela desde que o poeta, político e publicista inglês John Milton publicou *Areopagítica* (1644), primeiro documento explícito em favor da liberdade de expressão na história da cultura universal, que Hipólito da Costa traduziu numa das primeiras edições do *Correio Braziliense*.

Hoje é dos Estados Unidos que vêm as grandes inovações tecnológicas que fundem as mídias e inauguram uma nova era da comunicação, com base na internet. Mudou a relação dos donos dos jornais com seus próprios jornais.

Atualmente os jornais são empresas, e precisam estar mais perto do público leitor do que dos governantes para serem bem-sucedidos. Para tanto, publicam textos ou depoimentos com posições antagônicas, privilegiam o pluralismo de opiniões entre seus colunistas e colaboradores, dando mais opções de informação aos leitores.

E demarcam mais claramente a sua opinião, tratando que ela não influencie o noticiário, que deve ser o mais imparcial e abrangente possível. Os jornais deixaram de ser partidários, sectários, e isso é sinal de amadurecimento, político e empresarial.

11/4
O ENIGMA

Como explicar a permanência de Lula como favorito dos eleitores, quando nada menos que 79% dos entrevistados pela última pesquisa Datafolha acham que existe corrupção no governo e, desses, 37% atribuem "muita responsabilidade" a Lula e 46% acham que Lula tem pelo menos "um pouco de responsabilidade"? Uma primeira explicação pode ser a desinformação sobre os últimos acontecimentos.

Embora 66% dos brasileiros tenham tomado conhecimento da saída de Antonio Palocci do Ministério da Fazenda, e 67% da violação do sigilo bancário do caseiro Francenildo Costa, boa parte da população está desinformada sobre esses novos fatos.

Um bom indicativo das consequências dessa desinformação é o dado que mostra que a preferência por Lula decresce à medida que os eleitores se consideram bem informados sobre os acontecimentos: 44% dos entrevistados que não tomaram conhecimento da demissão de Palocci votam em Lula, assim como 46% dos que não souberam da quebra do sigilo do caseiro.

Já entre os que souberam, a margem a favor de Lula diminui. Entre os que se dizem "bem informados" sobre a saída de Palocci, 33% votam em Lula, 30% em Alckmin. E dos "bem informados" sobre a quebra de sigilo do caseiro, 35% são Lula, 28% votam em Alckmin.

Outra explicação pode ser o ceticismo que teria tomado conta do eleitorado diante da troca de acusações entre os candidatos, um desencanto momentâneo com a política, que seria superado no calor da campanha eleitoral. É bom lembrar que na primeira onda de acusações, a popularidade do presidente Lula demorou a se deteriorar.

E até que ponto a chamada Bolsa Miami, maneira irreverente de identificar os efeitos do dólar barato na boa vontade da classe média brasileira com Lula, que o colunista Ancelmo Gois registrou e eu passei a usar nas análises políticas, tem parte nessa manutenção da popularidade do presidente?

O economista Edmar Bacha acha que, mais do que a possibilidade de viagens internacionais ou de compra de importados, o dólar baixo tem efeito mesmo é no custo de vida. O dólar baixo reduz os preços internos dos bens exportados e importados pelo Brasil, bem como exerce efeito baixista sobre os preços dos produtos domésticos substitutos de importação, ressalta Bacha.

Com base no consumo total das famílias em 2004, último ano disponível nas contas nacionais do IBGE, de R$ 975 bilhões, Bacha chegou à conclusão de que o consumo interno de bens cujos preços são fortemente afetados pelo câmbio representa R$ 146 bilhões, 13 vezes mais do que os gastos em viagens internacionais, de R$ 11 bilhões.

Todas essas questões certamente influem na decisão de voto, mas pode estar ocorrendo um movimento mais amplo e mais profundo no eleitorado brasileiro, que encontra semelhança no que acontece em países como o Peru, o Equador, a Bolívia e a Venezuela, onde populações marginalizadas e afastadas dos mínimos direitos de cidadania — saúde, educação, emprego, perspectiva de futuro — reinventam valores, não identificam mais os partidos como canais de expressão de suas reivindicações e mantêm um contato direto com o líder carismático que consideram que os represente.

E se importam mais com a solução de questões materiais imediatas do que com questões morais, sem entender que o assistencialismo não leva à redenção de seus problemas, ao contrário. Por isso também os eleitores de Garotinho têm tamanha interseção com os de Lula, o que pode servir tanto como instrumento para levar o candidato do PSDB ao segundo turno, como para levar o próprio Garotinho a ultrapassá-lo.

O professor de História Contemporânea da UFRJ, Francisco Carlos Teixeira, identifica esse movimento com a constatação de que "bem ao contrário do que a avalanche (neo)liberal assegurava nos anos 90, as 'receitas' da felicidade liberal não garantiram, de forma alguma, bem-estar e segurança para milhões e milhões de pessoas em todo o mundo".

Segundo ele, "para as grandes massas populares, depauperadas com a crise do endividamento e o esgotamento do modelo de industrialização por substituição de exportações", a luta pela volta do Estado de Direito na redemocratização de países da América do Sul "deveria representar, acima de tudo, ganhos bastante concretos, tais como empregos (de qualidade) e segurança pessoal".

Isso não aconteceu, pelo menos não na intensidade necessária, e essa multidão de despossuídos passou a não ver na democracia representativa liberal uma solução para seus problemas cotidianos, passando a aceitar lideranças carismáticas como Chávez, Ollanta Humala, Evo Morales e mesmo Lula, sem intermediações partidárias.

Lula caminharia para a reeleição nessas condições, cada vez mais isolado e apoiado no seu carisma pessoal, o que aumenta o perigo de um segundo mandato baseado na chamada "democracia das ruas", tão em voga em alguns países.

12/4
SINAIS DE VIDA

A pesquisa CNT/Sensus divulgada ontem trouxe um pequeno alento à oposição, mostrando sinais tênues de vida na candidatura do ex-governador paulista Geraldo Alckmin e dando esperanças de que a popularidade do presidente Lula possa ser minada por denúncias de corrupção, a principal arma da oposição até agora na tentativa de desestabilizar a sua recandidatura.

Ao mesmo tempo, o procurador-geral da República, Antonio Fernando Souza, apresentou ao Supremo Tribunal Federal (STF) uma forte denúncia contra 40 pessoas que, segundo suas palavras, livres dos constrangimentos políticos do relatório da CPMI, formavam uma "organização criminosa" que era "estruturada em núcleos específicos".

"Como dirigentes máximos, tanto do ponto de vista formal quanto material, do Partido dos Trabalhadores, os denunciados, em conluio com outros integrantes do partido, estabeleceram um engenhoso esquema de desvio de recursos de órgãos públicos e de empresas estatais e também de concessões de benefícios diretos ou indiretos a particulares em troca de ajuda financeira", afirma o procurador.

"Os graves delitos" tiveram por objetivo principal, "no que concerne ao núcleo integrado por José Dirceu, Delúbio Soares, Sílvio Pereira e José Genoino, garantir a continuidade do projeto de poder do Partido dos Trabalhadores mediante a compra de suporte político de outros partidos políticos e do financiamento futuro e pretérito (pagamento de dívidas) das suas próprias campanhas eleitorais", afirma o relatório.

Os 40 indiciados, entre eles ex-ministros, são acusados de "formação de quadrilha, lavagem de dinheiro, evasão ilegal de divisas, corrupção ativa e passiva e peculato". Com a aceitação oficial da tese de que houve um conluio criminoso entre dirigentes do PT e ministros do governo Lula para comprar apoio político com o objetivo de manter o poder, a questão sai do âmbito partidário e ganha a chancela independente da Procuradoria Geral da República.

A denúncia, se complica de vez a situação do PT, pode ser entendida como um sinal da independência da Procuradoria Geral, cujo titular no governo de Fernando Henrique já foi chamado de "engavetador-geral". É o mesmo caso da Polícia Federal, apontada por muitos como mais independente na sua investigação na atual administração. Mas, se ficar provado que o ministro da Justiça tentou ajudar na defesa do ex-ministro Palocci mesmo já sabendo que ele infringira a lei ao quebrar o sigilo bancário do caseiro Francenildo Costa, o trabalho da PF ficará sob suspeita.

Alguns cruzamentos da pesquisa divulgada ontem dão pequenas indicações de que existe vida adiante para o candidato tucano: Alckmin era desconhecido em fevereiro por quase 19% do eleitorado, hoje esse índice caiu para 13,7%. Ao mesmo tempo, em fevereiro, Alckmin tinha 39,9% de rejeição e hoje esse índice caiu para 33,5%, o que significa que, à medida que fica mais conhecido, sua situação diante do eleitorado melhora.

Para fazer uma análise de tendência, os técnicos recomendam que se olhe tanto a rejeição quanto o voto espontâneo no candidato. O presidente Lula, por exemplo, tinha 30% de votos espontâneos, e caiu para 26,4%, mas Alckmin, que tinha apenas 3,8%, passou para 9%. Não apenas cresceu expressivamente, como um detalhe da pesquisa mostra que ele está absorvendo os votos de eleitores que preferiam Serra a ele: o ex-prefeito caiu de 10% de votos espontâneos para 2,8%.

Se a eleição fosse hoje, Lula teria 37,5% dos votos, contra 20,6% atribuídos a Alckmin. Na pesquisa anterior, Lula tinha 42,2%, e Alckmin 17,4%. A diferença, que era de 24,8 pontos em fevereiro, caiu para 16,9 pontos. Já o pré-candidato do PMDB Garotinho não flutuou muito na pesquisa do CNT/Sensus, ficando parado na faixa dos 15%, e, embora tenha tido uma redução expressiva de rejeição do eleitorado — de 59% para 50,7% —, esse índice continua acima de 50%, faixa em que os analistas consideram impossível um candidato se eleger.

24/5
TATEANDO NO ESCURO

Enquanto o ex-tesoureiro do PT, Delúbio Soares, se sente tão protegido que teve a petulância de negar ontem, na CPI dos Bingos, até mesmo o uso de caixa dois pelo PT nas eleições de 2002 — versão que ele mesmo havia criado, em parceria com o lobista Marcos Valério e com o apoio de declarações do próprio presidente Lula —, as oposições brasileiras continuam tateando um caminho a trilhar. Estranhamente, o único grupo político que trabalha com a possibilidade de vencer Lula é a parte do PMDB que procura viabilizar a candidatura própria do partido.

Os demais, inclusive o PSDB, demonstram ter uma estratégia apenas de manutenção de posições políticas, pensando em longo prazo. Há momentos na política em que o melhor que a oposição tem a fazer é manter-se organizada e atuante, mesmo que as chances de vitória sejam nulas, ou pelo menos mínimas, como parece ser o caso contra a reeleição de Lula. Essa, tudo indica, foi a estratégia dos tucanos, que optaram por um candidato mais fraco, o ex-governador Geraldo Alckmin, para proteger sua principal fortaleza, o estado de São Paulo.

Se vencer a disputa pelo governo paulista com José Serra, o PSDB terá garantido a posição de força que hoje ocupa no cenário político, e deixado o PT sem alternativa aparente para a disputa pelo poder central em 2010. O PFL já terá ganhado uma força política extra com a garantia de ter a Prefeitura de São Paulo pelos próximos três anos.

Também a oposição "de esquerda", que se pretende diferente do que chamam de "oposição conservadora", se prepara para disputar as eleições com outras perspectivas. Admitem que a dupla PSDB/PFL tem a hegemonia do embate, o que se traduz em maior espaço nos meios de comunicação. Mas não se sentem representados pelo líder da minoria, cargo que é ocupado pelo PFL. Essa oposição à esquerda de Lula inclui não apenas o PSOL, mas também o PDT, o PPS, o PV.

Forças políticas minoritárias que têm representantes de peso no Congresso, como os senadores Cristovam Buarque e Jefferson Peres, e o deputado Miro Teixeira, no PDT; os deputados Roberto Freire e Raul Jungman, no PPS; e o deputado Fernando Gabeira, no PV, que se colocaram à frente da luta institucional pelo fim do voto secreto e pela instalação da CPMI dos "sanguessugas", batalhas nas quais nem o PSDB nem o PFL se empenham com afinco.

Os interesses da "oposição conservadora em jogo" às vezes levam a acordos com o governo, tanto para aprovação de matérias como para evitar convocações constrangedoras em CPIs. A "oposição de esquerda" pretende se diferenciar para tentar aparecer como uma alternativa à dicotomia PT/PSDB, mas nenhum dos partidos tem condições de pensar seriamente na possibilidade de vitória sobre Lula.

O PDT caminha para lançar o senador Cristovam Buarque como candidato à Presidência, e possivelmente o PPS lançará o deputado Roberto Freire, acreditando que ter um candidato próprio é o melhor caminho para superar as barreiras da nova legislação eleitoral. Já o PSOL, que tem na senadora Heloísa Helena a candidata alternativa com mais força eleitoral, começa a caminhada para se implantar em todo o país.

Eles pretendem fazer uma campanha na base de "ideias e causas", tentando reaglutinar a esquerda em torno da nova sigla. A valorização da legenda, em tempos de coligações partidárias completamente desprovidas de lógica mesmo com a lei de verticalização, será uma característica do PSOL, que faz prospectos com o nome de todos os candidatos proporcionais, despersonalizando assim a campanha. Também as contas da propaganda partidária serão apresentadas, em tempo real, pela internet, como uma denúncia contra as campanhas milionárias.

Socialistas assumidos, usam até mesmo a inspiração de um slogan de Lênin, concebendo a campanha política como "agitação e propaganda", para trabalhar a massificação de "poucas ideias-força para muitos" e, um jogo semântico do filósofo Carlos Nelson Coutinho — contra a "americanalhização" da política brasileira — para, no plano partidário e da coligação, debater "muitas ideias com poucos", a fim de forjar um núcleo dirigente qualificado.

Mas é do PMDB que pode vir a novidade desta eleição, embora continue muito difícil superar as resistências da cúpula partidária à candidatura própria. Por razões distintas, os candidatos que surgiram até agora — Garotinho e Itamar Franco — tinham perfis que os colocavam em condições de disputar com o candidato do PSDB um lugar num eventual segundo turno.

Agora, o senador Pedro Simon poderia até mesmo unir partidos de esquerda como o PDT e o PPS em torno de seu nome, surgindo como uma alternativa de centro-esquerda à polarização PT/PSDB. O senador Cristovam Buarque já declarou que apoiaria Simon se ele fosse candidato. Politicamente, porém, ter em sua chapa Garotinho como vice enfraquece seu discurso de moralidade, e pode afastar o eleitorado de classe média que o vê com bons olhos.

25/5
FORÇA NEGATIVA

Talvez o maior dano à democracia que o atual governo causou tenha sido provocar o descrédito nas instituições públicas e o desânimo, a apatia, que tomou conta da sociedade diante das graves denúncias de corrupção surgidas. Com sua própria postura de afirmar desconhecer tudo o que aconteceu à sua volta, Lula deu a senha para que o sorriso idiotizado dos delúbios petistas se tornasse a melhor defesa dos 40 membros da quadrilha que atuava no Palácio do Planalto. Há um consenso de que o governo, a partir do comportamento pessoal do próprio presidente Lula, teve êxito na estratégia de disseminar a ideia de que todos os políticos são igualmente corruptos, e de que as denúncias surgidas não passam de reflexos de luta política, pois corrupção sempre houve, a começar pelos oito anos anteriores de governo tucano.

Até que o choque provocado há um ano pelas denúncias do ex-deputado Roberto Jefferson fosse absorvido, a opinião pública reagiu conforme o esperado, e a popularidade do presidente Lula desabou durante alguns meses. Mas aos poucos o trabalho de recuperação da imagem do presidente, à custa da generalização das mazelas dos políticos, especialmente os do PT, conseguiu estabelecer na sociedade a percepção de que política é assim mesmo.

Com atitudes erráticas, que pareciam fruto de uma desorientação genuína, mas que hoje se revelam parte de uma estratégia ardilosamente montada, o presidente Lula foi se afastando dos acontecimentos, deixando seus "companheiros" na fogueira, mas ao mesmo tempo instaurando no país um clima propício à impunidade dos acusados do esquema do "mensalão".

Pudesse o presidente Lula ter assumido a dianteira das ações punitivas aos que inicialmente acusou de traição e o ambiente seria mais saudável hoje. Para essa hipótese ser verdadeira, no entanto, seria preciso que Lula realmente desconhecesse o que acontecia à sua volta, o que, a cada dia fica mais claro, é impossível ter acontecido.

O presidente usou seu enorme carisma popular, e os programas assistencialistas, para confundir a opinião pública com atitudes dúbias, auxiliando na criação do álibi do caixa dois para substituir a roubalheira pura e simples. Estabelecida a premissa de que todos são ladrões, Lula sai do episódio isento de culpa pessoal, sem se importar que o patrimônio eleitoral do PT tenha se deteriorado pelo caminho.

O líder operário transformou-se no "neo pai do pobres", um papel que recusava no início de sua carreira sindical. Para Lula, a CLT é o "AI-5 dos trabalhadores", e Getulio Vargas era o "pai dos pobres e mãe dos ricos", epíteto que hoje é utilizado pelos adversários contra ele.

Lula também recusava o populismo getulista, e hoje é acusado do mesmo pecado político, que, no entanto, lhe garante a vasta popularidade que as pesquisas de opinião apontam, devido especialmente ao aumento real do salário mínimo e à distribuição do Bolsa Família a 11 milhões de famílias sem uma fiscalização rigorosa das exigências de cuidados médicos e educação.

Hoje, a CLT e a representação sindical, os marcos mais visíveis da Era Vargas, continuam intocados. Mas o sindicato continua cada vez mais atrelado ao Estado, e a reforma sindicalista mantém o imposto sindical, fortalecendo a CUT, entidade que Lula ajudou a fundar.

Os sindicalistas se espalham em postos-chave do governo, o número de funcionários públicos contratados, base ideológica e financeira do Partido dos Trabalhadores, cresceu aceleradamente.

Mas mudar de opinião sem guardar uma coerência histórica mínima tem sido a tônica do presidente Lula. O "mea-culpa" público que fez diante do ex-presidente José Sarney, a propósito de críticas que teria feito sem saber por que, é apenas o pedágio que paga pelo trabalho de Sarney — a quem um dia chamou de ladrão — de neutralizar a candidatura própria do PMDB.

Quando toda farra eleitoral produzir efeitos plenos, incluindo o descontrole da Previdência, cujo déficit cresceu 25% em abril e crescerá mais em maio, com o impacto do aumento do salário mínimo, poderemos ter uma crise fiscal no governo federal de proporções razoáveis.

Ao mesmo tempo, temos uma economia mundial que dá sinais de que a crise pode ser mais grave do que se pensava. A persistir, essa mudança de situação pode afetar o ponto central da campanha de reeleição de Lula, que é o sucesso da política econômica.

Se o crescimento da economia for menor, se a queda dos juros tiver que ser freada ou, numa hipótese pessimista, o Banco Central tiver que aumentar a taxa durante a campanha eleitoral, e se o dólar voltar a patamares que pressionem a inflação, poderá mudar também o humor do eleitorado.

Com a dificuldade de cumprir o superávit primário de 4,25% do PIB, a variável chave para o equilíbrio das contas públicas seria a velocidade da queda dos juros. Mesmo que nada disso afete as possibilidades de vitória de Lula, estaria em gestação o que, entre tucanos graduados, está sendo classificado de "o sucesso do fracasso": quanto maior o sucesso eleitoreiro da farra fiscal e do populismo cambial neste ano, pior será o tombo da economia logo em seguida.

3/6
PERDAS E GANHOS

As boas notícias que as pesquisas de opinião trazem para a sua candidatura à reeleição parecem estar subindo à cabeça do presidente Lula, e aí reside a melhor chance de o candidato tucano Geraldo Alckmin procurar uma reação, aparentemente impossível. Sentindo-se imbatível e "predestinado", o presidente vem abusando do dom de iludir. Diz que permitiu o uso de imagens externas na campanha eleitoral para que a oposição mostrasse imagens da CPI, num desafio pueril e perigoso, classificado de cinismo pelo candidato Alckmin. Na verdade, quer é mostrar as inaugurações que vem fazendo a toque de caixa pelo país.

Já não se preocupa em camuflar as ações eleitoreiras, a ponto de receber no seu gabinete do Palácio do Planalto um líder político como Orestes Quércia — que já chamou de ladrão diversas vezes — para tratar

449

de uma aliança com o PMDB, atropelando ao mesmo tempo a legislação eleitoral e a ética na política.

Nada mais exemplar da cultura do cinismo e da esperteza que domina o momento do país do que a mentira que o lateral-direito da seleção brasileira Roberto Carlos contou aos jornalistas sobre o dia de folga da seleção. Em vez de terem ficado no hotel, "de bermuda e chinelos, conversando sobre futebol", ele e outros jogadores foram a uma boate, onde foram fotografados.

Ao ser flagrado na mentira, Roberto Carlos não se desculpou, deu uma de "esperto", alegando, entre sorrisos, que não entendera a pergunta. O mesmo Roberto Carlos que, dias antes de viajar para a Europa, foi ao Palácio do Planalto, num gesto espontâneo de adesão oportunista, entregar ao presidente Lula uma camisa da seleção.

Hoje, estamos assim no país: se não aparece uma foto, ou uma testemunha, nunca se saberá a verdade, seja num caso banal como esse dos jogadores, seja nos casos envolvendo nossas "altas autoridades", que desfilam suas mentiras com a cara mais deslavada do mundo.

O momento decisivo desse processo parece ter sido o depoimento do publicitário Duda Mendonça, que admitiu, na CPI dos Correios, que recebera dinheiro do lobista Marcos Valério em uma conta num paraíso fiscal pela campanha eleitoral de Lula.

Houve choro e ranger de dentes nas hostes petistas, o próprio presidente Lula se viu constrangido a admitir que fora "traído", e desabou nas pesquisas eleitorais, num sinal claro de que, naquele momento, a população rejeitava maciçamente o tipo de política que estava sendo adotado pelo governo petista.

A oposição, arrogante, considerou que Lula e o PT estavam mortos, e resolveu que o melhor politicamente seria deixá-lo sangrando até as eleições, como um fantasma de si mesmo, imobilizado pelas denúncias e incapaz de se recuperar. Os caçadores dizem que o bicho mais traiçoeiro é o que parece estar morto. O caçador chega perto para verificar e pode ser atingido pelo derradeiro, mas fatal, bote.

Foi o que aconteceu com a oposição. Superado o momento traumático, a partir daí, com a versão de que tudo não passava de caixa dois que todo mundo utilizava no país, avalizada pelo próprio Lula, tudo foi sendo aceito como inevitável e corriqueiro.

Lula confraternizou publicamente com seus "traidores" diversas vezes, chegou mesmo a dizer que ninguém deveria "baixar a cabeça", e passou a enfrentar as acusações com doses cada vez maiores de arrogância e dissimulação, se afastando formalmente do PT, mas mantendo o controle, que sempre foi seu.

A serem confirmadas as pesquisas qualitativas, que captam as razões que levam o eleitor a escolher seu candidato, o presidente Lula está se consolidando nos corações e mentes das classes C, D e E, que representam 85% da população brasileira, embora existam brechas por onde o candidato tucano Geraldo Alckmin pode tentar entrar.

A força da candidatura de Lula está num sentimento de "felicidade" disseminado nas classes sociais mais baixas e constatado em recente pesquisa da Ipsos Public Affairs em Londrina, Recife e São Paulo. Essa sensação de bem-estar supera, mas no entanto não elimina um sentimento de frustração em relação a Lula. Mas, por não quererem sofrer mais decepções, esses eleitores preferem Lula a tentar outra vez. Especialmente se não há um candidato que lhes transmita confiança suficiente.

O pobre está mais feliz porque "está comendo mais e melhor". Além disso, consegue comprar bens eletrônicos e móveis para o lar. Todos reconhecem os benefícios do crédito consignado — que dobrou de um ano para o outro, passando de R$ 17.535 milhões em 2004 para R$ 32.312 milhões no ano passado — e dos juros mais baixos, uma sensação de acesso ao consumo que atribuem ao governo Lula.

Existe também uma insegurança com relação ao futuro dos programas sociais assistencialistas — o que pode ser explorado por Lula —, mas, sobretudo, com relação às perspectivas do país. Segundo a pesquisa da Ipsos, há um entendimento claro das camadas mais pobres da população de que somente com o crescimento da economia será possível manter a oferta de empregos necessária.

Parece estar ficando claro que a alta carga tributária impede a criação de mais empregos. Há ainda a percepção de que o governo Lula não deu atenção a setores importantes do dia a dia do cidadão, como a educação, a saúde e a segurança.

4/6
MEDO x ESPERANÇA

A vantagem que o presidente Lula apresenta nas pesquisas de opinião tem base em resultados concretos na economia, favorecendo especialmente a população de baixa renda, mas tem também fatores intangíveis que explicam, por exemplo, por que as acusações de corrupção que assolaram o governo passaram, de um momento para outro, a não influenciar tanto os resultados eleitorais. Pesquisa qualitativa realizada pelo instituto Ipsos Public Affairs em Londrina, Recife e São Paulo na primeira quinzena de maio reforça o que outras pesquisas do mesmo teor já constataram: esse eleitor, que hoje é a base de sustentação de Lula, não quer sofrer mais decepções, e quer esgotar o pouco de esperança que resta para dar mais uma chance para que ele faça o que for possível nos próximos quatro anos.

Em vez do slogan da campanha anterior "a esperança venceu o medo", teríamos agora o medo de não ter esperança. É um sentimento de preservação, Lula decepcionou, mas alguma coisa está fazendo. Ele entende o pobre, pois veio da pobreza. Mas esse mesmo segmento da sociedade começa a ter preocupações menos imediatas, por exemplo com a educação como garantia de um futuro mais estável.

A sensação de "felicidade" constatada em pesquisas qualitativas, devido ao aumento da capacidade de consumo, para ser completa precisaria de melhorias nas áreas de educação, saúde e segurança, áreas praticamente desprezadas pelo governo Lula na percepção dos pesquisados.

Um conceito que aparece com frequência é que a educação precária coloca em risco o futuro dos filhos das classes menos favorecidas, em desvantagem diante de competidores mais bem preparados. Por aí o candidato do PSDB, Geraldo Alckmin, pode tentar entrar em contato com os eleitores das classes C, D e E.

No entanto, os programas de inclusão social, como o Prouni e as cotas nas universidades, mesmo que não representem melhoria na qualidade do ensino, têm um simbolismo importante para as classes mais pobres, e fortalecem a percepção de que o governo Lula tem políticas que objetivam melhorar a vida da população de baixa renda.

Os dados concretos da melhora das condições de vida das populações mais pobres são significativos e, segundo o economista Luiz Guilherme Schymura, do Ibre-FGV, a melhora na distribuição de renda em boa parte se deve ao formidável aumento dos programas de transferência de renda — 8,8 milhões de domicílios recebiam o Bolsa Família em março de 2006 —, ao programa de crédito consignado na folha de pagamentos e ao salário mínimo real que vem aumentando desde 1994.

22/6
FUTEBOL E POLÍTICA

Nunca houve um presidente que misturasse tanto futebol com política quanto o atual, até mais que o general Médici, cuja imagem com o radinho de pilha colado ao ouvido já se transformou em símbolo daquele período da ditadura militar, justamente o mais violento da repressão política no país. O gosto pelo futebol humanizava o ditador, e já naquela época era utilizado pelas incipientes técnicas de marketing para suavizar a face cruel das torturas nos porões ditatoriais.

Dois livros lançados recentemente tratam do futebol na cultura brasileira, um deles, *Vida que segue*, publicado pela Nova Fronteira, reúne crônicas do João Saldanha e depoimentos exclusivos nos quais João Sem Medo diz, com todas as letras, que foi demitido da seleção em 1970 por ser membro do Partido Comunista, e não ficaria bem o Brasil ser campeão comandado por um comunista em plena ditadura militar.

Não há nada que corrobore essa versão, e ter cismado que Pelé estava ficando cego certamente contribuiu para minar a credibilidade de Saldanha como técnico. Mas o fato é que a história registra que ele ficou sem lugar na seleção depois de resistir à pressão do próprio Médici, que queria escalar Dario no ataque. "Eu não escalo o Ministério, e ele não escala a seleção", teria respondido Saldanha, bem mais polido do que Ronaldo Fenômeno, que também deu o troco no atual presidente, insinuando que ele bebe muito, afirmação que virou mote do candidato a vice-presidente na chapa tucana.

Um presidente que se meteu a tirar proveito político da seleção corria o risco de um desastre como esse, mas até que Lula se saiu bem do imbróglio, não apenas porque Ronaldo está mesmo gordo. Zagallo, o mesmo que substituiu Saldanha em 1970 mais por ser confiável do que pela competência técnica, deu uma de garoto propaganda do governo, lembrando que o Brasil estrearia no dia 13, seu número de sorte e número também do PT, partido de Lula.

O presidente Lula foi apenas infeliz ao perguntar a Parreira, sem que Ronaldo estivesse presente, se ele estava mesmo gordo. Não quis acusar Ronaldo e provavelmente, como disse na carta que enviou ao jogador, teve a intenção de pôr um ponto-final na discussão. Mas, ao pressionar para fazer a videoconferência, e não permitir que os jogadores fizessem perguntas, o Palácio do Planalto quis evidentemente tirar proveito eleitoral para a campanha de reeleição de Lula, o que já está mais que provado que não tem influência política, se é que algum dia teve.

Em 1970, muitos da esquerda torciam contra a seleção para não dar força ao governo Médici, mas esta é uma tarefa política difícil de ser executada. Em 1994, o Brasil foi campeão e Itamar Franco elegeu Fernando Henrique seu sucessor, muito mais devido ao Plano Real do que à Taça do Mundo. Em 1998, o Brasil perdeu na final para a França e Fernando Henrique se reelegeu. E em 2002, o Brasil foi campeão e Fernando Henrique não conseguiu eleger seu sucessor.

É verdade que Lula sempre gostou de futebol e, sobretudo, de metáforas futebolísticas. Joga suas peladas e é fruto dessa democratização que só o futebol promove entre os esportes, como analisa com muita propriedade o antropólogo Roberto DaMatta em seu livro *A bola corre mais que os homens*, lançado pela Rocco. O livro contém crônicas escritas durante as Copas de 1994 e 1998 e três ensaios sobre o significado social do futebol no Brasil e as lições de igualdade que sua prática proporciona.

DaMatta vê o futebol como "formidável código de integração social". Ele ressalta que é muito raro no cotidiano do brasileiro, "um universo onde as instituições públicas estão há décadas desmoralizadas por práticas sociais clientelistas, ideológicas e personalistas desconcertantes", uma experiência com uma organização coletiva "com a qual podemos nos identificar abertamente e que opera integrada para nosso deleite e benefício".

Outra dimensão do futebol, que se agiganta nos dias de Copa do Mundo em que vivemos, é sua capacidade "de proporcionar ao povo, sobretudo ao povo pobre, enganado, mal-servido pelos poderes públicos — povo destituído de bens e, pior que isso, de visibilidade social e cívica — a experiência da vitória e do êxito".

Roberto DaMatta diz que é no futebol que a massa se sente responsável "por vitórias arrebatadoras". Vitórias que desconhece "no campo da educação, da saúde, e, acima de tudo, da política", ressalta o antropólogo. O futebol, com suas regras próprias compreendidas por todos, e que valem para todos, "reafirma simbolicamente que o melhor, o mais capaz, e o que tem mais mérito pode efetivamente vencer". O que, para DaMatta, é "uma potente lição de democracia". Essa possibilidade de alternância entre vencidos e vencedores "é a mais bela lição de igualdade que um povo massacrado pela injustiça pode receber".

É bem verdade que, de tempos em tempos, tanto no Brasil quanto em várias partes do mundo surgem escândalos com máfias das apostas de loteria manipulando resultados de jogos, o que põe em risco afirmações como "no futebol, portanto, não há golpes", ou decisões erradas dos juízes que põem em dúvida a tese, também defendida por DaMatta, de que "as leis têm que ser obedecidas por todos, são universais, transparentes".

Quando começava minha carreira jornalística, lá pelos anos 1970, fui chamado pelo diretor de redação do *Globo*, Evandro Carlos de Andrade, para trabalhar como repórter de esportes. Evandro, que já fora um deles, disse que acompanhar os bastidores do futebol e as politicagens dos cartolas seria muito útil mais tarde, quando fosse tratar da política nacional. Com os mensaleiros absolvidos de um lado e dirigentes esportivos como Eurico Miranda de outro — que não por acaso foi deputado federal —, lamento que seja até hoje um conselho atual.

27/6
COMEÇA O JOGO

Os jogos estão praticamente feitos nos estados, e começaremos o mês de julho com um bom panorama de como as forças políticas se acertaram para a próxima eleição. Não acredito que exista algum candidato que possa se confrontar com os dois mais destacados nas pesquisas de opinião, Lula pela coligação esquálida PT-PRB, franco favorito à custa de seu carisma pessoal, e Geraldo Alckmin, pelo PSDB-PFL, que sai em vantagem na divisão do tempo de propaganda eleitoral gratuita, vantagem considerável se pensarmos na campanha midiática a que estamos acostumados a assistir desde que Fernando Collor trouxe para ela, em 1990, truques tecnológicos e pesquisas que já dominavam as campanhas eleitorais nos Estados Unidos.

Mas o senador Cristovam Buarque, o candidato do PDT, vai crescer, vai ter mais do que o 1% que lhe dão as pesquisas hoje, e a senadora Heloísa Helena, candidata do PSOL, tem todas as condições para atingir uma votação expressiva, de dois dígitos. Os jogos estão feitos, faltando apenas pequenos, mas importantes detalhes: de um lado, a três dias do encerramento do prazo oficial das convenções partidárias, Lula ainda tenta convencer o PSB a aderir formalmente à sua coligação, para aumentar em 1 minuto e 48 segundos sua participação no programa de propaganda eleitoral de rádio e televisão que começa em 15 de agosto.

Sem o PSB, Lula terá 6 minutos e 34 segundos, enquanto Alckmin terá pouco mais de 9 minutos. Se o PCdoB também desistir de fazer a coligação formal, Lula perde mais 50 segundos de tempo de televisão, o que é uma perda ponderável, pois Geraldo Alckmin está se mostrando um candidato midiático, que cresce nos programas de televisão.

Por isso, os tucanos têm boa notícia: Alckmin se recuperou em São Paulo, e a única maneira de tentar competir com Lula é saindo de seu estado com força. Uma pesquisa do Vox Populi mostra Alckmin com 45% das preferências, contra 34% de Lula. Por seu lado, Serra, lançado formalmente governador, ainda tenta convencer Orestes Quércia a não sair candidato ao governo de São Paulo.

Quércia não tem chances de ganhar, mas tira uns 10% de votos que poderiam ir para o PSDB e pode levar a disputa para o segundo turno, prestando um favor inestimável ao candidato Aloizio Mercadante, do PT, e se colocando como credor do Palácio do Planalto. Tanto PT quanto PSDB tentaram atrair a parte paulista do PMDB para suas posições, mas com atitudes distintas.

Lula, que anda pragmático que só ele, não se vexou de recebê-lo formalmente no Palácio do Planalto, para foto oficial que revelou sua sem-cerimônia com a legislação eleitoral e mais sem-cerimônia ainda com o antigo adversário, a quem acusou de roubar as pipocas do carrinho que Quércia dizia que Lula não sabia administrar.

Já Serra teve todos os cuidados para não ser visto em tão má companhia, mas teve várias conversas reservadas com Quércia. O PSDB nasceu devido a uma dissidência, de fundo essencialmente ético, contra a turma de Quércia que dominava e ainda domina o PMDB de São Paulo, e seria excessivo dar a ele a vice-governadoria, cargo que automaticamente o transformaria em governador de São Paulo em 2010 se Serra sair candidato à Presidência pelo PSDB, hipótese perfeitamente viável.

Por isso, também, Serra prefere a chapa pura, para garantir que o estado de São Paulo não ficará nas mãos do grupo de Quércia, nem mesmo do PFL, como acontece agora. Mas, pragmático que só ele, para evitar que a disputa do governo vá para o segundo turno, Serra, mesmo contra a tendência majoritária do PSDB paulista, e provavelmente tapando o nariz, vai tentar até o dia 30 fazer com que o grupo de Quércia aceite indicar o vice.

Os acordos políticos já estão feitos nos demais estados, e são acordos completamente desencontrados, a maioria sem a menor lógica partidária. Exemplar desse espírito anárquico e cínico é o de Alagoas, onde Renan Calheiros, um dos principais defensores de Lula em âmbito nacional no PMDB, fechou acordo com os tucanos.

Também no Sul melhorou a situação de Alckmin, que terá o apoio em Santa Catarina do governador Luiz Henrique, do PMDB, pois o PT não conseguiu que o ex-ministro da Pesca, José Fritsch, desistisse de se candidatar. No Rio Grande do Sul, pesquisa do Ibope mostra o presidente Luiz Inácio Lula da Silva liderando a disputa pela preferência dos eleitores gaúchos, com 39% das intenções de voto, mas Alckmin aparece logo atrás, com 26%, e empatado tecnicamente num segundo turno. Além do mais, a maior taxa de rejeição no Rio Grande do Sul é a de Lula.

O presidente perdeu também um pedaço do Nordeste, onde domina a situação. No Piauí, onde o senador Mão Santa venceu os governistas e garantiu sua candidatura pelo PMDB ao governo do estado que já governou. Nos estados, há outra realidade, porque pequenas siglas, que não aparecem no plano federal, fazem seus acordos em nível regional.

Mas, de qualquer maneira, esses pequenos partidos que estão vendendo seu apoio por alguns segundos nos programas de propaganda gratuita não conseguirão cumprir as cláusulas de barreira e ficarão de fora do centro de poder no Congresso, onde as atividades políticas de peso se desenrolarão. Vamos sair dessa eleição mais organizados e com uma boa perspectiva de futuro para o próximo Congresso.

28/6
QUAL DOS DOIS?

O presidente Lula vem dando sinais dúbios de como será um eventual segundo governo seu, ora deixando à mostra sua veia populista, ora ressaltando uma preocupação com o equilíbrio fiscal que anda desaparecida nesses meses de campanha eleitoral. "Nós temos vocês e vocês têm a nós", disse ontem, no seu jeito populista de fazer política, aos representantes de cooperativas reunidos na I Conferência Nacional de Economia Solidária.

Dias antes, ao ser lançado oficialmente candidato pelo PT, chamou a atenção para a necessidade de conter os gastos públicos, ameaçando com um inaceitável aumento da carga tributária, já à altura de 38% do PIB.

Talvez tanto quanto os minutos do programa de propaganda gratuita, o que o presidente Lula buscava na tentativa de garantir a adesão formal do PCdoB e do PSB à sua candidatura à reeleição, e que não conseguiu, fosse a demonstração de apoio institucional de partidos tradicionais na política brasileira. Mesmo inexpressivos numericamente, PCdoB e PSB têm representação política na esquerda, o que daria consistência a uma candidatura que se apoia quase exclusivamente no prestígio popular do presidente.

Lula teme que a oposição venda a ideia de que ele não terá capacidade de governar num eventual segundo mandato, e será tentado a apelar cada vez mais para a chamada "democracia direta", passando por cima do Congresso para ter uma relação direta com a população e os chamados movimentos sociais, a exemplo do que acontece na Venezuela de Chávez. Mesmo que esse não seja o "Plano B" de Lula, existem vários indícios de que pode vir a ser.

A declaração do ex-ministro Luiz Gushiken na convenção petista de que a verdadeira discussão ética é saber quem cuidou melhor do povo, representa uma tendência preocupante, como se "cuidar do povo" isentasse os governantes de deveres éticos. Também o ministro das Relações Institucionais, Tarso Genro, já se disse favorável à exacerbação das consultas populares para o aperfeiçoamento da democracia.

A crise em que o Congresso brasileiro está afundado foi agravada pelo PT, que primeiro cevou os aliados com dinheiro escuso, depois os tratou com a benevolência dos coniventes, permitindo que todos os "mensaleiros" se apresentassem como candidatos nas próximas eleições. E favorece o questionamento da democracia representativa, que já está em curso em alguns países da América do Sul, como na Venezuela e na Bolívia.

O professor de História Contemporânea da UFRJ, Francisco Carlos Teixeira, no prefácio que escreveu para o livro *Chávez sem uniforme, uma história pessoal*, lançado recentemente pela Gryphus, lembra que "a superação do paradigma clássico da democracia liberal-representativa" é o que está em discussão, com alguns grupos considerando que é preciso "transferir a maior parte possível de poder para as organizações populares, visando a evitar a ação desmobilizadora, e mesmo traidora, do aparelho estatal, sempre conservador e paralisante".

O professor registra que existe "uma certa decepção, ou impaciência, nos próprios militantes, desejosos de assumir a direção de ações imediatas e práticas, de uma democracia local e direta, para a resolução de questões voltadas para o dia a dia da população". Ele lembra que o próprio Parlamento, para ampliar sua representatividade, se declarou na Venezuela "o Parlamento nas ruas". A questão hoje, para Teixeira, é "construir pontes entre os 'pais fundadores' da teoria da representação — Locke e Tocqueville — e da vontade popular como Rousseau, e a emergência dos movimentos sociais de massa hoje na América do Sul".

Há, por outro lado, a insatisfação dos liberais com a democracia de massa, que seria passível de manipulação por políticos populistas, e por isso cresce o movimento para que o voto deixe de ser obrigatório, na suposição de que, com o voto opcional, somente os que estivessem realmente interessados nas questões políticas se empenhariam em votar, reduzindo a possibilidade de manipulação.

Nessa tentativa de superar as deficiências do modelo de representação em vigor, a utilização de instrumentos de consultas populares, como os plebiscitos, une esquerda e direita, uns se inspirando na experiência de Chávez na Venezuela, outros no modelo dos Estados Unidos. O cientista político Bolívar Lamounier, em seu livro recentemente lançado *Da Independência a Lula: dois séculos de política brasileira*, afirma que essa utopia tem muito pouco de "direta": "No mais das vezes, trata-se de uma guerra entre lobbies, dissidências dos partidos e, não raro, de grupos racistas em geral muito bem financiados; ou então, visa amplificar a ressonância de propostas ou campanhas promovidas ao mesmo tempo através dos canais políticos normais."

Segundo ele, "a possibilidade de manipulação é inerente ao instrumento, pois a autoridade incumbida de propor os quesitos pode ficar muito aquém da neutralidade". O cientista político lembra que "desde que começaram a ser realizados, há cerca de dois séculos, plebiscitos e referendos foram quase sempre um jogo de cartas marcadas, com o objetivo de legitimar decisões autoritárias, ratificar ocupações de território alheio, e assim por diante".

O fato é que, antes de discutir se o voto deve ou não ser obrigatório, ou se plebiscitos devem ser mais utilizados para ampliar a participação popular na nossa democracia representativa, temos que organizar nosso sistema político-partidário e fazer as reformas estruturais de que o país necessita, reformas muitas vezes impopulares, como a da Previdência, ou de difícil consenso político, como a tributária. Ou as reformas da educação e da saúde. Tarefas mais próximas do discurso lido no *teleprompter* pelo presidente lançado à reeleição do que dos arroubos improvisados do candidato populista.

29/6
OS DONOS DOS OVOS

Se depender de Lula, a campanha eleitoral será baseada exclusivamente nas comparações com os governos anteriores de Fernando Henrique Cardoso, pois ele está convencido de que tem números melhores para mostrar. Se depender de Geraldo Alckmin, essas comparações não serão o centro de sua campanha. Ele está se equilibrando entre não se transformar em um traidor do PSDB e, ao mesmo tempo, não ficar preso nessa armadilha do passado, tentando levar a discussão para o futuro. O que ele quer mesmo é dizer ao eleitorado que pode fazer melhor que Lula, e que se Lula fez melhor que Fernando Henrique, poderia ter feito muito melhor, porque a situação econômica internacional é muito mais vantajosa hoje para os países emergentes, e a eficiência administrativa dos tucanos é maior do que a dos petistas, e, como disse Fernando Henrique, o PT só supera o PSDB no instinto fisiológico e na corrupção.

Mas vai ser inevitável o candidato Alckmin defender o governo Fernando Henrique, porque Lula vai atacá-lo o tempo todo; o alvo de Lula, o símbolo a ser atingido, é Fernando Henrique. A dúvida é saber se Alckmin terá a habilidade que José Serra não teve em 2002, quando tentou convencer o eleitorado de que não era o candidato da continuidade, e abriu mão de ressaltar as coisas boas do governo de Fernando Henrique para se livrar das más.

Alckmin tem que conseguir um equilíbrio para não parecer que está renegando o passado, e sim jogando o mais para a frente possível a discussão, com a sua perspectiva, com o seu modo pessoal de pensar. Como ele é menos ligado publicamente a Fernando Henrique do que era Serra, talvez tenha mais facilidade. O fato é que tanto Lula quanto Alckmin, num próximo governo, devem continuar com a mesma política econômica.

Porque, a não ser que haja uma ruptura e se retome o discurso do calote financeiro, não há muito o que fazer de diferente; governos de tinta social-democrata como PT e PSDB fazem basicamente a mesma administração econômica.

A discussão hoje é de dosagem: maior ou menor rapidez na queda dos juros; maior ou menor tolerância à inflação; mais ou menos políticas assistencialistas; onde cortar os gastos públicos para manter o equilíbrio fiscal, que por enquanto ainda não está sendo posto em dúvida.

Por isso, chega a ser irônico esses dois grupos disputarem louros que são consequências de políticas continuadas, mesmo na área social, cuja rede de proteção começou a ser montada pela Comunidade Solidária comandada pela socióloga Ruth Cardoso.

A verdade é que Lula pode estar sendo reeleito a bordo de políticas que prometeu mudar, e está colhendo muitos frutos plantados nos governos anteriores; não apenas nos de Fernando Henrique, mas até mesmo no de seu maior aliado hoje, o senador José Sarney.

Parte importante na organização econômica moderna do país foi a criação da Secretaria do Tesouro, o fim da famosa conta-movimento do Banco do Brasil. Sem esquecer o governo Collor, que iniciou a abertura da economia brasileira ao exterior e mudou a agenda do país, embora tenha sido apeado do governo por corrupção.

Cacareja, pois, sobre os ovos de outros, como afirmou o ex-presidente Fernando Henrique, em imagem de gosto duvidoso mas apropriada para embates políticos agressivos como os que estão por vir.

Essa continuidade, que poderia ser sinal de amadurecimento político do país, transforma-se em uma disputa irracional, quase infantil.

É claro que Lula sabe que não pegou o país "desarranjado" por culpa de seu antecessor, mas sim por culpa do passado de lutas petistas contra tudo o que estava sendo utilizado na política econômica de Fernando Henrique, e continuou sendo utilizado no governo Lula por pura falta do que pôr no lugar. Até mesmo o velho truque de valorizar o real para baratear o frango na mesa do trabalhador está sendo copiado, com o final que já conhecemos.

O Banco Central que aperfeiçoou medidas de controle da inflação é formado, desde o início da gestão Lula, por nomes que são, ou poderiam perfeitamente ser, oriundos de governos tucanos, a começar pelo primeiro e único presidente, na ocasião da escolha deputado federal eleito pelo PSDB, Henrique Meirelles.

Até na política externa a diferença é mais de ênfase do que de teses, pois as brigas na Organização Mundial do Comércio tiveram início lá atrás, assim como a política de aproximação com a América do Sul. Talvez a cautela, que já era maior com ministros da administração tucana como Celso Lafer ou Luiz Felipe Lampreia, fosse acentuada com a presença, no cenário, de figuras como o presidente da Venezuela, Hugo Chávez, ou o da Bolívia, Evo Morales. Cautela que não impediu, no entanto, que o gasoduto com a Bolívia, agora contestado, fosse construído, numa demonstração clara de que a tal solidariedade econômica com o continente existe não é de hoje.

O que de fundamental diferencia mesmo os dois governos é a visão do papel do Estado nas democracias modernas, e nela a questão da ética na política, que já foi bandeira petista e hoje pode se virar contra sua gestão. Alckmin terá que convencer grande parte do eleitorado que hoje está com Lula de que pode governar melhor e de forma mais limpa do que o atual presidente. Tarefa difícil, pois Lula, por esperteza política, finge que não existe processo de continuidade administrativa e se anuncia o inaugurador-geral, seja de hospitais já inaugurados ou de políticas públicas já em curso.

1/7
SINAIS DE VIDA

O crescimento da candidatura do tucano Geraldo Alckmin nas pesquisas eleitorais do Datafolha e do Vox Populi dá credibilidade à tese de que quanto mais conhecido pelo eleitorado, mais sua situação melhorará. O que parecia uma desculpa para postergar a crise política que se formava enquanto Alckmin patinava na casa dos 20% das preferências, sem dar mostras de que teria fôlego para se confrontar com Lula, agora passa a ser verdade científica, o que dará fôlego e sossego para os responsáveis por sua campanha trabalharem sem grandes pressões políticas até o começo da propaganda eleitoral gratuita no rádio e na televisão em 15 de agosto.

O fato é que o candidato "Geraldo" parece ser um personagem midiático de grande penetração no gosto do eleitor médio, mesmo que o político Geraldo Alckmin pareça insosso no contato pessoal. Como a campanha eleitoral que há muito tempo se pratica no país é dominada pela imagem, é nesse campo que vai ser disputada a preferência do eleitor.

O "Lulinha Paz e Amor" nasceu dessa constatação do marqueteiro Duda Mendonça, que aparou a barba do operário Lula e, para seu grande deleite, tirou-o do macacão de fábrica para os ternos Armani, amenizando sua imagem rude e transformando-o na opção do eleitorado que buscava uma mudança no quadro politico.

Hoje, a situação de Lula é inversa: ele representa o "status quo", e une contra si todos os que continuam querendo uma mudança. Mas, mantendo a política econômica que tanto combatia, tirou da agenda a possibilidade de mudanças radicais, que ele prometia e não cumpriu.

Essa ruptura hoje faz parte da plataforma de candidatos ligados a siglas mais alternativas, como era o PT antes de chegar ao poder. A principal delas é o PSOL, saído da costela petista e que tem na senadora Heloísa Helena uma candidata a presidente com capacidade de determinar os rumos dessa eleição.

Acho difícil que ela chegue ao segundo turno, como afirmou depois de ver confirmado nas pesquisas um índice de cerca de 6%, que pode chegar a dois dígitos no Sul do país. Mas a senadora certamente crescerá durante a campanha, no papel de mulher batalhadora que se insurge contra a hipocrisia na política, uma ex-insider cujas denúncias ganham força exatamente por essa condição.

Diante de um candidato à reeleição que está literalmente dividindo o país entre ricos e pobres, entre o sul-maravilha e o nordeste, a tarefa do candidato "Geraldo" é mostrar que tem mais capacidade administrativa do que o presidente, mas não desdenhará dos pobres, que Lula quer sob sua reserva de mercado com os programas sociais acelerados em pleno ano eleitoral.

Não é à toa que a propaganda que apresentou formalmente ao eleitorado nacional insistiu não apenas na sua infância pobre, mas sobretudo no fato de ser médico. Nas comunidades mais pobres, nos grotões do país, o médico que se dedica aos pobres acaba um político bem aceito.

A pesquisa Datafolha mostra bem que a disputa está polarizada entre eleitores de classes sociais, de escolaridades diferentes e, sobretudo, por regiões. Lula tem 52% das intenções de voto entre os eleitores com apenas o ensino fundamental, e Alckmin fica com 23%. Mas entre os com ensino superior, o tucano vence por 42% a 31%.

O petista dá um banho de 54% a 20% entre eleitores das classes D e E, enquanto nas classes A e B Alckmin ganha apertado, de 39% a 34%. Os analistas da coligação PSDB/PFL acreditam que, com o decorrer da campanha, com Lula apelando para o populismo e Alckmin se mostrando competitivo, essa diferença a favor do tucano aumentará. O maior problema de Alckmin está realmente no nordeste, onde Lula o vence por 64% a 17%.

Outra mudança a favor de Alckmin é o empenho do presidente Lula em atrapalhar a candidatura de dois tucanos até agora favoritos incontestáveis: José Serra em São Paulo e Aécio Neves em Minas. Pelo menos no caso de Minas, a adesão do PMDB à candidatura do PT, estimulada pessoalmente por Lula, é um rompimento da trégua política que governador e presidente vinham mantendo.

As pesquisas mostram que apesar de Lula continuar podendo vencer no primeiro turno, essa possibilidade está bastante reduzida: ele tem 54% dos votos válidos, apenas três pontos percentuais acima do mínimo necessário. A redução dos votos nulos e em branco de 11% para 7%, o aumento dos que ainda não sabem de 7% para 9% e o potencial de crescimento de candidatos como Heloísa Helena e Cristovam Buarque indicam tendências que levam a disputa para o segundo turno.

11/7
ÉTICA DÁ VOTO?

A defesa da ética, que já foi uma bandeira que diferenciava a atuação dos petistas na política, depois que se revelou apenas retórica eleitoral passou também a ter, por parte dos "pensadores" do partido, uma interpretação toda própria, como parece ser toda pessoal a ética do próprio presidente da República, que considera não apenas aceitável ser desinformado sobre questões cruciais que atingiram toda a estrutura de seu governo, como insiste em repetir os mesmos erros que geraram os fatos delituosos que finge ignorar, como a desafiar a opinião pública.

Uma das "promessas" que o PT fez durante os momentos mais agudos da crise política em que se envolveu a administração de Lula foi de que as coordenações das campanhas políticas não seriam mais misturadas com as do PT, para evitar "mal-entendidos".

Essa mistura da contabilidade petista com a da campanha de 2002 teria levado o então tesoureiro do partido, Delúbio Soares, a exorbitar de suas funções, segundo a versão oficial. Pois muito bem, vem a campanha para a reeleição e o que acontece? O novo tesoureiro do PT, Paulo Ferreira, vai dividir as funções com o prefeito de Diadema, José de Filippi Júnior, da mesma forma que Delúbio dividia as funções com Antonio Palocci, ex-prefeito de Ribeirão Preto, que substituiu o assassinado prefeito de Santo André, Celso Daniel.

Filippi Jr. pertence à dinastia petista que vem desde os anos 1990 ocupando prefeituras do interior, onde nasceu a prática de arrecadação de "dinheiro não contabilizado" para as campanhas petistas, segundo acusações de fundadores do partido como César Benjamim, hoje candidato a vice de Heloísa Helena, e Paulo de Tarso Venceslau.

Além desse "pedigree", Filippi carrega consigo outra sina, que parece perseguir os petistas de alto escalão: não tem como explicar o pagamento, com recursos próprios, de uma multa que recebeu por ilícitos eleitorais. Teve que recorrer a um "tio Mário" para justificar a existência do dinheiro, assim como o PT recorreu a Paulo Okamotto para pagar uma dívida de Lula com o partido.

Lula, na verdade, nem precisava que um laranja assumisse o débito, se recusou a pagar de pirraça, pois não reconhecia a dívida com o PT. Como demonstrou sua declaração de rendimentos à Justiça Eleitoral, tinha dinheiro mais que suficiente em aplicações financeiras para pagar a dívida e não se meter em encrenca.

Mas apenas os procedimentos são repetidos, não as formulações. Como, por razões óbvias, não podem repetir o slogan da primeira campanha — "Queremos um país decente" —, os petistas entregaram de bandeja o lema à oposição e passaram a refazer seus conceitos sobre ética na política.

Até mesmo o ministro das Relações Institucionais, Tarso Genro, que à época em que assumiu a presidência do PT pretendeu refundá-lo, afirmando que o que aconteceu foi o uso de uma "ética bolchevique mal digerida", quando existia "uma ética 'nossa' e uma ética 'deles', cujos pressupostos não são adaptáveis ao estado democrático de direito", hoje já procura explicações mais prosaicas para as críticas que o governo sofre.

Ele vai desde uma "conspiração da mídia" até uma reação das elites ao que chama de "plebeização" da política, uma política feita para os pobres. Já o ex-ministro Luiz Gushiken saiu de seus cuidados no Núcleo de Assuntos Estratégicos, onde está abrigado das intempéries políticas, para ir à convenção do PT que lançou Lula à reeleição e saiu-se com essa nova interpretação do que seja ética na política: "A ética mais importante para um governante no Brasil é optar pelo povo que tem mais necessidade. Não há na história um governante que se preocupou tanto com o povo mais pobre deste país. Acho que isso é o mais decisivo da política."

Também o ex-assessor especial para assuntos da América Latina, Marco Aurélio Garcia, hoje vice-presidente do PT, reagiu indignado à pergunta sobre se não haveria constrangimento para o presidente Lula com a presença entre os candidatos petistas de todos os que foram acusados de receber o mensalão: "Não aceitamos o conceito de mensalão. Eles vão participar do palanque do presidente como todos os que apoiam a reeleição. O único constrangimento seria se eles não tivessem votos."

Sem constrangimentos éticos, e convencidos de que em busca de votos vale tudo, os petistas caminham para a campanha com bons números na economia, que se refletem nas pesquisas eleitorais. Lula continua franco favorito, e pode vencer até mesmo no primeiro turno.

Mas tanto o slogan da campanha do tucano Geraldo Alckmin — "Queremos um País Decente" — quanto sua retórica janista de varrer a corrupção do país indicam que a campanha eleitoral do principal candidato da oposição será centrada na questão ética. A subida de Alckmin nas pesquisas, depois de um bombardeio televisivo, pode indicar que a opinião pública não é tão avessa assim a esse apelo. Resta saber se ele tem mais peso eleitoral do que os bons resultados da economia que, mesmo temporariamente, estão melhorando a vida dos eleitores mais pobres.

14/7
DESCONSTRUIR LULA

Não deve ser entendido como um simples escorregão de linguagem o comentário do presidente do PFL, senador Jorge Bornhausen, de que não se surpreenderia se o PT estivesse por trás dos ataques terroristas que mais uma vez atingiram São Paulo. Quando, meses atrás, Bornhausen deixou escapar sua esperança de que, com a eleição, o país se livraria "dessa raça", se referindo ao PT, não tinha a intenção de discriminar politicamente os adversários. Foi uma figura de linguagem que se prestou a outras interpretações, inclusive a de que o senador seria racista, como se raças existissem e o petismo designasse uma delas. Desta vez, não. Por mais que se considere inadequada a insinuação, ela faz parte de uma estratégia política do PFL para radicalizar a campanha eleitoral contra Lula, um trabalho de "desconstrução" de sua imagem política para fazê-lo cair do patamar de 45% confirmado pela última pesquisa CNT/ Sensus.

A subida de Geraldo Alckmin para o patamar de 30%, considerado ótimo ponto de partida para o início da propaganda política de rádio e televisão em 15 de agosto, não foi suficiente para tirar Lula da condição de vencedor potencial ainda no primeiro turno, e o trabalho da oposição agora será, para manter Alckmin competitivo, fazer Lula baixar para um nível de 40%.

De nada adianta Alckmin continuar subindo se o faz à custa de votos de candidatos que saíram da disputa, como Enéas ou Roberto Freire, e não tira nenhum eleitor de Lula. O PFL é adepto de uma campanha de contraste, que coloque diante do eleitor que não é Lula convicto algumas indagações que o façam duvidar de seu voto.

15/7
MUDANÇA DE VENTOS

Mesmo os tucanos mais otimistas não se sentem ainda em condições de vislumbrar uma vitória eleitoral na mudança dos ventos que a dança dos números das pesquisas insinua, mas a sucessão de informações corrobora a tese do candidato Geraldo Alckmin de que "antes de a novela das 8 mudar de horário", nada é definitivo nas eleições brasileiras.

A última pesquisa Vox Populi já mostra a possibilidade de haver segundo turno na eleição de outubro, e por enquanto quem está tirando votos de Lula é uma antiga aliada, a senadora Heloísa Helena, que subindo, de 5% para 7% das intenções de voto, caminha em direção aos dois dígitos, ajudando indiretamente o candidato tucano.

Mas não há dúvida de que Alckmin inicia a campanha este ano em situação muito mais confortável do que o candidato José Serra em 2002, a começar pelo fato de que terá mais tempo de propaganda gratuita no rádio e na televisão do que Lula. Serra chegou a 23% dos votos válidos só no final do primeiro turno, ao passo que Alckmin já está com 28% nas pesquisas hoje. Lula teve 46,4% de votos válidos no primeiro turno da eleição, número aproximado que aparece para ele hoje na média das pesquisas eleitorais.

Isso demonstra que o que ele perdeu de eleitores nas classes média e alta, recuperou nos setores mais pobres da população, especialmente no Nordeste, onde a última pesquisa do Datafolha lhe dá uma vantagem de 64% contra apenas 17% de Alckmin na região, diferença que é a principal razão para estar ainda em condições de vencer a disputa no primeiro turno.

O cientista político Antonio Lavareda, que faz pesquisas eleitorais para o PFL, diz que é muito difícil que os resultados regionais sejam tão dispersos como aparecem hoje nas pesquisas eleitorais, com Alckmin vencendo em algumas localidades, e Lula em outras. Lavareda garante que em nenhuma das últimas eleições o resultado das regiões foi diferente.

Em 2002, Lula venceu em todas as regiões do país, assim como Fernando Henrique nas duas eleições em que derrotou Lula no primeiro turno. Hoje Alckmin vence no Sul e, segundo algumas pesquisas regionais, já está superando Lula no Centro-Oeste. No Sudeste, tende a vencer em São Paulo e a reduzir a diferença para Lula em Minas e no Rio.

No Rio, a avaliação de Lula é 25% de ótimo + bom na capital, mas ele tem 38% de intenção de votos, uma diferença muito grande na avaliação dos pefelistas. Segundo essa análise, geralmente o candidato à reeleição tem de intenção de votos 85% do máximo da avaliação de ótimo + bom de seu governo. O problema do candidato tucano são as classes D e E no Nordeste, mas os coordenadores de sua campanha não acreditam que a diferença se mantenha como está hoje.

Para exemplificar, citam as máquinas eleitorais que a coligação tem na Bahia (PFL), em Pernambuco (PMDB) e no Ceará (PSDB) para afirmar que nada indica que a situação ficará como está. Em 2002, o candidato Serra teve apenas 8,5% de votos no primeiro turno no Ceará, pois o senador Tasso Jereissati apoiava a candidatura de Ciro Gomes.

Hoje, apesar de o irmão de Ciro ser candidato ao governo do estado com apoio do grupo de Jereissati, contra o candidato ao governo tucano Lúcio Alcântara, em nível nacional Tasso está engajado na campanha de Alckmin, enquanto Lucio Alcântara encoraja a chapa Lulu (Lúcio e Lula).

Também o senador Antonio Carlos Magalhães apoiou Lula em 2002, e hoje está mais empenhado do que nunca em derrotá-lo na Bahia. O fato é que o candidato tucano hoje parece ter palanques regionais bem mais equilibrados e empenhados em sua eleição do que o candidato José

Serra em 2002. Mesmo os seus rivais internos no PSDB, o governador Aécio Neves, de Minas, e Serra têm hoje razões para participar positivamente na campanha presidencial.

Para Serra, a vitória de Alckmin ajuda a alavancar sua votação para o governo do estado, e vice-versa. Também o governador Aécio Neves teve interrompida uma relação cordial com o governo Lula depois que o PT conseguiu cooptar o PMDB mineiro, tirando-o da coligação que apoiava Aécio para fortalecer a candidatura de Nilmário Miranda do PT, desmanchando a chapa que o governador havia montado, com tanto zelo, com o ex-presidente Itamar Franco, candidato ao Senado.

Suplantado dentro do partido pelo ex-governador Newton Cardoso, que já foi o símbolo do mal para o PT mineiro, mas a quem o presidente Lula passou a chamar de "companheiro", Itamar Franco ofereceu seu apoio a Alckmin, e Aécio viu que era hora de trabalhar com mais afinco pelo candidato de seu partido.

19/7
LULA NA RETRANCA

O que menos importa no caso do decálogo de comportamento eleitoral para a campanha de reeleição de Lula é o desmentido oficial do PT. O decálogo não nasceu do vazio, e a única coisa que não podia ter acontecido com ele era ser divulgado. Na prática, já vem sendo adotado, e é a negação de tudo o que o PT não só pregou, mas também praticou, em termos de campanha política, ao longo de sua história. Na eleição de 2002, houve um momento da campanha em que o então candidato do PPS, Ciro Gomes, apareceu na frente de Lula. O presidente do Ibope, Carlos Augusto Montenegro, dizia que sua situação era tão confortável que, se Ciro tivesse viajado com a mulher, Patrícia Pillar, e desaparecido da campanha, poderia ter sido eleito.

Esfriar ao máximo a campanha, não entrar em polêmicas, exercer o papel de presidente mais do que o de candidato, como sugere o decálogo petista, seria a melhor estratégia para consolidar a vantagem que Lula tem atualmente nas pesquisas eleitorais. Numa metáfora futebolística, jogar na retranca para garantir o placar.

É uma estratégia montada em cima das falhas da legislação eleitoral brasileira, mas que revela também uma esperteza política que define bem a posição em que Lula e o PT se encontram hoje: quando era favorável fazer campanha sem ser candidato oficialmente, Lula saiu viajando e falando pelos cotovelos, inaugurando até bica de água como se diz no jargão político. Sua superexposição na mídia surtiu efeito, e ele disparou nas pesquisas de opinião, superando os escândalos de corrupção que o haviam derrubado.

Agora, que pela lei ele já é candidato, se queixa das restrições eleitorais, pretende ser mais presidente, frequentar reuniões como as do G-8, ao lado dos grandes líderes mundiais. É uma estratégia arriscada para um candidato que quer evitar o segundo turno, quando os contrastes certamente surgirão, e o embate cara a cara será inevitável.

Mas a campanha de contrastes começará antes mesmo de um eventual segundo turno, e virá, sobretudo, de antigos companheiros, como os integrantes do PSOL, cuja candidata a presidente, a senadora Heloísa Helena, vem mostrando na pré-campanha um potencial eleitoral antes inimaginável.

O deputado federal Chico Alencar pergunta como os militantes do PT vão defender um projeto "encarnado por um candidato que não comparece a debates, evita as ruas, não aborda temas polêmicos, só fala com a imprensa o que quiser e quando quiser, não tenta unificar aliados, quer esfriar ao máximo a campanha?".

Para ele, o decálogo demonstra que o PT "quer ganhar na anomia, no desinteresse, no conformismo, no 'já que está aí, que continue', na negação da cidadania, na captação do sufrágio pelo clientelismo. Como FHC em 98. Até nisso se parecem", espanta-se.

Alencar lembra que "o PT, na sua escalada de adaptação ao sistema, também abriu mão de combater a corrupção: quando Lula falava sobre temas espinhosos, transitou da 'traição' ao 'erro humano', e aí estão os mensaleiros com suas candidaturas, como que a dizer: 'sou, mas quem não é?'".

De fato, na campanha de sua reeleição, em 1998, o ex-presidente Fernando Henrique Cardoso utilizou-se dessa tática e ganhou no primeiro turno por uma diferença menor do que a que obtivera no primeiro mandato: teve 53,1% dos votos válidos na reeleição, contra 54,3% em 1994. A certa altura, havia a dúvida no comando da campanha tucana se a vitória viria mesmo no primeiro turno, e o temor era que mais quinze dias de campanha eleitoral permitissem a Lula virar o jogo, ainda mais que, a cada dia, ficava mais claro que a desvalorização do real, que chegou no início do segundo mandato, poderia ser inevitável.

Lula, em seu melhor momento em 2002, quando tudo indicava a vitória, teve 46,4% dos votos válidos no primeiro turno, em uma eleição

469

em que havia pelo menos três candidatos competitivos: José Serra, do PSDB/PMDB, que teve 23,2% dos votos e foi para o segundo turno; Garotinho, do PSB, que teve 17,9% e Ciro Gomes, do PPS, que acabou a eleição com 12% dos votos válidos.

Hoje, apenas a senadora Heloísa Helena se aproxima dos dois dígitos de intenção de votos (onde já está Alckmin), e mesmo assim Lula não tem a vitória no primeiro turno garantida, como mostram as últimas pesquisas. Isso significa que sua situação atual é pior do que a anterior, mesmo que seja presidente e conte com as vantagens que a lei oferece a quem é candidato à reeleição no cargo.

Também encontra pela frente uma candidatura adversária que vem conseguindo unificar a oposição mais do que foi possível em 2002. Resta saber se essa união de líderes do PSDB, do PFL e alguns importantes setores do PMDB, conseguirá reverter o quadro no Nordeste, onde a eleição está sendo desequilibrada pela enorme vantagem que Lula tem sobre Alckmin, graças aos efeitos do Bolsa Família e à repercussão na economia local dos aumentos reais do salário mínimo.

Lula venceu em 2002 porque atraiu para sua candidatura as dissidências do PMDB e até mesmo líderes do PFL que não concordavam com a candidatura de José Serra. Teve uma votação nos grotões do país que nunca obtivera anteriormente. Desta vez, a vitória de Lula vem dos mesmos grotões, mas por conta de seu carisma pessoal e dos programas assistencialistas de seu governo.

Não há entre os líderes do PFL e do PSDB quem acredite que os números continuem tão favoráveis a Lula como estão no Nordeste, onde esses partidos têm forte representação. Por enquanto, as pesquisas mostram que Lula se emancipou da tutela dos caciques partidários regionais e está montando sua própria rede de influências. Resta saber se mais uma vez conseguirá quebrar regras não escritas da política brasileira, mesmo que para isso tenha ele mesmo se tornado um cacique político, e o PT um partido dos grotões.

20/7
POR UM FIO

A situação eleitoral de Lula revelada pela pesquisa Datafolha é paradoxal. Ou vence no primeiro turno ou terá que enfrentar uma disputa acirradíssima no segundo turno, no qual a diferença dele para o candidato tucano, Geraldo Alckmin, que já foi de 17 pontos percentuais, hoje é de apenas 10 pontos, que significam na verdade 5 pontos em uma disputa direta. Embora tenha, no momento, mais votos válidos nas pesquisas do que a votação que obteve no primeiro turno de 2002, e existam menos candidatos fortes na disputa, sua situação pode ficar mais ameaçada. Por isso, não faz sentido comparar a eleição deste ano com a de 1998, quando Fernando Henrique concorreu à reeleição e venceu no primeiro turno.

Naquela ocasião, havia um projeto econômico muito popular em execução, e Lula era o candidato que se opunha a ele e representava a ameaça à continuidade. Fernando Henrique tinha 46% de ótimo e bom na avaliação do governo, e venceu com 53% dos votos válidos. Hoje, Lula tem 38% de ótimo e bom, e 50% de votos válidos, o que tecnicamente é uma distorção. Além disso, hoje, a ameaça à continuidade da política econômica é representada pela candidatura da senadora Heloísa Helena, que vem ganhando pontos nas pesquisas devido a um segmento do eleitorado que continua querendo as mudanças que Lula prometeu e não cumpriu.

A senadora do PSOL chegou aos dois dígitos na pesquisa Datafolha e pode crescer ainda mais, sendo fator decisivo para a realização de um segundo turno. Ela e o senador Cristovam Buarque, candidato do PDT a presidente, ambos oriundos do PT, devem ser fundamentais para tirar votos de Lula nesse primeiro turno.

Mesmo que venha a tirar votos de Alckmin também, como acontece no Sul — Alckmin caiu sete pontos e empata com Lula em 31%, enquanto Heloísa Helena cresceu seis pontos, chegando a 13% —, estará ajudando a levar a disputa para o segundo turno, e será improvável que se revele uma concorrente capaz de ser uma alternativa oposicionista mais viável que Alckmin.

O crescimento da candidata do PSOL é o mais impressionante, mas é também, pela pesquisa Datafolha, o mais volátil. Entre seus eleitores no momento, nada menos que 46% dizem que podem mudar de voto ainda no decorrer da campanha, contra 24% dos eleitores de Lula e 32% dos de Alckmin.

Nessa mudança de votos, quem sai beneficiado claramente é o candidato tucano: nada menos que 46% dos eleitores indecisos de Lula dizem que votariam em Alckmin se mudassem de ideia. E 39% dos eleitores não firmes de Heloísa Helena também admitem votar em Alckmin. Ente os eleitores indecisos de Alckmin, metade prefere Lula e a outra metade vai para Heloísa Helena.

Essa tendência indicaria que a maioria dos eleitores de Heloísa Helena nesse momento o é mais por contestação ao governo do que por aderir ao ideário do PSOL. O eleitorado que quer mudanças drásticas na economia é francamente minoritário hoje, graças ao sucesso do programa econômico e dos projetos assistencialistas, que tiveram continuidade e foram aprofundados em alguns casos no governo Lula. Discutir queda de juros ou carga tributária não chega a ser uma mudança de programa, e a divergência entre Lula e Alckmin nesse campo é mais sobre eficiência de gestão.

Por isso o principal candidato oposicionista, Geraldo Alckmin, não deixa dúvidas de que continuará com o Bolsa Família, que identifica como um programa iniciado na gestão de Fernando Henrique Cardoso. Hoje, a oposição de todos os matizes procura convencer o eleitorado de que a ameaça que existe é a da corrupção e do aparelhamento do Estado por um grupo político autoritário e com tendências antidemocráticas.

A relação dos parlamentares acusados no escândalo dos sanguessugas mostra que a maioria é dos partidos anteriormente envolvidos no mensalão, com destaque para o PTB, o PP e o PL, todos da base política do governo. Essa reedição dos escândalos no Congresso em plena campanha eleitoral beneficia sem dúvida o candidato Geraldo Alckmin, que terá campo aberto para reviver as denúncias do mensalão durante a campanha gratuita de rádio e televisão.

Mas, como existem três deputados do PSDB e quatro do PFL na relação, se não forem punidos imediatamente, tucanos e pefelistas incorrerão no mesmo erro cometido quando o senador tucano Eduardo Azeredo e o deputado pefelista Roberto Brant, envolvidos no mensalão, foram protegidos: todos os partidos serão igualados na culpabilidade.

23/7
VIRADA DIFÍCIL

O presidente Lula já foi considerado, sucessivamente, imbatível; derrotado previamente, no auge do escândalo do mensalão; e virtualmente eleito ainda no primeiro turno. Hoje, apesar de continuar favorito, já se admite a possibilidade de haver um segundo turno e, nesse caso, trabalha-se nos meios políticos com a hipótese de que o tucano Geraldo Alckmin possa virar o jogo e vencer a eleição de outubro. Só a confirmação de um segundo turno seria uma derrota do governo, que entraria psicologicamente abalado na fase final da disputa. O candidato tucano, embalado pelas últimas pesquisas, está convencido de que chegando ao segundo turno, e torna-se mais ousado nas suas previsões.

Para ele, no momento não existem ainda intenções de voto, e sim reconhecimento dos concorrentes. Lula vai para sua quinta eleição presidencial seguida, e exerce o cargo como se estivesse em campanha desde o primeiro dia, por isso apareceria nas pesquisas como favorito. Para Alckmin, no entanto, não é certo que Lula saia na frente no primeiro turno, embora para ele o importante seja ir para o segundo turno, "uma outra eleição". Não importa que as experiências anteriores não confirmem essa sua certeza.

Quando é lembrado da eleição de 2002, na qual Lula liderou a corrida presidencial desde o início, e nunca esteve em perigo sua vitória no segundo turno contra Serra, Alckmin diz que aquela foi uma eleição atípica, na qual o candidato tucano José Serra enfrentou o desgaste de oito anos do partido na Presidência e mais desavenças na coligação.

Hoje, Lula é que estaria desgastado, e Alckmin não acredita que o "recall" do presidente se transforme em votos. "A campanha eleitoral vai reavivar todos os escândalos de corrupção que chocaram o país. Essa memória está adormecida, mas não esquecida. Sinto que o povo está cansado disso tudo e quer mudanças", diz Alckmin.

O tucano está convencido de que, apesar de empatado com Lula no Sul e no Sudeste, a tendência é que nessas regiões a vitória seja sua. E acredita que a tendência que vem do Sul do país acabará chegando às outras regiões, especialmente ao Nordeste, onde Lula predomina, com grande vantagem. "Lula lidera nas regiões onde a informação demora mais a chegar, mas ela acaba chegando e equalizando o voto", analisa.

Política não é matemática, e o primeiro a dizer que eleição é "um embate de personalidades" é o próprio Alckmin, que acredita que somente com a propaganda gratuita de rádio e televisão começa de fato a campanha eleitoral. Mas o economista Alexandre Marinis, da Mosaico Consultores, que gosta de fazer projeções matemáticas com base na análise das campanhas passadas, tem uma má notícia para Alckmin.

A partir da análise de 121 eleições brasileiras decididas em segundo turno nos últimos 15 anos — das eleições presidenciais de 1989 e de 2002 às eleições para governador em 1994, 1998 e 2002, além das eleições para prefeito em 2000 e 2004 — chegou à conclusão de que o segundo turno virou o resultado de apenas 27% das eleições analisadas.

Mais ainda: a probabilidade de o resultado de uma eleição virar do primeiro para o segundo turno é significativamente menor se os dois primeiros colocados encerrarem o primeiro turno com uma diferença superior a dez pontos percentuais dos votos válidos, como é o caso de hoje, quando Lula supera Alckmin nas pesquisas por uma média de 18 pontos percentuais.

Das 33 viradas de segundo turno analisadas pela Mosaico Consultores, nada menos do que 27 (ou 82% do total) ocorreram quando a diferença de votos válidos entre os dois primeiros colocados no primeiro

473

turno era inferior a dez pontos percentuais. Apenas seis viradas (18% do total) ocorreram quando essa diferença ultrapassou dez pontos percentuais dos votos válidos.

A probabilidade de virada no segundo turno aumenta, segundo os cálculos do estudo, pouco mais de dois pontos percentuais para cada ponto percentual de voto válido a menos separando os dois primeiros colocados no primeiro turno. Por esses cálculos, o candidato do PSDB precisaria conquistar seis pontos das atuais intenções de voto no presidente Lula para passar a ter chances concretas de vencer a eleição presidencial de outubro.

Se a distância entre os dois primeiros colocados no primeiro turno caísse, por exemplo, dos 18 pontos de votos válidos que separam hoje Lula de Alckmin para apenas cinco pontos, a probabilidade de virada aumentaria dos atuais 12% para 39%, diz o estudo.

Ainda segundo o estudo da Mosaico, a probabilidade de virada oscila entre 35% e 40% para eleições nas quais os dois primeiros colocados encerram o primeiro turno separados por menos de 7,5 pontos percentuais dos votos válidos. E a probabilidade de virada cai abaixo de 10% para eleições nas quais os dois primeiros colocados encerram o primeiro turno separados por uma diferença de votos válidos superior a 17,5 pontos.

Uma boa notícia para Alckmin é que o nível de votos alcançado pelo líder do primeiro turno não é preponderante para definir a possibilidade de virada da eleição no segundo turno. Em termos estatísticos, há praticamente a mesma proporção de viradas tanto nas eleições nas quais o líder do primeiro turno quase alcançou os 50% dos votos válidos capazes de elegê-lo em um único turno, quanto entre eleições nas quais o líder do primeiro turno alcançou um patamar relativamente baixo de votos.

O estudo classifica a eleição para o governo de Minas Gerais em 1994 como uma das viradas eleitorais mais atípicas da história recente do país. Hélio Costa, então no PP, quase se elegeu no primeiro turno ao alcançar 48,3% dos votos, mas acabou perdendo para Eduardo Azeredo (PSDB) no segundo turno com uma desvantagem de mais de 17 pontos percentuais dos votos válidos.

25/7
DOIS ESTILOS

São dois ex-petistas que podem forçar a realização do segundo turno, duas personalidades políticas completamente diferentes entre si.

Uma foi expulsa do partido, o outro saiu por conta própria, ambos por discordarem dos métodos do governo; mas defendem ideias distintas. O senador Cristovam Buarque, atualmente no PDT, sabe que não pode baixar os juros por decreto, nem acha bom reestatizar a Vale do Rio Doce, dois pontos do programa de governo da senadora Heloísa Helena, do PSOL. Cristovam amarga 1% nas pesquisas eleitorais, enquanto Heloísa Helena alcança os dois dígitos e transforma-se no grande sucesso da campanha eleitoral.

Ex-ministro de Lula, Cristovam diz que aonde vai sente receptividade grande à sua proposta, baseada na educação. "Muita gente diz que eu não subo porque não uso o discurso da Heloísa. E eu respondo a esses marqueteiros que vou continuar assim, meu discurso é outro, eu tenho uma proposta. Eu quero é que daqui a dez anos saibam que tinha um candidato que fez uma campanha baseada na educação."

Para ele, "estabilidade e educação são as duas pernas que o Brasil precisa para pular essa barreira que não deixa a gente chegar à modernidade". Cristovam quer virar algumas páginas de nossa história, mas elas são mais pesadas do que deveriam: "Parece que a história de hoje do Brasil é escrita em páginas de chumbo, você não vira a página da violência, não vira a página da desigualdade, como a gente virou a página da inflação e a da ditadura."

Ele tem esperanças de que, com o programa eleitoral mostrando as propostas, termine subindo nas pesquisas — há informações de que já teria chegado a 3% das intenções de votos em algumas pesquisas —, mas acha que a melhor coisa que tem é que a marca pegou: Cristovam é educação.

Já a senadora Heloísa Helena começa a ter problemas de candidata competitiva, embora continue lutando contra dificuldades de financiamento de campanha, assim como Cristovam. Ela se queixou muito neste fim de semana de que está sozinha na briga, e ficou acertado que alguns deputados do PSOL vão assumir mais diretamente as respostas aos ataques, enquanto ela só responderá a Lula.

Responsável pelo programa de governo, o candidato a vice na chapa do PSOL, César Benjamin, o Cesinha da luta armada, considerado o antípoda de Heloísa, "uma pessoa absolutamente suave", vai assumir o debate, junto com os deputados Ivan Valente, Chico Alencar, Babá, Luciana Genro e Orlando Fantazzini.

"Seremos os cabeças de área dela para enfrentar os ataques que virão", resume Chico Alencar. A avaliação interna é de que, se ela acertar o tom, pode crescer mais ainda. O perigo seria virar uma espécie de Ciro Gomes na eleição de 2002: que cresceu na base da retórica agressiva e acabou se perdendo pelo destempero.

Heloísa Helena vive uma situação contraditória. De um lado a língua ferina, a verve dela, atrai um certo tipo de eleitor. Passa muita franqueza, fala o que está pensando, e isso em política é raro. Esse aspecto meio profético, de denunciar os poderosos, as injustiças, cala fundo em alguns eleitores. Ao mesmo tempo, esse tom forte, cortante, pode derrubá-la. Um amigo a define: Heloísa é, ela própria, contraditória, pode ser doce, abraça os adversários.

O esforço da campanha será "ensolarar" a Heloísa, isto é, seu crescimento só será sustentável e terá um efeito político importante para o país se o voto no PSOL também for forte. "Já estamos com mais esperanças de superar a cláusula de barreira. Se ela chega a 15%, 20%, não é descartável que chegue ao segundo turno. Está vindo uma onda Heloísa", avalia Chico Alencar.

O contexto em que a campanha se trava é a negação da política, decepção profunda, com as ideias de partido e de política extremamentes desgastadas. O PSOL estaria conseguindo captar, pelo menos em parte, aquele voto da descrença, do desalento, que num primeiro momento tem esse tom mesmo de protesto, "já que tem que votar em alguém vai ser nela para revelar a decepção".

Na avaliação do PSOL, o PT talvez seja a legenda mais desgastada, e isso deve resultar numa redução violenta de bancada, "talvez voltar ao patamar de 50 deputados", avalia Alencar, para quem, se o PSOL eleger cerca de 12 deputados federais será "uma grande vitória". Para ele, "a grande desgraça do governo Lula foi essa despolitização. Quatro anos depois da vitória do Lula, nosso povo não está mais politizado, mais organizado, e está mais descrente na política".

E numa situação dessa, de dispersão, qualquer coisa pode acontecer, comenta Chico Alencar. "Podia vir um líder mais fascista, o Enéas com uma dosezinha a menos de loucura, ou um populista tipo Garotinho. Nesse vazio o fenômeno Heloísa está acontecendo, e nós queremos dar organicidade a ele, e insistir em que ela é o PSOL."

26/7
CONTRA O TEMPO

A confirmação, pela pesquisa do Ibope de ontem, da tendência de crescimento de Geraldo Alckmin e Heloísa Helena e de queda de Lula pode sinalizar que está sendo reavivado no país o clima de indignação provocado pelas primeiras denúncias do mensalão. Num hipotético segundo turno, a diferença a favor de Lula caiu para menos de dez pontos percentuais. A entrevista do ex-deputado Roberto Jefferson, que fez um ano este mês, teve como consequência imediata um empate técnico entre Lula e o então prefeito de São Paulo, José Serra, em agosto passado, na pesquisa de segundo turno. A partir dali, a popularidade do presidente Lula conheceu cinco meses seguidos de decadência.

Serra chegou ao empate técnico ainda no primeiro turno, e em dezembro já vencia Lula nos dois turnos. Nesse período, também o então governador de São Paulo, Geraldo Alckmin, empatava com Lula no segundo turno, o que levou o ex-presidente Fernando Henrique a comentar que qualquer candidato do PSDB venceria Lula num segundo turno.

O presidente Lula aproveitou o recesso do Congresso, no fim do ano, e a consequente redução da carga de trabalho da CPI dos Correios para reagrupar suas forças políticas, e começou a viajar pelo país cortando fitas de inauguração mesmo com obras inacabadas.

Comandou uma operação tapa-buracos que teve aparente eficácia junto à opinião pública, mas que será uma das armas da oposição no programa eleitoral gratuito de TV, a partir de 15 de agosto: os buracos já estão todos de volta, e muitas denúncias de corrupção surgiram na esteira das obras sem licitação.

Em janeiro, o esforço de marketing do governo mostrou os primeiros efeitos. Serra, que em dezembro abrira nada menos que 13 pontos de vantagem sobre Lula num segundo turno, voltou a estar em empate técnico com o petista em pesquisa do Ibope: 35% para Lula e 31% para Serra.

Em março, Lula já abria uma larga vantagem sobre o candidato oficial do PSDB, Geraldo Alckmin: 43% a 19%. Lula chegou a 48% em junho, enquanto Alckmin patinava na casa dos 20% até a rodada de ontem, quando a diferença entre os dois, que já foi de 19 pontos percentuais, caiu para quase a metade.

Lula e o PT podem ter sido levados pela sensação de invencibilidade a adotar atitudes de enfrentamento da opinião pública que agora estariam revertendo contra eles. O PT, que não tem razão para achar que escapou do julgamento do eleitorado, pois aparece como o partido mais atingido nesse desgaste generalizado da classe política, assumiu a candidatura de todos os mensaleiros como se isso não fosse uma afronta à opinião pública.

Lula, confiante na sua liderança carismática, aceitou em seu palanque os políticos envolvidos nos mais diversos escândalos, num gesto profundamente arrogante, como se sua mera aceitação anistiasse os companheiros.

No lançamento de sua candidatura em Brasília, vários mensaleiros estavam presentes, como o Professor Luizinho e o ex-presidente da

477

Câmara, João Paulo Cunha, e os principais assessores de Lula diziam que não havia nenhum constrangimento. Marco Aurélio Garcia, assessor especial da Presidência para Assuntos Internacionais, chegou a dizer que "haveria constrangimento se eles não tivessem voto".

No comício em Pernambuco, o candidato do PT ao governo, ex-ministro Humberto Costa, era uma das estrelas do palanque, apesar de envolvido no escândalo dos sanguessugas. Ao lado da reativação dos escândalos de corrupção com a lista dos sanguessugas, que envolve basicamente os mesmos partidos dos mensaleiros, todos da base aliada do governo montada à custa de propina do valerioduto, outra faceta do PT, a do totalitarismo, voltou a aparecer em vários episódios.

Nos últimos dias, vários episódios envolvendo o MST vieram a público, depois da saída do Ministério da Agricultura de Roberto Rodrigues, que era considerado um dos mais eficientes ministros do governo. Bruno Maranhão, o líder do MST que invadiu e depredou a Câmara, saiu da prisão por pressão do procurador dizendo que vai apoiar a reeleição de Lula; o líder do movimento de agricultura familiar elogiou, na presença do presidente, a disputa de classe no campo; o ex-ministro cassado José Dirceu fez campanha com a bandeira do MST no Pontal do Paranapanema, junto com o ex-presidente do PT José Genoino e José Rainha.

São sintomas do que poderá vir a ser um segundo mandato de Lula, e que certamente incomodam uma parcela das classes média e alta que foi eleitora de Lula em 2002. Ele está repondo esses votos perdidos com uma maior penetração nos grotões, onde pretende substituir pelo carisma pessoal e pelos programas assistencialistas a influência dos líderes políticos regionais, hoje unidos em sua maioria em torno de Alckmin.

Lula tem a intenção direta de voto, a identificação com o eleitorado menos favorecido, e luta contra o tempo. Acumulou vantagem considerável, que vai se desfazendo à medida que a campanha chega nos dois meses finais. Estamos assistindo a uma disputa pelo controle desse eleitorado desinformado, mas determinante em qualquer eleição. O eleitorado informado, esse Lula parece que já perdeu.

1/8
AUTONOMIA DANOSA

O que torna o escândalo dos sanguessugas um caso especial é o fato de se tratar de um esquema tipicamente de políticos; o processo tinha autonomia, não dependia da participação do governo federal porque era baseado nas emendas individuais dos parlamentares, que são de aprovação automática até um teto de R$ 5 milhões. Nasceu do encontro fortuito do dono da Planam, Darci Vedoin, e do deputado Lino Rossi, do PP de Mato Grosso em um aeroporto, quando trocaram de malas por engano. A partir dessa aproximação, surgiu o esquema de superfaturamento das emendas numa troca de informações entre deputados de todos os partidos, sem exceção, e prefeitos também de várias legendas.

Era um esquema suprapartidário, que tinha vida própria e não dependia do comando de ninguém. Além do fato de que o roubo do dinheiro público saía da Saúde, num país tão necessitado, o que espanta no esquema é exatamente sua independência com relação a outros mecanismos de corrupção da máquina pública.

O deputado Marcondes Gadelha, um dos citados que jura inocência, admite que existem deputados que se acostumaram a "vender" suas emendas. Mas nunca se havia tido notícia de uma formação de quadrilha tão acintosa, com um parlamentar cooptando outro até formarem uma ampla rede que pode envolver cerca de 150 políticos, entre deputados, senadores e prefeitos.

A proposta de acabar com as emendas individuais dos parlamentares é um equívoco, pois os representantes do povo estão ali para isso mesmo, atender com suas ações às necessidades de suas bases políticas. O que tem que acabar é a aprovação automática e a quota que cada parlamentar tem sem que o seu projeto seja discutido em qualquer instância.

Pelo depoimento dos Vedoin, no que mais uma vez o governo petista inovou na corrupção foi na participação do Executivo na liberação dos recursos das emendas dos parlamentares. A grande quantidade de emendas no último ano do governo anterior fez com que o valor correspondente a cerca de cem ambulâncias não tivesse sido liberado no ano de eleição de 2002.

Para liberar os tais "restos a pagar" foi que se criou a figura do intermediário entre a empresa Planam e o Ministério da Saúde, surgindo daí, segundo os depoimentos de pai e filho donos da Planam, um envolvimento do então ministro Humberto Costa no assunto, que antes era tratado diretamente entre os políticos.

Também segundo Vedoin, o então chefe da Casa Civil, José Dirceu, não liberava as emendas sem que o deputado ou senador se comprometesse a votar com o governo em determinados assuntos. Assim, sabe-se agora que o governo se utilizava, além do mensalão, também das emendas dos parlamentares para negociar apoio no Congresso. Mas, a menos que se prove que a Casa Civil sabia que as emendas estavam superfaturadas, não há nenhuma novidade nesse mecanismo de liberar emendas em troca do apoio a alguma iniciativa de interesse do governo.

A característica, muitas vezes perversa, do orçamento autorizativo é exatamente essa: por um lado o governo manipula politicamente a liberação de verbas, por outro tranca outras verbas para fazer o superávit fiscal necessário. Por isso, cresce no Congresso a adesão ao orçamento impositivo. Mesmo no caso em que as emendas eram superfaturadas, não caberia culpa direta a nenhum governo, nem a nenhuma administração do Ministério da Saúde, já que as emendas dos parlamentares são de aprovação automática.

No caso do ex-ministro Humberto Costa, o relato dos Vedoin o incrimina porque está sendo acusado diretamente de pedir comissões, através de um intermediário, para liberar verbas. Portanto, assim como nem todo parlamentar que fez emendas para ambulâncias está necessariamente envolvido nas falcatruas, nem todo burocrata que liberou as verbas foi conivente com tramoias.

Mas uma coisa é clara: o atual Congresso está sob suspeição, e não tem mais moral para aprovar coisa nenhuma na atual legislatura, nem mesmo a lei orçamentária de 2007. Já está havendo um movimento para obstrução das votações, a partir das comissões, a fim de não permitir a aprovação das emendas ao orçamento. Somente o próximo Congresso, renovado e idealmente sem os candidatos envolvidos nas falcatruas do mensalão ou dos sanguessugas, poderia votar o próximo orçamento, defendem alguns líderes influentes.

Esse clima de suspeição sobre o atual Congresso impediria, sobretudo, que um eventual pacote de reforma política fosse aprovado ainda este ano. Como deixar que o Congresso atual aprove o voto em lista, ao qual sou favorável, se a direção partidária da maioria das legendas está nas mãos dos mensaleiros e sanguessugas?

Como aprovar a criação da figura da "federação de partidos" pouco tempo antes da eleição, ou, pior ainda, logo depois dela, para favorecer grande parte desses partidos, que abrigam a maioria dos sanguessugas e mensaleiros, e evitar a punição das cláusulas de barreira que quase certamente os atingirá?

As reformas estruturais que ainda precisam ser feitas só sairão se houver um consenso na sociedade e credibilidade do Congresso, o que talvez se consiga apenas com a convocação de uma Assembleia Constituinte restrita, que se dedique aos pontos fundamentais para o nosso desenvolvimento, o sistema tributário, o pacto federativo e a reforma política, com prazo definido para terminar. Os constituintes seriam eleitos apenas para essa tarefa, enquanto o Congresso funcionaria normalmente, com deputados e senadores eleitos para a legislatura normal.

15/8
BATER OU NÃO BATER?

A propaganda eleitoral pelo rádio e pela televisão começa hoje com o candidato da oposição Geraldo Alckmin em uma posição pior do que já esteve, mas dentro do parâmetro que ele mesmo traçou para sua candidatura, por cautela ou por conhecimento de causa, saberemos logo. Ao lado de seu mantra de que a campanha eleitoral começa somente quando muda o horário da novela, Alckmin sempre repetiu que, se iniciasse a campanha na televisão com um patamar de 20% das intenções de voto, estaria em ótima situação. Ele estava nesse patamar em abril, e subia quando, em junho, foi apresentado formalmente ao eleitorado pelos filmetes e pelo programa oficial do PSDB.

Rapidamente atingiu o patamar de 30% das intenções, o que foi considerado um fenômeno de comunicação na época. O cientista político Silvério Zebral, da Universidade Candido Mendes e representante no Brasil do programa de graduação em Political Management (Administração Política) da George Washington University, defendeu dentro da campanha, contra a tese pefelista de "desconstrução" da imagem política de Lula, que melhor esforço seria "construir previamente" a imagem de Alckmin, "para que uma desconstrução futura possa resultar em reversão de intenções de voto favoráveis a Lula para intenções de voto em Alckmin, de forma mais direta e com maior rendimento".

Ele considerou na ocasião que "o efeito líquido dos esforços de construção de Geraldo Alckmin (via mensagem positiva, comunicada através dos filmes do PSDB) superou em muito os efeitos líquidos da desconstrução do presidente Lula (via mensagem negativa, comunicada através do filme do PFL)". Sua análise: a) houve crescimento da intenção de votos em Geraldo Alckmin, acompanhado de "aprofundamento", com o aumento do número de eleitores que apresentam razões/motivadores de voto não transitórios; e b) aumento da rejeição do presidente Lula, sem queda no nível de intenção de votos, evidenciando uma polarização, todavia sem desconstrução do presidente.

O fato é que Alckmin não conseguiu manter o índice nesse período que antecedeu a propaganda gratuita no rádio e na televisão, enquanto a candidata do PSOL, Heloísa Helena, simplesmente dobrou o índice de intenção de votos, subindo para o patamar de 13%. Na análise técnica, essa queda de Alckmin era prevista, e na linguagem marqueteira, o candidato tucano teria um "suporte" de 22% a 23%, e uma "resistência" de 28%. A campanha que começa hoje vai obedecer, pelo menos no início, à proposta de apresentação do candidato Alckmin.

A propaganda mais agressiva será feita por meio dos filmetes, mas a orientação é de que: a) o portador da mensagem negativa não seja o próprio candidato; b) a estratégia esteja dirigida a um público-alvo passível de ser impactado, identificado por meio dos motivadores de intenção de voto em Lula, revelados em pesquisas quantitativas; e c) apoiada nos argumentos desconstrutivos corretos, identificados através de grupos específicos.

Os alvos seriam: a) eleitores de Lula que desconhecem as denúncias contra o governo; b) eleitores que motivam seu voto em considerações acerca da conduta moral do presidente; c) eleitores com intenção de voto em Lula ainda não consolidada; d) eleitores passíveis de serem alcançados pelas imprensa escrita.

Também o especialista em propaganda política, Jorge Guilherme Oliveira, diz que toda eleição majoritária, reeleição ou não, tem caráter plebiscitário: "Todo pleito vai ser decidido pelo sentimento majoritário do eleitorado considerando dois vetores: continuidade ou mudança." Para ele, o sentimento que prevalece é o de continuidade, e por isso Lula é o favorito. Mas ele lembra: "O eleitorado pode perfeitamente identificar como melhor alternativa de continuidade um candidato que não é o mesmo do governante aprovado. Desde que um candidato de oposição se posicione corretamente."

Por isso, "optar pela desconstrução de Lula é uma alternativa estratégica que somente se justifica quando o objetivo não é ganhar a eleição". Ele lembra que, eventualmente, diante da impossibilidade de vencer uma eleição, a campanha pode ser feita para marcar posições, consolidar a imagem de um candidato, firmar um espaço político-partidário. "Na trajetória política (que forma a imagem do homem público), nem sempre a vitória numa eleição específica é o mais importante. Perder para voltar mais forte pode ser uma alternativa estratégica. Como certamente Lula estará desgastado após o segundo governo, quem o combateu mais fortemente terá um crédito adicional de credibilidade."

17/8
NÚMEROS CONTRA ALCKMIN

Os próximos 15 dias serão cruciais para se saber se o candidato tucano Geraldo Alckmin tem fôlego para tentar reverter a grande vantagem que o presidente Lula tem na corrida presidencial. Mesmo entre seus correligionários, há um convencimento de que somente com um crescimento de cerca de 5 pontos percentuais nas próximas duas semanas será possível pensar em uma mudança no rumo da eleição no segundo turno. Alckmin gosta muito de citar sua própria experiência na eleição de 2002 para o governo de São Paulo, quando começou a propaganda pela TV e pelo rádio com 16 pontos atrás de Maluf, em 16 de agosto, e chegou ao fim do primeiro turno com 38%, à frente de José Genoino, que ultrapassou Maluf e foi para o segundo turno na onda da vitória nacional petista na eleição presidencial.

Infelizmente para Alckmin, seu exemplo é um ponto fora da curva, uma exceção à regra de que candidatos que entram na propaganda eleitoral com vantagem acabam vencendo, mesmo que seja no segundo turno. Além da tecnologia do marketing político, as campanhas eleitorais se prestam também a estudos matemáticos, e um deles, da MCM Consultores, mostra que em 90 eleições analisadas de 1989 até hoje, apenas em 37% dos casos houve mudança dessa tendência, e nenhum desses casos ocorreu na disputa pela Presidência da República: em 1994 e 1998, Fernando Henrique começou o período de propaganda eleitoral oficial na frente e venceu no primeiro turno.

Em 1989 e em 2002, Fernando Collor e Lula mantiveram a dianteira desde o início da propaganda gratuita, e venceram no segundo turno. Os estudos da MCM têm outras más notícias para Alckmin: o candidato que entra na propaganda eleitoral com 45% ou mais de intenções de voto, como é o caso de Lula hoje, tem 50% de chance de vencer ainda no primeiro turno. Perderam a eleição apenas 9% dos que tinham entre 40% e 49%, e apenas 10% dos favoritos que tinham mais de 20 pontos percentuais de vantagem sobre o segundo colocado.

18/8
MEIAS-VERDADES

(...) Aproveitando-se dessa crise institucional, muito além do espaço virtual da televisão, em que exibe um país "arrumadinho", o presidente Lula vai deixando antever nas entrelinhas o que realmente pensa sobre os escândalos de corrupção que assolam seu governo e, mais que isso, o que poderá vir a ser um cada vez mais provável segundo mandato presidencial. Quando lançou a ideia de uma Constituinte restrita para realizar uma reforma política, parecia querer apenas um instrumento para viabilizar uma reforma fundamental, mas delicada. De lá para cá, passou a extrapolar a reforma política tradicional, aproveitando-se da baixa popularidade dos políticos.

Colocou a imunidade parlamentar em discussão em discurso na Bahia, e até mesmo a duração de oito anos do mandato de senador. Lula voltou a fazer críticas generalizadas aos políticos, que, segundo ele, não farão uma reforma política "de verdade": "Poderão fazer muito arremedo em benefício deles próprios." Num momento em que a classe política está mergulhada em diversos escândalos, nada mais atraente para um candidato que esconde sua origem partidária na propaganda de televisão e rádio do que se distanciar dos parlamentares. Mas também nada mais perigoso.

Quando Lula diz, como no primeiro programa de propaganda oficial pela televisão, que "a crise ética que se abateu sobre todo o país é a crise de todo o sistema político", está falando uma meia-verdade. Ninguém usou tanto, e com tal profundidade, esse "sistema político" do que seu próprio governo, com a compra direta, em dinheiro vivo, dos votos de deputados, conspurcando as votações da Câmara e desmoralizando a política representativa.

Sem falar no fato de que Lula foi eleito para se contrapor a esse "sistema político", e não para compactuar com os "300 picaretas" que identificara em ação no Congresso quando lá esteve como constituinte. Pela relação dos mensaleiros e dos sanguessugas, vê-se que Lula sabia bem do que estava falando, mas tratou de cooptar os "picaretas", em vez de neutralizá-los.

Quando Lula "revela" que demitiu os ex-ministros José Dirceu e Antonio Palocci, como a mostrar à audiência do *Jornal Nacional* que os punira, está mais uma vez dizendo meias-verdades. Os dois saíram "a pedidos", e mereceram elogios em suas despedidas. Os jornais de ontem trazem uma afirmação de Lula que mostra que ele não condena a atitude de seus ex-auxiliares. Lula disse que perdeu "bons companheiros" que estavam "muito apressados", querendo fazer "tudo para anteontem".

José Dirceu, que está sendo acusado pela Procuradoria Geral da República de chefe da "organização criminosa" que se montou dentro do Palácio do Planalto para garantir o poder ao PT, e Antonio Palocci, que quebrou ilegalmente o sigilo bancário de um caseiro que testemunhou que frequentava uma casa de má reputação no Lago Sul de Brasília, eram apenas "apressados".

Recentemente, o presidente Lula elogiou muito Palocci em uma roda de conversa, chegando ao cúmulo de dizer que o que existe hoje é o Plano Palocci, já que o Plano Real, segundo ele, acabou no segundo governo de Fernando Henrique. Nessa conversa, Lula disse que Palocci só saíra do governo porque estava "sob uma pressão muito intensa", não descartou sua volta ao governo, caso se eleja deputado federal. Nenhuma crítica às ilegalidades praticadas, nenhuma queixa de traição.

Ao mesmo tempo em que esconde a estrela do PT, assim como os políticos escondem o broche que os identifica como parlamentares com receio da reação do populacho, o presidente Lula vai ajudando por baixo dos panos os mensaleiros e sanguessugas de seu partido e dos partidos aliados, colocando-os em seu palanque, numa afronta ao repúdio da sociedade.

Lula é capaz de tudo por um voto, até de usar em vão O santo nome, como fez no palanque com o bispo Crivella, para quem pediu votos ao governo do Rio de Janeiro em nome de Deus. Seu carisma pessoal, turbinado pelos milhões de reais que distribui prodigamente em programas assistencialistas, garante a impunidade de seus atos. O caso do empréstimo pessoal pago por seu amigo Paulo Okamotto é típico. Foram tantas as versões que meias-verdades diferentes revelaram uma mentira inteira.

19/8
LULA PREDOMINA

O presidente Lula superou os primeiros obstáculos da parte decisiva da campanha eleitoral: apesar de sua cadeira ter ficado vazia no debate da Bandeirantes, e de ter se saído mal, na avaliação da maioria dos analistas, na entrevista ao *Jornal Nacional*, não teve sua liderança ameaçada. A pesquisa do Ibope divulgada ontem mostra Lula solidamente 11 pontos à frente de todos os seus competidores, sem que nenhum deles esboce a mínima reação. Os dois primeiros dias da propaganda gratuita no rádio e na televisão também não serviram para sacudir o eleitorado, embora seja consenso entre os especialistas que somente com duas semanas se poderá saber que influência ela terá no resultado final da campanha.

De qualquer maneira, alguns setores da oposição, especialmente no PFL, já começam a ficar nervosos com os programas oficiais de Alckmin, considerados muito banais para um candidato que está tão atrás nas pesquisas. A queda apresentada por Alckmin na última pesquisa, quando foi de 26% para os atuais 21%, foi uma ducha de água fria que provocou os primeiros sinais de "cristianização" do candidato tucano, que estão sendo vistos nos programas regionais.

Especialmente no Nordeste, onde Lula apresenta índices estratosféricos de 75% dos votos válidos, os candidatos aliados simplesmente se "esqueceram" de falar em seu nome, ou mesmo de colocá-lo em algum ponto da tela. Até em Pernambuco, onde é teoricamente mais sólida a aliança, com o apoio do ex-governador Jarbas Vasconcelos, do PMDB, e com o vice José Jorge, do PFL, a candidatura presidencial está relegada a um plano secundário, enquanto os partidos priorizam a disputa pelo governo do estado, que tem o candidato do PFL, Mendonça Filho, na frente, mas deve ser decidida no segundo turno com dois candidatos ligados ao governo, os ex-ministros Humberto Costa e Eduardo Campos.

Uma insólita intervenção das direções nacionais do PSDB e do PFL vai tentar garantir que o nome de Alckmin seja defendido Brasil afora, mas, mesmo que isso seja conseguido, o que é duvidoso, o candidato não está na alma de seus correligionários, e até o momento tampouco conquistou a alma do eleitor. A discussão interna da campanha, sobre o tom dos programas, continua acesa, e é imprevisível se a tendência propositiva e amena que prevalece por imposição dos marqueteiros de Alckmin conseguirá se manter por muito tempo diante dos números e do nervosismo dos aliados.

A má notícia para a oposição é que, além de a estabilidade dos números só ser boa para Lula, quando eles se mexem são quase sempre contra Alckmin. O que os analistas oposicionistas apontavam como incongruências nas pesquisas — o fato de que Alckmin vencia em algumas regiões do país e Lula em outras, o que nunca acontecera antes — está se confirmando, mas a favor de Lula.

20/8
QUAL A SAÍDA?

Ainda sem resposta, uma pergunta assombra os assessores e aliados do candidato tucano Geraldo Alckmin: o que fazer para descontar os 11 pontos percentuais que separam Lula de seus opositores na corrida presidencial, e lhe garantem a vitória no primeiro turno, de acordo com a mais recente pesquisa do Ibope? O mundo globalizado do marketing político está cheio de exemplos de campanhas dadas como perdidas que foram vencidas com o uso das ferramentas modernas de comunicação, assim como há exemplos de uso equivocado de estratégia que levou a derrotas, momentâneas ou definitivas.

Uma das estratégias colaterais da campanha tucana é inflar a candidatura de Heloísa Helena, do PSOL, com o objetivo de que seu crescimento leve Alckmin ao segundo turno. Existem até mesmo comitês ligados ao tucano que ajudam campanhas locais do PSOL, na certeza de que, num eventual segundo turno, a maior parte dos votos de Heloísa Helena migrará para Alckmin, e não para Lula, como foi demonstrado em pesquisa do Datafolha sobre transferências de votos.

A campanha de Alckmin calculou o "potencial de captura" de cada candidato e descobriu que, proporcionalmente aos votos já consolidados, Heloísa Helena tem maior potencial do que todos os outros candidatos, sendo que, sobre os votos de Alckmin, esse potencial é duas vezes maior. Isso quer dizer que a candidata do PSOL vem crescendo em cima do eleitorado de Alckmin, que pode retornar a ele no segundo turno. Mas, como ela mesma diz, se crescer mais, pode vir a disputar com Lula um segundo turno.

Temos aqui mesmo no Brasil um exemplo de como essa tática tucana pode dar errado. Na campanha para governador do Rio em 1982, o governo militar resolveu ajudar a candidatura de Brizola, até mesmo com financiamento por baixo do pano, para neutralizar a de Miro Teixeira, então líder das pesquisas pelo PMDB, e abrir espaço para Moreira Franco, candidato do antigo PDS. Deu Brizola na cabeça.

A ação globalizada dos marqueteiros, inclusive brasileiros, que atuam na América Latina e nos países de língua portuguesa, é um fenômeno consolidado. A partir de Patrick H. Caddell, que nos anos 1970 do século passado passou a usar as pesquisas não apenas para mensurar a opinião do eleitorado, mas para entender suas motivações e interpretá-las, como uma ferramenta fundamental nas ações políticas, o conceito da "campanha permanente" tomou conta da política, fazendo com que questões ideológicas ou morais tenham menos importância do que a manutenção do poder ou sua conquista.

Saber o que o eleitor pensa para repetir nos programas eleitorais faz com que todas as campanhas pareçam iguais, como tem ressaltado o candidato a governador pelo PT do Rio, Vladimir Palmeira, o único que se dispõe a quebrar essa mesmice na propaganda, propondo um diálogo com o eleitor, sem truques nem mágicas. Alckmin tem optado por permanecer dentro dos padrões estabelecidos pelos marqueteiros, que já o levaram a uma vitória impensável em 2002. Mas o tempo está contra ele.

25/8
A ENCRUZILHADA

Se, como indicam as pesquisas, o presidente Lula se reeleger no primeiro turno, ele se considerará absolvido pelo eleitorado, como declarou recentemente, e isso é muito ruim para a democracia brasileira. Os malfeitos que aconteceram nas suas barbas, e que de diversas formas foram acobertados por ele, não desaparecerão, mas ele terá razão em dizer que o povo o absolveu. O raciocínio perverso de que todos são iguais leva intelectuais a aceitarem a política como algo sujo, ou a renegarem o sentido de ética na política, numa inversão completa dos valores que levaram Lula à Presidência com o apoio desses mesmos intelectuais.

Alguma culpa Lula acha que tem, caso contrário não usaria o truque de Fidel, que, para responder às críticas à ditadura que implantou em Cuba, disse que a História o absolveria. Lula não mandou ninguém para o "paredon", mas o PT está envolvido, desde os anos 1990, em transações, quando não tenebrosas, pelo menos discutíveis do ponto de vista ético, e transplantou essa forma de fazer política para o governo federal em 2003.

Como ele mesmo diz, Lula é a cara do PT e o PT é a sua cara, não havendo, assim, possibilidade de os métodos adotados pela "organização criminosa" que se organizou a partir do Palácio do Planalto para garantir a permanência do PT no poder, conforme acusação do procurador-geral da república, serem ignorados por ele.

Ontem, em mais uma manobra errática, Lula voltou a admitir que alguma coisa de errada foi feita nos gabinetes do Planalto, mas retornou à metáfora preferida do pai que está na cozinha e não sabe o que o filho está fazendo na sala. E voltou a dizer que tirou todos os envolvidos em denúncias de seus cargos.

Na verdade, metade do governo teve que sair de seus cargos, mas o presidente resistiu até quando pôde, e prestou solidariedade a todos os amigos denunciados, em diversas ocasiões. Na mais recente, bateu palmas quando o ator José de Abreu, o mesmo que lamenta mas concorda com Paulo Betti que política não se faz sem colocar a mão na merda, pediu uma salva de palmas para seus amigos Josés: o Dirceu, o Genoino e o Mentor, todos envolvidos no esquema corrupto do mensalão, por terem feito o que Lula e os intelectuais reunidos na casa de Gilberto Gil consideram normal.

Lula sempre foi maior que o PT, e só chegou à Presidência quando ampliou seu leque de apoios partidários. O problema é que fez à custa de dinheiro público e privado, num movimento nunca antes registrado na história política deste país, como ele gosta de se referir às proezas que imagina inaugurais em seu governo. O mensalão foi, sim, um passo adiante na corrupção política nacional: nunca antes houve a comprovação de um poder comprando literalmente outro poder, como o Executivo fez com o Legislativo nos últimos anos.

É um obstáculo e tanto quando Lula se dispõe a promover um pacto nacional em torno de algumas metas, como as contidas no documento divulgado ontem pelo Conselho de Desenvolvimento Econômico e Social (CDES). É o movimento certo no momento errado, num ambiente político que não permite muitas esperanças de que haverá espaço para um pacto suprapartidário.

É difícil o PSDB e o PFL serem contra metas de desenvolvimento e de inflação, ou contra a manutenção do superávit primário em 4,25% do PIB, mas está cada vez mais difícil também a oposição esquecer o passado petista para olhar um futuro em que ela se vê no poder. Essa espécie de Carta ao Povo Brasileiro II, a Missão, pretende zerar o jogo a partir de um segundo mandato presidencial, mas cada vez fica mais improvável uma união política formal, embora seja previsível que a oposição de hoje apoie as reformas estruturais que venham a ser apresentadas.

Estamos na verdade em uma encruzilhada: os que cometeram as falcatruas têm o apoio de suas estruturas partidárias e só estarão fora do jogo pela ação da Justiça ou dos eleitores. Os que forem eleitos, assim como Lula, se considerarão absolvidos, o que, se não pode ser discutido sem que se coloque em dúvida a característica inclusiva de nosso sistema eleitoral, é preocupante do ponto de vista do caráter nacional.

Ontem o presidente Lula, lançando ainda de maneira indireta sua proposta de pacto nacional, disse que é preciso pensar mais no que une do que no que divide os diversos grupos políticos, além de voltar a defender a tese de que a crise é generalizada, do sistema político que apodreceu, e não de pessoas ou de um único partido. Essa é a tese perfeita para que se passe uma borracha no passado e se jogue as negociações para o futuro.

Já há emissários em campo fazendo contatos com o que chamam de PSDB do futuro, que seriam Serra e Aécio, virtuais governadores de São Paulo e Minas, para um acordo de convivência política que não inviabilize a governabilidade de um segundo mandato que Lula começará forte pessoalmente e fraco politicamente.

O ex-ministro Antonio Palocci tem mantido contato com antigos membros da equipe econômica do governo tucano, e, eleito deputado federal, poderá vir a ser o grande coordenador do governo na Câmara para aprovação das reformas, especialmente a previdenciária e a tributária. Seria outro caso de "absolvido" pelo eleitorado.

Mas como esquecer tudo o que aconteceu e partir para um grande acordo nacional, se se considera que o jogo democrático está em risco com um governo que age e acoberta esse tipo de corrupção? Lula disse ontem que não é possível levar indefinidamente a disputa política, coisa que o PT fez nos oito anos em que esteve na oposição. A alternativa ao cenário de acordo nacional é um governo populista, que tentará um contato direto com o povo e com os movimentos sociais, acuado por uma oposição ferrenha. Façam o jogo, senhores.

31/8
AINDA COM FÉ NA VIRADA

Para quem está a ponto de perder no primeiro turno, o candidato tucano Geraldo Alckmin demonstra uma estranha fé na capacidade de alterar o quadro e chegar ao segundo turno contra Lula, o que seria um resultado que, por si só, já mudaria o panorama da corrida presidencial. Para um candidato que, como Lula, age como vencedor e já escolhe os ministros para o segundo mandato, seria um baque, até mesmo psicológico, ter que disputar um segundo turno. A certeza de Alckmin está baseada no ambiente das ruas, que já está mudando, disse ele ontem, em entrevista ao *Globo*, mas também, e sobretudo, em um aparato tecnológico de pesquisas que indica que ele hoje está mais próximo dos 30% das intenções de voto do que dos 27% apontados no último Datafolha.

Pela análise da equipe de campanha, se Alckmin atingir 32%, haverá segundo turno, desde que Heloísa Helena se mantenha na faixa de 10% em que está. O perigo é que ela desabe daqui para a frente. No acompanhamento de pesquisas, Lula teria hoje perto de 45% das intenções de voto, e não 51%, como apontado pelo Datafolha. A explicação para essa diferença seria que o espalhamento das suas pesquisas é menor que o da campanha de Alckmin, que faz pesquisas em 480 cidades em todo o país com 2 mil entrevistas, enquanto o Datafolha faz entrevistas em 175 cidades, e o Ibope em cerca de 150.

A coordenação da campanha de Alckmin tem um tracking (pesquisa telefônica) de mil entrevistas todos os dias, saídas de uma amostra inteira de 2 mil entrevistas que vão sendo substituídas. Considerado muito rápido pelos técnicos, o instrumento mede a tendência do eleitorado de um dia para o outro e detecta qualquer mudança de humor, muito mais do que as pesquisas eleitorais dos institutos, que demoram, entre fazer o campo de pesquisa e tabular, cerca de cinco dias.

Há outro tracking de três dias, e outro de quatro dias, para complementar as informações. Além disso, há pesquisas qualitativas em sete estados, sobre o programa de televisão, feitas por um sistema inglês de medição da reação do telespectador.

A entrada do locutor no programa de terça-feira, relembrando as acusações de corrupção contra o governo Lula, "passou tranquilo", na definição dos técnicos em comunicação da campanha de Alckmin, com um detalhe curioso: dos sete estados, só em São Paulo o locutor foi identificado com a campanha de Alckmin.

Mesmo que, com o passar dos programas, esse tipo de intervenção volte a ser usado e identificado imediatamente com o tucano, não haverá problema, porque "a essência da crítica foi bem-recebida", está no limite da aceitação pelo eleitorado, o que é a grande preocupação dos coordenadores de comunicação da campanha.

Apesar de ressaltarem que desde o primeiro programa Alckmin faz reparos ao governo Lula, seus comunicadores dosam os ataques para não ferir a suscetibilidade dos eleitores. Um exemplo define bem os cuidados: vou à sua casa pedir um favor (o seu voto), chego lá e começo a falar mal de uma pessoa de quem você gosta.

A estratégia até o momento não mudará, como o próprio candidato revelou ontem. A intenção é criar a imagem do candidato junto ao eleitorado, e não simplesmente torná-lo conhecido. O objetivo é torná-lo conhecido pelas qualidades certas para levar o eleitor a mudar seu voto com segurança. Pelos cálculos de Alckmin, Lula hoje tem cerca de dez pontos percentuais que não são dele, são eleitores que estão com ele porque não conhecem o outro candidato, não têm certeza de que ele seja bom.

A propaganda pretende criar no eleitor a ideia de que há uma alternativa, que não é arriscada. Convencê-lo, ao menos, de que os dois são bons, para depois, no segundo turno, marcar a diferença. Alckmin insiste em que a campanha ainda mal começou, e contou experiências suas e do ex-governador Mario Covas de virar campanhas eleitorais somente a poucos dias da eleição.

Distorções das pesquisas eleitorais foram lembradas por Alckmin, como em 2002: no dia da eleição, os institutos de pesquisa apontavam quase um empate triplo na disputa ao governo de São Paulo; ao abrirem as urnas, deu 38% para Alckmin, 32% para José Genoino e 21% para Maluf.

1/9
ARMADILHA MONTADA

A sensação de invencibilidade, com as pesquisas eleitorais francamente favoráveis à sua reeleição já no primeiro turno, e a consequente sensação de impunidade que essa absolvição das urnas trará consigo, têm incentivado o presidente Lula a revelar algumas facetas francamente preocupantes do que viria a ser um segundo mandato. Lula vem dando uma série de declarações para justificar o que aconteceu em seu governo, toda a corrupção que tem no mensalão sua síntese mais perfeita. Mesmo voltando a insistir que o mensalão não existiu, tentou explicá-lo, afirmando em uma reunião de intelectuais e artistas em São Paulo que a política real obriga a fazer acordos "com quem a gente tem, e não com quem a gente quer".

Estamos vendo neste mês decisivo de campanha eleitoral um Lula que ora é um democrata empedernido que prega a união nacional e defende a imprensa como a grande arena do debate democrático do país, ora ataca o Legislativo e os partidos oposicionistas e lança mais uma tentativa de controlar os órgãos de comunicação, como já tentara no início de seu governo.

A proposta de "democratização" dos órgãos de comunicação, com a formação de comitês populares para analisar a programação, foi abandonada em sua parte mais polêmica só depois de denunciada, mas o espírito intervencionista continua lá no programa do PT, como uma ameaça à liberdade de expressão.

Lula chegou a citar a possibilidade de acordo com o PSDB, que ele mesmo já classificou de seu sonho de consumo, para taxá-lo de inviável, porque os tucanos são hoje os principais adversários dos petistas. A disputa política chega a tal ponto que, na análise de Lula, a transição do governo de Fernando Henrique se deu de maneira pacífica e civilizada porque o PSDB tinha o objetivo de cooptar o PT, mostrar para o mundo que o PSDB era um partido democrático e moderno, jogando com a probabilidade de os petistas não terem competência para governar e serem obrigados a chamar o PSDB para ajudá-los.

O ex-presidente Fernando Henrique, ex-amigo transformado em principal desafeto, revelou em seu livro de memórias que esperava, sim, com a transição, criar um clima para um governo de coalizão entre o PT e o PSDB, e lamentou que se tenha perdido essa oportunidade. A leitura petista para essa revelação é, como se vê, inversa, desidratada de sentimentos patrióticos e recheada de veneno.

Essa interpretação, se já circulava nos bastidores palacianos sempre que se cogitava uma união com os tucanos, revelada em público inviabiliza ainda mais um governo de coalizão, que o próprio Lula anunciou outro dia mesmo como um dos objetivos mais imediatos de um segundo governo. Pelo menos com relação ao PSDB, que dificilmente sairá dessa campanha em condições de pactuar qualquer coisa.

Uma possível negociação política com o futuro governo petista teria como objetivo, aí sim, cooptar setores do PSDB ou, no mínimo, chegar a acordos pontuais com governadores de importância política fundamental como serão José Serra em São Paulo e Aécio Neves em Minas.

O programa de governo divulgado pelo PT com a chancela de Lula incluiu ataque extemporâneo, por desnecessário, ao governo anterior, acusando-o de ter disseminado a corrupção, num movimento arriscado de trazer para o debate eleitoral justamente o seu lado mais vulnerável. Na verdade, o que se procura hoje é isolar o ex-presidente Fernando Henrique Cardoso, o adversário de língua mais ferina nas hostes tucanas.

Na parte econômica, tanto o programa do PT quanto o Orçamento que o governo deve enviar hoje ao Congresso para 2007 são obras de ficção que servem para colocar interrogações quanto à política econômica de um provável segundo governo Lula.

As agências de risco estão elevando o rating do Brasil — ontem a Moody's deu a melhor nota desde 1989 — devido aos bons números da economia, mas aguardam um consenso em torno da necessidade de corte dos gastos do governo, tema que não tem guarida no programa do segundo governo, nem no orçamento para o próximo ano.

As agências só não ficam mais preocupadas porque, para elas, se o governo decidir aumentar a carga tributária para garantir o superávit, que, por sua vez, garantirá o pagamento da dívida, o risco-Brasil continuará baixo, mesmo sem crescimento econômico. Isso até quando for possível se equilibrar nessa dubiedade de gastos crescentes e pouco crescimento econômico. O Orçamento para 2007 prevê um aumento dos investimentos sem que seja explicado de onde sairá o dinheiro.

Como ele mesmo já admitiu, Lula não sabe quando é candidato e quando é presidente. A confusão fica maior ainda quando se vê que o programa do candidato não se comunica com o Orçamento do presidente, numa esquizofrenia institucional perigosa. Mesmo já sabendo que ontem seriam divulgados números nada satisfatórios do crescimento do trimestre, Lula, falando ao *Jornal da Globo* no dia anterior, disse, bem ao seu estilo, que "desde que foi proclamada a República", nunca houve momento na História do Brasil em que "a economia tenha tantos fatores positivos combinando entre si".

O resultado da união de tantos fatores positivos deu o crescimento pífio de 0,5% do PIB, o que indica um crescimento anual por volta de 3%, quando Lula prometera crescimento entre 4% e 5%. A média de crescimento do PIB de seu primeiro governo seria, então, de 2,5%, exatamente a mesma do primeiro governo de Fernando Henrique. Mesmo em uma hipótese otimista, de um crescimento de 3,5%, a média de crescimento da economia do governo Lula terá sido de 2,8%.

Acontece que o Orçamento para o próximo ano está montado em uma previsão de crescimento de 4,75%, assim como o deste ano previa um aumento do PIB de 4,5%. O que está sendo montado para o próximo governo é uma armadilha fiscal monumental.

2/9
CONTRA O TEMPO

O fracasso da economia vai ser explorado com vigor pela oposição, mas é muito difícil que convença o eleitorado de que a situação econômica não é tão boa quanto o governo diz que é. Isso porque os efeitos dessa desaceleração, captada agora pelo IBGE nos números do segundo trimestre, só serão sentidos pela população de maneira geral, e mais especificamente pela população de baixa renda, no ano que vem. Com o PIB crescendo a apenas 0,5% no segundo trimestre, dificilmente a economia conseguirá crescer além de 3% no fim do ano, e entrará em 2007 em declínio. Se somarmos a isso a necessidade evidente de cortar custos para que o equilíbrio fiscal se mantenha, e um panorama internacional que não será nem parecido com o que tivemos até agora, vemos que o futuro de nossa economia não é dos mais brilhantes.

No momento, as classes menos favorecidas, que são o grande apoio de Lula, especialmente no Nordeste, continuam se sentindo muito bem, graças aos efeitos que estão em ação de medidas econômicas que geraram um aumento de renda efetivo, como a distribuição do Bolsa Família, o aumento real do salário mínimo, que se refletiu nas aposentadorias, e o reajuste dos servidores públicos. Nada disso acontecerá novamente no próximo ano, mas até lá Lula já estará reeleito, se não houver mudança de percepção do eleitorado.

Como vence não apenas no Nordeste, mas em todas as regiões do país e também em todas as classes sociais e níveis de renda, com exceção dos eleitores com curso superior e renda acima de dez salários mínimos, é a faixa do eleitorado de classe média que voltou para Lula, após um primeiro momento de frustração, que o resultado da economia e as decisões demagógicas e eleitoreiras do governo podem afetar. A questão é saber se esse eleitorado encontrará um candidato que lhe pareça uma alternativa melhor ao governo que está posto.

A eleição deste ano está muito parecida com a de 1998, quando o então presidente Fernando Henrique Cardoso foi reeleito no primeiro turno com 53,1% dos votos. A economia brasileira começava a dar sinais de deterioração devido à valorização do real, exatamente como agora, e pairava no ar a certeza de que a moeda teria que ser desvalorizada a qualquer momento.

Lula, candidato oposicionista, pressionava na campanha televisiva, acusando o governo de estar esperando apenas o resultado da eleição para desvalorizar o real, o que realmente acabou ocorrendo logo no início de 1999, com uma crise cambial que ameaçou levar a economia ao fundo do poço.

Pois a tentativa do PT de então era levar a disputa para o segundo turno, quando as críticas à política econômica subiriam de tom, ao passo que poderia ficar mais claro para o eleitor que o real valorizado prejudicava a economia e estouraria mais adiante, embora trouxesse vantagens pessoais aos cidadãos, como o barateamento dos preços de alimentos e, subsidiariamente para a classe média, a possibilidade de comprar importados mais baratos e fazer viagens internacionais.

Tudo igualzinho a hoje, embora não houvesse na ocasião condições propícias para outras manobras eleitoreiras. Naquele ano, segundo o economista Marcelo Néri, da Fundação Getulio Vargas, a proporção de redução de renda apresentou níveis bastante superiores aos observados nos três episódios pré-eleitorais em que a política econômica claramente ajudou o candidato do governo, produzindo os maiores crescimentos de renda na população, tal como agora.

Por exemplo, a proporção de analfabetos com reduções de renda nos períodos pré-eleitorais de 1986, 1989, 1994 é de 28,6%, 37,6%, 36,3%, respectivamente, enquanto em 1998 esse índice chegou a 49,6%. Definitivamente, diz Néri, são números não compatíveis com um eventual caráter eleitoreiro da política econômica vigente.

Mesmo com algumas circunstâncias adversas, o então presidente Fernando Henrique se reelegeu no primeiro turno, numa corrida contra o tempo. Jogando sempre com a segurança que o Plano Real representava, especialmente no controle da inflação.

É essa mesma segurança que Lula está vendendo hoje à população, com a taxa de juros mais baixa dos últimos anos e uma inflação controlada abaixo da meta oficial. Entre os economistas, uma constatação chama a atenção: quem está reelegendo Lula, a serem confirmadas as pesquisas eleitorais, é a política atacada como ultra ortodoxa do Banco Central. Se a inflação não estivesse tão baixa, o efeito da Bolsa Família e do salário mínimo não seria tão forte no dia a dia dos menos favorecidos.

Mesmo no anúncio do crescimento pífio do PIB do segundo trimestre, há uma indicação a mais de que os de renda mais baixa estão sendo favorecidos pela conjuntura econômica atual: o setor de serviços foi dos poucos que cresceu, o que significa renda mais alta para os que dele vivem.

Na eleição de 1998, o presidente Fernando Henrique foi reeleito com apenas três pontos percentuais acima da soma dos demais candidatos, ficando Lula em segundo com 31,7% dos votos e Ciro em terceiro com 11%, além de Enéas, que teve 2,1%. Outros oito candidatos tiveram no total 2,2% dos votos dos eleitores. Hoje, a campanha de Alckmin acha que se ele chegar a 32% dos votos, Heloísa Helena se mantiver na faixa dos 10% e Cristovam subir para a casa dos 2% ou 3%, haverá segundo turno.

Na verdade, em todas as regiões do país está dando segundo turno, com exceção do Nordeste, onde Lula abre uma vantagem espantosa, com cerca de 70% dos votos. É lá onde também se concentra a maioria do eleitorado com renda até cinco salários mínimos, público-alvo majoritário do Bolsa Família. Mas é lá também que historicamente existe um índice maior de votos nulos, em branco e abstenção do que no resto do país. Essa é uma conta que os tucanos fazem.

10/9
TUDO É POSSÍVEL

Mais que a seu carisma pessoal, o presidente Lula deverá aos governistas do PMDB sua provável vitória no primeiro turno da eleição presidencial. Se o ex-governador Garotinho não tivesse sido boicotado em suas pretensões de concorrer à Presidência, ou mesmo se outro candidato como o senador Pedro Simon ou o governador Germano Rigotto tivesse sido lançado pela sigla, provavelmente hoje teríamos um segundo turno já configurado, restando saber apenas quem iria enfrentar Lula. Não é sem razão, portanto, que o PMDB, antes mesmo do resultado das urnas, já está sendo apontado pelo próprio Lula como o principal parceiro de um futuro governo.

Ao mesmo tempo, num movimento ousado mas que está sendo gestado há muito tempo, o virtual governador reeleito de Minas, Aécio Neves, deixou escapar pela primeira vez a possibilidade concreta de sair do PSDB. Aécio, com a reeleição garantida com uma votação que se pressente espetacular, de mais de 70% dos votos válidos, deu mais um passo para firmar sua candidatura à Presidência em 2010. Sua disputa pela hegemonia do partido já havia sido desenhada em diversos pronunciamentos contra o domínio da seção paulista, que tenta definir o futuro da legenda com um manifesto do ex-presidente Fernando Henrique Cardoso. O namoro de Aécio com o PMDB já havia sido explicitado quando foi convidado para concorrer já nesta eleição à Presidência, no pressuposto de que seu nome uniria o partido.

Ao admitir que "tudo pode acontecer", inclusive trocar de partido, Aécio deu apenas mais um passo na sua estratégia, que não se precipitará no primeiro ano do próximo mandato. A partir da reforma política que começará a ser negociada logo depois do resultado oficial da eleição, será possível ver com mais clareza o quadro partidário. Se forem mantidas as regras atuais, a cláusula de barreira tirará do jogo político uma penca de pequenos partidos.

PSB, PPS, PV, PCdoB tenderão a se agrupar em federações partidárias, caso essa figura esdrúxula ainda venha a ser aprovada depois do jogo jogado, o que seria uma excrescência, ou, mais provavelmente, se fundirão às siglas que estarão no jogo real do poder, que não passarão de meia dúzia: certamente PMDB, PSDB, PFL, PT e mais dois ou três que as urnas abençoarão, entre eles o PDT, talvez o PP e quem sabe o PSOL. Mas, mesmo com Heloísa Helena na casa dos 10% dos votos para presidente, dificilmente o PSOL conseguirá eleger deputados em nove estados, fazendo 2% dos votos em cada um deles.

A maioria dos deputados que se elegerem por essas siglas preferirá aderir formalmente a um dos partidos grandes a permanecer em siglas que perderão o tempo de televisão, punição que inviabiliza a campanha eleitoral. O PMDB deve sair das urnas, e dessa "pescaria" pós-eleitoral, com a maior bancada da Câmara, e provavelmente o partido com o maior número de governadores — talvez nove ao todo —, mas pode perder a maioria no Senado, onde a disputa será acirrada. Hoje o PMDB tem 20 senadores e pode perder dois ou três na eleição de outubro.

O PFL e o PSDB também devem eleger, cada um, cerca de 18 senadores. A bancada majoritária terá, assim, 19 senadores, e, como a coligação PSDB-PFL não deve se repetir a partir do próximo ano, um dos dois poderá presidir o Senado. A não ser que, até a posse e com o trunfo de ser governo com todo o poder, o PMDB coopte dois ou três senadores para garantir sua maioria. Certamente o presidente Lula ajudará nessa tarefa, pois seu partido, o PT, deve ficar reduzido a dez senadores e não estará na disputa de poder. O PMDB terá, então, o domínio das duas Casas do Congresso.

Como em política nada acontece como se prevê com muita antecedência, será preciso esperar para ver como será o início do provável segundo mandato de Lula, que tipo de acordos pontuais ele tentará fazer, que futuro ele pensa construir para si próprio, ou o que o futuro político lhe reserva. Nunca é demais lembrar que existem processos contra ex-integrantes do governo Lula em andamento no Supremo cuja decisão deve sair em meio ao segundo mandato, com claras implicações políticas.

E também que, aos 60 anos, e considerando-se um enviado dos deuses, Lula é capaz de querer permanecer no poder por mais tempo ou, não sendo possível, voltar a ele mais adiante. Com o provável fim da reeleição, o mandato do presidente a partir de 2010 será de cinco anos. Como disse Aécio, "tudo pode acontecer".

15/9
A NÃO POLÍTICA

Não há nada mais característico desta eleição insossa do que o segundo turno na disputa presidencial depender dos chamados "não votos", isto é, das pessoas que não exercerão seu direito de votar, ou por escolha, ou por ignorância. Ninguém está escolhendo Lula ou Alckmin com entusiasmo, por razões diversas. Escrevi aqui meses atrás que Alckmin corria o risco de se transformar em um candidato anulado diante do carisma de Lula, e o que está acontecendo é mais ou menos isso. Ele escolheu fazer uma campanha dita "propositiva", deixando em segundo plano a politização do ponto fraco do adversário, o flanco moral, que já foi o seu forte.

Diante da força de atração da Bolsa Família e de outras políticas assistencialistas como o crédito consignado e o financiamento da agricultura familiar, não há como propor uma mudança de rumos a uma vasta parcela do eleitorado, especialmente no Nordeste, que se beneficia da atual conjuntura, embora vá deixar de ter os benefícios muito em breve, quando será necessário um arrocho nos gastos do governo para equilibrar as contas públicas depois da farra eleitoral. Mas não é possível propor um pouco de bom-senso a quem está tendo reais benefícios no momento.

Como diz o historiador José Murilo de Carvalho, "a opinião nacional, ou popular, vive no mundo da necessidade. Ela votará, e muito racionalmente, em quem julga capaz de ajudá-la. Ela pode, sim, absolver o corrupto se este a convencer de que pode ajudá-la". Além do mais, há uma vasta parte dos antigos eleitores petistas que, mesmo desiludidos, se agarram a qualquer indício de melhora nas condições sociais do país para tentar justificar a manutenção do apoio. Não necessitam de comida, mas de consciência tranquila.

Mesmo que devessem saber que nada está sendo feito para mudar estruturalmente as condições sociais, e que a distribuição de renda melhorou graças a programas assistencialistas e a uma política de valorização do salário mínimo que não são sustentáveis em longo prazo. Mesmo essa incipiente melhora não é tarefa isolada do governo Lula, é um processo que vem acontecendo desde 2001 e foi possível graças à implantação do Plano Real, que permitiu o controle da inflação.

É claro que o governo Lula vem fazendo na economia, para desespero da maioria dos petistas, um trabalho de continuidade da política econômica que vige há 13 anos, e em alguns casos até mesmo de aperfeiçoamento, e os resultados desse processo vão aparecendo em várias áreas, como nas exportações e na dívida externa. Paradoxalmente, se não fosse o controle rígido da inflação pelo demonizado banqueiro Henrique Meirelles, o Bolsa Família não teria o efeito que está tendo na melhoria de vida dessa camada da população.

Quanto à questão moral, ela foi sublimada também por petistas de alto calibre, que aderiram à tese de que no sistema político atual só se conserva o poder por meio de métodos intrinsecamente corruptos. A ponto de a escritora Rose Marie Muraro ter tido a coragem de escrever um artigo recentemente defendendo nada menos que a imoralidade e o roubo. Muraro escreveu e assinou a seguinte pérola: "Ser moral dentro de um sistema imoral é legitimar a imoralidade."

A escritora acha que a "boa novidade" no Brasil foi a eleição de um presidente oriundo das classes dominadas, "de quem não se esperava que transgredisse a lei da honestidade e da moralidade". Muraro, no entanto, justifica as transgressões com uma raciocínio tão linear quanto escandaloso: "Quando ele se viu obrigado a jogar o jogo da classe dominante para continuar no poder, houve uma grita a partir da classe média, sinceramente honesta, contra a corrupção e a fraude que este mesmo presidente antes condenava."

Segundo a escritora, "os pobres, que sabem desde o nascimento que são expropriados de quase tudo, creem, também sinceramente, que, já que são sempre roubados pelos dominantes, pelo menos darão o seu voto a quem reparte com eles alguma fatia desse roubo".

Se eu fosse Lula, processaria a escritora Rose Marie Muraro, que o está chamando diretamente de ladrão, embora no bom sentido, é claro. Depois da polêmica com o músico Wagner Tiso e o ator Paulo Betti, que até hoje estão tentando explicar suas relações com a moral e a "necessidade" de meter a mão na merda para fazer política, Rose Marie Muraro abre o jogo sem a menor cerimônia.

Esse é um aspecto novo da questão política no Brasil, onde sempre houve a corrupção, mas nunca tão escancarada como agora, nem defendida com tanto ardor. Mesmo Adhemar de Barros, a origem do tipo de político que "rouba, mas faz", a quem Lula foi comparado pelo sociólogo Francisco Weffort, fundador do PT e ex-ministro da Cultura de Fernando Henrique, nunca admitiu oficialmente seus pecados. Paulo Maluf, mesmo diante das evidências e tendo ido parar na cadeia por um período, nega de mãos juntas que tenha contas no exterior.

É a vitória da não-política.

16/9
VENTO A FAVOR

Os fatos estão a favor de Lula, e dificilmente ele deixará de vencer a eleição presidencial no primeiro turno. A pesquisa do Ibope divulgada ontem mostra que a principal dificuldade do candidato tucano Geraldo Alckmin é subir à custa de tirar votos de Lula. Só assim ele teria alguma chance de levar a decisão para o segundo turno e tentar reverter o quadro, que é francamente favorável à reeleição do presidente, mesmo no segundo turno. É claro que a reversão de expectativas criará um clima psicológico favorável a Alckmin, uma situação muito diferente, por exemplo, da de José Serra em 2002, quando em nenhum momento houve a sensação de que ele poderia virar o jogo. Ir para o segundo turno já foi sua vitória.

Alckmin, ao contrário, está marcado para morrer no primeiro turno, e tem pela frente um adversário muito vulnerável em termos éticos, o que pode dar um tom diferente ao segundo turno. Mesmo assim, é muito difícil uma virada, e para Alckmin, hoje, ir para o segundo turno significa muito mais uma sobrevivência política do que uma possibilidade concreta de virar presidente. Indo para o segundo turno, Alckmin se iguala em força política a José Serra em São Paulo, e poderá se tornar representante de uma ala importante dentro do PSDB, especialmente se se aliar ao governador de Minas, Aécio Neves.

Sendo derrotado de cara, Alckmin não terá a menor importância na política interna, e terá que recomeçar da estaca zero, candidatando-se a prefeito de São Paulo em 2008, por exemplo, isso se o atual prefeito Gilberto Kassab, do PFL, aliado de Serra, deixar, o que é improvável.

Mas, como também em política enquanto há vida há esperança, os tucanos apostam suas poucas chances no maior crescimento nas classes mais escolarizadas e com maior poder aquisitivo, entre os que, nessas faixas, ainda estão com Lula, para ultrapassar a primeira barreira, a do primeiro turno. Mas os fatos estão a favor de Lula, como a pesquisa Pnad divulgada ontem pelo IBGE, que mostra que em 2005 o rendimento médio real de trabalho cresceu 4,6%, o maior crescimento desde 1996.

É um bom número para se divulgar às vésperas da eleição. (...)

19/9
CHANCHADA PERIGOSA

Já está ficando ridícula esta história de que Lula nunca sabe de nada do que seus principais assessores fazem, se acharmos que se trata apenas de uma mera desculpa para livrá-lo de envolvimentos com os crimes que vêm sendo cometidos nas suas barbas. Ou pode se transformar em uma história trágica, se chegarmos à conclusão de que Lula é incapaz de saber o que acontece à sua volta. A história desse ato falho de um segurança chamado Freud, elevado a assessor especial do gabinete do presidente da República, só não é hilariante porque é o retrato de um submundo que rodeia o Palácio do Planalto, que já gerou uma "organização criminosa", na definição do procurador-geral da República.

Esse Freud Godoy repete o caso do "anjo negro" Gregório Fortunato, como já avisava Marx: a história só se repete como farsa. Tanto Lula passou a se comparar indevida e oportunisticamente a Getulio que acabou metido, pelas mãos de seu segurança, na trapalhada da compra de um dossiê fajuto contra os candidatos tucanos Geraldo Alckmin e José Serra.

Dentre as muitas transmutações sofridas por Lula depois de chegar à Presidência, uma foi a de deixar de ser um líder trabalhista que queria pôr fim à "Era Vargas" para se tornar um fiel seguidor de Vargas. Quando disse que fez uma transfusão com o sangue do povo, estava parafraseando uma famosa frase de Getulio: "Hoje vocês estão no poder na minha pessoa, amanhã vocês serão o poder."

O Lula líder sindical da primeira fase defendia a superação da herança varguista, acusando: a CLT era o "AI-5 dos trabalhadores", e Vargas era o "pai dos pobres e mãe dos ricos". Hoje, sempre que julga conveniente, se compara a Vargas, mas avisou em certa ocasião que não dará um tiro no peito. Coube ao atual presidente da Câmara, Aldo Rebelo, quando ainda ministro da Coordenação Política, a primazia de fazer tal paralelo oficialmente, afirmando que os tucanos estavam querendo criar no país "um clima pré-54".

Aldo referia-se à crise política desencadeada pela tentativa de assassinato de Carlos Lacerda, um dos maiores líderes udenistas, que movia campanha incessante contra Vargas, que acabou se suicidando. O mandante do crime, que acabou matando o major da Aeronáutica Rubens Vaz, foi o chefe da segurança do presidente, Gregório Fortunato.

Recentemente, o ex-presidente Fernando Henrique disse que falta na oposição um político aguerrido como Lacerda, recebendo dos governistas acusações de golpismo. Mesmo sem um Lacerda, Lula tem no tal Freud a chanchada de Gregório. Foi ele, mancomunado com Jorge Lorenzetti, petista de Santa Catarina que é também churrasqueiro oficial da Granja do Torto, quem contratou o advogado Gedimar Pereira Passos para supervisionar a segurança do comitê da campanha de Lula.

Preso na Polícia Federal, Gedimar disse que foi Freud quem o chamou para avaliar se o tal dossiê continha mesmo fatos que comprometessem Serra, e de quebra seriam a pá de cal na campanha de Alckmin, como premonitoriamente escreveu em seu blog o ex-ministro José Dirceu.

Dirceu, sem que Alckmin tivesse sido citado na entrevista de Vedoin à *IstoÉ*, escreveu que as acusações seriam "a pá de cal na campanha do Chuchu", evidência de que sabia que depois da entrevista apareceriam as fotos e o vídeo para "atestar a veracidade" das acusações.

Como Gedimar e o empresário Valdebran Carlos Padilha, o outro petista preso, tinham em mãos R$ 1,7 milhão, quantia que teria vindo através do tal Freud, a primeira pergunta que se deve fazer é: como um agente de segurança tem acesso a tanto dinheiro?

Esse Freud faz parte do núcleo de amigos de Lula desde a época de sindicalista de São Bernardo; é mais ligado nas origens ao hoje presidente do que, por exemplo, Delúbio Soares, que era também da turma sindical, mas veio de Goiás para fazer parte do grupo.

Na Caravana da Cidadania da campanha presidencial de 1994, Freud Godoy era, mais que o chefe da segurança, o coordenador da operação de logística, e mandava mais do que muitos caciques petistas.

Assim como Paulo Okamotto, outro do núcleo sindicalista original, fazia as declarações de renda de Lula e família, e vez por outra dava uma ajudinha para pagar algumas dívidas. Freud era de tanta confiança que estava lotado na Presidência para cuidar da segurança da primeira-dama Marisa Letícia. Agora, sabe-se que cometia outras pequenas irregularidades, como organizar a campanha eleitoral do chefe, mesmo estando lotado no Palácio do Planalto.

A pequena esperteza do presidente, ao se desvincular, logo no primeiro instante, de qualquer ligação com os petistas que compravam o dossiê, de criticar a prática e ao mesmo tempo deixar no ar a possibilidade de serem verdadeiras as acusações contra Serra, fica exposta com o surgimento da acusação a um assessor direto seu, de nome tão específico que dificilmente seria inventado.

Na crise do mensalão, Lula teve que se livrar de toda a cúpula petista e de vários ministros, entre eles seu homem todo-poderoso José Dirceu, e hoje diz que não sabe por que ele foi cassado. Pois foi cassado por ter sido identificado, por seus pares e pelo procurador-geral, como o chefe da tal "organização criminosa" montada no Planalto.

Hoje, ele tem que se livrar de um segurança e de um churrasqueiro para tentar se desvencilhar de mais um crime político. Tanto na cúpula petista como no baixo clero do partido, crimes são tramados e praticados, inclusive por petistas de sua cota pessoal, sem que Lula saiba. Deve ser o presidente mais traído do mundo.

20/9
SINAIS DE LULA

A tese de que não interessava a Lula criar nenhum tipo de tumulto estando com a eleição praticamente ganha no primeiro turno — o que nova pesquisa do Datafolha confirmou ontem — não exime o presidente de culpa, pelo menos indireta, no caso da compra de um suposto dossiê contra os candidatos tucanos. Supondo que Lula não tenha sido informado da operação, mesmo com tanta gente ligada diretamente a ele envolvida, é o responsável pelo clima de leniência que envolve, desde o primeiro momento, os autores dos crimes, eleitorais e comuns, que vêm sendo cometidos nas cercanias do Palácio do Planalto.

Desde que, na famosa e estranha entrevista que concedeu na Embaixada do Brasil em Paris, o presidente Lula justificou o dinheiro que circulou do PT para os partidos aliados como caixa dois de campanha eleitoral, "o que se faz tradicionalmente no Brasil", acendeu um sinal verde não apenas para os que participaram das operações de caixa dois, que aconteceram, como também para quem participou dos outros tipos de transações que comprovadamente ocorreram, como o mensalão.

Lula emitiu diversos sinais de que não abandonaria "os companheiros", e disse isso em diversas ocasiões, não se vexando de receber no próprio Palácio do Planalto os petistas acusados de mensaleiros.

Além de insistir, em diversos pronunciamentos, em que não sabia se houvera o mensalão — chegou mesmo a afirmar em certa ocasião que não existiu —, o presidente acobertou todos os políticos ligados àquela operação e, à medida que seu prestígio popular foi se firmando, passou a se sentir mais e mais seguro para avançar na direção de garantir a impunidade aos envolvidos no esquema.

A tal ponto que, dias antes de eclodir o mais recente e mais explosivo escândalo de seu governo até o momento, o da compra de um dossiê que supostamente conteria provas contra adversários tucanos, Lula se sentiu forte o suficiente para afrontar toda a sociedade com atitudes desafiadoras nos palanques políticos em diversos estados do país.

Num dado momento, abraçou o ex-governador de Minas Newton Cardoso, candidato ao Senado por uma coligação branca esdrúxula com o PMDB, e chamou-o de "estadista". Em outra ocasião, foi ao Pará e beijou a mão do deputado Jader Barbalho, em tempos idos o exemplo mais acabado para o PT de político corrupto.

Na Paraíba, fez questão de abraçar o senador Ney Suassuna, acusado de estar envolvido no escândalo dos sanguessugas, e chamou-o de "leal", o que, na lógica sindicalista que rege as relações deste governo, significa mais do que "honesto" ou "competente".

Essas atitudes aparentemente extemporâneas têm uma razão política de ser: todos os envolvidos são do PMDB, partido do qual Lula dependerá num segundo governo para ter o mínimo de governabilidade. O que o presidente está fazendo é demonstrar que topa fazer qualquer tipo de jogada política, desde que conte com a "lealdade" do PMDB.

Da mesma maneira que transmite a ideia de que, com sua popularidade, enfrentará qualquer crítica da sociedade para apoiar seus "companheiros", Lula dá um sinal para dentro de suas hostes de que não devem temer represálias ou punições, pois ele estará sempre disposto a dar a mão a quem precisar, mesmo que num primeiro momento tenha que jogar cargas ao mar. No momento seguinte, todos encontrarão abrigo no seu governo, de uma maneira ou outra.

A lógica do jogo bruto sindicalista que predomina nas relações internas deste governo fica exposta nas figuras que agora estão envolvidas no episódio da compra do dossiê dos sanguessugas. Já na campanha de 2002, enquanto a farsa marqueteira do "Lulinha paz e amor" era montada para as aparências, não apenas pagava-se com depósitos em paraísos fiscais as contas de Duda Mendonça, como montava-se uma "equipe de guerrilha" na campanha para atacar os adversários e evitar ataques.

O grupo era formado por membros da confiança pessoal de Lula, muitos deles sindicalistas ligados à Central Única dos Trabalhadores, conforme reportagem da revista *Veja* de 2003. O hoje presidente do PT, Ricardo Berzoini, era o orientador político e, com base em pesquisas, passava as instruções sobre os alvos a atacar. O sindicalista Osvaldo Bargas, velho amigo de Lula, era a ligação entre o grupo e o candidato, levando-lhe as informações mais relevantes.

Os dois aparecem agora na história do dossiê, segundo a revista *Época*, que foi procurada por Bargas antes de o material ter ido parar na *IstoÉ*. Hoje, na campanha de reeleição de Lula, o grupo tem outro nome, mais pomposo, "Núcleo de Informação e Inteligência", mas a função continua a mesma.

Quem chefia a equipe de "analistas de informação" é o petista histórico Jorge Lorenzetti, ex-dirigente da CUT, enfermeiro de profissão, e que exercia a função de diretor financeiro do Banco do Estado de Santa Catarina e de churrasqueiro do presidente nas horas vagas.

Lorenzetti chefiava Gedimar Pereira Passos na tarefa de contra-informação eleitoral, e foi nessa qualidade que Gedimar teria sido enviado para analisar o dossiê contra os tucanos. Ontem ele pediu demissão do comitê eleitoral e admitiu que se excedeu nas suas funções. Outro que assume toda a culpa para tentar evitar que o presidente Lula seja envolvido diretamente.

Quanto ao tal dossiê de que tanto se fala, os próprios petistas envolvidos admitiram que não valia nada, pois as fotos e o DVD registravam cerimônias públicas. Só teriam sentido se apresentados junto com a entrevista dos Vedoin, que negaram na CPI o que disseram à revista no pacote que estava sendo vendido ao PT.

21/9
MUDANÇA DE VENTOS

Soou ameaçador o comunicado do presidente Lula lido no programa eleitoral de terça-feira, no dia em que ficou demonstrado claramente que partira de sua campanha de reeleição a negociação em torno de um suposto dossiê contra os candidatos tucanos Geraldo Alckmin e José Serra. Todos os envolvidos no episódio, absolutamente todos, tinham alguma função no comitê de Lula, além de serem petistas de carteirinha. Diante de tamanhas evidências, que a cada dia mais se avolumam com a participação direta do presidente do PT e ex-ministro de Lula, Ricardo Berzoini, e de um diretor do Banco do Brasil ligado ao partido, é inaceitável que venha o presidente lançar insinuações de que seus adversários querem "melar o jogo".

A insinuação descabida, e mais o tom de sua mensagem "ao povo brasileiro", pedindo calma e que não aceite provocações partidas do "desespero de perdedores", pressupõe que o presidente Lula se considera em condições de convocar o povo para "defender" sua reeleição, se porventura os números que lhe são favoráveis hoje forem alterados na reta final da campanha em decorrência desse escândalo.

É a antiga ameaça de mobilizar os chamados "movimentos sociais" para enfrentar a oposição, quando esta ainda falava em impeachment de Lula, no início do escândalo original, o do mensalão, lá se vai mais de um ano. O interessante é que todos os problemas com que o governo vem se defrontando, rigorosamente todos, nasceram desse verdadeiro "Exército de Brancaleone" formado pelos membros da "república sindicalista" que está arraigada neste governo em mil e uma bocas.

De todos os lados surge um segurança transformado em assessor especial; um churrasqueiro nomeado diretor de finanças de um banco estatal; o marido da secretária particular que é especialista em temas trabalhistas e espionagem política; um diretor do Banco do Brasil que organiza dossiês contra adversários e levanta dinheiro para fazê-lo circular. Um esquema mafioso que funciona na base da lealdade canina, e que protege o "chefe" em qualquer circunstância.

As trapalhadas em que o PT vem se metendo desde que virou governo federal seriam mesmo dignas das Organizações Tabajara da turma do Casseta, se não contivessem em si o veneno do autoritarismo, se não trabalhassem contra a democracia. A ineficiência de um Freud ou de um Delúbio não tem nada a ver com a gravidade dos atos que cometeram, acobertados pelo poder central de Lula, que cada vez mais se caracteriza como o chefe de todas as operações, quando não pelo comando direto, pelo menos pelo espírito de aparelhamento político do governo, que gera esse tipo de ação clandestina em defesa da manutenção do poder.

É cada vez mais claro que o que aconteceu foi uma tentativa de levar para o segundo turno a campanha pelo governo paulista, para desmoralizar José Serra e o PSDB no centro onde tucanos e o PT disputam o poder político do país, e de quebra acabar com qualquer possibilidade de Alckmin chegar a um segundo turno.

Alguém teve a brilhante ideia de matar dois coelhos com uma só cajadada: com a Presidência "no papo", viram uma oportunidade de aniquilar o PSDB paulista, onde Serra, com a possibilidade de vitória no primeiro turno, reafirma sua condição de principal líder político de uma futura oposição tucana. A descoberta do plano revelou a existência de uma equipe dentro da campanha de reeleição que se envolve em falcatruas variadas, uma maneira de atuar politicamente que vem das batalhas sindicais do ABC, as quais Lula sabe bem com que armas se disputam.

As falcatruas em que o PT se envolve desde os anos 1990, quando assumiu prefeituras especialmente no interior paulista, só foram levadas em conta agora, que o partido passou a poder central. Diversas denúncias surgidas na época foram recusadas, como se fosse impossível o PT revolucionário e puro ser o mesmo PT metido no submundo.

Mesmo quando os indícios eram fortes, as acusações eram relevadas, como pecadilhos pontuais.

Somente as próximas pesquisas eleitorais, especialmente a de domingo, uma semana antes do pleito, poderão mostrar qual é o grau de influência que esse escândalo terá na corrida presidencial, mas é provável que tenha poder de levá-la para um segundo turno, o que já estaria sendo registrado pelo tracking telefônico da campanha tucana.

Nestes últimos dias, vai ser decisiva a situação dos dois outros candidatos que pontuam na eleição: Heloísa Helena se mantém na faixa de 10%, mas com tendência de queda, o que seria fatal para as pretensões dos tucanos. Já o senador Cristovam Buarque cresce nas pesquisas e na percepção das ruas, e pode pelo menos compensar, na soma total de votos da oposição, uma eventual perda de eleitores de Heloísa Helena.

O problema é que essa troca de votos entre os três candidatos oposicionistas não interfere na posição de Lula. Ou ele perde uma parte de eleitores de classe média que estão com ele, mas sem muita convicção, ou nenhum resultado será alterado até o dia 1º de outubro, pois as classes D e E dificilmente mudarão seus votos em tão pouco tempo.

Se, porém, houver segundo turno neste clima acirrado de denúncias de desvios éticos, aí sim é possível, com cerca de um mês de campanha eleitoral agressiva, tentar fazer voltar ao país o clima de perplexidade e desilusão com o governo que predominou a partir da denúncia do mensalão até o fim do ano passado, quando Lula apareceu nas pesquisas perdendo para José Serra e empatando com Alckmin no segundo turno.

22/9
LULA DÁ O TOM

O presidente Lula volta a comandar a reação do governo no caso do dossiê contra os tucanos, dando o tom e a medida certos para os interesses petistas, assim como fez no caso do mensalão, ao assumir a tese de que se tratava de caixa dois de campanha eleitoral. Como quem repudia a ação, Lula insiste em duas teses, que estão nas bocas de todos os governistas: não interessava a ele, que já estaria com a eleição ganha, provocar nenhuma turbulência política, e o conteúdo do dossiê precisa ser investigado. Com isso, ao mesmo tempo que apresenta uma afirmação aparentemente lógica para isentar-se de culpa, Lula mantém no ar insinuações, principalmente contra José Serra, o candidato do PSDB a governador de São Paulo que também tem a eleição praticamente garantida.

Mas, se aparenta ser um comentário lógico, é muito simplista para um problema tão grave. Para começar, ninguém fez nada propositalmente contra a candidatura de Lula à Presidência. Ela foi atingida por esse novo escândalo simplesmente porque a operação deu errado e foi abortada.

Se tivesse dado certo, não haveria prejuízo para Lula, ao contrário, a candidatura tucana de Alckmin estaria definitivamente enterrada — como, aliás, escreveu em seu blog o ex-todo-poderoso do governo, e ainda poderoso petista José Dirceu, logo após a divulgação da entrevista da *IstoÉ* arranjada por um membro de seu grupo político.

Ao mesmo tempo, o PT teria uma chance de derrotar o PSDB em São Paulo, onde se disputa o poder nacional palmo a palmo, com ampla vantagem para os tucanos nos últimos anos. O presidente Lula não precisa ter dado a ordem, nem ter sido consultado sobre a operação, para ser responsável por ela.

No caso da tentativa de assassinato do líder udenista Carlos Lacerda, planejada pelo chefe da guarda de segurança de Getulio Vargas, o "anjo negro" Gregório Fortunato, não há dúvida de que o presidente não sabia do que estava sendo tramado nos bastidores do Palácio do Catete. Mas não há dúvida de que, como acontece agora com os assessores de Lula, Gregório usufruía de poder muito maior do que a importância de seu cargo.

Gregório nomeava e demitia, fazia negócios envolvendo o governo e ganhava comissões, sem que o presidente Vargas soubesse do que se passava, alheio a tudo naqueles momentos. Mesmo que Lula não tenha sabido de nada nesse caso específico do dossiê, ele certamente não emitiu sinais claros o suficiente para seus auxiliares mais próximos de que não toleraria transgressões à lei. Especialmente depois do mensalão. Ontem, na entrevista ao *Bom dia, Brasil*, o presidente disse que em sua vida pública nunca aceitou esse tipo de atitude.

No entanto, tantas transgressões ocorreram nos gabinetes mais próximos do seu, e com assessores que privavam de sua mais íntima convivência há tantos anos, que não é possível imaginar que em algum momento, nesses anos todos, o presidente tenha dado exemplo de não compactuar com esse tipo de ação. Ao contrário, o que se tem são relatos desde os anos 1990 de um Lula liderando pessoalmente as ações do PT, e até mesmo a arrecadação de contribuições partidárias nas prefeituras petistas.

O ex-petista Paulo de Tarso Wenceslau, dos primeiros a denunciar os métodos ilegais de arrecadação de recursos nas prefeituras paulistas, conta que uma vez Lula entrou em seu gabinete com um charuto na boca para cobrar mais eficiência nessa arrecadação. E quando seu compadre Roberto Teixeira foi denunciado por estar fazendo negociatas com diversas prefeituras, foi Lula quem tratou de abafar o caso pessoalmente. Aliás, é por esse tipo de negociata com a máfia do lixo em Ribeirão Preto, quando era prefeito da cidade, que o ex-ministro da Fazenda, Antonio Palocci, está sendo denunciado.

Quanto às insinuações de Lula e demais petistas de que o tal dossiê contra Alckmin e Serra tem que ser investigado, a atitude do ministro da Justiça, Márcio Thomaz Bastos, de permitir a divulgação dos vídeos e das fotos acabou favorecendo que se soubesse do que se trata: flagrantes de solenidades públicas em que especialmente Serra aparece, quando ministro da Saúde, entregando ambulâncias ladeado de diversos deputados envolvidos com a máfia dos sanguessugas.

Nada mais natural que um ministro da Saúde participar de uma cerimônia dessas. Não há um documento que prove algum tipo de envolvimento do Ministério da Saúde da época com o esquema que foi denunciado agora. O CD-Rom que conteria os tais documentos estava vazio, isso dito em depoimento na Polícia Federal por um dos "compradores" do PT.

O que montaram, na verdade, foi uma operação casada, que só teria algum sentido se os pseudofatos fossem divulgados em sequência: primeiro uma entrevista dos Vedoin acusando Serra, depois de terem tido todas as oportunidades para fazê-lo na CPI, inclusive com perguntas diretas feitas por deputados petistas, e terem inocentado o ex-ministro completamente. As fotos e vídeos seriam uma complementação da entrevista, como a atestar a plausibilidade das denúncias.

O esquema furou, a bomba estourou na cara dos que armaram a trampa, e não há dossiê algum a divulgar, muito menos a analisar. A única coisa que falta desvendar é a procedência do dinheiro. Mas isso o ministro Thomaz Bastos, por maior que seja a sofisticação tecnológica de nosso sistema bancário, considera difícil de descobrir antes das eleições.

E também para não "contaminar" as eleições, ele guardou na própria gaveta as fotos da montanha de dinheiro vivo que formava a quantia de R$ 1,7 milhão que os petistas pagariam pela armação. As fotos e os vídeos que supostamente prejudicariam os candidatos tucanos, e, portanto, também poderiam interferir nas eleições, foram liberados pela Polícia Federal. Dois pesos e duas medidas sintomáticos.

23/9
QUEM QUER "MELAR O JOGO"

O presidente Lula está entrando num terreno perigoso quando insiste em insinuar — por enquanto não acusa, fala apenas genericamente — que existem pessoas que querem "melar o jogo". Ele tergiversa sobre o assunto, mudando de opinião, como é seu feitio quando está enrascado. Questionado no *Bom dia, Brasil* sobre por que afirmara no exterior que a oposição estaria interessada em "melar o jogo", Lula negou que a intenção fosse essa. Ontem, na entrevista à CBN, ele confirmou a suspeita de que querem "melar" a eleição, e à tarde, numa reunião com prefeitos, subiu o tom, pedindo cuidado a seus apoiadores porque "tem gente que não aceita um operário no poder e achavam que me tirariam à força".

Tudo isso faz sentido com a primeira advertência que o presidente lançou ao ar no programa eleitoral do início da semana, quando pediu "ao povo brasileiro" que mantivesse a calma e não aceitasse "provocações de perdedores". Soava como ameaça, e continua soando. Já há manifestos no site do PT com centrais sindicais denunciando supostos golpes contra a candidatura Lula.

À medida que a repercussão do mais recente escândalo de seu governo, o da compra de um dossiê para atacar candidatos tucanos, vai se refletindo nas pesquisas eleitorais, indicando que um segundo turno é provável, o presidente vai subindo o tom das críticas à oposição, como se não fossem membros do PT, e de sua campanha à reeleição, os responsáveis pelo ato criminoso.

Na verdade, quem quis dar um golpe foi o PT, tentando "melar" a eleição em São Paulo para impedir que o candidato tucano José Serra vença no primeiro turno. Quem conhece bem o PT por dentro não se espanta com essa gangsterização da política, e vê nesse novo caso indícios claros de que o chamado Campo Majoritário, que era dominado por José Dirceu e dominava o partido, voltou ao comando das ações depois que Ricardo Berzoini assumiu a presidência em substituição a Tarso Genro, que queria "refundar" o partido e foi atropelado pela ação de Dirceu.

Quando o atual secretário-geral do PT, Raul Pont, diz que essas jogadas são "da mesma turma de sempre", está apenas constatando que o Campo Majoritário, embora não exista mais formalmente, continua dando as cartas no partido. O pessoal dissidente do PT, que fundou o PSOL, tem uma visão interna do partido que lhes permite analisar o que está acontecendo, se não com isenção, pelo menos com informação de bastidor.

Chico Alencar, candidato a deputado federal, tem um diagnóstico contundente: "O PT está irremediavelmente comprometido com a busca e manutenção do poder institucional que engavetou seus sonhos originais e derrubou suas fronteiras éticas. Política sem utopia se amesquinha."

Ele atribui ao que chama de "nova casta" de ex-dirigentes sindicais, experts no capital de giro dos fundos de pensão, da qual Berzoini é grande exemplo, a introdução do pragmatismo absoluto no PT, o que faz com que mensaleiros sejam candidatos com fartura de recursos.

511

Para Chico Alencar, a origem da dinheirama para a compra do dossiê "vai revelar envolvimento de mais gente, talvez até do Rio, no esquema perverso, executado com a presunção da impunidade".

Já Cid Benjamin, candidato a deputado estadual pelo PSOL, irmão de Cesar Benjamin, que é vice de Heloísa Helena, conta em seu blog "uma historinha" que demonstra muito bem o que pode estar por trás da compra do dossiê contra os tucanos e do tal setor de "inteligência" da campanha de reeleição de Lula. Segundo ele, em fevereiro de 2002, quando estava em Porto Alegre para cobrir para um jornal do Rio o Fórum Social Mundial, conversou com José Dirceu, com quem mantinha "relações cordiais", ainda que no PT fossem adversários.

Cid relata a conversa: "Lá pelas tantas, na sua megalomania, Dirceu disse: 'Estou montando um serviço secreto dentro do PT. Uma coisa que será sigilosa e que as pessoas sequer saberão que existe. E esse serviço vai ficar subordinado diretamente a mim.' Fiquei intrigado. Por que diabos ele estaria me contando isso? Será que pensa em me recrutar para seu SNI particular? Mas, depois, me convenci de que sua tagarelice advinha mesmo da descomunal vaidade. Hoje, tudo indica que essa autêntica Operação Tabajara foi produto do serviço secreto criado por Dirceu. Estará ele ainda à frente desse simulacro de KGB? Eu não afastaria a hipótese."

Por acaso, ou não, José Dirceu, em seu blog, se antecipou aos fatos e atribuiu à entrevista da *IstoÉ* o poder de destruir de vez "a candidatura do Chuchu", sem que Geraldo Alckmin tivesse sido citado pelos Vedoin. O comentário de Dirceu pode indicar que ele sabia da operação — Hamilton Lacerda, o assessor de imprensa de Aloizio Mercadante que foi exonerado do cargo por ter confessado que procurou a *IstoÉ* para "vender" a entrevista, é do grupo político de Dirceu — e, sobretudo, mostra que acabar de vez com a possibilidade de haver um segundo turno na campanha presidencial era, sim, um dos alvos da operação ilegal, e por isso ela foi arquitetada integralmente por elementos do comitê central da campanha de reeleição.

Um cenário possível de acontecer é Lula não conseguir vencer a eleição no primeiro turno por uma margem mínima. Hoje ele tem, pelas pesquisas, 53% dos votos válidos, mas já teve 56%. A diferença entre ele e os demais candidatos, que já foi de 12 pontos percentuais, caiu para 7 pontos. E se, dependendo das abstenções e votos em branco e nulos, Lula chegar à eleição com 49% dos votos válidos, ou mesmo 49,5%, e tiver que enfrentar Alckmin num segundo turno? Será que vai alegar "marmelada" e tentar "melar" o resultado? Ou vai admitir que seus "meninos" foram os verdadeiros responsáveis por jogar fora uma eleição "que estava ganha"?

26/9
VOTO ESTRATÉGICO

A reta final desta eleição pode ser afetada por diversos fatores intangíveis que não estiveram presentes em eleições recentes, ou pelo menos não ao mesmo tempo, o que impede que se faça uma análise prospectiva com base em uma série histórica. O primeiro fator presente nesta eleição, que atua na psicologia do eleitor de maneira especial, é a discussão ética, que havia ficado pelo meio do caminho e retornou ao centro do debate nesta última semana, com o escândalo da tentativa de compra por R$ 1,7 milhão, por parte de petistas integrantes da campanha de reeleição de Lula, de um suposto dossiê contra candidatos tucanos.

Essa ilegalidade já confessada pelos petistas presos trouxe à eleição o elemento emocional que estava ausente do debate político, e reviveu um clima de perplexidade e indignação que se instalou no país no ano passado, com a crise do mensalão. O clima da disputa eleitoral mudou, ficou mais acirrado, e isso não é favorável a Lula.

Em decorrência, cresceu a possibilidade de a escolha no primeiro turno de parcela dos eleitores se tornar "estratégica", isso é, não desejando que a eleição se defina no primeiro turno, esse eleitor estaria mudando para Cristovam Buarque, do PDT, mesmo que ele não tenha chances de vitória.

O voto em Heloísa Helena seria o voto de protesto, ou mesmo o voto-cacareco, mas seu momento parece ter passado, pelo menos estacionado. O voto em Cristovam seria não apenas uma homenagem à sua luta pela educação, mas uma maneira de adiar a decisão para um segundo turno, permitindo que o contraditório se instale no debate eleitoral e reduzindo a força de Lula, mesmo que continue favorito.

Esse voto "estratégico" esteve presente, embora de outra maneira, apenas na eleição de 2002. Em 1989, havia dois candidatos que disputaram pau a pau quem iria para o segundo turno contra Collor, e Lula venceu por uma margem irrisória que Brizola morreu achando que fora fraudada.

Em 1994 e 1998, Fernando Henrique venceu Lula no primeiro turno. Já em 2002, uma espécie de "voto estratégico" esteve presente nos primeiros lances da campanha, quando o eleitor que não queria a continuidade do PSDB tentou alternativas antes de se fixar em Lula — sendo que Garotinho nunca foi uma delas.

O eleitor namorou primeiro Roseana Sarney, depois Ciro Gomes, e acabou indo para Lula. Garotinho tinha uma raia própria de oposição e disputava com Serra quem iria para o segundo turno, mas em nenhum momento houve chance de um dos dois derrotar Lula. Desse ponto de vista, a ida de Serra para o segundo turno também pode ser vista como um "voto estratégico" a favor do PSDB, que deixou Lula menos fortalecido, e não transformou Garotinho em uma alternativa política real.

Há também nesta eleição o fenômeno do voto não homogêneo, o que não se viu nas eleições anteriores. O candidato vencedor costuma ganhar em todas as regiões e em todos os estratos sociais, o que não acontece nesta eleição, em que Alckmin prevalece no Sul e Lula tem sua maior força no Nordeste, embora seja bem votado em todo o país.

Em eleições polarizadas assim, o nível de abstenção pode influir a favor de um ou de outro candidato, dependendo das condições meteorológicas no dia da eleição, ou do índice de erros na digitação. Na reta final, a eleição se polarizou de vez, e a diferença a favor de Lula para que liquide no primeiro turno está se estreitando, embora ele continue vencendo em 1º de outubro. Hoje a pesquisa CNT/Sensus deve apresentar uma diferença mais próxima dos oito pontos percentuais do último Datafolha do que dos três pontos encontrados pelo Ibope.

A definição da tendência ficará por conta das duas últimas pesquisas antes da boca de urna. Tanto pode acontecer de o Datafolha convergir para a diferença do Ibope, o que confirmará a tendência de segundo turno, como o Ibope pode voltar a mostrar uma diferença próxima dos oito pontos percentuais, o que demonstrará que o pique da crise do dossiê, registrado pelo Ibope, já refluíra na sexta-feira, quando o DataFolha fez seu campo integralmente.

Outro fator diferente nesta eleição que pode influir no resultado final, especialmente nesse clima de denúncias de corrupção, é o comparecimento ou não do presidente Lula ao debate de quinta-feira na TV Globo. O não comparecimento, que já se tornara comum nas outras eleições, ganhou uma dimensão política maior com a decisão de deixar a cadeira vazia do faltoso exposta aos eleitores. Tanto que diversos candidatos pelos estados decidiram comparecer.

27/9
"SIGA O DINHEIRO"

Certas frases entram para a História sem que nunca tenham sido pronunciadas, como a famosa "Play it again, Sam" ("Toque novamente, Sam"), que nunca foi dita nem por Rick Blaine (Humphrey Bogart) nem por Ilsa Lund (Ingrid Bergman), mas pelos irmãos Marx numa comédia sobre o filme. Também a emblemática frase "Follow the money" ("Siga o dinheiro") nunca foi dita por Marc Felt, o vice-diretor do FBI que ficou famoso como o informante Deep Throat do Watergate, para os repórteres do *Washington Post*, Bob Woodward e Carl Bernstein. Foi inventada pelo diretor do filme, Alan J. Pakula, mas entrou para a história do jornalismo. Mas, assim como em Watergate, a orientação de "seguir o dinheiro" cabe perfeitamente nos dias de hoje na crônica política-policial brasileira.

O surgimento de dinheiro vivo "não contabilizado" com membros da campanha pela reeleição de Lula, inclusive dólares, por si só caracteriza uma transgressão legal que se abate diretamente sobre o candidato.

Não adianta Lula dizer que não sabia de nada, pois mudança recente na legislação eleitoral, provocada exatamente pelos escândalos do mensalão, colocou sobre os ombros do candidato a responsabilidade pelo uso de caixa dois na campanha, o que antes era da conta apenas do tesoureiro.

Portanto, a investigação judicial aberta pela Justiça Eleitoral para apurar o caso da compra do suposto dossiê contra tucanos carrega consigo uma carga explosiva, mesmo que só venha a ser concluída no fim deste ano ou no início do próximo. Mesmo reeleito Lula, corremos o risco de termos um presidente atingido pela lei das inelegibilidades, tendo o registro de sua chapa cassado.

Há nessa clara manobra da PF e do Ministério da Fazenda, através do Coaf, de atrasar a revelação da origem do dinheiro, indício claro de que essa origem é perigosa para o governo e, além disso, um risco calculado. Se Lula for reeleito no primeiro turno, o que continua sendo hipótese provável, a revelação incômoda pode não ter a força política para tirar do cargo o presidente reeleito com votação expressiva.

Parece ser a isso a que se refere o ministro Tarso Genro quando sugere "golpismo" por parte das oposições e da elite. O cumprimento da lei se tornaria uma tentativa de golpe, e a transgressão da lei seria "perdoada" pelo povo nas urnas.

E o que dizer dos dólares encontrados com os petistas compradores de dossiê?

Comprovado que tenham vindo do exterior, mais um crime eleitoral estará consignado. Não é a primeira vez que o PT se vê envolvido em transações com dinheiro estrangeiro, a começar pela confissão do publicitário Duda Mendonça de que recebeu pagamento pelo trabalho na

515

campanha eleitoral de 2002 num paraíso fiscal, a mando do lobista Marcos Valério.

A denúncia de que dinheiro de Cuba financiou a campanha do PT em 2002, que surgiu durante a crise do mensalão, é verossímil, embora não pareça razoável que os dólares tivessem vindo embalados em caixas de rum e uísque. Também a contribuição das Farc para a campanha petista de 2002 foi motivo de investigação. Anteriormente, já havia denúncias de que dinheiro da Líbia de Muamar Khadafi, de organizações internacionais, especialmente alemãs, e da Organização para Libertação da Palestina (OLP) irrigavam os cofres petistas. Quando Lula foi à Líbia em 2005 e, levantando os braços de Khadafi, disse que nunca esquecia seus amigos, muita gente achou que estava agradecendo, em público, antigas doações.

O uso de caixa dois na campanha de 2002 não autorizaria o processo de impeachment, pois se Lula na época da campanha não era presidente, não poderia praticar crime de responsabilidade. O artigo 86 da Constituição determina que "o presidente da República, na vigência de seu mandato, não pode ser responsabilizado por atos estranhos ao exercício de suas funções".

Mas agora, como presidente disputando a reeleição, a situação mudaria de figura. Como Lula vive dizendo que não sabe quando é candidato e quando é presidente, teríamos uma batalha legal para definir as responsabilidades.

30/9
CONTRA O TEMPO

A tentativa da direção da campanha de reeleição de Lula de impedir a divulgação das fotos da montanha de dinheiro que a Polícia Federal apreendeu com petistas, e que serviria para comprar um dossiê do chefe da máfia dos sanguessugas para tentar incriminar candidatos do PSDB no esquema, só demonstra o temor que eles têm do impacto da imagem no eleitorado. E praticamente confirma que a decisão da Polícia Federal de não divulgar as fotos da apreensão, ao contrário do que sempre fizeram antes e continuaram fazendo depois do episódio, teve uma motivação puramente política, sem nenhuma ligação com mudanças de orientação ou outro tipo de tecnicalidade com que o ministro da Justiça, Márcio Thomaz Bastos, tentou explicar a proibição.

Insinuar que o vazamento das fotos faz parte de uma manobra da parte tucana da Polícia Federal, como fez o ministro das Relações Institucionais, Tarso Genro, só serve para confirmar que, no pensamento do governo, há também uma parte petista na Polícia Federal, justamente a que proibiu a divulgação do material apreendido.

O dinheiro apreendido não tem ainda sua origem determinada, mas pelo menos tem existência comprovada visualmente, permitindo que o eleitorado faça uma ideia do tamanho da ilegalidade que seria cometida, e avalie que operação mais sofisticada foi necessária para movimentar tantos milhões de reais e tantos milhares de dólares.

Tamanho empenho em proibir as imagens só pode ser motivado pelo receio de que os fatos que vêm se acumulando nas últimas duas semanas levem a eleição para o segundo turno. Mas se Lula tem uma votação tão consolidada, como demonstram as pesquisas de opinião, por que teme tanto os debates e, mais ainda, por que quer evitar que a campanha eleitoral se desenrole por mais quatro semanas?

Na eleição de 2002, quando derrotou José Serra no segundo turno, Lula tinha tanta certeza de que a vitória era inescapável que em nenhum momento mostrou-se irritado ou decepcionado por não ter conseguido atingir o voto de 50% mais um dos eleitores no primeiro turno.

Desta vez é diferente: se não terminar a disputa amanhã, Lula corre um sério risco de perder a eleição mais ganha de sua vida, situação confortável que tinha até 15 dias atrás, antes do surgimento do tal dossiê que seus "meninos aloprados" tiraram da cartola.

O presidente Lula conseguira superar todas as situações críticas provocadas pelas denúncias do mensalão, e caminhava para uma reeleição mais tranquila do que a de Fernando Henrique em 1998, que tinha a assombrá-lo a desvalorização do real. Naquela ocasião, como fazem seus adversários hoje, o então candidato Lula apelou ao eleitorado para que não deixasse a eleição terminar no primeiro turno, para que o governo tivesse que explicar melhor a situação da economia, que se deteriorava a olhos vistos, com o real valorizado artificialmente.

O tempo político corria contra o tempo econômico, pois para a maioria do governo já ficara claro que não seria possível fazer-se uma desvalorização cambial controlada. Mas estava em jogo uma política econômica, não uma questão policial.

Desta vez, a prisão de integrantes da campanha de reeleição de Lula com dinheiro ilegal, com a intenção de interferir na disputa eleitoral, revelou uma manobra de bastidor incompatível com a democracia. O tempo passou a jogar contra o presidente Lula, que viu todos os escânda-

517

los antecedentes reviverem contra sua candidatura, mais uma vez com a atuação direta de amigos e compadres de longa data, e estreita ligação funcional com órgãos do governo e mesmo o Palácio do Planalto.

Os fantasmas do passado voltaram com toda a força, provocando o mesmo efeito que as denúncias do ex-deputado Roberto Jefferson em meados de 2005: lenta e irreversivelmente, a distância entre o presidente Lula e seus adversários foi se encurtando, até chegar a cinco pontos percentuais, antes do debate na TV Globo.

Por ter se estreitado tanto a margem de vitória no primeiro turno é que Lula passou dias de angústia para decidir se enfrentava cara a cara seus adversários, ou se fugia da raia. Como diz o novo jingle de sua campanha, Lula não quis trocar o certo pelo duvidoso e deixou-se ficar em São Bernardo, com sua gente, falando mal da elite, acirrando mais ainda essa incipiente mas perigosa luta de classes em que apoia sua reeleição.

1/10
FUTURO SOMBRIO

O país que vai hoje às urnas nunca esteve tão próximo de uma crise institucional como agora, seja qual for o vencedor da eleição para presidente. Uma campanha que se previa sangrenta transcorreu pachorrenta e anódina até a entrada em cena dos "meninos aloprados" do PT, que recuperaram para a memória do grande eleitorado atividades ilegais que já viraram marca registrada da ação política deste governo. A incapacidade de agredir com contundência revelada pelo candidato tucano Geraldo Alckmin talvez tenha dado um ponto de equilíbrio, tanto à campanha quanto ao próprio debate da TV Globo, e no final das contas sirva para que se torne uma alternativa branda a esse banditismo desenfreado que vem dominando a política nacional.

Um segundo turno radicalizado como o que se avizinha — se é que Lula não conseguirá fechar a eleição hoje mesmo — prenuncia quatro semanas de guerra aberta, com um país literalmente dividido, uma divisão que vem sendo incentivada estrategicamente pelo próprio presidente Lula na reta final da campanha, quando a folgada diferença para os adversários começou a se estreitar.

Lula manipula abertamente seu eleitorado cativo, falando mal da elite e se entregando nos braços do povo, enquanto se reúne com banqueiros e lamenta que os ricos não votem nele, pois nunca ganharam tanto dinheiro quanto em seu governo. Qual um Robin Hood pós-moderno, Lula tira do Estado brasileiro para dar a pobres e ricos, tentando se manter equilibrado nessa corda bamba, baseado em uma frente que tem, num extremo, o setor financeiro, e no outro, os mais pobres. Uma estranha aliança dos rentistas do Bolsa Família com os rentistas financeiros.

Tudo estaria às mil maravilhas se questões como ética e autoritarismo não perpassassem o jogo político, acendendo uma luz de advertência em relação aos reais compromissos democráticos do PT e do próprio Lula. As mesmas elites políticas e econômicas que ajudaram a colocá-lo no poder em 2002, aí incluída a classe média urbana que sonhava com uma utópica mudança, há muito estão com um pé atrás em relação ao governo Lula.

Já o resultado das eleições municipais de 2004, que jogou o PT para os grotões muito antes de estourar o escândalo do mensalão, foi uma resposta ao autoritarismo do governo, revelado pela tentativa de controlar os meios de comunicação e as manifestações artísticas. Mesmo que nesse mesmo ano a classe média tenha sido a mais beneficiada em termos econômicos, e que a desigualdade na distribuição de renda tenha alcançado seu ponto alto.

Naquele momento, para a classe média, as questões intangíveis pesaram mais que a economia na hora do voto. Mas o crescimento do PT nos grotões já prenunciava o que vinha adiante. Em 2004, o aumento da renda per capita do segmento mais pobre foi de 12%, para um crescimento médio no país de 3%. A revelação de que partidos inteiros eram comprados em prestações mensais nada módicas deixou à mostra outra face do autoritarismo, a tentativa institucional de controlar um poder pela força do dinheiro.

A decepção e o receio diante das evidências fizeram a popularidade de Lula voltar aos índices históricos do PT, que hoje já devem estar abaixo dos 30%. Lula foi à luta para recuperar seu prestígio pessoal armado das vantagens que a Presidência lhe dá, e passou a trabalhar a parte do eleitorado mais vulnerável ao seu carisma e às verbas oficiais.

Uma combinação de políticas assistencialistas com a frouxidão nos gastos públicos permitiu dar um aumento real do salário mínimo que turbinou o poder de compra dos assalariados e pensionistas e provocou melhorias reais na vida de uma parcela ponderável da população. Hoje, ele lidera as pesquisas de opinião ancorado em uma votação espetacular entre os de renda até dois salários mínimos e os eleitores do Nordeste, o que pode fazer a diferença na contagem final.

A discussão ética voltou ao debate talvez muito tarde para uma reviravolta, provavelmente por erro de estratégia da campanha tucana. Mas, como sempre, coube ao próprio PT trazer de volta o fantasma da corrupção para dentro da campanha presidencial, como a mostrar que essa é a verdadeira índole do partido, e não o Lulinha Paz e Amor, criação imortal de Duda Mendonça paga num paraíso fiscal com dinheiro do valerioduto.

Vencedor no primeiro turno, Lula terá pela frente a tarefa árdua de montar um governo com um PT esfacelado pelas crises internas e pelas urnas de hoje. O PMDB, que deve sair das eleições pelo menos com o controle da maior bancada da Câmara e o maior número de governadores, se não conseguir manter a maioria também no Senado, será a grande âncora do segundo mandato de Lula, o que não é um bom prognóstico para quem, além do mais, estará sub-judice moral e legalmente.

Um segundo turno, se ocorrer, depurará os últimos acontecimentos políticos, dará quatro semanas para o eleitor reavaliar seu voto ou confirmá-lo, mas também deverá acirrar os ânimos. Nas conversas que vinha tendo com a oposição antes de o clima radicalizar, o ministro Tarso Genro desenvolvia uma teoria sobre as consequências dessa radicalização política que tanto pode ser entendida como uma ameaça quanto como um pedido de trégua.

Segundo ele, se a oposição conseguir virar o jogo eleitoral pregando em Lula a pecha de corrupto, não conseguirá governar, tanto pela reação dos movimentos sociais, quanto pela obstrução política no Congresso. Mas se Lula vencer a eleição desgastado politicamente, depois de uma campanha violenta e na base apenas de seu carisma pessoal, também não conseguirá governar, pois lhe faltará base política de apoio no Congresso. Um diagnóstico sombrio, que infelizmente vem se confirmando.

3/10
ATRÁS DOS VOTOS

O presidente Lula levou perto de 15 horas para aparecer em público depois do que pode ser descrita como uma derrota moral no primeiro turno da eleição presidencial. Além de não ter conseguido vencer no primeiro turno, coisa que dava por certa antes do surgimento do dossiê dos "aloprados" do PT, viu seu adversário Geraldo Alckmin surgir das urnas com uma votação de mais de 41%, nunca prevista em nenhuma pesquisa dos institutos de opinião. A diferença de menos de sete pontos percentuais de um para outro mostra que a disputa no segundo turno será muito mais apertada do que se previa.

Para se ter uma ideia, a pesquisa Datafolha feita no sábado anterior ao pleito, que apontava uma diferença surpreendentemente pequena de cinco pontos num eventual segundo turno, previa que Lula lideraria o primeiro turno com uma vantagem de 12 pontos. Sendo a diferença nas urnas de praticamente a metade, não será de espantar se já na primeira pesquisa de segundo turno os institutos apontarem um empate técnico entre os dois candidatos. No mínimo porque o momento é mais favorável a Alckmin que a Lula.

Num esforço de última hora, Lula encerrou sua campanha com comícios bastante agressivos contra a elite brasileira, que supostamente estaria interessada em não permitir que levasse logo a vitória, e contra a mídia, que estaria refletindo esse sentimento das elites.

Lula, que se vangloria de ser uma espécie de "cyborg" montado com os braços, as pernas, o corpo e o coração do povo brasileiro, chamou a reta final da eleição de "a hora de a onça beber água" e anunciou, para delírio da sua galera, que "esta oncinha aqui está com sede".

Tentava a todo custo manter o mito da invencibilidade em pé, quando tudo desmoronava a seu redor. Como singelamente explicou ontem, na hora de a onça beber água faltaram votos e a "oncinha" teve que adiar por mais quatro semanas a vitória, que continua dando como certa.

O Lula afável, que aceitou responder a algumas perguntas, é a imagem "made by João Santana" do candidato que vai disputar o segundo turno com as sandálias da humildade que não calçou no primeiro, porque este "já estava no papo", como comentou quando explodiu no seu colo a bomba do dossiê comprado com dinheiro ilegal por membros de sua campanha de reeleição.

Se o presidente-candidato está tão curioso, como mais uma vez demonstrou, por saber quem montou essa armadilha que acabou sendo um tiro no próprio pé, poderia perguntar a qualquer um dos seus amigos acusados, que estão por aí, livres, leves e soltos. Uma conversa ao pé da churrasqueira certamente esclareceria muita coisa, se é que Lula realmente não sabe de nada.

Nas 15 horas em que esteve desaparecido, Lula não se entregou à depressão, mas começou a articular as alianças para o segundo turno. Conversou com o senador Sérgio Cabral, candidato do PMDB do Rio que não se alinhava a seu grupo político. Vai ser interessante ver como essa negociação vai se dar, pois o grande padrinho da candidatura Cabral era o ex-governador Garotinho, que já anunciou que contra Lula faz qualquer acordo.

Lula, no entanto, demonstrou considerável força pessoal no Rio, pois teve mais da metade dos votos num estado em que, em teoria, o grupo de seu adversário político domina. Mas na prática a teoria é outra, e tudo indica que a força de Garotinho hoje serve apenas para ajudar a eleger um candidato a deputado federal chamado Pudim, e que mesmo assim teve menos votos que Fernando Gabeira, político sem esquemas que não sejam suas opiniões e atitudes.

Lula também teve o cuidado de não voltar a criticar nem as elites, nem a mídia, muito menos o eleitor, ao contrário do que fizeram seus auxiliares diretos. O coordenador da campanha, Marco Aurélio Garcia, continuou ontem a denunciar uma conspiração da mídia contra a candidatura de Lula, e ameaçou denunciá-la durante este segundo turno.

Segundo ele, há testemunhos e gravações de que o delegado que vazou para a imprensa as fotos da montanha de dinheiro apreendido com os petistas num hotel em São Paulo disse que o faria para prejudicar o PT.

Garcia acusa os jornalistas de terem ouvido a confissão do delegado e não o terem denunciado, mas nenhum jornalista admite esse diálogo e a tal gravação ainda não apareceu, se é que existe mesmo. O presidente Lula foi mais discreto, e admitiu que, se o dinheiro existe, tem que ser mostrado mesmo. Essa cordialidade toda é a mesma demonstrada por seu adversário, o tucano Geraldo Alckmin, e quem se seguir por essas primeiras demonstrações de amabilidades pode se enganar.

Lula, por estratégia, e Alckmin, por formação, não se atacarão mutuamente, mas suas campanhas serão agressivas. Atacarão pelas bocas de outros, e os programas televisivos de propaganda eleitoral gratuita cuidarão de levar ao grande público as mazelas de cada um. Enquanto a investigação sobre esse dossiê não esclarecer de onde veio o dinheiro, quem o sacou, quem o entregou aos petistas, esse será o tema dominante da campanha, embora vá ser tratado como se fosse um tema acessório.

Um terá que tentar ampliar sua penetração no Nordeste, outro terá que reduzir a diferença no Sul. Mais uma vez, São Paulo e Minas serão fundamentais, como já o foram no primeiro turno. Mas o mais importante será constatar o que realmente faz a cabeça do eleitor brasileiro: se a economia ou se ética na política.

Ao contrário do que se temia, há demonstrações claras de que, havendo tempo, dissemina-se pelo país a informação, e o eleitorado reage demonstrando sua indignação nas urnas.

4/10
LIMITES

O presidente Lula afável e que "deixou de dizer aquelas bobagens megalômanas", como bem pontuou Caetano Veloso ontem no blog do Moreno, é o candidato que aprendeu em 2002 que, para ser eleito, precisaria ampliar seu eleitorado para além dos tradicionais 30% do PT, que já não são mais tão tradicionais assim. Mas nada indica que esse "Lulinha paz e amor" criado por Duda Mendonça seja o verdadeiro Lula. Partido urbano, representante de intelectuais e da classe média, incluindo aí o operariado do ABC de onde veio Lula, o PT só chegou ao poder quando conseguiu o apoio de oligarquias políticas nordestinas do PFL e do PMDB, que haviam se incompatibilizado em 2002 com o candidato do PSDB, José Serra. Foi com a ajuda de caciques como Antonio Carlos Magalhães, na Bahia, e José Sarney, no Maranhão, que Lula teve uma votação nos grotões que nunca havia conseguido.

Mas o PT continuava um partido basicamente urbano, representante de corporações sindicais e do voto de opinião nos grandes centros. A prática política do governo, que aliou corrupção e autoritarismo, foi afastando o PT dos eleitores de opinião e da classe média, ao mesmo tempo que a dissidência do PFL não durou muito ao seu lado.

As políticas assistencialistas do governo levaram o partido para os grotões do país, dispensando a intermediação dos canais políticos tradicionais, e transformaram Lula no mito político do Norte-Nordeste do país, onde reinavam os coronéis que tradicionalmente derrotavam o PT no interior.

Nas eleições anteriores que perdeu, uma das maiores mágoas de Lula era ser derrotado pelo eleitorado pobre, que não o aceitava como representante. Hoje, graças ao Bolsa Família, que atinge quase 40 milhões de eleitores pelo país, a maioria no Nordeste, e a uma política de ampliação do crédito e de aumento real do salário mínimo, que levou a algumas regiões mais pobres do país um crescimento médio de padrão chinês, Lula conseguiu tornar esse mercado eleitoral cativo.

Esse impressionante domínio de quase 70% dos votos nordestinos, e um predomínio forte no Norte, fizeram com que Lula se imaginasse imune às críticas da opinião pública. Flertou perigosamente com o jeito chavista de fazer política, anunciando em palanques nordestinos que, tendo o povo ao seu lado, não precisava da "elite", que só teria explorado o país nos 500 anos AL — antes de Lula. A tese de que a opinião pública "elitista" já não influenciava o voto das classes mais pobres e menos escolarizadas, que, por causa de Lula, passaram a andar com suas próprias pernas, ganhou a chancela dos petistas.

Nos momentos mais megalômanos, quando nada parecia deter sua marcha para um segundo mandato, Lula e os seus deixaram escapar comentários e afirmações que, mais uma vez, revelavam o caráter autoritário dos seus projetos. Lula chegou a falar sobre um "demônio" dentro dele que pedia o fechamento do Congresso. O ministro Tarso Genro voltou a insistir na necessidade de disciplinar a atuação da mídia privada, e até um plano para financiamento do que seria uma "mídia independente" andou sendo colocado no programa do segundo mandato, que, depois de denunciado, foi abjurado.

Certa vez, o então ministro Luiz Gushiken foi objetivo na análise da nossa situação política: "A sociedade brasileira já deu os limites ao PT", disse ele, se referindo a medidas polêmicas do governo, como o Conselho Federal de Jornalismo, a Ancinav ou mesmo a uma cartilha governamental que ensinava como ser politicamente correto pelos olhos da esquerda — que, aliás, não podia ser chamada de comunista, termo considerado pejorativo —, iniciativas que, segundo ele, não tinham nenhuma intenção autoritária, mas geraram reações da sociedade: "A cada tentativa dessas, a sociedade reage. Está dado claramente o limite."

O então presidente do PT, José Genoino, hoje reconduzido à Câmara mesmo depois do escândalo do mensalão, identificou como razão principal da derrota petista nas eleições municipais de 2004 "uma bem-sucedida campanha da oposição para instalar no país um clima antipetista", baseada na acusação de que o partido é autoritário e não sabe fazer alianças políticas.

A mistura do público com o privado, prática recorrente no governo petista, com o aparelhamento dos órgãos estatais com apadrinhados políticos do PT e partidos aliados, e também questões triviais — plantar uma estrela, símbolo do partido, num canteiro do Palácio da Alvorada; levar Michelle, a cadelinha da família da Silva, de carro oficial; ou usar aviões e lanchas do governo para passeios de filhos e amigos de filhos do presidente —, indignaram a classe média e a afastou do governo Lula.

A descoberta do mensalão, que aliava corrupção pura e simples com a tentativa antidemocrática de controlar o Legislativo, e o surgimento, na reta final da campanha eleitoral, da compra do dossiê forjado contra candidatos tucanos, outra tentativa de distorcer o resultado das urnas com trapaças pagas com montanhas de dólares e reais ilegais, marcam até o momento a atuação política do PT no governo Lula. Reavivado o clima, caiu novamente — como já caíra no final de 2005 — a popularidade de Lula, o que o impediu de vencer no primeiro turno.

Para vencer, ele precisa voltar a ter um clima ameno no debate político, e por isso as ameaças de retaliação contra o PSDB brandidas pelo deputado recordista de votação Ciro Gomes, uma espécie de língua de aluguel do governo Lula. PSDB e PFL vão precisar se armar de argumentos e fatos para poder atacar, mas também se defender. Se fugirem do debate sobre ética, vão deixar a impressão de que todos são iguais mesmo. Nesse caso, vence Lula.

12/10
ESTADO DE ALERTA

O susto de não ter vencido no primeiro turno deixou sequelas na alma do presidente Lula. Favorito ainda, depois de um debate em que o destaque foi a grande surpresa da agressividade do adversário Geraldo Alckmin, o presidente não relaxou. O resultado da pesquisa do Datafolha, mostrando que ampliou sua vantagem sobre o tucano, não foi o suficiente para acalmá-lo. Fez questão de dizer que acredita em pesquisas, mas não a ponto de se esquecer de que apenas retratam um momento da disputa. E, num dos raros momentos em que não esteve tenso durante a entrevista que concedeu ontem ao *Globo*, relembrou um episódio da disputa de 1989, em que foi derrotado pelo seu mais recente aliado político, o ex-presidente Fernando Collor.

O comício em Manaus havia sido um sucesso tamanho que ele se convencera de que estava bem na disputa. Mas os jornais do dia seguinte mostravam na manchete que ele caíra na pesquisa do Ibope. Lula não se esquece daquela ducha de água fria, a mesma sensação que deve ter tido o candidato do PSDB, Geraldo Alckmin, com o Datafolha, depois do sucesso de crítica do debate.

Tecnicamente, o resultado de mais dois pontos para Lula e menos dois para Alckmin (entre os votos válidos) pode estar dentro da margem de erro, e na verdade nada ter acontecido, mas politicamente, a 15 dias da eleição, o resultado é ruim para Alckmin.

Para continuar alimentando o sonho de virar a eleição, Alckmin deveria tirar votos de Lula, e não o contrário. Nada está perdido para ele, mas o tempo está ficando curto para mudar o panorama. Além do mais, Lula parece ter descido do salto alto que usou no primeiro turno, e não quer abrir a guarda. Está convencido de que está em meio a uma disputa ideológica, e se sente claramente incomodado em não ser o candidato preferido dos empresários.

A estupefação de seus ministros Luiz Fernando Furlan e Guido Mantega é a mesma de Lula: os empresários ganharam muito dinheiro no seu primeiro mandato, e só uma enraizada diferença ideológica explicaria essa preferência por Alckmin.

O ministro da Fazenda conta que foi a uma reunião com empresários na qual, para seu espanto, uma votação mostrou a preferência majoritária pelo candidato tucano. O presidente se recusa a acreditar que ainda existam dúvidas sobre suas reais intenções à frente do governo, e diz que agradece sempre a Deus não ter sido eleito em 1989, porque, do jeito que pensava naquela época, não daria um bom presidente.

Lula é um mito em constante mutação, que sabe manipular os sentimentos e símbolos que sua biografia permite. Parece estar em estado de alerta total para defender o que já conquistou.

13/10
A HORA DO MARKETING

A propaganda eleitoral do segundo turno para presidente começou ontem com um tom menos agressivo do que o do debate dos candidatos na Bandeirantes, que foi o centro da disputa política por ter sido o primeiro após o primeiro turno, e ter surpreendido pela "estreia" de um Geraldo Alckmin combativo diante das câmeras. O resultado das pesquisas de opinião não alterou o rumo da campanha do candidato tucano, embora seja previsível que, como se viu ontem, ele tente calibrar melhor sua postura para não permitir a "vitimização" de Lula, que certamente deu sua contribuição para a queda que Alckmin teve nas pesquisas do Datafolha e do Ibope. Lula aprofundou a tática de comparar seu governo com o de Fernando Henrique Cardoso.

Uma parte da queda de Alckmin, porém, foi culpa dos erros da própria campanha tucana, que bateu cabeça na primeira semana após a "vitória moral" do primeiro turno, especialmente devido à extemporânea acolhida ao casal Garotinho. Também o "terrorismo eleitoral" desencadeado pelo PT contra Alckmin, acusando-o de ser o "bicho-papão" que vai acabar com os pobres e os oprimidos, deve ter contribuído bastante para estancar o crescimento do tucano.

Tática política execrada pelo PT na oposição, que também já foi apontada como a responsável por todas as mazelas do mundo, o "terrorismo eleitoral" é parte do jogo político convencional, ao qual o PT aderiu definitivamente, sem nenhum pudor.

Segundo o Datafolha, o tucano é considerado "o mais inteligente" e "o mais moderno e inovador", e entre os que assistiram ao debate, aumenta a proporção dos que consideram Alckmin o mais inteligente. Mas, ao mesmo tempo, a maioria o considera também "mais autoritário" e o "que mais defenderá os ricos, se eleito", percepções que aumentam entre os que assistiram ao debate.

O tom agressivo de Alckmin em relação à corrupção surtiu efeito: a percepção de que Lula é o mais corrupto dos dois candidatos, que já é maior entre os entrevistados, cresce de intensidade entre os que assistiram ao debate. Para Zebral, não há surpresa nas pesquisas: "Cai-se um pouco entre os que assistiram ao debate, e cai-se mais forte entre os que são capazes de enxergar os ânimos por trás do discurso, os de renda e escolaridade mais altas."

Segundo ele, a estratégia correta era mesmo aumentar o tom, pois "se Alckmin não estabelecer o contraste, não 'desbasta' o que resta de apoio a Lula no topo da pirâmide. Se não desbastar 'por cima', não ganha no dia 29, porque desbastar 'por baixo' é contraproducente". Por isso a agressividade será mantida, mas Zebral lembra que "sempre é preciso ter em mente que o lado de lá também joga o jogo". A questão, para Lula, é que se fazer de vítima o tempo todo pode torná-lo um fraco diante do eleitorado. Assim como insistir em que nada sabe, nada viu já se tornou defesa quase ridícula.

Quando beija a mão de Jader Barbalho ou trata com carinho até excessivo o ex-guru econômico dos militares linha dura Delfim Netto, Lula não sofre um arranhão sequer na biografia para seus eleitores cativos. Quando Alckmin cai na besteira de aceitar o apoio dos Garotinhos, o mundo cai sobre sua cabeça. Disputar uma eleição contra um mito politico e ter que desconstruí-lo em público é tarefa quase impossível. A não ser que conte, como no primeiro turno, com a inestimável ajuda dos próprios petistas.

14/10
O CAMALEÃO

A polarização da campanha eleitoral entre o presidente Lula e o candidato do PSDB, Geraldo Alckmin, não permitiu, ao contrário de eleições anteriores, que houvesse disputa pelo segundo lugar. Em 1989, Lula foi para o segundo turno contra Collor por uma diferença ínfima sobre Brizola. Em 2002, o candidato tucano José Serra teve que superar Roseana Sarney, Ciro Gomes e Garotinho para se firmar como o adversário de Lula no segundo turno. Desta vez, nunca houve chance de Heloísa Helena, do PSOL, ou Cristovam Buarque, do PDT, chegarem ao segundo turno, embora representassem uma parcela ponderável de eleitores, especialmente a senadora alagoana, que chegou a ter 12% das intenções de voto e em determinado momento pareceu que poderia atingir a casa dos 15%.

Devido a essa polarização precoce da disputa, Carlos Augusto Montenegro, do Ibope, acha que esta eleição só teve um turno, que continua se desenrolando. O resultado da primeira pesquisa do Ibope neste segundo turno mostra bem o que está acontecendo nessa polarização continuada, que a campanha de Lula percebeu a tempo de montar uma estratégia eficiente, a de colocar o PSDB como a representação da "direita" contra a candidatura de "esquerda" que Lula representaria.

No primeiro turno, Lula ficou com 48,6% dos votos válidos, sendo que os 51,4% dos votos contra ele se dividiram entre 41,6% para Alckmin e 9,8% entre Heloísa Helena e Cristovam. Na verdade, esses quase 10% de votos representam na sua grande maioria um eleitorado de esquerda descontente com Lula, especialmente no Rio de Janeiro, onde Heloísa Helena teve 30% de sua votação.

A senadora do PSOL terminou a eleição desidratada em cerca de 5% dos votos, que migraram ainda no primeiro turno para Geraldo Alckmin, cuja votação ficou muito acima do que as pesquisas indicavam. Esse eleitor, que votava em Heloísa Helena ou em Cristovam em protesto, preferiu fazer o voto útil no primeiro turno, insatisfeito também com a agressividade e a falta de objetividade das propostas de Heloísa Helena.

Houve também um voto nos dois candidatos dissidentes do petismo para "punir" o PT pelo dossiê, obrigando Lula a disputar o segundo turno para reduzir-lhe a soberba. Os 43% que Alckmin sustenta hoje significam que apenas 1,4% dos eleitores de Heloísa Helena e Cristovam foram para ele, enquanto nada menos que 8,4% dos votos válidos desses dois candidatos foram para Lula. A esquerda, mesmo descontente com Lula, posiciona-se contra o que seria "a direita", representada por Alckmin. A transferência direta de votos de Heloísa Helena e Cristovam diminui dependendo do instituto de pesquisa. O Datafolha dá uma diferença de 12 pontos, o Vox Populi de 10 pontos, e o prefeito do Rio, Cesar Maia, diz que ela é na verdade de 7 pontos, o que significaria que a eleição ainda está aberta.

Na disputa política durante os mandatos de Fernando Henrique Cardoso, a tática do PT foi empurrar o PSDB para "a direita" do espectro politico, como maneira de confrontar-se. Não foi à toa que José Serra, ao assumir a presidência do PSDB depoïs de derrotado por Lula, acusou o PT de adotar um "bolchevismo sem utopia", denunciando-o como um partido de aparelhamento do Estado com fins corporativos, e não ideológicos. O poder pelo poder. Fosse Serra o candidato tucano hoje, o panorama político estaria completamente subvertido.

Embora se diga em meio a uma "disputa ideológica" com as elites brasileiras, Lula não perde a oportunidade de se lamentar que os empresários, grandes industriais e banqueiros não o apoiam, embora venham ganhando muito dinheiro em seu governo. Mas ele certamente seria o preferido dessa "elite" se o PSDB tivesse escolhido Serra candidato. E hoje, em vez de se colocar como o candidato da "esquerda" contra Alckmin, estaria amedrontando a "elite" com a ameaça que um governo Serra representaria.

O "terrorismo eleitoral" que está fazendo com Alckmin, jogando-o contra os beneficiários do Bolsa Família, os funcionários públicos e os pobres de maneira geral, estaria fazendo contra Serra no sentido inverso. E talvez essa "esquerda" que rompeu com o lulismo-petismo estivesse hoje mais bem acomodada com a candidatura Serra, que, no entanto, teria muitas dificuldades para convencer a "elite" brasileira de que não representaria perigo.

Sua reconhecida capacidade administrativa e inegável visão de estadista, que mais uma vez foi ressaltada no discurso como governador eleito de São Paulo, são predicados que o capacitam para a Presidência da República, mas seu estilo centralizador de governar, e suas ideias próprias sobre economia, que muitas vezes discordam do receituário mais ortodoxo seguido por FH e mantido pelo governo Lula, tornam um governo Serra "menos previsível" do que um governo Lula ou Alckmin.

Mesmo com todos os desvios éticos e as críticas ao modelo econômico adotado, a "esquerda" do PT que saiu do partido se sente mais ligada a Lula, e já há um movimento dentro do PSOL para, apesar da proibição, aderir formalmente à reeleição. Lula é feito um camaleão, deixa sempre a possibilidade aberta para o seu lado "esquerda", embora assuma compromissos claros com a "elite" de que não há plano B possível para a economia.

Faz uma política externa "de esquerda", mas com o bom senso de manter o diálogo com os Estados Unidos, e faz dos programas sociais sua bandeira "de esquerda", embora muitos os considerem apenas programas populistas ou assistencialistas. Sustenta os chamados "movimentos sociais" com verba oficial e leniência política, e vende a ideia para a "elite" de que é melhor dar-lhes espaço, sob seu controle. Lula consegue se equilibrar entre o passado e o presente com grande habilidade. Até quando?

17/10
CONTRADIÇÕES

O presidente Lula continua se contradizendo no caso do dossiê que membros "aloprados" de seu comitê de reeleição estavam negociando para tentar acabar com o favoritismo do candidato tucano José Serra ao governo paulista e, de quebra, enterrar de vez a candidatura do "chuchu", como ressaltou o ex-ministro José Dirceu em seu blog.

Na entrevista ao *Globo*, indagado diretamente se não havia tido a curiosidade de perguntar a um de seus amigos envolvidos no esquema quem fora o autor e de onde viera o dinheiro, o presidente foi enfático: "Não perguntei nem perguntarei." Na relação dos amigos a quem poderia perguntar estava Ricardo Berzoini, e lembro que Miriam Leitão ainda ressaltou: "Nem ao presidente de seu partido, seu ex-ministro Berzoini?" E o presidente disse que não perguntara.

Ontem, na entrevista ao *Roda Viva*, o presidente veio com uma nova versão, afirmando que cobrara de Berzoini um esclarecimento sobre o escândalo e, como ele não explicara nada, saíra primeiro da coordenação da campanha eleitoral e, mais adiante, da presidência do PT. Mas a versão para as saídas de Berzoini dos postos que ocupava foram muito diferentes na ocasião em que aconteceram.

Segundo Marco Aurélio Garcia, que assumiu seu lugar na coordenação da campanha e depois na presidência do PT, Berzoini só saíra da campanha porque não poderia trabalhar direito tendo que explicar a toda hora a questão do dossiê. Mas continuaria colaborando.

Quando o PT se reuniu para tirá-lo também da presidência do partido, o próprio Lula saiu em sua defesa, dizendo que não ajudaria em nada tirá-lo da chefia do partido sem que as coisas estivessem esclarecidas. Em entrevista a rádios do Nordeste, Lula chamou Berzoini de "homem importante no PT" e "quadro político de muita envergadura".

Anteriormente, pressionado pelas perguntas sem resposta, Lula já havia responsabilizado Berzoini pela contratação dos "aloprados", que formavam o setor de "inteligência" de sua campanha eleitoral, mas nunca disse que pedira explicações a ele.

Portanto, assim como nas vezes anteriores em que se viu devendo uma explicação à opinião pública, o presidente vai sacando do bolso do colete explicações as mais variadas, de acordo com cada situação e circunstância, sem se preocupar com a coerência.

No mensalão, disse que fora traído depois de muito tempo em silêncio, mas nunca nomeou os traidores. Ao contrário, confraternizou com todos, exatamente todos os envolvidos, mesmo os que saíram do governo por pressão política.

Recebeu no Palácio, e depois no palanque, todos os mensaleiros do PT e dos demais partidos, e teve elogios públicos para vários deles. Disse em mais de uma reunião partidária que "os companheiros" não tinham nenhuma razão para ficarem cabisbaixos.

No presente caso do dossiê, o único que Lula defende ardorosamente quando questionado é seu ex-segurança Freud Godoy. Perguntado como pode ter tanta certeza de que ele não está envolvido no esquema fraudulento, já que não perguntara a ninguém sobre o assunto, Lula não esclarece.

Certamente não será mais essa incoerência que lhe tirará o favoritismo para a reeleição, e fica claro pelos movimentos do segundo turno que ele está mais próximo de uma vitória em 29 de outubro do que Alckmin. Na verdade, se não fosse o surgimento do caso do dossiê, provavelmente não haveria nem segundo turno.

Muito antes da revelação de que o governo cooptava deputados de outros partidos para sua base de apoio na Câmara em troca de dinheiro vivo, em meados de 2005, o que estava em jogo no país era a maneira de fazer política que o PT levou para o governo, mesma maneira que vinha adotando desde os anos 1990, ao assumir as primeiras prefeituras.

O aparelhamento dos órgãos públicos e o uso da máquina do Estado em benefício de um projeto de poder é o que deveria estar em discussão desde que se revelou a visão de Estado que o PT quer implantar, com o controle de meios de comunicação e movimentos culturais e sociais a serviço de um grupo político. Na eleição municipal de 2004, esse autoritarismo do PT acabou infligindo uma derrota ao governo, fazendo com que a classe média o abandonasse.

A melhora das condições da economia, algumas medidas com objetivo claro de garantir base forte no interior do país, como a ampliação do Bolsa Família e o aumento real do salário mínimo, e o aumento dos servidores públicos fizeram com que Lula recuperasse sua popularidade, apesar dos desvios éticos de seu governo.

Não é possível discutir em palanques eleitorais questões como privatização ou eficiência da economia, e derrotar um governo que tem base popular e apelo emocional. Seu governo pode ser considerado bom ou ruim, de acordo com os interesses e pontos de vista de cada um — e a maioria o considera entre bom e ótimo —, mas o que deveria ser alvo de debate é a visão de Estado autoritário que traz consigo.

Somente símbolos derrotam um símbolo político como Lula, e por isso o governo não queria liberar a imagem da montanha de dinheiro que o PT arrecadou ilegalmente para comprar o tal dossiê. E é por isso também que as investigações sobre o tal dossiê andam a passo de lesma.

A não ser que surjam informações seguras sobre a origem do dinheiro que deixem claro que a campanha do presidente Lula se meteu em ilicitudes para arrecadá-lo, dificilmente o candidato tucano sairá vencedor desta eleição. A Polícia Federal, se não encerrar as investigações antes da realização do segundo turno, estará contratando uma crise institucional grave para o futuro.

18/10
TÚNEL DO TEMPO

O presidente Lula, ao trazer para o debate político a extemporânea dicotomia estatização x privatização, entrou no túnel do tempo e conseguiu trazer de volta para sua campanha conceitos como "esquerda" e "direita", recuperando grande parte da esquerda que havia debandado no decorrer de seu governo. Lançar no ar a possibilidade de um eventual governo tucano privatizar a Petrobras, o Banco do Brasil, a Caixa Econômica e os Correios teve o dom não apenas de unir a esquerda, mas também de trazer de volta uma parte dos eleitores de classe média nacionalista que acreditam que o PT defende o patrimônio público. Não há condições, em uma campanha eleitoral polarizada, de discutir a fundo temas como privatização, mas o candidato tucano Geraldo Alckmin nem tentou, fugiu dele como o diabo da cruz.

Não se contentou em apenas desmentir que privatizaria aqueles órgãos, mas declarou peremptoriamente, e assinou um documento para tentar ganhar o apoio do PDT, se comprometendo a não privatizar nada em seu governo. Alckmin fez mais: passou a defender as Parcerias Público Privadas (PPPs) como a melhor maneira de atrair os investimentos privados para obras de infraestrutura no país. Exatamente o que Lula faz desde o início de seu governo. As PPPs são as privatizações envergonhadas do petismo, uma maneira malandra de privatizar sem ousar dar o nome certo às coisas.

Que Lula e o PT ajam assim é de se esperar, porque têm uma maneira arcaica de encarar o Estado e alimentam um esquerdismo retrógrado com mitos como as privatizações. Sempre acusaram as privatizações de terem sido feitas à base de maracutaias, mas, quando perguntado por que não abriu sindicâncias para apurar as irregularidades, Lula diz que decidiu não o fazer, embora muitos companheiros quisessem, porque o país estava em uma situação tão delicada economicamente que uma revisão desses processos tumultuaria o ambiente.

A resposta é perfeitamente plausível, e denotaria amadurecimento político por parte do presidente e de seu partido se não insistissem, volta e meia, em lançar insinuações de que houve irregularidades nas privatizações. Ou bem não se mexe no assunto para evitar turbulências, ou bem se levanta o assunto, e aí é preciso seriedade para seguir adiante e apurar tudo, doa a quem doer. Mesmo porque, se houve irregularidade, é preciso corrigi-la, e nenhum governo tem o direito de esconder delitos, sob pena de se tornar conivente.

Num provável segundo governo Lula, esse tema, que voltou à tona por esperteza eleitoral, deveria continuar em pauta, e o governo deveria abrir investigação retroativa rigorosa, se é que tem mesmo interesse em esclarecer o assunto de vez. De toda forma, o PSDB não consegue assumir sem culpas as privatizações e ontem, na entrevista ao Globo, Alckmin voltou a ser reticente, se preocupando mais em se defender das acusações petistas do que em defender o conceito da privatização, de fato ponto de relevo nos programas tucanos e marco na diferenciação na maneira tucana e petista de encarar o Estado.

Coube ao ex-presidente Fernando Henrique defender o programa de privatização posto em prática em seu governo, que já teve o apoio da maioria do eleitorado brasileiro, nas eleições de 1994 e de 1998, e acabou transformando-se em um espantalho eleitoral pelo trabalho incessante do PT, que ao longo dos últimos 12 anos martela na opinião pública a ideia de que privatizar é jogar fora o patrimônio público, sem que o PSDB assuma a defesa do seu projeto de governo.

E não seria difícil relembrar que todos os escândalos acontecidos neste governo passaram pelas estatais: nos Correios, o loteamento da diretorias entre os partidos aliados provocou a guerra com o PTB, que tinha a diretoria do "petequeiro" Maurício Marinho, filmado recebendo propina.

No Banco do Brasil, o setor de marketing trabalhava em estrita parceria com o PT, a ponto de ter desencadeado um primeiro escândalo ao comprar bilhetes para um show em benefício do partido, e depois ter sido envolvido no esquema do valerioduto por meio da Visanet. Por fim, seu diretor de risco, Expedito Afonso Veloso, está envolvido no caso do dossiê.

Foi na Caixa Econômica que quebraram o sigilo do caseiro Francenildo Costa, para tentar desqualificá-lo nas acusações que fazia ao ex-ministro da Fazenda, Antonio Palocci. A Petrobras também se envolveu em diversos casos polêmicos, o mais famoso o que resultou no Land Rover presenteado pela empresa GDK ao secretário-geral do PT, Sílvio Pereira.

Mesmo que não se pense em privatizar nenhuma dessas empresas públicas, basta verificar o histórico petista neste governo para ver que na condenação à privatização há muito menos defesa do patrimônio público do que dos interesses partidários e corporativos. A começar pelo exemplo de Palocci, que privatizou a telefonia de Ribeirão Preto quando era prefeito, há inúmeros exemplos de privatizações que deram certo, como a da telefonia, e que são de fácil demonstração popular.

Os quase cem milhões de telefones celulares ajudam muitos pequenos e microempresários no trabalho, sem contar as residências que não tinham condições de ter telefone, caro e de difícil acesso, a tal ponto que constava da declaração do Imposto de Renda e até de testamentos.

A discussão sobre vantagens e desvantagens das privatizações merece ser mais profunda do que um debate eleitoreiro permite, mas há quem ache que a eficiência de empresas privadas, que projetam o lucro de longo prazo e não estão premidas por prazos eleitorais, também pode ser afetada por ações motivadas por interesses políticos.

20/10
NA CORDA BAMBA

Trazer para o debate político a discussão das privatizações, para ressaltar a diferença na maneira do Estado de tratar as coisas, é uma boa alternativa programática para uma campanha eleitoral medíocre. Ao levar o debate para o plano ideológico, sobretudo explorando a questão das privatizações, o presidente Lula deu um golpe certeiro que trouxe de volta para sua base de apoio a esquerda ex-petista e ainda parte ponderável da classe média, que não é de esquerda, mas se sente "proprietária" de um patrimônio nacional que estaria sendo ameaçado por um novo governo tucano privatista.

Outra coisa muito diferente, porém, é o terrorismo eleitoral que está sendo feito pela campanha petista, com a insinuação de que Alckmin eleito, a Petrobras e outras estatais seriam privatizadas.

O que mexe mesmo com a classe média, que está abandonando a candidatura tucana em todas as regiões do país, é a possibilidade de privatizar a Petrobras. As demais estatais, como Banco do Brasil ou Caixa Econômica, ainda se mantêm como símbolos de um Estado forte, mas talvez não causem tanta comoção quanto a Petrobras.

Basta lembrar que quando foi proposto, no governo Fernando Henrique, que o nome no exterior fosse trocado para Petrobrax para facilitar a comunicação internacional da companhia, foi um deus nos acuda. Mas a retomada da ideologia na campanha petista tem seus problemas para essa mesma classe média, que já rejeitou o petismo pelo que ele representava de autoritarismo e conluio com movimentos esquerdistas pouco afeitos à democracia, como o Movimento dos Sem Terra.

O anúncio de José Rainha de que a trégua do MST termina domingo, após a eleição, e que o movimento voltará a atuar revigorado pela vitória eleitoral de Lula, é um desses movimentos à esquerda que assustam a classe média do país e atingem em cheio a imagem do governo. Também o ministro das Relações Institucionais, Tarso Genro, passou dos limites quando comparou Alckmin a Pinochet, querendo acentuar essa dicotomia entre esquerda e direita.

Reforçar a imagem de Alckmin como direitista, salientando suas afinidades com a prelazia papal conservadora Opus Dei, é parte dessa estratégia que levou de volta para a campanha da reeleição parcela da esquerda que havia rompido com o PT e votara em Heloísa Helena e Cristovam Buarque no primeiro turno.

O ex-ministro José Dirceu, que já exortara Lula a levar para as ruas os chamados movimentos sociais para defender seu governo, na primeira etapa da crise política que se processa desde o meio do ano passado, volta com sua mania de mobilização popular, desta vez contra o que chama de conspiração das elites brasileiras contra a reeleição de Lula.

Em seu blog, Dirceu acena com a possibilidade de um segundo governo mais voltado para as forças populares. Mas isso não quer dizer que, reeleito Lula, ele terá o apoio desses antigos companheiros e eleitores, nem que a reaproximação eventual da classe média seja uma adesão definitiva a um segundo governo.

O mais provável é que Lula continue tentando se equilibrar entre a cruz e a caldeirinha, e desagradando a gregos e troianos. No curto prazo, sua estratégia está dando certo e deve levá-lo à reeleição. No longo prazo, não terá como manter um governo que distribui benesses permanentemente e, ao mesmo tempo, mantém o controle do equilíbrio fiscal.

A política econômica não mudará, e, portanto, a lua de mel com a esquerda, que sonha com um plano B, não durará muito. Ou a classe média continuará sendo achatada pela alta carga de impostos, ou o crescimento do país continuará ameaçado pela falta de reformas estruturais, como a da Previdência. Para fazer as reformas, o governo terá que ter o apoio de pelo menos parte da oposição, e ganhará novamente o combate da esquerda, tanto no Parlamento quanto nos movimentos sociais.

O governo já anunciou que não poderá continuar dando aumentos reais ao salário mínimo, nem reajustar os servidores públicos nos mesmos níveis que fez no ano eleitoral, o que fará a relação com esses setores da classe média voltar ao estado anterior.

No plano político, terá que superar o processo de impugnação de sua candidatura devido à tentativa de compra do dossiê contra os tucanos. Mesmo que até o dia da eleição não surjam provas evidentes da relação entre sua campanha eleitoral e o dinheiro de origem criminosa, as investigações continuarão, e, como o próprio presidente Lula admite, alguém terá que pagar diante da Lei Eleitoral.

A tentativa dentro do PT de jogar a culpa na campanha ao governo paulista do senador Aloizio Mercadante é rechaçada por ele com veemência. O fato de um assessor direto seu ter sido o homem identificado com a mala do dinheiro o constrange, mas não o incrimina, assim como não vê o presidente Lula incriminado por serem os demais participantes do esquema membros de sua campanha presidencial e seus amigos pessoais.

Todo o esquema teria sido arquitetado dentro da estrutura do PT nacional, com o conluio do PT paulista. O fato de uma parte do dinheiro ter vindo de bicheiros do Rio seria uma prova de que a arrecadação foi nacional, o que, se alivia Mercadante, complica a situação da campanha de Lula. Para que tanto Lula quanto Mercadante sejam inocentados, é preciso que prevaleça a tese de que mais uma vez o partido teria agido na ilegalidade, com a autonomia própria que lhe confere sua estrutura poderosa.

O próprio presidente Lula, ao afirmar que tirara o então presidente do PT, Ricardo Berzoini, de sua campanha pela falta de explicação para o caso do dossiê, o colocou no cadafalso. No mínimo, Berzoini terá que responder a um processo no Conselho de Ética, que a oposição pretende promover tão logo termine a eleição.

29/10
LULA CRESCE

O Lula candidato à reeleição que chega hoje à sua oitava disputa para presidente da República é um político em permanente ascensão popular, com uma "geografia eleitoral" que vai mudando ao longo do tempo. Saiu de 17% da votação no primeiro turno em 1989 para 48,5% no primeiro turno deste ano, e pode repetir no segundo turno, se nada tiver mudado depois do debate da TV Globo, a mesma votação expressiva do segundo turno de 2002, recebendo mais de 60% dos votos do eleitorado. Em 1989, quando se identificava como "o candidato da classe trabalhadora", tinha sua base nesse eleitorado de classe média de esquerda, basicamente nas capitais estaduais, e em concentrações industriais, como o Vale do Aço, o sul fluminense e a região do ABCD paulista.

Além disso, tinha penetração em áreas onde há um eleitorado de esquerda com movimentos organizados fortes, como o Vale do Jequitinhonha, uma área muito pobre, onde há um trabalho social da esquerda católica; ou então em áreas de pequeno produtor rural no sul do Brasil, como o noroeste do Rio Grande do Sul, o oeste de Santa Catarina e o sudoeste do Paraná.

No segundo turno mudou o quadro, porque Brizola o apoiou. A partir daí, sua geografia eleitoral não mudou muito, e ele perdeu duas vezes para Fernando Henrique no primeiro turno. Em 1994, já assimilara o eleitorado brizolista e sua votação foi muito parecida com o segundo turno de 1989, assim como em 1998. Para crescer, analisa o cientista político Cesar Romero Jacob, da PUC do Rio, com base em estudos dos mapas eleitorais, tinha que ir para cima dos tucanos e fazer o que Fernando Henrique já havia feito: acordo com as oligarquias regionais e com políticos populistas.

Em 2002, tanto Lula quanto Serra vão buscar as estruturas de poder instaladas no território nacional, que são formadores de opinião pública locais. O que os dois não tiveram no primeiro turno foi o voto das igrejas evangélicas, que ficaram com Garotinho, e haviam ficado com Collor e Fernando Henrique nas eleições anteriores. A queda de José Serra foi maior na Região Norte e Centro-Oeste, onde há a mais alta taxa de evangélicos pentecostais.

Essa posição pragmática não é muito diferente, segundo Cesar Romero, da de Getulio Vargas, Juscelino Kubitschek e Fernando Henrique, o que significa que mesmo partidos urbanos de centro-esquerda, como o PT e o PSDB, não chegam ao poder se não fizerem alianças com

537

as oligarquias regionais, pois o percentual do eleitorado no interior é muito grande.

Tanto Lula quanto Alckmin mostram capilaridade no interior do país nos mapas de votação deste ano, por causa das alianças com as oligarquias regionais. A candidatura de Alckmin tentou abranger o "arco da sociedade", que vai das oligarquias, com ACM na Bahia, até um partido de esquerda como o PPS de Roberto Freire. Lula não é diferente: vai do PCdoB a Sarney, passando por Delfim Netto. Ou ainda incorporam políticos populistas às suas candidaturas, como Garotinho e Zito, por parte de Alckmin, e Newton Cardoso e Jader Barbalho por parte de Lula.

Para se chegar à Presidência da República, é fundamental que se tenha máquina nos grotões, e quem tem liderança lá são as oligarquias, reafirma Romero Jacob. Lula com o Bolsa Família, e antes Fernando Henrique com o Bolsa Escola, começaram a implodir as oligarquias, acabando com as intermediações. Do ponto de vista das estratégias para se chegar ao poder, não há muita diferença entre um e outro.

De 2002 para 2006, o percentual de votos de Lula continua muito parecido, mas ele trocou a sua área de influência com o crescimento no Norte e no Nordeste, e a queda no Centro-Oeste e no Sul. O Sudeste ficou dividido: parte de Minas, Espírito Santo e Rio com Lula, e parte de Minas e São Paulo com Alckmin. Lula recolheu a maioria do eleitorado de Heloísa Helena e Cristovam, que estava em desacordo com o que o governo fez, dando uma guinada à esquerda no segundo turno. Segundo Romero Jacob, talvez a esquerda esteja abandonando Lula por governar com a direita.

Brizola sofreu com isso ao chegar ao poder e governar com os chaguistas. Do mesmo modo Fernando Henrique sofreu ao optar pela aliança com o PFL. "É a vitória do pragmatismo na política brasileira, um reconhecimento de que não se governa no Brasil sem algum tipo de compromisso com esse Brasil dos grotões, da periferia metropolitana pobre", analisa Romero Jacob.

Romero Jacob diz que fora a eleição de 1989, que foi mais ideologizada por ser a primeira depois da ditadura, as demais tiveram um condicionamento econômico forte. Fernando Henrique ganhou por causa do Plano Real, e, para Romero Jacob, não ganharia sem o PFL por que o PSDB não tinha máquina, que começou a montar quando chegou ao poder. Nas eleições municipais de 1996 e 2000 montou sua teia partidária pelo país.

Também em 1998, Fernando Henrique ganhou com a assertiva de que quem criou o real é que pode salvar o real. E em 2002 perdeu porque a percepção do eleitorado foi de que ele não salvou o real, mesmo que o desarranjo econômico ocorrido no ano eleitoral, e que sacrificou o ano de 2003, tenha sido causado pelo temor da vitória de Lula.

Agora, analisa Romero Jacob, o que vai ter valor político será saber se Alckmin, com a boa performance no debate final da TV Globo de sexta-feira, terá conseguido recuperar votos que perdera para Lula no segundo turno. Se tiver mais que os 39% que Serra teve no segundo turno de 2002, ou mesmo se melhorar sua votação do primeiro turno, voltará a ser um elemento importante no jogo interno do PSDB. Se, porém, Lula encerrar a eleição com uma votação acima de 61%, pode ser sinal de desgaste do PSDB.

31/10
DORES DO CRESCIMENTO

Ao contrário do que parecia à primeira vista ter sido uma "derrota moral", a realização do segundo turno na eleição presidencial foi uma dádiva dos céus para legitimar a reeleição do presidente Lula, que, se ganhasse no primeiro turno por uma margem tão reduzida, teria que arcar com o peso de ter dividido o país, quando essa divisão, na verdade, nunca existiu.

A maioria dos eleitores de Cristovam Buarque e Heloísa Helena, e os cerca de 2 milhões que migraram de Alckmin para Lula no segundo turno, sempre foram votos de Lula, apenas representavam eleitores incomodados com os deslizes éticos do PT ou com a arrogância do candidato Lula, mas nunca eleitores convictos de Alckmin ou mesmo do PSDB.

Bastou uma ligeira confrontação ideológica sobre as privatizações, forjada mais em insinuações e indícios do que em fatos, para que esses eleitores tivessem o pretexto de se juntar novamente a Lula, na esperança de que um segundo mandato possa ser o governo que sempre sonharam, mais à esquerda. A tática de jogar o PSDB para a direita do espectro político, utilizada pelo PT há muito tempo, deu resultado para atrair novamente os 30% de eleitores petistas tradicionais, entre a esquerda e a classe média tida como progressista. O resto dos votos veio na esteira dos programas sociais assistencialistas nas regiões pobres do país, especialmente no Norte e no Nordeste.

Não importa que Lula também tenha privatizado bancos e linhas de transmissão, nem mesmo se o projeto de lei que concede à iniciativa privada a exploração da Amazônia é ou não uma privatização, ou se é ou não uma decisão acertada do governo. Nem é possível, nesse contexto radicalizado em que se desenrolou o segundo turno, desmentir que os tucanos acabariam com o Bolsa Família, ou que Alckmin faz parte do grupo conservador da Igreja Católica Opus Dei. O que importa é que, na percepção do eleitor médio, Lula não parece ser privatista, e Alckmin parece ser da Opus Dei.

Reeleito com uma votação consagradora, o presidente emite sinais desencontrados sobre o que será seu segundo mandato, dando margem a que figuras importantes do seu governo como os ministros Dilma Rousseff, da Casa Civil, e Tarso Genro, das Relações Institucionais anunciem "o fim da era Palocci", como se o sucesso da política econômica que turbinou os efeitos dos programas sociais e do aumento real do salário mínimo não tenha sido consequência dessa política, sobretudo da posição ortodoxa do Banco Central.

Se a inflação não estivesse tão baixa, e o dólar tão valorizado, a comida não estaria tão barata e o poder de compra dos mais pobres não teria crescido tanto. Como em outras ocasiões, o presidente tergiversa sobre questões básicas: uma hora diz que terá uma política fiscal dura, para depois dizer que ela não pode prejudicar os mais pobres. Quando se compromete, ainda sob o forte impacto emocional da vitória, a continuar dando aumentos reais ao salário mínimo, o presidente Lula está prometendo o que provavelmente não poderá cumprir.

Quando insiste em colocar ricos contra pobres, e dizer que sua vitória foi a do pessoal "do andar de baixo" contra o "andar de cima", usando a metáfora de Elio Gaspari, o presidente está apostando em uma divisão que parecia incomodá-lo no primeiro turno. É preocupante a revelação de que havia preparado uma propaganda para exacerbar essa disputa de classes, caso a campanha se mostrasse mais dura do que acabou sendo.

O filmete com a comparação com Getulio, JK e Jango, três ex-presidentes que teriam sido perseguidos pelas elites como ele, Lula, por terem se dedicado aos pobres, seria a dramatização da disputa para colocar de vez o eleitorado pobre, especialmente do Norte e do Nordeste, contra o Sul do país, onde Alckmin acabou mantendo a vitória do primeiro turno. Essa estratégia de marketing, que acabou não sendo usada, era chamada na intimidade da campanha de "venezuelização" da disputa, o que nos leva de imediato às tergiversações do candidato reeleito.

Durante a campanha, ele se recusou a assinar um compromisso de que não convocaria uma Assembleia Constituinte para fazer as reformas, o que indica que ainda não abandonou a ideia. Tanto na Venezuela quanto na Bolívia, o recurso à Constituinte foi o caminho para os governos "revolucionários" controlarem os demais poderes do Estado, dentro de uma aparência de legalidade.

Comparar-se com Getulio é uma tática que vem utilizando há algum tempo, no estilo camaleônico que o caracteriza. O Lula da primeira fase de líder sindicalista defendia o fim da Era Vargas, chamava a CLT de o "AI-5 dos trabalhadores" e ironizava Getulio Vargas como "pai dos pobres e mãe dos ricos". Lula também procurou separar o petismo do populismo varguista. Hoje, a CLT e a representação sindical, marcos da Era Vargas, persistem, embora Lula volta e meia anuncie que pretende flexibilizar as leis trabalhistas, para baratear o custo do emprego. Mas o sindicato atrelado ao Estado continua com Lula.

O Lula reeleito com "a força do povo" e das políticas assistencialistas, como já previra o historiador José Murilo de Carvalho, reassume a famosa interpelação getulista: "Hoje vocês estão no poder na minha pessoa, amanhã vocês serão o poder." Entre Getulio e Chávez, entre o populismo e o desenvolvimentismo, haverá lugar neste segundo mandato para uma política fiscal equilibrada, e as reformas estruturais necessárias a um desenvolvimento sólido e continuado? Ou paciência para esperar o crescimento? Nunca é demais lembrar que Delfim Netto, hoje o principal consultor econômico de Lula, é crítico da ortodoxia do Banco Central e adepto do crescimento rápido. Quem poderá ser contra?

2007

28/8
SEM ANISTIA

Não há mais condições políticas para que o ex — chefe do Gabinete Civil e atual "consultor" de empresas José Dirceu tente reverter a cassação de seu mandato por meio de um movimento de anistia. O julgamento político de seus pares no plenário da Câmara já o havia indicado como o responsável pelo mensalão, um esquema de corrupção política de amplitude nunca antes vista na história da corrupta política brasileira. Agora, com a decisão unânime dos juízes do Supremo Tribunal Federal, José Dirceu está indiciado criminalmente por corrupção ativa.

Mesmo que não tenha sido declarado oficialmente o "chefe da quadrilha", como o identificou em sua denúncia o procurador-geral da República, Antonio Fernando de Souza, todos os juízes do Supremo entenderam que o esquema de corrupção de políticos de PP, PL, PTB e PMDB não poderia ter sido montado e executado sem o aval e a orientação do então chefe do Gabinete Civil da Presidência da República.

Não há mais condições políticas também para que o presidente Lula mantenha a posição de que não houve o mensalão. A aceitação das denúncias contra todos parlamentares que receberam a dinheirama esparramada através do esquema engendrado pelo publicitário e lobista Marcos Valério coloca por terra a tese, lançada pelo próprio presidente Lula, de que o que houve foi a distribuição de dinheiro pelo caixa dois do PT.

Todos os que responderão criminalmente por corrupção passiva e lavagem de dinheiro, e mais os membros do governo acusados de peculato, como os ex-ministros Anderson Adauto e Luiz Gushiken, estão formalmente acusados pelo Supremo de terem participado de um esquema criminoso de distribuição de dinheiro público e privado para compra de apoio político ao primeiro governo Lula, e não se trata de crime eleitoral, de "recursos não contabilizados", como tentaram fazer crer à opinião pública nos últimos anos.

A aceitação pelo Supremo das denúncias do procurador-geral permitirá que seja aberto processo criminal contra todos os denunciados, o que deve demorar alguns anos mais, o suficiente para que nenhum deles seja condenado ou absolvido antes do final do segundo mandato de Lula.

Mas, assim como o governo Collor ficou marcado na história como um governo corrupto, mesmo que sua culpa não tenha sido comprovada formalmente no julgamento do processo criminal do Supremo, assim também o governo Lula está definitivamente marcado pelo maior escândalo de corrupção já detectado nos últimos tempos na política brasileira.

O presidente Lula até hoje luta na tentativa de, livrando seus companheiros de política, livrar-se também da pecha de ter comandado um governo em que a compra de apoio político com dinheiro oriundo do saque do erário público foi organizada e monitorada de dentro do Palácio do Planalto, sem que ele se desse conta do que estava acontecendo, logo ele, o principal beneficiário político do esquema montado por seu homem forte na ocasião.

Insiste Lula na tese de que não houve o mensalão — tese agora definitivamente sepultada pela mais alta corte jurídica do país — e, quando os fatos falam mais alto, alega que somente ao final do processo criminal se poderá ter uma ideia correta de quem é culpado, e por qual crime. E ainda levanta dúvida se, ao final, haverá crime a ser punido.

Revela o presidente Lula uma paciência que não tinha quando comandava a oposição e condenava *a priori* todos os seus adversários, entre eles o hoje aliado ex-presidente Collor, que foi julgado politicamente pelo Congresso e cassado com o PT comandando as ações contra ele. Houvesse o ex-ministro José Dirceu sido isentado do crime de corrupção ativa, já estaria em marcha a campanha por sua anistia, transformando em ação política a decisão do Supremo.

Como a denúncia contra ele foi aceita nos termos em que o procurador-geral da República a propôs, isto é, afirmando que ele era na verdade o principal responsável pelo esquema criminoso montado dentro do governo, interessa agora a ele e aos demais acusados transformar a decisão do Supremo em mais uma etapa burocrática de um longo processo.

Mas, como estamos tratando aqui de política antes de tudo, a decisão do Supremo, mesmo que não seja uma decisão final sobre a culpabilidade de nenhum dos denunciados, significa que há indícios mais do que suficientes para uma investigação criminal, o que afasta a hipótese de que houve uma conspiração da imprensa contra o PT, ou que as acusações levantadas são fruto da imaginação fértil dos inimigos políticos do governo.

As repercussões políticas das decisões do Supremo deveriam reverberar fortemente no Congresso, ainda mais agora que mais um forte aliado do Palácio do Planalto, o ainda presidente do Senado Renan Calheiros, está envolvido num processo de quebra de decoro parlamentar que tem tudo a ver com o clima permissivo que tomou conta da política brasileira nos últimos tempos, na suposição de que ter a maioria significa que tudo é permitido.

Mas será preciso aguardar a capacidade de ação da oposição e, sobretudo, a capacidade de reação dos petistas, que realizarão seu congresso nacional nesta semana sob o impacto da decisão do Supremo. A tendência majoritária do partido continua sob o comando de José Dirceu, e a impunidade interna e a proteção mútua são a marca predominante desse grupo que domina o PT. Mesmo porque a disputa de grupos é mais pelo poder interno, com vistas às eleições presidenciais, do que propriamente por uma mudança de atitude política profunda.

30/8
O FUTURO DO PT

O 3º Congresso Nacional do PT começa amanhã com um roteiro que não estava previsto. Os petistas estão tão desorientados que a senadora Ideli Salvatti chegou a levantar a hipótese de uma conspiração ter colocado tão próximos no calendário a reunião partidária e a decisão do Supremo Tribunal Federal que mandou para o banco dos réus toda a cúpula petista, base política do primeiro mandato do presidente Lula. A ideia da conspiração, embora muito presente na lógica petista, só se sustenta porque a decisão do STF foi contrária a seus dirigentes.

Ao contrário, já estava sendo armada uma grande montagem política para que o ainda hoje homem forte do PT, o ex-ministro José Dirceu, chegasse nos braços da militância para o congresso caso fossem rejeitadas pelo Supremo as denúncias contra ele, de corrupção ativa e formação de quadrilha.

A coincidência seria, então, politicamente conveniente para os planos de Dirceu de dar início a uma campanha a favor de sua anistia política, com base na qual os petistas ganhariam fôlego novo para as campanhas eleitorais que enfrentarão até 2010 sem o seu principal, diria mesmo único, líder político de peso nacional, o presidente Lula.

Dirceu, "inocentado" pelo Supremo, seria esse símbolo político a reboque do qual o PT tentaria limpar sua imagem diante do eleitorado. Com a decisão histórica do STF de transformar em réus todos os 40 acusados pelo procurador-geral Antonio Fernando de Souza, o PT se debate entre fingir que nada aconteceu, a exemplo do próprio governo, ou discutir seu futuro tendo como pano de fundo não mais o passado glorioso que inventou como promessa de redenção para os seus seguidores, mas um passado manchado por suspeitas de atuação criminosa.

Suspeitas que não se limitam aos delitos que começarão a ser julgados pelo STF em ação criminal inédita, pela abrangência dos casos e importância dos envolvidos, mas recuam a tempos muito anteriores, quando o PT começava sua escalada ao poder pelos municípios do interior do país, especialmente em São Paulo.

Foi destes tempos que vieram as denúncias que inviabilizaram a permanência no governo do ministro da Fazenda Antonio Palocci, levado pelo passado a cometer delitos no presente, como a quebra do sigilo fiscal de um caseiro que denunciara sua presença constante em uma casa que reunia os fantasmas da República de Ribeirão Preto.

Diz-se que a orientação vinda do próprio Lula é para que a decisão do Supremo não seja debatida no Congresso do PT, como se ela não fosse o fato político mais importante do momento, com repercussões futuras inegáveis, especialmente para o próprio PT.

Lula não quer que o congresso petista se transforme numa sessão de autoflagelação, como é considerada a autocrítica que o grupo minoritário liderado pelo ministro da Justiça, Tarso Genro, julga imprescindível para a reabilitação do partido.

Mas Lula tampouco quer que o Campo Majoritário, do qual sempre fez parte e que continua dominando o partido sob o comando forte do ex-ministro José Dirceu, transforme o congresso em ato de desagravo aos petistas transformados em réus pelo STF. Ontem, ele já avisou que não sairá em defesa de ninguém, o que, considerados os antecedentes, pode acontecer ou não.

Lula já se disse traído pelos ancestrais dos aloprados, mas em outra ocasião exortou-os a abaixar a cabeça, pois não deviam nada a ninguém. Qualquer coisa pode acontecer, desde que beneficie seu projeto político próprio. O que Lula não quer mesmo é que o emocionalismo de um lado ou de outro inviabilize seu plano de fazer com que o PT aceite abrir mão de ter uma candidatura própria em 2010 para apoiar uma chapa consensual da base aliada.

No momento, nada indica que o PT tenha capacidade política para sustentar isoladamente uma candidatura, e com o resultado do julgamento do STF fica mais difícil do que sempre foi imaginar-se um futuro politicamente promissor para um candidato petista à Presidência que não seja Lula.

Como o presidente já jurou que não aceitaria disputar um terceiro mandato seguido, e, mais que isso, já tem feito movimentos em várias direções em busca de um candidato que possa vencer a eleição de 2010, é preciso raciocinar com base na normalidade constitucional atual. Embora seja prudente não deixar nunca de lado a possibilidade de que a situação política mude e Lula, de alguma maneira, possa vir a disputar um terceiro mandato seguido.

Um defeito original da tese do candidato único é considerar que essa "base aliada" é leal ao governo Lula. Ao contrário, ela é leal a qualquer governo. Já foi a mesma base de sustentação dos dois governos anteriores de Fernando Henrique e poderá vir a ser a mesma base do próximo governo, seja eleito presidente Ciro Gomes, José Serra, Aécio Neves, Marta Suplicy, Fernando Collor ou qualquer outro que surja.

Esse grupo político, quase todo ele envolvido no esquema do mensalão, vira para onde o vento sopra, e, sem Lula na disputa, se adaptará às circunstâncias que forem se apresentando. Portanto, o projeto de Lula, embora correto do seu ponto de vista político, provavelmente não resistirá à realidade, motivo pelo qual a "base aliada" dificilmente terá uma chapa única, a não ser que o candidato seja o próprio presidente.

Mortalmente ferido pelo processo do mensalão, o PT está em uma encruzilhada: não quer abrir mão de indicar um candidato, mesmo porque sabe que o sucesso relativo na eleição do ano passado se deveu muito mais à presença de Lula do que à força própria do partido. Por isso mesmo, no entanto, como considera Lula, estará fraco politicamente para atuar de forma isolada.

Palocci e o caseiro

2002

1/12
TOCANDO VIOLINO

Imagine, caro leitor, se a bronca que o presidente eleito Lula deu nos seus companheiros sindicalistas, outro dia, fosse dada pelo presidente Fernando Henrique Cardoso. Ou então, tente se lembrar de quantas vezes, nos últimos oito anos, FHC fez observações parecidas sobre o modelo sindicalista e a necessidade de seus líderes participarem mais das soluções brasileiras, em vez de apenas reivindicar. Certamente, em nenhuma ocasião usou termos tão pesados quanto "bravata", nem disse "essa moleza vai acabar".

E o que dizer da reforma do sistema previdenciário, que se tentou implantar diversas vezes e acabou mutilada por falta de apoio da oposição, capitaneada pelo PT, para as mudanças mais críticas, como a do sistema público, que provoca um rombo orçamentário gigantesco para beneficiar uma minoria — cerca de um milhão de funcionários públicos? E a flexibilização das leis trabalhistas, a CLT velha de guerra, antes dogma intocável dos petistas, hoje colocada na mesa de discussões pelo próprio PT com apoio da CUT, que também defende a "implosão" do atual sistema sindical.

Existe uma metáfora muito conhecida na política que compara governar com o ato de tocar violino: pega-se o instrumento com a esquerda, mas toca-se com a direita. O que se está vendo hoje, no país, é uma quase cômica troca de papéis, em que o governo eleito vai se aproximando com cautela da hora em que terá de pilotar esse jato chamado Brasil em meio a um denso nevoeiro — para usar a figura utilizada pelo atual piloto, Fernando Henrique, que já teve seu tempo de céu de brigadeiro, quando achava fácil pilotar. Hoje, prepara-se para entregar o "pepino" — saindo da imagem aeronáutica para a agrícola, mais crua e menos poética, usada pelo presidente eleito na conversa com os sindicalistas. Quando Lula diz à bancada do PT que agora precisam ter a responsabilidade de quem está no governo, inconscientemente está dizendo que as irresponsabilidades anteriores não têm mais lugar. Agora é a vez de o PFL ser irresponsável e reivindicar um salário mínimo de R$ 240.

Fora lamentar que se tenha perdido tanto tempo com questões que já poderiam ter sido resolvidas, resta a constatação de que é mais fácil para o PT realizar certas reformas, mesmo que elas retirem privilégios de seus seguidores. É uma questão de credibilidade, que está presente na vida política em diversas ocasiões. A História mostra, por exemplo, que nos Estados Unidos os democratas começam as guerras e os republicanos as terminam, contrariando a fama de liberais de uns e de radicais de outros. A Guerra da Coreia foi iniciada pelo democrata Truman e encerrada pelo republicano Eisenhower. A Guerra do Vietnã começou no governo democrata Kennedy-Johnson e coube ao radical Richard Nixon acabar com ela. Assim como só poderia ter sido ele, sobre quem não pairavam dúvidas quanto a ser ou não comunista, o responsável pela reaproximação com a China.

Por falar nos Estados Unidos, vêm de lá sinais de que a administração Bush se prepara para ter boas relações com o governo Lula, na tentativa de não perder o apoio do principal país da América Latina. Assim como, no PT, há quem veja na próxima reunião de Lula com Bush uma boa oportunidade para acabar com idiossincrasias de ambas as partes, a posição do governo eleito sobre as reformas do Estado têm provocado boas surpresas em Washington, confirmando a tese de que, em política, dois bicudos podem se beijar.

Nos dois governos, há quem diga que Lula e Bush encontrarão mais pontos em comum entre si do que se imagina. Bush é um homem que gosta do trato direto, sem subterfúgios — assim como Lula, dizem os petistas. Bush quer o bem-estar dos menos afortunados, e acredita que Lula, por sua origem, é o mais indicado para distribuir entre todos as vantagens das reformas liberais, dizem assessores de Bush.

Mas, voltando ao país que Lula vai governar pelo menos nos próximos quatro anos, foi ele quem mais demorou a descer do palanque. A postura sóbria e austera do futuro ministro da Fazenda, Antônio Palocci, já indicava que a gestão petista não se distanciaria muito da que temos atualmente, ficando as diferenças mais no estilo do que na prática. Lula, porém, tem recaídas que podem lhe custar caro. Outro dia, por exemplo, criticou Fernando Henrique por supostamente não ter reajustado o salário dos servidores nos últimos oito anos. Além de não ser verdadeiro, pois a folha de pessoal simplesmente dobrou nesse período, não é prudente Lula acenar com uma reposição impossível, que indexaria novamente nossa economia aos índices de inflação perigosamente altos nos dias de hoje.

O governo Lula só dará certo se ele conseguir resistir, nos primeiros anos, às reivindicações de suas bases eleitorais. Ao pedir realismo a seus seguidores, Lula está no rumo certo.

2003

16/7
DOIS PLANOS

O ministro da Fazenda, Antonio Palocci, está se revelando uma âncora política muito mais resistente do que se poderia imaginar no início do governo, e se conseguir repelir mais essa investida das corporações sobre as finanças do Estado brasileiro sairá da contenda como o maior símbolo do que este governo tem de mais coerente.

No momento em que se embaralharam as propostas de reforma e não se sabe exatamente quem está no comando, Palocci aparece como referência do rumo do governo, num momento em que a economia internacional começa a dar os primeiros sinais tímidos de que está viva. A liquidez internacional cresceu muito nos últimos meses, e o momento parece propício para uma nova fase de crescimento.

A aprovação das reformas, especialmente a da Previdência, pode ser o sinal para os investidores internacionais de que temos um futuro equilibrado. Ao contrário, acordos políticos que as desfigurem sinalizarão um futuro incerto que não atrai investimentos de longo prazo.

Se o governo não se organizar minimamente em torno de um projeto econômico coerente, o eventual fracasso será atribuído ao modelo em si, quando terá sido provocado, na verdade, pelas interferências políticas.

A política externa, que parecia a outra joia da coroa petista, corre o risco de se desgastar com as sucessivas improvisações internacionais do presidente Lula. Está acontecendo com ele no plano internacional o mesmo que já ocorre no plano interno: sua história de vida impressiona e ainda garante um sucesso de público, o que não corresponde sempre, no entanto, ao sucesso de crítica.

No plano interno, a nova pesquisa CNT/Sensus mostra uma queda da popularidade do governo já bastante acentuada, enquanto a imagem presidencial permanece intocável nos altos dos 77% de aprovação.

No plano externo, desde a estreia oficial na reunião de Davos, a figura carismática de Lula levanta as plateias internacionais, a ponto de levar um sociólogo como Anthony Giddens às lágrimas, como aconteceu esta semana na reunião da London School of Economics. No entanto, as propostas oficiais do governo brasileiro são relegadas ao plano das utopias que não devem ser levadas a sério.

Na verdade, a apresentação de ideias como a universalização do Fome Zero, por exemplo, exige um trabalho anterior mais aprofundado e a formulação de um projeto que seja viável, antes de ser apresentado em fóruns internacionais.

(...) É preciso que Lula perca essa mania de improvisar, especialmente nos fóruns internacionais, no mínimo para evitar mal-entendidos como o que alega ter acontecido com relação aos Estados Unidos nesse encontro em Londres.

Assim como já aprendeu que não basta a famosa "vontade política" para remover montanhas, Lula vai ter que entender que não basta uma ideia generosa para mudar as relações internacionais, frequentemente injustas. E nenhum abraço vai ser a solução dos problemas dos países em desenvolvimento.

Imagens pueris como essa podem servir de pretexto para deboches por parte de pessoas mais pragmáticas e com almas menos sensíveis, como parece ser o caso do redator do jornal inglês *The Times*, que classificou Lula de populista e ironizou suas propostas.

E não adianta achar que a generosidade da proposta brasileira por si só compensa a eventual rejeição internacional, pois de nada serve ao Brasil participar de encontros desses no papel de Quixote do Terceiro Mundo.

Uma política externa mais independente, mas que não inviabilize uma relação saudável com os Estados Unidos, deve ser um objetivo, mas temos que aprender a negociar nessa arena das ideias com as mesmas armas pragmáticas que já estamos aprendendo a usar nos organismos de comércio internacional.

A tradição liberal europeia parece mexer com a cabeça de nossos dirigentes. O ex-presidente Fernando Henrique, acusado aqui de neoliberal, aprofundava o discurso social-democrata sempre que lá pisava, e foi subindo o tom em relação aos Estados Unidos à medida que seu mandato terminava e começava a era Bush.

O presidente Lula, também acusado internamente de estar renegando suas posições anteriores, recupera lá a velha veia petista, a ponto de alimentar em suas bases o devaneio de que, enfim, estamos confrontando o imperialismo internacional.

Apesar de Giddens ter dito que Lula pode mudar o mundo, é pouco provável que isso aconteça no curto período de seu mandato — mesmo que ele venha a ter oito anos. O melhor seria que o presidente aproveitasse seu carisma e sua história para defender mais substancialmente suas ideias, sem cair na tentação de supervalorizar suas possibilidades.

2/8
CHOQUE DE REALIDADE

O governo Lula está prestes a conseguir uma grande vitória no campo econômico com a possível revisão de critérios do FMI com relação aos investimentos em infraestrutura, que até agora são considerados gastos e interferem no cálculo do superávit primário. Esta é uma contabilidade perversa, que prejudica o objetivo de dar estabilidade econômica ao país que adota os critérios do FMI.

É um círculo vicioso que provoca turbulências sociais, na falta de dinheiro para investimentos fundamentais para o bem-estar da população, e afeta em consequência a estabilidade política e econômica do país que o adota.

Os céticos dirão que o objetivo do FMI ao exigir superávit não é outro senão garantir o pagamento dos juros aos investidores internacionais. Mesmo nesse caso, seria burrice dos representantes dos investidores — e do FMI visto como tal — provocar instabilidades sociais nos países que inviabilizarão o pagamento desses juros.

Já fizeram burrices de vários quilates, mas com as recentes autocríticas do FMI e a anunciada possibilidade de alterar os rígidos critérios contábeis do superávit primário para permitir investimentos em setores como saneamento, estradas, sistema de transportes — mesmo que essa revisão demore e venha com controles severos, para não se perder o rigor fiscal —, o ministro da Fazenda, Antonio Palocci, ganha fôlego novo, demonstrando o acerto de sua política econômica.

Os grupos do PT que ainda vivem fora da realidade e pregam contra "o cinismo do mercado internacional" podem até parecer ter razão quando, como o deputado Ivan Valente, de São Paulo, da corrente extremista Força Socialista, vão à tribuna da Câmara para reclamar do capital financeiro internacional, "os causadores da deterioração econômica, da recessão, do desemprego e do aumento da concentração da renda, que continuam pressionando, dizendo que esperavam que o Brasil fosse crescer".

No entanto, este é apenas um aparente paradoxo. Se o governo Lula não adotasse metas de política macroeconômica tão rígidas quanto adotou logo no início da sua gestão, o país teria quebrado, como muito bem disse o chefe da Casa Civil, José Dirceu, e se perderia a chance de crescer. Essa, porém, tem que ser mesmo uma política transitória.

Aos que o acusam de ter aprofundado o empobrecimento do país nesses sete meses de governo, é preciso lembrar que a economia continuará crescendo, embora não no ritmo necessário. (...)

A economia brasileira é muito grande e entrelaçada internacionalmente para se dar ao luxo de bravatas, e ter entendido isso em meio à campanha, a ponto de dar a guinada que deu, foi a grande qualidade demonstrada por Lula. Apesar de a *troika* palaciana — José Dirceu, Palocci e Gushiken — estar sintonizada nessa linha, outros setores do governo ainda permanecem amarrados a crenças do passado, na ingênua esperança de que é possível romper com o mundo exterior para alavancar um crescimento autóctone, como se fôssemos uma gigantesca Albânia pós-moderna.

A exacerbação dos movimentos sociais como o dos sem-teto e o dos sem-terra, esperável com a chegada de Lula ao poder, não pode servir de pretexto para que esses políticos atrasados provoquem um clima de instabilidade no país na tentativa de derrotar o ministro Antonio Palocci e sua política econômica.

Se é difícil haver crescimento econômico com a sangria de bilhões de dólares para pagar as dívidas, como acusam os contrários à política econômica em curso, é impossível haver crescimento desligado do mundo real.

O caminho pragmático de Palocci, negociando alternativas com os organismos internacionais e garantindo estabilidade para os investimentos externos, é o único a ter perspectivas de sucesso, desde que o quadro geral do país não seja de incertezas políticas. É preciso dar tempo a Lula e a seu projeto de governo, que ainda tem o apoio da grande maioria dos eleitores, e não apenas dos eternos 30% de votos petistas. Mas a sua consecução poderá exigir logo, por parte do governo federal, um choque de legalidade.

5/8
RISCO PALOCCI

Nada indica que o ministro Antonio Palocci esteja de saída do Ministério da Fazenda, como os boatos internacionais davam conta ontem, deixando o mercado financeiro em polvorosa. Tudo indica que os boatos foram gerados para especulação financeira pura e simples, fazendo o dólar disparar e o risco-Brasil subir mais de 9% num só dia, superando os 900 pontos, coisa que não se via desde meados de abril.

No entanto, essa malandragem financeira não resistiria a um bom ambiente político, no qual a coerência do governo marcasse posição. E a cotação do dólar não se moveria um centésimo para cima se o boato fosse de que o ministro Guido Mantega, do Planejamento, estaria demissionário (só para pegar como exemplo um ministro importante da área econômica). Na verdade, o dólar até cairia de cotação e o risco-Brasil melhoraria se o mercado desconfiasse que alguém mais ligado a Palocci estaria indo para o lugar de Mantega. E, ao contrário, subiria o risco-Brasil se o substituto de Mantega fosse, por exemplo, o senador Aloizio Mercadante, um potencial opositor de Palocci na condução da economia.

Portanto, enquanto negocia a reforma da Previdência, a única que tem chance de ser aprovada — a tributária, tudo indica, subiu no telhado — é bom que o governo enxergue o óbvio: a percepção do mercado internacional em relação à saúde do governo Lula está intimamente ligada ao futuro do ministro Palocci. Ele é o avalista da política econômica, e tudo o que diz respeito a ele tem repercussões.

Os sinais desencontrados que estão sendo enviados nessas negociações das reformas, somados à tibieza na repressão aos chamados movimentos sociais que tangenciam a marginalidade, têm consequências econômicas imediatas, e não adianta discordar disso.

É um fato da vida globalizada, que não mudará com discursos inflamados contra o mercado financeiro nem contra as injustiças da vida. O governo precisa se definir por um modelo de atuação e enquadrar todo o seu time nessa perspectiva, se quiser ter êxito. (...)

O presidente sabe que precisa prestar contas não apenas à sua base petista, mas a esse imenso eleitorado que confiou nele como agente de mudanças depois que se convenceu de que não representava nenhuma ameaça à estabilidade da democracia. E esse eleitorado está a favor das reformas, especialmente a previdenciária, e se convenceu de que a proposta original do governo, muito mais rigorosa do que as apresentadas até então, tinha o objetivo de acabar com os privilégios de uma casta incrustada na burocracia estatal.

16/10
A LONGO PRAZO

Só existe uma maneira de resolver a questão econômica brasileira: perseverar no longo prazo na política de equilíbrio das contas públicas, não dando margem ao erro de começar a gastar por conta dos bons números que se anunciam. Erro cometido em governos anteriores e em planos anteriores, experiência da qual o governo petista, pragmaticamente, se utiliza para não repetir os fracassos.

O ministro da Fazenda, Antonio Palocci, por exemplo, descarta liminarmente qualquer alteração na Lei de Responsabilidade Fiscal: "Se mexer numa vírgula, vem tudo abaixo", costuma dizer para rejeitar o assunto quando ele vem à baila.

É natural, diz ele, que à medida que a economia vai mostrando que está entrando nos eixos, as demandas por mais gastos venham à tona.

Ele se surpreende com o ritmo da recuperação econômica, mais rápido do que supunha: a previsão com que trabalhava era de que só no começo do próximo ano a economia daria respostas positivas às medidas tomadas.

E acha que é necessário pelo menos mais um ano de atenção total para garantir a estabilidade da retomada do crescimento.

O ministro Antonio Palocci, em conversas informais, diz que seu antecessor na Fazenda, Pedro Malan, merecia uma estátua por duas medidas adotadas: a renegociação das dívidas dos estados e a aprovação da Lei de Responsabilidade Fiscal.

"Se não tivessem renegociado as dívidas, os estados estariam quebrados", afirma ele, com a experiência de quem está lidando com os problemas financeiros de estados e municípios na reforma tributária.

Ele não demonstra contrariedade quando confrontado com o comentário de Malan, que acha que quem está mudando as prioridades do governo petista é a sociedade brasileira.

Palocci admite que um legado importante da era Fernando Henrique foi a conscientização da sociedade para a importância do controle da inflação e do equilíbrio fiscal das contas públicas.

Faz, porém, ressalvas aos métodos utilizados para garantir esse equilíbrio, lembrando que ficamos muito vulneráveis às crises internacionais. (...)

A perseverança a que sempre se refere quando fala da política econômica é de longo prazo mesmo. Ele acha que, se o país permanecer nessa rota nos próximos dez anos, reduzindo a vulnerabilidade externa também com os saldos na balança comercial e cortando com segurança os juros para permitir um crescimento sustentado e a redução da dívida pública, o país "explode" nesse período.

O governo trabalha com a garantia de que o ano de 2004 será o da retomada do crescimento econômico, numa boa hora, a de eleições municipais. Mas não espera um crescimento acelerado, nem pretende abrir as torneiras para gastos eleitorais. Mesmo que esteja nos planos pelo menos quintuplicar os municípios governados pelo PT.

Como pode ser tudo menos ingênuo politicamente, o governo se prepara para uma batalha que não quer perder, a da eleição na capital paulista. Mas, a não ser na cidade de São Paulo, onde é emblemático reeleger a prefeita Marta Suplicy, não há outras razões para acelerar os gastos municipais.

A melhoria da economia naturalmente levará a um ambiente político favorável aos candidatos do governo, acreditam os principais assessores de Lula.

12/12
AS DORES DO CRESCIMENTO

Não se pense que a exortação do ministro Palocci a favor de menos discussões sobre juros e mais crescimento econômico representa uma capitulação dele ao grupo desenvolvimentista dentro do governo. E tampouco que o ajuste fiscal vai ser reduzido no próximo ano. Se for viável o plano que está em gestação no núcleo duro do governo, as duas coisas conviverão nos próximos anos, assim como convivem no próprio Palocci.

Um ministro da Fazenda que, embora manipule com maestria os fundamentos da política macroeconômica, tem no sangue o gosto pela política, o que o distancia do tecnocrata.

Nem haverá uma disputa entre monetaristas e desenvolvimentistas, que, de resto, é tida pelo governo como uma miragem midiática.

Existiria apenas uma diferença de *timing*, não de objetivos. Nessa visão, seriam todos desenvolvimentistas, e assim as divergências entre o ministro da Fazenda e o presidente do BNDES, Carlos Lessa, por exemplo, seriam apenas de ritmo, não de fundo.

Nem Palocci é tão monetarista quanto dizem nem Lessa seria tão antimonetarista quanto sugerem seus arroubos contra o superávit fiscal na última reunião que teve com petistas em um jantar em Brasília.

(...) A centralização na figura do ministro da Fazenda (ou da Economia, para deixar mais claro ainda o recado), evitando mensagens dúbias que deem insegurança aos investidores, foi a saída clássica encontrada por todos os governos.

O do PT não parece inclinado, pelo menos por agora, a formalizar essa centralidade do ministro Palocci, embora ela seja implícita. Talvez com a possibilidade de crescimento econômico vislumbrada para o próximo ano seja amenizado o incômodo na relação da Fazenda e do Desenvolvimento com o BNDES.

Ou então chegará o momento em que o presidente Lula terá que optar entre a eficiência de Palocci e Furlan e a verborragia de Lessa e o que ela representa. Tudo indica que Lula vai tentar manter esse modelo o mais possível, e se o ambiente econômico permitir, vai conviver com os dois estilos. Numa espécie de sinalização de que, como gosta de dizer, não esqueceu os velhos amigos (ou as velhas posições).

No momento, o grupo que assessora mais de perto o presidente no Palácio do Planalto (José Dirceu, Luiz Dulci, Luiz Gushiken e o próprio Palocci) está empenhado em montar uma agenda de desenvolvimento para o próximo ano. E essa é a razão da mensagem de fim de ano de Palocci aos membros do Conselho de Desenvolvimento Social e Econômico.

O que se procura são caminhos para sair do impasse entre crescimento com inflação ou equilíbrio fiscal com estagnação. O governo está convencido de que não há caminho de desenvolvimento sem que as contas públicas estejam equilibradas, e por isso não há perigo de voltar atrás nessa questão.

O que se discute agora é, por exemplo, como fazer uma política industrial que estimule o desenvolvimento sem representar uma volta ao tempo em que o Estado definia o papel de cada setor na economia nacional.

17/12
OS BANCOS NA BERLINDA

Mais uma vez uma palavra de mau jeito, dita num improviso pelo presidente Lula, quase provoca mal-entendidos com repercussões na economia. Ao advertir, na noite de segunda-feira, que os bancos seriam "estimulados" a atuar nos setores produtivos, Lula deu a entender que o governo não continuaria pagando "juros estratosféricos".

Só não se espalhou o medo de que o presidente estivesse defendendo um calote na dívida interna porque as perspectivas são tão auspiciosas, e o presidente está tão confiante nos resultados da política econômica, que esse clima otimista não combina com uma ameaça do tipo.

O chefe da Casa Civil, José Dirceu, também já falara anteriormente em juros extorsivos, ou qualquer coisa parecida, e teve que explicar que não defende o calote.

Semana passada, durante seminário do *Globo Online*, fora a vez de o vice-presidente da Caixa Econômica Federal, Fernando Nogueira da Costa, criticar os altos juros pagos pelo governo.

Questionado sobre se estava defendendo veladamente o não pagamento dos juros, ele saiu pela tangente, dizendo que defendia juros menores, o que o Banco Central já estava fazendo.

O fato é que o governo está cheio de gente, a começar pelo vice-presidente, que se incomoda com os juros altos ou a alta taxa de *spreads* dos bancos. Alguns, intimamente, ainda alimentam a esperança de um calote no setor financeiro. Outros, a maioria, trabalham para melhorar a situação, sem quebrar as regras estabelecidas.

Além da retórica, o que está em estudo no Ministério da Fazenda são várias medidas que, no seu conjunto, visam a fazer com que seja mais proveitoso para os bancos financiar o desenvolvimento.

Segundo diagnóstico do governo, o principal problema do mercado de crédito no Brasil está em não servir de canal de transferência da poupança para o financiamento dos investimentos produtivos. Em vez de demonizar os bancos, coisa muito ao gosto da retórica petista, os estudos indicam que as dificuldades em executar as garantias concedidas e os custos do processo são os culpados pela ineficiência na intermediação de crédito.

O baixo volume de crédito e os elevados *spreads* bancários seriam sintomas da baixa eficiência desse mercado. O melhor exemplo dessa ineficiência está no setor imobiliário. Sem um sistema de crédito eficiente, o mercado imobiliário funciona mal, prejudicando, principalmente, os mais pobres.

A falta de financiamento faz com que, nas camadas mais pobres da população, cresça a autoconstrução, que acaba saindo mais caro. O governo quer reduzir os longos processos para ressarcimento de dívidas, a fim de estimular o mercado de crédito, especialmente o imobiliário.

O governo está também implantando medidas que aumentem as informações dos potenciais clientes sobre as instituições financeiras, a fim de reduzir o que os técnicos chamam de "assimetria de informação" entre instituições financeiras e potenciais clientes.

559

A ideia é que os clientes tenham acesso às informações sobre custos e serviços bancários das diversas instituições, o que facilitaria a escolha e estimularia a competição bancária. A possibilidade de levar o cadastro de uma instituição para outra (tecnicamente chamada de portabilidade) seria fundamental para reduzir o poder das instituições financeiras.

O Banco Central está empenhado em disseminar essas informações e concluir a implementação do novo Sistema de Informações de Crédito. Essas medidas teriam como consequência a redução da informação privilegiada de cada banco sobre seus clientes, permitindo o aumento da competição e a redução das tarifas e *spreads* bancários.

O governo coloca como providência para melhorar a qualidade dos créditos, favorecendo a redução do seu custo e a ampliação da oferta, a recente medida que instituiu os empréstimos com desconto em folha de pagamento, intermediada pelos sindicatos. A medida, dando maior segurança aos provedores de crédito, minimiza os riscos da inadimplência, principal componente do *spread* bancário.

O governo também tem procurado soluções para facilitar novas formas de trabalho e a abertura de pequenas empresas. Os obstáculos, principalmente burocráticos e tributários, para a instalação de pequenas empresas, segundo a avaliação dos técnicos do governo, têm um enorme custo para o país e impedem o pleno efeito de medidas já tomadas para diminuir os spreads bancários.

Ainda é excessivamente alto o tempo necessário para se abrir uma nova empresa no Brasil — 152 dias —, tanto em comparação com a média da América Latina (72 dias) quanto em comparações com a média dos países da OCDE (31 dias).

O estímulo às formalização das empresas, além da parte tributária, tem outras razões. Estudo da empresa de consultoria McKinsey conclui que os setores industriais predominantemente formais têm maior produtividade do trabalho do que os setores predominantemente informais, como a construção civil e o varejo.

2004

5/2
QUEM DEFINE

A disputa entre grupos dentro de um governo é previsível, ainda mais num governo como esse de Lula, que cada vez mais deixa de ser puramente petista e se consolida como um governo de coalizão política. Fosse um governo puramente da ortodoxia petista, teríamos o caos na economia, como temia o mercado financeiro internacional.

E foi a muito custo, e com muita coragem, que o presidente Lula enfrentou seus radicais para realizar um programa de governo que não fosse de ruptura.

Aparentemente já não há esse risco, embora ele existisse realmente durante a campanha. Até que o grupo que hoje é o núcleo central do governo se impusesse de vez no partido com a Carta aos Brasileiros, marco do compromisso de não ruptura.

Quem esteve nos Estados Unidos, em missão de emergência, durante a campanha eleitoral, foi o hoje chefe da Casa Civil José Dirceu. Foi lá garantir que a intenção da candidatura Lula não era de romper com o mercado internacional.

Portanto, a disputa hoje latente entre Dirceu e o ministro da Fazenda, Antonio Palocci, se chegar a se concretizar, tem apenas alguns aspectos ideológicos. Nada mais distante das preocupações do ministro José Dirceu, por exemplo, do que as críticas da esquerda aos compromissos com o FMI, ou ao pagamento dos juros da dívida.

Sua preocupação é a eficiência dos programas de governo, ainda mais com as eleições municipais deste ano. Quer afrouxar o controle dos gastos públicos para poder executar com boa margem de manobra os acordos políticos que vem costurando com os partidos aliados, especialmente o PMDB.

Ele tem, porém, uma visão política do Estado que não combina com o liberalismo preponderante na equipe econômica: propugna por um Estado forte, centralizador, e nisso diverge da equipe econômica, que vê no mercado o melhor regulador da economia. Por isso quer limitar a autonomia das agências reguladoras, e não é a favor da autonomia do Banco Central.

Existem, sim, setores dentro do governo que ainda se ressentem da presença, na equipe econômica, de técnicos mentalmente ligados ao governo anterior. Não podendo, pelo menos por enquanto, atirar no ministro Palocci, atiram no secretário do Tesouro, Joaquim Levy, ou no secretário de Política Econômica, Marcos Lisboa. Ou espalham que o presidente do Banco Central está demissionário.

À medida que Palocci se vê obrigado a vir a público defender seus auxiliares diretos, mais ele se torna o avalista desta política econômica do governo.

Com o dom de acalmar os mercados, e a tranquilidade dos que, além de saber o que estão fazendo, têm a cobertura política para fazê-lo,

Palocci não perde a tranquilidade, mesmo quando os mercados estão intranquilos.

Mas cria-se, com essa campanha interna de caça aos economistas estranhos ao petismo, uma situação paradoxal interessante: não é apenas o ministro Palocci que é intocável na equipe econômica. O secretário do Tesouro, hoje, é praticamente indemissível.

Sua substituição, hoje, passaria a ser um sinal de mudança na política econômica que afetaria os mercados. Da mesma maneira que, à esquerda, a demissão do presidente do BNDES representaria uma consolidação da política econômica mais ortodoxa.

Assim como só foi possível mudar a política cambial no segundo governo Fernando Henrique com a saída de Gustavo Franco da presidência do Banco Central. Como se vive de símbolos na política, cada movimento desses é uma escaramuça com várias interpretações.

Quando, por exemplo, o presidente da República diz que a discussão da autonomia do Banco Central é um mero exercício acadêmico, não está dizendo exatamente que não concorda com ela. Mas tira o assunto da pauta das preocupações imediatas, desqualifica sua importância.

Talvez para poder aprovar a bendita autonomia mais adiante, sem que ela ganhe um significado político maior do que tem. O fato é que o governo brasileiro se comprometeu, na carta ao FMI, com a aprovação da autonomia do Banco Central, como demonstração de que as decisões econômicas não ficariam sujeitas a flutuações políticas, até onde isso é possível.

Há também questões semânticas que emperram as discussões, dão a elas um teor apaixonado que impede uma solução. É o caso do significado da tal autonomia do Banco Central.

Como parece uma abdicação de poderes do presidente da República sobre a condução da política econômica, dá-se a ela um teor político que não tem.

Nenhuma decisão técnica é infensa às pressões do ambiente em que é tomada, e assim ocorre também com as decisões de um Banco Central que, formal ou informalmente autônomo, implementa uma política definida pelo governo.

A autonomia pode ter várias versões, mas em todas elas o papel do Banco Central é perseguir as metas definidas pelo governo. O que é diferente do Banco Central independente, que definiria as metas e as implementaria.

A versão mais interessante que existe hoje de autonomia é a do Banco Central da Nova Zelândia, cujo presidente, além de mandato, tem com o governo um contrato de gestão. Pode ser demitido se não atingir as metas combinadas.

A favor da autonomia, há um fato comprovável tecnicamente: todos os países que a adotaram acabaram derrubando a inflação.

Existem, enfim, vários governos dentro do governo Lula, e cabe a ele dar a dimensão exata a cada um deles. Ou o presidente define com clareza o rumo que escolheu, sem deixar margem a dúvida, ou viveremos permanentemente nessa aflição, sem saber o que será amanhã da política econômica. Com todos os prejuízos que esse estado de espírito acarreta.

Os que atacam a política econômica são os mesmos que levaram pânico ao mercado financeiro antes da posse de Lula, provocando a crise econômica da qual saímos a muito custo. E para a qual retornaremos num clicar de computador ao menor sinal de que esse grupo pode assumir as rédeas da economia.

31/3
ARMÍNIO CONFIRMA PALOCCI

Não sei se ajuda o ministro Antonio Palocci. Acho mesmo que vai atrapalhá-lo nessa luta que ele trava dentro do seu próprio partido, e de seu próprio governo, para manter os rumos da política econômica. Mas, ao vê-lo corajosamente defender ontem no Congresso a manutenção do superávit primário em 4,25% do PIB "para os próximos anos" — o que o vice-presidente José Alencar classificou de "irresponsabilidade fiscal" —, me lembrei de um *paper* que o ex-presidente do Banco Central, Armínio Fraga, escreveu comentando o trabalho dos economistas Edmar Bacha, Pérsio Arida e André Lara Resende sobre as altas taxas de juros no país.

Esse trabalho, intitulado provisoriamente "Altas taxas de juros no Brasil — Conjecturas sobre a incerteza jurisdicional", foi abordado aqui na coluna no fim de semana e basicamente atribui o tamanho das taxas de juros reais brasileiras às intervenções governamentais na economia ao longo dos anos, criando distorções e mecanismos artificiais de controle.

Esse histórico de possibilidade de mudanças nas regras teria provocado uma insegurança com relação aos contratos vigentes, que se reflete nas altas taxas de juros praticadas no país nos últimos anos. E criado impostos que atravancam a produtividade da economia.

Pois Armínio Fraga, embora veja pontos interessantes no estudo dos três economistas, principais formuladores do Plano Real, acha que essas razões podem influir na taxa de juros cobrada pelo sistema bancário, mas não são fundamentais para explicar a taxa de juros básica da economia, aquela paga pelo governo para papéis de curto prazo com garantias do Tesouro.

Desde 1995, essa taxa média real é de 15%, enquanto a taxa média cobrada pelos bancos ficou em 45%. Ele lembra que países como China, Índia e Coreia, que estão se desenvolvendo nos últimos anos a um ritmo acelerado (com crescimento do PIB em torno de 8% ao ano em média), apresentam algumas ou todas as distorções apontadas na economia brasileira, mas nem por isso têm a taxa de juros tão alta quanto a nossa.

Armínio ressalta que o histórico das taxas de juros nos últimos anos no Brasil mostra que nos anos 1980, década que classifica como da irresponsabilidade fiscal, de calotes da dívida, congelamentos e hiperinflação, as taxas reais ficaram sempre na casa dos dois dígitos.

Em 1994, mesmo com o Plano Real, tivemos quatro anos de déficit fiscal e câmbio fixo e sobrevalorizado. Segundo Armínio, "a combinação dos riscos fiscal e cambial pode explicar a média de 20% de taxa de juros reais" nesse período.

Armínio Fraga lembra que depois da crise cambial no início de 1999, ao mesmo tempo que adotou o conceito de superávit primário, o governo Fernando Henrique deixou o câmbio flutuar e introduziu no país o sistema de metas de inflação.

O mesmo sistema de metas de inflação que Palocci defende manter como está, e que gente de dentro do governo petista quer afrouxar. Na doce ilusão de que "um pouquinho mais de inflação não dói".

O superávit primário foi estabelecido em 3% do PIB, até chegar aos 4,25% de hoje. Como ressaltou Palocci em seu depoimento ontem no Congresso, a atual equipe econômica considerou que o superávit fixado no segundo mandato de Fernando Henrique não era suficiente para equilibrar a relação dívida/PIB, e por isso ele foi aumentado.

Nesses últimos cinco anos, diz Armínio, a taxa média real dos juros foi de 10%, apesar das crises de 2001 (crise da Argentina, crise na bolsa de valores dos Estados Unidos e apagão no Brasil) e da crise de 2002-2003, provocada pela falta de confiança do mercado financeiro, com receio de que a oposição, chegando ao poder, adotasse medidas populistas.

O ex-presidente do Banco Central diz que agora que o PT chegou ao governo no Brasil e deu repetidas demonstrações de que tem compromissos com a estabilidade macroeconômica, as taxas de juros reais caíram ainda mais.

Isso pode ser mais bem-visto, diz Armínio, pelo declínio da rentabilidade dos *bonds* governamentais de longo prazo ligados à inflação. Eles caíram de 13% no início de 2003 para 8,5% no início deste ano.

Por tudo isso, Armínio prefere, para explicar os altos juros brasileiros, as causas mais tradicionais, que os fatos evidenciam: "Fraco regime macroeconômico, com ênfase na questão fiscal e no câmbio; baixa poupança e longa história de mau comportamento."

O ex-presidente do Banco Central está convencido de que "se a política macroeconômica for mantida, as taxas reais de juros vão continuar caindo, até níveis encontrados em vários países. O processo leva um certo tempo, já que a credibilidade em políticas de longo prazo no Brasil é manchada por um histórico de comportamentos exóticos".

Como Palocci queria demonstrar ontem, em seu depoimento no Congresso, para acalmar seus correligionários.

5/5
GESTO REVELADOR

A foto publicada ontem por *O Globo* mostrando, em maio de 2000, várias figuras carimbadas do PT rindo debochadamente, fazendo gestos com os dedos, mostrando que o aumento do salário mínimo dado naquele ano pelo governo Fernando Henrique fora pequenino, é emblemática. Estão nela três ministros de Estado — o chefe da Casa Civil, José Dirceu; o ministro da Fazenda, Antonio Palocci; e o ministro do Trabalho, Ricardo Berzoini — igualados ao hoje dissidente deputado federal Babá, expulso do partido por discordar da política econômica.

O gesto certamente continua lhe servindo, assim como ao ministro Berzoini, que está entre os totalmente irresponsáveis, na definição do presidente Lula, que lutaram para que o governo desse um aumento maior para o salário mínimo.

Mais uma vez o passado petista vem assombrar os atuais governantes, e nos mostra quanto tempo foi perdido nas reformas do Estado pela ação predatória do PT na oposição. Já fora assim, no início do governo, com as reformas da Previdência e a tributária. Mais um caso agora volta à discussão, com a afirmação do ministro José Dirceu de que só com a desvinculação da Previdência o salário mínimo poderá ter aumentos reais, acima da mera reposição da inflação.

A partir daí, temos várias questões a serem respondidas: o PT era irresponsável quando exigia que o salário mínimo equivalesse a cem dólares, ou simplesmente ignorava que isso não era possível ? O PT era irresponsável quando se colocava contra a desvinculação do salário mínimo da Previdência, sob a alegação de que os aposentados seriam prejudicados, ou simplesmente fazia demagogia na oposição?

Até mesmo quando o PT conseguiu impor medidas corretas ao governo, ele não as assumiu por questões meramente eleitoreiras. Foi o que aconteceu, por exemplo, na negociação da Lei de Responsabilidade Fiscal, já no segundo mandato de Fernando Henrique.

Estavam incluídos no projeto de lei temas polêmicos como a proibição de o Banco Central (BC) emitir títulos por conta própria. Até então, o Banco Central não precisava de autorização do Tesouro para emitir títulos, e esse montante não entrava no cálculo da dívida pública. Ou a obrigação de dirigentes do Banco Central e do Ministério da Fazenda comparecerem ao Congresso regularmente para prestar contas.

Todos os pontos polêmicos que diziam respeito à relação do Tesouro Nacional com o Banco Central, porém, foram tirados do texto oficial, para serem resolvidos mais adiante, quando se discutiria a independência do Banco Central. Na verdade, o presidente Fernando Henrique não queria que disputas internas no governo interferissem na tramitação do projeto.

Nas negociações no Congresso, no entanto, o PT resolveu que só apoiaria o projeto de lei se alguns desses pontos fossem novamente incluídos. E outros pontos tão polêmicos quanto foram acrescentados por insistência dos petistas, como a necessidade de o BC explicar o impacto fiscal das políticas monetária e cambial.

Foi por causa do PT, portanto, que agora os dirigentes do Banco Central têm que ir ao Congresso de três em três meses para explicar a política econômica. Feitos os acertos políticos, o projeto entrou em votação na Câmara, e depois no Senado, para o que seria uma aprovação consensual. Mas o PT recuou, alegando razões políticas, e se recusou a votar o projeto, que foi aprovado contra o voto dos petistas.

O PT denunciou, sabendo que não era verdade, que a Lei de Responsabilidade Fiscal fora imposta pelo FMI e, além disso, o partido entrou no Supremo Tribunal Federal com uma ação de inconstitucionalidade. E dentre os mais de trinta dispositivos da nova Lei de Responsabilidade Fiscal em que os juristas do PT viam inconstitucionalidade, estavam alguns que só haviam entrado nela por insistência petista.

Essa história é exemplar para mostrar como os petistas se guiavam pelo faro político, embora soubessem da necessidade dessa e de outras reformas. Mas faziam bravatas e oposição irresponsável com tal maestria que pareciam donos da verdadeira arte de governar.

Simulavam ter receitas para questões tão intrincadas quanto o equilíbrio fiscal sem que ninguém saísse prejudicado, nem aposentados, nem governadores e prefeitos. São tantas as contradições e incoerências dos petistas que chega a ser cansativo enumerá-las.

De tanto insistirem em suas teses, eles afinal convenceram o eleitorado de que era possível "não ter medo de ser feliz", como se bastasse a tal da vontade política para resolvermos todos os nossos problemas. Se tivessem sido mais responsáveis, teríamos avançado muito nas reformas estruturais do Estado.

E certamente não teríamos tido o colapso das contas públicas no ano eleitoral, com o receio que uma vitória de Lula provocou nos meios financeiros. O mais grave, porém, é que foram as posições irresponsáveis, que o eleitorado acreditava serem viáveis, que levaram o PT ao governo, depois de três tentativas frustradas.

Há um lado bom nisso: o PT passará a ser mais responsável em suas políticas, mesmo quando estiver novamente na oposição. E o eleitorado, teoricamente, não se deixará levar por promessas vãs.

29/8
SONHO PETISTA

O ministro da Fazenda, Antonio Palocci, quem diria, tornou-se o grande sonho de consumo da campanha eleitoral petista. Os bons números da economia já devem estar se refletindo na ponta, na vida do eleitor, pois cresceram nos últimos dias os pedidos (e as pressões) para que Palocci grave depoimentos ou participe de campanhas nos estados. Até o momento ele está participando apenas de duas, que lhe dizem respeito diretamente: a de Ribeirão Preto, onde foi prefeito, e a de Goiânia, onde tem um irmão secretário municipal.

Mesmo assim, tem sido econômico nas suas interferências, permitindo no máximo que usem nos programas eleitorais filmes em que ele aparece ao lado dos candidatos petistas. O que Palocci está avaliando, como economista que não é, é o custo-benefício político de uma participação mais direta nas campanhas eleitorais do PT — que parece inevitável — em relação a seu prestígio na sociedade como um todo.

A política econômica chegou perto das eleições municipais trazendo dividendos políticos para o governo, o que não parecia possível apenas alguns meses antes. A perspectiva de que até outubro o ritmo continue o mesmo, com o desemprego em queda, está fazendo o ministro da Fazenda ser assediado por candidatos de várias correntes, todos subjugados pela força dos bons números da economia.

Nada está decidido. O que está em estudo é a intensidade com que Palocci vai participar da campanha, já que receberá críticas de qualquer maneira se interferir diretamente nesta ou naquela candidatura. Participar de uma caminhada pela orla do Rio, por exemplo, é o sonho da campanha de Bittar, que quer também fazer outdoors com Palocci pedindo votos para o PT. Talvez seja exagerado, mas é provável que acabe por permitir que Bittar, que é seu amigo pessoal, use sua imagem no programa eleitoral, como um aval da candidatura.

Participar ativamente da campanha petista seria uma boa oportunidade para o ministro Palocci reforçar sua presença no interior do partido. Devido à política econômica ortodoxa que vem implementando, Palocci tem tido muitos problemas com a bancada e parece fadado a ter uma relação muito mais amigável com a sociedade como um todo do que com seu próprio grupo político.

Agora mesmo está às voltas com as amarguras políticas que atingem o presidente do Banco Central, sem contar integralmente com o apoio do PT para a medida provisória que dá status de ministro a Henrique Meirelles, para protegê-lo de possíveis processos. Também a operação de apoio à candidatura do empresário Paulo Skaf à presidência da Fiesp desagradou a Palocci, que não vê ganhos para o governo em se intrometer em uma eleição de entidade de classe.

Além do mais, quem apoiou Skaf dentro do governo defende uma política econômica protecionista, de cunho nacionalista, que vai de encontro à abertura do mercado defendida por Palocci e sua equipe. A vitória de Skaf amplia a influência, dentro do governo, do grupo que se contrapõe a Palocci em questões como flexibilização das metas de inflação ou da política de taxas de juros.

Fortalecer sua influência no PT seria uma boa tática, portanto, para ganhar apoio político, mas dificilmente esse fortalecimento seria suficiente para neutralizar seus adversários internos. No entanto, a simples constatação, da maioria dos candidatos, de que ter o apoio de Palocci é um bom trunfo político já é em si uma aceitação de que a política econômica tem sido exitosa.

Mas Palocci sabe que à primeira turbulência, que pode vir devido ao mercado internacional, voltará à berlinda, alvo de críticas de grupos organizados no governo para mudar a política econômica.

Talvez não valha a pena se ligar tanto ao PT, e deixar uma margem de manobra para contar com o apoio da sociedade caso precise enfrentar algum movimento político contra, por exemplo, um eventual aumento dos juros pelo Banco Central, já sinalizado pela última ata do Comitê de Política Monetária (Copom).

O chefe da Casa Civil, José Dirceu, gosta de alardear uma verdade: que Palocci tem o apoio da sociedade, mas ele tem apoio dentro do PT. Por isso os dois precisam estar bastante afinados, pois um sem o outro se neutraliza, nenhum dos dois com força política suficiente para avançar.

Esse xadrez político tem uma parte, ainda de longo prazo, que começa a ser jogada agora. Palocci e Dirceu são políticos de origem paulista, mas não é só em São Paulo que está o futuro político dos dois.

Mais que outros *players* petistas, como o presidente da Câmara, João Paulo, ou o presidente do partido, José Genoino, Dirceu e Palocci, até onde a vista alcança, são potenciais candidatos petistas à Presidência depois de Lula, em 2010, no projeto petista de poder por 20 anos. E o fato é que Palocci, por mais que tenha sucesso sua política econômica, não conseguirá atingir, dentro do PT, o nível de liderança que Dirceu já tem.

Uma eventual candidatura sua à Presidência — provável em caso de permanência de sucesso da política econômica, como aconteceu com Fernando Henrique, político como Palocci à frente do Ministério da Fazenda — para ser efetivada teria de ser construída de fora para dentro do partido, a sociedade tornando-a quase um fato consumado.

Por isso, os passos têm de ser medidos com cuidado, para que, ajudando os candidatos de seu partido, Palocci não perca o apoio da sociedade, imprescindível à continuidade da política econômica.

18/9
APERTANDO O CINTO

Desenrola-se nos bastidores do governo uma nova queda de braço entre o ministro da Fazenda, Antonio Palocci, e o chefe da Casa Civil, José Dirceu, da qual a recente declaração contra o aumento da taxa de juros por parte de Dirceu foi apenas a faceta mais evidente. A mais recente e ousada manobra do ministro Palocci, que se prepara para tentar aumentar o superávit fiscal, está no centro desse novo desentendimento. O ministro Dirceu tem dito a quem quiser ouvir que não existe espaço político, nem no PT nem na sociedade, para um aumento do superávit, que já está fixado oficialmente em 4,25% ao ano, bem acima do executado pelo governo anterior.

Na prática, porém, para transferir para o governo a tarefa de conseguir controlar a inflação reduzindo o custo do Estado, o superávit primário teria que estar bem acima do estipulado com o FMI. No ano passado, terminamos o ano com um superávit de 4,32%, e este ano caminhamos para chegar a dezembro com um superávit próximo ou até mesmo acima de 5%.

O governo faz um esforço maior no primeiro semestre do ano para garantir que cumprirá a meta, e costuma chegar no fim do ano distribuindo o que excede a meta oficial de 4,25%. Mas a equipe econômica gostaria de oficializar um superávit primário maior, provavelmente em torno de 5%, para liberar o Copom para continuar uma política de queda dos juros.

Existem alguns exemplos marcantes de países que, diante da deterioração da dívida em relação ao PIB, adotaram superávits primários radicais e obtiveram resultados em poucos anos. A Bélgica tinha uma relação dívida/PIB de 150% em 1993, e hoje já a reduziu drasticamente para 100%. Para tanto, fixou seu superávit entre 6% e 7% nos últimos anos, e hoje está em 4,6%.

A equipe econômica já vem há algum tempo discutindo a otimização dos gastos do governo, especialmente as despesas sociais, um assunto tabu que agora, com a crise do Bolsa Família, está se tornando um tema de discussão obrigatória.

Com o aumento do superávit primário, o governo conseguiria reduzir seus gastos sem entrar no mérito das verbas sociais vinculadas, por exemplo, que é politicamente difícil de ser enfrentado. Até o momento, o principal instrumento que o governo vem utilizando para manter a inflação sob controle é o aumento da taxa de juros, o que está se tornando politicamente delicado diante da repercussão negativa na sociedade.

Quando o ministro José Dirceu se declarou publicamente contra um aumento da taxa de juros neste momento, ele estava assumindo a defesa dos interesses políticos do PT, que está em campanha eleitoral e certamente sofrerá críticas com a decisão do Copom. Mas Dirceu estava também querendo se colocar ao lado da sociedade, que reage mal a aumentos da taxa de juros, que afetam diretamente o crédito.

Dirceu costuma dizer que Palocci tem mais apoio do que ele na sociedade, mas que ele, Dirceu, tem o controle do PT e, por isso, as medidas econômicas têm que ser combinadas com ele. O presidente Lula, a reboque de pesquisas de opinião que mostram sua crescente popularidade devido à retomada do crescimento econômico, não parece muito satisfeito com as investidas de seu chefe da Casa Civil.

Ao definir a inflação em 4,5% para 2005, a equipe econômica sabia que dificilmente essa meta seria alcançada. Mas não aceitou elevar o índice, como sugerido pelo senador Aloizio Mercadante, para não parecer que estava sendo condescendente com a inflação.

Na verdade, o que se quer — e o mercado sabe disso — é definir o teto da meta em até 7%, que é o mesmo índice previsto para a inflação deste ano. Assim, na pior das hipóteses, a inflação de 2005 ficará igual à deste ano, e não acima, como os indicadores apontam neste momento.

2005

26/8
SUPERANDO OS MESTRES

O mercado financeiro, que ameaçou um início de colapso na semana passada, quando o advogado Rogério Buratti acusou, em depoimento ao Ministério Público de São Paulo, o ministro da Fazenda, Antonio Palocci, de ter recebido, quando prefeito de Ribeirão Preto, um mensalão de R$ 50 mil por contratos de lixo da empresa Leão & Leão, que repassava ao diretório nacional do PT através do mesmo Delúbio Soares, ontem fechou em tranquilidade diante da reafirmação das denúncias feitas na CPI dos Bingos.

Da mesma maneira que anteriormente, Buratti não apresentou provas, o que desta vez pareceu aos operadores do mercado motivo suficiente para se tranquilizarem. É mais uma prova de que o mercado financeiro não entende nada de política, ou finge que não entende para melhor atender a seus interesses. A oposição está convencida de que o depoimento de Buratti tem elementos suficientes para mostrar como o esquema de financiamento ilegal do PT através de dinheiro público já existia havia muito tempo, e que o ministro Palocci, hoje praticamente o único sustentáculo do governo, fazia parte dele, como petista de alta estirpe que sempre foi.

571

O raciocínio de que a única prova de que Buratti dispõe é a palavra de um morto — Ralf Barquete, ex-secretário da Fazenda na Prefeitura de Ribeirão Preto — só desqualifica a denúncia enquanto não surgirem as provas documentais, que o Ministério Público paulista diz que já tem. O próprio Buratti disse em seu depoimento que o pagamento da propina é facilmente comprovável nos documentos da Leão & Leão, e, como quem não quer nada, disse que podia testemunhar dos dois lados da questão, pois trabalhou na prefeitura e depois na própria Leão & Leão.

Não há, portanto, qualquer motivo para tranquilidade, pois tudo indica que as investigações levarão ao completo esclarecimento do esquema de corrupção que abrangia — ou abrange — as prefeituras do interior paulista de maneira geral, e as do PT de modo especial, nos serviços das cidades, seja do lixo, seja dos transportes coletivos.

Um aspecto em especial do depoimento de Rogério Buratti merece uma análise mais acurada. Ele voltou a desmentir que tenha pedido uma comissão para intermediar a renovação de um contrato da Gtech com a Caixa Econômica Federal para fornecimento de equipamentos para casas lotéricas. Explicou que "apenas transmitiu uma proposta" ao Ministério da Fazenda, a pedido do mesmo Ralf Barquete, que a esta altura, início do governo Lula, trabalhava na Caixa.

E qual era a proposta? De acordo com Buratti, a Gtech oferecia de R$ 500 mil a R$ 16 milhões, "dependendo do prazo e do desconto obtido", para o PT, em troca de uma renovação favorável do contrato. Buratti, a pedido de Barquete, teria sido o intermediário da proposta através do chefe de gabinete de Palocci, Juscelino Dourado. No dia seguinte, recebeu a resposta, que ele imagina tenha sido mandada pelo próprio ministro: a licitação seria feita dentro das normas legais, sem favorecimentos.

Esse episódio é repetido pelos governistas como uma prova definitiva de que o ministro Palocci não aceitou proposta de corrupção. Na verdade, é um episódio exemplar do ambiente de amoralidade que se instalou no governo logo no início da administração. E também mostra como o senso de ética está completamente distorcido no país.

O assessor da Caixa e ex-secretário da Fazenda Ralf Barquete pede que Buratti intermedeie a operação. O advogado Buratti conta, sem revelar nenhum traço de estranheza, que se dispôs a ser intermediário de uma proposta de corrupção feita diretamente ao ministro da Fazenda. O chefe de gabinete, Juscelino Dourado, em vez de no mínimo passar uma descompostura em seu amigo, transmite a proposta indecente a ninguém menos que seu chefe imediato e ministro da Fazenda do país.

Que também não demite seu chefe de gabinete, que teve a petulância de lhe propor tal tipo de negociata, nem manda prender Rogério Buratti, nem interrompe a licitação. A empresa que fez a proposta, e que alega que, ao contrário, foi chantageada por Buratti, continua a atuar normalmente na Caixa Econômica Federal e envolve-se mais adiante com Waldomiro Diniz, outro assessor de outro ministro poderoso, o então chefe da Casa Civil, José Dirceu.

O passado do ministro Palocci pode ser comprometedor em sua gestão em Ribeirão Preto, dentro do esquema montado pelo PT para financiar-se. Mas o presente, à frente do Ministério da Fazenda, deveria estar livre dessas situações comprometedoras. É evidente que houve no mínimo um afrouxamento dos valores morais entre seus principais assessores, todos amigos entre si, uns padrinhos de outros, para que um episódio como esse tenha seguido adiante. No mínimo, sentiram-se em condições de propor ao "patrão", como Buratti o qualificou na depoimento de ontem, negócios escusos que deveriam ser rejeitados liminarmente. A não ser que a prática anterior fosse essa, como tudo indica.

É inacreditável o que vai sendo revelado nos diversos depoimentos dessas CPIs todas. Mesmo que muitos interrogatórios sejam infrutíferos, mesmo que muitos parlamentares sejam apenas espalhafatosos ou eleitoreiros em busca das câmeras de televisão, o fato é que um painel estarrecedor e detalhado está sendo desenhado nesses depoimentos, mostrando como uma verdadeira máquina paralela de arrecadar dinheiro foi montada no serviço público pelo PT e seus aliados que, a exemplo de PC Farias no tempo de Collor, dominaram as técnicas que já existiam e quiseram monopolizar a arrecadação do dinheiro público.

Se é verdade que todos os partidos políticos adotam as mesmas estratégias, como o PT insiste em apontar para se defender, é forçoso reconhecer que eles superaram os mestres, aperfeiçoando os esquemas de corrupção no país.

2/9
REAÇÃO ÉTICA

O pedido de demissão do chefe de gabinete do ministro Antonio Palocci, prontamente aceito, traz a marca das incongruências que dominam as ações desse governo politicamente desastrado. Não importam as razões alegadas por Juscelino Dourado, e sim a inconveniência do momento. Pedindo para sair do Ministério da Fazenda logo após seu depoimento na CPI dos Bingos, onde defendeu ardorosamente as ações de seu chefe e negou as acusações contra ele, Dourado coloca em descrédito todas as suas afirmações, e joga novamente o foco das acusações sobre a figura de Palocci.

Não há problema pessoal, ou outra razão qualquer, que justifique uma saída tão abrupta, a não ser que se suspeite que Juscelino Dourado tenha se arrependido de tudo o que disse na CPI. A saída soa como um protesto silencioso de um amigo fiel. Não faz muito sentido, mas seja o que for que determinou sua saída, ela reforça o desmanche da administração de um governo que teve que trocar mais de seis dezenas de figuras-chave na gestão, inclusive uma penca de ministros, numa crise política que atingiu o "núcleo duro" do governo, instalou-se no Palácio do Planalto pelo Gabinete Civil, e está na soleira do gabinete presidencial, blindado até o momento pela falta de disposição da oposição de chegar ao impeachment.

O presidente Lula, por enquanto a salvo de maiores evidências de envolvimento direto com os crimes cometidos, alega inocência, num dia declara-se traído, no outro diz que não há provas das transgressões. Mas está mais do que nunca dependente, não apenas da boa vontade da oposição, mas especialmente da dos aliados no Congresso. Isolado, só comparece a cerimônias intencionalmente preparadas pelos aparelhos sindicais, e já não tem condições políticas nem mesmo de comparecer a um estádio de futebol para assistir a um jogo da seleção brasileira.

Ontem, demonstrando quanto anda a dever a seu mais recente aliado, e o quanto está distanciado do sentimento da opinião pública, condecorou o presidente da Câmara, Severino Cavalcanti, com a mais alta condecoração da diplomacia brasileira, a Grã-Cruz de Rio Branco. Um dia depois de Severino ter provocado a rejeição do Congresso e da sociedade com a defesa de uma punição branda para políticos que usaram o caixa dois nas eleições.

A defesa dessa tese absurda, que nada mais é do que uma decorrência do raciocínio do próprio presidente Lula expresso em entrevista concedida em Paris, foi formalmente rejeitada ontem pelo relatório conjunto das CPIs do Mensalão e dos Correios, aprovado por unanimidade. "Tampouco nos parece aceitável o argumento de que, como ocorreu repetição sistemática de um crime — ainda que seja o mesmo crime, reiteradamente cometido por muitas pessoas — esse comportamento se legitime só pela repetição. Quem admite caixa dois confessa crime eleitoral", afirma o texto do relatório.

O mais importante do relatório é o conceito desenvolvido de que "nada mais compromete a democracia que uma eleição viciada". O governo e seus aliados políticos, que tentaram a todo custo impedir a instalação da CPI para apurar as denúncias de Roberto Jefferson, diante das evidências acabaram sendo superados pela pressão da opinião pública, sem conseguir fazer com que sua maioria contivesse o anseio generalizado de apuração das denúncias.

A admissão do caixa dois foi a maneira encontrada de minimizar a natureza dos crimes cometidos, e mesmo essa tentativa de disseminar o crime eleitoral para que ninguém fosse culpado individualmente, falhou diante da repulsa generalizada: "Caixa dois, segundo o que se prega como nacionalmente admitido e praticado, corresponde a despropósito ético", argumentam os relatores Osmar Serraglio — que se utilizou da expressão de Hannah Arendt para falar da "banalização do mal" que significaria aceitar o caixa dois como prática corriqueira — e Ibrahim Abi-Ackel.

Também na Comissão de Ética da Câmara houve uma tomada de posição simbólica importante: a cassação do mandato do deputado Roberto Jefferson foi aprovada por 14 votos a zero, e o relator teve que recuar da tentativa inicial de alegar que não existe o mensalão. Ele admitiu que a existência do mensalão está sendo investigada pelas CPIs, e elas é que devem se pronunciar a respeito.

Ontem mesmo, os relatores de duas delas — Mensalão e Bingos — afirmaram que a periodicidade dos pagamentos é o que menos interessa. "Alguns podem ter sido feitos mês a mês, outros com maior ou menor periodicidade. O fato importante, do qual não podemos nos afastar, é o recebimento de vantagens indevidas", afirma o relatório.

Nos dois casos, a votação pela cassação dos mandatos foi por unanimidade, o que mostra que nem mesmo os petistas das CPIs, que no início tentaram evitar a apuração, tiveram condições políticas de defender seus pares, entre eles o ex-ministro José Dirceu, que o relator Serraglio classificara em entrevista de "o chefe do governo".

Reafirmando o conceito que baseou todo o pedido de cassação, a quebra de decoro parlamentar foi consubstanciada, segundo o relatório, por "desvios de conduta" por parte dos 18 deputados federais citados, "quando menos, pelo grave dano à imagem do Congresso, pelo comprometimento da atividade política, pela lesão à democracia representativa, pelo menoscabo ao Estado de Direito democrático". Nesse conjunto de críticas, há não apenas a defesa de conceitos democráticos fundamentais, mas a reafirmação de que, além do caixa dois, outros crimes foram cometidos na tentativa de interferir no funcionamento do Congresso.

4/11
ECONOMIA POLITIZADA

A crise política está tão acirrada, e volta e meia chega tão próximo do ministro da Fazenda, Antonio Palocci, que o projeto de estabelecer metas fiscais para os próximos dez anos não foi compreendido na sua real dimensão política. É verdade que a oposição continua fingindo-se de morta com relação às denúncias de corrupção na gestão de Palocci como prefeito de Ribeirão Preto, e trata com cautela a mais recente denúncia, que coloca Palocci no centro de uma hipotética remessa de dólares de Cuba para a campanha presidencial de 2002, que ele coordenava.

Mas em outros tempos, a disposição do governo de se comprometer com um programa econômico suprapartidário, com metas para reduzir a dívida pública, os juros e a carga tributária, seria interpretada como um compromisso de Lula de manter os fundamentos econômicos em um eventual segundo mandato, e não como uma pretensiosa declaração de guerra à oposição, dando a reeleição como certa. E muito menos como uma tentativa de Palocci de criar fatos para se livrar das acusações.

A verdade é que não há clima político para que a oposição adira com mais ênfase a um projeto do governo que, em tese, é benéfico para o país. Como a eleição está próxima, êxitos econômicos do governo não fazem bem à oposição. Além do mais, existe uma luta interna no governo entre concepções distintas de modelo econômico, como ficou demonstrado nos últimos dias por dois episódios: a propaganda eleitoral na televisão do aliado Partido Socialista Brasileiro, o PSB, acenava com uma guinada da política econômica no segundo mandato de Lula. E a ministra Dilma Rousseff, da Casa Civil, teria explicitado em uma reunião no Palácio do Planalto o que muitos petistas se perguntam há muito tempo: por que não podemos ter uma inflação de 15%?

A equipe econômica está preocupada com uma visão de desenvolvimento que julga antiquada, mas ao mesmo tempo teme entrar em choque com o petismo tradicional que, em ano eleitoral e de crise política, tende a exacerbar posições. Pelo segundo ano consecutivo a economia brasileira passará por uma situação inédita nos últimos quarenta anos: a combinação de crescimento econômico, inflação controlada e equilíbrio em conta corrente. E o ministro Antonio Palocci está convencido de que, assumidos compromissos de longo prazo e realizadas as reformas econômicas, o país pode alcançar taxas de crescimento médias em torno de 5% ou 6% por longo prazo.

O objetivo é chegar a uma taxa de juros real em torno de 7% ao ano e atingir uma relação dívida/PIB, nos próximos cinco anos, de 40%, contra 57% atuais, podendo chegar a 25% em 2015. O secretário do Tesouro, Joaquim Levy, por exemplo, diz que para ele as taxas de juros brasileiras estão em 12,5% ao ano, que é o que o país está pagando no exterior por seus bônus. Um próximo passo, politicamente delicado nesse momento eleitoral em que a ordem do governo parece ser gastar mais, é o que a equipe econômica classifica de "otimizar os gastos do governo", especialmente as despesas sociais.

As vinculações orçamentárias, do modo que são feitas no país, inviabilizam o governo, na opinião da equipe econômica. A médio prazo, o que querem é implantar mecanismos para acompanhar a aplicação dessas verbas, um controle oficial sobre essas despesas continuadas. É por isso, por exemplo, que a equipe econômica está vetando a autonomia financeira prevista na reforma universitária do Ministério da Educação. Para não criar mais uma fonte de gastos sem controle.

E também insiste em manter o superávit primário em 4,25% do PIB, como está previsto na Lei de Diretrizes Orçamentárias para o próximo ano. As pressões políticas contra o superávit, que a esta altura do ano já cumpriu a meta de 2005 e está em 6,1% do PIB, serão desfeitas com o maior desembolso de verbas neste último trimestre, mas é quase certo que o superávit terminará o ano um pouco acima do previsto.

O receio da equipe econômica é que o acirramento da disputa política e a antecipação da campanha presidencial exacerbem o ânimo petista e pressionem o presidente Lula por mais gastos no próximo ano. Como fazem parte do governo e querem também ganhar a eleição para garantir a continuidade da política econômica, não querem dar pretexto a retrocessos.

16/11
TUDO PODE ACONTECER

O ministro Palocci vai hoje à sabatina no Senado com o espírito aberto. Não será surpresa se ele preparar no plenário do Senado sua saída do ministério. Mas, se assim decidir, o fará para defender a política econômica contra ataques de setores do governo, e não devido às acusações de corrupção, que ele atribui a perseguições políticas regionais. Ao decidir antecipar para hoje à tarde sua ida ao Senado, o ministro Antonio

Palocci jogou com o risco calculado: quis antecipar também o fim de uma temporada de especulações que, se estendida por mais uma semana, poderia causar-lhe tanto desgaste que o depoimento na Comissão de Assuntos Econômicos marcado para dia 22 poderia já não ter mais significado político maior do que simplesmente o de selar o fim de seu período à frente da economia do país.

Tomar a iniciativa, mostrar-se em condições de responder aos ataques que considera motivados por perseguição política regional e contar com o apoio político explícito do PT e de setores da oposição à política econômica são os objetivos de Palocci hoje à tarde para impedir que seja atropelado pelas denúncias que podem acabar inviabilizando sua permanência no Ministério da Fazenda.

Sair em virtude de uma disputa sobre os rumos da política econômica é uma coisa, outra bem diferente é ter que sair devido a acusações de corrupção em sua gestão na Prefeitura de Ribeirão Preto e à frente da campanha presidencial de 2002. O ministro Palocci está convencido de que o Ministério Público paulista é movido por motivações políticas nas suas investigações sobre o período em que ele foi prefeito em Ribeirão Preto.

Assessores próximos chegam a identificar no secretário estadual de Segurança Pública, Saulo Queiroz, o principal responsável pela perseguição política a Palocci, levando a Polícia Civil de São Paulo a trabalhar em conjunto com o Ministério Público. Palocci já havia feito uma reclamação pública da Polícia Civil de São Paulo em episódio anterior, quando teria partido do secretário a liberação de uma fita com o depoimento de Rogério Buratti quando este foi preso pelo Ministério Público.

Os dois órgãos já anunciaram que têm provas sobre um suposto superfaturamento dos serviços públicos na prefeitura, especialmente dos trabalhos de lixo, para desviar dinheiro para os cofres do PT por intermédio da empresa Leão & Leão. O ministro considera essas denúncias irresponsáveis e lembra que até o momento apenas notícias de jornal mostram as supostas falcatruas. As eventuais provas e os documentos levantados pelo Ministério Público e pela Polícia Civil ainda precisam ser examinados e serão devidamente contestados, no que se desenha uma longa batalha judicial que ele tem certeza que ganhará ao final.

O que preocupa Palocci, ao contrário, é a disputa política que se desenrola, e por isso ele está empenhado em levar ao plenário do Senado esclarecimentos tão convincentes que releguem ao plano meramente político as acusações que continuarão a surgir. A superação da crise política dependerá em grande parte da atuação da oposição, que se encontra dividida entre os que querem não criar obstáculos para a permanência de Palocci à frente da economia e os que pretendem recuperar terreno político atacando-o de frente na sabatina de hoje à tarde.

A oposição tem senadores que podem dar o tom agressivo às perguntas, a começar pelo líder do PSDB, Arthur Virgílio, que se declarou desencantado com o ministro Palocci na reunião da CPI dos Bingos da semana passada, que ouviu o desastroso depoimento do economista Vladimir Poleto, um ex-assessor de Palocci em Ribeirão Preto envolvido nas denúncias de transporte de dólares de Cuba para a campanha presidencial de 2002.

Assim como fez com a entrevista coletiva que convocou num fim de semana, para responder às primeiras acusações que um outro ex-assessor seu, Rogério Buratti, fizera à mesma CPI dos Bingos, Palocci pretendia tomar a iniciativa de convocar uma coletiva para voltar a tratar de temas delicados como superfaturamento, caixa dois para o PT, financiamento de bingos para a campanha de Lula à Presidência e dólares de Cuba. Todos temas, por sinal, levados à cena política por integrantes de sua antiga equipe na Prefeitura de Ribeirão Preto.

Mas foi atropelado pela entrevista da chefe da Casa Civil, Dilma Rousseff, atacando de frente o projeto da equipe econômica de fazer um plano de equilíbrio fiscal com um horizonte de dez anos, com metas de superávit primário estabelecidas antecipadamente e corte de custos na máquina governamental. O que mais abalou Palocci foi a certeza de que aquele ataque frontal aconteceu premeditadamente, para atingi-lo num momento em que estava enfraquecido politicamente.

Ainda não está afastada a possibilidade de que Palocci saia do ministério após a sabatina no plenário do Senado, mas ele espera sair por uma decisão própria, e não por ter sido desmoralizado pelo questionamento dos senadores, como aconteceu no governo Fernando Henrique com o ministro Luiz Carlos Mendonça de Barros, que não teve outra saída senão a demissão depois de ter sido humilhado por um senador Pedro Simon especialmente inspirado na ocasião.

O fato é que o ministro ainda não se convenceu de que o presidente Lula fez tudo o que pode para mantê-lo no cargo depois do questionamento aberto da ministra Dilma Rousseff. A nota oficial do Palácio do Planalto foi decepcionante para ele, que viu no seu texto uma tentativa de não encarar de frente a disputa aberta pela ministra Dilma Rousseff. Não será surpresa se o ministro rebater publicamente hoje à tarde tanto as ideias econômicas da chefe da Casa Civil quanto a maneira como ela as expôs publicamente.

Fazendo isso, Palocci estaria forçando uma tomada de posição explícita do presidente Lula a seu favor, ou então criando condições para sair do governo pelas divergências econômicas, nunca pelas acusações de corrupção.

17/11
DO MESMO TAMANHO

O "habilidoso" ministro Antonio Palocci teve uma vitória política ontem em seu depoimento no Senado, que foi também sua derrota. Defendeu a política econômica com firmeza, e contestou pela primeira vez em público as críticas que recebeu da ministra Dilma Rousseff. Porém, ao levar a discussão basicamente para o campo econômico, a oposição manteve a possibilidade de convocá-lo para uma CPI, o que ele pretendia evitar comparecendo espontaneamente à Comissão de Assuntos Econômicos.

Palocci gostaria de ter sido mais arguido sobre as acusações que pesam sobre ele e sua equipe na Prefeitura de Ribeirão Preto, para tentar encerrar a crise política, mas não conseguiu.

O PSDB amanheceu ontem com a disposição de tratar bem o ministro da Fazenda, que na noite anterior havia mantido contato com alguns líderes tucanos negociando um questionamento "não agressivo". Ao contrário, o amanheceu em Brasília pintado para a guerra, com a certeza de que o governo montara um golpe para evitar que Palocci seja convocado por uma CPI. A disposição inicial do PFL era de boicotar a sessão da CAE, mas não teve a solidariedade política do PSDB.

A estratégia de limitar as perguntas da oposição a assuntos econômicos foi um meio-termo que os aliados encontraram e acabou dando certo, mas mostrou que está ficando cada vez mais difícil que PFL e PSDB tenham uma posição comum na campanha presidencial. A intensidade da oposição dos dois partidos está ficando gradativamente mais distante. A cada vez que o presidente Lula se enfraquece diante da crise que o cerca, cresce a vontade do PFL de se colocar como o anti-PT diante do eleitorado.

Talvez por essa decisão da oposição, Palocci não tenha se dedicado tanto à sua defesa na fala inicial, abordando de maneira genérica as acusações de que está sendo alvo. Caiu em contradição ao dizer que não teve participação na tesouraria da campanha de Lula em 2002 para, em seguida, garantir que ela não recebeu dinheiro nem de Cuba, nem de Angola, nem das Farc.

Mais uma vez Palocci teve um cuidado excessivo quando se referiu ao ex-assessor Rogério Buratti, seu principal acusador de ter recolhido dinheiro de caixa dois para o PT na gestão da Prefeitura de Ribeirão Preto. E voltou a acusar o Ministério Público e a Polícia Civil de São Paulo de estarem promovendo "uma devassa" em sua vida por questões políticas. Ficou no ar a impressão de que Palocci teme atacar Buratti.

Não tendo tido o apoio formal do presidente Lula, que, sem o citar, se autoelogiara pela manhã dizendo que o país nunca passou por uma situação econômica tão exuberante, Palocci teve mais uma vez que enfrentar críticas de seu próprio partido, através do senador Eduardo Suplicy, e recebeu o apoio de partidos da oposição, embora todos tenham ressaltado discordâncias com relação à intensidade ou o ritmo de certas medidas, como a redução da taxa de juros ou o nível do superávit primário.

Ao contrário de Lula, o ministro da Fazenda fez questão de dividir os êxitos da política econômica com governos anteriores, de Sarney, com o fim da conta-movimento do Banco do Brasil, à Lei de Responsabilidade Fiscal do governo Fernando Henrique, e com isso lançou as bases para uma discussão ampliada, dentro do Congresso, de um projeto suprapartidário de esforço fiscal de longo prazo, exatamente o ponto em que foi alvejado pela ministra Dilma Rousseff.

Com as dificuldades que encontra dentro do governo e dentro do PT para manter sua política econômica, Palocci resolveu fazer do limão uma limonada e partiu para conseguir apoio político junto à oposição. Quando se disse disposto a fazer elogios "rasgados" a seu antecessor, o ex-ministro Pedro Malan, que classificou de um homem público da mais alta qualidade, estava entrando em choque com o presidente do PT, Ricardo Berzoini, que fez uma crítica completamente sem sentido ao fato de Malan estar trabalhando em um banco, e está sendo processado por isso.

Sempre que teve oportunidade, o ministro Palocci enfatizou a necessidade de um projeto fiscal de longo prazo — chegou a falar em dez anos, mas se referiu aos "próximos três ou quatro governos", o que daria até mais 16 anos — que parece ser um plano ambicioso e politicamente delicado em um ano eleitoral. O presidente Lula, embora tenha reafirmado em várias ocasiões ultimamente sua decisão de não mudar a política econômica, procurou não criticar a posição da ministra Dilma Rousseff, que já tem se pronunciado em reuniões no Palácio do Planalto a favor de uma inflação um pouco maior, contra um superávit maior.

Palocci ontem rebateu diretamente as críticas, afirmando que "não estamos enxugando gelo" — expressão usada por Dilma. Voltou a garantir que, se aprovado um plano de longo prazo, os juros poderão cair mais rapidamente e a carga tributária poderá ser reduzida. Ao contrário, se os gastos correntes do governo continuarem a crescer como acontece há dez anos, Palocci advertiu: a única solução será aumentar a carga tributária.

O fato relevante de ontem foi que Palocci pôde responder publicamente às críticas da ministra Dilma Rousseff à política econômica e dar uma espécie de ultimato ao próprio presidente Lula: fica no governo desde que seja para executar essa política econômica, e não outra. E exigiu coesão da equipe de governo. Mas, como também ficou evidente ontem, Palocci já não é tão invulnerável. A crise política continua do mesmo tamanho que tinha antes do depoimento, e a oposição agora ficou na obrigação de convocar o ministro da Fazenda para uma das CPIs que continuarão funcionando até o início do próximo ano.

2006

17/3
COMPARAÇÕES PERIGOSAS

O mesmo PT que em 1992 foi o responsável por levar à CPI o depoimento do motorista Eriberto França, por meio do senador Eduardo Suplicy, ontem tentou impedir, através de um mandado de segurança do senador Tião Viana, que o caseiro Francenildo dos Santos Costa depusesse na CPI dos Bingos. O depoimento do motorista abriu caminho para o impeachment do então presidente Collor. O depoimento de ontem não oferecia, em princípio, nenhum perigo direto de impeachment do presidente Lula, mas certamente criaria embaraços imediatos para o ministro da Fazenda, Antonio Palocci, a quem o caseiro desmentira em entrevista a *O Estado de S. Paulo*. Foi por isso que o senador petista entrou com o pedido no Supremo Tribunal Federal, alegando que questões pessoais poderiam ser abordadas.

Na verdade, queria mesmo impedir que o caseiro confirmasse o que dissera na entrevista ao jornal paulista: que o ministro Palocci era chamado de chefe pela turma de Ribeirão Preto e que frequentava a já famosa casa do Lago Sul de Brasília, onde a indigitada turma fazia negociatas e orgias.

582

Certamente não faz parte do "fato determinado" da CPI apurar se autoridades participam de orgias, e impedir a exploração de fatos como esses na CPI seria perfeitamente cabível a um senador. Mas o mandado de segurança parece com os comunicados da censura federal nos anos de chumbo da ditadura militar. Frequentemente os meios de comunicação recebiam comunicados de que estavam proibidos de abordar fatos que eles nem mesmo sabiam que estavam acontecendo.

Os comunicados da censura serviam como pista para entender o que se passava nos bastidores do regime militar. Pois ficamos sabendo, de maneira categórica, através do senador Viana, o que incomoda o governo e o PT. Ele simplesmente pediu que o STF impedisse a CPI dos Bingos de investigar tanto os crimes de Santo André quanto o dinheiro que supostamente o PT recebeu de Cuba na campanha de 2002.

O senador Tião Viana queria que a CPI fosse proibida de investigar até mesmo o uso de caixa dois das campanhas eleitorais do PT, que já está sobejamente apurado e comprovado não apenas na CPI dos Bingos, mas também na dos Correios. Alega ele que todos esses fatos, e muitos outros, que atingem o PT diretamente, não fazem parte do "fato determinado" que deve ser apurado pela CPI dos Bingos, ou seja, o jogo ilegal no país.

Mas toda ligação da turma de Ribeirão Preto com Palocci acaba esbarrando em acusações de financiamentos ilegais de campanha de 2002, da qual ele foi coordenador, com dinheiro de máfias da jogatina. O surgimento de Rogério Buratti nas investigações e a própria CPI dos Bingos se deveram ao primeiro de todos os escândalos, envolvendo o assessor especial da Casa Civil, Waldomiro Diniz, e contratos da empresa GTech com a Caixa Econômica para jogos eletrônicos.

A partir daí, surgiram conexões com todos os outros casos que estão sendo investigados paralelamente na CPI dos Bingos, todos envolvendo, de uma maneira ou de outra, máfias de jogos. O próprio caseiro Francenildo dos Santos Costa disse que também viu na casa o empresário de jogos angolano, Artur José Teixeira Valente Oliveira Caio, apontado por Buratti como doador de R$ 1 milhão para a campanha de Lula em 2002, através de contato com o próprio ministro Palocci.

A situação do ministro da Fazenda agravou-se à medida que, desde a primeira vez em que decidiu responder às acusações de Rogério Buratti, foi flagrado em versões no mínimo pouco acuradas, quando não apenas mentirosas. Foi assim quando disse que não havia feito contrato com empresas de lixo em sua gestão, e apareceu a fotocópia do contrato.

Ele alegou então que se referia a um tipo específico de varrição. Depois, disse que o PT alugara o avião do empresário Roberto Colnaghi e, desmentido pelo próprio, alegou que se expressara mal, atribuindo a uma falha semântica o que a oposição via como simples mentira. Finalmente, disse que nunca fora à tal mansão no Lago Sul, e foi desmentido por um motorista, Francisco das Chagas, e pelo caseiro que ontem o PT tentou calar.

No mandado de segurança do Tião Viana, ele pede também que o STF impeça a CPI de investigar pagamentos de "empréstimos" do PT, uma referência ao empréstimo que Lula desconhece e que o presidente do Sebrae, Paulo Okamotto, anunciou que pagou, sem avisar ao amigo. Okamotto não sabe explicar por que pagou em dinheiro vivo ao PT, mas a oposição desconfia que a quantia veio do valerioduto.

O ex-deputado Roberto Jefferson, que desencadeou todo o esquema de corrupção que domina o governo petista, já classificou esse empréstimo como o "Fiat Elba do Lula". Uma referência à compra do carro por um fantasma de PC Farias, que ligou irremediavelmente o presidente Collor aos desvios de dinheiro de seu tesoureiro, ligação que todos sabiam que existia, mas não se conseguia provar.

O dinheiro do valerioduto para pagar uma conta pessoal de Lula seria essa ligação do esquema com o presidente, que até o momento está conseguindo convencer a maioria da população de que não tem nada a ver com a corrupção que cerca os homens de confiança de seu governo.

Por acreditar em sua inocência, o mesmo eleitorado que exige que o próximo presidente da República seja honesto e competente, considera Lula o favorito para mais um mandato presidencial. A oposição empenha-se em provar que essa falta de relação entre Lula e a corrupção de seu governo é inverossímil.

O apoio da oposição à governabilidade já é passado, e ontem ela pediu a demissão de Palocci da Fazenda. As comparações da situação atual com o caso de Collor mostram que a campanha eleitoral será sangrenta como se esperava.

21/3
RECAÍDA AUTORITÁRIA

Mais uma vez revela-se o caráter autoritário do governo petista no episódio da quebra ilegal do sigilo bancário do caseiro Francenildo Costa, e ficamos todos indignados e impotentes diante de tamanha afronta aos direitos individuais, praticado no mínimo com a conivência da Polícia Federal, onde o caseiro estava na hora em que o extrato foi tirado, e da Caixa Econômica Federal, única fonte para a obtenção da senha, já que o próprio titular da conta não a forneceu.

Seria a inaceitável instalação de um estado policial, que já havia sido vislumbrado pela Ordem dos Advogados do Brasil quando entrou em uma batalha contra o Ministério da Justiça contra a atuação da Polícia Federal nos escritórios de advocacia em vários pontos do país, a pretexto do combate à corrupção.

Escutas telefônicas, conseguidas através de subterfúgios, eram a ponta do iceberg de um processo investigativo tão popular quanto duvidoso. O ministro da Justiça, Márcio Thomaz Bastos, precisa fazer mais do que simplesmente lamentar o que aconteceu. Precisa mostrar claramente que o governo não compactua com esse tipo de procedimento, pois até o momento a sensação é de que um fato desses só ocorre quando o agente do estado, se não recebeu orientações nesse sentido, tem certeza da impunidade.

A informação de que o extrato do caseiro Francenildo já circulava entre políticos e autoridades petistas antes de ser publicado pela revista *Época* reforça a ideia de que se tratava de uma estratégia oficial para desmoralizar o testemunho contra o ministro da Fazenda Antonio Palocci. Testemunho, por sinal, que só tem relevância por indicar que o ministro frequentava a casa onde lobistas amigos de longa data faziam negócios, o que sugere que o faziam com o seu beneplácito, o que é preciso investigar. E não por outras utilizações que eventualmente tivesse o "aparelho".

O projeto de reeleição do presidente Lula, que no início do governo parecia favas contadas, sofreu considerável contratempo com o resultado da eleição municipal de 2004, de cujas urnas o PSDB saiu com uma vitória política expressiva, em que pese o PT ter ampliado sua penetração no interior do país. Na ocasião, o presidente do PT, José Genoino, identificou como razão principal da derrota petista o que classificou de "uma bem sucedida campanha da oposição" para instalar no país um clima antipetista, cuja base seria um autoritarismo do partido, que ele negava.

O autoritarismo do PT não se expressava apenas nas alianças políticas literalmente compradas, como depois ficou provado com as denúncias sobre o mensalão, mas em tentativas de controlar a imprensa e as produções culturais, com a criação de conselhos estatais, e em declarações de ministros que deixariam à mostra uma face política radical que estaria apenas aguardando um bom momento para se manifestar mais claramente.

Nunca é demais lembrar que o ex-presidente do PT, Tarso Genro, por exemplo, cogitado para coordenar a campanha de reeleição de Lula, defende no seu livro *A esquerda em progresso* a democracia direta *à la* Hugo Chávez, com a "exacerbação da consulta, do referendo, do plebiscito e de outras formas de participação", e o controle dos meios de comunicação através de "conselhos de Estado".

A cada explicitação desse caráter autoritário, desfaz-se a imagem do "Lulinha Paz e Amor", criação imortal de Duda Mendonça, e aumenta o temor do que seria o "verdadeiro PT" num eventual segundo governo Lula. A classe média, que abandonara Lula num primeiro momento, voltou a flertar com ele a partir dos bons resultados da economia.

Mas, se é verdade que a maior parte das decisões de voto é motivada por valores, é previsível que, diante de novas manifestações de autoritarismo do governo Lula, e com a opção do tucano Geraldo Alckmin agora colocada à sua disposição, a classe média reflua de uma posição quase oportunista devido ao dólar barato, que lhe permite usufruir viagens internacionais e importados (a popular Bolsa Miami), e volte a emitir sinais de que teme esse DNA petista.

Assim como, para chegar ao poder, Lula teve que ampliar suas alianças a ponto de buscar apoios nas oligarquias nordestinas do PFL e do PMDB, e agora evolui com desembaraço para o populismo mais escrachado, terá que deixar de lado antigas alianças com movimentos sociais como o MST, ou com a esquerda socialista, para governar com setores mais amplos da sociedade.

Se não o fizer, correrá o risco de ver-se rejeitado pelo mesmo eleitorado que o fez pela primeira vez superar os 30% de votos em que se situava historicamente. Antigos temores da classe média com relação ao governo do PT voltam à tona com as invasões de terras que o MST retomou. A falta de ação do governo para coibir esse "verão vermelho" é sinal de que a cumplicidade com os sem-terra não dá espaço para o uso da lei.

A rejeição da classe média ao governo se deve também à ineficácia da administração, e já se manifesta novamente nas pesquisas de opinião, que voltam a registrar o declínio da aprovação ao governo e à maneira de Lula governar. Há também a repulsa à utilização da máquina administrativa, à partidarização das repartições públicas, que ficou patente agora nesse episódio do caseiro.

Todos esses fatos levaram a um declínio da popularidade de Lula, do qual ele se recuperou no que já está sendo chamado de "descanso do verão". A retomada da ofensiva oposicionista e o surgimento de novos fatos envolvendo o governo abrem perspectivas novas na corrida eleitoral.

Mesmo assim, até o momento o desfecho da campanha eleitoral parece depender mais de Lula que de Alckmin. O candidato do PSDB não tem qualidades para empolgar, mas pode ser uma alternativa se Lula voltar a perder a confiança do eleitorado.

24/3
ESTAMOS NO BRASIL

"Como demorando? Você está no Brasil, pelo amor de Deus". Quando, poucos dias atrás, o delegado da Polícia Federal, Wilson Damázio, fez esse desabafo ao responder a um jornalista sobre a demora da investigação sobre a quebra do sigilo bancário do caseiro Francenildo Costa, não tinha ideia de que sua espontaneidade se tornaria um grave diagnóstico da triste situação em que o país se encontra. E porque estamos no Brasil, a Caixa Econômica Federal pediu nada menos que 15 dias de prazo para identificar quem entrou na conta do caseiro para pegar um extrato de sua poupança, um procedimento que os entendidos garantem não durar nem 15 minutos.

E, porque estamos no Brasil, o pobre do caseiro passou a ser investigado pela Polícia Federal, a mesma sob cuja guarda estava quando entraram em sua conta ilegalmente. E também o Conselho de Controle de Atividades Financeiras (Coaf), órgão subordinado ao Ministério da Fazenda, está investigando sua polpuda poupança, desconfiando que os depósitos de cerca de R$ 25 mil desde o início do ano podem representar uma lavagem de dinheiro.

A movimentação financeira da conta de Francenildo entre outubro de 2005 e março de 2006 chamou a atenção do Coaf, que quer entender a "atipicidade" dos depósitos. Estamos realmente no Brasil.

Durante meses e anos, o lobista Marcos Valério distribuiu pelo menos R$ 55 milhões entre políticos e autoridades diversas, que sacaram milhares de reais na boca do caixa dos bancos Rural e BMG, e o Coaf nunca desconfiou de nada.

O marqueteiro Duda Mendonça recebeu pelo menos R$ 10 milhões em uma conta em paraíso fiscal do Caribe pelos trabalhos prestados ao partido do governo na campanha presidencial de 2002, e nunca ninguém desconfiou de nada.

O presidente do Sebrae, o sindicalista Paulo Okamotto, é suspeito de ter se utilizado do dinheiro desse valerioduto para pagar uma dívida pessoal do presidente Lula, e seu sigilo bancário não pode ser quebrado por decisão do Supremo Tribunal Federal.

Mas a Polícia Federal pediu a quebra do sigilo bancário e telefônico do caseiro, e duvido que alguém entre no Supremo para impedir que isso aconteça. E se entrar, suspeito que o Supremo autorize a quebra. Mesmo porque o próprio caseiro já havia colocado à disposição da CPI seus sigilos.

Quem tem alguma coisa a esconder, um caseiro que abre mão de seu sigilo e justifica o dinheiro em sua conta com uma história íntima que só o prejudica, ou um empresário que luta na Justiça para impedir que se quebre seu sigilo bancário?

Toda essa história seria risível se não revelasse uma tragédia brasileira, se não fosse reflexo da corrosão moral que tomou conta do país a partir do momento em que o próprio presidente da República, beneficiário do mensalão que inflou sua base partidária, resolveu que os "companheiros" não tinham que se envergonhar de nada, tinham que levantar a cabeça e seguir adiante.

Desde o "dinheiro não contabilizado" até o "vazamento" do extrato bancário do caseiro, tudo que o PT e seu governo vêm fazendo é justificado pelo fato de já ter sido feito anteriormente.

Assim como o presidente Lula saiu na frente para dizer que o uso de caixa dois é feito sistematicamente no país, o PT passou a relacionar em seu site os diversos vazamentos de documentos feitos pela oposição ao longo do escândalo do mensalão, como se fossem a mesma coisa, "deplorável", mas parte da cultura política brasileira.

Trata-se de mais uma farsa. Assim como nunca, nem mesmo no governo Collor, armou-se um esquema oficial a partir do Palácio do Planalto para a compra em bloco de um dos poderes da República, também nunca houve caso em que agentes do Estado tenham infringido tão acintosamente a lei, em defesa própria.

Fizeram a ignomínia de se aproveitar do humilde caseiro para confiscar ilegalmente seu cartão da Caixa Econômica na sede da Polícia Federal, e agora fazem um procedimento oficial com o mesmo objetivo de constrangê-lo.

Não é à toa que sua mulher, que também trabalhava na indigitada casa do Lago Sul, está com medo de dar um depoimento à CPI. Mas, como estamos no Brasil, o caseiro é suspeito por ter em sua poupança uma soma tão alta quanto R$ 25 mil, mas a maioria dos deputados mensaleiros está sendo absolvida no plenário da Câmara.

Com direito a cenas de despudor explícito como as protagonizadas pela deputada Ângela Guadagnin, que defende sem pestanejar todos os petistas que estão sendo acusados de usar dinheiro do valerioduto.

Ontem, quando já não havia mais votos para cassar o deputado João Magno, acusado de ter recebido de Marcos Valério nada menos que 15 vezes mais do que o caseiro tem na sua poupança, a deputada pôs-se a dançar grotescamente entre as cadeiras do plenário da Câmara, diante das câmeras de televisão.

Isso tudo encerrando uma semana em que a pomposa Comissão de Ética Pública da Presidência da República concluiu que o general Francisco Albuquerque, comandante do Exército, não merecia nenhuma punição pela carteirada que deu para embarcar no voo da TAM para Brasília, que perdera por chegar atrasado ao aeroporto. A Comissão admite que o general recebeu "tratamento privilegiado", mas não por sua culpa. Só podemos mesmo estar no Brasil.

25/3
RASTROS DA CEF

Quanto mais avançam as investigações sobre a quebra do sigilo bancário do caseiro Francenildo Costa, testemunha de que o ministro da Fazenda, Antonio Palocci, frequentava a casa do Lago Sul de Brasília onde seus assessores, antigos e atuais, faziam lobby, mais fica evidente a participação ativa do alto escalão da Caixa Econômica Federal (CEF) nas ações ilegais.

Foi a Caixa Econômica Federal que enviou ao Conselho de Controle de Atividades Financeiras (Coaf) uma comunicação de "operação suspeita", classificando a movimentação da poupança do caseiro Francenildo Costa como "incompatível" com sua capacidade econômica.

Essa comunicação foi postada no sistema do Banco Central (Sisbacen) às 19h10 da sexta-feira dia 17, exatos 25 minutos e dois segundos depois que a revista *Época* colocou no ar em seu site a notícia sobre o extrato da conta do caseiro, às 18h45m02. Antes disso, esse extrato já circulava entre assessores do ministro Palocci, e os boatos já corriam pelo Congresso. Naquela manhã, segundo relato da líder petista, senadora Ideli Salvatti, o presidente Lula, ao ser comunicado sobre os boatos de depósitos na conta do caseiro durante uma viagem a Santa Catarina, "fez cara de quem já sabia".

589

O caseiro Francenildo Costa vinha recebendo depósitos regulares de dinheiro desde o dia 6 de janeiro, o primeiro deles no valor de R$ 10 mil, e somente no dia 17 de março à noite, após seu depoimento na CPI dos Bingos, onde testemunhou que viu o ministro Palocci na casa do Lago Sul onde a turma de Ribeirão Preto fazia negociatas, a Caixa Econômica Federal desconfiou dos depósitos em sua poupança.

Sintomaticamente, minutos depois que o produto da quebra ilegal de seu sigilo bancário aparecia no site da revista *Época*. Também o sumiço do computador em que a quebra ilegal do sigilo do caseiro foi feita põe mais um ponto suspeito no caminho da Caixa. Tudo indica que a operação foi feita num laptop, o que sugere a participação de alto escalão hierárquico.

Antonio Gustavo Rodrigues, presidente do Coaf, é funcionário de carreira do BNDES, já estava no Ministério da Fazenda antes de assumir a função. Mesmo sem ser perguntado, ele ressalta que toda a equipe do Coaf é de concursados, como para afastar qualquer dúvida sobre o "aparelhamento" partidário, e garante que o órgão agiu em estrito cumprimento da lei.

"Não sei se quiseram usar o Coaf para outros fins, não é de minha atribuição", comenta.

Ele ressalta que o Coaf não tem acesso à movimentação financeira de ninguém, não pode decidir ver a conta deste ou daquele indivíduo, e só age se provocado, com base em comunicações que são feitas, especialmente pelos bancos, de duas naturezas, segundo os padrões internacionais: operações suspeitas, com valores acima de R$ 10 mil, — "mas recebemos várias de valor menor, a critério dos bancos" — e saques em espécie, que são comunicações automáticas, acima de R$ 100 mil.

O Coaf recolhe as comunicações dos bancos com 24 horas de atraso. No caso da denúncia da Caixa Econômica Federal sobre a movimentação do caseiro Francenildo, Rodrigues diz que o órgão a recebeu na manhã do dia 20, e enviou uma comunicação ao Ministério Público e à Polícia Federal no mesmo dia.

Antonio Gustavo Rodrigues faz questão de esclarecer que "o relatório do Coaf é muito seco, usa a expressão 'lavagem de dinheiro ou qualquer outro indício', porque esse é o texto da lei, não há a intenção de acusar o caseiro de nenhum crime, inclusive porque não emitimos juízo de valor em nossos relatórios".

Ele também tem explicações legais para o comportamento do Coaf a respeito dos envolvidos no mensalão. No texto anterior, eu me referi a saques no caixa do banco BMG que na verdade não ocorreram. O BMG foi responsável por empréstimos ao lobista Marcos Valério, alguns avalizados pelos dirigentes petistas, que deram cobertura ao valerioduto, e que a CPI dos Correios considera que não foram nem mesmo realizados. O BMG afirma, no entanto, que todos os empréstimos obedeceram aos padrões legais.

Quanto aos saques dos mensaleiros na boca do caixa do Banco Rural em Brasília, o presidente do Coaf, Antonio Gustavo Rodrigues, esclarece que o sistema de comunicação de saques em espécie começou a funcionar em julho de 2003. No começo daquele ano, o Ministério Público de São Paulo pediu informações sobre uma empresa de Marcos Valério, mas não havia nenhum registro na época.

"Em outubro desse mesmo ano, o Coaf enviou um ofício ao Ministério Público em São Paulo informando que a empresa SMP&B estava realizando substanciais saques em espécie. Nós não tínhamos nenhuma ligação desse fato com qualquer outra coisa, até o dia em que saíram na imprensa declarações do ex-deputado Roberto Jefferson que circunstanciavam esses saques. Em 24 horas nós enviamos um relatório completo sobre as atividades da SMP&B."

Pela explicação do presidente do Coaf, mesmo que ele não tenha feito essa ilação na conversa comigo, fica claro que o órgão foi usado pela Caixa Econômica Federal para dar um ar de legalidade à quebra de sigilo bancário do caseiro Francenildo Costa, o que complica mais ainda a situação do presidente da Caixa, Jorge Mattoso.

Além do mais, os dois órgãos envolvidos são subordinados ao Ministério da Fazenda, o que caracteriza desde o início do caso o uso da máquina do Estado para coação de uma testemunha. Nada disso pode ser debitado à "exacerbação" da luta política, como quis dar a entender ontem o ministro da Fazenda em seu discurso na Câmara de Comércio Brasil-Estados Unidos em São Paulo.

2/4
TARSO GENRO x MÍDIA

O recém-nomeado ministro das Relações Institucionais, Tarso Genro, enviou a um grupo de militantes e simpatizantes petistas uma "breve análise sobre a conjuntura política" escrita no calor da hora, na noite do dia em que o ministro da Fazenda, Antonio Palocci, foi substituído, na definição de Genro, "após um dramático percurso de desgaste". O texto, embora semelhante aos que torna públicos em jornais e revistas, é mais solto e dá uma noção clara de como pensa o novo coordenador político do governo, especialmente em relação à imprensa.

Adepto da teoria da conspiração, ele identifica no que chama de "subtexto" da saída de Palocci "uma santa aliança sendo articulada em toda a grande mídia, com exceções mínimas" para atacar os "avanços democráticos" do governo Lula e fazer voltar políticas do governo anterior.

Ele começa citando uma série de fatos que, segundo afirma, foram tratados de maneira "natural" pela mídia, com alguns comentaristas ainda elogiando "atos de marginalidade política", como a agressão a bengaladas ao ex-deputado José Dirceu ou a ameaça do senador Arthur Virgilio, líder do PSDB, de dar um soco no presidente. Genro cita a divulgação de dados obtidos com a quebra do sigilo do presidente do Banco Central, Henrique Meirelles, e supostas violações de dados sigilosos das CPIs, o que considera mais grave do que violar sigilo bancário, e diz que "nenhuma indignação ou reflexo importante foram vistos na mídia 'democrática' do país".

Segundo Genro, esse tratamento de "dois pesos e duas medidas" significa que está em curso "uma tentativa de eliminação política da esquerda com credenciais democráticas para governar". Mais ainda: "Está em curso um claro processo de recuperação — aproveitando nossos erros — do projeto tucano-pefelista e dos seus conhecidos padrões de honestidade pública, já revelados nos processos de privatização." Genro insiste em que "o governo Lula está sendo atacado pelas suas virtudes, pelas políticas progressistas que desenvolve em diversas áreas, pela plebeização do processo democrático no país".

O objetivo dessa conspiração seria voltar "aos tempos das privatizações selvagens para 'enxugar' o Estado; voltar aos tempos em que os movimentos sociais estavam em permanente ameaça de criminalização; voltar ao período de alinhamento automático com os Estados Unidos (EEUU); retomar a liquidação do ensino público superior como ocorria na época do ministro Paulo Renato; privatizar totalmente o setor elétrico; acabar com a 'gastança' do Bolsa Família", além de querer "um governo que ajude os EEUU a promover a Alca e isolar as experiências progressistas na América Latina".

Recentemente, travei com Tarso Genro uma troca de mensagens sobre o papel da mídia nas democracias modernas que reflete bem seu pensamento. Transcrevo aqui nosso diálogo com a permissão dele. Em colunas anteriores, eu havia criticado Tarso Genro por ideias expostas em seu livro *A esquerda em progresso*, especialmente pela defesa de conselhos estatais para controlar os meios de comunicação.

Ele me respondeu dizendo que achava "muito estranho que um presumido Conselho, que tenha representantes do três Poderes, de todos os partidos políticos e representantes eleitos nos Estados da Federação, sem poder de legislar, seja considerado um controle".

Segundo ele, esses conselhos garantiriam "a liberdade de informação e o livre trânsito de opiniões na sociedade democrática", pois "a democracia é incompatível com o controle da opinião pública por uma mídia unilateral. Seja a partir do Estado, seja a partir de grupos ideológicos sem a mínima isenção".

Respondi-lhe que compartilhávamos a ideia da defesa da pluralidade de opinião, mas não compreendia que um democrata quisesse controlar a opinião pública através de conselhos estatais, interferindo na livre escolha do cidadão.

A sociedade tem à sua disposição diversos jornais, revistas, televisões, rádios, das mais variadas tendências, e de variados grupos empresariais, e deve fazer sua opção livremente, não sob a orientação de órgãos governamentais. Caberia ao estado garantir que, através da educação, a sociedade tenha condições de escolher, escrevi em resposta.

Tarso Genro replicou lembrando que o conceito de liberdade de imprensa "é uma questão verdadeiramente complexa, que é enfrentada por todas as democracias maduras. Lembro-te, por exemplo, a cobertura da Guerra do Golfo nos EEUU — 'todos os cidadãos americanos encantados com os bombardeios limpos' — e a unanimidade da imprensa americana sobre a necessidade da invasão no Iraque".

Seria contra este controle e esta "naturalização" da opinião unilateral, de quem domina o poder político no momento, que se colocaria a pluralidade e o "livre trânsito de opiniões", como uma nova exigência democrática, disse Tarso Genro em resposta. "É um antídoto a um certo tipo de mídia que pode ensejar uma forma pós-moderna de totalitarismo, cujo núcleo duro do controle é o poder econômico". Trata-se, na verdade, de um *ombudsman* coletivo da sociedade civil, exemplificou ele.

Retruquei concordando plenamente com os exemplos que ele dera, mas afirmei que não acreditava que um conselho governamental fosse a solução. Os prejuízos que a sociedade americana sofreu com a parcialidade da imprensa nos primeiros meses da guerra estão sendo revertidos hoje com a autocrítica dos meios de comunicação e uma ampla revisão de procedimentos, respondi.

O antídoto, portanto, foi a própria liberdade de opinião, que acabou revelando os desvios do governo americano e colocando em debate, através da sociedade civil, o papel submisso da imprensa. Pelos comentários que enviou aos militantes do PT, vejo que o ministro Tarso Genro continua acreditando em conspirações e controles.

4/4
A CULPA DE CADA UM

Os desdobramentos da quebra ilegal do sigilo bancário do caseiro Francenildo Costa colocam as investigações cada vez mais próximas do presidente Lula. Em qualquer versão, ele peca, no mínimo por omissão, e o ministro da Justiça fica em situação embaraçosa. Pela versão oficial, o ministro Márcio Thomaz Bastos alertou pessoalmente o presidente de que todos os indícios levavam a crer que o ministro Palocci fora o autor da ordem para a ação ilegal e também para divulgação do extrato da Caixa Econômica Federal.

Bastos baseava-se na declaração de dois assessores seus, o secretário de Direito Econômico Daniel Goldberg e o chefe de gabinete do Ministério da Justiça, Cláudio Alencar, que estiveram na casa de Palocci na mesma noite em que lá apareceu o presidente da Caixa, Jorge Mattoso, com o fatídico extrato.

Não é possível garantir, embora seja bastante provável, que os dois assessores do ministro da Justiça tenham visto o que havia dentro do envelope que Mattoso entregou a Palocci. Mas, mesmo que não tenham visto, eles receberam pedido de Palocci para abrir um processo na Polícia Federal contra o caseiro, por movimentação financeira incompatível com seu salário. A revista *Veja* afirma que Cláudio Alencar chegou a pedir à Polícia Federal que investigasse o assunto.

Quando, no dia seguinte, viram o extrato divulgado no site da revista *Época*, certamente entenderam a gravidade do acontecimento e que o ministro Palocci estava por trás da divulgação, inclusive porque estava na casa naquela noite o assessor de imprensa de Palocci, o jornalista Marcelo Netto. Desse momento em diante, passaram-se cerca de dez dias até que o presidente Lula demitisse Palocci, o que já caracterizaria, no mínimo, a omissão do presidente e do ministro da Justiça.

Na versão mais corrente na oposição, a presença dos dois assessores do ministro da Justiça na casa de Palocci àquela hora da noite, por volta das 23 horas, ao mesmo tempo que Mattoso entregava o extrato, não seria mera coincidência. A começar pelo fato de que o caseiro entregara seus documentos, entre eles o cartão de sua poupança na Caixa, à Polícia Federal, onde estava para entrar no programa de proteção à testemunha. Por essa versão, o ministro da Justiça ajudou Palocci a montar o esquema que teoricamente desmoralizaria o depoimento do caseiro, o que o colocaria como coautor do crime.

Essa versão, na minha opinião, não se sustenta por uma simples razão: o ministro Márcio Thomaz Bastos sugeriria diversas maneiras legais para quebrar o sigilo bancário do caseiro, e certamente não concordaria com uma ilegalidade tão flagrante. Se não por uma questão de honestidade pessoal — na qual acredito —, no mínimo porque sabe melhor do que ninguém as consequências jurídicas de um tipo de atitude como essa.

Outra versão dá conta de que, diante do fato consumado, o ministro Thomaz Bastos lutou dentro do governo para demitir o ministro Palocci, mas não o denunciou imediatamente, como deveria ter feito para evitar que ele ou o presidente Lula ficassem expostos a essas suspeitas da oposição.

Não existe qualquer evidência de que o presidente Lula ou o ministro da Justiça tenha sabido da decisão de quebrar o sigilo bancário do caseiro, mas há quanto ao presidente ter recebido informações sobre depósitos na conta do caseiro antes mesmo de o extrato ter sido divulgado pela revista *Época*.

Até mesmo aquela história mal contada da senadora Ideli Salvatti, que estava com o presidente quando ele foi comunicado de que a revista publicaria provas contra o caseiro, e o presidente, segundo a senadora, fez cara "de quem já sabia". Depois, explicou que a cara era de "já desconfiava".

Nada há de ilegal no fato de o presidente receber informações de um senador petista ou de um auxiliar direto sobre suspeitas contra alguém que testemunha contra o governo. Mas, ao ver divulgado em uma revista o extrato da conta da poupança do caseiro, uma luz vermelha deveria ter se acendido para Lula.

Dificilmente um criminalista experiente como o ministro da Justiça Márcio Thomaz Bastos não alertaria o presidente sobre as implicações desse fato e do que ele indicava. O presidente Lula, porém, só decidiu demitir o ministro da Fazenda dez dias depois, quando já estava evidente que um crime havia sido cometido, provavelmente pelo próprio Palocci, e não havia como protegê-lo depois que o presidente da Caixa disse na Polícia Federal que entregara o extrato a Palocci.

Setores da oposição acham que o presidente tinha o dever legal de demitir o ministro, em vez de deferir o "pedido de exoneração", e comunicar o fato ao Ministério Público Federal. Não o fazendo, teria cometido dois ilícitos penais: o crime de condescendência criminosa, previsto no artigo 320 do Código Penal, e a contravenção penal omissão de comunicação de crime, prevista no artigo 66, inciso I, do decreto-lei 3.688, de 3 de outubro de 1941.

Comprovado o conhecimento do presidente, o processo de *impeachment* seria baseado no artigo 9º, 3 da lei 1.079 de 10 de abril de 1950, que diz o seguinte: "Não tornar efetiva a responsabilidade dos seus subordinados, quando manifesta em delitos funcionais ou na prática de atos contrários à Constituição."

Mesmo diante das informações que possuía àquela altura, o presidente fez um discurso na despedida de Palocci em que o caso do sigilo quebrado ilegalmente parece não ter acontecido. O mais aconselhável seria que o presidente Lula se mantivesse calado na transmissão de cargo, como fez na saída do ex-ministro José Dirceu. A se acreditar que é verdade que o presidente Lula não soube da decisão de quebrar o sigilo bancário, nunca ele teve tanta razão para se dizer traído quanto nesse episódio.

10/11
PALOCCI NA BERLINDA

Se a ministra Dilma Rousseff, chefe da Casa Civil, queria enfraquecer a posição do ministro Antonio Palocci no governo, escolheu a melhor hora. Bombardeado por denúncias de corrupção na Prefeitura de Ribeirão Preto, Palocci já não tem mais a proteção incondicional da oposição, que o vinha poupando para não colocar em risco a economia brasileira.

Mas a ministra Dilma Rousseff não teve o mesmo cuidado ao atirar sem piedade na proposta de um plano de ajuste fiscal de longo prazo que vem sendo elaborado pela equipe econômica. Embora coordenado pelo ministro do Planejamento, Paulo Bernardo, o plano tem a assinatura do ministro Palocci, que já havia afirmado em discurso em uma assembleia do PT que o ideal seria que tivéssemos um superávit fiscal de 4,25% pelos próximos dez anos.

Dilma, em entrevista ao *Estado de S. Paulo*, desqualificou os autores da proposta, dizendo que estavam baseando suas afirmações "em planilhas", esquecendo-se da vida real, e classificou o plano de "rudimentar", afirmando que nem o encaminhara ao presidente Lula porque não tinha as condições mínimas para um início de discussão dentro do governo.

Acontece que o próprio ministro Palocci já conversara com o presidente Lula sobre o assunto e é o mais interessado em levar o projeto adiante. Ontem, diante da agressividade pública da ministra Dilma Rousseff, a autoridade de Palocci mais uma vez foi colocada em xeque pelo Gabinete Civil, que nem nos tempos do todo-poderoso José Dirceu tinha a audácia de ir tão longe no enfrentamento da política econômica. Dilma assume com esse choque público o papel que Dirceu já teve no governo, especialmente agora que a confrontação eleitoral promete ser "dolorosa": representa os interesses políticos do PT, que volta a ser a base de sustentação do presidente Lula, como ficou claro na entrevista que ele deu no *Roda Viva*.

O mercado financeiro está atento a essa queda de braço em que está envolvido o ministro Palocci e preocupado com seu enfraquecimento político. É praticamente nula a chance de o presidente Lula assumir sua defesa com uma medida extrema como a demissão da chefe da Casa Civil, como fez o ex-presidente Fernando Henrique ao demitir no mesmo dia o ministro do Desenvolvimento e seu amigo pessoal, Clóvis Carvalho, que fizera uma crítica pública ao então ministro da Fazenda, Pedro Malan. O que os agentes financeiros e políticos estão tentando adivinhar é qual será a consequência dessa disputa.

O próprio Palocci não tinha qualquer esperança de que o clima político acirrado permitisse um acordo para aprovar um programa de ajuste fiscal a longo prazo, mas queria começar a sinalizar para essa direção. A crítica aberta de Dilma e a defesa dos chamados "gastos correntes", ao contrário, indicam uma inflexão na política de contenção de gastos, que pode ter reflexos na economia em um ano de eleição presidencial.

O fato é que nos últimos dez anos, desde o Plano Real, o gasto público primário do governo federal (sem os juros) aumentou em torno de seis pontos do PIB, e o investimento caiu. Isto quer dizer que o investimento está sendo reduzido em benefício das despesas correntes, do aumento do Estado com contratações e gastos sociais, como o Bolsa Família, que teve seu orçamento aumentado para poder atingir, em 2006, 11 milhões de famílias.

Há setores no governo que querem aumentar o investimento, pura e simplesmente, sem cortar gastos. A proposta da equipe econômica era colocar um freio à expansão do gasto corrente, mas sem arrocho: a despesa corrente poderia crescer, mas "abaixo do PIB", de maneira a ir diminuindo a relação gasto corrente/PIB e, aumentando a relação investimento corrente/PIB. Se prevalecer a posição da ministra-chefe da Casa Civil, a equipe econômica teme que sobrevenha um forte expansionismo do gasto no ano que vem, um ano eleitoral, reduzindo o superávit primário.

Na prática, porém, para que o governo consiga controlar a inflação reduzindo o custo do Estado, o superávit primário teria que estar bem acima do estipulado. No ano passado, terminamos o ano com um superávit de 4,32%, e este ano caminhamos para chegar a dezembro com um superávit próximo de 5%.

O país só começou a ter superávit fiscal a partir de 1999, no segundo governo de Fernando Henrique, quando houve a desvalorização do real, e a consequência foi a necessidade de taxas de juros muito elevadas. A taxa de juros real média entre 1997 e 1999 foi de 21,4%, e a dos dois últimos anos foi de 15,8%. Atualmente em torno de 12%, a taxa real ainda é das maiores do mundo. Além do mais, a equipe econômica está convencida de que somente a manutenção de um superávit fiscal alto fará com que a relação dívida/PIB caia a médio prazo, atingindo o patamar de 40%, considerado aceitável.

Há estudos mostrando a relação entre a classificação de risco dos países e os superávits. A média dos países considerados pelas agências de risco como AAA é de 3,5% de superávit fiscal. Os países com *ratings* do nível B têm superávits pequenos ou até mesmo negativos. O Brasil, que acaba de ser promovido pela Standard&Poor's, e já o fora pela Moody's, mantendo o compromisso de longo prazo de superávit fiscal, estaria dando uma demonstração de equilíbrio nas contas públicas que reverteria em investimentos estrangeiros.

Existem exemplos de países que, diante da deterioração da dívida em relação ao PIB, adotaram superávits primários radicais e obtiveram resultados em poucos anos. A Bélgica tinha uma relação dívida/PIB de 150% em 1993, e hoje já a reduziu drasticamente para 100%. Para tanto, fixou seu superávit entre 6% e 7% nos últimos anos, e hoje está em 4,6%.

2009

28/8
REVERSÃO DE EXPECTATIVA

Foi uma vitória tão inesperadamente apertada no Supremo Tribunal Federal — 5 a 4 —, que as vantagens políticas do resultado não serão aproveitadas com tanta amplitude quanto estava sendo planejado pelo próprio ex-ministro Antonio Palocci e pelo presidente Lula. Liberado pelo Supremo Tribunal Federal da acusação de ter quebrado o sigilo bancário do caseiro Francenildo Costa, o deputado federal Antonio Palocci volta à cena política principal com menos credibilidade do que antes de ter que abandonar o Ministério da Fazenda, e, para se transformar em um curinga para o governo, terá que batalhar muito para recuperar a imagem.

Ficará marcado pelos quatro votos contrários, que foram acusatórios, e pelos votos que o salvaram de um processo, que não tiveram o caráter de absolvição que sua aspiração política requeria.

A partir de agora, o governo federal, se quiser ter nele uma alternativa mais substancial para seu projeto político de permanência no poder, terá que turbinar sua atuação, expor sua força política.

A reação da opinião pública à decisão do Supremo Tribunal Federal será fundamental para que Palocci volte a ser uma peça decisiva no tabuleiro político.

O ex-ministro, mesmo antes da reunião de ontem do Supremo, era considerado a melhor aposta do PT para a disputa do governo de São Paulo em 2010, dando ao partido a possibilidade de disputar o cargo com um nome próprio, evitando assim que o presidente Lula insista na extemporânea candidatura de Ciro Gomes.

Mas o resultado apertado pode ter adiado o plano do PT de São Paulo.

É provável que Palocci retorne, de imediato, ao primeiro escalão do governo em uma função política, provavelmente no papel de ministro das Relações Institucionais do governo para substituir o deputado José Múcio, que deve ir para o Tribunal de Contas da União (TCU).

Mas a possibilidade de vir a ser uma alternativa viável de candidatura à Presidência, caso a da ministra Dilma Rousseff não se fortaleça, tornou-se menos provável com o resultado do julgamento do Supremo.

O mais improvável, porém, é que ele venha a ser o coordenador econômico da candidata Dilma Rousseff, a não ser que ela mude sua visão do assunto.

Em finais de 2005, pouco antes de ter que sair do governo devido a essa acusação de violação do sigilo do caseiro, Palocci entrou em rota de colisão com Dilma sobre uma proposta de ajuste fiscal de longo prazo apresentada pelo ministro do Planejamento, Paulo Bernardo, com o seu apoio.

A chefe da Casa Civil classificou publicamente a proposta de "rudimentar", explicitando um racha dentro do governo com relação ao gasto público. De lá para cá, a proposta do Planejamento foi engavetada, e o gasto público foi aumentando, ganhando um papel importante na mudança de estratégia econômica do governo, e sendo aprofundada depois da crise econômica que se instalou no mundo no final do ano passado, dando margem a que fossem chamadas de políticas anticíclicas e até mesmo medidas de aumentos salariais assumidas muito antes da eclosão da crise.

Pois o ex-ministro Antonio Palocci não mudou de posição nestes anos em que esteve de resguardo, exercendo discretamente seu mandato de deputado federal e retomando paulatinamente sua influência junto ao presidente Lula.

Ainda esta semana, em um seminário do Instituto Brasileiro de Siderurgia, em São Paulo, em uma palestra sobre as perspectivas econômicas do país e do mundo, Palocci reassumiu o papel de grande estimulador da economia brasileira que marcou sua passagem pelo Ministério da Fazenda, reafirmando sua crença de que será necessário fazer um plano de longo prazo para reduzir o gasto público.

Diplomático, elogiou a atuação da equipe econômica do governo durante a crise econômica e disse que, no mundo pós-crise, apenas dois países dos Brics surgirão como potenciais parceiros dos países desenvolvidos: Brasil e China.

Palocci reassumiu uma postura que incomodava muito os petistas nos tempos em que era ministro: elogiou a manutenção de políticas econômicas nos últimos 15 anos, atribuindo a essa continuidade o sucesso que o país vem tendo no enfrentamento da crise mundial.

Mas fez questão de ressaltar que o gasto público vem crescendo acima do PIB nos últimos 15 anos, o que não é sustentável. Para Antonio Palocci, o tamanho do Estado brasileiro não depende da vontade política de Fernando Henrique nem de Lula, mas das necessidades de implementação de políticas sociais compensatórias.

No entanto, disse, é possível reduzir os gastos públicos sem prejudicar os programas sociais. E voltou a defender a proposta "rudimentar" de reduzir os gastos para que, num período de dez anos, sejam gradativamente cortados para ficar abaixo do crescimento do PIB, o que daria uma sinalização de equilíbrio de longo prazo para a economia.

O ex-ministro Palocci encerrou sua apresentação indicando a educação como nova e fundamental prioridade para um próximo governo, com a necessidade de mais qualidade no ensino, depois de termos universalizado a frequência nas escolas, para que o país passe para um novo patamar de desenvolvimento.

Política externa

2003

5/1
OUSADIAS PARA AMERICANO VER

O sub do sub do sub, o secretário de Comércio Robert Zoellick, transformado em representante oficial do governo americano numa grosseria diplomática de Bush, teve que dividir o puxadinho dos convidados especiais com os protagonistas do "Eixo do Mal", e num lugar de menos destaque que os de Chávez e Fidel. No discurso de posse, Lula dedicou aos Estados Unidos exatas cinco linhas de referências inócuas e defensivas, enquanto usava muitas outras entrelinhas para criticar sua política comercial protecionista e sua ação no Oriente Médio. O destaque dado ao fortalecimento do Mercosul e à unidade política e cultural da América do Sul, mais do que uma reafirmação de tradicional política externa, mostra uma guinada de orientação.

Mesmo antes da posse, enviando seu assessor especial para assuntos internacionais, Marco Aurélio Garcia, para checar *in loco* a crise da Venezuela, Lula já estava sinalizando que o Brasil vai passar a ter uma ação mais atuante na região, assumindo um papel de liderança ativa que o Itamaraty vinha rejeitando historicamente. Existem delicadezas nas relações com nossos vizinhos, e sentimentos misturados deles em relação a nós, que podem trazer mais problemas do que soluções.

Mas a mudança está em curso. Os sinais são muitos: a nomeação do embaixador Samuel Pinheiro Guimarães para secretário-geral do

Itamaraty, afastado depois de críticas à Área de Livre Comércio das Américas (Alca); a indicação de José Maria Bustami para embaixador no circuito Elizabeth Arden; o café da manhã de Lula com Chávez no primeiro dia de governo; a conversa ao pé de ouvido do ministro José Dirceu com Fidel, homenageado em seu discurso.

Se a chave para se entender o governo Lula é a palavra mudança, na nossa política externa ela foi mais explicitada do que em outras áreas nos primeiros lances do governo.

Não se trata de uma inflexão radical à esquerda, nem uma utópica política externa antagônica aos Estados Unidos, esclarecem logo seus formuladores. Constrói-se o que pretende ser um nacionalismo moderno, que leva em consideração o papel hegemônico dos Estados Unidos no mundo, mas que pretende ampliar os espaços de atuação do Brasil nesse mesmo mundo unipolar. A homenagem prestada ao diplomata demitido por criticar a Alca não significa que sua opinião prevalecerá, nem que o pessoal do PCdoB ganhou a parada. Mas a negociação será mais dura, como já antecipara o senador Aloizio Mercadante.

A última vez que se organizou uma política externa mais independente dos Estados Unidos foi sob a gestão do embaixador Azeredo da Silveira, no governo Geisel. Pai de uma geração inteira de diplomatas hoje em postos-chave — a começar pelo ex-chanceler Luiz Felipe Lampreia, e alcançando indiretamente até o atual chanceler Celso Amorim — Silveira foi talvez o mais criativo formulador da política externa brasileira contemporânea, uma política externa à época muito criticada como terceiro-mundista. Foi na sua gestão que o Brasil reatou relações com a China comunista; foi também no seu período que se firmaram os acordos nucleares com a Alemanha e mais nos aproximamos do Japão e da França, além do interesse especial pela África, num momento crucial da emancipação das colônias portuguesas. E, tendo como cenário um nacionalismo militar exacerbado pela ditadura, chegamos a romper um acordo com os Estados Unidos em reação às críticas do governo Jimmy Carter às violações dos direitos humanos no Brasil. Mas o mundo, naquela altura dos anos 1970, era muito diferente, e a hegemonia dos Estados Unidos era contrabalançada por outros poderes na Europa, na Ásia e na URSS.

O discurso de posse de Lula marca claramente uma nova etapa na nossa política externa, seguindo o preceito tradicional de que a política interna deve determinar a externa. Já se podem ver reflexos desse discurso novo em diversas medidas governamentais, mesmo fora da área do Itamaraty, a começar pela decisão do Ministério da Defesa de suspender a licitação da FAB para compra de aviões por um ano. (...) Quando se referiu, em seu discurso inaugural, às opções de parceria com a Índia, a China, a Rússia e a África do Sul, o que o presidente Lula está sinalizando não é uma aliança que se contraponha aos Estados Unidos, mas uma ampliação das possibilidades de atuação brasileira que, por si só, aumenta nossa capacidade de negociar. Quando o secretário de Comunicação, Luiz Gushiken, anuncia como uma de suas metas melhorar a imagem do país no exterior, está trabalhando na mesma vertente de conquistar a opinião pública mundial e tê-la a nosso lado como aliada nas batalhas comerciais que se seguirão. As políticas comerciais protecionistas podem significar brasileiros morrendo de fome, e esse paralelo vai ser amplificado nos fóruns internacionais.

(...) Não foi à toa que Lula escolheu pessoalmente para representante do Brasil na ONU o embaixador Ronaldo Sardenberg, um dos barbudinhos do grupo de Silveirinha no Itamaraty, que já estava designado para o posto em Paris. Todas essas posturas e anseios do novo governo brasileiro desaguarão nos fóruns internacionais, a começar pela reivindicação, assumida por Lula em seu discurso de posse, de um assento permanente no Conselho de Segurança da ONU. Pode ser uma política externa irrealista e ousada, mas é coerente com a política geral do novo governo.

19/1
E LA NAVE VA

Passadas apenas as primeiras duas semanas, é preciso ter muita má vontade para afirmar que o novo governo nasce marcado pelas contradições de seus membros (embora elas estejam pipocando por todos os lados) ou pela desorganização. Mas, por mais boa vontade que se tenha, não é possível esquecer a advertência do candidato José Serra, que dizia que a eleição de Lula seria "o maior estelionato eleitoral desde Collor" ou levaria o país à ruína. (...)

Mas a aparente mudança radical de Lula pode ser comparada à de Fernando Henrique ao ser reeleito, em 1999, quando afirmou que não desvalorizaria o real, medida que era inevitável e se consumou dias após a segunda posse. A favor de Lula e de Fernando Henrique, a constatação de que o "estelionato" é uma alternativa melhor do que a ruína econômica, que adviria se o câmbio continuasse fixo ou se o governo petista não encarasse de frente, por exemplo, a reforma previdenciária contra a qual sempre se bateu, sabe-se agora que da boca para fora, com intuito meramente político de exercer a oposição pela oposição e chegar ao poder. (...)

Do mesmo modo, a decisão do presidente Lula de estar presente ao World Economic Forum, em Davos, na Suíça, é um marco neste governo que se inicia. Os próprios organizadores do fórum consideravam uma missão impossível levar nosso operário-presidente para a reunião dos maiores representantes do que se convencionou chamar pejorativamente de neoliberalismo econômico, alvo maior das críticas petistas durante a campanha eleitoral. O patrulhamento era tão grande que o próprio ex-presidente Fernando Henrique, tão acusado de ser um neoliberal de carteirinha, evitava comparecer a Davos para não dar a chance de o PT mostrá-lo em contraposição aos protestos antiglobalização que sempre marcam esses encontros.

Pois o fórum econômico continua o mesmo, sob a mira furiosa dos ativistas antiglobalização e de boa parte dos petistas, e Lula mostra que sua visão do que seja exercer a presidência do Brasil é mais ampla do que a desses supostos aliados, atados a uma visão retrógrada do mundo. Nem o presidente Lula é um traidor por estar indo a Davos, nem seu projeto social está em perigo. Ao contrário, mais uma vez *timing* de Lula está correto, e ao tornar-se figura de destaque na Suíça poderá ampliar o alcance de sua mensagem, atingir novos interlocutores.

Serve para a ida a Davos a mesma frase dita por ele ao ser questionado se não tinha medo de se expor aos abraços populares: "Eu tenho medo é do isolamento." Os que promovem abaixo-assinados pedindo que Lula não vá a Davos estão querendo isolá-lo num nicho radical do qual ele já se libertou há muito tempo. Lula corre o risco de ser hostilizado no Fórum Social de Porto Alegre e aplaudido em Davos.

2/2
PALAVRAS DO CORAÇÃO

O presidente Lula da Silva, como o chamam aqui na Europa, sabe diferenciar muito bem seu papel de presidente da República do Brasil do de militante político. E é capaz de explicar isso com todas as letras, como o fez a um militante socialista que o encontrou na embaixada do Brasil aqui em Paris e esboçou um lamento por ele ter ido a Davos. Lula foi curto e grosso: "Se fosse há um ano, eu talvez também fosse contra.

Mas hoje eu não sou militante do PT, sou presidente da República. E devo fazer tudo o que um presidente tem que fazer." Essa maneira direta e sincera com que Lula trata dos problemas mais delicados foi o que mais chamou a atenção em sua passagem pela Europa.

Houve quem o chamasse de "o novo Gandhi", num arroubo patriótico difícil de se sustentar mesmo com toda a campanha contra a fome. Houve quem fechasse a cara ao ver aquele homem rude contar a um plenário de homens finos que na terra de onde vem — interior de Pernambuco — só se sobrevive por milagre e que ele só havia comido pão aos 7 anos de idade. Houve enfim quem se emocionasse com suas histórias e sua determinação, mesmo não entendendo a língua que falava. Lula discursou em português, a terceira língua mais falada do Ocidente — perde para o espanhol e o inglês — e num português que ainda apresenta as falhas de uma educação deficiente.

Mas a comovedora franqueza que usa ao falar cativou as diversas plateias europeias. (...) O presidente que só fala português, mas que fala com muita franqueza, pode se perder pela boca a qualquer momento. Sempre que fala de improviso, Lula corre mais riscos, mas impressiona mais. Fala pelo coração e passa credibilidade, o que, segundo o ministro das Relações Exteriores, Celso Amorim, tem se mostrado uma boa arma. Num jantar em que se reuniram cinco presidentes latino-americanos em Davos, todos falaram em espanhol, sem tradução. Só Lula teve suas palavras traduzidas para o inglês, pois muitos investidores estavam na plateia. A tradução é que os estrangeiros entendem o espanhol, mas não o português.

Empenhado em destacar os símbolos de sua chegada ao poder, Lula quer transformar o fato de falar português em um motivo a mais de orgulho nacional, e não de vergonha. (...)

Lula quer falar pelo coração, e acha que o mundo precisa de um "choque de verdade". Mas será que num mundo dominado pelo monoglota Bush (eu sei que até ele arranha o espanhol, mas isto é uma metáfora), que só entende a linguagem da força, a comovedora ingenuidade da fala de Lula resolve alguma coisa?

14/6
OS MASCATES

Quase seis meses depois de tomar posse, o presidente Lula tem na política externa um dos pontos fortes de um governo sob a maioria dos aspectos medíocre, apesar de algumas ações claramente demagógicas, como a proposta feita na recente reunião do G-8 de criação de um fundo internacional para o combate à fome oriundo da taxação de venda de armas. O tipo de proposta aparentemente meritória que não passa de um factoide, fadado ao desdém internacional.

Mas, superado um primeiro momento de perplexidade, quando o esquerdismo petista parecia querer tomar conta das ações do Itamaraty — como quando o assessor especial Marco Aurélio Garcia foi enviado à Venezuela para mediar uma solução para a difícil situação em que se encontrava o presidente Hugo Chávez — a atuação de Lula nos fóruns internacionais e uma bem montada ação de fortalecimento da liderança do país na área do Mercosul têm dado ao governo uma dimensão internacional bastante positiva.

A boa atuação do Itamaraty, no entanto, pode ser prejudicada pela enxurrada de nomeações de políticos, já feitas ou em gestação, para ocuparem as embaixadas brasileiras. Nunca na história do Itamaraty houve tantas nomeações de políticos ao mesmo tempo, embora existam os precedentes, a começar pelo ex-presidente Itamar Franco, um veterano nos circuitos internacionais: já foi embaixador em Lisboa, na OEA em Washington e agora ocupará (ocupará?) o Palácio Dora Pamphili, na Piazza Navona, em Roma.

À nomeação de Itamar seguiu-se a do ex-deputado Paes de Andrade, presidente de honra do PMDB, para a embaixada de Lisboa. Foi o início de um movimento mais amplo de atração do PMDB para a base do governo, e há indícios perigosos de que essa atração terá o Itamaraty como um dos principais instrumentos. (...)

Portugal sempre foi utilizado para abrigar nomeações políticas, pelo simples fato de que geralmente os nomeados são monoglotas e não poderiam exercer a função em outro país. (...)

No dia 24 de setembro do ano passado, em plena reta final da campanha eleitoral e já praticamente eleito presidente da República, o candidato do PT Lula da Silva, respondendo a uma questão no debate promovido pelo jornal *O Estado de S. Paulo*, afirmou que pretendia criar uma Secretaria de Comércio Exterior, que atuaria em conjunto com o Itamaraty. Segundo Lula naquela ocasião, "o eixo da política externa mudou desde o fim da Guerra Fria. Se antes o enfoque era geopolítico, hoje deve ser econômico".

"Cada embaixada vai ter um mascate. O Brasil tem potencial e precisa ser bem vendido no exterior", disse o candidato. Lula estava tão preocupado com o assunto que quatro dias depois, numa reunião promovida pelo PT num hotel de São Paulo, diante de empresários e sindicalistas, voltou a ele, afirmando que o Brasil precisava promover agressivamente as exportações, e criticou a atuação do Itamaraty. Segundo o candidato do PT, "o Ministério das Relações Exteriores deveria ter um papel mais ousado na promoção das exportações". Ele defendeu que cada embaixada tivesse um "vendedor" do produto nacional.

Seis meses depois de empossado, nada nessa direção foi feito. E essas e outras nomeações políticas indicam uma tendência no mínimo preocupante. O Itamaraty teve, também, que reacomodar seus quadros para comportar nomeação política de outro cunho. O embaixador designado para Havana, Antonio Augusto Dayrell de Lima, acabou sendo nomeado para a representação da Unesco em Paris para dar lugar ao ex-deputado Tilden Santiago, um ex-seminarista que é fã declarado de Fidel Castro.

Chegou também a ser cogitada a nomeação do ex-deputado do Haroldo Lima para nosso embaixador na China. A nomeação não saiu e parece que não vai sair, pois a China é um dos postos estratégicos hoje para a economia do Brasil, e o Itamaraty pretende manter uma gestão profissional por lá, hoje a cargo do embaixador Affonso Celso do Ouro Preto. Deve ter ajudado também o fato de que o governo comunista chinês é mais capitalista do que gostaria o PCdoB.

15/6
ELES NÃO USAM FRAQUE

O dramaturgo petista Gianfrancesco Guarnieri não poderia nunca imaginar que, 45 anos depois de ter estreado no Teatro de Arena, o título metafórico de sua peça *Eles não usam black-tie* traduzisse tão literalmente os acontecimentos políticos atuais. Lula, operário metalúrgico como os personagens centrais da peça, se adaptou aos rituais da Presidência da República, mas só até um certo limite.

Na campanha eleitoral passou a usar ternos bem cortados, de preferência Armani, por orientação de seu marqueteiro particular, Duda Mendonça. E chegou a cobrar de assessores próximos mais elegância no trajar. Mas, na posse, cancelou o tradicional jantar de gala no Itamaraty, alegando que queria uma festa popular. Agora, cria embaraços ao cerimonial do Itamaraty ao se recusar a vestir fraque numa cerimônia em que será recebido pelos reis da Espanha.

Há quem diga que a recusa de Lula nada tem a ver com questões políticas, mas sim físicas. Ele consideraria o traje inadequado ao seu biotipo. Um outro nordestino, o jornalista Assis Chateaubriand, não se recusava a usar trajes a rigor quando foi representar o Brasil na coroação da rainha Elizabeth II ou quando, anos depois, foi embaixador do Brasil em Londres. Mas sempre arranjava um jeito de relembrar o Brasil, condecorando autoridades estrangeiras com a Ordem do Jagunço, inventada por ele. O primeiro-ministro Winston Churchill foi um de suas vítimas, e teve que envergar um chapéu de couro nordestino e usar uma malcheiroso gibão de couro.

(...) A recusa a usar fraque também criou embaraços ao Itamaraty quando o ex-presidente Itamar Franco foi apresentar suas credenciais como embaixador em Portugal. O primeiro-ministro Mário Soares teve que abrir uma exceção para o brasileiro, que se recusava a usar o traje — embora o tenha levado do Brasil emprestado de outro ex-presidente, José Sarney — e a desfilar em carro aberto até o Mosteiro dos Jerónimos, como rezava o cerimonial.

21/6
OS EUA E NÓS

O acordo da Alca, cujas negociações o governo brasileiro deu sinais políticos de que pretende retomar, abandonando uma postura sectária tão ao gosto da esquerda brasileira para assumir uma posição pragmática levando em conta os interesses nacionais, traz embutida uma discussão sobre competitividade que é a chave para sua concretização.

A possibilidade de competição relativa de um país no mundo globalizado é determinada pela capacidade de transformar recursos naturais em produtos que tenham potencial de venda no mercado internacional.

Hoje, cada vez mais, mesmo produtos básicos como os da agricultura estão muito carregados de tecnologia, de conhecimento. (...) Dados do Institute of Management Development, de Lausanne, na Suíça, (...) mostram que nossa capacidade de agregar conhecimento a produtos, serviços e negócios em geral é muito limitada. Temos tamanha defasagem na cadeia de valor de inovação que começar a negociar em bases iguais com países como os Estados Unidos e o Canadá já é, por si só, injusto.

É certo que temos alguns polos de excelência na agricultura, devido às pesquisas da Embrapa, e na indústria siderúrgica, se comparada com os Estados Unidos. Quando se compara nossa siderurgia com a da Ásia, estamos defasados, sobretudo em relação à Coreia do Sul, que investe muito em pesquisa nesse setor. Os números mostram que investimentos totais de pesquisa e desenvolvimento no Brasil, de US$ 6 bilhões, são desprezíveis quando comparados com os US$ 250 bilhões dos Estados Unidos.

O tema "compensação por deficiência" terá que entrar necessariamente nas discussões quando formos negociar alíquotas e benefícios. Países como Brasil, Argentina, Chile e Colômbia deveriam levar esse fator em consideração, e isso significa que Estados Unidos e Canadá teriam que ceder mais do que parecem dispostos. O Itamaraty, mais do que confrontando, está arregimentando aliados para essa tarefa com a consolidação do Mercosul e o acordo com o Pacto Andino. Nossas negociações são mais complicadas porque envolvem vários outros interessados, inclusive o México, que já tem um acordo que o beneficia no Tratado Norte-Americano de Livre Comércio (Nafta) e não vai querer perder direitos já adquiridos.

Nos acordos de propriedade intelectual, por exemplo, temos de tentar benefícios que o Brasil está buscando na Organização Mundial do Comércio na área de saúde com os genéricos. "Benefícios que ajudem os países a superar suas deficiências, e não paternalismos que preservam o subdesenvolvimento", ressalta o professor Carlos Arruda, do Centro de Competitividade da Fundação Dom Cabral, em Belo Horizonte.

(...) O governo brasileiro está em condição favorável para negociar o acordo com vantagens, porque pesquisas mostram que a maioria maciça da população é contrária à Alca, provavelmente em função da campanha permanente da esquerda.

(...) Programa da BBC sobre o que o mundo pensa dos Estados Unidos, objeto de reportagem esta semana no *Jornal Nacional* e cuja íntegra será apresentada pela Globonews dia 28, realizou uma pesquisa em dez países, entre eles o Brasil. Ela revelou que os brasileiros têm a mesma rejeição ao presidente George Bush que os franceses. A frase "Os Estados Unidos me assustam" teve a concordância de 62%. Foi o maior índice detectado na pesquisa.

O brasileiro, no entanto, admira os EUA. À pergunta: "Quais dessas coisas que os EUA têm, na sua opinião, o Brasil deveria ter também?", 72% responderam "oportunidades econômicas para a população". Mas 74% não gostariam de morar nos Estados Unidos. Quer dizer, querem ter as vantagens que veem nos EUA, mas morando no Brasil. A Alca pode ser uma boa oportunidade.

16/7
UTOPIA SUL-AMERICANA

O empenho do governo brasileiro para formar um bloco econômico na América do Sul, atraindo para sua órbita países que não fazem parte do Mercosul como Peru e Venezuela — que o presidente Lula acaba de visitar — está provocando reações políticas as mais diversas, desde o entusiasmo ao ceticismo mais completo, passando por delicadas questões de política interna.

A Comissão de Economia do Senado, por exemplo, debatia ontem a presença deficiente do BNDES no Nordeste quando o senador Tasso Jereissati, do PSDB do Ceará, chamou a atenção para os investimentos anunciados nas últimas viagens presidenciais pela América do Sul. Tasso está impressionado com a facilidade com que o BNDES está distribuindo financiamentos pela região. "Se dessem metade desse dinheiro para os governadores, acabaria a crise da reforma tributária", comentou um irônico Tasso.

De fato, além do bilhão de dólares já anunciado para reativar o intercâmbio comercial com a Argentina, o presidente Lula assinou convênios, no valor de outros tantos bilhões, tanto com o Peru quanto com a Colômbia para financiamentos de estradas e outros meios de integração regional. É verdade que todos esses projetos são de interesse da economia brasileira, como a ligação viária com o Pacífico, facilitando nossas exportações para a Ásia e a Costa Oeste americana.

O projeto brasileiro é ambicioso e tem como objetivo criar, com a união do Mercosul (Brasil, Argentina, Paraguai e Uruguai) e o Pacto Andino (Venezuela, Colômbia, Equador, Peru e Bolívia), um polo econômico que se contraponha aos blocos já existentes na Comunidade Europeia, nos Estados Unidos com o Nafta e o grupo de países asiáticos.

O ministro das Relações Exteriores, Celso Amorim, é um entusiasta da ideia desde que esteve no cargo no governo Itamar Franco. Ele considera que os países da América do Sul terão mais força política se negociarem com os Estados Unidos em conjunto, na formação da Alca, além do fato de que a integração econômica sul-americana tornaria a região menos dependente no comércio internacional.

O projeto de integração tem, portanto, um forte cunho político que, oficialmente, não é de confrontação com a Alca, mas de fortalecimento para negociação. O Brasil, no entanto, vai montando uma vasta rede de influências na região, que o colocaria numa posição de formalizar a hegemonia política pressentida, e essa é uma posição que tanto pode incomodar os parceiros na empreitada quanto chamar a atenção dos blocos concorrentes, especialmente dos Estados Unidos.

O governo brasileiro está usando o Sistema de Vigilância da Amazônia (Sivam) para se interligar a países como o Peru e a Colômbia, montando um padrão de segurança contra o narcotráfico e o terrorismo que tem um forte apelo político na região.

Contudo, há quem considere que dificilmente países como Colômbia, Venezuela, Chile e Peru preferirão integrar o Mercosul em detrimento de uma relação comercial direta com os Estados Unidos. "Se você tem que se submeter a algum país, qual você escolheria, o Brasil ou os Estados Unidos?", pergunta um cético diplomata.

O professor Clóvis Brigagão, do Centro de Estudos Internacionais da Universidade Candido Mendes, considera que a união com a Venezuela é tão estratégica para o Brasil quanto a com a Argentina, devido ao petróleo. A questão é que embora Hugo Chávez veja com bons olhos essa parceria, ele a vê principalmente na sua concepção antiamericana, o que não é a visão brasileira e muito menos a da maioria dos empresários daquele país, que prefere uma negociação com os Estados Unidos.

O professor Carlos Arruda, da Fundação Dom Cabral, especialista em comércio internacional, acha que se o Brasil não reforçar sua posição de falar ao mesmo tempo com o Pacto Andino, o Mercosul e alguns países da América Central, terá dificuldades na negociação da Alca: "Se entrarmos um a um, levaremos muita desvantagem em relação aos Estados Unidos e ao Canadá."

Ele vê também como fundamental a formação de blocos econômicos nas negociações da Organização Mundial do Comércio (OMC), como a união do Brasil com a Austrália e outros países no acordo de agricultura da reunião de Cancún: "O governo brasileiro está com a estratégia correta, não rejeitando a negociação com a Alca mas formando grupos de influência onde possamos levar posições comuns."

O grande instrumento financiador dessa integração sul-americana, o BNDES, anunciou esta semana a criação de uma diretoria para a América do Sul. A obsessão pelo projeto é tamanha que o presidente do banco, Carlos Lessa, chegou, meses atrás, a sugerir a um grupo de investidores brasileiros no ramo de papel e celulose, que foi lhe apresentar projetos de investimentos de US$ 18 bilhões em dez anos, que investisse também no Peru e na Bolívia.

Toda essa movimentação regional talvez seja a justificativa para a frase de Lula meses atrás, atribuindo-se ter feito muito mais pela América do Sul em seis meses de governo do que nos últimos cem anos de diplomacia. O exagero revela um desconhecimento histórico, desde a atuação do Barão do Rio Branco na demarcação de nossas fronteiras, até a criação do Mercosul, passando pela usina de Itaipu com o Paraguai, para ficar em alguns marcos dessa história de integração regional.

Mas deixa transparecer também um otimismo com o resultado final do projeto que, se for concluído com sucesso, será sem dúvida marcante para o país e reafirmará a política externa como um dos pontos fortes do governo Lula.

9/9
UNINDO FORÇAS

Esta será uma semana de fundamental importância para a política externa brasileira, que mais do que nunca se empenha em articular movimentos conjuntos de países para fortalecer politicamente nossas reivindicações econômicas.

O telefonema do presidente dos Estados Unidos, George Bush, ao presidente Lula, ontem de manhã, para falar sobre a reunião da Organização Mundial do Comércio (OMC) que começa amanhã em Cancún, no México, é uma demonstração de que as teses do governo brasileiro conseguiram ganhar alguma relevância no contexto internacional.

Pela primeira vez na Organização Mundial do Comércio, o Grupo dos 20, formado por países em desenvolvimento produtores de alimentos, apresentará uma proposta comum para o comércio agrícola mundial.

O G-20, que reúne países tão diversos como Brasil, Índia, Austrália, China, Argentina e África do Sul, representa mais da metade da população mundial e tem objetivos comuns, estando entre os mais importantes o fim das barreiras comerciais e a redução dos subsídios agrícolas dos países desenvolvidos.

A união inédita dos países em desenvolvimento, para se contrapor aos acordos entre a União Europeia, os Estados Unidos e o Japão, promete transformar a reunião da OMC numa verdadeira batalha econômica entre países desenvolvidos e em desenvolvimento.

O governo brasileiro defende o endurecimento das negociações e garante que se as discussões na agricultura não evoluírem, os outros temas de interesse dos países desenvolvidos, como por exemplo a abertura dos mercados emergentes para empresas de serviços e compras governamentais, também não devem evoluir. O presidente Lula teria dado esse recado a Bush, pelo menos de forma indireta, no telefonema de ontem.

A proposta inicial conjunta da União Europeia e dos Estados Unidos avança muito pouco na eliminação dos privilégios que os agricultores dos países desenvolvidos recebem de seus governos, tornando a competição internacional injusta.

Para completar a agenda diplomática, o presidente Lula visitará a Colômbia na próxima segunda-feira, em mais uma etapa de seu trabalho diplomático para fortalecer as relações políticas na América do Sul, sempre pensando em negociações econômicas internacionais como, por exemplo, a Alca.

19/9
EQUILÍBRIO PRECÁRIO

A revelação do ministro da Defesa, José Viegas, de que o Brasil recusou uma sondagem oficial para enviar tropas para o Iraque numa força de paz internacional, introduz mais um ingrediente delicado no nosso relacionamento político com os Estados Unidos, que já se encontram em estado de alerta pela atuação brasileira nos fóruns internacionais.

Desde o atentado terrorista de 11 de setembro de 2001, a doutrina Bush de segurança nacional estabeleceu limites inflexíveis para definir que países são parceiros confiáveis — quem não está comigo está contra mim é a máxima em vigor desde então.

Ficou difícil separar os interesses do Estado americano dos seus interesses políticos e econômicos nos diversos organismos internacionais, e introduziu-se nas negociações comerciais um ponto de vista político que as distorce.

As atitudes mais agressivas da diplomacia brasileira nos fóruns internacionais já estão incomodando certas autoridades americanas, que veem nelas não uma legítima determinação de se fortalecer para melhor negociar, e sim um laivo de antiamericanismo.

A atual embaixadora americana no Brasil, Donna Hrinak, considerava que a eleição de Lula não traria problemas ao relacionamento entre os dois países, e chegou mesmo a dizer, referindo-se ao passado sindicalista de Lula, que esperava que as negociações passariam a ser mais duras, porém leais.

Os primeiros encontros de Lula com Bush indicavam um entendimento recíproco melhor do que se poderia supor de figuras tão antagônicas no campo político. E o anúncio de que o Brasil aceitava a data de 2005 para o começo da Alca surpreendeu a quem achava que o PT rejeitaria liminarmente as negociações, como pregava quando estava fora do governo.

Mas assim que a diplomacia brasileira começou a dar mostras de que aceitar negociar não significa capitular, os movimentos em direção ao fortalecimento do Mercosul e a aproximação com os países que formam o Pacto Andino foram recebidos por Washington como sinais de resistência à Alca.

Caberá à nossa capacidade diplomática separar os dois conceitos, embora dentro do governo petista existam correntes que realmente sentem nostalgia de uma guerra ideológica contra os EUA.

1/10
COERÊNCIA E INCOERÊNCIA

A viagem do presidente Lula a Cuba, em meio ao périplo que o levou aos Estados Unidos e ao México na última semana, é um ponto fora da curva. Marcada pelo forte apelo emocional, embora tenham querido transformá-la em viagem de trabalho, a parada, desnecessária neste momento, não resiste à coerência de um país que sempre se posicionou oficialmente contra a violação dos direitos humanos e que cobra, nos fóruns internacionais, o cumprimento dessas normas, como fez agora nos Estados Unidos o presidente Lula.

As críticas internacionais que a primeira visita oficial de Lula como presidente a Cuba está provocando podem colocar em xeque a política externa brasileira, tida até o momento como um dos pontos altos do incipiente governo petista.

Mas o governo Lula, que escolheu a coerência histórica em sua relação com a ditadura de Fidel Castro, ao contrário de outros campos, como a política e a economia, em que é acusado de incoerente, vê na maneira como a visita foi realizada um reforço do papel do Brasil no plano internacional. E uma reafirmação da independência da nossa política externa.

O Itamaraty, que ao longo dos episódios dos últimos meses em Cuba se pronunciou oficialmente sem grande ênfase, revelando "forte preocupação" com a situação, acha que, em ocasiões como essa, é mais importante a eficácia da ação do que uma posição ostensiva de repúdio. A relação fraternal que une os dirigentes brasileiros aos cubanos ensejaria uma atuação de bastidores mais produtiva, segundo essa análise.

Formalmente, Frei Betto, assessor especial da Presidência e dos mais ligados a Cuba e Fidel Castro, classifica a visita de "afetiva e agora com laços efetivos, com os convênios em diversos campos que foram firmados".

As demonstrações a favor do grupo Repórteres Sem Fronteiras, do qual faz parte o jornalista e poeta Raul Rivero, preso e condenado a 20 anos de prisão em Cuba, não abalam a convicção de Frei Betto de que tudo foi feito de maneira a preservar a relação de amizade com Cuba e, ao mesmo tempo, não colaborar para o aumento do seu isolamento:

"Ao contrário, o trabalho da diplomacia brasileira é reintegrar Cuba ao sistema internacional", diz Betto, que classifica a posição do governo brasileiro de "altiva e de consciência tranquila".

Com relação ao grupo Repórteres sem Fronteiras, o Itamaraty pretende rever o voto que deu, impedindo essa ONG, a pedido de Cuba, de atuar em um organismo da ONU. A versão oficial é de que a punição teria base apenas administrativa, mas como ganhou cunho político terá de ser revista.

Frei Betto diz que tanto Lula quanto Fidel, nas conversas privadas que mantiveram, trocaram opiniões e informações de maneira aberta e franca: "Lula falou tudo o que tinha que falar e também ouviu", conta Betto, sem querer dar mais detalhes.

Mas revela que a conversa que intermediou, entre Lula e o cardeal Jaime Ortega, foi boa para dar uma visão "diferente, não divergente" da situação em Cuba após a onda de repressão política que se abateu sobre a ilha de Fidel, com o fuzilamento de pessoas que tentaram fugir e a prisão em massa de intelectuais dissidentes.

Segundo o relato de Betto, o cardeal de Cuba "foi ponderado" e surpreendeu os interlocutores dizendo que as condições carcerárias são boas e que os 75 presos têm tratamento médico adequado.

O cardeal admitiu, segundo Betto, que os presos estavam envolvidos em conspiração contra o governo cubano, insuflados pela representação americana. Queixou-se sobretudo de que os prisioneiros estão espalhados por diversas cadeias da ilha, o que dificulta o acompanhamento e a visitação.

Há sinais, porém, de que a péssima repercussão mundial da onda repressiva e o rompimento de vários intelectuais de fama internacional com o regime cubano — José Saramago, Mercedes Sosa e Eduardo Galeano são alguns deles — estão provocando uma revisão no governo cubano, que sentiu fortemente a reação e hoje já admite extraoficialmente que houve excessos na punição dos dissidentes.

Existe ainda uma tentativa de recosturar as relações de Cuba com países da União Europeia, que tradicionalmente apoiavam o regime cubano contra o embargo imposto pelos Estados Unidos e, depois dessa onda de perseguição política, passaram a hostilizar o governo cubano e a prestigiar os dissidentes e suas famílias, convidando-os para recepções nas embaixadas.

O próprio Frei Betto relembrou lá que, em 1989, promoveu um abaixo-assinado entre intelectuais brasileiros contra o fuzilamento do general Arnaldo Ochoa, um dos guerrilheiros de Sierra Maestra que de herói nacional passou a dissidente e daí a condenado à morte, acusado de conspiração e tráfico de drogas.

A relação de amizade entre Lula e Fidel impede uma tomada de posição formal do governo brasileiro, mas sabe-se que Lula fez restrições, reservadamente, à repressão política e defendeu uma abertura do regime para que Cuba possa se integrar ao sistema internacional com mais facilidade.

Também Fidel se considerou em condições de fazer críticas à política de reforma agrária de seu amigo Lula, considerando-a muito lenta. E mostrou-se preocupado com as desigualdades sociais no Brasil.

Nenhum dos dois, porém, fará críticas ao outro em público. Como se os países que governam pertencessem a eles. No caso de Fidel, é até normal que se comporte assim.

7/10
IMPASSE NA ALCA

O fracasso de Cancún subiu à cabeça do Itamaraty. Essa piada corria ontem em Brasília para definir a posição radical da delegação brasileira na reunião sobre a Alca da semana passada realizada em Port of Spain, capital de Trinidad e Tobago, onde delegações de 34 países se encontraram para preparar a reunião de Miami, prevista para novembro.

Essa posição abriu uma crise no governo brasileiro. Os ministros discutiram a fase final das negociações da Alca, programadas para terminar em janeiro de 2005, e as propostas do Brasil foram consideradas, até mesmo pelos países parceiros do Mercosul, inviáveis.

O Brasil pretendia, por exemplo, deixar para debate apenas na Organização Mundial do Comércio (OMC) temas como investimentos, propriedade intelectual, serviços e compras governamentais.

A proposta brasileira previa também que países em desenvolvimento poderiam conceder uns aos outros facilidades comerciais que não seriam estendidas aos Estados Unidos e no Canadá.

A reação às propostas brasileiras, feitas teoricamente em nome do Mercosul, foi das mais desfavoráveis. Vários países, entre eles México, Chile, Colômbia, propuseram uma declaração a favor de uma Alca a mais ampla possível, como é a posição americana.

A delegação do Uruguai, sócio do Mercosul, apresentou uma declaração separada, a favor de negociações. O governo colombiano, interessado num acordo bilateral com os Estados Unidos, anunciou inclusive o desligamento do G-22, coordenado pelo Brasil para a negociação na Organização Mundial do Comércio.

Enfim, o Brasil isolou-se completamente nas negociações e perdeu parceiros que havia ganhado na reunião de Cancún. Além do mais, ficou claro que o sonho de hegemonia regional esbarra no pragmatismo dos nossos parceiros, mais interessados em manter abertas as possibilidades de acordos comerciais com os Estados Unidos.

Há no governo quem considere que o objetivo da proposta brasileira era levar ao impasse nas negociações. Um exemplo da maneira como se desenrolou a negociação em Port of Spain: na reunião da OMC, todos os ministérios recebiam os documentos e trocavam informações. Agora, o Itamaraty não passava para ninguém o documento oficial. O representante de um ministério presente à reunião soube da proposta brasileira através da Argentina.

Ontem houve uma reunião extraordinária dos ministros do Mercosul no Uruguai, e o Paraguai apresentou uma moção abrindo a possibilidade de membros iniciarem negociações paralelas.

O fato é que os negociadores do Itamaraty prometeram que a América do Sul estaria unida em torno da proposta brasileira, e isso não aconteceu.

Há quem identifique um núcleo de resistência dentro do governo contra a Alca, especialmente no Itamaraty, liderado pelo secretário-geral, embaixador Samuel Pinheiro Guimarães, um antigo adversário da área de livre comércio com os Estados Unidos.

Diretor do Instituto de Pesquisas em Relações Internacionais (Ipri) do Itamaraty, ele foi demitido pelo então ministro das Relações Exteriores, Celso Lafer, pelas críticas públicas que fez na ocasião à postura do governo brasileiro em relação à Alca.

Samuel Pinheiro Guimarães acha, por exemplo, que "o Brasil não deve participar de blocos econômicos em condições de extrema assimetria desfavorável". Ele considera que "sofremos o grave risco de incorporação subordinada e assimétrica ao sistema econômico (e político) dos EUA".

Segundo ele, "a Alca colocaria em confronto direto, ainda que gradualmente, as megaempresas multinacionais americanas e as empresas brasileiras. Mesmo que algumas empresas brasileiras conseguissem sobreviver à competição e até aumentar as suas exportações, no conjunto as megaempresas americanas levariam vantagem nos EUA, no Brasil e na América do Sul, acarretando a desindustrialização e o aumento do déficit comercial brasileiro".

Mesmo que tenha razão em seus argumentos, é com o espírito contrário, e não como a favor de superar esses obstáculos, que ele lidera a equipe de negociação brasileira, acusam seus adversários. Há alguns meses, diplomatas que estavam seguindo a negociação foram trocados por outros, alinhados aos pontos de vista contrários à Alca. (...)

8/10
HORA DE CONCILIAR

O momento internacional é muito ruim para negociações, independentemente da posição do Brasil em relação à Alca na reunião de Trinidad e Tobago na semana passada. A Organização Mundial do Comércio (OMC) está em frangalhos, totalmente despedaçada com o resultado da reunião de Cancún, segundo a definição de um especialista que chegou esta semana de Genebra.

Naquela reunião de Cancún, os países ricos e os em desenvolvimento não conseguiram chegar a acordos mínimos. Nem ao menos colocaram em discussão a questão da agricultura, o ponto principal da negociação do G-20 plus, grupo organizado pelo Brasil e pela Índia para enfrentar os Estados Unidos e a União Europeia.

Segundo o ministro do Desenvolvimento, Luiz Fernando Furlan, as conversas sobre a agricultura estavam bem avançadas, "com cerca de 70% das questões bem resolvidas". No entanto, com a suspensão das conversações por Botsuana nos temas que interessavam aos países ricos — a agenda de Cingapura, questões relacionadas a serviços, compras de governo, promoção comercial etc. —, houve a paralisação do processo de negociação.

Na OMC, tudo é negociado em conjunto, ou não se negocia nada. Como a União Europeia quis deixar as questões da agricultura, que interessavam aos países em desenvolvimento, em segundo plano, eles, incorporados ao G-20, não discutiram mais nada e deu-se o impasse.

Como definiu o presidente Lula, demos uma "trucada" nos países ricos, impedindo que eles impusessem a agenda que lhes interessava. Foi sem dúvida uma vitória da diplomacia brasileira, mas não conseguimos avançar nas negociações.

19/10
G-4 CONTRA O G-6

O acordo da Alca traz junto com ele também uma discussão sobre competitividade. Hoje, cada vez mais, mesmo produtos básicos como os da agricultura estão carregados de tecnologia. O ministro da Agricultura, Roberto Rodrigues, diz que quando trata da cadeia geral do agronegócio, tem uma atitude mais cautelosa do que quando cuida apenas da agricultura, em que somos competitivos em nível mundial.

Já somos os maiores exportadores de soja do mundo, e ano que vem só estaremos atrás dos EUA na produção. A safra do próximo ano já está sendo plantada, e apenas uma pequena parte dela é transgênica. Mas o mais importante é não perder a corrida tecnológica, em que estamos muitíssimo bem representados pela Embrapa e por centros de pesquisas no sul do país.

O ministro Roberto Rodrigues defende a tese de que devemos estar preparados para suprir os mercados mundiais caso a preferência pela soja transgênica se confirme. Os maiores produtores de soja do mundo, junto com o Brasil, são Estados Unidos e Argentina, e lá, ao contrário daqui, a maior parte da produção já é transgênica.

Recentemente, a China anunciou que vai dobrar a compra de soja brasileira, e, com relação aos transgênicos, ela só exige que haja a identificação clara.

Os mercados europeus, que ainda reagem aos produtos transgênicos, estão reclamando da decisão do governo brasileiro de liberar a comercialização. Mas o ministro Rodrigues diz que o mercado vai cuidar de estabelecer os parâmetros: "Se o mercado mundial rejeitar os transgênicos, ninguém vai plantar."

Há, no entanto, aspectos da cadeia produtiva que não se encontram no mesmo estágio, e nesse caso a discussão da Alca ganha outros contornos, pois nossa defasagem na capacidade de inovação é imensa em relação aos Estados Unidos ou ao Canadá.

Somos competitivos em aviões, por exemplo, ou em siderurgia. Mas são poucos os setores em que nos destacamos. Os investimentos em pesquisa e desenvolvimento no Brasil, de cerca de US$ 6 bilhões, são mínimos se comparados aos US$ 250 bilhões dos Estados Unidos.

As compensações por deficiência terão que entrar nas discussões quando chegar a hora de negociar propriedade intelectual e patentes, temas mais sensíveis e de interesse dos países desenvolvidos e que o Brasil quer jogar para a Organização Mundial do Comércio como forma de barganha.

(...) Circula entre ministros do governo um estudo estratégico de uma consultoria americana indicando que países como Brasil, Índia, China e Rússia poderão superar as economias do G-6 (França, Inglaterra, Itália, Canadá, Japão e Alemanha) em 30 a 40 anos.

Segundo o estudo, esses quatro países têm entre si e em relação ao mercado internacional vantagens e desvantagens comparativas.

A China tem uma mão de obra barata e um mercado consumidor praticamente inesgotável. E, por ser uma ditadura, não tem os entraves para decisões rápidas. Em compensação, a estabilidade política que advém da ditadura pode se transformar em uma crise a qualquer momento.

A Rússia tem sua produção de petróleo como garantia de uma estabilidade econômica, mas ainda se debate para organizar sua sociedade. A Índia tem uma capacidade tecnológica incomparável em relação aos outros três, mas conseguiu esse avanço em detrimento da população, que tem um nível de miséria muito mais alto que o do Brasil.

E nós continuamos na luta para ganhar credibilidade internacional e amenizar o grau absurdo de desigualdade social. No momento, estamos entre os queridinhos do mercado internacional, e é exatamente por isso que essas definições de rumo são fundamentais para desenhar o futuro.

(...) Além de todas essas questões internas, há o cenário internacional a nos condicionar. O economista americano Paul Krugman escreveu semana passada um artigo no *New York Times*, no qual lembra que a corretora Lehman Brothers tem um modelo matemático conhecido como Dâmocles que define como um "sistema de advertência precoce para identificar a probabilidade de países entrarem em crises financeiras".

Os países em desenvolvimento, por esse modelo, parecem bastante seguros hoje em dia. Mas a aplicação do mesmo modelo em alguns países desenvolvidos "faria o alarme de Dâmocles tocar".

Segundo Krugman, "um país do Terceiro Mundo com os números recentes dos EUA — enormes déficits orçamentário e comercial, crescente dependência de empréstimos de curto prazo do resto do mundo — definitivamente estaria na lista de cautela".

Diante desse quadro de economia interna, dificilmente o governo Bush aceitará abrandar suas exigências para facilitar um acordo sobre a Alca.

25/10
SIGLA PARA O FUTURO

Circula entre o chamado "núcleo duro" do governo um relatório da Goldman Sachs sobre os quatro países emergentes que a consultoria financeira americana considera mais prováveis de estarem no topo da economia mundial nos próximos cinquenta anos: Brasil, Índia, China e Rússia.

Não exatamente nessa ordem de importância, mas nessa ordem para formar a sigla Brics, que para eles identifica as oportunidades que surgirão no horizonte financeiro mundial nos próximos anos.

Segundo o estudo, em menos de 40 anos os Brics juntos poderão ser maiores do que os países que formam hoje o G-6 (Estados Unidos, Japão, Alemanha, França, Inglaterra e Itália).

Desses, apenas Estados Unidos e Japão estarão no G-6 em 2050, e os quatro Brics poderão estar lá. Pelo estudo, o Brasil será a quinta economia do mundo, medida pelo Produto Interno Bruto (PIB).

Pela ordem, serão estas as dez maiores economias do mundo: China, Estados Unidos, Índia, Japão, Brasil, Rússia, Inglaterra, Alemanha, França e Itália.

A lista das dez maiores economias do mundo deverá ser, portanto, bastante diferente da de hoje, mas com um detalhe fundamental: as maiores economias, medidas pelo PIB, podem não ser as mais ricas em termos de renda *per capita*.

Pelas projeções, os cidadãos dos Brics continuarão sendo mais pobres na média do que os cidadãos dos países do G-6 de hoje, com exceção da Rússia.

A renda *per capita* da China, por exemplo, será no máximo, em 2050, o que os países desenvolvidos têm hoje (média de US$ 30 mil *per capita*). Nos Estados Unidos, na mesma ocasião, será de US$ 80 mil.

Em trinta anos, a renda do chinês será igual à do coreano hoje. O Brasil chegará em 2050 com uma renda *per capita* de US$ 26.500, próxima do que já têm hoje França e Alemanha (cerca de US$ 23 mil), menos do que o Japão e os Estados Unidos hoje (cerca de US$ 33 mil).

Superaremos a renda *per capita* da Índia (US$ 17.300), mas o brasileiro terá renda menor do que o chinês (US$ 31.300) e o russo (US$ 49 mil).

Em 2030, o Brasil terá uma renda *per capita* de US$ 9.800, igual à da China que, no entanto, a partir daí nos superará.

O estudo usou projeções demográficas e um modelo matemático de acumulação de capital e aumento da produtividade. O pressuposto é que os países mantenham políticas de suporte ao crescimento econômico.

O estudo ressalta que cada um dos quatro enfrenta desafios diferentes para manter o crescimento na faixa desejável. Os analistas da Goldman Sachs dizem que, por isso, existe uma boa chance de as previsões não se concretizarem, por políticas ruins ou simplesmente má sorte, nunca, é claro, por erro deles.

Mas se os Brics chegarem pelo menos próximos das previsões, as implicações na economia mundial serão grandes.

A importância relativa dos Brics como usina de novas demandas de crescimento e poder de gasto pode mudar mais sensível e rapidamente do que se imagina a economia mundial, diz o estudo da Goldman Sachs.

Um crescimento maior nessas economias pode impactar as populações mais pobres e retardar o crescimento de economias mais maduras.

Crescimento maior pode também gerar mais retornos e aumentar a demanda por capital. O peso dos Brics nos portfólios de investimentos pode crescer muito.

O fluxo de capitais pode correr em benefício desses países, provocando o que os analistas chamam de "realinhamento de moedas".

Rendas crescentes, lembra o estudo, podem fazer com que essas economias se movam na direção de mais demanda por diferentes produtos. Esse pode ser um fator determinante para definir o preço de algumas *commodities*, por exemplo.

Enquanto as economias desenvolvidas hoje vêm encolhendo sua participação na economia mundial, as mudanças nos gastos devido ao crescimentos dos Brics podem significar oportunidades para as companhias globalizadas.

Estar envolvido e investindo nos mercados certos, em especial nos mercados emergentes certos, pode ser uma escolha estratégica cada vez mais fundamental, alerta o estudo.

Somadas, as economias dos Brics representam hoje menos de 15% da economia do G-6. Em 25 anos, podem representar já a metade.

Segundo o estudo, países tornam-se ricos na esteira da apreciação de suas moedas, que tendem a se valorizar quando a produtividade alta leva a economia real a convergir para as taxas da Paridade de Poder de Compra, uma maneira de medir o real poder de compra de uma moeda.

Há uma clara tendência, segundo o estudo, de países com maiores rendas per capita terem taxas de câmbio próximas ao Power Parity Purchase (PPP). As economias dos Brics, por exemplo, têm taxas de câmbio que estão muito abaixo do PPP, por serem ainda economias emergentes.

Segundo o estudo, dois terços do aumento em dólares do PIB desses países virão de um crescimento real da economia, e o restante virá da valorização real da taxa de câmbio.

A previsão é de uma valorização de 300% nos próximos cinquenta anos, numa média de 2,5% ao ano. A previsão é de que, nos próximos cinquenta anos, a moeda brasileira se valorizará 129%; a da Rússia, 208%; a da Índia, 281%; e a da China, 289%.

12/11
VISÃO ESTRATÉGICA

O apoio do Ministério da Defesa argentino à integração militar da América do Sul, colocada em discussão pelo chefe da Casa Civil do governo brasileiro, José Dirceu, no IV Foro Iberoamérica em Campos do Jordão, mostra que a tese, pelo menos a médio e longo prazo, tem campo para progredir.

O ministro Dirceu não estipulou prazos para essa integração — que deve ser vista num contexto regional bem mais amplo — nem a colocou como uma contraposição militar aos Estados Unidos, embora possa ter passado essa impressão a participantes do fórum.

A integração militar seria uma etapa natural da integração do Mercosul, depois de alcançada a integração política e financeira, com parlamento e moeda comuns.

Um projeto geopolítico de poder regional para se contrapor aos demais blocos que já se formaram pelo mundo.

A questão do combate ao narcotráfico é mais premente e exigiria a atuação dos países da América Latina para não se criar um vazio de poder na região, que poderia ser ocupado por alguém, mesmo sem intenções imperialistas.

Essa definição da situação na Colômbia, feita em linguagem diplomática pelo ex-chefe de governo espanhol, Felipe González, vai na mesma direção da preocupação do ministro José Dirceu e foi expressada num dos painéis do fórum.

Vários dos painelistas haviam demonstrado preocupação com o fato de que a América Latina, única região do mundo que se declarou livre das armas de destruição em massa, está, no entanto, sujeita a riscos e ameaças. Entre eles, a pobreza, o narcotráfico e o enorme número de armas em mãos de particulares, questão que agora estamos enfrentando no Brasil com o Estatuto do Desarmamento.

Houve consenso em que os países da América Latina têm dificuldades para se entenderem politicamente, e houve quem lembrasse que Brasil, México e Argentina disputam entre si uma cadeira permanente no Conselho de Segurança da ONU.

A luta contra o narcoterrorismo, no entanto, estaria a exigir dos países latino-americanos a superação de divergências para mostrar aos Estados Unidos que normas legais podem controlar o terrorismo melhor do que o uso da força.

(...) O ambiente internacional mutante, que foi definido como uma nova fase da globalização, é onde a América Latina deve procurar o seu espaço.

A consolidação da democracia no continente e a melhoria das condições sociais da população seriam as bases para que se encontre uma estratégia consistente de integração regional.

O ex-chanceler Celso Lafer definiu a nova sociedade global como uma sociedade de risco, seja ecológico, nuclear ou financeiro. E a gestão de risco, portanto, passa a ser uma das grandes responsabilidades dos governos.

Segundo Lafer, no mundo atual, "a ordem é improvável mas o império é impossível". O ex-presidente do Uruguai, Julio Maria Sanguinetti, retomou o tema para afirmar que, ao contrário do que muitos imaginam, a terceira fase da globalização não foi criada pelos Estados Unidos, mas sim pelos avanços da ciência e da tecnologia.

Ele define a origem desse processo nas conquistas ultramarinas de Portugal e Espanha e a segunda fase na revolução industrial da Inglaterra. A fase atual, portanto, não teria sido um movimento estatal como os dois primeiros.

Sanguinetti cita as ações contra a Microsoft de Bill Gates, no campo interno, e o unilateralismo, no campo externo, como exemplos de que os Estados Unidos estão tentando controlar a globalização.

Segundo ele, essa visão é desfocada, pois hoje em dia a luta não seria mais por territórios, e sim pelas ideias, especialmente no campo da ciência e do comércio.

Foi muito debatida a distinção entre América do Sul e América Latina. O ministro José Dirceu deixou clara a posição do governo brasileiro ao enfocar a prioridade na América do Sul.

Ele concebeu que uma aproximação com o México deveria ser buscada, mas em nenhum momento deu ênfase a essa possibilidade. Os debatedores já haviam ressaltado a dificuldade de aproximação de México e Brasil, países que competem entre si pela liderança do continente.

Mas houve consenso em que essa aproximação deveria ser buscada, para que os dois aproveitassem as vantagens comparativas complementares, como a liderança do Brasil no Sul e a posição estratégica do México ao Norte.

A estratégia de priorizar a América do Sul, defendida por Dirceu, havia sido criticada anteriormente em um dos painéis. Os Estados Unidos e a Europa dão ênfase muito maior ao conceito de América Latina do que ao de Mercosul, e por isso a realidade geopolítica internacional indicaria que a América Latina tem um poder político maior que deveria ser aproveitado a favor dos países que a compõem.

15/11
BOM RECOMEÇO

O recado está sendo dado em Miami pela copresidência Brasil e Estados Unidos: houve um entendimento entre os países que estiveram na reunião de Washington para uma Alca flexível. Agora, vai-se ver como os demais países aceitam a ideia. O arcabouço principal, que é a orientação geral para as negociações, vai sair da reunião ministerial que começa na próxima semana.

O que está se tentando ainda solidificar com todos os países que fazem parte das negociações da Alca é essa flexibilidade pela via multilateral. Depois, cada grupo temático vai decidir o que cada país deseja. Há uma receptividade muito grande à ideia, uma sensação de que, afinal, as negociações vão caminhar.

O Brasil mantém a intenção de ir fundo na questão dos subsídios da agricultura. Esse é um tema delicado para os Estados Unidos, mas pode não ser para os demais países envolvidos nas negociações.

Todos os temas deverão ser tratados na medida do interesse e do comprometimento de cada país. Não há temas proibidos nem temas obrigatórios.

Só que os americanos falam em acesso aos mercados sem falar no mercado agrícola. Segundo o Ministro da Agricultura, Roberto Rodrigues, "devíamos contrapor a isso a abertura comercial via acesso aos mercados de nossos produtos agrícolas nos Estados Unidos, com aumento de cotas, redução de tarifas, esse tipo de coisa".

(...)

Na reunião no Palácio do Planalto com oito ministros, na quinta-feira à noite, para preparar a reunião ministerial que começa semana que vem em Miami, a conversa do chanceler Celso Amorim com o secretário de comércio americano Robert Zöellick foi classificada de "amistosa", e foi combinado que se daria um pouco mais de ambição ao quadro da Alca.

Os americanos mantiveram, porém, a linha de "desambição" aos subsídios na política agrícola, na definição de um ministro brasileiro presente à reunião.

A tendência é que a negociação agrícola melhore na relação do Mercosul com a União Europeia, e essa melhora se reflita na Organização Mundial do Comércio (OMC).

Com o alargamento da União Europeia no ano que vem, quando novos países vão entrar na comunidade, e com a necessária mudança dos subsídios agrícolas internamente, isso pode permitir uma flexibilização agrícola para o Mercosul.

Não é fácil, mas é mais fácil do que com os americanos, segundo avaliação do governo brasileiro. Na reunião de Bruxelas, no início da semana, a União Europeia prometeu fazer uma proposta ampla sobre redução de subsídios agrícolas no início do próximo ano.

Esse movimento europeu no xadrez político das negociações agrícolas ainda não provocou reações explícitas dos americanos. Mas é possível que já se note maior flexibilidade nas conversas de Miami.

Na definição do chanceler Celso Amorim, o Brasil está procurando uma solução viável para a Alca. A parte comercial da Alca é importante e há a perspectiva de acesso a mercados que podem nos interessar também.

Por isso mesmo é que o Brasil quer continuar com as discussões na OMC. Para que se tenha realmente uma redução de substantiva de subsídios agrícolas, a negociação tem que ser multilateral.

Amorim costuma dizer que as negociações não se fazem através de julgamentos morais. Ele recusa a ideia de que o Brasil tenha mudado sua posição, assim como não considera que os Estados Unidos estejam numa posição de confronto.

Segundo o chanceler, é preciso entender que cada país tem seus constrangimentos, suas dificuldades políticas. A questão é definir, dados esses constrangimentos e dificuldades, até onde se pode chegar no sentido do livre comércio, que interessa aos dois países.

Ele gosta de lembrar que, quando foi lançada a rodada do Uruguai, o acordo de propriedade intelectual tinha apenas duas linhas.

O mandato era para tratar de aspectos comerciais ligados à propriedade intelectual. O acordo terminou com oitenta páginas, que inclusive mudavam acordos anteriores sobre patentes. É uma maneira otimista de encarar as negociações da Alca, que, a partir de Miami, devem ganhar novamente vida própria.

16/11
VISÃO HUMANISTA

A semana foi marcada pela aproximação dos países da América Latina e da Europa, em diversos fóruns internacionais. Na reunião de Bruxelas, Mercosul e União Europeia se aproximaram na questão agrícola. Em Miami, os países da América começam a encontrar pontos em comum para dar início à Área de Livre Comércio das Américas (Alca), mesmo que, a princípio, menos ambiciosa.

E, no plano iberoamericano, duas importantes reuniões aconteceram: o IV Foro, realizado este ano em Campos do Jordão, e a cúpula de presidentes ibero-americanos, na Bolívia, onde se encontra o presidente Lula.

Todos esses movimentos são indicativos de uma aproximação cada vez mais forte dos países da região, em busca de apoio comum para avanços políticos e comerciais no mundo globalizado.

Além dessas questões, porém, o Foro Iberoamérica tratou da identidade cultural e sua relação com o desenvolvimento da região, base para que essa aproximação seja sólida e razão original da criação do Foro.

O celebrado escritor mexicano Carlos Fuentes, um dos fundadores do Foro, chamou a atenção para o fato de que, na primeira reunião, realizada no México no final do ano 2000, comemorara-se a promessa de uma nova ordem internacional.

Hoje, apenas três anos depois, deploramos a proximidade da nova desordem internacional. Dentro desse panorama, diante da necessidade, ressaltada em um dos painéis, de democratização do ensino e das tecnologias, Carlos Fuentes lembrou que a América Latina tem apenas 1% dos cientistas do mundo, o que coloca o continente praticamente fora da disputa globalizada.

"É preciso haver o reconhecimento social dos homens da ciência por parte dos homens da política", afirmou Fuentes, lembrando que, caso contrário, os latino-americanos morrerão metaforicamente de susto diante das novas tecnologias. Assim como aconteceu com as sociedades pré-colombianas, que, segundo o escritor, morreram literalmente de susto ao se depararem com o potencial tecnológico dos espanhóis, com seus navios e artilharia.

Ele lembrou um dado que mostra como é avassalador o desenvolvimento tecnológico hoje em dia: quando Clinton assumiu a presidência dos Estados Unidos, em 1993, só existiam cinquenta sites na rede de informação mundial, a internet. Quando saiu, oito anos depois, havia 350 milhões de sites.

Para Carlos Fuentes, a inclusão das populações rurais e marginalizadas da América Latina no acesso aos avanços tecnológicos, como a internet, é uma obrigação dos países que querem alcançar o desenvolvimento.

(...)

Para Nélida Piñon, a cultura cria identidades e liga as diferenças, estabelecendo elos entre passado e futuro: "Somos filhos de utopias fracassadas, mas também construtores de novas utopias", disse ela em relação à história latino-americana.

Já o cientista social Hélio Jaguaribe fez um panorama das relações culturais em diferentes épocas, ressaltando que a História é um conjunto de encontros culturais, conflitivos ou cooperativos.

(...) Para Jaguaribe, ou o império americano se generaliza e consolida sua posição, ou veremos, em meados do século XXI, outras forças surgirem. Ele citou diversas possibilidades, como a China, a Rússia, a Europa unificada e até mesmo o continente sul-americano.

"O mundo ou será multipolar, ou será unipolar", avaliou Jaguaribe, para quem há, neste conflito entre duas tendências da cultura ocidental, a disputa entre uma visão predominantemente tecnológica do mundo — representada pelos Estados Unidos — e uma visão humanista que persiste na Europa unificada.

10/12
REFORÇANDO A DEFESA

O governo brasileiro começou um amplo movimento de integração da indústria de defesa com a Argentina, a África do Sul e a Índia, com o objetivo oficial de coproduzir equipamentos militares e ter um mercado de defesa o mais homogêneo possível, o que, segundo o ministro da Defesa, José Viegas, "barateia custos, cria mais previsibilidade de demanda e mantém as empresas mais estáveis".

O ministro Viegas retornou de uma viagem à Índia, e pretende ir à Argentina no início do próximo ano, costurando esse acordo. Ele define esse movimento como "empenho em alcançar graus superiores de coordenação industrial em matéria de coprodução", retirando dele qualquer conotação política.

Segundo ele, o objetivo é "desenvolver esse conceito de indústrias internacionais, de divisão de trabalho e de mercados ampliados". No momento, os três países estão fazendo as respectivas listas de prioridades, é sobre isso que Viegas quer conversar com os argentinos. "A Argentina é um parceiro importante nisso", ressalta.

Na verdade, Brasil e Argentina já estão conversando sobre uma integração militar há algum tempo. Sabe-se agora mais detalhes sobre uma possível integração militar entre os países da América do Sul, tese defendida pelo chefe da Casa Civil, José Dirceu, em uma palestra no Fórum Iberoamericano de Campos do Jordão, no início do mês passado.

Diante das reações, o ministro esclareceu que estava fazendo apenas "considerações acadêmicas", e que não havia nada de imediato nos planos do governo brasileiro com relação ao assunto. O Ministério da Defesa argentino, no entanto, saiu imediatamente em apoio à ideia.

Na verdade, a iniciativa teria sido dos próprios argentinos, ainda no governo Duhalde. A Marinha argentina teria apresentado o projeto, que estaria em discussão no governo brasileiro.

O plano preveria que os argentinos entrariam com os mais de cem foguetes Exocet que possuem em estoque desde a Guerra das Malvinas — em parte comprados com auxílio do Brasil na época —, e os brasileiros fariam a integração desse armamento aos aviões da FAB modernizados (F-5, já licitados) e aos novos caças (FX, em licitação). O Brasil se comprometeria, em contrapartida, a treinar pilotos argentinos. Seria o primeiro passo efetivo para montagem de uma força armada conjunta.

O ministro Viegas confirma o interesse nessa aproximação, diz que o treinamento dos pilotos faz sentido dentro da estratégia, mas nega que exista alguma negociação envolvendo os Exocets, mais uma vez evitando colocar elementos polêmicos num acordo em que destaca apenas o lado comercial.

O especialista em estratégia militar Ronaldo Leão, no entanto, vê uma clara motivação estratégica no movimento brasileiro. Segundo ele, "na nova multipolaridade mundial, você vai ter os seguintes núcleos de poder militar: Estados Unidos, China, Rússia, Índia, uma União Europeia militarmente independente e o Brasil liderando o bloco do Hemisfério Sul, cujos mais importantes parceiros, tecnológicos e industriais, são a Argentina e a África do Sul".

Segundo sua avaliação, os quatro países já têm condições de produzir "praticamente tudo em material de defesa". E Leão imagina que Rússia e China possam também se juntar a esse grupo.

O Brasil tem uma indústria basicamente privada, com algumas estatais: a Imbel, dirigida pelo Exército; a Engepron, empresa gerenciada pela Marinha, que faz construção naval e alguma atividade industrial também do Centro Técnico Aeroespacial da Aeronáutica, que faz produção de foguetes de sondagens, o VLS.

A rede de indústrias privadas tem excelência em alguns setores, como a Avibrás, uma das líderes no mundo de desenvolvimento de tecnologia de míssil. Outra indústria brasileira é a Mectron, que faz o Piranha, um míssil ar-ar que está sendo testado no AMX e no F-5. Ronaldo Leão lembra que "a cabeça buscadora de alvo dele é feita na África do Sul". (...)

A África do Sul tem uma indústria militar poderosíssima. Produz turbinas de jato, mísseis sofisticados, equipamentos de visão noturna, tanques de guerra, artilharia pesada, carros de combate. A Índia faz tanques, mísseis antiaéreos, mísseis de cruzeiro e supersônicos de longo alcance.

Segundo Viegas, Índia e África do Sul podem cooperar tanto em produtos novos como em coprodução, associação de esforços para reduzir custos. "O que mata a indústria de defesa é que a demanda é muito oscilante", explica, dando mais uma vez mais importância à questão comercial que à estratégia política por trás de um acordo do tipo.

A Aeronáutica está terminando as avaliações técnicas na licitação para compra dos FX — uma comparação dos diferentes aviões, com um sistema de pontuação internacional; e uma análise das contrapartidas, com a ajuda da Fazenda.

11/12
NOVOS CAMINHOS?

Inicialmente apenas sugerida em alguns gestos diplomáticos mais ousados, uma nova ênfase na política externa brasileira vai afinal sendo definida pelo presidente Lula em seu périplo pelos países árabes. Nunca antes o presidente havia sido tão claro na explicitação da intenção de criar "uma nova geografia política e comercial" no mundo, como disse Lula em seu discurso na sede da Liga dos Estados Árabes.

O fato é que o governo brasileiro está convencido de que dificilmente as relações comerciais com os Estados Unidos e a União Europeia evoluirão a ponto de atender ao que necessitamos, ou seja, abertura de mercados para nossos produtos, especialmente os agrícolas.

E há também uma percepção, que ficou dos mal-entendidos iniciais nas negociações sobre a Alca, de que os Estados Unidos não dão ao Brasil a devida importância. Tratam-nos como se fôssemos apenas mais um país de uma região que tradicionalmente não tem muita importância na política externa americana.

O governo brasileiro decidiu, na definição de um de seus mentores, politizar as questões externas, sem ideologizar. Existem pesquisas que mostram um sentimento muito forte contrário aos Estados Unidos hoje no país. O Palácio do Planalto e o Itamaraty estão preocupados em não sinalizar para a opinião pública uma hostilidade aos americanos, para não exacerbar esse sentimento latente.

Ao mesmo tempo, usam esse sentimento para apoiar nossas reivindicações. Quando o presidente Lula diz que não pretende confrontação com os países desenvolvidos, não está usando de subterfúgios. Embora alguns gestos, como o de levantar o braço do ditador Kadafi, na por si só estranha visita à Líbia, pareçam fabricados de encomenda para hostilizar os Estados Unidos.

(...)

O fato é que o governo brasileiro aprofunda cada vez mais uma política externa que, se não quer se isolar no rótulo de terceiro-mundista, quer abrir opções com países em desenvolvimento para não ficar dependente dos países desenvolvidos.

Dependente em termos não apenas comerciais, mas políticos também. Não é à toa que Lula leva em sua comitiva o presidente da comissão de representantes permanentes do Mercosul, o argentino Eduardo Duhalde.

O governo brasileiro quer fortalecer o Mercosul como instrumento político nas negociações internacionais. E por isso a Argentina aparece como parceiro privilegiado em todos os projetos de ampliação de mercados, como o de indústria bélica abordado aqui na coluna de ontem.

O G-20, grupo de países em desenvolvimento como Índia, Rússia, África do Sul e China, que representam mais da metade da população mundial, está novamente unido. Criado inicialmente para se contrapor a Estados Unidos, União Europeia e Japão na reunião da OMC de Cancún, sofreu algumas defecções oportunistas pelo caminho mas, agora, volta a se reunir em Brasília a convite do presidente Lula.

Ao que tudo indica, o Brasil vai levar para a reunião, da qual participará também a União Europeia, uma proposta de radicalização da união dos países em desenvolvimento.

O presidente Lula pretende apresentar uma proposta "da pesada", como tem definido em conversas informais. Ela consistiria no estreitamento dos laços comerciais, políticos e até mesmo culturais dos países do G-20, para que, atuando em conjunto, possam enfrentar os países desenvolvidos.

Não vai ficar explícito na proposta brasileira, mas a união seria uma alternativa à Alca e às negociações da OMC, caso elas não avancem no sentido de liberar os mercados internacionais para os produtos dos países em desenvolvimento.

O apelo político de tal gesto tem uma dimensão, enquanto o poder comercial de uma união desse tipo tem outra, completamente diferente. O comércio do Brasil com os Estados Unidos representa 25% de nossas exportações, e gostaríamos que ele aumentasse. Estados Unidos e União Europeia, juntos, representam 60% do comércio mundial e, portanto, não podem ser desprezados.

Há quem considere, por isso, que todo esse esforço em busca de alternativas aos polos econômicos que prevalecem hoje no mundo globalizado é muito pouco rentável em termos concretos para o Brasil.

23/12
EFEITO ORLOFF

As economias do Brasil e da Argentina sempre tiveram ciclos semelhantes, com a Argentina antecipando movimentos que mais tarde aconteceriam também no Brasil, com efeitos positivos ou negativos. Foi assim, por exemplo, na dolarização da economia argentina, que depois chegou aqui adaptada pelo Plano Real, com a paridade entre o Real e o dólar mantida artificialmente. Mas às vezes o Brasil se antecipou, como na implantação do câmbio flutuante em 1999. Daí a brincadeira sobre o efeito Orloff, marca de vodca cuja propaganda cunhou a frase "Eu sou você amanhã".

O efeito Orloff não se concretizou, felizmente para nós brasileiros, na última crise econômica que os dois países viveram recentemente. A Argentina simplesmente quebrou, enquanto o Brasil superou a crise às custas de uma política fiscal ultrarrigorosa adotada por Lula no seu primeiro ano de governo.

O efeito Orloff, que sempre pairou sobre a economia dos dois países, parece valer também para a percepção dos dois povos. Lula vem tendo uma queda de popularidade lenta e gradual. Como o presidente Néstor Kirchner, da Argentina, está tendo.

A exemplo do que acontece com Lula, o presidente argentino também está terminando o ano com a popularidade em alta, com 77% de aprovação, segundo pesquisa divulgada no fim de semana em Buenos Aires. Quase a mesma popularidade que tinha ao assumir o governo, sete meses atrás, quando registrou 80% de aprovação.

Uma performance melhor que a de Lula, que fecha seu primeiro ano com uma média de cerca de 65% de aprovação pessoal, segundo as últimas pesquisas do Ibope e do Datafolha. Mas ela já foi de 75%.

(...) Por trás da aceitação dos dois presidentes está uma retórica que tem muito de popular, mas na maioria das vezes é simplesmente populista. O presidente da Argentina ainda se dá ao luxo de terçar armas com o FMI, num jogo de cena que deve lhe dar bons pontos na aprovação popular.

A Argentina, praticamente quebrada e fora do circuito financeiro internacional, pode fazer bravatas diante dos organismos internacionais. Só não pode romper unilateralmente com eles, o que não fez e tudo indica que não fará.

Da mesma maneira o FMI e outros órgãos financiadores aceitam as pirraças do governante argentino, enquanto tentam tirar dele o máximo possível sem inviabilizar a recuperação econômica. É um jogo de cena onde o governante populista finge-se de rebelde e o FMI finge que aceita as rebeldias.

Situação muito diferente da do Brasil, que tem uma economia muito maior e mais diversificada, ampliando sua participação no comércio internacional. Temos espaço para negociar bons acordos, mas nossa condição de líderes regionais não permite que façamos bravatas.

O presidente Lula, embora seja bom de retórica, tem um campo mais restrito de ação que seu colega Kirchner. Está encontrando terreno, por exemplo, na política externa para reafirmar nossa independência nas negociações internacionais. E vez por outra ainda tem espaço para cutucar os Estados Unidos — como na viagem aos países árabes ou na formação do G-20 na OMC — sem no entanto partir para a confrontação. Com essa postura, também aplaca internamente o eleitorado de esquerda que se queixa de sua gestão econômica.

(...)

O temor é que o presidente Lula, confiante em seus dotes de orador popular, mantenha os amigos e prescinda de uma equipe eficiente. Na presunção de que seu carisma é suficiente para tocar o governo.

25/12
APENAS UMA TEORIA

Há uma teoria conspiratória circulando em setores importantes, sobretudo militares, ligando a conversa reservada que o presidente Lula teve com o ditador líbio Muamar Kadafi, naquela tenda em Trípoli, ao telefonema que o presidente Bush deu a Lula dias depois e à decisão, anunciada há dias, de a Líbia abrir mão da construção de armas de destruição em massa.

Para aqueles que, como eu, não viram sentido na visita que o presidente Lula fez à Líbia no início do mês, ou viram nela um gesto diplomático desnecessário de confrontação com os Estados Unidos, o anúncio do ditador Muamar Kadafi de que está abrindo suas fronteiras para inspeções de organismos internacionais e que pretende colaborar no banimento de armas, especialmente químicas, clareou um pouco o quadro.

Pelo acordo, a Líbia irá eliminar todos os elementos de seus programas de armas químicas e nucleares e declarar suas atividades à Agência Internacional de Energia Atômica.

O país também confirmou que aderirá ao Tratado de Não Proliferação de Armas Nucleares, incluindo o protocolo adicional, que permite inspeções-surpresa. Também se comprometeu a eliminar estoques de agentes químicos e munição, passando a respeitar a Convenção de Armas Químicas.

A decisão de Kadafi, no mínimo, serve para demonstrar que não havia maluquice por trás da escolha do roteiro de Lula no Oriente Médio, o que já é tranquilizador. Dizer que Lula teve papel importante na decisão de Kadafi não corresponde aos fatos, já que a negociação entre Trípoli, Washington e Londres vinha se desenrolando há pelo menos nove meses, em sigilo que certamente Brasília não compartilhava.

O chanceler Celso Amorim, embora claramente saboreie o fato de que a aproximação de Kadafi do Ocidente mostra que a visita de Lula à Líbia era menos inadequada do que pareceu no primeiro momento, não chega ao ponto de comprar a versão conspiratória. Pelo menos integralmente.

Ele confirma que "fazia parte dos pontos de conversação do presidente a questão da assinatura dos acordos relativos às armas de destruição de massa. No caso, o mais importante, é o de armas químicas". Amorim destaca também que o clima geral da visita "era de distensão, de abertura, de entrosamento com a comunidade internacional". Em que pesem os relatos dos jornalistas que acompanharam a visita, dando conta da truculência com que a comitiva brasileira foi tratada pelos seguranças líbios.

E até mesmo o fato de, na conversa na folclórica tenda, os bloqueadores de celular terem deixado o presidente Lula isolado, fora do alcance por bons minutos. Uma falha da segurança que pateticamente justifica a transmissão do cargo ao vice-presidente, hábito brasileiro em desuso num mundo interligado tecnologicamente. Mas esses são defeitos de ditaduras de maneira geral e não têm ligação com armas químicas.

Voltando ao papel da diplomacia brasileira nessa reviravolta líbia, tudo indica que, se houve, ele foi secundário, sem a dimensão que alguns setores pretendem dar. É claro que o passado revolucionário do PT, que o levou a ligações com regimes como o de Kadafi, ajuda a dar credibilidade na hora de aconselhar mudanças de rumo.

Até mesmo o fato de o presidente Lula ter feito questão de relembrar esses tempos, afirmando que não se esquece dos amigos, teve um significado maior do que parecia à primeira vista. Para quem não sabia das negociações que estavam se desenrolando, pareceu apenas um gesto imprudente de Lula.

Mas, se houvesse uma pequena informação que fosse, ou se o próprio Kadafi tivesse revelado alguma coisa a Lula na tal conversa da tenda, o recado seria bem outro. Amorim é sincero ao analisar a situação: "Não vou dizer a você que tínhamos uma informação precisa, mas sabíamos para onde sopravam os ventos".

Não há indicações firmes de que a conversa entre Lula e Kadafi tenha sido assunto específico do telefonema que o presidente americano

George W. Bush deu a Lula dias atrás. Mas a visita de Lula aos países árabes certamente surgiu na conversa com Bush, e é mais do que provável que Lula tenha transmitido ao presidente Bush a boa vontade de Kadafi em relação aos acordos internacionais de armas.

Mesmo que Bush certamente tivesse informações até mesmo mais detalhadas a respeito, já que as negociações com Trípoli se desenrolavam desde março e estavam na reta final como se viu depois, um testemunho de primeira pessoa sempre é importante.

2004

9/1
COMÉDIA DE ERROS

O governo brasileiro tem pesquisas de opinião que indicam que existe no país um forte sentimento contra o governo Bush, especialmente pela guerra do Iraque, vista pela maioria do povo como uma demonstração arrogante do poder hegemônico. Um ambiente muito propício, portanto, para uma decisão como a desse juiz de Mato Grosso, que determinou que a Polícia Federal fiche e identifique todo americano que chegue ao Brasil.

Uma retaliação pura e simples, fantasiada de reciprocidade internacional. O sentimento detectado pelas pesquisas não se trata de antiamericanismo, pois não prosperaram as campanhas de boicote aos produtos dos Estados Unidos.

O governo Bush caiu na antipatia do brasileiro médio não apenas por razões ideológicas mas também pela exibição de força, entre elas a dificuldade imposta há alguns anos para se obter vistos para os Estados Unidos. Não foi à toa que o ministro das Relações Exteriores, Celso Amorim, relembrou à embaixadora americana Donna Hrinak as filas de brasileiros nos consulados americanos atrás de vistos.

Esse endurecimento dos critérios para concessão de vistos atingiu em cheio a classe média brasileira, criando um clima de ressentimento que se consolidou com o estilo imperial do governo Bush.

Mas o governo americano também tem razões internas para ter reagido, embora tardiamente, à decisão brasileira. A primeira reação oficial americana foi mesmo de aprovação, sob a alegação de que toda medida a favor da segurança internacional merecia aplausos.

Uma atitude de tamanha superioridade que deve ter confundido muita gente que achava estar incomodando o país mais poderoso do mundo.

Mas, de repente, algumas forças conspiraram a favor da retaliação: americanos ficaram nada menos do que oito horas presos no aeroporto do Rio para serem identificados, e essa demora absurda virou matéria de jornal americano; algum jornalista se deu ao trabalho de ler a decisão do juiz e descobriu que ele, num exagero histórico, compara as exigências que os Estados Unidos fazem aos estrangeiros aos piores horrores do nazismo.

E, por fim, mas não menos importante — talvez tenha sido mesmo o mais importante —, o senador republicano do Kansas, Pat Roberts, revoltou-se com a obrigação de ser fichado. Paradoxalmente, ele é um influente líder conservador, que preside um comitê de inteligência do Senado americano.

Muito preocupado com o terrorismo e armas de destruição em massa, ele é reconhecido como dos primeiros a denunciar a possibilidade de um ataque terrorista aos Estados Unidos. E ganhou notoriedade por isso depois do 11 de setembro de 2001.

(...) Quem também andou pelo país foi o presidente da Câmara dos Estados Unidos, Dennis Harstert, o terceiro homem na sucessão de Bush. Ele, considerado o republicano mais influente na política americana fora da Casa Branca, chefiava uma delegação de 11 deputados, mas não teve sorte em Brasília: não conseguiu uma brecha na agenda do presidente para uma audiência.

Pela versão oficial, não havia nada marcado, mas apenas uma intenção de um encontro. A versão oficiosa diz que a audiência estava marcada com muita antecedência e foi desmarcada em cima da hora. O incidente, de qualquer maneira, entra para o contencioso das relações com os Estados Unidos, mas não devido ao fichamento. Os deputados americanos chegaram ao Brasil antes da medida estar em vigor.

Esse sentimento anti-Bush facilitou, num primeiro momento, que ganhassem terreno no governo brasileiro correntes políticas antiamericanas mesmo, e esse foi o tom predominante das negociações iniciais sobre a Alca, e também das relações com o governo da Venezuela. Qualquer coisa que espicaçasse os Estados Unidos tinha boa acolhida em setores importantes do governo brasileiro.

Com o tempo, o profissionalismo do Itamaraty foi voltando a dominar o cenário, e as negociações ganharam um ponto de equilíbrio. Providências criativas e eficazes como a criação do G-20, grupo de países emergentes como Brasil, Rússia, China e África do Sul, para atuar em bloco nas negociações internacionais, deram maior peso a esses países.

No caso atual dos turistas americanos, há uma evidente satisfação do governo brasileiro em cumprir a ordem do juiz de Mato Grosso. Sem atentar para o fato de que a tese, defendida pela Associação Nacional de Juízes, de que a política externa não depende apenas do Executivo, dá margem a muitas consequências.

E o ministro do Turismo, Walfrido Mares Guia, tão elogiado pelo presidente Lula por sua atuação em desbravar o mercado turístico, também não se envolveu no assunto, de sua inteira alçada, para não meter a mão em cumbuca. Alguém está vendo ganhos políticos nesse impasse, e ninguém está contabilizando os prejuízos econômicos que essa patriotada pode nos causar.

Essa verdadeira "comédia de erros", conforme definição de um diplomata, não é simples de ser encerrada. Depois do telefonema de Powell, entrar na Justiça contra a medida pode parecer um recuo do governo brasileiro. Resta torcer para que o recurso do prefeito do Rio, Cesar Maia, seja vitorioso. Ele foi a única autoridade brasileira a não brincar com coisa séria.

28/1
NO CAMINHO CERTO

PARIS. Há um evidente descompasso entre o que anunciam algumas autoridades brasileiras e a realidade. Agora mesmo em Davos, no Fórum Econômico Mundial que se encerrou domingo, o Brasil teve pouco ou nenhum destaque nos debates.

Mas o presidente do Banco Central, Henrique Meirelles, insiste em que, nas conversas reservadas que teve com autoridades de vários países, o Brasil sempre foi colocado, ao lado da Índia e da China, como o grande país do futuro, atraindo a atenção dos investidores.

(...) Mas entre a potencialidade de um país como o Brasil e a realidade, vai uma grande diferença. E é essa distância, que separa o real do possível, que o país vai ter que superar nos próximos anos.

A percepção só mudará quando a economia brasileira começar a crescer aceleradamente, demonstrando poder superar a performance medíocre que marcou o país nos últimos vinte anos.

Quando o presidente Lula vai à Índia, onde está agora, estreitando os laços comerciais, ou à China, onde estará dentro de alguns meses, além de assinar acordos concretos, está desenhando uma nova geografia comercial, como gosta de dizer.

Esse trabalho diplomático de unir os países emergentes para enfrentarem juntos as barreiras comerciais impostas pelos países ricos faz com que a relevância do país seja percebida.

O editorial do *New York Times* do último fim de semana, afirmando que o Brasil está tomando o lugar do México como líder da América Latina e, mais que isso, está sendo visto por outros países, como a Argentina e a Venezuela, como o porta-voz da região, é uma constatação que tem repercussões na política externa dos Estados Unidos.

Chama a atenção dos analistas internacionais o fato, também destacado pelo *New York Times*, de que a política externa brasileira estimula o revigoramento do Mercosul e amplia as ligações do Mercosul com os países da América Latina, como maneira de reforçar sua atuação na região. E certamente o governo americano também está atento a esses movimentos.

Agora mesmo, no recente número da *Foreign Affairs*, Peter Hakim, presidente do Diálogo Interamericano — um dos mais prestigiados centros de estudos baseados em Washington, dedicado às relações políticas no hemisfério, que tem o ex-presidente Fernando Henrique Cardoso como *cochairman* —, realça a necessidade de Brasil e Estados Unidos tentarem construir uma relação institucional produtiva. Apesar das divergências entre um governo conservador como o de Bush e um nascido da esquerda, como o de Lula.

7/2
FANTASIA E REALIDADE

O presidente Lula é, na essência, um líder sindical, e por isso está sempre envolvido em negociações. Aprendeu a decidir discutindo, ouvindo opiniões variadas. Dizem que não consegue prender a atenção lendo relatórios, mas pode ficar horas debatendo um tema até tomar uma decisão.

Amadureceu tanto politicamente que hoje é exemplo de respeito às negociações no Congresso, depois de tê-lo conhecido por dentro como constituinte e ter vaticinado que havia ali "400 ladrões".

Performático, ora está de avental na cintura, ora toca violão. Percorre o mundo como um caixeiro-viajante, assim como percorreu o Brasil nas suas caravanas, vendendo seus sonhos, suas fantasias.

Depois de convencer a maioria dos brasileiros de que um novo mundo era possível, ele tenta agora convencer os parceiros emergentes de que é possível se unir contra os países ricos.

E, de quebra, leva ao mundo sua campanha pelo fim da fome. É uma obsessão tão nobre, num mundo tão injusto, que Lula corre o risco de ganhar um Prêmio Nobel até o fim de seu mandato, para delírio de seus marqueteiros.

Quando é preciso, vai a enterros, e chora, como fez no das vítimas da tragédia de Alcântara. Tem tido tanto sucesso nessas empreitadas que é capaz de ir visitar as vítimas das enchentes no Nordeste e ser recebido como um Padim Ciço redivivo, com gente querendo beijar sua mão, desabrigados que sorriem ao ouvi-lo prometer casas novas.

O presidente é um líder natural, espontâneo, que funciona melhor ao ar livre do que fechado em gabinetes. Consegue se descolar de seu governo, e, 14 meses depois de ter assumido a Presidência da República, ainda conta com a boa vontade dos brasileiros, e com sua proverbial paciência.

Preside um governo inoperante na maioria dos setores, mas que funciona muito bem em alguns poucos, como na economia e na política externa. O conservadorismo de uma corresponde à agressividade da outra, numa política de contrapontos muito bem executada.

No plano internacional, o governo brasileiro tem conseguido grandes vitórias, como o G-20, grupo de países emergentes, liderados pelo Brasil, Índia e China, que têm atuado juntos nas negociações comerciais internacionais.

O presidente tem outra obsessão: a união da América Latina num grande bloco econômico. Exagera quando diz que salvou o Mercosul, e mais ainda quando atribui a si o início das relações do Mercosul com a América Latina. Mas sem dúvida, devido a essa sua obsessão, que muitos classificam de fantasiosa, tem dado inusitada importância ao fortalecimento das relações regionais e à integração física entre os países.

Promete até financiar obras de infraestrutura nos nossos vizinhos, numa política no mínimo polêmica, para quem tem tanto a fazer aqui dentro. Tudo perfeito na teoria, ou na utopia de um continente unido como a atual Europa.

Mas ter atrás de si o Mercosul é sem dúvida nenhuma um trunfo político que o presidente Lula faz bem em valorizar. Agora mesmo na reunião de Puebla, mais uma etapa para definição da Alca, viu-se que conseguir concessões econômicas dos Estados Unidos é mais difícil do que eles prometem.

O próprio interesse da Europa, ou do Canadá, em negociar um acordo de livre comércio com o Mercosul é uma prova disso. E pode servir de incentivo a que os Estados Unidos abram mais concessões para a região.

O problema é de enfoque. Fazer esses movimentos para tentar ganhar consistência política nas negociações comerciais, especialmente com os Estados Unidos, é uma coisa. Imaginar que poderemos, unidos aos emergentes do G-20, intercambiar produtos e serviços dispensando acordos com os Estados Unidos, seria uma atitude, além de arriscada, bisonha.

O mundo está mesmo baseado em uma "política internacional injusta", como gosta de ressaltar Lula. Cabe ao Brasil tentar romper essa barreira. Mas sem se isolar. Mesmo porque nada indica que China, Índia, Rússia estejam interessados em confrontar os Estados Unidos.

Quando afirma que "o século XXI será dos emergentes", Lula está repetindo, sem o saber, uma profecia de Deng Xiaoping, revelada no livro de memórias de David Rockefeller. Em 1988, ele visitou a China e teve um encontro com o Den Xiaoping, de 88 anos, que estava semiaposentado, mas ainda mandava como chefe do Exército Vermelho. Relata Rockefeller:

"Com um jeito meditativo, Deng falou de sua visão do mundo. Ele via o século XXI como o século da Ásia, com a América Latina gradualmente tornando-se uma força. Ele chegava a ver uma época em que a África seria líder mundial. Por implicação, ele via as estrelas da Europa e dos Estados Unidos se esvaindo, embora soubesse que, por algum tempo, a China seria dependente do mundo ocidental no que dizia respeito a tecnologia e capital."

A visão de Deng Xiaoping está se confirmando, pelo menos na parte da Ásia. Nada indica que a África possa vir a ser um líder mundial, e Lula tenta tornar realidade um destino de liderança da América Latina, por enquanto dificilmente previsível.

A certeza desse destino de grandeza para países como o Brasil sempre rondou as previsões dos especialistas. O mesmo livro traz outra previsão no mesmo sentido, feita pelo xá do Irã, em encontro com Rockefeller em 1974, na Suíça, onde o xá esquiava. "O xá vislumbrava um futuro dourado para o seu país como resultado dos preços mais altos do petróleo. O Irã, ele nos garantiu, se tornaria uma potência mundial industrial e, em 25 anos, uma das cinco maiores economias do mundo, junto com Estados Unidos, Rússia, China e Brasil."

Como sabemos, o xá errou em relação a si e a seu país, atropelado pela História. Para passar das ilusões à realidade, e não ficar pelo meio do caminho da História, cabe a Lula dar uma direção mais firme a seu governo. A confirmação categórica que deu ontem sobre o rumo da política econômica brasileira foi um passo importante.

13/2
A LÓGICA DE LULA

O presidente Lula tem um país organizado na cabeça, e se hoje o país real não se assemelha ao do seu ideal, ele não se aflige, está certo de que chegaremos lá. "Sou um homem de sorte", diz entre sorrisos, convencido de que conseguirá levar o Brasil a um crescimento econômico constante a partir deste ano.

Mas a aposta mesmo é para 2005, quando as reformas todas estarão implantadas. Ele mesmo brinca, dizendo que amadureceu, quando se confronta esse presidente paciente com o político agressivo, por vezes raivoso, de tempos anteriores, que tinha pressa para solucionar os problemas brasileiros e cobrava pressa dos dirigentes.

(...) O presidente briga com banqueiros para reduzir os juros com a mesma desenvoltura com que orienta o Itamaraty para brigar com os Estados Unidos nas negociações sobre a Alca. Não quer romper com banqueiros nem com os americanos, muito pelo contrário.

Mas acha que a vida é uma eterna negociação sindical, na qual as partes endurecem na tentativa de chegar a um acordo melhor. O presidente, aliás, esbanja as metáforas futebolísticas "porque assim o povo entende". Mas o que ele gosta mesmo é de comparar tudo com sua experiência sindical.

(...) Quem se entusiasma com o terceiro-mundismo da política externa não entendeu a cabeça do presidente Lula. A esquerdização da política externa, vista por muitos como uma compensação para o conservadorismo da política econômica interna, é talvez das motivações mais remotas do presidente.

O que ele quer mesmo é ganhar força nas negociações comerciais, e para isso se une aos países emergentes, não necessariamente de esquerda. A Índia tem um governo de direita, a Rússia também. Ter ido à Líbia tem para ele um significado mais comercial do que político, e fica achando graça da foto do primeiro-ministro italiano, o direitíssimo Berlusconi, abraçando Kadafi.

Sobre a Alca, dá a impressão — embora nada tenha declarado — de que está à espera de que os Estados Unidos ofereçam uma boa compensação, para aderir ao acordo e até mesmo aceitar abrir negociações mais delicadas sobre serviços, compras governamentais e outros itens. O que não é possível, diz ele, é achar que vão impor suas vontades. Temos que entrar nas negociações de cabeça erguida, repete obsessivamente.

O presidente Lula parece muito mais pragmático do que ideológico nos seus movimentos, tanto internos como externos. Dizer, por exemplo, que o superávit primário poderia até ser maior, pois nós só pagamos 30% da nossa dívida com ele, é uma declaração que deve chocar os esquerdistas de todas as matizes.

(...) Lembra de outros tempos, em que havia uma disputa política pela liderança regional entre Brasil e Argentina. E das disputas que ainda hoje envolvem países da região, para dizer que a união de todos é a única maneira de a região ganhar força no mundo globalizado.

Preocupa-se com a situação política na Venezuela, por exemplo. Com o acirramento dos ânimos dos dois lados, seja qual for o resultado final. Sem isso querer dizer que apoiará o presidente Chávez incondicionalmente. Mandou para lá seu assessor especial Marco Aurélio Garcia, e torce para que Chávez se saia bem de mais essa crise política. Mas admite que se o referendo popular decidir pela destituição de Chávez, de maneira limpa, é uma decisão a ser cumprida.

Nega que seja desperdício financiar obras de infraestrutura em outros países, argumentando mais uma vez pragmaticamente: quanto melhor e mais rápido circularem as mercadorias e as pessoas entre os países da América do Sul, mais a economia vai prosperar.

A lógica desses movimentos é uma só: ele quer mostrar aos países desenvolvidos que não podem mais continuar ignorando os países emergentes, suas necessidades e seus desejos. Está convencido de que, organizando alternativas viáveis política e economicamente, os países emergentes vão conseguir melhores condições nas negociações internacionais. Sem rupturas.

26/5
TOMA LÁ, DÁ CÁ

Exigir do presidente Lula uma posição coerente diante da imensa contradição que a China representa hoje no mundo é realmente pedir demais. Não é surpreendente que o Brasil tenha declarado que Taiwan e Tibete são partes inseparáveis da China, pois esta é uma posição oficial do governo desde agosto de 1974, quando o Brasil reatou relações diplomáticas com a China num lance audacioso do Itamaraty em plena ditadura militar.

As contradições começaram aí, quando o próprio general Geisel, que considerara uma espécie de capitulação a visita do presidente americano Richard Nixon à China — como relata Elio Gaspari em seu livro *A ditadura derrotada*, foi o responsável pelo reatamento, convencido pelo pragmatismo do chanceler Azeredo da Silveira.

O presidente Lula tem a mania de inaugurar a política externa brasileira a cada viagem, exatamente como faz agora na China, como se fosse o primeiro presidente brasileiro a visitar aquele país.

Mas, com relação à hipocrisia com que tratamos Taiwan — mantemos um escritório comercial lá, mas reconhecemos uma só China —, o governo brasileiro não está apenas repetindo antigas posições de nossa política externa, como está também seguindo as maiores potências mundiais, todas encantadas com as possibilidades das parcerias comerciais com a China.

(...) Ao se calar diante dos frequentes abusos contra a pessoa praticados pelo governo chinês, o governo brasileiro age da mesma maneira como agiu em relação à Cuba, quando se calou sobre o fuzilamento dos dissidentes. O presidente Lula, ao visitar a ilha logo depois dos episódios que geraram protestos em todo o mundo, alegou que não se imiscuía em assuntos internos dos países que visitava.

Usou o mesmo argumento agora na China, mas evidentemente estava motivado por razões distintas. Em Cuba, constrangeu-se em criticar um velho amigo. Na China, submeteu-se, como o mundo todo, ao poder do dinheiro, que os chineses usam com o despudor do mais selvagem dos capitalistas.

(...) As contradições do "socialismo de mercado" adotado pela China continuam assombrando suas relações internacionais. Querer ser reconhecido como praticante de uma economia de mercado para não sofrer sanções na Organização Mundial do Comércio (OMC) é uma delas, ainda mais para uma economia que só recentemente reconheceu a propriedade privada. Assim como ter consagrada em sua Constituição a figura dos direitos humanos e continuar desrespeitando-os sistematicamente, sem que a comunidade internacional faça mais que umas poucas ressalvas.

As concessões que o mundo faz à China, em troca de seus investimentos, são um enorme "toma lá, dá cá", embora o chanceler brasileiro tente dizer que, no caso brasileiro, isso não se configura.

É louvável o pragmatismo com que o presidente Lula vem conduzindo os negócios do Estado brasileiro. Mas, como sempre, as contradições do passado petista acabam falando mais alto.

Nenhum dos presidentes brasileiros que lá estiveram em viagem oficial — como Fernando Henrique ou Sarney — fez críticas à situação dos direitos humanos. Mas há quem veja nas concessões que faz a Cuba e China na questão dos direitos humanos um sintoma de que esses valores podem não significar grande coisa para o núcleo dirigente petista que está no poder.

6/7
MUNDO, VASTO MUNDO

O presidente Lula é obcecado pelo papel que acha que o Brasil tem que exercer nas relações internacionais. Para quem era cercado da suspeita dos adversários de que não representaria bem o país no exterior, Lula tem se saído melhor do que a encomenda, e tomou gosto pelo assunto. Não é à toa que ele adquiriu o hábito de ficar olhando o mapamúndi em seu gabinete presidencial, como revelou Ancelmo Gois em sua coluna.

O presidente tem realmente uma obsessão pelo papel estratégico do Brasil e, como quer desenhar uma nova geografia comercial no mundo, procura amarrar ações conjuntas com parceiros os mais diversos, além de preparar medidas de impacto internacional para colocar em evidência o papel que ele supõe nos estar reservado.

O jogo de futebol da seleção brasileira com o Haiti cai como uma luva nesse esquema, no qual entra também outra obsessão de Lula: uma campanha internacional contra a fome, com a taxação da venda de armas. No Haiti, o Itamaraty e o Palácio do Planalto vão tentar montar um esquema de troca de ingressos para o jogo por armas, para destacar o caráter pacifista da atuação brasileira, enquanto o mundo está envolvido em guerras de todos os tipos.

Mais adiante, outro lance na mesma seara pode causar impacto ainda maior: o referendo nacional, previsto para o ano que vem, sobre o desarmamento. "O mundo vai se espantar conosco", prevê o secretário de Comunicação e Estratégia, Luiz Gushiken, um dos integrantes do chamado "núcleo duro" do Planalto, responsável exatamente pela propagação da imagem do governo.

Outro tema de repercussão internacional deve ser, segundo Gushiken, a aprovação no Congresso da legislação sobre os produtos transgênicos. Gushiken acha que o governo brasileiro está inovando quando coloca assunto tão relevante em discussão aberta dentro do Ministério, com a participação da sociedade civil.

Ao contrário de uma demonstração de fragilidade do governo, Gushiken vê no embate sobre a lei dos transgênicos entre o ministro da Agricultura, Roberto Rodrigues, e a do Meio Ambiente, Marina Silva, avanço democrático do qual resultará uma legislação que será exemplo para o mundo sobre um tema polêmico que ainda não encontrou uma definição clara em nenhum lugar.

De fato, está havendo uma surpreendente harmonia entre os ministérios envolvidos e os militantes ambientais. O Ministério do Meio Ambiente já avançou muito nas discussões, e praticamente já não põe empecilhos às pesquisas com transgênicos. A discussão está hoje restrita a quem vai dar a palavra final, se a CTNBio ou se o próprio ministério.

O deputado federal Fernando Gabeira, que acabou saindo do PT por divergências acumuladas que culminaram com a liberação para o cultivo de soja transgênica, hoje não apenas é um dos sustentáculos políticos para que o Ministério da Agricultura consiga mais verbas, como não se opõe ao cultivo dos transgênicos, desde que a lei que obriga a rotulagem seja implementada.

(...) O projeto de integração tem, portanto, um forte cunho político, e o Brasil, em que pesem as dificuldades econômicas, vai montando uma vasta rede de influências que o deixará em posição de formalizar uma hegemonia política na região.

O G-20, que reúne países tão diversos como o Brasil, a Índia, a Austrália, China, Argentina e África do Sul, representa outro passo na direção de tentar montar parcerias estratégicas. Não foi à toa que a vitória brasileira na OMC contra os subsídios ao algodão dos Estados Unidos foi comparada pelo presidente Lula a uma final de campeonato. É com essas conexões comerciais e políticas internacionais que ele está sonhando quando fica mirando o mapa-múndi de seu gabinete.

14/8
ESPETÁCULO E RESULTADOS

O "jogo da paz", como está sendo chamada a partida de futebol que a seleção brasileira fará na próxima quarta-feira em Porto Príncipe contra a seleção do Haiti, faz parte do que a revista especializada em política internacional *Foreign Affairs* tem chamado de "novo protagonismo brasileiro", e que o chanceler do governo Fernando Henrique, Celso Lafer, classifica de "política-espetáculo". O fato é que quase dois anos depois de tomar posse o presidente Lula tem na política externa um dos pontos altos de um governo sem grandes destaques além da economia.

Algumas ações são claramente demagógicas, como a proposta de um fundo internacional contra a fome com a taxação de venda de armas. Outras, como o jogo de futebol da seleção brasileira no Haiti, embora nascida da cabeça de uma especialista em marketing, têm um lado meritório que reafirma nossa liderança no continente.

Superado um primeiro momento dominado por um esquerdismo exacerbado, a atuação de Lula nos fóruns internacionais e uma bem montada ação de fortalecimento da liderança do país na área do Mercosul e na América Latina têm dado ao governo uma dimensão internacional bastante positiva.

(...) Para o professor de política internacional Francisco Carlos Teixeira, da UFRJ, "a política externa é o lado que o governo do PT teve menos dificuldade de implantar uma política coerente, e isso se deveu em larga escala ao fato de já existir uma doutrina anterior, ligada ao secretário-geral do Itamaraty, Samuel Pinheiro Guimarães".

O ex-chanceler Celso Lafer, no posfácio de seu livro recém-lançado *A identidade internacional do Brasil e a política externa brasileira*, diz que, no plano da postura, o governo Lula vem, até o momento, "timbrando em deliberadamente dissociar-se, em matéria de externa, do anterior". Faz isso, segundo Lafer, para "dar uma satisfação ideológica interna compensando continuidades bastante explícitas com o governo anterior na condução da política macroeconômica".

Lafer diz "ter dúvidas" sobre a utilização da política externa para satisfação ideológica interna, e diz que isso provoca "multiplicação das tensões e incertezas". Para o professor Francisco Carlos Teixeira, o enfoque da nossa política externa realmente mudou: "Até Fernando Henrique, tínhamos uma obsessão no eixo norte-atlântico, com Estados Unidos e União Europeia. O governo do PT abriu a possibilidade de parcerias estratégicas com China, Índia, África do Sul; ampliou o debate no interior do Mercosul."

Hoje, segundo o professor Francisco Carlos Teixeira, a política externa está trabalhando como se fosse um tabuleiro tridimensional: "Parcerias estratégicas, onde entram também os Estados Unidos e a União Europeia; o G-20, onde o papel do Brasil é de liderança regional muito importante que mudou a OMC. Fizemos quebrar a negociação em Cancún para ganhar essa negociação em Paris; e o Mercosul. Cada vez que a gente se mexe num desses tabuleiros, acumula força para o outro. É a melhor política externa brasileira desde a época do Geisel", empolga-se.

Já Celso Lafer diz que, no plano político, "em função do estilo diplomático do governo Lula", é possível detectar, "no tema sul-sul, uma ilusória aspiração de enrijecer o quadro internacional com uma nova polarização ideológica".

A comparação com a política externa de um dos governos ditatoriais foi, por coincidência, também sutilmente lembrada pelo ex-presidente Fernando Henrique em recente palestra em seu instituto quando, na presença do novo embaixador americano no Brasil, fez uma análise histórica das relações dos dois países. Mas, evidentemente, sem a admiração contida no comentário do professor Teixeira.

Segundo o ex-presidente Fernando Henrique, "o período militar foi um período atritado, havia até no imaginário a bomba atômica. O que fizemos foi tirar da pauta os fatores de atrito que contaminavam a relação. Não podemos pensar que somos uma potência num continente em que há um poder hegemônico global. O Brasil cresceu economicamente, somos um *global trader*. Compare com o México ou a Argentina. Temos que ter um grau de confiança, e não ter alinhamento. Mas não podemos dizer que somos uma potência, com capacidade bélica, e vamos atuar. É de nosso interesse não ter conflitos com os EUA, para realizar os nossos interesses".

O ex-presidente define como de interesse nacional uma política de não agressão à potência dominante. "Em vez de imaginar a afirmação nacional pela via militar, ou pela ingerência, imaginá-la pela via de uma sociedade mais democrática e uma economia mais pujante."

5/11
O HAITI É AQUI

Embora oficialmente o governo brasileiro se negue a fazer a ligação entre uma questão e outra, é certo que assumir o comando da força de paz no Haiti, a pedido dos americanos, é um passo importante na negociação que o país vem fazendo para ocupar um lugar permanente no Conselho de Segurança da ONU, do qual fazemos parte em caráter provisório. A administração Bush até hoje se manteve estritamente silenciosa sobre essa pretensão brasileira, de maneira que não se presume um veto mais adiante. Na linguagem diplomática, se houvesse alguma razão para vetos, ele já teria sido explicitado, não deixando que o assunto se firmasse.

Certamente devido às eleições municipais, mas também à espera da definição da eleição nos Estados Unidos, o presidente Lula divulgou apenas ontem a substituição do ministro da Defesa, José Viegas. Um dos muitos problemas que ele teve na coordenação das três Armas foi com a designação dos comandantes da força de paz no Haiti, que o comandante do Exército, general Francisco Roberto de Albuquerque, nomeou sem consultá-lo.

Viegas aproveitou a crise gerada pela primeira nota do Exército sobre as supostas fotos do jornalista Vladimir Herzog para sair do governo por cima, em defesa de posições políticas progressistas, como se pode atestar em sua carta ao presidente Lula.

E a questão do Haiti pode vir a ser um problema delicado para o novo ministro da Defesa, o vice-presidente José Alencar. Alcançar o objetivo de obter uma cadeira permanente no Conselho de Segurança da ONU passa pelo bom desempenho da missão de paz no Haiti.

Embaixador do Brasil na ONU, Ronaldo Sardenberg acha que estamos cada vez com mais apoios. Segundo ele, a ideia de fazer o G-4 (Brasil, Índia, Japão e Alemanha) "foi absorvida com toda a naturalidade". Os quatro países se apresentam como candidatos solidários, com um possível quinto candidato africano, que seria a África do Sul. "Tendo em vista que esse movimento continua crescendo, vai formando um consenso, e fica cada vez mais difícil alguém se antepor", ressalta Sardenberg, segundo quem "a reforma passa a ter nome e endereço, não é uma coisa abstrata. É uma candidatura reconhecida e aceita por uma boa parte do eleitorado".

O G-4 teria representatividade por abrigar países de diversos continentes. E é nesse contexto, referindo-se à força de paz no Haiti, que o embaixador Sardenberg ressalta que "o que acontece nas Américas tem que ser do nosso interesse. Se você parte do princípio de que nós não temos a opção de entrar e sair das questões do nosso próprio continente, é uma admissão de fracasso. A questão do Haiti é importante para nós", reafirma.

Não é à toa, portanto, que na declaração final da Cúpula do Rio, a ser divulgada hoje, deve constar o apoio dos países da região a uma solução no Haiti. Seria uma forma de pressionar a ONU e os organismos internacionais a colaborarem mais decisivamente, não apenas com tropas, mas com recursos para projetos sociais.

O Brasil, que por dois anos tem lugar temporário no Conselho de Segurança da ONU, no rodízio já tradicional dos países-membros, quer mostrar que as questões regionais têm relevância para reafirmação de nossa liderança, e que pode trabalhar junto com os outros países: "Quem tem interesse é o Brasil e os países sul-americanos que estão na força: Argentina, Uruguai, Chile, Peru, Equador. É um esforço regional", lembra o embaixador.

Além dessas tropas sul-americanas, estão chegando outras da Espanha e do Marrocos; do Nepal e do Paquistão. O Brasil tem o comando, na pessoa do general Augusto Heleno Pereira, e 1.200 dos 6 mil homens. O fato é que são, ao todo, 18 missões de paz pelo mundo, "e nós é que temos que fazer com que a questão do Haiti ganhe prioridade", diz Sardenberg.

(...) Para Sardenberg, "temos que fazer com que o Haiti dê certo, porque o objetivo nosso é não repetir a experiência da década de 1990, quando uma força de intervenção se restringiu ao setor militar, chegou lá usando a violência, e depois foi embora deixando uma situação insustentável".

2005

18/1
O FUTURO DO PAÍS

Não é a primeira vez que surge no cenário internacional um estudo prospectivo que coloca o Brasil entre as prováveis potências emergentes nos próximos anos, seja mais imediatamente, como nesse estudo do Conselho de Inteligência Nacional dos Estados Unidos, divulgado ontem pelo correspondente de *O Globo* em Washington, José Meirelles Passos, que nos inclui entre as grandes potências em nada menos que 15 anos; ou a prazo mais longo, como o estudo da consultoria financeira Goldman Sachs, divulgado em 2003, em que o Brasil surge como a possível quinta maior economia do mundo dentro de cinquenta anos. O futuro parece estar chegando.

Em todos os estudos, o Brasil aparece ao lado de Índia e China. O fato de os estudos apontarem na mesma direção mostra que a percepção internacional positiva sobre a capacidade de crescimento de nossa economia é generalizada. E é também interessante constatar que ambos os estudos concordam que esses países emergentes, mesmo chegando a se transformar em gigantes econômicos do ponto de vista do Produto Interno Bruto (PIB), permanecerão com grandes desigualdades sociais, e, por isso, terão uma renda *per capita* menor do que os países europeus ou os Estados Unidos e Japão.

O documento do Conselho de Inteligência Nacional americano prevê, por exemplo, que o PIB da China será maior do que o de todas as potências ocidentais ao longo dos próximos 15 anos, ficando abaixo apenas do dos EUA. O da Índia vai suplantar ou, no mínimo, será igual ao das economias europeias. Mas os dois países terão em 15 anos populações de mais de 1,3 bilhão, e por isso o padrão de vida não se aproximará do Ocidente.

(...) O que torna o estudo mais recente coordenado pela CIA importante, do ponto de vista brasileiro, é a análise de que há a possibilidade de "potencial forte aliança" entre China, Índia, Brasil e Indonésia, o que faria surgir "não apenas um novo e poderoso bloco, como também provocará transformações significativas na geopolítica mundial".

É o que declaradamente procura o governo brasileiro, nas palavras do presidente Lula, que anuncia que pretende construir uma nova "geografia comercial" para podermos ter importância geopolítica na América Latina que nos torne interlocutores obrigatórios nas negociações internacionais.

(...) O documento do Conselho de Inteligência Nacional prevê que nesses próximos 15 anos, com o aprofundamento das conexões do comércio global, a hegemonia dos Estados Unidos sofrerá desgastes, e instituições como as Nações Unidas, o Fundo Monetário Internacional e o Banco Mundial correrão o risco de se tornarem obsoletas se não se ajustarem às mudanças que serão provocadas pelo surgimento desse novo polo de poder. É o que está acontecendo na ONU, onde o Brasil está em campanha agressiva para obter um lugar permanente no Conselho de Segurança.

Assim como na organização Mundial do Comércio, o Brasil também montou na ONU uma parceria com a Alemanha, Japão e Índia, formando o G-4, membros praticamente certos para entrarem no Conselho se houver a reformulação. A questão é saber se os Estados Unidos concordarão com as alterações. O Brasil tem um histórico — e não é apenas no governo Lula — de votar contra os Estados Unidos na ONU em 90% dos casos.

Nossas relações diplomáticas com os Estados Unidos têm peculiaridades específicas inerentes ao governo petista. A negociação sobre a Alca, por exemplo, esbarra em intransigências americanas, mas também em um ranço antiamericano que domina certos setores do Itamaraty. É certo que a atual proposta americana não nos serve, pois 68% da pauta de exportação brasileira para os Estados Unidos já têm tarifa zero.

Mas mesmo quem concorda com a estratégia, como o ex-embaixador brasileiro em Washington Rubens Barbosa, hoje consultor da Fiesp, acha que o Brasil falha em não trabalhar para expandir o comércio com os Estados Unidos, à margem da discussão da Alca.

Segundo ele, os chineses fizeram o contrário, obtendo um resultado espetacular: em 1985, a China exportava para os Estados Unidos US$ 3,5 bilhões anuais, e o Brasil, US$ 7 bilhões. Em 2003, exportamos US$ 15 bilhões, e os chineses, US$ 142 bilhões.

O ministro do Desenvolvimento, Luiz Fernando Furlan, recentemente criticou a política comercial do governo, que, segundo ele, privilegiava acordos políticos com emergentes como a China, a Rússia, a África do Sul, em vez de investir nas relações com os Estados Unidos e a União Europeia. Na verdade, nossa atual política do comércio internacional, a curto prazo, pode não nos trazer vantagens, mas, em médio e longo prazos, marca nossa posição estratégica no mundo. A questão é balancear as duas posições.

28/1
O MUNDO DE LULA

DAVOS. Além do ministro do "vai dar merda", sugerido pelo Chico Buarque em entrevista recente, Lula está precisando ter também a seu lado um assessor que o lembre de que é humano, assim como os imperadores romanos tinham. Chico, que continua apoiando Lula, disse certa vez que o governo precisava ser advertido antes de tomar medidas como o recadastramento dos velhinhos ou a expulsão do correspondente do *New York Times*.

Alguém que evitasse decisões equivocadas que repercutem contra o governo. Pois agora que sua presença internacional vem sendo requisitada em várias frentes, Lula está precisando, mais amiúde do que deveria, de quem o recoloque de volta à realidade.

Não são poucos os improvisos em que ele revela uma tendência a se considerar abençoado por Deus, um messianismo que pode ser perigoso. Agora, dizer que mudou a agenda de Davos, como fez em Porto Alegre, é simplesmente risível, e faz com que o presidente desperdice a oportunidade de aproveitar, de maneira responsável, de um grande momento da política externa brasileira.

Não há dúvida de que a aceitação do tema "combate à pobreza" pelos países ricos cai como uma luva no discurso que Lula vem defendendo desde que assumiu o governo brasileiro. E que o momento apresenta uma combinação rara de culpa dos países ricos, e pressão da opinião pública a favor de um maior equilíbrio internacional, que favorece a mudança da agenda no Fórum Econômico Mundial.

Mas esse é um processo que vem se desenvolvendo há alguns anos, quando se começou a discutir a necessidade de a globalização ser menos concentradora de riquezas. E o PT tem a ver com isso, por ter sido um dos organizadores do Fórum Social Mundial, criado cinco anos atrás dentro desse processo mundial de questionamento da globalização.

Antes de aceitar pelo menos discutir essa tese, o Fórum de Davos foi alvo de várias manifestações de protesto que marcaram época na luta das ONGs, e da sociedade civil como um todo, contra os desvios da globalização e a favor de uma maior responsabilidade social por parte das empresas.

(...) O Fórum, que acabou identificado como o grande nascedouro de políticas neoliberais que teriam aumentado as desigualdades sociais no mundo, acabou assumindo o papel de discutir essa assimetria, e hoje abriga em seu interior várias ONGs que passaram a protestar em seu interior, em vez de ficarem barradas nas proximidades.

A chegada ao poder no Brasil de um sindicalista, disposto a puxar as negociações comerciais para o campo da justiça social, encontrou o mundo em fase de crescimento econômico acelerado e de reivindicações de maior equilíbrio entre os países desenvolvidos e em desenvolvimento. Nem mesmo o mais otimista dos analistas poderia afirmar, porém, que o Brasil impôs essa agenda ao mundo, pois lhe falta peso político para tal.

Isso, no entanto, não invalida de maneira alguma a importância de o governo brasileiro ter traçado uma política externa que dá prioridade ao trabalho conjunto com os países em desenvolvimento nos fóruns internacionais, e com isso ter criado condições para que as reivindicações desses países ganhassem mais peso.

(...) Mas não há dúvida de que o Brasil está bem posicionado no xadrez mundial, e a maior agressividade que vem demonstrando nas negociações internacionais tem tido boas respostas. Refletindo a mudança de agenda, o Fórum de Davos está cheio de painéis analisando a possibilidade de estar acontecendo o que o presidente Lula chama de "mudança na geografia" do comércio internacional.

29/1
O POBRE DA VEZ

DAVOS. O presidente Lula que falou ontem aqui em Davos foi o mesmo que foi vaiado no Fórum Social Mundial. E nada mais natural que seja assim. Lula assumiu, para o bem do país, a dura tarefa de enfrentar as vicissitudes econômicas com remédios amargos, que lhe tem custado a incompreensão de muitos setores da esquerda. Ontem, mais do que nunca, ele foi um vendedor entusiasmado do Brasil para os investidores internacionais.

Ao contrário do primeiro ano em que aqui esteve, logo depois de eleito, quando sua participação foi mais emocional e provocou grande sensação, foi um Lula essencialmente pragmático, desfiando os bons números da economia brasileira, que se apresentou ontem no principal palco do Fórum Econômico, recebido com todas as honras por Klaus Schwabb, o fundador do Fórum.

Lula ressaltou que superou as desconfianças do mundo, que temia o que um torneiro mecânico poderia fazer na Presidência de seu país, e mostrou-se orgulhoso do que conseguiu até agora. Fez questão de salientar que os avanços econômicos estão sendo seguidos por ações concretas na área social, como que para rebater as críticas que vem recebendo, e recebeu até mesmo no Fórum Social Mundial, de que seu governo dá mais atenção às questões econômicas, deixando de lado o social, que deveria ser o seu carro-chefe.

Mas a base do pronunciamento do presidente Lula foi mesmo a economia, e ele chegou até mesmo a ser cansativo com o desfile de números, mas o objetivo era claramente impressionar a plateia, desta vez para arranjar financiamentos, e não apenas elogios. Lula chegou mesmo a convidar investidores estrangeiros para que comparecessem hoje às reuniões que realizará no Hotel Belvedere.

(...) Lula comportou-se como um "caixeiro-viajante", imagem que ele mesmo criou logo no início do governo para dizer que queria que os embaixadores brasileiros vendessem o país no exterior. Ontem, ele assumiu pessoalmente essa tarefa.

Porém, quem causou sensação mesmo foi o presidente da Tanzânia, Benjamim William Mkapa, que este ano roubou de Lula o lugar de estrela da companhia. Foi durante uma sessão anterior, onde se debatia a criação de fundos para o financiamento do combate à pobreza no mundo.

Lula ficou imprensado entre dois mundos: de um lado, os países ricos representados pelo ministro inglês Gordon Brown, defendiam a tese de que as dívidas dos países mais pobres, especialmente os africanos, deveriam ser perdoadas. Do outro lado, um chefe de Estado realmente pobre, falando num tom emocional, pedindo justiça para países como a sua Tanzânia, assolada por uma epidemia de Aids e malária e às voltas com a necessidade sempre crescente de financiamentos internacionais e uma dívida externa impagável.

O presidente Mkapa, sob os aplausos da plateia, desdenhou dos fundos internacionais que estavam sendo discutidos, pediu o fim da burocracia na ajuda aos povos mais pobres e exigiu que uma solução fosse encontrada "agora", pois milhares de africanos estavam morrendo por conta de epidemias e da fome.

No papel de presidente de uma economia emergente e líder regional, o presidente Lula lembrou que o Brasil já havia dado o exemplo perdoando as dívidas de diversos países como o Gabão e a Bolívia. Embora reconhecido por todos os presentes como um batalhador em favor de uma ação mais firme da comunidade internacional contra a pobreza, o presidente Lula ficou claramente deslocado na discussão, mesmo que tenha sido homenageado com a possibilidade de criação de um "fundo Lula" para o combate à pobreza, coisa que rejeitou na hora.

(...) A discussão deixou claro que nem Lula nem o cantor Bono Vox têm razão quando dizem que Lula mudou a agenda de Davos com sua luta contra a fome. E ficou claro também que, quando a discussão é sobre pobreza e combate à fome, a África tem precedência sobre o Brasil, por razões óbvias.

Lula conseguiu mexer com a plateia quando repetiu que, ao terminar seu governo, se todo brasileiro pudesse comer três vezes ao dia, poderia morrer em paz. Lula aproveitou a benevolência dos palestrantes com relação à dívida dos africanos para improvisar uma proposta: que o FMI permitisse que o superávit primário de países em desenvolvimento pudesse ser usado para saúde, educação e obras de infraestrutura. Uma maneira de manter o compromisso de equilíbrio fiscal, mas voltado para a melhoria social.

Mas ninguém mexeu mais com os brios dos participantes do Fórum de Davos do que o africano Mkapa, o pobre da vez, que declarou que se sentiria feliz se toda criança na Tanzânia pudesse ter um mosquiteiro. Mexeu a tal ponto que provocou uma performance particular da atriz Sharon Stone, que saiu recolhendo donativos na plateia de endinheirados do Fórum. Há quem calcule que conseguiu ali cerca de US$ 1 milhão para a compra de mosquiteiros para as crianças da Tanzânia, que sofre com uma epidemia de malária.

3/2
DE VOLTA AO FUTURO

PARIS. O presidente Lula ainda estava bafejado pelos ares calorosos, apesar dos 18 graus negativos lá fora, com que foi tratado em Davos no Fórum Econômico Mundial, quando disse, na terça-feira no Supremo Tribunal Federal, que o século XXI pode vir a ser o do grande salto brasileiro. De fato, há uma admiração grande entre os empresários e financistas do mundo pelo trabalho feito até agora pelo governo brasileiro, e certa expectativa quanto à capacidade de seguir em frente com as reformas estruturais que podem garantir ao Brasil esse lugar ao sol entre as nações do mundo.

O presidente Lula pode ter chegado à conclusão otimista de que este é o nosso século, através de caminhos que se complementam. No que se refere à capacidade de crescimento da economia, em várias ocasiões as autoridades brasileiras prometeram aos ouvintes em Davos a retomada do ritmo de maneira sustentável nos anos à frente, como aconteceu até os anos 1980, quando o Brasil foi o país que mais cresceu no mundo.

Para se ter uma ideia, nos últimos 50 anos o crescimento médio do Brasil foi de 5,3%, caindo nos últimos vinte anos devido à crise da dívida externa. O crescimento médio brasileiro da última década foi de

2,9%, e nos últimos vinte anos cai para pouco acima de 2%. Até os anos 1980, portanto, fomos "uma China" em termos de crescimento.

É sempre bom ressaltar também que a trajetória dos países nunca é linear. O Japão, por exemplo, que até os anos 1990 crescia tanto que literalmente comprava os ativos americanos, e era previsto ser a primeira economia do mundo, ultrapassando os Estados Unidos, a partir do início da década de 1990 do século passado estagnou e somente volta a crescer agora.

Segundo estudos de várias consultorias, entre eles o da Goldman Sachs que ficou famoso no mundo dos negócios por ter criado a sigla Brics — de Brasil, Rússia, Índia e China — se o Brasil conseguir manter um crescimento médio de 3,5% ao ano, nos próximos trinta anos, será a quinta economia do mundo. Já fomos a oitava economia, nos tempos do "milagre econômico", caímos para a 15ª com a estagnação de 2003 e hoje, com o crescimento de 5,2% projetado para 2004, podemos estar recuperando posições entre as maiores economias do mundo.

Mas para se firmar entre os grandes, o país precisará continuar fazendo as reformas estruturais, e sem dúvida a reforma do Judiciário é uma delas. É impressionante como em todos os debates, em todas as discussões sobre as perspectivas da economia brasileira, a insegurança jurídica surge como um grande obstáculo aos investimentos internacionais no país.

Paradoxalmente, não se discute muito esta questão com relação à China, por exemplo. É como se o risco, real, de problemas com um sistema judiciário virtualmente não existente estivesse incluído no preço de investir na China, já que a chance de lucro é muito grande.

Com relação ao Brasil, não. Afinal, somos uma democracia, e espera-se de uma democracia que as regras sejam respeitadas. Nosso sistema judiciário, lento e cheio de possibilidades de ser contornado, de maneira geral favorece os que têm dinheiro e, em última instância, a corrupção. E este ano em Davos, como todos os temas foram tratados por óticas politicamente corretas, a questão da corrupção surgiu forte em debates sobre o Brasil e também sobre a Argentina.

Ainda nos falta muito para que a percepção internacional nos retire do rol dos países do Terceiro Mundo onde grassam a corrupção e a possibilidade de manipular a Justiça. Em um almoço em que se discutiu a capacidade da economia brasileira de crescer sustentavelmente, o debate, moderado por mim, foi marcado pela ênfase dada às reformas que ainda são necessárias, inclusive uma nova etapa na reforma da Previdência.

E, em uma das mesas, a reforma do Judiciário brasileiro foi citada como fundamental. Houve quem alegasse que o sistema atual alimenta a corrupção e quisesse compará-lo ao da China, no que foi rebatido imediatamente. Essa insegurança jurídica, no entanto, segundo estudo dos economistas Edmar Bacha, Pérsio Arida e André Lara Resende, seria culpada, entre outras coisas, pela necessidade dos juros altos, partindo da premissa de que não existe um mercado de crédito de longo prazo no país por causa dela.

As razões seriam a possibilidade de mudanças repentinas nas regras do jogo por parte do governo e as interpretações dos tribunais, que não dão segurança aos contratos. Essa seria a explicação, por exemplo, de não termos financiamentos de longo prazo a juros baixos como nos Estados Unidos e na Europa.

A outra questão central para os investidores é a capacidade de o governo respeitar os contratos. Este ainda é o grande mistério com relação à índole autoritária do governo brasileiro, que volta e meia se revela em medidas como esta última, de embargar as pesquisas do IBGE por 48 horas, até que o governo se prepare para liberá-las.

As agências reguladoras autônomas, que garantem que as negociações entre os concessionários de serviços públicos e o governo serão feitas longe das pressões políticas, estão sendo corroídas em sua autoridade por constantes intervenções dos ministérios, que voltaram a ganhar ascendência sobre os contratos. E, mais recentemente, pela nomeação de protegidos políticos para cargos técnicos, o que evidencia o desejo do governo de poder intervir. São questões que ainda rondam a economia do Brasil, que voltou a ser o país do futuro, uma das grandes apostas internacionais.

3/3
OS EUA E NÓS

NOVA YORK. Não é apenas por curiosidade intelectual que o ministro José Dirceu está lendo tudo o que encontra pela frente sobre a secretária de Estado americana Condoleezza Rice, com quem se encontrará em Washington. Dirceu quer "entender a cabeça dela", porque, por um desses movimentos só explicáveis na política, seu passado revolucionário acabou transformando-o em um canal de negociação diplomática importante para os Estados Unidos, nesse momento em que a América do Sul vê se consolidar, com a posse de Tabaré Vásquez no Uruguai, uma tendência política à esquerda em vários de seus governos.

O chefe da Casa Civil também assumiu, por determinação do presidente Lula e dentro da coordenação do governo, um papel mais ativo em relação à integração da América do Sul, e foi para preparar a adesão da Argentina ao esforço conjunto de integração da região, que já une Brasil e Venezuela, que esteve em Buenos Aires antes de viajar aos Estados Unidos.

Dirceu vê a América do Sul em um momento de rara oportunidade para o engrandecimento político e econômico da região, a começar pelo Mercosul, que o novo presidente uruguaio quer fortalecer. (...)

Antes de assinar os convênios com a Venezuela, semana passada, para a construção de metrô em Caracas e fábrica de lubrificantes, o Brasil já havia feito a mesma coisa tanto com o Peru quanto com a Colômbia, para financiamentos de estradas e outros meios de integração regional. E tem especial atenção aos acontecimentos na Argentina, que continua sendo um parceiro comercial dos mais importantes com a recuperação econômica em curso. Apesar das divergências nas regras do Mercosul.

Todos os projetos assinados e os já encaminhados são de interesse da economia brasileira, como a ligação viária com o Pacífico, facilitando nossas exportações para a Ásia e a costa oeste americana. (...)

O ministro José Dirceu, desde o início do governo Lula, vem insistindo na criação de um cargo federal para controlar o combate ao narcotráfico, e acha que esse é um dos principais problemas a serem enfrentados pelos governos da região, questão que também é do interesse dos Estados Unidos. Entre as medidas que o Brasil está tomando para ter uma atuação mais ativa no combate ao narcotráfico, está o maior controle das fronteiras e a organização do aparato legal para combater a lavagem de dinheiro. A adoção da Lei do Abate, que permite à Força Aérea derrubar aviões que entrarem no Brasil de maneira ilegal, foi negociada com os governos vizinhos e com os Estados Unidos.

Contudo, para contrabalançar esse poder na região e enfraquecer a negociação do Mercosul, os Estados Unidos estão fazendo acordos bilaterais com todos os países vizinhos, com exceção da Venezuela, onde a consolidação do poder de Hugo Chávez não agrada aos americanos. O governo brasileiro, porém, considera que a união com a Venezuela é tão estratégica para o Brasil quanto a com a Argentina, devido ao petróleo.

O papel da Petrobras nesses acordos é importante a longo prazo, porque, segundo Dirceu, a estatal brasileira está se transformando em uma empresa de energia, e não apenas de petróleo, e pode vir a desenvolver, em parceria com outros países, programas de biodiesel e álcool.

O problema é que Chávez vê essa parceria principalmente na sua concepção antiamericana, o que não é a visão brasileira. Mas a atuação diplomática do Brasil, desde a criação do Grupo de Amigos da Venezuela, visa a uma saída democrática para a crise no país. O grande instrumento financiador dessa integração sul-americana, o BNDES, criou até mesmo uma diretoria para a América do Sul.

O ministro José Dirceu defende, e não é de hoje, a integração da América do Sul como uma prioridade da política externa brasileira, mas não apenas a integração física e de infraestrutura. O objetivo de longo prazo seria uma moeda única e até mesmo um Parlamento do Mercosul, a exemplo do que acontece na Europa.

Assim como o presidente venezuelano Chávez defendeu esta semana uma cooperação militar com o Brasil, o ministro Dirceu já defendeu até mesmo a "integração militar" da América do Sul. O acordo de venda de aviões militares brasileiros para a Venezuela, por exemplo, quase provoca um curto-circuito com Washington há poucas semanas, quando um porta-voz do Departamento de Estado expressou sua "preocupação".

Mas, segundo o embaixador brasileiro Roberto Abdenur, a questão foi prontamente esclarecida por enviados da Casa Branca, que negaram essa preocupação, mesmo porque recentemente os Estados Unidos haviam vendido aviões para a Colômbia.

4/3
DIRCEU, CUBA E EUA

NOVA YORK. As relações do ministro José Dirceu com Cuba não são segredo para ninguém. E dentro do quadro de perspectivas de alianças políticas e econômicas dos governos de esquerda da América do Sul, também a relação desses países com Cuba afeta as relações dos Estados Unidos na região. O novo presidente do Uruguai, Tabaré Vásquez, por exemplo, já anunciou que vai reatar relações diplomáticas com Cuba, que ontem pediu oficialmente para ser membro do Mercosul.

É nesse ponto que José Dirceu entra, com seu passado de refugiado político em Cuba e as relações de amizade que mantém com os principais governantes do país, a começar com Fidel Castro.

Depois de provocar desconfianças no governo Bush, pelo seu passado revolucionário, Dirceu foi transformado em uma espécie de interlocutor especial. Ele tem um certo orgulho juvenil do passado revolucionário, a ponto de discorrer com fluência sobre a leveza e a precisão do fuzil AK-47, que o governo venezuelano está comprando da Rússia em grandes quantidades, preocupando o governo americano.

Também não parece preocupado com as críticas que o governo brasileiro vem sofrendo por ter mandado a Abin, nossa agência de informação, treinar alguns homens em Cuba: "O serviço secreto cubano é dos melhores do mundo, junto com o de Israel e o da Rússia", diz Dirceu casualmente, logo ele, apontado pelos adversários como um ex-agente de informação cubano.

Segundo Dirceu, apesar de todo o bloqueio econômico e político, até mesmo a CIA troca informações com o serviço secreto cubano em matérias de interesse comum, como o tráfico de drogas e a lavagem de dinheiro: "Serviço secreto é assim mesmo, troca informações. Se você tem informação, recebe de volta. Aí não tem nada de política."

O ministro José Dirceu acha que não é possível imaginar o futuro da América Latina sem os Estados Unidos, mas não se pode deixar que os Estados Unidos tenham pretexto para entrarem na América do Sul. Ele cita como fator de grande preocupação na região a luta da Colômbia contra o narcotráfico, e diz que os países da América Latina têm que se unir para ajudar nesse combate, para não dar espaço para que a presença das tropas americanas seja permanente na região.

Dentro desse contexto, Dirceu destaca a importância da liderança brasileira na região, para negociar, como fez recentemente, conflitos entre vizinhos, como o que estremeceu as relações da Venezuela com a Colômbia. Dirceu acha que o sequestro de membros das Farc dentro da Venezuela parece mais uma provocação de grupos políticos interessados em perturbar a colaboração entre os dois países, que sempre foi muito boa, segundo ele.

O ministro Dirceu garante que o governo brasileiro tem uma relação muito boa com a Colômbia, mesmo com o passado de ligações políticas do PT com as Farc. Antes mesmo de Lula ser eleito, Dirceu fez um contato com a embaixada colombiana em Brasília para afiançar que a política oficial do futuro governo seria a do Estado brasileiro, não a do PT.

A guinada à esquerda dos países da América do Sul reforça uma tese antiga de Dirceu, de que as forças populares são poderosas no continente e que é preciso estar atento às políticas sociais. O relacionamento com os Estados Unidos é um tabu nas esquerdas, mas o governo brasileiro já definiu que a "não política" com os Estados Unidos é uma saída insuficiente para o Brasil. Há um entendimento entre as autoridades brasileiras e americanas de procurar os pontos de concordância, evitando temas que são polêmicos, como por exemplo, a questão cubana.

Essa situação evoluiu internamente, e talvez por isso a tentativa de criar um canal político com Dirceu. O governo brasileiro defende a integração de Cuba aos organismos internacionais e acha que o bloqueio econômico é uma política errada dos Estados Unidos, que não entendem que quanto mais abertura comercial, quanto mais turismo em Cuba, maior abertura política ocorrerá.

Essa posição brasileira, que já provocou muitos mal-entendidos diplomáticos com nesse país, está tendo agora uma aceitação maior internamente nesse país. Já há quem anteveja a possibilidade de o embargo comercial ser levantado pelo próprio Congresso americano, diante da possibilidade de união de republicanos de estados agrícolas, interessados no aumento do comércio, com os liberais democratas.

5/3
GABEIRA, DIRCEU E CUBA

NOVA YORK. Trinta e seis anos depois, o sequestro do embaixador americano Charles Burke Elbrick continua interferindo na política nacional, das maneiras mais inusitadas. O líder estudantil José Dirceu, depois de ser um dos comandantes de várias manifestações de protesto contra a ditadura, acabou exilado em Cuba e foi um dos presos políticos libertados em troca da vida do embaixador.

Sua experiência cubana marcou-o por toda a vida, e hoje o chefe da Casa Civil, José Dirceu, um político dos mais influentes no governo petista, é canal de negociação política com a esquerda da América Latina, em especial Cuba.

Recebido pela secretária de Estado Condoleezza Rice, ideóloga do governo republicano neoconservador de George W. Bush, o ministro Dirceu viu seu passado revolucionário cubano transformar-se em um importante patrimônio político, e pôde usar seu conhecido pragmatismo para encaminhar conversas delicadas do ponto de vista político, como a pretensão brasileira de obter um assento permanente no Conselho de Segurança da ONU ou as relações com Cuba.

Já a reação mais indignada contra o relacionamento da Agência Brasileira de Informações (Abin) com o serviço de inteligência cubano, idealizada e defendida por José Dirceu, partiu não de políticos do PFL ou PSDB, que formam a oposição oficial ao governo, mas de um ex-petista, o deputado federal Fernando Gabeira, hoje no PV. Por essas trapaças da sorte, Fernando Gabeira está proibido de entrar nos Estados Unidos desde que participou do sequestro do embaixador americano.

Sua relação política com o governo petista, e em especial com o ministro José Dirceu, é conflituosa. Gabeira deixou o governo em protesto contra a política de meio ambiente do governo Lula, depois de ter levado um chá de cadeira de Dirceu no Palácio do Planalto, quando ia discutir a legislação sobre os transgênicos.

Já na primeira notícia sobre a visita do delegado Mauro Marcelo Lima e Silva, diretor-geral da Abin, a Cuba no mês passado, Gabeira fez um protesto, alegando que a maneira de agir e os interesses de um serviço secreto de um governo ditatorial não são os mesmos de um governo democrático. Gabeira estranhava especialmente que o objetivo da viagem fosse organizar treinamento de agentes brasileiros em Cuba. Recebeu uma carta do diretor-geral da Abin garantindo que a finalidade da viagem não foi estabelecer qualquer tipo de programa de formação de agentes brasileiros em Cuba, nem vice-versa, mas de trocar informações sobre assuntos de interesse comum, "a exemplo do que a Abin já faz com outros serviços congêneres".

O delegado Lima e Silva garante que "em nenhum momento da visita foram considerados aspectos vinculados a assuntos de natureza interna ou de cunho político-ideológico, uma vez que não compete à Abin atuar ou se manifestar nessa dimensão". O deputado Fernando Gabeira, que me enviou o ofício da Abin com o conhecimento de seu diretor-geral, continua considerando "estranho que uma simples troca de informações entre setores de inteligência seja precedida por notícias em jornal. De um modo geral, eles o fazem sem publicidade".

No ofício, o diretor-geral da Abin diz que foi motivo de consideração nas conversas com autoridades cubanas "o papel do Brasil na realização dos Jogos Pan-Americanos de 2007, particularmente na área de inteligência envolvendo todos os países das Américas". Além disso, o ofício explica que assuntos de interesse comum, como crimes transnacionais, tráfico de drogas, de armas e de seres humanos "foram incluídos como passíveis de troca de informações entre os dois serviços".

Com as declarações do chefe da Casa Civil, José Dirceu, publicadas na coluna de ontem, Gabeira voltou à carga. Para ele, afirmar, como fez Dirceu, que o serviço de inteligência de Cuba é um dos melhores do mundo, "omite algumas de suas perversidades contra oponentes políticos, muitos deles jornalistas tentando construir uma imprensa livre em Cuba".

Gabeira também estranha que na visita, na qual o diretor-geral da Abin se encontrou com o ministro do Interior cubano e com o chefe do serviço de inteligência, o delegado Lima e Silva tenha levado presentes, como uma camisa do time de futebol do Palmeiras: "Não há registro também, pelo menos na minha memória, de algum dirigente de serviço de inteligência levando e trazendo presentes de Fidel Castro, como a imprensa brasileira tem noticiado sobre o diretor da Abin."

O deputado Fernando Gabeira já tentou entrar nos Estados Unidos valendo-se do passaporte vermelho de autoridade, com o apoio do governo brasileiro que o indicou para uma missão oficial, mas nada conseguiu. Ele, no entanto, tem posição distinta sobre os acordos que o governo brasileiro tem com a CIA, que não condena: "Pode-se argumentar que a CIA usa métodos condenáveis e, no entanto, não me opus ao intercâmbio com os norte-americanos. A diferença é que, bem ou mal, a CIA é controlada pelo Congresso e pela imprensa, configurando, dessa maneira, um intercâmbio de inteligência entre regimes políticos compatíveis."

Para ele, o que está sendo apresentado agora como uma fria e profissional troca de informações entre brasileiros e cubanos, "é a versão do governo após nossa reação pública": o que aparecia antes, sem nenhum desmentido, era uma confraternização festiva, típica da linha de trabalho desenvolvida pelo atual embaixador Tilden Santiago.

Embora considere Santiago "uma excelente figura humana", Gabeira lamenta que "tenha se recusado a criticar a prisão de intelectuais em Havana, sob o argumento de que Cuba era sua segunda família". Ora, diz Gabeira, "segunda família é bom para estudantes que fazem intercâmbio na Austrália ou na Nova Zelândia. Embaixadores defendem interesse nacional".

6/3
RELAÇÃO AMBÍGUA

NOVA YORK. A secretária de Estado Condoleezza Rice deu duas indicações importantes para a política externa brasileira, na conversa com o chefe da Casa Civil José Dirceu: a boa vontade na negociação da Alca e uma aparente, se não aceitação, pelo menos compreensão da candidatura do Brasil a um assento permanente no Conselho de Segurança da ONU, o qual está sendo presidido durante este mês pelo embaixador Ronaldo Sardenberg.

Concordar na discordância, um lema muito repetido pelo governo brasileiro, pode ser a saída nessa relação ambígua com os Estados Unidos.

Quanto à Alca, o estado de espírito mais favorável a um entendimento já havia ficado registrado na última reunião ocorrida em Washington, há poucas semanas, pelo copresidente brasileiro, embaixador Adhemar Bahadian. Mas ainda existem muitos obstáculos a serem superados, sendo o mais difícil no momento o forte lobby de alguns setores industriais e agrícolas, que se reflete na exigência americana de adotar a política de retaliação cruzada, inaceitável para o Brasil.

Essa política abriria brecha para que um problema localizado qualquer pudesse ser usado para retaliar exportações brasileiras competitivas, como na agricultura. O mais atuante desses lobbies é o da indústria farmacêutica, já denunciado até mesmo pelo senador democrata Edward Kennedy em discurso, mês passado, no Senado americano.

(...) Com relação à reivindicação brasileira de um assento permanente no Conselho de Segurança da ONU, a posição americana será fundamental. Não é certo nem mesmo que os Estados Unidos aceitem a ampliação do Conselho, embora esteja prevista ainda para este mês a apresentação, por parte do secretário-geral Kofi Annan, de uma proposta de mudanças na ONU que incluiria a reformulação do Conselho de Segurança.

(...) Mesmo voltando a falar em multilateralismo, como estão fazendo, e apesar da reaproximação com a Europa, os encarregados da política externa americana estão sempre atuando em função de interesses específicos dos EUA. Dentro de uma política de manipulação da ONU para seus interesses, em vez de contestação formal, o governo Bush vai trabalhar para influir na escolha do próximo secretário-geral, assim como atuar em diversos campos para exercer seu poder, especialmente no que se refere ao Conselho de Segurança.

Para o Brasil, essa será uma importante etapa na relação bilateral. Quando Dirceu disse que o Brasil não reivindicava uma participação maior na ONU apenas por reivindicar, mas que assumia suas responsabilidades na região, estava se referindo certamente ao comando da Força de Paz no Haiti, assumido pelo Brasil a pedido dos americanos.

O Brasil, que por dois anos tem lugar temporário no Conselho de Segurança da ONU, no rodízio tradicional dos países-membros, quer mostrar que as questões regionais têm relevância para a reafirmação de sua liderança, e que pode trabalhar junto com os outros países sul-americanos que estão na Força: Argentina, Uruguai, Chile, Peru e Equador.

A administração Bush até hoje manteve silêncio sobre essa pretensão brasileira, e se o ministro Dirceu interpretou bem o sentimento de Condoleezza Rice, esta terá sido a primeira manifestação, mesmo indireta, de uma autoridade americana sobre o tema. Otimista, o governo brasileiro interpreta essa postura discreta dos Estados Unidos como uma aprovação tácita, não prevendo um veto mais adiante.

Há, porém, quem suspeite que os Estados Unidos não teriam nenhuma razão para apoiar a pretensão brasileira em detrimento do México. E também que a dificuldade de o Brasil receber o apoio unânime da América do Sul atrapalhará suas pretensões. Assim como na Organização Mundial do Comércio o Uruguai mantém a pretensão de indicar o presidente, contra o embaixador Seixas Corrêa, o candidato que o governo brasileiro gostaria que fosse de consenso na região, também no Conselho de Segurança, o Brasil não teria o apoio da Argentina.

31/3
USA, AMOR E ÓDIO

Onde havia apenas amor, e muitas vezes subserviência, há uma ambivalência de amor e ódio atualmente na relação entre Brasil e Estados Unidos que pode dar certo, mas pode também acabar em algum mal-entendido desses que podem criar uma crise nas relações internacionais quando menos se espera e, pior, que ninguém deseja.

O presidente Lula, muito cioso do papel de principal líder regional da América do Sul — e, quem sabe, da América Latina — se oferece como representante da região para o Conselho de Segurança Nacional da ONU, sem levar em conta o papel do México — tomou as dores do presidente da Venezuela, Hugo Chávez, e respondeu ao que teria sido uma intromissão do secretário de Defesa americano, Donald Rumsfeld.

Quando, em visita oficial ao Brasil, criticou a Venezuela por estar comprando cem mil fuzis AK-47, insinuando que esse armamento poderia acabar nas mãos da guerrilha colombiana, as Forças Armadas Revolucionárias da Colômbia, o secretário de Defesa americano claramente exacerbou suas funções.

Lula aproveitou o encontro com os presidentes Chávez e Uribe, este da Colômbia, e mais o presidente do governo espanhol, José Luiz Zapatero, para assumir a defesa de Chávez, dizendo que não aceita difamações "de companheiros". A gafe de Rumsfeld, bem apontada por Luiz Garcia em coluna recente, acabou gerando uma bravata de Lula em defesa da região, que parece estar sob fogo cerrado do governo Bush.

Certamente Rumsfeld não falou sem querer sobre a questão da Venezuela no Brasil. Na verdade, quis mandar um recado direto ao Palácio do Planalto, o que não diminui o tamanho da gafe, pois se quer a interferência brasileira para conter o populismo de Chávez, deveria pedi-la a porta fechadas, e não tentando publicamente emparedar o governo brasileiro.

A guinada à esquerda da América do Sul preocupa Washington, que está escolhendo o pior caminho, o da pressão política, para tentar desunir os líderes da região. O certo, no entanto, seria procurar trabalhar com o governo Lula para que a liderança política do Brasil fosse uma garantia de tranquilidade na região. Pressionar publicamente só faz com que Lula, para manter o prestígio entre os seus, tenha que responder publicamente também.

O que os Estados Unidos parecem não entender, e o jornal inglês *Financial Times* já entendeu, é que o governo brasileiro, com o prestígio que vem angariando junto aos vizinhos e a clara disposição de liderar a região, postura que nunca havia sido assumida pela política externa brasileira, é o único caminho diplomático viável para garantir estabilidade política na região.

Não foi à toa que o presidente Lula se referiu diretamente, pela primeira vez, às acusações de que o PT recebeu doações em dinheiro das Farc para a última campanha eleitoral, que o elegeu. Ao negar ter recebido dinheiro clandestino, Lula colocou-se como um interlocutor aceitável também para o presidente da Colômbia, Álvaro Uribe, sem o que sua liderança regional estaria ameaçada.

O próprio presidente George W. Bush telefonou para o presidente da Argentina, Néstor Kirchner, para se queixar de Chávez, e ouviu dele que continuaria dialogando com o governo democrático da Venezuela. Por mais que Chávez faça internamente para transformar seu superpresidencialismo em um arremedo de democracia, enquanto estiver mantendo as aparências democráticas, e sendo alvo de campanhas de desestabilização vindas dos Estados Unidos, terá o apoio dos governos da região, mais pelo temor de que os Estados Unidos se intrometam no nosso continente do que exatamente pela defesa de suas posições políticas, que não têm o apoio integral do governo brasileiro. O interessante é que tanto o governo dos EUA quanto o do Brasil estão empenhados em entenderem melhor um ao outro, e há indicações de que figuras-chave dos dois países estão tentando compreender "a cabeça" do outro.

A secretária de Estado Condoleezza Rice anda lendo ultimamente livros sobre Lula e sua trajetória política, e já deu demonstrações de que tem interesse em vir ao Brasil brevemente. Do nosso lado, o chefe da Casa Civil, José Dirceu, andou lendo biografias de Condoleezza antes de encontrá-la em Washington, no início do mês.

O governo brasileiro estabeleceu, com o acompanhamento pessoal do presidente Lula, uma série de visitas de autoridades brasileiras aos Estados Unidos, especialmente para contatos no meio acadêmico, e entre as ONGs e entidades sindicais. Além do ministro Dirceu, também esteve nos EUA o secretário-geral da Presidência, Luiz Dulci, encarregado de fazer a ligação do governo com a sociedade civil no Brasil.

Não por acaso os dois estiveram reunidos com representantes dos meios de comunicação americanos, Dirceu almoçando com a direção do *Washington Post*, e Dulci se encontrando com jornalistas da NBC, que está programando uma série de documentários com os Brics — Brasil, Rússia, Índia e China — países tidos como possíveis futuros líderes mundiais.

Outras viagens acontecerão, e o governo brasileiro pretende convidar intelectuais e formadores de opinião dos Estados Unidos para visitarem o Brasil. Incomoda sobremaneira aos petistas como o meio acadêmico americano continua sendo "tucano".

Com esses contatos, o governo brasileiro quer mostrar nosso potencial e, sobretudo, mudar a imagem de setores que ainda temem essa confluência de governos de esquerda na América do Sul.

Depois de ter sido defendido publicamente pelo presidente Lula, o presidente da Venezuela, Hugo Chávez, abrandou suas críticas ao governo americano, numa indicação de que seria melhor mesmo para os Estados Unidos trabalharem mais próximos ao Brasil. A diferença entre Chávez e Lula pode ser medida na seguinte comparação: Chávez só se refere ao FMI aos palavrões, Lula só tem elogios. Mas é compreensível que seja difícil para os neoconservadores que tomaram conta do governo americano entenderem que o equilíbrio político da América do Sul dependa de "moderados" como Lula e Kirchner.

13/4
O JOGO DO PODER

ANCARA, Turquia. Não somente os Estados Unidos estão preocupados com a conferência Mundo Árabe-América do Sul, que o governo brasileiro vai realizar mês que vem em Brasília. Também Turquia e Irã tentaram em vão participar da reunião, nem que fossem como observadores, fazendo com que sua temática se ampliasse do mundo árabe para o islâmico.

A posição do Itamaraty foi a mesma adotada diante da consulta americana: não aceitou que Turquia e Irã participassem, alegando, como fizera oficialmente diante da consulta do governo dos Estados Unidos, que a reunião é puramente econômica, para explorar oportunidades comerciais entre o mundo árabe e a América do Sul.

O que parecia uma mera desculpa para evitar a participação americana na cúpula acabou se revelando uma cuidadosa estratégia de relações exteriores, pois evita politizar a reunião que, além de preocupar os Estados Unidos, inquieta também Israel, que várias vezes neste governo ficou de fora dos roteiros oficiais de viagens de autoridades brasileiras, uma delas do próprio presidente Lula, que visitou países árabes sem ir a Israel.

Em diversas ocasiões, o chanceler Celso Amorim reafirmou que a cúpula de Brasília não será contra ninguém, mas a favor da economia de duas importantes regiões do mundo. Na verdade, o governo brasileiro "mata dois coelhos" com essa cúpula, que é a primeira que se realiza e vem sendo planejada desde a gestão do ex-chanceler Celso Lafer.

Ao mesmo tempo que se aproxima comercialmente dos países árabes, que têm uma imensa capacidade de investimento, mas nunca focalizaram o Brasil — com 15 milhões habitantes de origem árabe — nem a América do Sul como prioritários, assume seu papel de liderança política regional, promovendo um encontro que pode ser muito proveitoso para países da América do Sul que necessitam de investimentos, especialmente em infraestrutura.

É evidente que esses encontros, embora de cunho econômico, guardam um toque político inevitável, e é esse aspecto da reunião que preocupa tanto Estados Unidos quanto Israel. Uma aproximação entre o presidente da Síria, Bashar al-Assad, e o da Venezuela, Hugo Chávez, pode ter efeitos políticos explosivos, mas não cabe aos Estados Unidos monitorarem essa eventualidade.

O mesmo problema está tendo o governo da Turquia, com a política de aproximação independente com os vizinhos Síria e Irã, além de sua posição em relação ao Iraque. A Turquia não deixou que as tropas americanas usassem seu território durante a invasão, e até hoje o secretário de Defesa, Donald Rumsfeld, atribui a isso a maior resistência iraquiana.

Agora também o governo americano tentou evitar que o primeiro-ministro da Turquia, Recep Erdogan, visitasse Damasco na próxima semana. Uma declaração pública do embaixador americano contra a visita criou um embaraço diplomático que acabou tirando-o do cargo, mas fez com que fosse promovido a número três do Departamento de Estado, em Washington.

O Brasil, com uma diplomacia ativa em relação aos países árabes, pretende também ampliar os espaços políticos para que a democracia seja disseminada na região, através de reformas estruturais que possibilitem a valorização dos direitos humanos. Este é um papel que os Estados Unidos se atribuem, sem que sejam os melhores canais para tal.

Aqui em Ancara, na reunião promovida pela Academia da Latinidade, as questões políticas estão sendo debatidas mais abertamente, sem os entraves diplomáticos, por ser uma reunião acadêmica, realizada em uma universidade privada, a de Bilkent, sem a interferência de nenhum governo.

(...) As posições críticas com relação aos Estados Unidos e à maneira unilateral e hegemônica como estão sendo conduzidas as relações com os países islâmicos depois dos atentados terroristas de 11 de setembro são dominantes entre os palestrantes. E o papel da Turquia nesse alargamento dos horizontes políticos da União Europeia, em contraposição à hegemonia americana, também vai dar muito o que debater.

23/4
TERRA EM TRANSE

Nem mesmo o mais ensandecido Glauber Rocha imaginaria uma terra tão permanentemente em transe quanto esta, governada por um autodefinido "líder sindicalista que está presidente". Pois este líder cismou de mudar a geografia econômica do mundo substituindo o maior mercado, os Estados Unidos, por uma coisa chamada Comunidade Sul-Americana de Nações. E baseia toda a sua estratégia política e comercial no fortalecimento de um Mercosul francamente em decadência, rejeitado pela Argentina; em visitas simbólicas a países africanos — onde se fantasia de rei de uma tribo de Gana — ou investindo na aproximação com países árabes. Como diria o ministro do Desenvolvimento, Luiz Fernando Furlan, "muito blablablá" e poucos negócios. (...)

28/4
SENTIMENTOS AMBÍGUOS

Quando o então ministro das Relações Exteriores do governo Fernando Henrique, Celso Lafer, aceitou retirar os sapatos em uma inspeção de segurança num aeroporto americano, nos momentos tensos que se seguiram aos atentados terroristas de setembro de 2001, o PT oposicionista fez um escândalo, denunciando a "subserviência" do representante brasileiro.

O que fariam hoje, quando o principal ministro político do governo, o chefe da Casa Civil, José Dirceu, é mandado às pressas à Venezuela para tentar tirar de Hugo Chávez uma boa notícia para dar à secretária de Estado americana, Condoleezza Rice, que visitava o país?

Mesmo após Dirceu ter retornado sem uma garantia de Chávez de rever o rompimento do acordo militar com os Estados Unidos, o governo brasileiro foi de uma solicitude que poderia ser confundida com subserviência por um crítico mais ácido. Mas que certamente contará pontos no relacionamento com o governo americano.

Esta nossa política externa multifacetada é assim mesmo, capaz de atitudes que podem ser criticadas por excessiva boa vontade com os Estados Unidos, e logo depois tomar outra que cheire a um antiamericanismo infantil. Isso acontece não apenas porque o governo petista é assim mesmo, dependendo do grupo que toma a decisão no momento, vai para um lado ou para o outro. Especialmente no Itamaraty, que agora tem quatro cabeças pensando nossa política externa, e não necessariamente na mesma direção.

Mas as ambiguidades da nossa política externa têm uma razão mais objetiva: nossa liderança regional, exaltada pela secretária de Estado, só será respeitada se não formos identificados como meros "paus mandados" dos Estados Unidos. Por isso, embora na prática tenha sido o que fez, de maneira açodada (Dirceu viajar à Venezuela), o país recusou o pedido de Condoleezza para ser um intermediário formal nas relações de Chávez com os Estados Unidos, preferindo manter a independência que lhe possibilitou criar o "grupo dos amigos da Venezuela".

Os Estados Unidos, depois de muita desconfiança, parece que já entenderam o papel que o Brasil pode desempenhar na região, daí a "descoberta" do canal José Dirceu para atuar em uma região crescentemente esquerdista e com instabilidades políticas evidentes, onde Cuba continua sendo um problema.

O governo brasileiro admite que o relacionamento com os Estados Unidos é um tabu nas esquerdas, mas está convencido de que uma "não política" com os Estados Unidos é insuficiente para o Brasil. Porém, para fortalecer sua posição nas negociações internacionais, o Brasil precisa de um Mercosul forte, e esse hoje é o principal problema nosso, devido à reação argentina à crescente liderança regional brasileira. O presidente Néstor Kirchner já deixou de comparecer a diversas reuniões regionais sem razões fortes, e considera que o Brasil de Lula é muito subserviente aos interesses americanos e aos organismos internacionais.

Kirchner se apresenta como uma esquerda independente e, embora não tenha força política nem econômica para ser uma alternativa à liderança brasileira, tem capacidade de enfraquecer o Mercosul, que volta e meia sofre também o "fogo amigo" brasileiro, como no caso da candidatura frustrada à presidência da OMC, quando o candidato uruguaio já havia se lançado.

O projeto brasileiro para a América do Sul é ambicioso politicamente, e Dirceu defendeu sempre sua integração como uma prioridade da política externa brasileira, uma integração física e de infraestrutura, mas que tem como objetivo de longo prazo uma moeda única e até mesmo a "integração militar".

Condoleezza disse, na sua passagem por Brasília, que os Estados Unidos estão "ansiosos" por ajudar os países da América do Sul e citou como um sucesso a ação americana na Colômbia, com o combate ao narcotráfico e a redução dos crimes. Essa é justamente uma das preocupações do governo brasileiro, que quer atuar na região para impedir que os Estados Unidos o façam, com receio de que ocupem a Colômbia e, por extensão, a Amazônia.

Mesmo que às vezes o faça açodadamente, outras com atitudes de esquerdismo infantil, é esse o papel a que o Brasil se dispõe, não em benefício dos Estados Unidos, mas no da região de que é líder reconhecido. E é por isso também que vem negociando o acordo de livre comércio com os Estados Unidos, através do Mercosul, de maneira dura, que superou o ranço ideológico inicial para se ater a questões comerciais concretas.

Teremos que enfrentar barreiras à negociação, as principais sendo a agricultura e a propriedade intelectual. Para o Itamaraty, são barreiras que expressam "de modo emblemático as assimetrias do processo de negociação e o fosso que separa as prioridades de países desenvolvidos e de países em desenvolvimento", na definição do embaixador Adhemar Bahadian, negociador do Brasil.

O governo brasileiro considera que o protecionismo agrícola dos países ricos e as tentativas de imposição de novas regras nas relações comerciais, em questões que já estão definidas pela OMC, agravam a fragilidade econômica, política e social na América Latina e vão de encontro ao desejo do governo americano de fortalecer a democracia no mundo.

Depois que o chanceler Celso Amorim conseguiu, num contorcionismo etimológico, reincluir a Alca na pauta de negociações, desdizendo de maneira elegante o que o presidente Lula havia bravateado, vamos agora para as negociações fortalecidos pelo reconhecimento de nossa liderança regional, mas enfraquecidos no Mercosul pela dissidência da Argentina.

15/5
O PESO DO PETRÓLEO

A criação da Comunidade Sul-Americana, com a qual o presidente Lula, em uma das muitas vezes em que usou indevidamente as palavras, queria colocar fora da agenda brasileira as negociações da Alca, é vista como a expressão da política hegemônica brasileira na região, e por isso a Argentina reage tanto a ela.

Como a palavra tem importância fundamental na condução da política externa de um país, a reiterada busca da construção de uma nova "geografia comercial" no mundo, para podermos ter importância geopolítica na América Latina que nos torne interlocutores obrigatórios nas negociações internacionais, é entendida por nossos parceiros mais próximos como tentativa de usar os vizinhos para nos autopromovermos no cenário internacional.

(...) A administração Bush parece já ter entendido o dilema do governo petista, que é de um pragmatismo surpreendente na condução das negociações políticas, sejam internas ou externas. Tanto que o ex-guerrilheiro José Dirceu transformou-se no autoproclamado melhor canal de entendimento com a administração republicana, a tal ponto de atribuir-se a ele o desejo de vir a ser, num provável segundo mandato de Lula, embaixador do Brasil em Washington.

Esse pragmatismo faz com que o chamado "núcleo duro" do governo, que controla o PT, já se tenha convencido, desde a campanha, de que não há condições objetivas para a implantação do socialismo ou para grandes rupturas, e trate de levar o governo dentro de padrões que os críticos chamam conservadores ou até mesmo neoliberais.

Com relação à retórica, aí são outros quinhentos. Todas as facções e linhas auxiliares abrigadas dentro do PT continuam livres para dizer o que quiserem, discutir o que bem entenderem, desde que, na hora de votar, votem com o governo.

Na política externa, há um campo mais amplo para bravatas que compensem a ortodoxia da política interna. A política externa americana delega às chamadas "potências regionais" a mediação dos conflitos de suas áreas, e por isso pediu que o Brasil assumisse a força de paz no Haiti.

A secretária de Estado, Condoleezza Rice, classificou o Brasil de "potência regional prestes a se tornar potência mundial", e aparentemente, apesar de tropeços como os ocorridos na recente reunião dos países árabes, a posição de liderança do Brasil na América do Sul lhe garante papel de destaque em Washington.

Ainda mais no momento em que a região está, se não dominada, pelo menos majoritariamente ocupada por governos de esquerda, e com alguns focos remanescentes de movimentos revolucionários como as Forças Armadas Revolucionárias da Colômbia (Farc) na Colômbia, o bolivariano neo-socialista Hugo Chávez, e o Movimento dos Trabalhadores Sem Terra (MST) brasileiro.

Lula e a versão pragmática do PT representam a esquerda democrática na América Latina e são a única força capaz de negociar com esses grupos sem colocar em risco a estabilidade da região. Na recente reunião de cúpula em Brasília, por exemplo, Hugo Chávez parece ter viabilizado propostas como a da televisão Sul — cujo projeto brasileiro já está em andamento e que pode se transformar, com a adesão da Venezuela, em um instrumento de propaganda antiamericana na região — e o do banco de desenvolvimento Sul.

Mas o projeto de maior potencial político é o da união no setor de energia e petróleo. Esse é um projeto de longo prazo estrategicamente importantíssimo, e que pode criar problemas com os Estados Unidos. (...) O delicado será tirar proveito dessas parcerias escapando das armadilhas de Chávez, que está sempre vendo nelas uma conotação ideológica.

A perspectiva para a segurança energética dos Estados Unidos, segundo alguns analistas, é incerta na melhor das hipóteses e problemática na pior. No mercado internacional do petróleo, existe a taxa de risco do terror, responsável pelo menos por 25% do atual preço, próximo de US$ 50 o barril e sem indicação de que vá baixar.

As reservas de gás e petróleo da América Latina podem ser essenciais nessa situação de demanda crescente e incerteza econômica. A Venezuela, considerada "uma outra Arábia Saudita", é vista como uma das responsáveis pelos preços altos, devido à greve dos trabalhadores nas refinarias estatais da Petróleos da Venezuela (PDVSA). A greve retirou do mercado internacional cerca de 200 milhões de barris de óleo cru e gasolina.

Contraditório, o presidente Chávez defende a redução da produção para manter os preços altos, mas anunciou recentemente que vai investir US$ 37 bilhões nos próximos cinco anos para dobrar a produção venezuelana para cinco milhões de barris por dia até 2009. A América Latina tem cerca de oito trilhões de metros cúbicos de gás, e nesse campo o Brasil é um parceiro importante. Como se vê, a estabilidade do mercado internacional de energia pode passar pela América Latina, o que aumenta o peso político da região.

29/12
SOY LOCO POR TI, AMÉRICA

A antecipação do pagamento da dívida ao FMI, que o presidente Lula apresenta como uma espécie de libertação do país de uma suposta dominação externa, tem valor meramente simbólico para as contas do país, mas faz parte de uma estratégia de política externa que está descrita em um *paper* de julho de 2004 do secretário-geral do Itamaraty, embaixador Samuel Pinheiro Guimarães.

Quando o presidente da Argentina, Néstor Kirchner, anunciou que também anteciparia o pagamento ao Fundo, disse que aquela era uma estratégia do Mercosul, combinada com o presidente Lula, que ontem repetiu pela enésima vez nos últimos dias que, com a medida, mostramos que "somos donos do nosso nariz".

A decisão, simbólica para o Brasil, é claramente ideológica para a Argentina, que não tinha condições econômicas de fazer a bravata. Mas a decisão conjunta dos dois países é uma inflexão política do Mercosul, que passaria a ser um instrumento de afirmação da região frente aos Estados Unidos.

De fato, no documento "O papel político internacional do Mercosul", Pinheiro Guimarães diz que o Mercosul (e a Argentina e o Brasil) enfrentam três desafios de curto prazo no processo de articulação de um papel político autônomo no sistema mundial multipolar em gestação:

a) resistir a uma absorção na economia e no bloco político norte-americanos, que está avançando rapidamente, de maneira disfarçada, por meio das negociações da Alca e dos TLCs e da dolarização gradual;

b) enfrentar uma possível intervenção militar externa na Colômbia e eventualmente em toda a região amazônica;

c) recuperar o controle sobre suas políticas econômicas, doméstica e externa, no momento sob controle do FMI (e da OMC).

Segundo o embaixador, a construção "paciente, persistente e gradual da união política da América do Sul" e uma recusa "firme e serena" de políticas que submetam a região aos interesses estratégicos dos Estados Unidos tem que ser o objetivo da nossa política externa, e o Mercosul "é um instrumento essencial para atingir esse objetivo".

Pinheiro Guimarães ressalta que "Mercosul significa Brasil e Argentina, da mesma forma que União Europeia significa Alemanha e França e Nafta significa Estados Unidos e Canadá". E sem uma cooperação próxima entre Brasil e Argentina, "a ação política coordenada do Mercosul e, mais ainda, uma ação política comum na América do Sul, seriam uma total impossibilidade".

O embaixador faz críticas à falta de coordenação política do Mercosul e diz que "é possível concluir que os esforços de coordenação política dos países do Mercosul têm sido mais bem-sucedidos com relação a dois tópicos de especial interesse para os objetivos da política dos Estados Unidos na região: o desarmamento dos países da região e a manutenção de regimes formalmente democráticos, transparentes e abertos à influência externa, nos planos político e econômico".

Ele diz que a chamada "cláusula democrática" do Mercosul "é um desvio do tradicional princípio sul-americano da não intervenção em assuntos internos e pode gerar, no futuro, questões delicadas no momento de sua implementação, com sua aplicação seletiva e manipulada por pressões externas".

Pinheiro Guimarães afirma em seu documento que é preciso "redefinir uma visão conjunta do mundo e do papel da América do Sul nesse mundo. Brasil, Argentina e Mercosul precisam enfrentar o fato de que o sistema real é mais um sistema de natureza conflitiva, altamente competitiva e violenta, com uma forte e crescente concentração e cristalização de poder".

É dentro dessa perspectiva que deve ser analisada a recente entrada da Venezuela de Chávez como membro pleno do Mercosul, a convite de Lula e Kirchner, e a possibilidade de a Bolívia de Evo Morales vir a ter o mesmo status. (...)

2006

21/1
LULA E *LOS HERMANOS*

O grupo dos Três do Sul, como se autointitula a união selada entre Brasil, Argentina e Venezuela, vem sendo articulado nos bastidores há muito tempo, e parece que agora superou as idiossincrasias naturais dos três líderes regionais. O presidente Lula, que até chegar ao poder era a imagem do radicalismo político, transformou-se no grande conciliador e na melhor aposta de equilíbrio político na região, apesar de eventuais arroubos terceiro-mundistas de nossa política externa. Entre o antiamericanismo recorrente de Hugo Chávez e as bravatas de Néstor Kirchner, Lula representa a liderança política mais sensata num continente dominado pelo esquerdismo, ao lado dos líderes da *Concertación* chilena, os socialistas Lagos e a presidente eleita Michelle Bachelet.

O Chile, com uma condução independente na América Latina, se coloca mais próximo do Primeiro Mundo do que de uma agenda sul-americana "de esquerda". Lula representa a esquerda democrática na América Latina e é a única força política capaz de negociar com grupos de esquerda radical sem colocar em risco a estabilidade da região.

O presidente Lula costuma explicar a atuação de seu assessor especial Marco Aurélio Garcia como decorrente das relações que o PT sempre teve com os grupos de esquerda da América Latina, que agora estão gradativamente chegando ao poder na região. Por isso, Lula se sente responsável por fazer a ponte entre os Estados Unidos e a Venezuela, embora discorde da política de Chávez de viver se confrontando com os EUA. Se interferir pessoalmente junto a Bush para liberar as vendas de aviões da Embraer com tecnologia americana para a Venezuela, não terá sido a primeira vez.

Já advertiu Bush, em uma conversa telefônica desaconselhada pelo Itamaraty, que é fazer o jogo de Chávez ficar atacando-o. Foi a respeito de um artigo que a secretária de Estado Condoleezza Rice havia escrito com críticas à Venezuela.

Lula diz que, embora tenha razão ao separar as esquerdas latino-americanas entre o populismo e líderes como ele, Lagos e Bachelet, o ex-presidente do governo espanhol Felipe González precisa entender o contexto interno de cada país. Diz, por exemplo, que o presidente eleito da Bolívia, Evo Morales, carrega uma carga excessiva de pobreza no país e precisa de resultados, mas tem a cabeça no lugar.

Para ajudar o líder indígena recentemente eleito, Lula pensa sugerir a Bush que os Estados Unidos, em vez de gastarem fortunas no combate ao narcotráfico na região militarmente e sem resultados, adotem uma postura de cooperação: comprar pelo dobro do preço a produção de coca da Bolívia, para queimar publicamente. Agindo assim, os EUA estariam esvaziando a tensão que a presença militar na Colômbia provoca em seus vizinhos.

Com relação a Chávez, Lula lembra que ele só não foi derrubado graças à intermediação brasileira criando o grupo dos "amigos da Venezuela", incluindo os Estados Unidos, acusado por Chávez de ser o mentor do movimento golpista. As ações conjuntas de união da América do Sul têm base em uma série de estudos desenvolvidos na Escola Superior de Guerra, onde um grupo composto das mais diferentes tendências políticas se reuniu no Centro de Estudos Estratégicos para discutir um projeto de país.

Faziam parte desse grupo o atual secretário-adjunto do Itamaraty, Samuel Pinheiro Guimarães, e Darc Costa, ex-vice-presidente do BNDES na gestão de Carlos Lessa, que defendeu uma tese de doutorado sobre a cooperação sul-americana como caminho para a inserção internacional do Brasil. No governo, transplantaram essas ideias para o centro das decisões.

Diversas vezes a tese e projetos como o gasoduto ligando toda a região foram debatidos na Argentina e na Venezuela. Os projetos de integração regional, não apenas física, como política, econômica, cultural e até mesmo militar, partem do pressuposto de que é preciso criar condições para passar da periferia para o centro do mundo, passar da barbárie à cultura, num processo histórico que vem se repetindo com relação às grandes potências.

A união pode gerar projetos importantes para a região, como a empresa de energia comum ou o banco de desenvolvimento regional. A Argentina afinal parece ter se convencido de que só se pode trabalhar a América do Sul por meio de um entendimento claro entre as duas maiores economias. A América do Sul, por mais institucionalizada que esteja, com o Brasil de um lado e a Argentina de outro, perderia sua importância política.

O projeto de maior potencial político, e também capaz de gerar mais desentendimentos com os Estados Unidos, é o da união no setor de energia e petróleo. O chamado "gasoduto do Sul", por exemplo, é um dos projetos mais importantes do Núcleo de Assuntos Estratégicos da Presidência, chefiado por Luiz Gushiken. A perspectiva para a segurança energética dos Estados Unidos, segundo alguns analistas, é incerta na melhor das hipóteses, e as reservas de gás e petróleo da América Latina podem ser essenciais nessa situação de demanda crescente e incerteza econômica.

A Venezuela, considerada "uma outra Arábia Saudita", é vista como uma das responsáveis pelos preços altos do petróleo no mercado internacional, pois é com os petrodólares que Chávez financia seus projetos sociais e sua influência política na região. (...)

8/8
FIDEL, CHÁVEZ E NÓS

A ida às compras do presidente da Venezuela, Hugo Chávez, no mercado internacional de armamentos e a doença do ditador de Cuba, Fidel Castro, colocaram a região no centro das atenções mundiais, justamente no momento em que o Brasil assume a presidência rotativa do Mercosul, que, em sua recente reunião em Córdoba, teve a presença de Hugo Chávez, de Evo Morales da Bolívia e de Fidel Castro, os dois últimos como convidados especiais, e Chávez já no papel de membro pleno.

Se levarmos em conta que, segundo o pensamento do embaixador Samuel Pinheiro Guimarães, o número dois do Ministério das Relações Exteriores, o objetivo da nossa política externa é a construção "paciente, persistente e gradual da união política da América do Sul" e uma recusa "firme e serena de políticas que submetam a região aos interesses estratégicos dos Estados Unidos", e o Mercosul "é um instrumento essencial para atingir esse objetivo", vemos o teor explosivo dessa união.

A presença de Fidel no Mercosul por enquanto é oficiosa, pois ela fere a chamada "cláusula democrática", que já evitou golpes no Paraguai. Mas o Brasil quer Cuba não apenas no Mercosul como também na OEA, e já teve recusadas iniciativas nesse sentido.

Na opinião de Pinheiro Guimarães, reforçada no seu livro recentemente lançado *Desafios brasileiros na era dos gigantes*, essa cláusula "é um desvio do tradicional princípio sul-americano da não intervenção em assuntos internos e pode gerar, no futuro, questões delicadas no momento de sua implementação, com sua aplicação seletiva e manipulada por pressões externas".

O presidente da Venezuela, durante sua visita à Rússia, assinou contratos avaliados em US$ 3 bilhões. E depois foi visitar algumas ditaduras da região: Irã e Bielo-Rússia. Já Evo Morales mandou o vice-presidente negociar um "amplo acordo" com Washington, e o porta-voz da Casa

Branca disse que ele tinha um discurso duplo, porque, naquele momento, Morales estava na reunião do Mercosul em Córdoba com Fidel Castro e Chávez falando mal dos Estados Unidos.

A doença de Fidel Castro está deixando o governo brasileiro em palpos de aranha. Ontem, o chanceler Celso Amorim disse que essa era uma questão interna de Cuba na qual o governo brasileiro não se intrometeria. O deputado Fernando Gabeira estranhou essa afirmativa: "Na Europa já estão discutindo alternativas, e os Estados Unidos mais claramente ainda. Apesar de ser uma questão interna de Cuba, é preciso traçar alguns cenários possíveis e tentar definir a posição do Brasil."

A questão de Cuba é vital para o equilíbrio do hemisfério, e a posição que o Brasil venha a tomar "pode vir a ser decisiva", comenta Gabeira, para quem, hoje, há dois polos claros: "Bush querendo intervir em Cuba, e o Chávez querendo ser o sucessor." Para Gabeira, a decisão de manter em Cuba como embaixador durante todo esse período Tilden Santiago — um ex-guerrilheiro que treinou em Cuba e lá esteve exilado — "nos deixou um tanto desguarnecidos em termos de análise fresca e independente".

"Quando houve a repressão aos intelectuais, fiz uma declaração contra a prisão do Raul Rivera, e ele disse que não condenava Cuba porque era 'da família'", relembra Gabeira. O que mais o incomoda é que o governo brasileiro pode até ter boas informações sobre o estado de saúde de Fidel, devido à proximidade com o governo cubano, "mas não as passa porque raciocina como a ditadura lá, a questão é segredo de Estado, segredo nosso em relação à direita".

Gabeira ironiza dizendo que parece que "eles sentimentalmente não podem conviver com a ideia de que Fidel Castro é perecível, e isso transforma a política em relação a Cuba numa política sem transparência". Nos últimos dias houve uma informação, divulgada pela *Folha de S.Paulo*, de que o governo brasileiro havia recebido a informação de que Fidel estaria com câncer, o que foi negado. "Mas é possível que tenham sido mesmo informados, porque eles são da copa e cozinha", desconfia Gabeira, que quer saber também detalhes do que foi fazer no Itamaraty um enviado especial do governo norte-americano.

"Houve uma conversa no Itamaraty com um enviado americano, que teria apresentado um plano do governo dos Estados Unidos. Que plano é esse? Qual foi a posição do governo brasileiro? O que a Europa está pensando sobre o assunto?", pergunta-se Gabeira, que explica que não está pedindo ao governo que concorde com ele, "mas que venha a público discutir transparentemente a política do Brasil. Compreendo a delicadeza do tema em função das amizades pessoais e das questões sentimentais, mas o Brasil não pode mais conciliar com esse tipo de limitação. Não queremos negar a amizade, mas queremos que eles se comportem como estadistas", critica.

Também o ex-chanceler e cientista político Celso Lafer acha que estamos introduzindo no âmbito do Mercosul uma lógica da tensão que só beneficia Chávez, "que está dominando o cenário político da região e colocando em questão a própria liderança do presidente Lula e a do Brasil. Porque ele tem o dinheiro dos petrodólares, e responde à sublevação dos particularismos do movimento antiglobalização".

Para ele, a entrada do Chávez no Mercosul fere toda lógica da negociação regional, traz para dentro um elemento de instabilidade. "A lógica do Chávez é a tal da revolução bolivariana, que busca o conflito, a tensão. O interesse do Brasil na América do Sul é trabalhar a convergência, trabalhar a cooperação, e não o conflito. O armamentismo em que ele agora está envolvido é também um intensificador de tensões internacionais e regionais."

10/8
MUNDO PERIGOSO

As críticas do embaixador Samuel Pinheiro Guimarães à política de desarmamento adotada na América do Sul nos anos 90 do século passado, especialmente à assinatura do Tratado de Não Proliferação de armas nucleares no governo de Fernando Henrique Cardoso, continuam provocando polêmica com sua reafirmação no livro *Desafios brasileiros na era dos gigantes*.

Essa postura, e mais a proximidade com a Venezuela, que já propôs um programa nuclear conjunto, leva à ideia de que o governo brasileiro intenciona retomar um projeto nuclear de fins militares, apesar dos desmentidos do chanceler Celso Amorim, que atribui as críticas a posições pessoais de Pinheiro Guimarães.

No livro, ele atribui à estratégia de hegemonia continental dos Estados Unidos a difusão da ideia de que "a América do Sul era um continente de paz; que a existência de exércitos nacionais era a única causa do autoritarismo, do nacionalismo arcaico e de tensões, ainda que poucas; que a redução de despesas militares liberaria recursos para o desenvolvimento e a implantação de novas políticas liberais; e que havia uma corrida armamentista entre Brasil e Argentina".

Para Pinheiro Guimarães, o Brasil usou o pretexto de uma aliança estratégica com a Argentina para aderir a todas as iniciativas americanas, especialmente na área militar. O ex-chanceler Celso Lafer rebate a análise, dizendo que "para nós, da América do Sul, o término da corrida nuclear significou a possibilidade de uma cooperação com a Argentina, que antes obedecia à lógica da corrida armamentista. Uma hipótese, ainda que teórica, mas aventada pelo secretário-geral do Itamaraty, de uma nuclearização, de um projeto nuclear, só vai criar problemas com a Argentina, e vai fazer com que a Argentina passe a pensar nesse assunto".

Celso Lafer diz que a matriz ideológica que está na origem da postura de Samuel Pinheiro Guimarães remonta "a um período em que houve uma convergência entre um conjunto de diplomatas e a direita militar nacionalista, durante o regime militar, que procuraram construir essa ideia do Brasil grande, Brasil potência". No capítulo diplomático, isso envolveu a recusa do tratado de não proliferação, "pelas suas características assimétricas, que são reais, e a ideia de um programa nuclear secreto", relembra.

Lafer destaca que, sobretudo no período do Geisel — que rompeu acordos militares com os Estados Unidos por conta de críticas aos direitos humanos no Brasil —, houve o voto antissionista e a aproximação com o mundo árabe. "Nesse contexto, a clivagem norte-sul, Terceiro Mundo e uma boa vontade em relação aos países não alinhados."

O mundo e o Brasil mudaram desde aquela época, comenta, irônico, Celso Lafer. "Se tomarmos como eixo de um novo pacto a Constituição de 1988, você tem no seu preâmbulo a defesa da democracia e da solução pacífica de controvérsias. Entre os critérios que regem as relações internacionais do Brasil estão a prevalência dos direitos humanos e o repúdio ao terrorismo, e a afirmação do pluralismo político e a ideia de que a atividade nuclear do Brasil é só para fins pacíficos. E uma grande valorização do tema do meio ambiente".

Para Lafer, "o Samuel não está à vontade com nenhum desses critérios. O livro dele é a expressão do que a Hannah Arendt chama de 'uma ideologia', ou seja, a lógica de uma ideia independentemente da sua conexão com uma realidade. Vai contra o que eu entendo serem os melhores interesses nacionais". (...)

Celso Lafer diz que "há uma distinção entre tensão e controvérsia, esta última específica e presta-se com mais facilidade à lógica diplomática e jurídica, à negociação". Os contenciosos nossos na OMC são exemplos de controvérsias, conflitos de interesses. "A tensão é difusa, envolve conflito de valores, de concepção, se coloca no plano da contraposição mais contundente do poder. O Irã provoca tensão, o Chávez também", analisa Lafer.

O professor Francisco Carlos Teixeira, de História Contemporânea da UFRJ, defende a posição de Pinheiro Guimarães: "O Samuel formulou uma visão de que, depois do fim da Guerra Fria e principalmente depois de 2001, o mundo se tornou um lugar muito mais inseguro e imprevisível. Hoje temos o narcotráfico organizado, o crime transfronteiriço, o terrorismo internacional, formas de estados-rede, como a al-Qaeda, que podem agir inclusive em territórios terceiros simplesmente porque esses são locais mais fáceis de atingir os inimigos deles."

Teixeira lembra, interpretando o pensamento de Pinheiro Guimarães, que grande parte dos sistemas militares levam a um desenvolvimento intenso de tecnologia e, ao fazer investimentos militares, em todos esses contratos existem cláusulas de transferência de tecnologia. A tese de Samuel é que, no terreno militar, as duas questões básicas são "o desenvolvimento de uma capacidade autônoma de defesa, tanto no campo convencional quanto no de tecnologias altamente desenvolvidas, e a recusa serena de qualquer tentativa de estabelecer bases militares estrangeiras em território sul-americano".

11/8
CORRIDA ARMAMENTISTA

Há dois países na corrida armamentista na América do Sul, o Chile e a Venezuela. A Venezuela, porque teme um desembarque americano. No início do ano, os Estados Unidos mandaram um gigantesco porta-aviões para fazer treinamento de desembarque em frente, em Aruba. Quanto mais a situação no Oriente Médio fica difícil, mais o petróleo aqui fica importante, na avaliação de Francisco Carlos Teixeira, professor de História Contemporânea da UFRJ, para quem a Venezuela está comprando pesado, "mas tudo é para garantir a área *off-shore* dela, não é para dentro". Já o Chile se prepara para enfrentar Evo Morales, que faz exigências sobre a saída para o mar para a Bolívia.

Diante do fato de que a Colômbia tem um vasto programa militar com os Estados Unidos; o Peru de Alan García pode ter problemas com Chávez; e Evo Morales também pretende uma saída para o mar para a Bolívia, qual será o futuro da América do Sul? Para o professor Domício Proença Júnior, do Grupo de Estudos Estratégicos da Coppe/UFRJ, "não soa razoável extrapolar esses elementos num quadro de conflito armado. A direção da política brasileira é pró-integração econômica com esses países".

Também Expedito Bastos, pesquisador de Assuntos Militares da Universidade Federal de Juiz de Fora (UFJF), acha que "enquanto tudo estiver no campo das bravatas, como agora, não haverá maiores problemas envolvendo Colômbia, Peru, Bolívia e Venezuela, muito embora cada um deles tenha problemas históricos mal resolvidos".

Na análise de Bastos, "a Venezuela está tentando chamar a atenção para si, e como tem muito dinheiro oriundo da produção de petróleo, vem usando-o como um fator desagregador no continente". Ele avalia que Chávez está criando uma grande dependência na área militar e, num determinado momento, toda a sua cadeia logística pode deixar de funcionar, "bastando apenas ferir os grandes interesses da superpotência e de algumas potências, fomentando grupos vistos como uma ameaça após os acontecimentos do 11 de setembro".

Hugo Chávez, durante sua visita à Rússia, adquiriu jatos russos Sukhoi-30 para substituir seus caças F-16, de fabricação americana, comprou também helicópteros e mísseis terra-ar. Em curto prazo, porém, a corrida armamentista da Venezuela não representa muito, na avaliação do pesquisador Expedito Bastos:

"Levará algum tempo para a entrega total dos aviões, helicópteros e fuzis adquiridos dos russos, além de capacitação para seu emprego. Isso se tornará um complicador para eles próprios, já que a dependência para peças de reposição e manutenção será total, principalmente em aviões, veículos blindados e navios, uma vez que não dispõem de um grande e diversificado parque industrial."

Com relação ao Brasil, "a própria condição geográfica dificulta em muito as ações militares, com o emprego de equipamentos de grande porte. O raio de ação dos aviões não atinge as nossas regiões mais desenvolvidas", garante o especialista. O que pode vir a preocupar, segundo Bastos, é a possibilidade de se montar uma fábrica de fuzis Kalashnikov na Venezuela. "Esta hipótese, sim, poderá gerar complicadores para a região, visto que as armas podem ser repassadas a grupos guerrilheiros, narcotraficantes e outras facções criminosas que poderão usá-los para desestabilizar a frágil segurança pública em vários países da região."

689

O professor Domício Proença Filho também acha que, "em si mesmas, as compras da Venezuela, até o presente, correspondem à atualização e à modernização, com pouco impacto no equilíbrio da região". Existe realmente um perigo de ataque americano, como alega Chávez, devido à crise do petróleo? "As tensões diplomáticas entre Caracas e Washington não são de hoje. Os EUA reconheceram rapidamente o golpe que buscou derrubar o presidente Chávez, que expressa a posição de que os EUA querem mais do que é justo e correto em suas relações com a Venezuela, em particular, e a América do Sul, em geral. Ver nessas tensões o potencial de ataques é uma perspectiva cujo conteúdo pertence ao presidente Chávez, e soa exagerada", analisa Proença Filho.

Já Nelson Franco Jobim, jornalista, professor e consultor de relações internacionais, considera "um equívoco" a visão marxista que vê os EUA como inimigo. "Há diferentes países, e o Brasil precisa negociar com todos eles. Nesse sentido, o bloco regional ajuda a acumular forças. Mas Chávez quer acumular forças para ampliar o palco de sua retórica anti-imperialista, não para negociar com os EUA. É uma atitude negativa e contraproducente." Essas visões, inclusive a do embaixador Samuel Pinheiro Guimarães, partem do princípio de que o mundo se polariza de novo em torno do eixo Norte-Sul, e que o Brasil faz parte do Sul. Essa posição ideológica faz sentido no mundo de hoje?

12/12
TENDÊNCIAS LATINO-AMERICANAS

A revista inglesa *The Economist* faz no último número interessante paralelo entre o fim de dois ditadores simbólicos da América Latina no momento em que floresce na região a democracia. Com a divulgação do último levantamento do Latinobarômetro, ONG sediada no Chile que faz pesquisas regularmente, desde 1995, sobre valores e opiniões na região, ficou evidenciado que há um sentimento generalizado favorável aos regimes democráticos na América Latina, tendência menos presente em pesquisas realizadas anos atrás.

As mortes de Pinochet, no Chile, domingo, e Fidel Castro, em Cuba, esperada para qualquer momento, depois que ele (...) não teve forças para aparecer em público nas comemorações do 80º aniversário, encerrariam simbolicamente o momento histórico em que a região foi dominada por ditaduras.

Representações máximas da direita e da esquerda políticas, os dois transformaram-se em "relíquias" deslocadas no tempo, segundo a revista, diante da série de eleições democráticas realizadas na região no último ano, com nada menos que 12 países indo às urnas.

Três anos de crescimento econômico fizeram com que a taxa de apoio ao regime democrático subisse no Latinobarômetro para 58%, cinco pontos a mais que no ano passado, mas ainda cinco pontos a menos que em 1997, o auge do apoio à democracia na região.

Mesmo as vitórias de presidentes com tendência à esquerda não significariam que a região esteja dando uma guinada política, já que o maior exemplo dessa tendência, Hugo Chávez, reeleito com mais de 60% dos votos, não é visto como político de esquerda por 75% dos eleitores de seu país.

O resultado geral, comparando-se a pesquisa de 1996 com a de agora, mostra uma maioria na Venezuela tendendo à esquerda, mas recuando alguns passos para o centro do espectro político. A tendência majoritária na região vai do centro para a direita política, sendo que a guinada mais forte foi no México, que em 1996 tinha a maioria se considerando mais à esquerda, e hoje a tendência é oposta. No Brasil, a situação pouco se alterou nos últimos dez anos, com a maioria dos pesquisados se colocando claramente no centro político.

Uma boa indicação de que não há uma guinada à esquerda é a parte da pesquisa que mostra que Hugo Chávez é tão impopular quanto George Bush na região, apesar da ação antiamericana incessante de Chávez. Os principais motivos de preocupação, e de motivação para o voto, continuam tendo pouquíssimos ingredientes ideológicos: desemprego e pobreza de um lado e segurança pública e criminalidade de outro são preocupações que se complementam, sendo que a criminalidade em alguns países é o principal problema.

Colômbia e Venezuela são exemplos dessa preocupação, dois países que só aparentemente vivem problemas diferentes, um com um governo considerado de direita e apoiado pelos Estados Unidos, o outro tido como de esquerda e querendo assumir na região o antiamericanismo ainda encarnado pela Cuba de Fidel Castro. Mesmo com a melhoria da cotação da democracia como sistema de governo, ainda é muito baixa a percepção de que esse sistema político favorece um governo equânime.

Apenas 26% dos pesquisados consideram que seus países são governados para o benefício de todos igualmente, percentagem que dobra na Venezuela, indicação de que Chávez consegue provocar esse sentimento na população. Os presidentes George W. Bush, dos Estados Unidos, Fidel Castro, de Cuba, e Hugo Chávez, da Venezuela, são os mais conhecidos na região. O da Bolívia, Evo Morales, apesar de apenas recentemente ter sido eleito, já atinge 46% de conhecimento e quase alcança o presidente brasileiro Lula, que tem um nível de conhecimento de 51% depois de um mandato completo de quatro anos.

Hugo Chávez, apesar de ter conseguido chamar a atenção dos meios de comunicação por ser, segundo o Latinobarômetro "um grande comunicador", não pode ser considerado ainda um líder regional. Cerca de um terço da região simplesmente não o conhece, e 39% têm uma avaliação negativa dele. Lula é o presidente mais bem avaliado na pesquisa e, segundo a análise do Latinobarômetro, só lhe falta ser mais conhecido para que possa ser considerado um líder regional.

Fidel Castro é desconhecido por cerca de 20% dos cidadãos dos 18 países pesquisados, e em que pese a estreita relação do governo brasileiro com ele, é no Brasil que é menos conhecido: cerca de 40% dos entrevistados não sabem quem é Fidel. A proximidade da enfermidade dos dois ditadores ícones da América Latina traz problemas para o governo brasileiro. Diante da morte de Pinochet, o presidente Lula divulgou um comentário oficial em que afirma que o ex-presidente chileno "simbolizou um período sombrio na história da América Latina. Foi uma longa noite em que as luzes da democracia desapareceram, apagadas por golpes autoritários".

13/12
POPULISMOS

A nova derrota sofrida pelo governo, agora com relação ao aumento do salário mínimo, que ficou em R$ 375 com o apoio da maioria da base aliada e da oposição, serve como pretexto para uma tentativa de discussão sobre as linhas ideológicas que regem o atual governo brasileiro, tão confuso quanto seus pares na América Latina. Se conceitos políticos como "direita" e "esquerda" pareciam anacrônicos para as necessidades do mundo moderno, a tentativa de ressuscitá-los só trouxe mais confusão. Governos como o de Hugo Chávez na Venezuela, tidos como de esquerda, não passam de populistas, enquanto no Brasil o governo de Lula consegue se equilibrar entre uma política econômica neoliberal e programas sociais populistas, e ainda assim ser considerado de esquerda.

Mesmo Lula sabe que não é esquerdista, e abriu a semana dizendo que quem tem cabelos brancos e é esquerdista tem algum problema. O relatório da ONG Latinobarômetro deste ano identificou uma nova geografia eleitoral na América Latina, contrapondo ricos contra pobres, embora com nuances mais complexas que a simples luta de classes tradicional.

Assim como notamos profundas mudanças nas bandeiras de luta da esquerda e da direita nas últimas disputas eleitorais na região, diz o relatório do Latinobarômetro, os resultados mostram um alinhamento geográfico-político que terá consequências para as políticas públicas a serem aplicadas no futuro. As eleições teriam explicitado, na visão do Latinobarômetro, a existência de várias nações dentro dos países, com uma alta correlação entre o voto, nível socioeconômico e lugar de residência.

Saindo da América Latina, até mesmo nos Estados Unidos a vitória dos democratas nas eleições congressuais de novembro acrescentou tons populistas a uma disputa eleitoral que é restrita a dois partidos e da qual se dizia que pouca diferença fazia a vitória de um democrata ou republicano.

A vitória de Bush em 2000 já mostrara que não é bem assim, e o troco dos eleitores, dando a maioria do Congresso aos democratas, mexeu mais ainda com o quadro político. É verdade que o termo "populismo" usado nos Estados Unidos pouco tem a ver com o nosso populismo latino-americano, mas tem laços, assim como a guerra do Iraque tem tanto a ver com a prevalência de candidatos ditos de esquerda na América Latina quanto com a vitória dos democratas nos Estados Unidos.

A atitude do presidente Lula durante o ano eleitoral, aumentando o salário mínimo a índices inéditos e distribuindo programas assistencialistas pelas regiões mais pobres do país, mistura características típicas do populismo latino-americano com o norte-americano.

Ao tentar reduzir o aumento do salário mínimo previsto no Orçamento para o próximo ano, feito sob fluidos eleitoreiros, o presidente Lula se viu diante de uma típica ação populista da Câmara, que manteve o valor mais alto contra as indicações do Tesouro.

O cientista político Octavio Amorim Neto, da Fundação Getulio Vargas do Rio, lembra que os conceitos norte-americano e latino-americano de populismo são totalmente distintos. Na América Latina, populista é aquele governante que atinge e exerce o poder por meio de uma relação direta entre ele e a massa: Hugo Chávez, Perón, Getulio Vargas, Brizola, e agora o Lula da reeleição. "Nos Estados Unidos não existe isso, você tem uma intermediação partidária fortíssima. O populismo nos EUA tem mais a ver com o que eles chamam de liberalismo, que é uma certa irresponsabilidade fiscal."

Só para confundir mais ainda, o liberalismo no linguajar político norte-americano está mais ligado a uma visão de esquerda, e também não é nada parecido com o que o liberalismo significa no vocabulário político latino-americano e europeu. Tanto que o PFL faz parte de uma associação internacional de centro que congrega, entre outros, o Partido Republicano.

Amorim Neto lembra que já se associou na América Latina populismo a irresponsabilidade fiscal, "mas esse debate está superado, e hoje populismo é uma forma de alcançar o poder e de exercê-lo". Nos Estados Unidos, define ele, tem mais a ver com políticas, ou seja, "uma política fiscal mais frouxa, gastar mais e tributar mais".

A primeira coisa que os republicanos fazem ao chegar ao poder, ressalta Amorim Neto, é cortar imposto dos mais ricos, enquanto os democratas procuram oferecer isenções de impostos para a grande classe média americana. O populismo latino-americano tem a ver com a falta de organizações que façam intermediações entre o presidente e o eleitorado, e isso não existe nos Estados Unidos, onde você tem a política completamente dominada por dois partidos, acrescenta Amorim Neto. (...)

2007

20/1
SACO DE GATOS

Nunca a expressão "saco de gatos" coube tão bem para definir um grupo como agora nesta reunião do Mercosul. O presidente da Venezuela, Hugo Chávez, chegou para o encontro no Brasil dizendo que vinha para "descontaminar" o Mercosul do neoliberalismo e propôs seriamente que os demais países da região se integrassem no socialismo do século XXI. Não foi por acaso, portanto, que seu pupilo Evo Morales, da Bolívia, atacou a Colômbia, na presença do presidente Álvaro Uribe, acusando o país de ser dependente dos Estados Unidos, e comparando-o a outros, como Cuba, Argentina, e a própria Venezuela, que, segundo ele, vivem com dignidade no antineoliberalismo.

O presidente Lula, que tenta se equilibrar nessa barafunda regional, pediu "generosidade" no tratamento dos países menores, visando especialmente a Argentina que não aceita que a Bolívia faça parte do bloco com algumas regalias, e, em retribuição, foi cobrado publicamente por Morales, que reclamou o aumento do preço do gás pago pelo Brasil.

Argentina e Uruguai continuaram sem se entender com relação à disputa de fábricas na fronteira, e o caminho do Uruguai está mais próximo da saída do Mercosul para fechar um acordo bilateral com os Estados Unidos.

O chanceler Celso Amorim, tentando dar uma lógica a esse "saco de gatos", ressaltou que o Mercosul não pode ser visto apenas como um bloco econômico, mas sim como um movimento geopolítico. Ora, se é assim, os movimentos políticos radicais de Chávez, Morales e agora Correa, do Equador, ganham uma força que não teriam se estivéssemos tratando meramente de um bloco econômico.

O próprio presidente Lula, para minimizar a pregação de Chávez, disse que essa história de socialismo do século XXI só tinha importância na Venezuela, e praticamente classificou de demagogia para uso de política interna as fanfarronices de Chávez sobre o assunto: "Cada um diz o que acha melhor para seu povo", comentou Lula, num pragmatismo exacerbado que não enxerga os problemas que podem advir daí para o Mercosul.

Chega a ser ridículo, diante da escalada autoritária em alguns países da região e da exortação de Chávez, ao fim da reunião, para que os Estados tenham mais presença na economia da região, que o documento final do encontro exalte a democracia.

O cientista político Clóvis Brigagão, diretor-adjunto do Conselho das Américas da Universidade Candido Mendes, acha que estamos vivendo uma conjuntura política com escalada de centralismos em que líderes, principalmente Hugo Chávez, colocam-se "acima do jogo político democrático — que está bastante debilitado em quase toda a região, incluindo o Brasil — com controle progressivo do processo legislativo e do Judiciário, através de um discurso ideológico cada vez mais radicalizado e com componentes autoritários, além de contar com recursos — como o petróleo e o gás — para, como pano de fundo, 'saldar' o déficit social".

Para ele, "os ingredientes utilizados por Chávez, e também por Morales, conformam uma situação de profunda instabilidade e que, no decorrer desse processo que talvez não vá durar muito, poderá, com muita probabilidade, desencadear crises e conflitos perigosos, do ponto de vista interno — democracia e estabilidade institucional — e externo — ameaças a contratos de investimentos, expropriações e nacionalizações que poderão resultar em novas ameaças e rupturas".

Brigagão teme que se esteja criando "um eixo Venezuela-Bolívia-Cuba para atuar estrategicamente em assuntos externos importantes, como nas negociações da OMC, coalizão que não estaria de acordo com o Brasil, que lidera o G-20, e nas questões de política internacional da ONU. No Conselho de Segurança, e nas questões de direitos humanos".

Já o cientista político Geraldo Tadeu Monteiro, do Instituto Brasileiro de Pesquisa Social (IBPS), vê a Venezuela caminhando "a passos largos para um regime populista e autoritário, que em nada se diferenciará de uma ditadura como as do general Pinochet ou do general Franco". Já a Bolívia hoje "é nitidamente satelizada pelo regime chavista e trilha o mesmo caminho. Os movimentos de resistência na chamada 'meia-lua' boliviana são preocupantes, pois, num país de instituições tão fragilizadas, podem abrir caminho para um enfrentamento civil".

Tadeu Monteiro vê o Brasil hoje como "um contraponto a esse autoritarismo, mais pela força e autonomia de suas instituições, como o Judiciário, o Ministério Público, a iniciativa privada, a sociedade civil organizada e a imprensa, e menos pela atitude do governo Lula, que tem sido extremamente sinuoso a respeito das ações de Chávez e, mais recentemente, de Evo Morales".

Na sua análise, o Mercosul ainda é um acordo regional instável, que desde o seu nascimento depende fundamentalmente das "locomotivas" Brasil e Argentina. Do ponto de vista político, o Mercosul ainda tem pouco peso no mundo, e a grande incerteza "reside no fato de que Evo Morales e Hugo Chávez apresentam-se como líderes carismáticos que querem promover suas 'revoluções'".

21/1
ARMADILHA FATAL

A política na parte da América do Sul em que o populismo está se expandindo nas suas diversas formas, seja o de Chávez, na Venezuela, o de Evo Morales na Bolívia, o de Correa no Equador, ou mesmo o de Lula no Brasil, ou o de Kirchner na Argentina, está criando uma armadilha mortal: as oposições não encontram um caminho para se opor a esse desenvolvimentismo retórico, que gera melhorias reais do bem-estar das populações mais pobres à base do assistencialismo, sem mudanças estruturais que garantam a perenidade dessa situação, mas garantem votos para a perpetuação desse tipo de política. Assim como no Brasil, também na Argentina a oposição tenta basear sua disputa numa questão moral, uma luta entre republicanismo e populismo que não atrai a atenção do povo.

(...) Assim como no Brasil, as batalhas eleitorais que o governo de Kirchner propõe são sempre entre progressistas e conservadores, e a oposição fica encurralada, como ficou o candidato Geraldo Alckmin diante do ataque às privatizações no segundo turno da eleição presidencial. Na Venezuela, a oposição em protesto não participou das últimas eleições, deixando o caminho livre para Chávez dominar o Parlamento e receber plenos poderes para governar e implantar o seu "socialismo do século XXI".

Na Bolívia, trava-se no momento uma disputa entre a oposição e o governo que pode definir o futuro da democracia no país. Assim como a Venezuela, e agora mesmo o Equador está anunciando, também a Bolívia está em meio a uma Assembleia Constituinte que vai definir os novos poderes no país. Está em jogo um projeto político nacionalista e de esquerda liderado por Evo Morales e um outro, que busca preservar o modelo de democracia liberal e de economia de mercado.

A Assembleia Constituinte foi convocada por uma lei especial que estabeleceu que as mudanças deveriam ser feitas por dois terços dos votos. O partido de Morales, o MAS, controla 51% da Assembleia e quer aprovar mudanças por maioria simples. A oposição, especialmente os chamados "estados da meia-lua" exige que se cumpram os dois terços e organiza grandes manifestações também em Santa Cruz, a favor da autonomia, em Cochabamba e La Paz, enquanto movimentos sindicais, com o apoio ou não do governo, pedem a destituição dos governadores oposicionistas.

23/1
NO ESPÍRITO DE DAVOS

PARIS. Depois da divulgação do Plano de Aceleração do Crescimento (PAC), o presidente Lula chegará a Davos, para a sua terceira participação no Fórum Econômico Mundial, dentro do espírito do encontro, pelo menos no que se refere à América Latina, cujo tema central será o crescimento econômico e distribuição de renda equânime. Apesar de estar prevista a presença de apenas dois presidentes da região, o próprio

Lula e Felipe Calderón, do México, o Fórum reconhece que a presença latino-americana tem crescido na agenda global e, depois de um ciclo de 12 eleições presidenciais, ficaram um considerável saldo democrático e um período de crescimento econômico de três anos seguidos. (...)

24/1
A ESCOLHA DE DAVOS

DAVOS. Um dos subtemas em que estão divididos os debates deste ano do Fórum Econômico Mundial é a proeminência crescente das economias emergentes no mundo. Juntamente com o aumento da importância dos fornecedores de *commodities*; o fortalecimento das vozes individuais ou de pequenos grupos de pressão sobre as instituições e o reforçado papel dos consumidores diante dos produtores, as economias emergentes seriam parte do que está sendo chamado aqui de a equação da mudança de poder, isto é, os fatores que estão desafiando e transformando a realidade atual. Nesse contexto, a América Latina está contemplada com uma programação diversificada, mas apenas três países estão representados: Brasil e México, com seus presidentes e diversos ministros, e o Chile, com vários ministros.

As discussões vão girar em torno da possibilidade de economias emergentes como Brasil e México encontrarem um caminho sustentável para crescer e se contraporem a China e Índia, que vêm dominando a economia mundial. O professor Albert Fishlow, historiador da Universidade de Columbia, em Nova York, colocou recentemente o México junto com os Brics — Brasil, Rússia, Índia e China — no grupo de emergentes que terão papel importante na economia mundial no futuro.

Ao escolher os três países, e deixar de fora o performático candidato a ditador da Venezuela, Hugo Chávez, e seus pupilos não menos estridentes Evo Morales, da Bolívia, e Correa, do Equador, o Fórum Econômico Mundial definiu os países que considera relevantes dentro da economia mundial, mesmo que não apresentem performance de crescimento econômico condizente com o esperado, como México e Brasil.

Ou que tenham menor presença econômica na região, caso do Chile, um país que caminha rapidamente para ter indicadores de Primeiro Mundo e é exemplo de produtividade e competitividade, embora não tenha importância econômica para ser visto como uma futura potência mundial.

(...) O presidente Lula deu o mote do que poderá vir a ser sua tese principal aqui em Davos ao afirmar que o projeto de crescimento de seu governo não prescinde da democracia, o que seria uma forma indireta de criticar a China, ou de pelo menos chamar a atenção para o fato de que é mais fácil crescer sem que sejam respeitados os direitos dos trabalhadores ou o meio ambiente, ou com a exploração do trabalho infantil.

Além de reafirmar seu compromisso com a democracia, o presidente Lula ainda esclarece um recente comentário seu, que deixou dúvidas sobre esse compromisso. Em uma das reuniões para a elaboração do Programa de Aceleração do Crescimento (PAC), lançado na segunda-feira, Lula teria ficado irritado com os empecilhos que eram colocados a cada projeto apresentado e desabafou: "Bom mesmo é na China, onde todo mundo obedece. Aqui, até o PT não me obedece."

Se vê agora que a frase foi dita mais com tom de ironia do que com inveja do sistema chinês. Ou mesmo se havia uma inveja embutida nela, foi superada pelo entendimento de que, sem democracia e distribuição de renda, não há sentido em promover o crescimento econômico.

A terceira vez que o presidente Lula vem a Davos tem uma importância política implícita: é a primeira vez que ele não vai simultaneamente ao Fórum Social Mundial, um encontro criado por petistas em acordo com vários "companheiros" do Terceiro Mundo, justamente para se contrapor a Davos.

Essa decisão não deve ter sido fácil, mas mostrou-se acertada, pois ontem, mesmo não estando presente, o presidente Lula foi vaiado *in memoriam* por manifestantes, entre eles membros do MST que protestaram contra a política fundiária e agrária do governo brasileiro. Já há algum tempo o "rei" do Fórum Social é o histriônico Chávez, e mais uma vez Lula demarca a diferença entre os dois, ressaltando a democracia e jogando suas fichas no desenvolvimento através da economia de mercado, em contraponto com o "socialismo do século XXI". (...)

25/1
BEIJANDO A CRUZ

DAVOS. O fantasma de Hugo Chávez ronda o Fórum Econômico Mundial e ele tem pelo menos parte da "culpa" pela exposição que a América Latina vem tendo na programação deste ano, com mais de trinta eventos relacionados à região, direta ou indiretamente. É claro que a América Latina não se tornou o centro do mundo econômico, e muito menos o Brasil é um exemplo de país emergente que impõe sua agenda pelo crescimento econômico.

Esse papel continua sendo da Ásia, e mais especificamente da China e da Índia, que seguem sendo as vedetes do Fórum Econômico Mundial.

A sensação generalizada é a de que o mundo continuará tendo uma situação econômica muito favorável, e que a eventual desaceleração econômica dos Estados Unidos será compensada pela melhoria da Europa e do Japão, e os grandes emergentes, principalmente a China e a Índia. A Índia deve melhorar mais ainda sua performance, passando para o patamar de crescimento de 10%, igualando-se à China, que continuará crescendo no mesmo ritmo, enquanto o Brasil sonha o sonho impossível de crescer a 5% ao ano.

Mas está claro também que, ao contrário dos anos anteriores, há uma preocupação em revalorizar a região, chamar a atenção para as suas qualidades, como uma tentativa de não deixar que governos democráticos e baseados na economia de mercado, como Brasil, México e Chile, sejam ofuscados, ou cooptados, pela retórica revolucionária da Venezuela de Hugo Chávez.

Nos debates que estão sendo realizados aqui, há uma tendência a acreditar que a América Latina não está caminhando para a esquerda, mas converge para o centro político, mesmo que as preocupações sociais predominem. Governos que podem ser classificados como "de direita" ou conservadores, como o de Calderón, no México, ou o de Uribe, na Colômbia, têm a mesma preocupação com as questões sociais hoje do que os chamados "de esquerda", como o do presidente Lula, ou o de Bachelet no Chile.

Não há uma definição muito clara quanto à posição de Kirchner, na Argentina, mas de qualquer maneira está ficando claro, como salientou Emilio Lozoya Austin, o responsável pela parte latino-americana do Fórum Econômico, que a América Latina não é apenas Chávez e seus seguidores, como Evo Morales, da Bolívia, e se divide em muitas nuances que precisam ser compreendidas pelos investidores estrangeiros, sem generalizações para um lado ou para o outro.

Lozoya Austin ressalta que os investidores estrangeiros estão compreendendo o potencial dos países emergentes, que em termos de paridade de poder de compra foram responsáveis por nada menos que metade do crescimento econômico mundial, e entre esses países existem muitos mais do que apenas China e Índia.

A agenda de reduzir a pobreza e melhorar a distribuição de renda tornou-se um ponto comum na região, e há um certo otimismo com os avanços sociais já acontecidos. Felipe Larraín Bascuñán, professor de economia da Universidade Católica do Chile, por exemplo, criticou, num painel sobre a América Latina, os que consideram que a região "perdeu o bonde da História", lembrando que os indicadores sociais e econômicos da região melhoraram muito nos últimos 25 anos.

(...) O presidente Lula que chega amanhã a Davos não é certamente o mesmo que, em 2003, recém-eleito, dominou o Fórum e encantou os investidores com sua receita contra a fome no mundo, ainda embalado pelo programa Fome Zero, que fracassou e deu lugar ao Bolsa Família, fundamental para uma melhor distribuição de renda e também para garantir votos para a reeleição.

Naquela ocasião, havia ainda dúvidas sobre seu compromisso com a manutenção das regras do jogo, e o comparecimento a Davos era mais uma demonstração de que não havia o que temer. Mas, ao mesmo tempo que beijava a cruz, Lula falava de injustiça social e fome, temas desconfortáveis para os participantes do Fórum. Mesmo não sendo correto dizer que Lula mudou a agenda de Davos, como ele se atribui, é certo que ele colaborou para que uma visão social do desenvolvimento e temas como distribuição de rendas e combate à pobreza pudessem ser hoje o centro das discussões entre empresários, não apenas latino-americanos, mas todos os interessados em investir na região.

Quando esteve aqui pela primeira vez, Lula garantiu que as bases do programa de estabilização não seriam alteradas. Agora, o que os investidores esperam é que Lula venha trazer notícias de medidas para o crescimento econômico. O pacote recém-lançado é um completo desconhecido para os investidores estrangeiros, e o presidente Lula já tem diversos encontros para convencê-los de que chegou a hora de investir no país. O Programa de Aceleração do Crescimento depende desse convencimento para dar certo, pois a maior parte dos investimentos necessários é da iniciativa privada. É por isso que Lula veio a Davos, beijar a cruz mais uma vez.

30/1
VITÓRIA POLÍTICA

PARIS. A retomada das negociações da Rodada de Doha, decidida em uma minicúpula reunida em Davos, ao final da reunião do Fórum

Econômico Mundial, não é uma garantia de que vá se chegar a um consenso para uma maior liberalização do comércio internacional, mas para o Brasil é, sem dúvida, uma vitória política importante. Além de ter sido o inspirador, e de, informalmente, liderar o G-20, grupo de países emergentes que se uniram em Cancún em 2003 para fazer face às pressões dos países ricos, a retomada de negociações foi precedida por um apelo enfático do presidente Lula no Fórum de Davos, "para que os países ricos adquiram a consciência de que, se não houver um acordo na Rodada de Doha, não adianta culpar o Iraque, não adianta tentar achar que as guerras que acontecem pelo mundo serão resolvidas com ajuda financeira de quando em quando. É na possibilidade do crescimento econômico, da geração de empregos, da distribuição de renda que nós vamos viver num mundo tranquilo".

Ontem, o chanceler Celso Amorim prosseguiu as negociações em Genebra, reunido tanto com os embaixadores representantes do G-20 como com Peter Mandelson, pelo lado europeu, e Susan Schwab, pelo americano. Há um ambiente mais favorável às negociações, dizem diplomatas brasileiros que as acompanham, embora, até o momento, nenhuma proposta oficial tenha sido apresentada formalmente.

Mas os diversos grupos que reúnem representantes das economias emergentes ganharam tal dimensão política que, durante o Fórum de Davos, houve uma sessão onde se discutiu a possibilidade da ampliação do G-20 como organismo que assuma as mesmas funções, pelo lado dos países emergentes, que nos últimos trinta anos foram exercidas pelos ministros das Finanças dos países desenvolvidos no G-7, ou o papel político dos principais líderes mundiais no G-8.

Atualmente, o G-20 trata com mais ênfase das negociações agrícolas no âmbito da Organização Mundial do Comércio, mas a maioria dos participantes do debate considera que tanto o G-7 quanto o G-8, representando o pequeno grupo dos países mais ricos do planeta, já esgotaram sua capacidade de ação e hoje estão ultrapassados, antevendo um novo papel para o G-20, que já tem seu lado financeiro, no momento mais teórico e menos prático que o grupo que discute os acordos agrícolas.

O diretor do Instituto de Estudo da Economia e Política Mundiais, da Academia Chinesa de Ciências Sociais, Yu Yongding, disse no debate que a China acredita firmemente no potencial do G-20 para ajudar a governança mundial dentro de novas bases, e quer participar desse novo papel. Ao contrário, a China não tem interesse em ingressar no G-8, garantiu Yu: "Nós não queremos entrar para o clube dos homens ricos."

O chanceler Celso Amorim deu mais ênfase ao trabalho do G-20 dentro das negociações da Organização Mundial do Comércio. O Brasil não tem interesse em que o G-20 se transforme em mais uma instância burocrática internacional, embora muitos dos debatedores tenham defendido a ideia de que, com a informalidade com que se organiza no momento, o G-20 acabará tendo dificuldades para atuar de maneira mais efetiva nas demais negociações econômicas internacionais.

4/3
A POLÍTICA DO ETANOL

Começou a disputa globalizada pelos biocombustíveis, os chamados "combustíveis verdes", especialmente o etanol, uma disputa que tem muito de econômica, mas com ingredientes políticos relevantes, especialmente para a América Latina. A viagem que o presidente Bush fará à região na próxima semana tem como objetivo neutralizar a influência do presidente venezuelano Hugo Chávez e a parceria com o Brasil para espalhar a tecnologia e a produção do etanol pela região não tem outro objetivo que o de neutralizar a força dos petrodólares de Chávez, e reduzir, a longo prazo, a importância da produção de petróleo venezuelano no consumo dos Estados Unidos, hoje da ordem de 20%.

Até mesmo Cuba, grande produtora de cana-de-açúcar, está no meio dessa disputa, e não é por acaso que, depois de criticarem em um programa de rádio a utilização de alimentos para fazer combustível, Chávez e Fidel fecharam um acordo para a construção de 11 usinas de etanol na Venezuela.

Os investimentos em biodiesel mais do que dobraram nos últimos três anos, e já representam 10% de todos os investimentos no mundo em energia. No ano passado, cresceram mais 30%. O Brasil é o líder mundial de produção de etanol através da cana-de-açúcar, tem carro movido a etanol desde 1979, e hoje 20% de sua frota é movida a álcool.

O Fórum Internacional de Biocombustíveis, lançado sexta-feira na ONU, pode não ser o embrião de uma "Opep do etanol", como se especulou, mas é sem dúvida um primeiro passo para organizar um mercado internacional do produto, com regras comuns, como um padrão a ser seguido pelos produtores, com o objetivo de transformar os biocombustíveis em mercadoria comercializável em nível mundial.

O Fórum reúne Brasil e Estados Unidos, que detêm cerca de 70% da produção mundial de álcool, além de Índia, China, África do Sul e União Europeia. Ao mesmo tempo, o Japão fechou acordo com a Petrobras para a construção de 40 usinas de produção de álcool para apoiar o consumo do etanol japonês.

Tanto os Estados Unidos quanto a França, o quinto maior produtor mundial de etanol, fazem seu combustível com outros produtos que não a cana-de-açúcar — os EUA, do trigo e milho, e a França, da beterraba — mas ambos os países têm que dar fortes subsídios para tornar economicamente viável o produto.

Mas nem tudo são flores, embora o presidente Lula tenha tido o mérito de enxergar a potencialidade dos biocombustíveis, e também do biodiesel, num mundo onde a energia limpa terá importância cada vez maior. Segundo a consultoria Tendências, apesar da incontestável competitividade da produção brasileira de etanol a partir da cana-de-açúcar e, ao que tudo indica, do biodiesel, o país ainda precisa dar passos importantes para se tornar, efetivamente, um *player* global de peso no mercado de bioenergia.

Segundo a analista Amaryllis Romano, "mesmo que existam excelentes perspectivas no que diz respeito ao crescimento do mercado doméstico, a questão das exportações, tanto de produtos quanto de tecnologia, será fundamental para garantir retorno aos investimentos na área e promover os recursos para pesquisa, visando à manutenção da primazia nacional na área".

(...) Lula se disse convencido, na conversa que teve com jornalistas semana passada, de que o etanol pode mudar a matriz energética do mundo, mas para isso será preciso que os Estados Unidos se empenhem na parceria. Mas o forte lobby dos produtores americanos já está se movimentando para impedir o fim da taxa que os Estados Unidos cobram sobre o etanol importado.

Em uma carta ao presidente Bush na semana passada, o senador republicano de Iowa, Charles Grassley, diz que não consegue entender por que os Estados Unidos pensam em usar dinheiro do seu contribuinte para encorajar a produção de etanol em outros países.

O temor é que o acordo com os Estados Unidos permita que o Brasil se utilize dos países do Caribe, que estão isentos das taxas de importação pelo acordo de livre comércio, para exportar etanol para os Estados Unidos.

Essas diferenças de produção e custo serão objeto de estudos do Fórum Internacional, em busca de uma padronização. E o Brasil pretende obter dos Estados Unidos uma cota de exportação livre de taxações.

6/3
LIVRE COMÉRCIO?

O presidente Lula explicitou ontem, no seu programa de rádio, a estratégia que o Itamaraty já vinha desenvolvendo na retomada das negociações da Rodada de Doha: os países emergentes, reunidos no G-20, passariam a aceitar negociações em torno do setor de serviços para que, tanto Estados Unidos quanto União Europeia, aceitem reduzir os subsídios agrícolas, permitindo que os países do Terceiro Mundo possam competir naqueles que são os maiores mercados do mundo.

O assunto, tema delicado nas negociações da falecida Alca, volta para o âmbito da Organização Mundial do Comércio — como, aliás, o Brasil sempre defendeu — mas agora tem como cenário a parceria que pode ser firmada entre os Estados Unidos e o Brasil no setor dos biocombustíveis.

E como ponto de partida o subsídio ao trigo e ao milho que o governo americano dá aos produtores para tornar o etanol competitivo com o produzido no Brasil e em outros países, da cana-de-açúcar.

Paralelamente, dentro da política de parceria energética, o Brasil vai também pedir o fim da taxa de exportação do etanol, como já acontece com os países da América Central e do Caribe que fizeram acordos bilaterais com os EUA, ou pelo menos uma cota anual livre de taxação.

O fato de o governo dos EUA vir negociando com esses governos, incentivando-os a produzir etanol da cana-de-açúcar, garantindo financiamento e o mercado americano, parece não assustar o presidente Lula.

Pelo contrário, ele ontem, no mesmo programa de rádio, disse que está empenhado em convencer o mundo de que "a produção de combustíveis renováveis, geradores de empregos, vai favorecer não apenas a humanidade como um todo, mas pode possibilitar que os países ricos possam ter projetos de investimento na agricultura em países menos desenvolvidos, sobretudo da África, da América Central; e esses países, então, terem um crescimento econômico, mais geração de emprego e distribuição de renda".

Essa postura indicaria ainda que o governo brasileiro está atento à necessidade de o país abrir mercados também para a exportação da tecnologia de produção de etanol da cana-de-açúcar, que dominamos. Mas a negociação sobre o tema serviços, que seria a contrapartida dos países em desenvolvimento à abertura dos mercados internacionais para os produtos agrícolas, não será fácil.

Nos momentos mais duros das negociações da Alca, o chanceler brasileiro Celso Amorim conseguiu colocar na mesa de negociações valores mais amplos do que o simples comércio. Definiu que excluir das negociações temas de interesse direto dos países desenvolvidos, como por exemplo regras de investimento, seria mais que um contraponto à decisão dos EUA e da União Europeia de não discutir a liberação dos subsídios à agricultura. Seria defender os interesses nacionais.

Na opinião dele, a Alca, para se justificar, teria que permitir políticas de desenvolvimento nacionais. Celso Amorim baseava sua ação na assertiva de que não poderíamos aceitar regras de compras governamentais, ou de proteção a investimentos estrangeiros, que impedissem o país de ter uma política industrial própria.

Mas havia controvérsias dentro do próprio governo, pois já àquela altura alguns consideravam que, nos tempos atuais, em vez de uma política industrial nacional, dever-se-ia simplesmente escancarar a economia, ampliando o comércio internacional. O exemplo mais citado era o do México, cujas exportações cresceram cerca de 150% em dez anos com o Nafta.

O simples volume de comércio nessa magnitude fez com que as agências de *rating* elevassem o nível do México. A chave para o crescimento sustentado do país nos próximos anos, portanto, é o comércio internacional. Uma área sensível é a de compras governamentais. Os negociadores dos Estados Unidos já haviam concordado que o compromisso da transparência seria suficiente.

Quando houvesse uma licitação internacional para compras públicas, se alguma empresa estrangeira estivesse interessada teria acesso sem restrições às informações. Esse procedimento não teria qualquer problema para o governo brasileiro, uma vez que as informações são públicas e estão no sistema de governo eletrônico, um dos mais avançados do mundo.

Outro ponto difícil, de interesse dos Estados Unidos, era o compromisso de abrir todas as áreas às empresas estrangeiras, sem limitações. Por instrução direta do Planalto na ocasião, esse compromisso não foi assumido. No plano federal, alguma flexibilidade foi estudada, mas havia a intenção de usar contas públicas para exigir contrapartidas de transferência de tecnologia, ou de investimentos em algumas áreas estratégicas para o Brasil.

Todas essas questões podem voltar agora à mesa, e talvez seja mais fácil hoje do que há dois ou três anos flexibilizar alguns procedimentos, já que agora há uma proposta concreta na mesa de negociações de parceria energética, na qual o Brasil tem posição privilegiada. O país também ampliou sua balança comercial e mostrou-se competitivo no comércio internacional.

Tudo vai depender do estado geral da economia mundial, depois que a turbulência das bolsas mundiais passar e ficar mais claro exatamente o que está acontecendo com os dois motores do mundo globalizado, os EUA e a China.

A decisão do governo chinês de "arrefecer" o crescimento para 8% este ano pode ser um sinal de que, mesmo assim, o comércio internacional vai continuar contando com a força de compra da China para manter os preços das *commodities* em patamares altos, o que é fundamental para o Brasil manter superávits comerciais expressivos.

11/3
A GEOPOLÍTICA DO ETANOL

Tudo indica que o Mercosul não poderá ser um instrumento de negociação para os acordos sobre energia, diante da movimentação política liderada por Hugo Chávez e seus seguidores, sobretudo na América do Sul, como Néstor Kirchner, na Argentina, e Evo Morales, na Bolívia.

Se um dos principais motivos, tanto da União Europeia quanto dos Estados Unidos, para buscar na chamada "energia verde" alternativa ao petróleo é se livrarem das questões políticas, uma negociação envolvendo Chávez nem começaria. Não é à toa, portanto, que no acordo entre Brasil e os Estados Unidos, está dito que a América Central e o Caribe são as regiões-chave escolhidas para um trabalho conjunto para levar os benefícios dos biocombustíveis. Regiões de influência geopolítica claramente norte-americana.

Os países dessas regiões serão selecionados por meio de estudos de viabilidade e assistência técnica "que visem a estimular o setor privado a investir em biocombustíveis". Já existe uma ideia de escolher um país da América Central para o desenvolvimento de um projeto piloto, provavelmente El Salvador.

Os setores privados dos dois países já possuem uma parceira naquele país, a American Renewable Fuel Supliers (ARFS), uma usina desidratadora de álcool localizada em Donsonate, com capitais de empresas brasileiras, americanas e salvadorenhas.

Mas as questões polêmicas não ficam protegidas nesse projeto geopolítico dos Estados Unidos. Provavelmente o governo brasileiro, na próxima viagem de Lula à Venezuela em abril, que foi anunciada sexta-feira, certamente não por acaso, quererá fazer algum tipo de acordo sobre biocombustível com o governo de Chávez, para não assumir oficialmente o lado americano, nessa política externa de balanceamentos.

Como Chávez e Fidel já anunciaram acordos para a construção de usinas de etanol na Venezuela, não seria de estranhar que o Brasil também aderisse, dando seguimento a um antigo projeto de etanol já assinado com a Venezuela. Esse acordo entre Cuba e Venezuela intenciona neutralizar um objetivo de longo prazo do governo americano, o de acenar com a inclusão de Cuba no vasto programa de biocombustíveis do Caribe, numa futura transição da ditadura castrista para um regime democrático.

Mas, para além dos gestos simbólicos, o que temos que fazer é traçar um planejamento estratégico de longo prazo para organizar nossa produção e aprofundar as pesquisas tecnológicas. O Brasil tem vastas extensões de terra agriculturáveis que podem ser utilizadas na plantação de cana-de-açúcar e oleaginosas, mas, como lembra o leitor Joaquim F. de Carvalho, do Instituto de Eletrotécnica e Energia, da USP, é preciso pensar nos problemas que certamente surgirão, tais como a competição entre a produção de alimentos e a produção de "combustíveis verdes", a disponibilidade não apenas de terras mas também de água para tudo isso, a salinização dos solos e a contaminação dos lençóis freáticos, provocada pelos processos produtivos dos "combustíveis verdes".

(...) No memorando de entendimentos assinado na sexta-feira, ficou definido que a expansão do mercado de biocombustíveis será feita por meio da cooperação para o estabelecimento de padrões uniformes e normas. Esses parâmetros serão discutidos no Fórum Internacional de Biocombustíveis, que reúne, além do Brasil e dos Estados Unidos, a União Europeia, a China e a Índia. O Instituto Nacional de Metrologia, Normalização e Qualidade do Brasil (Inmetro) e o Instituto Norte-Americano de Padrões e Tecnologia (Nist) serão os órgãos responsáveis pela definição dos padrões.

Eles já têm um programa de cooperação em Metrologia e Padrões para Biocombustíveis, para ampliar o conhecimento científico e tecnológico dos biocombustíveis, especialmente sobre seus atributos mais relevantes, como conteúdo energético, efeitos sobre meio ambiente e sobre a saúde. Vários pontos já estão definidos, como criar um fórum técnico de alto nível para a troca de experiências de organizações do Brasil e dos Estados Unidos.

A troca de informações facilitará também a adoção de padrões e normas comuns e a redução de barreiras técnicas. Aliás, uma das principais preocupações dos dois órgãos é promover ações conjuntas para atacar barreiras técnicas ao uso de biocombustível, relacionadas a medições, padrões e normas.

À medida que esses padrões ganharem credibilidade internacional, novos mercados potenciais, como o asiático, serão incorporados. Todas essas medidas têm um objetivo: transformar os biocombustíveis em *commodities*, comercializáveis globalmente.

31/3
VISÃO SOCIAL

Em meio a denúncias de mortes por exaustão de trabalhadores nos canaviais paulistas, o Programa Brasileiro de Certificação de Biocombustíveis, que está sendo desenvolvido pelo Instituto Nacional de Metrologia, Normalização e Qualidade do Brasil (Inmetro), vai dar atenção especial aos aspectos sociais e ambientais da produção dos biocombustíveis. A parceria com o Nist (o instituto nacional de metrologia dos EUA) fará com que essas normas venham a ser incorporadas aos aspectos técnicos do produto, para que tenha uma uniformidade capaz de transformá-lo em *commodity*. Não foi um arroubo, portanto, que fez o presidente Lula recentemente classificar de "heróis" os usineiros de cana-de-açúcar, o que não retira do epíteto sua carga de exagero. Há uma preocupação do governo brasileiro com a disputa de mercado internacional, e o objetivo é que esse programa se transforme em um instrumento para a superação de eventuais barreiras, não apenas técnicas, aos nossos biocombustíveis.

Há muitos grupos de pressão que trabalham com denúncias de que a produção envolveria práticas sociais e ambientais condenáveis, como destruição de florestas naturais e trabalho infantil. O governo reconhece em alguns desses grupos o intuito de defender os direitos humanos ou a natureza, mas identifica também interesses econômicos por trás de denúncias.

Por isso está preparando um programa de certificação que, na explicação do Inmetro, além dos aspectos técnicos, defina regras de políticas sociais a serem seguidas, "com o objetivo de proporcionar adequado grau de confiança de que o processo de obtenção do biocombustível certificado, além dos requisitos técnicos estabelecidos em normas da Associação Brasileira de Normas Técnicas, ou em normas que venham a ser consensadas internacionalmente, inclui itens de responsabilidade social e ambiental".

A certificação é um dos mecanismos de avaliação mais utilizados no mundo para definir se um determinado produto, processo, serviço ou mesmo um profissional segue normas e procedimentos específicos preestabelecidos. Conduzido por uma entidade independente do processo produtivo, pode ser de caráter voluntário ou compulsório; este último definido, necessariamente, pelo governo.

Segundo os especialistas, atualmente a certificação pode ir além de verificar o cumprimento de aspectos técnicos intrínsecos ao produto. Desde meados da década de 1990, quando as questões ambientais e sociais passaram a fazer parte das preocupações da sociedade, a comunidade internacional de avaliação da conformidade passou a incorporar, em muitos processos de certificação, requisitos ambientais, sociais e de bem-estar do trabalhador.

Serão exigências básicas para a certificação dos biocombustíveis os seguintes itens:

Não utilizar trabalho escravo;
Não utilizar trabalho infantil;
Não causar desmatamento;
O trabalhador ter os seus direitos respeitados;
O trabalhador ter condições adequadas de trabalho.

O Inmetro considera que, levando-se em conta a liderança que o Brasil vem exercendo na articulação de ações internacionais de promoção dos biocombustíveis, o programa poderá ser reproduzido em outros países emergentes que necessitem demonstrar a sua sustentabilidade. Esse seria um fator determinante, na opinião das autoridades brasileiras, para ampliar a oferta mundial e a consequente transformação do biocombustível em *commodity*.

Os aspectos físico-químicos dos biocombustíveis, que desde algum tempo têm mobilizado os laboratórios do Inmetro, já estão avançados. Em fevereiro foi concluído o desenvolvimento de material de referência certificado (MRC) para etanol, envolvendo seis parâmetros, e iniciado o processo de intercomparação com o Nist americano, o que permitirá que o mesmo padrão seja aceito nos dois países, dentro de um amplo programa entre as duas instituições para o desenvolvimento de padrões metrológicos para biocombustíveis.

Os aspectos ambientais e sociais das diversas áreas que compõem a política energética estão sendo permanentemente discutidos, não apenas em nível de governos, mas também entre os estudiosos do assunto. O gasoduto que cortaria a América do Sul, com cinco mil quilômetros, interligando Venezuela e Brasil, passando pela Amazônia, por exemplo, foi repensado, e agora servirá de abastecimento apenas para o Nordeste.

Fora do desenho original, o gasoduto não mais passará pela Amazônia, pois provocaria uma grita geral por parte dos preservacionistas. O governo brasileiro buscou uma forma alternativa de suprir de energia a região de Rondônia e Acre, através das usinas do Madeira.

Esses aspectos, além dos puramente econômicos, são tema também do último número da revista do Instituto de Estudos Avançados da USP. O "Dossiê Energia", além de registrar, em seus diversos artigos, as divergências de opinião entre os estudiosos sobre temas tão fundamentais quanto o consumo de energia para os próximos anos ou a alternativa da energia nuclear, que tem defensores e opositores sustentando seus pontos de vista, dá uma atenção especial para os aspectos ambientais e sociais da produção de energia.

As condições de trabalho nos canaviais e a ameaça potencial de ser prejudicada a produção de alimentos no país são objeto de dois artigos. A tese fundamental que transparece em vários artigos é de que é preciso buscar soluções que sejam as menos nocivas na ampliação da produção de energia. As novas usinas da Bacia do Amazonas, como nos rios Madeira e Xingu, são analisadas dentro da ótica de que não se pode incorrer nos mesmos erros cometidos em outras usinas da região.

1/4
AS VOLTAS DO MUNDO

Quase quatro anos depois da reunião da Organização Mundial do Comércio em Cancún, no México, quando as negociações da Rodada de Doha para liberalização do comércio internacional foram paralisadas por um impasse que colocou de um lado o recém-criado G-20, grupo de países emergentes liderado pelo Brasil, e de outro os Estados Unidos, o Japão e a União Europeia, os presidentes Bush e Lula se encontram para tentar a retomada das negociações. Da reunião de 2003, quando o presidente Lula se vangloriou de termos dado "uma trucada neles", utilizando um jogo popular de cartas para dizer que os emergentes haviam conseguido para-

711

lisar os países desenvolvidos, até a reunião de Camp David, muitas situações geopolíticas mudaram no mundo e levaram a essa aproximação.

De líder hegemônico sem contraste a um presidente necessitando de apoio politico para não perder a influência dos Estados Unidos na América Latina, o presidente Bush aproxima-se de Lula, um líder esquerdista que chegou a ser comparado pela diplomacia americana a Fidel Castro e Hugo Chávez, e hoje está nos Estados Unidos com o reconhecimento de que preside uma "potência regional" que pode ajudar a maior potência mundial a levar a democracia e o desenvolvimento a países pobres da África e do Caribe.

No caminho, ficaram para trás tanto posições antiamericanas da nossa política externa quanto a arrogância e o desconhecimento da política latino-americana por parte da diplomacia dos Estados Unidos. Desde 2005, depois da viagem de Bush ao nosso continente, operou-se uma mudança fundamental na estratégia da política externa americana.

O documento básico do governo Bush de diretrizes de segurança nacional, publicado em agosto de 2002, deixa muito claro que os EUA não fariam políticas regionais específicas e que não se relacionariam com os países do mundo pela mediação de potências regionais.

(...) Hoje, México, Brasil, e Venezuela têm parcerias de grande relevância com a China, com perspectivas de ampliação. A China tanto vende armamento para a Venezuela quanto está interessada em investimentos diretos na área de petróleo *off-shore* da Venezuela e negocia gás com a Bolívia.

Ao mesmo tempo, a necessidade de aumentar a utilização de combustíveis alternativos, tanto por questões ambientais quanto por estratégia política, levou à aproximação dos Estados Unidos com o Brasil e ao afastamento do Brasil de parceiros regionais como a Venezuela e Cuba. O etanol e os biocombustíveis nos unem mais aos americanos do que aos bolivarianos, o que não quer dizer que nossa política externa sofrerá alterações bruscas, mas apenas mudanças de tendências.

A retomada das negociações da rodada de Doha certamente não sairá das reuniões de Camp David, mas é provável que o ambiente político fique mais favorável a elas depois do comunicado oficial. Nesse período de encontros e desencontros, ficou claro que o governo brasileiro tem atitudes pragmáticas diante do comércio internacional, e nessas questões em nada é parecido com os governos de Havana e Caracas.

Um bom exemplo dessas diferenças é a utilização política que Hugo Chávez faz da Pedevsa, a companhia de petróleo venezuelana, ao contrário da Petrobras, que não é vista como uma ferramenta de política externa pelo governo brasileiro. Um caso sintomático é o das pressões americanas para que a Petrobras deixe de fazer negócios com petróleo e gás com o Irã.

A resposta do chanceler Celso Amorim retirou das ações da estatal brasileira qualquer sinal de politização e reafirmou que o Brasil cumpre estritamente as sanções previstas pelo Conselho de Segurança da ONU. De fato, recentemente o governo brasileiro apressou-se a publicar no Diário Oficial a proibição da transferência de itens, materiais ou equipamentos ao Irã que pudessem ser utilizados para a fabricação de artefatos nucleares, no que foi interpretado como um gesto de boa vontade em direção ao governo americano.

O professor Francisco Carlos Teixeira atribui à seriedade profissional reinante na Petrobras alguns choques com a mentalidade que predomina na Venezuela, como no caso do gasoduto de integração sul-americana, que foi redesenhado na sua parte brasileira para não colocar em risco o meio ambiente na Amazônia.

A Petrobras está associada a grandes empresas estrangeiras, lembra Francisco Carlos Teixeira, como a Halliburton, "para horror de Chávez". Por isso, encontrando eco na Bolívia e em Cuba, Chávez insiste em declarar oficiosamente a Petrobras como uma multinacional associada ao capital estrangeiro e estranha ao projeto de integração continental, analisa Teixeira.

Embora Lula pretenda visitar a Venezuela e talvez Cuba nos próximos meses, fica claro que os interesses econômicos brasileiros nos distanciam dos interesses políticos desse grupo de países que hoje orbita em torno dos petrodólares de Chávez. O reconhecimento dos Estados Unidos de que o Brasil é a potência regional que conta no continente, e o futuro dos biocombustíveis como alternativa ao petróleo, nos colocam em contraposição aos projetos políticos de Chávez e seu grupo.

2/6
O VALOR DAS INSTITUIÇÕES

O ataque do protoditador venezuelano Hugo Chávez ao Senado, classificando-o de submisso ao poder americano por ter criticado oficialmente o atentado à liberdade de imprensa que representou a não renovação da concessão da televisão mais popular da Venezuela, em retaliação à sua postura de oposição, é típico do oportunismo político e da visão autoritária que tem do exercício do poder. Serem atacados por defender a liberdade de expressão, por outro lado, era o que podia ter acontecido de melhor aos políticos brasileiros, no momento em que o Congresso se vê desmoralizado por escândalos de corrupção e pelo corporativismo exacerbado.

O Senado pode viver circunstancialmente uma situação deplorável, período que se prolonga por tempo maior do que o desejável, mas é uma instituição política respeitável e mostra que mesmo em situações de crise encontra seu melhor momento quando condena esse tipo de ação política antidemocrática. O senador José Sarney, mesmo às voltas com denúncias que implodiram seu protegido Silas Rondeau no Ministério de Minas e Energia e envolvido na operação de salvamento de seu companheiro de liderança política peemedebista Renan Calheiros, encontrou espaço para reviver os sentimentos democráticos que fizeram dele um presidente da República respeitável pela capacidade de convivência com os adversários, mesmo os mais violentos, apesar do governo medíocre que chefiou.

Seu discurso no plenário contra a cassação da concessão da RCTV marcou o início da tomada de posição do Senado como instituição democrática. E certamente tem sua intervenção a atitude enérgica do governo brasileiro de ter chamado o embaixador venezuelano para dar explicações ao Itamaraty.

O presidente da Venezuela deve ter achado que um Senado desmoralizado pelos escândalos poderia ser malhado sem gerar protestos, mas se esqueceu de que, num regime democrático autêntico como o que está consolidado no Brasil, as instituições têm um valor intrínseco que independe das circunstâncias, mesmo que a corrupção endêmica possa ameaçar sua credibilidade junto à opinião pública.

Aliás, desmoralizar as instituições democráticas é a maneira que Chávez tem de fortalecer mais e mais seu próprio poder, e ele tenta transformar sua retaliação política contra a televisão venezuelana em ato administrativo legítimo, para mais uma vez burlar as normas democráticas que finge obedecer.

Politicamente, ele acusa os meios de comunicação privados de terem participado do golpe que tentou tirá-lo do poder em 2002, mas não é possível esquecer seu próprio passado golpista para lembrar que sua chegada ao poder, mesmo pelo voto popular, não anistiou seu ânimo antidemocrático que veio a se revelar intacto em manobras posteriores. O que existe por lá é uma tentativa de amordaçamento da oposição, inclusive a jornalística, com constrangimentos legais e até mesmo ameaças pessoais, muitas vezes comandadas pelo próprio Chávez em seus comícios.

As "milícias bolivarianas" são grupos paramilitares que atuam em consonância com o governo, fazendo atentados e ameaçando os adversários, inclusive jornalistas. Já tivemos aqui tentativas pateticamente semelhantes, como a do ex-governador Garotinho, que, pelo rádio e nos comícios, incitava seus correligionários contra jornalistas que considerava seus adversários.

Não é uma figura de retórica radicalizada a lembrança de que Hitler também foi eleito, numa semelhança histórica assustadora com Chávez, até mesmo na veia histriônica que o caracteriza, assim como caracterizava Mussolini. Hitler foi eleito democraticamente após ter tentado tomar o poder à força em novembro de 1923, assim como Chávez tentou um golpe militar em 1992. Hitler foi eleito democraticamente e assumiu todos os poderes, como *Führer* da Alemanha nazista, assim como Chávez está fazendo na Venezuela, de plebiscito em plebiscito.

A reação do presidente Lula em defesa do Senado, depois de uma primeira declaração tíbia, mostra que nosso sistema político tem força própria. A cada movimento desses, a cada crítica da dupla Fidel Castro e Hugo Chávez ao projeto de etanol brasileiro, ou a cada crise política com a Bolívia de Evo Morales, mais se distancia o governo brasileiro de seus antigos parceiros prioritários, parceria que se justificava menos por uma visão esquerdista do mundo, e mais por uma estratégia geopolítica de união da América do Sul.

Que fazia sentido desde que aqueles países, e mais o Equador, tivessem uma visão de mundo compatível com a do governo brasileiro, cada vez mais realista e menos ideológica. Três anos de crescimento econômico na região fizeram com que a taxa de apoio ao regime democrático subisse para 58% no Latinobarômetro, um instituto chileno independente que faz pesquisas de teor político, ainda cinco pontos a menos que em 1997, o auge do apoio à democracia na região.

Mesmo as vitórias de presidentes com tendência à esquerda não têm o significado de que a região esteja dando uma guinada política. Hugo Chávez, por exemplo, não é visto como político de esquerda por 75% dos eleitores de seu país. A tendência majoritária na região vai do centro para a direita política. No Brasil, a situação pouco se alterou nos últimos dez anos, com a maioria dos pesquisados se colocando claramente no centro político.

Uma boa indicação disso é que Hugo Chávez é tão impopular quanto George Bush na região, apesar de sua ação antiamericana. Por mais que Hugo Chávez exacerbe sua atuação e, com a ajuda dos petrodólares, tente interferir na geopolítica da região se fazendo passar pelo herdeiro legítimo de Fidel Castro, a análise dos especialistas é de que, mais do que nunca, o Brasil reafirma sua liderança regional, especialmente pela recalibragem da política externa brasileira. O país que conta na região é o Brasil.

16/6
VISÃO DISTORCIDA

Nos últimos dias, pronunciamentos dos presidentes Lula, do Brasil, e Vladimir Putin, da Rússia, sobre a democracia, que mostram bem como são confusos os conceitos dos dirigentes desses dois dos mais importantes países emergentes do mundo, trouxeram preocupações ao meio político brasileiro. Coincidentemente, embora em circunstâncias distintas, as declarações foram feitas nas proximidades da reunião do G-8 na Alemanha. O B e o R do Bric, a sigla que denomina possíveis futuras potências mundiais (além de Brasil e Rússia, Índia e China), buscam lugar de destaque nos fóruns internacionais. A Rússia já conseguiu entrar como membro permanente no clube dos grandes, que agora é G-7 + Rússia, ou G-8, mas não faz parte da Organização Mundial do Comércio, por exemplo.

O Brasil, um dos países convidados para a reunião, é uma liderança inconteste nas negociações comerciais internacionais, e busca um lugar permanente no Conselho de Segurança da ONU, no qual a Rússia já tem assento com poder de veto. O presidente da Rússia tem ideias muito próprias sobre o que seja democracia. Depois da tragédia da escola de Beslam, tomada em 2004 por separatistas chechenos, quando a ação de repressão provocou a morte de mais de 300 pessoas, a maioria crianças, Putin disse que a democracia é um regime que resulta em instabilidade.

Esta semana, ele se classificou como "o único" dirigente democrático do mundo. Já o presidente Lula, questionado sobre a decisão do presidente da Venezuela de não renovar a concessão da rede de televisão RCTV, a mais popular do país, disse que ela era uma decisão "tão democrática" quanto seria a renovação, e mais adiante comparou a concessão televisiva a uma concessão de táxi. Anteriormente, ele já havia declarado que o problema da Venezuela é ter "democracia demais".

O que une Rússia e Venezuela é que nesses dois países vigora o que a ciência política define hoje como o "hiperpresidencialismo", uma ditadura disfarçada. E a última fronteira entre a hiperpresidência e a ditadura é a liberdade de imprensa. O presidente Lula confundiu o que é democrático com o que é legal, sem se dar conta, por desconhecimento ou esperteza política, que mesmo as ditaduras têm leis, que não são democráticas.

(...) O hiperpresidencialismo, regime político caracterizado pelo excesso de poderes concedido pelo Congresso ao Executivo, é um fenômeno que se alastra pelo mundo e está em evidência tanto na Rússia quanto nos superpoderes que governos latino-americanos como os de Argentina, Venezuela, Bolívia e Equador estão acumulando ou tentando acumular.

Segundo os professores Timothy Colton e Cindy Skach, da Universidade de Harvard, nos Estados Unidos, que estudaram o caso da Rússia desde o nascedouro, pode-se aprender com ele que um país em processo de democratização, se não é capaz de construir maiorias legislativas genuínas e assegurar que seu presidente esteja integrado a um sistema partidário institucionalizado, terá um governo de minoria dividida, o que pode criar o caos político ou fazer com que o Executivo se aproveite dessa fragmentação para estimular uma maioria circunstancial que favoreça a aprovação de sistemas autoritários.

Esse foi o caso da Rússia na Constituição de 1993, que deu superpoderes a Yeltsin. A partir de 2000, a situação foi aprofundada por Vladimir Putin, que usou os poderes e prerrogativas para levar a Rússia em "direções autoritárias", segundo Colton e Skach. Putin hoje se coloca acima dos partidos e governa com uma maioria disforme e obediente.

Na América Latina, há exemplos preocupantes de governos se utilizando dos mecanismos democráticos para aprovar leis que lhes delegam superpoderes, transformando o Executivo em um poder acima dos outros poderes, fazendo com que o sistema democrático perca sua característica de contrapesos.

Desde 2004, quando o governo da Venezuela fez aprovar no Congresso uma Lei de Responsabilidade Social no Rádio e na Televisão, que o perigo nela contido era denunciado. A lei tinha entre seus objetivos teóricos oficiais garantir o respeito à liberdade de expressão e à informação, sem censura, mas "dentro dos limites próprios de um Estado democrático e social de direito e de justiça".

Do mesmo modo que, aqui no Brasil, o governo Lula já tentou diversas vezes controlar o fluxo de informações noticiosas e culturais, primeiro com a criação do Conselho Federal de Jornalismo, depois com o projeto da Ancinav e, mais recentemente, com a polêmica legislação de classificação indicativa para os programas de televisão e a criação de uma rede estatal de televisão.

O presidente Lula tem uma clara dificuldade de lidar com os meios de comunicação, o que se revela nas raras entrevistas coletivas que concedeu, e nos últimos dias voltou à carga, reclamando do noticiário sobre a criminalidade no país, culpando o mensageiro — os meios de comunicação — pela mensagem, que considera ruim para a imagem do país no exterior.

Em uma linguagem cada vez mais desabrida, Lula chegou a admitir que, se acontecer algum acidente durante os jogos Pan-Americanos no Rio, "vai tudo para as cucuias". Mas, mesmo assim, se preocupa mais com as notícias do que com os fatos.

13/7
TRINTA ANOS DEPOIS

A retomada do projeto nuclear brasileiro — com o anúncio de um financiamento de US$ 1 bilhão nos próximos oito anos para o projeto do submarino atômico da Marinha, além do enriquecimento de urânio em Aramar e a construção da usina nuclear de Angra III — traz novamente à tona semelhanças de estratégias do governo Lula com o governo do general Ernesto Geisel, provavelmente para irritação de adeptos de ambos os lados.

No entanto, o presidente Lula nunca escondeu a admiração pelo planejamento estratégico do governo Geisel. O conceito de "Estado forte" tanto serve a um esquerdismo que ainda domina setores do PT, quanto a um nacionalismo do qual Lula é tão adepto quanto o foi o general Geisel.

O programa nuclear brasileiro com a Alemanha foi assinado num período em que o governo Geisel procurava alternativas às relações com os Estados Unidos, abaladas pela ação do governo Carter de defesa dos direitos humanos. As críticas à adesão do Brasil ao Tratado de Não Proliferação de Armas Nucleares (TNP), somente formalizada no governo de Fernando Henrique Cardoso, têm hoje a mesma matriz ideológica que marcou a atuação do governo Geisel na política externa, muito semelhante à atual: um alinhamento com os países emergentes, preferência para as relações Sul-Sul, e um certo nacionalismo antiamericano, que resultou na recusa dos militares de assinar o TNP.

As críticas do embaixador Samuel Pinheiro Guimarães, secretário-geral do Itamaraty, à política de desarmamento adotada na América do Sul nos anos 90 do século passado, especialmente à assinatura do Tratado de Não Proliferação, já foram fonte de mal-entendidos diplomáticos e continuam provocando polêmica.

Na primeira campanha presidencial, o então candidato Lula assumiu as críticas à assinatura do TNP e depois teve que se explicar. No início do primeiro governo, o então ministro de Ciência e Tecnologia, Roberto Amaral, chegou a falar em bomba atômica em uma entrevista a um repórter estrangeiro, e também teve que voltar atrás.

Essa postura, e mais a proximidade com a Venezuela, que já propôs um programa nuclear conjunto, e com o Irã — os Estados Unidos estão pressionando a Petrobras para cortar os negócios com o Irã, devido ao programa nuclear — pode levar à ideia de que o governo brasileiro tenha a intenção de retomar um projeto nuclear com fins militares, que chegou a ser iniciado secretamente durante o período militar e teve fim simbólico, com uma pá de cal jogada pelo então presidente Collor, num buraco na Serra do Cachimbo, no Pará, em 1991.

As instalações de Aramar hoje estão sob salvaguardas, e as salvaguardas sobre Resende estão sendo negociadas. Resende essencialmente é a mesma instalação, mas num nível acima de Aramar, que é um laboratório, enquanto Resende é uma fábrica semi-industrial que, em oito anos, deve produzir o necessário para o funcionamento das duas usinas de Angra e da terceira que virá a ser construída.

Poucos países dominam a técnica de enriquecer urânio: EUA, Rússia, China, França, Alemanha, Holanda e Inglaterra. O Brasil está entre eles. No Brasil, os investimentos foram feitos por civis e militares, pela Marinha e pelo Instituto de Pesquisas Energéticas Nucleares (Ipen), que hoje integra a Comissão Nacional de Energia (Cnen).

Recentemente, a Agência Internacional de Energia Atômica (AIEA) teve um entrevero com o governo brasileiro por causa de uma inspeção em Resende, que acabou se realizando dentro das condições aceitas pelo governo brasileiro, que lá utiliza uma centrífuga especial para enriquecimento de urânio.

(...) Assim como Lula já repetiu diversas vezes, o então presidente Geisel pretendia que o governo fosse indutor da economia. Foi através do II Plano Nacional de Desenvolvimento (PND) que Reis Velloso estabeleceu as diretrizes econômicas pós-milagre. Ele mesmo destaca como um dos fatores principais do sucesso a prioridade ao acionamento de pelo menos duas de três fontes de crescimento industrial: substituição de importações, expansão das exportações e expansão da demanda interna, sendo que no II PND "combinaram-se as três fontes".

Hoje, pelo menos duas — crescimento de exportação e expansão da demanda interna — estão acionadas. Essas semelhanças, com uma diferença de trinta anos, mostram que ou o governo Geisel tinha uma visão de futuro acertada, ou o governo Lula está retrocedendo no tempo. Façam suas escolhas.

(...) A atitude do governo boliviano de pedir indenização ao governo brasileiro pela construção da hidrelétrica do Rio Madeira só pegou de surpresa o governo brasileiro por incompetência. O deputado Raul Jungman, do PPS, membro da Comissão de Relações Exteriores, já havia alertado em um relatório para a possibilidade de isso ocorrer, depois de uma visita de um grupo de parlamentares à Bolívia. Essa advertência e diversas outras foram publicadas aqui na coluna.

23/9
OLIGARQUIAS E PODER

O aspecto mais importante da chegada de partidos de esquerda ao poder através do voto na América Latina é, em uma análise de longo prazo, deixando de lado as questões conjunturais, o rompimento de certas situações oligárquicas, embora em muitos casos, como no Brasil, esse rompimento tenha significado apenas um deslocamento para o centro do PT, em busca de alianças justamente com as oligarquias para chegar à Presidência. Essa análise faz parte da edição em espanhol do Atlas Eleitoral Latino-Americano, parceria do Instituto de Altos Estudos da América Latina (Iaeal), da Sorbonne, que analisa as últimas 12 eleições presidenciais na Argentina, Bolívia, Brasil, Chile, Colômbia, Costa Rica, Equador, Honduras, México, Nicarágua, Peru e San Salvador.

O estudo é resultante do trabalho de um grupo de pesquisadores que vem buscando analisar eleições presidenciais tendo a cartografia como ferramenta. A coordenação da parte brasileira foi feita pelo professor Cesar Romero Jacob, cientista político da PUC do Rio de Janeiro.

Segundo essa análise, quando Lula se impõe como principal liderança de esquerda em 1998, "considerando que o eleitorado de esquerda tradicionalmente sempre foi um terço, ele tinha que se deslocar para o centro para ganhar a eleição presidencial. Isso significava se deslocar para cima do PSDB, que tinha ocupado o espaço do centro-esquerda".

Para Cesar Romero, "o que surpreendeu não foi o deslocamento do Lula durante a campanha de 2002, foi o fato de que aquela guinada era para valer, não era só para ganhar a eleição, era também para governar. Ao chegar ao poder, ele vai se transmutar no verdadeiro partido da social-democracia brasileira".

Lula e o PT não usavam mais o socialismo retórico radical "que só é possível na oposição, mas vai incorporar bandeiras do PSDB, a ideia da estabilidade, e emplaca um grande tento quando unifica os programas sociais do Fernando Henrique, racionalizando e ampliando". Como resultado, "acaba abocanhando parte de um eleitorado que tradicionalmente votava nos candidatos indicados pelas oligarquias".

Segundo o professor da PUC, é importante quebrar a hegemonia das oligarquias pelo voto, porque "quando a esquerda não chega ao poder pela via eleitoral, cai em tentações, sendo uma delas a revolucionária, que acaba atrapalhando a consolidação do regime democrático". Outra tentação, segundo ele, é que "jovens militares antioligárquicos poderão redimir o país, como tivemos aqui com os tenentes".

Em outros países da América Latina, essa ideia também está presente, e ele cita a Colômbia, "um país altamente oligárquico, onde a esquerda democrática não consegue chegar ao poder". Para Cesar Romero, diferentemente do que existe hoje, "as Farc, na origem, têm a ver com esse processo". A Venezuela também era muito oligárquica "e quando rompe com esse sistema cai na tentação de ter militares à frente do processo. A força do Hugo Chávez vem muito das Forças Armadas", analisa.

O que essas eleições acabaram mostrando, diz Cesar Romero, "é que, para se ganhar eleição no Brasil, você não pode deixar de lado algum grau de compromisso com as oligarquias que dominam os grotões e com os pastores pentecostais e os políticos populistas que dominam as periferias metropolitanas pobres, os nossos estudos demonstram sistematicamente isso. Foi assim que Collor e Fernando Henrique se elegeram".

Cesar Romero diz que Collor foi o primeiro "a perceber que era preciso uma composição com as oligarquias, porque são as máquinas existentes nos grotões do país, e não adianta imaginar que máquinas não existem. Ao mesmo tempo, é fundamental ter discurso para competir pelo eleitorado das classes médias urbanas escolarizadas. O nosso trabalho chama isso de 'fórmula política'.

O professor Cesar Romero não acredita que o programa Bolsa Família tenha substituído as oligarquias nos grotões, mas sim que as oligarquias aderiram ao Bolsa Família. "Não é um voto independente das populações, uma ligação direta do Lula com o eleitorado, na tradição populista da América Latina. Pelos estudos que já fizemos, não me parece que tenha havido uma adesão espontânea dos grotões à figura do Lula, até por que quem administra o Bolsa Família no plano municipal são as prefeituras, e portanto a oligarquia local". (...)

16/10
A DEMOCRACIA DESFIGURADA

O momento não poderia ser mais apropriado. Quando o Congresso da Venezuela aprova superpoderes a Hugo Chávez, concretizando uma ameaça pressentida aos direitos individuais e possibilitando sua reeleição permanente, a Academia da Latinidade começa amanhã em Lima, no Peru, um seminário internacional que tem como objetivo principal analisar a situação atual da democracia na América Latina. (...)

É dentro desse aspecto mais amplo que se vai discutir como na América Latina, a pretexto de se contraporem à hegemonia norte-americana, governos colocam em risco o sistema democrático.

O seminário, cujo título geral é "Democracia profunda, reivenções nacionais e subjetividades emergentes" vai debater os últimos acontecimentos na América Latina, com base nos fenômenos conjuntos das assembleias constituintes de Venezuela, Bolívia e Equador, que, na definição do cientista político e secretário-geral da Academia, Candido Mendes, estão "literalmente desfigurando a democracia, criando a democracia plebiscitária, admitindo a eleição perpétua do presidente, vinculando os movimentos sociais aos sindicatos e eliminando ou reduzindo a liberdade de imprensa através das comissões de censura do povo".

Em contraposição, o seminário vai analisar o desenvolvimento mais profundo da democracia no continente, com o exemplo bem-sucedido da *Concertación* chilena e a possibilidade de que a nova presidenta da Argentina, Cristina Kirchner, siga os mesmos passos, se distanciando do modelo venezuelano que vem procurando se impor naquele país através do apoio financeiro.

E, sobretudo, discutir a situação do Brasil, que continua com a maciça popularidade do presidente, um líder que se apresenta ao mundo como o avesso do chavismo, apesar dos movimentos do PT surgidos nos últimos dias pela possibilidade de Lula disputar um terceiro mandato consecutivo.

A mesma questão surge no debate político da Colômbia, onde o presidente Álvaro Uribe, o avesso de Chávez na região e com o apoio intenso dos Estados Unidos, também abre a discussão sobre a possibilidade de disputar um terceiro mandato "para evitar uma hecatombe". O que mostra que a democracia na América Latina sofre ameaças à direita e à esquerda, com o populismo, que será um dos temas principais dos debates.

Para Candido Mendes, a questão é saber se, em tempos de hegemonia no mundo, a democracia virou o que os Estados Unidos querem que seja. E em que termos os países estão conseguindo ou não avançar nesse particular. "O problema da América Latina é o de que, diante do que está acontecendo com o chavismo, a marca da chamada contradição principal, que é evitar a hegemonia norte-americana, está desfigurando a democracia em função dessa prioridade."

6/11
DEMOCRACIA PLEBISCITÁRIA

LIMA. O embaixador Samuel Pinheiro Guimarães, secretário-geral do Ministério das Relações Exteriores, justificou ontem, de maneira indireta mas muito enfática, a chamada "democracia plebiscitária" em curso em alguns países da América do Sul, especialmente a Venezuela. Falando para uma plateia lotada na Universidade Ricardo Palma, em Lima, na conferência da Academia da Latinidade, ele fez uma análise histórica da democracia na região, chegando à conclusão de que a grande influência econômica sobre o processo político dificulta a participação das camadas excluídas da população, o que causa grandes tensões sociais e faz com que surjam iniciativas "para transformar o sistema político, para dar mais voz às camadas excluídas da população, através de referendos, plebiscitos, para que participem efetivamente do sistema politico".

Ele foi contestado, também indiretamente, pelo secretário-geral da Academia, o cientista político brasileiro Candido Mendes, que defendeu a tese de que a democracia será mais profunda quando respeitar o trinômio "direitos humanos, minorias e pluralismo". E também pelo ministro das Relações Exteriores do Peru, José Antonio Garcia Belaúnde, que disse que adjetivar a democracia como "popular" ou "plebiscitária" era "cair na tentação dos atalhos" diante do processo democrático, que é mesmo demorado.

Para Pinheiro Guimarães, "as dificuldades que muitos governos democráticos têm para resolver o grande problema das sociedades, que é a fragmentação social, é algo que prejudica permanentemente a vitalidade da democracia". A influência do dinheiro nas campanhas eleitorais, cada vez mais caras, transforma a democracia, segundo o secretário-geral do Itamaraty, "em plutocracia, o governo do dinheiro, através de seus representantes, aqueles que são eleitos para votar. Isso cria permanente tensão, enorme tensão política e social".

Ele justifica a convocação de plebiscitos e referendos como uma maneira de fazer os excluídos participarem do processo político, o que não acontece, na sua opinião, apenas no ato de votar a cada quatro ou cinco anos: "Uma coisa é votar, outra é participar do sistema político." Para ele, o problema é descobrir "que tipo de democracia é necessário para enfrentar a maior inimiga da democracia, que é a divisão social".

Samuel Pinheiro Guimarães diz que, com a influência do dinheiro nas campanhas eleitorais, "alguém pode se eleger presidente com grande maioria, mas tem que enfrentar o processo legislativo para elaborar os programas. Então há uma enorme dificuldade". A visão do processo eleitoral revelada por Samuel Pinheiro Guimarães em sua fala de abertura surpreendeu a muitos.

O sociólogo argentino Torcuato di Tella disse-lhe depois, rindo, que nunca vira um diplomata ser tão antidiplomático em público. Segundo Pinheiro Guimarães, como a maioria da população de qualquer país sabe o que quer, "o discurso dos candidatos têm que ter uma retórica populista, porque, senão, não receberá votos. Tem de ter um discurso distributivista, a favor da saúde, da educação, e assim por diante, do contrário não será jamais eleito".

A questão, segundo ele, é que, após eleitos com esse discurso, "têm que enfrentar a outra face do poder, que é o Congresso, os parlamentos, onde estão representados os interesses dos setores. No meu país, por exemplo, há uma bancada ruralista; há uma bancada dos donos de hospitais; assim por diante, que estão lá para defender os interesses de setores, há uma bancada sindicalista".

Na análise do secretário-geral do Itamaraty, uma característica do processo de desenvolvimento da América do Sul é a exclusão social, a partir da escravidão, dos africanos e dos povos indígenas originários, no Brasil e nos outros países, "o que gerou uma fratura social, um processo muito forte de exclusão, que corresponde a um processo de concentração de poder político e econômico enorme em todos os países da América do Sul".

Ele vê essa concentração de poder econômico e político como um problema do ponto de vista da democracia. "Como se dá o processo de transformar o poder econômico em poder político?" Na sua concepção, no Brasil, a questão era resolvida de forma censitária: votavam no sistema político os que tinham o poder econômico. "Isso tornava mais fácil a elaboração da legislação que vai disciplinar a vida em sociedade, tanto do ponto de vista econômico quanto do cultural", comentou.

Com a ampliação do voto para os analfabetos, esse controle ficou mais difícil, e Pinheiro Guimarães atribui aos meios de comunicação o papel de controlar os excluídos "pela distração". Segundo ele, hoje "todo esforço é pelo culto da personalidade, não política, mas desportiva, do mundo da moda, do mundo artístico. Há todo um esforço de desmobilização da massa, então se discute onde vai ser a Copa do Mundo, o que fez uma grande artista de televisão. No Brasil, todos sabem o nome da filha de Xuxa, que é Sasha".

Samuel Pinheiro Guimarães atribuiu "à mídia", essa entidade mítica que atormenta o governo Lula, a tarefa de "permanentemente desmobilizar a população, o que permite essa conformação, esse controle". (...)

7/11
PRAGMATISMO

LIMA. Não foi por acaso que no mesmo dia, e separados geograficamente, o presidente Lula em Brasília e o secretário-geral do Ministério das Relações Exteriores, Samuel Pinheiro Guimarães, aqui em Lima, na reunião da Academia da Latinidade sobre o estado da democracia na América Latina, defenderam as reformas que estão sendo promovidas por Hugo Chávez na Venezuela. Muito além da política de não intervenção nos negócios internos de outro país, uma tradição do Itamaraty, há o entendimento pragmático de que a Venezuela é tão importante estrategicamente para o Brasil, devido à questão da energia, quanto a Argentina, em termos de geopolítica regional.

A entrada da Venezuela no Mercosul foi uma iniciativa conjunta de Brasil e Argentina, dentro de um projeto de integração regional não apenas física, mas abrangendo as áreas política, econômica e até mesmo militar. A união tem projetos para a região, como uma empresa de energia comum, um banco de desenvolvimento regional ou o polêmico gasoduto que cortaria a América do Sul de cima a baixo, que voltou à pauta devido aos problemas de abastecimento de gás.

A América Latina tem cerca de oito trilhões de metros cúbicos de gás, e nesse campo o Mercosul seria um parceiro importante, com a Venezuela e o Brasil e a proximidade com a Bolívia. O peso político da região aumentaria pela capacidade de influência na estabilidade do mercado internacional de energia.

A ideia de que a América do Sul tem petróleo e gás suficientes para ser um parceiro internacional importante no equilíbrio desse mercado mundial vai ganhando força num mundo em que a questão da energia tem relevância econômica, mas, sobretudo, política.

A união das políticas energéticas da América do Sul, inclusive o controverso plano da Venezuela de criar um programa nuclear conjunto, ganha relevo numa situação em que a escassez de matéria-prima e o perigo de corte de abastecimento adquirem caráter acentuadamente político, além do econômico.

Um exemplo, para as autoridades brasileiras, de como as questões políticas estão relacionadas com a capacidade potencial de cada país, é o relacionamento com o Irã. Enquanto a Petrobras tem um projeto pequeno com o Irã, e o governo brasileiro sofre pressões dos Estados Unidos, o Paquistão, que tem a bomba atômica, tem um projeto com o mesmo Irã, muito mais ambicioso, sem provocar tanta reação.

(...) Com o barril de petróleo na casa dos US$ 90, com viés de alta, o poder político de produtores como a Venezuela cresceu muito. O governo brasileiro se preocupa com a tensão criada a partir de uma ofensa de Chávez ao senador José Sarney, o iniciador do projeto do Mercosul quando era presidente da República e que hoje se tornou o principal opositor da entrada da Venezuela no grupo, alegando a chamada "cláusula democrática".

A união com a Venezuela pode servir, também, para neutralizar o crescimento da China na América Latina, que já passou o Brasil na venda de manufaturados. Também as empresas brasileiras têm interesses em participar das obras de infraestrutura da Venezuela e competem com empresas europeias, especialmente espanholas e italianas, que não levam em conta a qualidade da democracia exercida por lá.

Nos últimos anos, também a balança comercial com a Venezuela tem pendido muito para o Brasil, que saiu de uma situação de equilíbrio entre importação e exportação para um superávit de cerca de US$ 3 bilhões. Por outro lado, o governo brasileiro não apenas não se preocupa com o fato de que a Venezuela está se armando fortemente, como entende suas razões.

A Venezuela teme uma invasão americana — os Estados Unidos já mandaram um gigantesco porta-aviões para fazer treinamento de desembarque em frente, em Aruba. Hugo Chávez, além de adquirir jatos russos Sukhoi-30 para substituir seus caças F-16, de fabricação americana, comprou também helicópteros e mísseis terra-ar, está comprando pesado, mas tudo, na visão do governo brasileiro, para garantir a área *off-shore* dela, todas as armas voltadas para o Norte. Além do mais, não faz sentido a Venezuela ameaçar um país amigo como o Brasil, ressaltam os analistas do Itamaraty.

(...) O embaixador Samuel Pinheiro Guimarães aborda a questão da segurança da Região Amazônica como um movimento para se contrapor ao que considera ser uma estratégia americana para garantir a presença militar direta na Região Andino-Amazônica.

No livro *Desafios brasileiros na era dos gigantes*, ele analisa esse aspecto: "Um componente relativamente novo na questão da segurança da Região Amazônica brasileira é a crescente presença de assessores militares americanos e a venda de equipamentos sofisticados às Forças Armadas colombianas, pretensamente para apoiar os programas de erradicação das drogas, mas que podem ser, fácil e eventualmente, utilizados no combate às Farc e ao ELN."

10/11
DEMOCRACIA REINVENTADA

LIMA. O sociólogo francês Alain Touraine, no texto que enviou à reunião da Academia da Latinidade sobre a democracia na América Latina, não usa meias palavras para deixar clara sua visão: estes novos governos na região, a exemplo da Venezuela, da Bolívia e do Equador, não podem ser considerados movimentos democráticos, mesmo que tenham se originado de eleições livres e democráticas. Para ele, não há dúvida de que Hugo Chávez pretende promover uma militarização da Venezuela, análoga à que aconteceu em Cuba logo após a vitória da revolução comandada por Fidel Castro. Ele avalia que a influência do regime chavista sobre os governos de Evo Morales e Rafael Correa torna uma incógnita o desenvolvimento da democracia na Bolívia e no Equador.

Lembra que, na ocasião, a vitória de Fidel Castro contra Batista foi considerada uma vitória da democracia, mas logo "o novo regime mostrou sua característica ditatorial e de vigilância policial sobre a população". Touraine entra em uma análise mais profunda sobre a situação da Bolívia, que considera bastante frágil, e coloca em dúvida "a capacidade de um movimento de inspiração democrática de alimentar uma ação governamental também democrática".

Para Touraine, a capacidade de governabilidade da Bolívia é fraca, a coerência das decisões nem sempre existe e, sobretudo, o futuro do país não está decidido. De um lado, ele vê a ação de grande influência de Chávez, e de outro, a importância das intervenções internacionais, sobretudo do Brasil, para fazer a Bolívia participar da economia do continente, através de sua produção de gás. Quando escolher entre os dois caminhos, Morales estará demonstrando qual tipo de democracia seguirá. Por enquanto, o modelo chavista o seduz, ideológica e, sobretudo, financeiramente.

Sobre esse assunto, o sociólogo boliviano Cesar Rojas Rios admite que a influência da Venezuela traz boas e más consequências. "Para um país pequeno como o nosso, ter o apoio da Venezuela sem dúvida nos dá uma margem de manobra maior. Era previsível que mudar nosso espectro político à esquerda geraria um novo alinhamento exterior." Mas admite que ao presidente Evo Morales está sendo prejudicial esse relacionamento com Chávez, dentro da luta política interna.

Uma relação "tão paternalista, tão impositiva" é muito criticada na Bolívia, "dizem que saímos de um mal maior para um mal menor", se referindo à influência anterior dos Estados Unidos. No entanto, ressalva ele, "é preciso dizer que a Venezuela tem sido generosa com a Bolívia, nos tem tirado de muitos apuros econômicos. Essa liquidez venezuelana tem sido importante para a Bolívia, sempre que precisamos, Chávez saca o cheque".

É essa influência venezuelana que o sociólogo francês Alain Touraine vê como uma ameaça à consecução de uma política democrática na Bolívia. Ele também cita o caso argentino, no qual, diz, não é possível ainda definir se o processo político será democrático ou não, pois os sinais são contraditórios. "A vida política é fraca, e os esforços para reorganizar os investimentos nacionais são insuficientes", diz Touraine sobre a atualidade argentina, ressaltando ainda a forte ajuda econômica de Chávez.

A ausência de uma oposição verdadeira na eleição atual, que elegeu Cristina Kirchner no primeiro turno, seria um sinal de que "não se pode definir a Argentina como uma democracia, mas muito menos como antidemocrática".

Com relação à falta de oposição ativa como sinal de mau funcionamento da democracia, também Candido Mendes havia chamado a atenção para o fato de que, no Brasil, o governo cooptou os movimentos sociais, os sindicatos e o movimento estudantil através de financiamentos, fazendo com que não exista uma verdadeira movimentação social no país fora das ações determinadas pelo governo.

A única exceção que Touraine considera "fora do esquema geral" é o Chile. Sobre o Brasil de Lula, há uma referência passageira e desiludida sobre a falta de mobilização social no país para as grandes transformações esperadas na sociedade. Essa falta de mobilização social, aliás, é lamentada por Touraine em todas as partes do mundo.

Ele considera que não existem hoje mais "o equivalente às ações coletivas que colocaram a liberdade e a justiça na frente durante um longo período, sobretudo na Europa e nos Estados Unidos". Preocupado com a neutralização da democracia no mundo atual, o sociólogo Alain Touraine adverte que está na hora de "nos reinventarmos como seres políticos", e considera que a América Latina pode ser "um terreno favorável à tomada de consciência do novo sentido que deve ter a democracia". Ele não chega a detalhar esse "novo sentido", falando apenas em "uma sociedade livre tal como conhecemos no decorrer dos últimos quatro ou cinco séculos". Fala de uma sociedade "igualitária" e da ideia de cidadania.

(...) A América Latina, analisa Touraine, está confrontada com uma desigualdade "que é inaceitável e bloqueia seu desenvolvimento". Assim como tem necessidade de reabilitar culturas destruídas e ainda de encarar o desafio de conter a difusão dos evangélicos e de novas formas de vida religiosa, cujas atuações políticas no mundo contemporâneo Touraine considera antidemocráticas.

11/11
XADREZ ENERGÉTICO

LIMA. O simples anúncio da descoberta de um campo de petróleo e gás com o potencial de nos transformar em um país exportador, muda completamente o quadro geopolítico da América do Sul, onde nossa segurança energética estava dependente de um acordo de integração regional que se baseava especialmente no gás da Bolívia e no gasoduto sul-americano projetado por Chávez, além da capacidade de produção de energia da Venezuela, um dos maiores produtores de petróleo do mundo. O "pragmatismo responsável" do governo Geisel foi resgatado pelo comando do Itamaraty, e muitos sapos foram engolidos nos últimos anos em nome dessa segurança energética e, mais amplamente, da integração da América do Sul.

É certo que há uma dose grande de politicagem nesse anúncio repentino, para dar nova força nas negociações com a Bolívia e garantir aos investidores que se agora temos problemas de apagão do gás, no futuro próximo nossos problemas desaparecerão.

As semelhanças ideológicas entre os governos Lula e Chávez estão cada vez menores, enquanto as do PT se aproximam cada vez do chavismo. A nova força política que o país ganha nas negociações com seu potencial petrolífero fará com que fique mais clara essa diferença entre a política oficial do governo e a do partido oficial, se é que ela existe mesmo. Ou veremos se, como muitos desconfiam, a diferença é apenas estratégica, não de fundo.

É verdade que logo que foi eleito, Lula enviou à Colômbia José Dirceu, seu então todo-poderoso ministro, para garantir ao presidente Álvaro Uribe que as posições que o PT defendia em diversos organismos internacionais não representavam a posição oficial do novo governo.

De lá para cá, muitas idas e vindas fizeram com que a política externa brasileira ora se afastasse, ora se aproximasse dos Estados Unidos, sendo que neste segundo mandato a aproximação está mais evidente, incluindo até mesmo a possibilidade de uma política comum em relação ao etanol, em confronto aberto com os "parceiros" de esquerda como a Venezuela de Hugo Chávez e a Cuba de Fidel Castro.

Os dois países criticam a política do etanol, acusando-a de fazer aumentar o preço dos alimentos e até mesmo provocar a escassez de alguns deles. Há questões de geopolítica nessa reação de Venezuela e Cuba, mas também questões puramente econômicas. A emergência do etanol como combustível alternativo é um problema para os países que, como Venezuela e Bolívia, utilizam seus recursos naturais como fatores de pressão política.

A médio e longo prazos, os dois países terão sua importância estratégica reduzida. No momento, a Bolívia força uma negociação com o Brasil, que está fragilizado pela situação de momento, mas ganhou fôlego para, a longo prazo, não depender tanto da Bolívia.

As gozações de Hugo Chávez na reunião de presidentes ibero-americana são a demonstração de que ele está incomodado, ou com a nova concorrência, ou com o golpe publicitário do governo Lula.

(...) Na Guerra do Pacífico, o Chile derrotou o Peru e a Bolívia, o que traz até hoje repercussões políticas que fazem o Chile participar hoje da corrida armamentista na América do Sul, cujo principal protagonista é a Venezuela. Esta semana, o Chile devolveu à Biblioteca Nacional do Peru mais de três mil livros que haviam sido confiscados naquela Guerra. O que pode indicar que as negociações da Bolívia com o Chile podem um dia chegar a bom termo.

A Bolívia conta com a necessidade de gás do Chile para fazer um acordo a longo prazo. O xadrez político da América do Sul anda em um momento exacerbado, justamente por essa corrida armamentista liderada pela Venezuela, e que já coloca o Brasil como participante.

A assinatura do Tratado de Não Proliferação de Armas Nucleares assinado pelo Brasil no governo de Fernando Henrique, muito criticado pela atual administração do Itamaraty, propiciou um clima amistoso na região, que está sendo quebrado pelo estilo belicoso da Venezuela de Chávez, que se prepara para se defender de um suposto ataque dos Estados Unidos.

Um experiente diplomata brasileiro, analisando esse xadrez político, lembra que o governo venezuelano sabe que enfrentar os Estados Unidos militarmente equivaleria ao que os argentinos pensaram poder fazer com a Inglaterra, ao invadir as Ilhas Malvinas.

O verdadeiro irredentismo territorial venezuelano seria contra a Guiana, que considera sua. Por isso, para defender a ex-Guiana Inglesa, os americanos estariam negociando instalar uma base no Suriname, como já estão na Colômbia e no Paraguai.

O curioso é que, na mesma armadilha em que as oposições foram apanhadas pelo populismo do governo Lula no plano interno, em termos de Estado, o governo foi apanhado desarmado diante da nacionalização do gás na Bolívia e da ameaça de nacionalização do petróleo no Equador e de energia na Venezuela.

É a retórica do "mais fraco" contra o imperialista regional, no caso o Brasil. E agora, com a perspectiva de se transformar num exportador de petróleo, além da política do etanol, passará a ter uma posição de força maior do que a que já existia.

13/11
QUAL DEMOCRACIA?

É possível ver-se no bate-boca entre o rei da Espanha e o protoditador venezuelano Hugo Chávez um mero reflexo do colonialismo espanhol na América Latina, e, com um pouco mais de esforço, trazer esse colonialismo para o presente, vendo na atuação das empresas espanholas na região, em áreas tão estratégicas quanto telecomunicações e infra-estrutura, uma reprodução da antiga dominação colonialista. E é nessa visão simplista, que coloca Chávez como vítima, e ao mesmo tempo como aquele que reage à opressão monárquica, que é possível separar o tipo de política que distingue os vários governantes da América Latina atual.

Foi Fidel Castro, o ditador cubano, que, ao socorrer seu "companheiro" Hugo Chávez, deu a chave para a compreensão mais fácil do que se passa. Ele dividiu os governantes de esquerda da região em "revolucionários" e "tradicionais". A esquerda "tradicional", que seria representada por políticos como Lula ou Michelle Bachelet, do Chile, ou Tabaré Vázquez, do Uruguai, já não responderia às necessidades dos povos latino-americanos, que teriam nos "revolucionários" Chávez, da Venezuela; Evo Morales, da Bolívia; Rafael Correa, do Equador, ou Daniel Ortega, da Nicarágua, os governantes que refletiriam as reais aspirações das populações latino-americanas.

A esquerda "tradicional" teria mais afinidades com a social-democracia europeia, que não por acaso reagiu às críticas de Chávez na cúpula ibero-americana na pessoa do primeiro-ministro Zapatero, cujo partido, o PSOE, emitiu nota oficial apoiando a posição do rei da Espanha, Juan Carlos.

Não por acaso, aos "revolucionários" já não basta a democracia representativa, e todos estão envolvidos, de uma maneira ou outra, em ações para ampliar seus poderes, transformando a democracia em uma formalidade apenas.

Por outro lado, os da esquerda "tradicional" estão empenhados em não apenas fortalecer o sistema democrático como em promover a inserção de seus países no mundo globalizado, ampliando as possibilidades de progresso econômico, sem descuidar da distribuição de renda. O populista latino-americano já foi definido como o governante que gasta mais do que pode em ações demagógicas, mas hoje, com a prevalência da tese do equilíbrio fiscal, essa definição saiu de moda.

Hoje, populistas são aqueles governantes que, como Chávez na Venezuela, Morales na Bolívia, e Lula da campanha de reeleição e do segundo mandato, têm uma ligação direta com o eleitorado, acima dos partidos políticos.

(...) Já a consultora internacional Izabela Pereira, da Inter Patris Consultoria, faz uma divisão política dos países além da confrontação esquerda e direita: o populismo (Venezuela, Bolívia e Equador), a social-democracia (Chile, Uruguai e Peru) e modelos híbridos de governança (Argentina, Brasil, Colômbia e Paraguai).

Segundo ela, apesar da constatação de que a democracia não tem satisfeito as necessidades das populações, não há uma negação de seu valor. A "desilusão democrática" leva a essa situação atual, em que a saída seria o fortalecimento do sistema democrático, e não sua supressão.

O professor Nelson Franco Jobim reforça a tese dizendo que "o grande desafio da América Latina é fazer a democracia liberal funcionar, antes de tentar fazer experiências que ameaçam trazer de volta o passado caudilhista e o confrontacionismo tão a gosto de uma esquerda atrasada que ainda acredita em luta de classes e luta armada".

Essa divisão entre as tendências de esquerda na América Latina tem outra catalogação, mais irônica. O venezuelano Hugo Chávez e o boliviano Evo Morales seriam os expoentes de uma esquerda "carnívora", ainda presa à mentalidade da Guerra Fria. Outra esquerda, "vegetariana", governa o Chile e o Brasil.

É a nova tese de Álvaro Vargas Llosa, Plinio Apuleyo Mendoza e Carlos Alberto Montaner em *A volta do idiota*, da Odisséia Editorial, os mesmos autores do polêmico best seller *Manual do perfeito idiota latino-americano*, lançado em 1996.

O livro criticava líderes políticos e formadores de opinião que seriam responsáveis pelo subdesenvolvimento da América Latina. Crenças tais como "revolução", "nacionalismo econômico", "ódio aos Estados Unidos", "fé no governo como agente da justiça social", refletiam apenas um "complexo de inferioridade", segundo os autores.

Eles agora "denunciam" que essas ideias ressurgiram com força na América Latina. Sejam "carnívoros" ou "vegetarianos"; "revolucionários" ou "tradicionais", o fato é que a esquerda da América Latina está dividida em termos de procedimentos e atitudes diante da democracia.

Onde antes atuava o "ouro de Moscou", atuam agora os petrodólares de Hugo Chávez, fazendo com que seu peso político seja desproporcional ao peso geopolítico da Venezuela.

Dependeria da atuação mais clara do Brasil, nos próximos anos, que essa balança pendesse para o lado da esquerda "tradicional", e a favor da democracia representativa, sem dubiedades.

16/11
DIFERENÇAS FUNDAMENTAIS

Ao afirmar com convicção que tanto faz o sistema parlamentarista ou o presidencialista, pois no fim do que se trata mesmo é do exercício do poder, o presidente Lula revela, mais uma vez, como a pequena política domina suas ações. Nem mesmo é preciso fazer-se um juízo de valor. Comparar a tentativa de Hugo Chávez de permanecer no poder indefinidamente, através da possibilidade de eleições sucessivas, com a permanência à frente de governos de figuras como o alemão Helmut Khol (de 1982 a 1998) ou a inglesa Margareth Thatcher (de 1979 a 1990), não é simplesmente revelar desconhecimento do que sejam as formas de governo, mas o desprezo pelo papel dos partidos políticos na formação de governos democráticos.

Lula é um especialista em matéria de manutenção do poder político, com uma sagacidade poucas vezes encontrada, mas de seus comentários e atitudes à frente do governo resta a triste conclusão de que é um homem de Estado medíocre, com uma visão de curto prazo que privilegia a esperteza.

Para início de conversa, quando citou Thatcher ou Khol pela primeira vez, ficou evidente que pegara para exemplos dois ícones da direita política, para atribuir aos críticos de Chávez um viés ideológico.

Na segunda vez em que repetiu a temerária comparação, citou dois socialistas, o espanhol Felipe Gonzalez (1982 a 1996) e o francês François Mitterrand (presidente por 14 anos, mas apenas uma reeleição, pois o mandato era de sete anos), para tentar dar à sua tese um ar de equilíbrio.

Em todos os casos citados por Lula, quem ficou no poder por tanto tempo foi o partido político, seja o Conservador da Inglaterra, seja o CDU da Alemanha ou o PSOE da Espanha, pela escolha do eleitorado, e não o político, que somente permaneceu no cargo de primeiro-ministro enquanto seu partido o reconhecia como líder. E não foi preciso mudar a Constituição para isso. A diferença entre parlamentarismo e presidencialismo seria fácil de explicar com a hipótese brasileira. Se fôssemos um governo parlamentarista, Lula teria caído no primeiro mandato, quando seu governo se envolveu com o escândalo do mensalão.

Como somos presidencialistas, regime onde o Executivo tem muita força, Lula teve tempo de recuperar sua imagem e se reeleger, graças à popularidade pessoal.

O sistema presidencialista oferece ao chefe do Executivo muitas alternativas legais para contornar o Poder Legislativo, e os presidentes têm mais flexibilidade para montar seus ministérios.

Enquanto no parlamentarismo os governos são organizados essencialmente pelos componentes dos partidos que formam sua base parlamentar, no presidencialismo é possível escolher ministros na sociedade civil, de acordo com critérios próprios e até mesmo levando em conta apenas as relações pessoais.

Por isso, diz-se que uma das virtudes que devem ser evitadas ao se montar uma equipe de governo é, paradoxalmente, a lealdade do escolhido. Essa lealdade, tanto no Brasil como nos Estados Unidos, leva a que pessoas não qualificadas, mas leais ao presidente da República, assumam postos importantes nos governo com a única certeza de que não se voltarão contra quem os escolheu. (...)

24/11
REFORÇANDO A DEFESA

O debate que o ministro da Defesa, Nelson Jobim, iniciou sobre a necessidade de reequipamento de nossas Forças Armadas trouxe para o centro das discussões um tema que continua sendo tabu desde o fim da ditadura militar. Os especialistas são unânimes em concordar com a necessidade de uma política estratégica governamental para estabelecer prioridades e, sobretudo, para finalmente conseguir que as três Forças trabalhem em regime de integração e parceria, fazendo com que tenhamos, depois de tantos anos da criação do Ministério da Defesa, uma política integrada de defesa. O Plano Estratégico Nacional de Defesa, que está em elaboração, pretende definir as tarefas a serem desempenhadas por cada uma das três Forças Armadas, e os equipamentos de que elas necessitarão.

Francisco Carlos Teixeira, professor de História Contemporânea da UFRJ e professor Emérito da Escola de Comando e Estado-Maior (Eceme), diz que apenas por engenhosidade e abnegação dos homens das Forças Armadas o conjunto do sistema funciona. "O material/equipamento em uso é precaríssimo, ultrapassado e, mesmo, inútil." Ele lembra que a reposição ou revitalização do inventário militar, como um todo, ficou abaixo da meta global de 4% ao ano. Precisamos estabelecer prioridades "de longo prazo e coerentes".

Assim, segundo ele, teríamos que partir para a modernização, o que implica atualização tecnológica para a guerra moderna no século XXI. O segundo passo seria modificar a estrutura, em função da tecnologia alcançada com a modernização.

Para isso, deveríamos caminhar rapidamente "na direção de adequação doutrinária, estudos, jogos de guerra e intenso treinamento". O último passo seria a mudança na forma de atuar, na doutrina. Um item importante, na visão de Francisco Carlos Teixeira, seria a recuperação da indústria de defesa particularmente da Imbel.

O professor Domício Proença Júnior, do Grupo de Estudos Estratégicos da Coppe/UFRJ, acha que o mais fundamental é que "carecemos da institucionalidade para que o presidente da República tenha diante de si os elementos e informações com os quais possa tomar a melhor decisão. Daí, o que se tem é uma sucessão de inércias de cada uma das forças singulares, porque nem se tem política de defesa, nem o projeto de força que materializa a política de defesa em prioridades".

Proença Júnior acha que a definição de uma política estratégica nacional de defesa passaria "por um arranjo que integrasse as capacidades das três Forças em termos de pronta resposta, por um lado, e um sistema de reservas e mobilização robusto, por outro".

Fazer este arranjo, porém, dependeria de se ter "uma visão técnica do que é possível e do quanto custam as diversas alternativas de armamento e sistemas de combate, uma visão política do que sejam os desafios, oportunidades e prioridades do Brasil em termos de segurança, e exercitar as possíveis decisões de como se escolhe dentre as primeiras em função das segundas".

Já Expedito Carlos Stephani Bastos, pesquisador de Assuntos Militares da Universidade Federal de Juiz de Fora, diz que, "se quisermos ter soberania, poder de decisão, hegemonia regional, capacidade dissuasória e uma força para proteger áreas vitais, faz-se necessário manter uma indústria de defesa sólida, que possa atender à demanda das Forças Armadas, desenvolvendo e agregando tecnologias duais, inserindo o país nos novos desafios que se vislumbram no horizonte do conturbado século XXI".

Segundo ele, "precisamos readequar o nosso parque industrial de defesa com fusões de empresas, tornando-as mais competitivas e diversificadas, como tem sido feito na Europa e Estados Unidos, criando uma maior interação entre os diversos centros de pesquisas, civis e militares, que, embora pesquisem as mesmas coisas, na atualidade funcionam como ilhas, sem comunicação umas com as outras, gerando gastos e cometendo erros reincidentes até obterem praticamente os mesmos resultados".

Seria mais importante, para ele, fortalecer o Ministério da Defesa, "dotando-o de capacidade de decisão e visão, mostrando para que fim realmente veio, servindo de plataforma para gerar uma Política de Defesa Nacional, real e com capacidade prática, pensando o país para os próximos cinquenta anos, servindo como o vetor de incentivar uma indústria de defesa que ajude a desenvolver o nosso crescimento, tanto para a área militar como a civil, visto que ambas estão interligadas nos países mais desenvolvidos, gerando conhecimento, divisas e empregos".

Expedito Bastos ressalta que precisamos ter hoje uma visão estratégica "que nos faltou em décadas passadas e compreender que produzir e desenvolver material de defesa não faz mal à sociedade, visto que, se conseguirmos dominar pontos importantes nesta área, ela trará enorme benefício a todos".

Clóvis Brigagão, do Centro de Estudos Estratégicos da Universidade Candido Mendes, reclama uma política pública de defesa orientada, com respaldo do Congresso Nacional, alicerçada em discussão pública com setores bem informados e qualificados da opinião pública, "que oriente a política de reequipamento das Forças Armadas, a fim de que elas sirvam à essa política ou ao novo Plano Nacional Estratégico de Defesa, e não, como ocorre, que a demanda por equipamentos/armas seja feita através de mecanismos de lobbies do Exército, da Marinha e da Aeronáutica".

Clóvis Brigagão destaca que "não temos uma Política Integrada de Defesa, mas temos o Exército, a Marinha e a Aeronáutica solicitando — como pedintes — verbas para o seu reaparelhamento". Não temos também uma "política integrada de orçamento, nem política integrada de compras, nem de despesas".

25/11
SUBMARINO NUCLEAR

A parte mais polêmica da discussão em curso sobre o Plano Estratégico Nacional de Defesa é a que se refere ao projeto do submarino nuclear, que o ministro da Defesa, Nelson Jobim, anunciou recentemente em seminário no Rio como imprescindível para a defesa de nosso litoral, depois da descoberta do megacampo petrolífero Tupi, na costa santista.

Embora Jobim tenha deixado claro que o programa nuclear brasileiro será usado apenas para fins pacíficos, em um governo que desde seus primórdios não esconde as críticas ao fato de o Brasil ter assinado, na gestão de Fernando Henrique, o Tratado de Não Proliferação de Armas Nucleares (TNP), sempre que o tema nuclear é abordado há a sensação de que se trata de preparação para uma mudança de posição.

Ainda mais que, na mesma época, o secretário de Política, Estratégia e Relações Internacionais do Ministério da Defesa, general de Exército José Benedito de Barros Moreira, defendeu em um programa de televisão que o Brasil desenvolva a tecnologia necessária para a fabricação da bomba atômica: "Nós temos de ter no Brasil a possibilidade futura de, se o Estado assim entender, desenvolver um artefato nuclear. Não podemos ficar alheios à realidade do mundo."

O descumprimento do TNP ocorreria, segundo ele, no caso hipotético de um país vizinho fabricar a bomba ou "no momento em que o Estado se sentir ameaçado". O general não foi desautorizado por ninguém do governo, mas o uso do submarino nuclear para a defesa de nossa costa provocou polêmica.

Clóvis Brigagão, do Centro de Estudos Estratégicos da Universidade Candido Mendes, atribui à veia política do ministro o uso do exemplo do submarino nuclear, mas admite que "não há ninguém responsável que não afirme, diante da grandeza do Brasil e de suas exigências de defesa, que as Forças Armadas necessitam ser reaparelhadas, modernizadas, atualizadas para enfrentar situações críticas, quer em decorrência de corrida armamentista encabeçada por Hugo Chávez, quer por ameaças e vulnerabilidades na Amazônia — o principal foco de atenção de defesa do país pela sua riqueza, natureza multidimensional econômico-ecológica — quer por quaisquer razões que entrem no rol de ameaças à defesa do país, como será o caso do novo campo de petróleo Tupi".

Para Francisco Carlos Teixeira, professor de História Contemporânea da UFRJ, o novo terrorismo internacional procura "janelas" de oportunidades, visando atingir o inimigo e seus desdobramentos vitais e/ou simbólicos, tais como bases militares, empresas, franquias, embaixadas, pessoal de cooperação etc. "Se for difícil atingir o inimigo no núcleo duro e blindado dos centros de poder, busca-se a periferia 'mole'. Veja, os atentados contra a Embaixada de Israel e a AMIA, em Buenos Aires, com centenas de mortos."

Para ele, qualquer um que diga hoje que o terrorismo é uma ilusão no nosso país e continente "ou possui uma bola de cristal ou é mesmo irresponsável". Francisco Carlos acha que é preciso adotar "medidas básicas de prevenção", entre elas o submarino nuclear.

Assim como o secretário-geral do Itamaraty, Samuel Pinheiro Guimarães, um dos maiores críticos da assinatura do TNP, considera que, à medida que o país cresce de influência internacional, terá mais responsabilidades, inclusive a de defender os investimentos de empresas brasileiras no exterior, também o professor Francisco Carlos Teixeira acha que o terrorismo ou outros tipos de conflito podem atingir nossos cidadãos ou interesses em países bem mais conflitados, tais como Angola, Líbano, Bolívia.

Além disso, a crescente relevância da nossa região *off-shore*, a chamada Amazônia Azul, "implica clara responsabilidade de defesa de tamanha riqueza de gás, petróleo, pesca, medidas antipoluição e conservação do santuário do Atlântico Sul, entre outras", ressalta.

Eliezer Rizzo, do Núcleo de Estudos Estratégicos da Universidade Estadual de Campinas, acha que o projeto do submarino nuclear, que existe desde os anos 1980 envolvendo a Marinha e a USP, "em boa hora foi aberto à sociedade e às universidades, ainda naquela década. Os resultados parecem relevantes, considerando que se trata de propulsão, e não de armamento nuclear. Portanto, o projeto deve ser concluído com recursos adequados e fluentes, definindo-se quantos submarinos terão estas características".

Mas ele acha que o submarino nuclear deve atuar nas costas brasileiras, sem a missão de defender especificamente uma plataforma ou algo assim, "pois isto limitaria seu âmbito de atuação, que teria caráter estratégico, no sentido de que este instrumento de dissuasão se encontrará em permanente movimento em águas profundas". Outros setores da Marinha do Brasil garantiriam a segurança da produção de petróleo, pesca etc.

Como não se tratará de atitude agressiva com relação a qualquer Estado, para Rizzo "nada impedirá que o Brasil abra a países como Argentina e Chile, se houver interesse, alguma forma de participação em etapas futuras". O mesmo poderá ocorrer com o Sistema de Vigilância da Amazônia (Sivam) e o programa aeroespacial, lembra ele, acrescentando: "Se temos cooperação com a China, porque não com vizinhos respeitados e democráticos?"

Já Expedito Carlos Stephani Bastos, pesquisador de Assuntos Militares da Universidade Federal de Juiz de Fora, acha que, ao invés de termos um submarino nuclear, "extremamente caro e complexo", seria melhor termos "uma frota de vinte ou mais submarinos convencionais, modernos, fabricados localmente com tecnologia externa que fosse sendo agregada e absorvida, como foi feita em um passado recente". Nesse caso, sim, teríamos, para o especialista, "uma frota com capacidade dissuasória em nossas águas territoriais, criando condições para mantermos itens e fluxos importantes e estratégicos ao país".

28/11
CONTINENTE EM TRANSE

O Brasil está prestes a ser chamado para mediar mais uma crise política desencadeada pela tentativa do protoditador venezuelano Hugo Chávez de predominar nas relações regionais. Ao "congelar" as relações diplomáticas com a Colômbia, depois que o presidente Álvaro Uribe retirou-lhe a autorização para negociar um pacto humanitário de troca de prisioneiros com as Farc por ter excedido os limites de sua missão, Chávez chamou o colega de "mentiroso" e colocou o continente em alerta. A tese do Itamaraty de que a integração regional na América Latina tem que ser buscada a todo custo para dar, como disse o presidente Lula na entrevista a *O Globo* de domingo, "tranquilidade ao continente", faz sentido, mas tem sido frequentemente alvejada pelos fatos, que nos últimos dias desmentem a fama de pacífica da região.

Aos conflitos históricos somam-se novos, como a reclamação da Argentina contra uma fábrica poluente do Uruguai, o que levou ao fechamento da fronteira entre os dois países; na Bolívia, a ameaça do separatismo se confirma como possibilidade forte devido à tentativa de aprovar uma nova Constituição que dá poderes excessivos ao Executivo, assim como uma nova Constituição na própria Venezuela encontra resistência na sociedade; a Bolívia não cumpre os acordos de fornecimento de gás para a Argentina e o Brasil; e a aliada de Chávez quando ele ainda tinha autorização de negociar a libertação dos reféns das Farc, a senadora colombiana Piedad Córdoba, que foi ameaçada de morte, recebeu solidariedade do presidente da França, Nicolas Sarkozy, que lhe ofereceu asilo político.

No meio desse ambiente de hostilidades crescentes, a política de armamento da Venezuela acende a luz de alerta em setores militares brasileiros, e a questão do reequipamento das nossas Forças Armadas, que andava preterida por outras prioridades, entra na ordem do dia. Também a entrada da Venezuela no Mercosul fica congelada pela Câmara, para uma decisão definitiva no próximo ano, quando o quadro político estiver mais definido.

Antigas pendências territoriais adormecidas voltam a ser lembradas nesse ambiente convulsionado com a chegada ao poder de dirigentes como Chávez e Morales, como a disputa pela Guiana, que a Venezuela considera sua até o Rio Essequibo, território que até hoje classifica de zona de disputa internacional.

Embora não se encontre qualquer texto escrito a propósito, diplomatas brasileiros lembram que os venezuelanos sempre procuraram cooptar o Brasil nessa disputa, sugerindo que nos restituiriam o que perdemos para a Inglaterra na questão defendida por Joaquim Nabuco, quando o rei da Itália entregou aos ingleses mais do que eles desejavam do Brasil, em troca de concessões britânicas no Mediterrâneo.

Para defender a ex-Guiana Inglesa contra os impulsos expansionistas bolivarianos, os americanos negociam, agora, instalar uma base no Suriname, como já fizeram na Colômbia e no Paraguai, o que, na análise de experientes e desconfiados diplomatas brasileiros, constituiria também uma forma de cercar o Brasil.

A saída para o mar que a Bolívia negocia com o Chile, e que é a responsável pela política de armamento chilena, pode pedir negociações diplomáticas também mediadas pelo Brasil, sem que, no entanto, aceitemos o desconhecimento de tratados territoriais firmados, pois todas as nossas fronteiras dependem disso: a Bolívia não esquece o Acre, nem a França, o Amapá, que eles consideravam parte da Guiana Francesa.

Sem contar com a Argentina, que ainda considera seu o território de Palmas, na região das Missões. Há mesmo quem garanta que um antigo plano da Argentina seria ocupar Uruguaiana e depois trocar a desocupação pela renegociação do território das Missões. A derrota contra a Inglaterra na disputa das Ilhas Malvinas enterrou esse projeto mirabolante.

Expedito Carlos Stephani Bastos, pesquisador de assuntos militares da Universidade Federal de Juiz de Fora, acha que ainda não existe uma corrida armamentista, efetivamente, na região, "mas o que estamos vendo ao nosso entorno caminha para isto". Segundo ele, há uma tentativa por parte da Venezuela de Chávez de se tornar a peça central no continente, e esses interesses podem entrar em choque com o de outras nações.

Referindo-se indiretamente aos acordos da Venezuela com o Irã e a Rússia, Expedito diz que "estão sendo feitas alianças, inclusive militares, que envolvem itens estratégicos, principalmente na área de energia, que podem ser um grande complicador nos próximos anos".

O que mais o preocupa não são os aviões e meios navais modernos comprados pela Venezuela, "mas sim a capacidade de fabricação de armas leves, como os fuzis AK-47, em larga escala, que podem amanhã cair em mãos de movimentos sociais, narcotraficantes, crime organizado, garimpeiros, populações indígenas etc., e que ameacem a nossa ordem interna já repleta de problemas, principalmente em nossas grandes cidades".

Já o professor Domício Proença Júnior, do Grupo de Estudos Estratégicos da Coppe/UFRJ, acha que, com a experiência do século XX, "é quase reflexo que se tome qualquer adensamento de compras de defesa como sendo corrida armamentista. No caso da América do Sul isso é apenas recurso retórico, de impacto". Ele lembra que uma corrida tem que ter mais que um envolvido, e faz a ressalva: "Se as iniciativas venezuelanas produzirem uma escalada de compras na região — uma escalada, e não apenas atos que busquem atualizar um equilíbrio — então em algum momento se poderá estar falando de corrida armamentista. Mas não é o caso agora".

Mas Domício Proença Júnior lembra que "as capacidades de todos os demais países, inclusive a Venezuela, são insumos importantes para o processo de definição de prioridades".

Como se vê, o continente pacífico pode ser palco de conflitos sérios, o que reforça o papel de líder regional do Brasil, desde que exercido com firmeza.

29/11
A REBOQUE

A Junta de Defesa do Continente, que o presidente Lula pretende propor na 3ª reunião de chefes de Estado da União Sul-Americana de Nações, em Cartagena, na Colômbia, nada mais é do que uma das principais linhas da política militar de Hugo Chávez. O governo brasileiro estaria assumindo essa iniciativa como sua para retirá-la do contexto da política antiamericana chavista, segundo versões oficiais, ou, de acordo com seus críticos, estaria simplesmente validando a escalada militar bolivariana na região.

O grupo seria formado pelos ministros da Defesa de todos os países, teria como principal missão proteger a Região Amazônica e as fronteiras marítimas, e substituiria, este é o temor, a Junta Interamericana de Defesa, da qual participa os Estados Unidos.

Segundo o cientista político Amaury de Souza, em artigo para a revista *Digesto Econômico* da Associação Comercial de São Paulo, "para contra-arrestar a ameaça militar norte-americana, três linhas de ação vêm sendo implementadas: 1) uma nova visão estratégica de defesa nacional no marco de uma guerra assimétrica; 2) a defesa integral da nação com base em uma aliança cívico-militar; 3) o fortalecimento e a preparação da Força Armada Nacional, com a modernização de seu equipamento e a criação de uma força conjunta para a defesa da América do Sul".

O deputado federal Raul Jungmann, do PPS, membro da Comissão de Relações Exteriores e Defesa Nacional da Câmara, não concorda com a postura do governo brasileiro na região. Segundo ele, o Brasil adota um "pragmatismo de shopping" diante das graves crises políticas que se desenrolam no continente, "assistindo a tudo e abrindo mão de sua liderança". Jungmann define a postura brasileira diante da exportação da "revolução bolivariana" pelo continente como de "paralisia pela ideologização" e critica o fato de "uma certa esquerda enquistada no governo ter a Venezuela de Chávez como paradigma".

O que tem sido menos perceptível no esquema militar chavista, segundo Amaury de Souza, "são os esforços em prol de uma integração militar e geopolítica paralela à integração econômica da região e do desenvolvimento de um pensamento militar autóctone".

Segundo ele, "tem-se travado nas organizações militares do continente um debate sobre as vantagens de um esquema hemisférico de defesa, com a participação dos Estados Unidos, e de esquemas regionais, que não requerem necessariamente sua participação".

Estes últimos enfatizam a cooperação multilateral de defesa com especial atenção às particularidades de cada país e da América do Sul, sem excluir ou hostilizar os Estados Unidos. "Precisamente o contrário foi proposto no âmbito da defesa dos membros da Alba (Cuba, Nicarágua, Venezuela e Bolívia). Trata-se de um pacto militar para a defesa conjunta contra os Estados Unidos."

Consequência grave dessa tendência é a tentação de intervir militarmente em um país vizinho, adverte Amaury de Souza, lembrando que acordo de cooperação militar entre a Venezuela e a Bolívia concede à primeira o direito de acantonar tropas e construir bases militares nas fronteiras da Bolívia.

Prevê-se a construção de um porto da Marinha em Puerto Quijarro, no departamento de Santa Cruz de la Sierra, a 200 quilômetros de

Corumbá e da fronteira com o Paraguai, e de um forte militar em Riberalta, no departamento de Beni, próximo à fronteira com o Brasil.

Essa militarização pode ensejar conflitos com países vizinhos, ou até incentivar aventuras externas para galvanizar a opinião pública em apoio ao governo, comenta Amaury de Souza. "Não por acaso, as novas bases se localizam em áreas onde é forte a oposição ao governo de Evo Morales, deixando entrever a possibilidade de que as tropas sejam usadas para reprimir manifestações políticas", analisa o cientista político.

Também o deputado Raul Jungmann, que visitou a Bolívia recentemente, garante que a segurança pessoal do presidente Evo Morales é feita por agentes venezuelanos. Para Jungmann, além do fator ideológico que rege nossa política externa na região, depois que o conflito leste-oeste foi encerrado, a diplomacia brasileira perdeu os parâmetros da política externa, ao mesmo tempo que a América do Sul deixou de ser do interesse dos Estados Unidos, preocupados com as questões do Oriente Médio e do terrorismo internacional.

A ousadia de Chávez e os petrodólares abundantes transformaram a Venezuela no novo polo diplomático na região, e o Brasil está seguindo a reboque, "numa postura sindicalista", acusa Jungmann. Segundo ele, pela primeira vez depois da democratização está sendo aberta uma janela para a discussão do papel dos militares, justamente pela mudança que está havendo na região. "A América do Sul não é mais uma área pacífica, e a tendência à nuclearização da região é uma ameaça concreta", diz o deputado do PPS, referindo-se aos acordos que a Venezuela está fazendo com países como o Irã, a Coreia do Norte e a Rússia.

No momento em que já não existem mais "alinhamentos automáticos" no mundo, raciocina Jungmann, cada país começa a realizar seus próprios alinhamentos, segundo interesses imediatos, e é o que está levando a Venezuela a expandir seu "socialismo do século XXI". "O Brasil, diante dessa realidade, não age como protagonista que é na região, numa política pragmática que leva em conta de um lado as supostas vantagens comerciais, e de outro a ideologia política."

Exemplo dessa incoerência é que, ao mesmo tempo que admite retomar os acordos com a Bolívia sobre o gás, mesmo depois da quebra de contratos anteriores e com a situação de crise política aguda, o Exército brasileiro já fez manobras perto da fronteira, preparando-se para a hipótese, cada vez mais presente, de haver uma guerra civil e os brasileiros terem de ser evacuados.

9/12
AS GRANDES QUESTÕES

A aceitação, por parte do governo venezuelano, da derrota no referendo que validaria as reformas constitucionais que dariam a Hugo Chávez poderes excepcionais, tornando-o virtualmente um ditador aprovado pelas urnas, passou a ser uma referência importante na discussão sobre se a Venezuela ainda é ou não uma democracia. Tomando por base dois dos mais importantes estudos acadêmicos que buscam definir o que é uma democracia, o cientista político Octavio Amorim Neto, da Fundação Getulio Vargas (FGV) do Rio, classifica a Venezuela como uma semidemocracia, classificação que também os autores do estudo, Mainwaring, Brinks e Pérez-Liñán, atribuem ao regime venezuelano. "Classificando Regimes Políticos na América Latina, 1945-1999", divide os regimes políticos entre democracia, semidemocracia e autoritarismo.

Outro estudo, do livro *Democracia e desenvolvimento: instituições políticas e bem-estar no mundo, 1950-1990*, de autoria de Adam Przeworski, Michael E. Alvarez, José Antonio Cheibub e Fernando Limongi, opta por uma contraposição entre democracia e ditadura, sem levar em conta as possíveis nuances.

O professor da USP Fernando Limongi, um dos autores, ressalta que a classificação "não comporta gradações como semidemocrático e coisas assim. Democracia, para usar uma fórmula famosa no país, é como gravidez". O cientista político Octavio Amorim Neto, da Fundação Getulio Vargas do Rio, usou em um trabalho sobre a inclusão da Venezuela no Mercosul os dois estudos para definir se "é ou não a Venezuela bolivariana uma democracia".

Segundo os critérios minimalistas do estudo que divide os países em democracias ou ditaduras, sem nuances, em primeiro lugar, lembra Amorim Neto, Chávez sempre foi eleito. Porém, os autores estipulam que a legislatura deve ser eleita e que deve haver mais de um partido. A atual legislatura venezuelana foi eleita no final de 2005, mas não possui nenhum partido de oposição. Mas isso não é culpa de Chávez, ressalta Amorim Neto, "pois os partidos venezuelanos, equivocadamente, decidiram boicotar o pleito".

Por último, os autores afirmam que, se os titulares do poder fecham inconstitucionalmente a legislatura e refazem as regras a seu favor, então, o regime é ditadura. Chávez não fechou a legislatura, ressalta Amorim Neto, "conquanto faça e refaça as regras do jogo a seu favor". Ou seja, por esses critérios, a Venezuela ainda é uma democracia, diz o cientista político da FGV.

Fernando Limongi, da USP, um dos autores desse estudo, lembra que uma das definições de democracia utilizada por eles é o regime em que os perdedores passam o poder para os que vencem as eleições. "Ainda não sabemos se isto vai ou não correr na Venezuela", adverte Limongi.

Octavio Amorim Neto analisa então os requisitos exigidos pelo segundo estudo, respondendo às questões colocadas pelos autores:

Há queixas sistemáticas de fraude, manipulação ou repressão na escolha do Executivo e do Legislativo? Ou, conquanto haja queixas, ainda verifica-se algum grau de incerteza eleitoral?

Resposta: Há queixas, mas parece ainda haver um resíduo de incerteza eleitoral na Venezuela. Ponto para Chávez.

Há violações graves ou parciais do direito de voto?

Resposta: A oposição venezuelana alega que sim. Mas as organizações internacionais certificaram as últimas eleições no país. Ponto para Chávez.

Há violações graves ou parciais das liberdades civis?

Resposta: A não renovação da concessão da RCTV é prova clara de que, sim, há, pelo menos, violações parciais.

Há violações graves ou parciais do exercício do poder pelos representantes eleitos?

Resposta: Não.

Por esses critérios, diz Amorim Neto, a Venezuela é, no máximo, uma semidemocracia. Como nuances são fundamentais para avaliar a situação atual da Venezuela, a classificação mais abrangente é a preferível, diz ele, para quem "enquanto o parlamento não for fechado, a imprensa de oposição continuar a existir e as eleições não forem fraudulentas, o regime venezuelano deve continuar sendo denominado de semidemocrático, apesar da agressividade verbal chocante de Chávez".

O professor Aníbal Pérez-Liñán, da Universidade de Pittsburgh, nos Estados Unidos, um dos autores desse outro estudo, reafirma a convicção de que a Venezuela é uma semidemocracia, o que significa, na sua análise:

1) A Venezuela tem um regime "competitivo" que permite um considerável grau de liberdade de expressão, tem eleições limpas. A transparência das eleições foi questionada pela oposição no passado, mas o resultado do referendo constitucional mostra que não há fraude sistemática na Venezuela;

2) Ao mesmo tempo, as ambições hegemônicas do governo impedem de classificar a Venezuela como uma democracia plena. O governo fez um esforço deliberado para ganhar o controle político de todas as instituições (o poder judiciário, o tribunal eleitoral etc.) e utiliza os recursos do estado com fins partidários de forma aberta. O discurso revolucionário funciona como desculpa permanente para confundir os recursos do estado com os do partido de governo.

Estes problemas da democracia, para Anibal Pérez-Liñán, foram agudizados pela oposição, que preferiu utilizar uma estratégia de conspiração no golpe de 2002 e na greve petroleira de 2002-2003 e deslegitimação, ao não participar das últimas eleições legislativas.

Todo esse quadro está mudando, analisa Pérez-Liñán, mas tudo sugere que o problema de fundo afeta a classe política venezuelana, e não somente o chavismo. As soluções de longo prazo requerem uma revalorização do consenso político e do pluralismo em toda a sociedade, não somente no partido do governo.

2008

2/1
PROXIMIDADES

Era inevitável que o Brasil, convidado, participasse da operação para libertação de reféns das Forças Armadas Revolucionárias (Farc) na Colômbia, mas era perfeitamente evitável que o governo se envolvesse de maneira tão próxima no que provou ser mais uma operação marqueteira de Hugo Chávez, em busca do prestígio perdido nesse que foi o seu *annus horribilis*, do que uma ação humanitária séria. Envolvimento que ficou claro quando, em vez de enviar como observador um diplomata dos quadros do Itamaraty, designou o assessor especial Marco Aurélio Garcia e seu enorme chapéu panamá para nosso representante.

Mas foi o Itamaraty que divulgou a nota oficial em que o governo brasileiro lamenta que "as circunstâncias" tenham impedido a liberação dos reféns e apoia "os esforços" conduzidos por Chávez. Acontece que "as circunstâncias" a que se refere a nota foram criadas, segundo acusação de Chávez e das Farc, por ações do governo colombiano, o que é negado pelo presidente Álvaro Uribe.

Há duas questões a serem analisadas em mais essa negociação frustrada para libertação de reféns das Farc que desde fevereiro de 2002, quando foi sequestrada a senadora e candidata à presidência Ingrid Betancourt e sua assessora Clara Rojas, já se frustrou várias vezes.

A primeira é a proximidade que fica novamente evidenciada entre os governos do Brasil e da Venezuela e as Farc, e a outra questão é o próprio caráter politico da operação. Esse relacionamento com as Farc e Hugo Chávez tem origem no Partido dos Trabalhadores (PT).

O presidente Lula, que na campanha de 2002 se mostrava ofendido sempre que alguém lembrava essas relações perigosas, hoje já se acha à vontade para abordar o assunto, como fez no discurso de encerramento do encontro de Governadores da Frente Norte do Mercosul em Belém, a 6 de dezembro de 2007:

"Eu tive a felicidade de, em 1990, convocar (...) a primeira reunião da esquerda na América Latina. (...) era preciso fazer um chamamento a todas as organizações de esquerda que militavam na política da América Latina, para que pudéssemos começar a estabelecer uma estratégia de procedimento entre a esquerda da América Latina."

Nesse mesmo discurso, Lula diz que conheceu Chávez em uma reunião do Foro de São Paulo. O caráter decisório do Foro, e não meramente de debates, é comprovado por um documento do Partido dos Trabalhadores de 2005, em plena crise do mensalão, quando o Foro de São Paulo se reuniu na capital paulista festejando seus 15 anos de fundação: "Em vários países latino-americanos ocorrem mudanças importantes promovidas por governos que foram eleitos com o protagonismo ou o apoio de partidos membros do FSP (...) que colocam em prática políticas que discutimos ao longo destes 15 anos."

O Foro de São Paulo abriga não apenas partidos políticos de vários matizes da esquerda, mas também organizações guerrilheiras como as Forças Armadas Revolucionárias da Colômbia ou a Unidade Revolucionária Nacional Guatemalteca (UNRG), consideradas terroristas, acusadas de tráfico de drogas e outras atividades criminosas.

Em janeiro do ano passado, as Farc divulgaram uma nota sobre o Foro, classificado como "uma trincheira onde podemos encontrar os revolucionários de diferentes tendências e diferentes manifestações de luta e de partidos (...)".

Eleito em 2002, Lula mandou seu então futuro chefe da Casa Civil, José Dirceu, à Colômbia, onde ele deu a garantia ao presidente Álvaro Uribe de que o governo eleito não teria relações institucionais com as Farc, ao contrário do PT.

Mas como separar o PT do governo quando, como agora, um dos mentores do Foro de São Paulo é o mesmo Marco Aurélio Garcia que foi enviado como emissário oficial do governo brasileiro na operação marqueteira de Chávez com as Farc? Operação que tinha a declarada intenção de enfraquecer o presidente colombiano e fortalecer a posição do venezuelano como interlocutor entre os narcoguerrilheiros e países como a França e instituições internacionais, como a Cruz Vermelha.

O deputado Fernando Gabeira, que faz parte de um comitê para libertação de Ingrid Betancourt, atribui o fracasso da operação à fanfarronice de Hugo Chávez. Ele chama a atenção para o fato de que Chávez apareceu na televisão numa entrevista coletiva fantasiado com uma farda militar e mostrou no mapa uma seta com a localização da região onde se daria a entrega dos reféns.

"Quem nos garante que todas as informações que Chávez deu em público foram combinadas com as Farc? Se as coordenadas fossem passadas por rádio para os helicópteros, como ele disse, é quase certo que as informações seriam interceptadas, se não pelo serviço secreto da Colômbia, certamente pelos americanos. Não houve o menor cuidado com a segurança da operação", comenta o deputado.

Gabeira diz que o Brasil deveria ter mantido "uma posição profissional e distante" nessa negociação e ironiza o fato de o representante da Argentina ter sido o ex-presidente Néstor Kirchner: "Ficou claro que o governo argentino era um grande devedor de Chávez, e não apenas pelos bônus que a Venezuela andou comprando", referindo-se ao escândalo de dólares venezuelanos para a campanha presidencial de Cristina Kirchner.

(...) Seria uma coincidência quase mágica se o pequeno Emmanuel, nascido no cativeiro, filho de Clara Rojas com um guerrilheiro, estivesse mesmo, como insinua o presidente colombiano Álvaro Uribe, em uma instalação do Instituto Colombiano de Bem-Estar Familiar, em Bogotá. Essa instituição, que cuida de menores desamparados, tem origem no trabalho, nos anos 1960, de Yolanda Pulecio, mãe da senadora Ingrid Betancourt, cujo comprometimento político contra a corrupção e o narcotráfico levou Ingrid a entrar também na política.

10/1
A ELEIÇÃO E NÓS

O comentário do ex-chefe da Casa Civil de Lula, José Dirceu, na já famosa reportagem da revista *Piauí*, de que para o governo seria melhor que um candidato republicano vencesse as eleições americanas em novembro, pois os democratas são mais protecionistas e "muito ligados aos tucanos", corresponde ao pensamento predominante na cúpula governista. Ironicamente, as melhores ligações do governo petista, e pessoalmente de Dirceu, são os republicanos conservadores. Seu pragmatismo faz com que um de seus contatos de negócios, por exemplo, seja William Berry, ligado a grupos anticastristas. Outro ponto de contato é a secretária de Estado, Condoleezza Rice, com quem Dirceu esteve pessoalmente em Washington antes da crise do mensalão, em abril de 2005, na tentativa frustrada de abrir canais de comunicação paralelos ao Itamaraty.

O contato foi feito através do empresário Mario Garnero, amigo pessoal da família Bush. Condoleezza Rice andou lendo livros sobre Lula e sua trajetória política, e a relação pessoal de Bush e Lula sempre foi bastante boa, tendo melhorado nos últimos tempos devido ao interesse comum na política do etanol.

O governo brasileiro chegou a programar, sob inspiração direta de Lula, uma série de visitas de autoridades brasileiras aos Estados Unidos, especialmente para contatos no meio acadêmico, e entre as ONGs e entidades sindicais. Além do ministro Dirceu, também esteve nos EUA na ocasião o secretário-geral da Presidência, Luiz Dulci, encarregado de fazer a ligação do governo com a sociedade civil no Brasil.

Não por acaso, os dois estiveram reunidos com representantes dos meios de comunicação americanos. O governo brasileiro pretendia convidar também intelectuais e formadores de opinião dos Estados Unidos para visitarem o Brasil, tudo para superar um certo complexo de inferioridade petista em relação ao meio acadêmico americano, que continua sendo mais ligado aos "tucanos".

Meses depois, a crise do mensalão mudou as prioridades do governo, e a agenda de integração latino-americana ganhou destaque. Com a vitória de Hillary Clinton em New Hampshire, volta à tona a questão da relação dos democratas com os "tucanos".

Enquanto Barack Obama pode ser visto como um *outsider* político, como o Lula de 2002, a senadora Hillary continua muito mais ligada aos "tucanos", através da amizade do ex-presidente Fernando Henrique Cardoso com seu marido, Bill Clinton.

(...) Hillary, de qualquer maneira, seria o primeiro presidente dos Estados Unidos que, ao tomar posse, saberia onde fica o Brasil. Ela conhece a política social no Brasil, já visitou o país sozinha e foi ver de perto alguns programas sociais. Acha que o Brasil é um país inovador em políticas sociais, e era a isso a que se referia quando comentou para a TV Globo que estava "muito impressionada" com o que estava sendo feito no país.

11/1
VITÓRIA DA PRESSÃO

Uma sinalização forte de que a libertação das reféns Clara Rojas e a ex-congressista Consuelo González não deve ser transformada em uma vitória das Forças Armadas Revolucionárias da Colômbia (Farc) — ou dos meios ilegais de ação política, mas sim ser vista como o sucesso da pressão da opinião pública internacional, dando início a um processo para que os demais reféns sejam libertados — foi a reação unânime mundial, que ao mesmo tempo que festeja a volta à liberdade das duas, depois de seis anos de cativeiro, denuncia o sequestro de pessoas como um inaceitável crime contra os direitos humanos, que não pode ser tolerado pela comunidade internacional.

O presidente Hugo Chávez desta vez teve um comportamento correto até o momento, deixando de lado as fanfarronices para tratar o assunto em seu nível mais alto: a busca de paz para a Colômbia. Se utilizar seus contatos com as Farc para intermediar um processo de paz, que parte necessariamente da libertação dos reféns, que podem ser em torno de seiscentos presos, Chávez estará, aí sim, exercendo um papel de relevo na integração da América Latina.

Da maneira como se iniciou esse processo, com Chávez outorgando-se o direito de dar ordens diretamente a militares colombianos e aceitando participar de uma operação de marketing político cujo objetivo central era enfraquecer o presidente colombiano Álvaro Uribe e transformar Chávez no grande líder regional, nada de bom poderia resultar, como de fato aconteceu.

O governo colombiano criticou a primeira delegação, afirmando que eram simpatizantes dos guerrilheiros, e não representantes imparciais. O assessor especial da Presidência brasileira, Marco Aurélio Garcia, apressou-se em declarar-se ofendido com a crítica e sugeriu que o Itamaraty protestaria.

O fato, no entanto, é que Marco Aurélio, como representante do PT, é um dos fundadores do Foro de São Paulo, organismo incentivado por Lula para reunir a esquerda latino-americana. Se a reunião de partidos de esquerda é um direito democrático, aceitar no Foro representantes de organizações criminosas, como as Farc e outros grupos guerrilheiros, retira da reunião o caráter democrático que eventualmente pudesse ter.

Tratar organizações criminosas como representantes institucionais de oposição a um governo eleito democraticamente não é aceitável, a não ser que o caráter revolucionário desses partidos tenha prioridade sobre a prática da democracia.

(...) O fato é que não existe nenhum tipo de justificativa para apoiar um movimento guerrilheiro que é ilegal várias vezes: está montado contra um governo eleito democraticamente, pratica o sequestro de cidadãos como moeda política e aliou-se aos traficantes de cocaína para financiar-se.

Ser contra ou a favor do governo de Álvaro Uribe, ou de qualquer outro presidente que venha a ser eleito, é uma prerrogativa democrática. Mas tentar derrubar um governo eleito em nome de uma ideologia, que já deixou de ser de esquerda para transformar-se em criminosa, tem que merecer o mesmo repúdio que merece o golpe que tentou tirar Hugo Chávez do poder na Venezuela, ou a tentativa desse mesmo Chávez de instituir uma ditadura através de consultas populares. (...)

Se a libertação das duas reféns for um passo inicial para a integração das Farc ao sistema democrático vigente na Colômbia, na forma de um partido político institucionalizado, teremos uma evolução positiva do quadro. É improvável que isso aconteça, no entanto, pelo envolvimento com o narcotráfico.

27/1
ÁGUA, FOGO E TERRA

DAVOS. Uma das ilhas de excelência na economia brasileira, em contraste com a atual crise de energia, é a potencialidade futura de nossa produção de energia, tanto com relação a petróleo e gás quanto às energias alternativas, especialmente os biocombustíveis. E esses são assuntos muito discutidos aqui em Davos, até mesmo de maneira indireta. Há a preocupação com a escassez de água em algumas regiões hoje, e também no futuro, ao mesmo tempo que a abundância de água é exaltada pelos defensores dos biocombustíveis, que dependem dela, de muito sol e muito espaço para alavancar a produção de etanol ou biodiesel.

Se os biocombustíveis são uma alternativa limpa ao petróleo, a plantação de cana-de-açúcar e milho, ou oleaginosas, para a produção de combustível pode incentivar desmatamentos e provocar o aumento dos preços dos alimentos. Jacques Diouf, diretor da Organização das Nações Unidas para Agricultura e Alimentação (FAO), não teve dúvidas de incluir entre as causas do aumento do preço a procura por biocombustíveis.

Ao mesmo tempo, esses esforços por biocombustíveis estimulariam também o esgotamento dos recursos hídricos. Por estar no centro de todas essas questões, o Brasil tem seu peso específico reconhecido, e exatamente por isso o presidente da Petrobras, Sérgio Gabrielli, uma das poucas autoridades brasileiras presentes no Fórum Econômico Mundial, está participando de todas as discussões que envolvem esses temas recorrentes aqui, além da politização do fornecimento de energia.

Mais uma vez esteve em discussão em Davos o nacionalismo que transforma o fornecimento de recursos naturais dos países exportadores, sejam eles a Rússia de Putin ou a Venezuela de Chávez, em instrumentos de pressão política. O mundo continua a debater a questão da energia como arma política, que está dando a países emergentes poder de protagonistas da cena internacional.

A energia deve ser vista não apenas como um assunto econômico, mas sobretudo geopolítico, especialmente quando países como a Venezuela e a Bolívia são liderados por governos que usam petróleo e gás como instrumentos políticos, tanto interna quanto externamente.

15/2
A AJUDA DIVINA

Mais uma vez o Brasil está sendo colocado diante de um dilema na sua política de relacionamento com os países vizinhos: se exigir que a Bolívia cumpra integralmente o contrato de fornecimento de gás, vai criar problemas não apenas para a Bolívia, mas especialmente para a Argentina, que vive um problema de escassez de energia grave, com apagão e tudo. Além do mais, vai impedir que a Bolívia ganhe um dinheiro a mais aumentando a venda do gás para a Argentina, que paga um dólar a mais que o Brasil. Mas, em compensação, se abrir mão de uma parte do que tem direito por contrato, o governo estará agindo politicamente, pondo em risco nosso suprimento.

Pelo raciocínio do governo de Evo Morales, enquanto a Bolívia está jogando com o gás o seu destino, o Brasil tem pela frente um futuro promissor dentro da economia globalizada. A Bolívia está tentando sair da pobreza baseada em seus recursos naturais, e o gás é a única possibilidade econômica de se desenvolver.

Nos bastidores, o pedido é de compreensão da situação econômica difícil, que não melhorou desde a chegada de Evo Morales ao poder e a consequente estatização dos recursos naturais. (...) Desde que o Evo Morales era candidato com chances à presidência da Bolívia, mesmo antes da estatização, os investimentos estrangeiros foram paralisados, e a produção de gás ficou estagnada. A produção de 2007 já foi menor 1 milhão de metros cúbicos de gás do que a do ano anterior.

Para mostrar que não era tão dependente do Brasil como único comprador, o novo governo assinou um contrato com a Argentina que previa o fornecimento de 4,5 milhões até 7,7 milhões de metros cúbicos, se o gasoduto conseguisse carregar. Até 2016, há a previsão de fornecer 27,7 milhões de metros cúbicos para a Argentina, através do gasoduto que está sendo construído.

Mas o país não tem produção para tanto: o contrato com o Brasil, anterior ao da Argentina, é de 32,5 milhões de metros cúbicos diários, sendo que 2,5 milhões seriam para a termelétrica de Cuiabá, que já não recebe o fornecimento desde o meio do ano passado.

(...) O que a Bolívia quer é vender mais para a Argentina, que paga um dólar a mais que o Brasil, e negociar com os dois países para não pagar as multas contratuais, além de garantir a volta dos investimentos. (...) A Argentina está com mais falta de energia do que o Brasil; já teve um apagão no inverno passado; neste verão, houve em Buenos Aires o sistema "vaga-lume", acendendo e apagando a luz por rodízio nos bairros, e estão prevendo que no inverno próximo vai faltar mais gás ainda. Mas para mandar esses 4,5 milhões mínimos de que a Argentina necessita, a Bolívia não pode mandar nem os trinta milhões de metros cúbicos por dia para o Brasil.

Do ponto de vista técnico, o Brasil não tem condições de abrir mão desse fornecimento, mesmo que a nossa situação energética não seja, no momento, mais tão dramática do que a da Argentina, devido às últimas chuvas. De qualquer maneira, está faltando gás no Brasil, alerta Adriano Pires, do Centro Brasileiro de Infraestrutura (CBIE).

Se ligarmos as térmicas, não há gás para a indústria. Se o Brasil abrir mão de dois a três milhões de metros cúbicos de gás, vamos ceder um produto que está faltando aqui dentro e pode nos faltar na frente. O ideal é que pudéssemos ligar as térmicas a gás no período seco do próximo inverno para economizar os reservatórios, ressalta Pires.

O "probleminha" da falta de gás, como definiu o presidente Lula na primeira vez em que ocorreu a falta de fornecimento por falha da Bolívia, só não vai se transformar num "problemão" porque houve chuva no início do ano. Aliás, a ajuda divina foi festejada ontem no plenário do Senado pelo bispo Marcelo Crivela, que não teve pejo de agradecer à

Providência Divina a chuva que aparentemente nos livrou de um eventual "apagão".

Com a ajuda divina, também a Bolívia tem mais espaço para negociar uma anistia brasileira da multa que teria que pagar pela falta de fornecimento. Embora tenha anunciado que voltaria a investir na Bolívia, a Petrobras ainda não efetivou a promessa, e certamente negociará os investimentos em troca de uma garantia de fornecimento de gás, como deixou insinuado na nota oficial divulgada ontem.

Há uma relação de mútua necessidade, pois a Bolívia necessita dos investimentos brasileiros para que o negócio do gás se desenvolva, e também para que os demais investidores se considerem seguros para voltar a investir no país. E o Brasil precisa, por enquanto, do gás boliviano.

Mas, com as novas descobertas anunciadas recentemente pela Petrobras, o cacife brasileiro aumenta muito nas negociações com a Bolívia. Resta saber o que vai pesar mais: as necessidades reais do país ou o apoio político ao governo Evo Morales.

11/3
POTÊNCIA REGIONAL

Pela segunda vez em pouco tempo a secretária de Estado dos Estados Unidos, Condoleezza Rice, virá à América do Sul sem visitar Buenos Aires, outrora ponto obrigatório de uma visita regional. Limitando-se a visitar Brasil e Chile, ela está ratificando a ideia generalizada de que esses dois países, e o México, são os centros decisórios da região, apesar de o protagonismo político estar aparentemente com o presidente da Venezuela, Hugo Chávez. Na recente crise político-militar envolvendo Colômbia e Equador, o trabalho mais importante da diplomacia brasileira foi isolar Chávez, não colocando a Venezuela como parte da crise, como ele desejaria.

Mas assumindo posição tíbia diante da proteção que Chávez e Correa dão à narcoguerrilha na fronteira com a Colômbia, certamente por laços políticos que ligam o PT às Farc, o Brasil perdeu nesse episódio a oportunidade de fazer prevalecer sua liderança regional, cada vez mais contestada pelas atitudes dos países satélites de Chávez, até mesmo a Argentina.

A política externa americana delega às chamadas "potências regionais" a mediação dos conflitos de suas áreas, e por isso os Estados

Unidos pediram que o Brasil assumisse a força de paz no Haiti. A secretária de Estado Condoleezza Rice certa ocasião classificou o Brasil de "potência regional prestes a se tornar potência mundial", e a posição pragmática do governo brasileiro faz com que o país apareça como uma possibilidade real de equilíbrio e mediação em uma região majoritariamente ocupada por governos de esquerda, e com alguns focos remanescentes de movimentos revolucionários como as Farc na Colômbia, o bolivariano neossocialista Hugo Chávez, e o MST brasileiro.

A ausência de Lula na reunião do Grupo do Rio em Santo Domingo, no entanto, foi praticamente uma admissão de que o país não tinha papel a desempenhar na solução desse conflito. Mas isso não quer dizer que o Brasil tenha aberto mão de seus projetos de união regional. Além do Mercado Comum do Sul (Mercosul), um projeto de teor mais econômico, o Brasil tenta colocar de pé uma Comunidade Sul-Americana de Nações (Casa), que seria o braço político da união regional.

Em outra frente, o Ministério da Defesa negocia a coordenação das políticas de defesa do continente, Conselho Sul-Americano de Defesa, que seria responsável por uma estratégia regional conjunta para que os países sul-americanos tenham posições comuns nos fóruns internacionais.

Os argentinos reagem fortemente à criação da Casa. Convenceram-se de que ela enfraqueceria o Mercosul, e a Venezuela, que tem um projeto de união das forças militares da região, deve ser um obstáculo ao projeto brasileiro de defesa regional, que mitiga o lado belicoso do projeto "bolivariano" para dar destaque ao lado político da questão. A questão é saber como ficará a Junta Interamericana de Defesa (JID), que tem a forte liderança dos Estados Unidos, e que Chávez pretende suplantar com seu projeto militar para a região.

Um estudo do Centro Brasileiro de Relações Internacionais (Cebri) feito pelo historiador Sérgio Paulo Muniz Costa, doutor em ciências militares, que foi delegado do Exército brasileiro no Conselho de Delegados da JID, mostra que, embora sofra forte influência norte-americana, a JID passou por uma modernização que a tornou "mais equilibrada e democrática, como organismo especializado da OEA e, consequentemente, mais integrada política e diplomaticamente à realidade regional".

Para o historiador, "os objetivos do Brasil e dos EUA quanto à segurança regional confluem, portanto, numa JID integrada à OEA, que represente uma visão mais compartilhada dos problemas de segurança e defesa. Ademais, a integração sul-americana seguirá um curso mais seguro se os antagonismos geopolíticos e ideológicos no hemisfério estiverem atenuados, e a JID é uma excelente via para isso".

Segundo ele, "o crescimento do poder brasileiro levará, inevitavelmente, à assunção de maiores responsabilidades do Brasil em relação à segurança internacional, a começar pela preservação da segurança regional em face de tensões internas ou de rivalidades entre os grandes blocos geoeconômicos".

A Junta Interamericana de Defesa modernizada, para Sérgio Paulo Costa, "pode vir a se constituir um importante instrumento da diplomacia e da atuação militar do Brasil em prol da paz e da segurança regionais, condição necessária e indispensável à integração da América do Sul".

A criação da Comunidade Sul-Americana, com a qual o presidente Lula queria colocar fora da agenda brasileira as negociações da Alca, que acabaram sendo mesmo superadas pelos acontecimentos, é vista como a expressão da política hegemônica brasileira na região, e por isso a Argentina reage tanto a ela.

(...) A crise com a Colômbia, que colocou os Estados Unidos no meio de uma disputa regional, como temiam setores da esquerda petista encastelados no governo, dificulta uma maior aproximação neste momento em que a secretária Condoleezza Rice visita a região. O que seria uma visita para fortalecer os acordos no setor de biocombustível, especialmente o etanol, poderá ter a quase crise militar como ponto central, o que não agrada nem ao Brasil nem aos Estados Unidos.

4/6
O MUNDO DE LULA

Enquanto o vice-presidente José Alencar garante que, apesar de nossas mazelas sociais, já somos um país do primeiro mundo, no gabinete do presidente Lula, no Palácio do Planalto, há um globo terrestre onde a América do Sul e a África estão na parte de cima, muito antes de o colunista Roger Cohen do *New York Times* ter escrito que o mundo está de cabeça para baixo, com países emergentes representando 44% do PIB mundial, liderados pela China, e com o Brasil ganhando relevância nas relações internacionais, especialmente devido às novas descobertas de petróleo e aos preços das *commodities*. O presidente Lula é obcecado pelo papel que acha que o Brasil tem que exercer no mundo, até que decidiu adotar uma representação que reflete melhor suas ambições.

O mapa-múndi tal qual o conhecemos é uma projeção eurocêntrica de autoria do geógrafo Gerhard Mercator, em 1569, e reflete uma ordem mundial que ainda hoje prevalece. Mas nada impede que outras representações do mundo sejam feitas.

Mapas "nacionalistas", com o Brasil no centro, existem desde 1949, quando o cartógrafo João Soukup fez um mapa com o centro em São Paulo. O mais recente é o do administrador de empresas Stephen Kanitz, que lançou um *mouse pad* em homenagem aos quinhentos anos do Descobrimento, com o Hemisfério Sul na parte superior.

Tanto a representação do mundo "de cabeça para baixo" quanto a da Amazônia americanizada ou internacionalizada, que circula pela Internet, refletem a disputa que se trava no mundo por novas tecnologias que venham a substituir o petróleo, e no mercado mundial de alimentos, que sofre uma inflação acentuada. E o Brasil está bem posicionado no centro nervoso dessa discussão, nas suas várias versões.

"Os dedos que apontam contra o etanol estão sujos de petróleo", afirmou dramaticamente o presidente Lula ontem na sede da FAO, em Roma. Os dele também. Quem não se lembra daquela mão espalmada anunciando a autossuficiência brasileira em petróleo?

O presidente Lula acusar as companhias petrolíferas de estarem por trás da campanha contra o etanol é um tiro no pé, pois a Petrobras é a terceira petrolífera do mundo, e vem fazendo descobertas de jazidas importantes, que nos colocarão nos próximos anos como exportadores de petróleo.

Não é a melhor aposta o governo brasileiro demonizar o petróleo, nem tentar mudar a matriz energética do mundo tão rapidamente. Por outro lado, o desmatamento na Amazônia está aumentando dramaticamente, e esse é um calcanhar de aquiles do governo brasileiro, que não consegue montar um esquema eficaz de controle.

É preciso relativizar a posição do governo brasileiro de que nenhum país no mundo tem condições morais de criticar o Brasil na sua política de preservação do meio ambiente.

Não é porque os países europeus não deixaram uma árvore em pé nas suas florestas que podemos fazer o mesmo hoje. Não é porque os Estados Unidos mataram todos os seus índios que nós aqui não temos que preservar os nossos indígenas.

Mas também não é possível que os países desenvolvidos exijam de nós que abramos mão de nosso desenvolvimento. Ou que se mantenham reservas indígenas que venham a ser territórios autônomos, controlados por ONGs estrangeiras.

Temos que aproximar a modernidade da alta tecnologia do agronegócio, que nos transformou em uma potência exportadora, da preservação da Amazônia. Ontem, o presidente do Bird, Robert Zoellick, pediu o fim dos subsídios para os biocombustíveis à base de oleaginosas e milho e elogiou o etanol brasileiro.

O professor Mauro Rezende Lopes, do Centro de Estudos Agrícolas da Fundação Getulio Vargas, está convencido de que somente a tecnologia é capaz de salvar a Amazônia. Segundo ele, a inovação tecnológica na agricultura faz com que poupemos setenta milhões de hectares.

"Se tomarmos a produção hoje de 143 milhões de toneladas e comparamos com o rendimento de antes da existência da Embrapa, seria necessário cultivar 120 milhões de hectares, quando hoje cultivamos cerca de cinquenta milhões de hectares", ressalta.

Da mesma maneira, hoje a cana-de-açúcar ocupa no Brasil apenas 8,5 milhões de hectares, e a produção de etanol usa cerca de 4,5% dessa área, o que significa que o país pode perfeitamente aumentar o cultivo da cana-de-açúcar e o de soja, porque é necessário manter 15% da área em rotação permanente.

Tanto os Estados Unidos quanto a França, o quinto maior produtor mundial de etanol, têm que dar fortes subsídios para tornar economicamente viável o combustível que produzem, nos EUA, do trigo e milho, e na França, da beterraba.

O que os difere do Brasil é a produtividade por hectare. A cana-de-açúcar é duas vezes mais produtiva do que o milho, nos Estados Unidos. O custo subsidiado da produção do litro de etanol de milho é de US$ 0,30 nos Estados Unidos, enquanto o de cana, sem subsídios, no Brasil, é de US$ 0,22.

Mesmo que existam excelentes perspectivas, o mercado internacional, tanto para produtos quanto de tecnologia, será fundamental para garantir retorno dos investimentos na área e promover os recursos para pesquisa.

O forte lobby dos produtores americanos, como previsível, já está se movimentando para impedir o fim da taxa que os Estados Unidos cobram sobre o etanol importado, uma das reivindicações que estão sendo discutidas.

O temor deles é que o acordo com os Estados Unidos permita ao Brasil se utilizar dos países do Caribe, isentos das taxas de importação pelo acordo de livre comércio, para exportar etanol e, sobretudo, tecnologia para os Estados Unidos.

8/11
O BRASIL E OBAMA

A partir do momento em que o presidente eleito dos Estados Unidos, Barack Obama, pôs em diversas oportunidades a Venezuela na lista dos "países bandidos", ao lado do Irã, a América Latina passou a estar presumivelmente no radar da futura administração americana, e não exatamente numa boa posição. Tudo indica que é um equívoco a ligação que o presidente Lula está fazendo, de que a eleição de Obama pode ser tida como um reflexo de um movimento maior, que teve início da América do Sul, com a eleição do próprio Hugo Chávez na Venezuela, de Evo Morales na Bolívia, e assim por diante.

Para começo de conversa, ninguém acredita que a região vá passar a ser prioritária para uma gestão que terá muito a fazer tanto no plano interno, administrando a crise econômica, quanto externamente, em especial no Oriente Médio.

O embaixador do Brasil em Washington, Antonio Patriota, no entanto, espera que o relacionamento dos dois países, que ele considera bastante vigoroso no momento, se fortaleça ainda mais.

Ele é um dos que fazem o paralelo entre a eleição de um negro nos Estados Unidos com a de Lula no Brasil, considerando que as duas eram improváveis e aconteceram como consequência de evoluções políticas nos dois países.

Ele vê alinhamentos possíveis entre os dois governos. Existe um alinhamento potencialmente possível entre Lula no Brasil e Obama nos Estados Unidos, especialmente devido à visão social dos dois governos.

E ironiza, dizendo que no Brasil a distribuição de renda que o governo Lula está conseguindo fazer não é considerada uma medida socializante, referindo-se indiretamente à acusação do republicano McCain ao programa econômico do presidente americano eleito, de "espalhar a riqueza", cobrando mais impostos dos mais ricos.

Patriota também não teme que o Congresso democrata possa ser um impeditivo à melhoria das relações comerciais entre os dois países, lembrando que o memorando de entendimentos sobre os biocombustíveis foi aprovado, num assunto delicado que pode afetar potencialmente os interesses dos produtores americanos de etanol.

Entre os programas de cunho político de interesse comum, ele citou também ações contra o racismo. Brasil e Estados Unidos são os dois países com maior número de descendentes africanos, e era estranho que até agora não tivessem ações conjuntas para promoção social, lembra Patriota.

(...) Ele garante que o governo brasileiro não está desconfortável com as relações com os Estados Unidos, que para muitos não têm relevância política. Ao contrário, Patriota analisa que, a partir do segundo mandato, superados os problemas ocorridos na discussão sobre a Alca, foi atingida uma fase de entendimento, especialmente por causa do interesse comum nos biocombustíveis.

Patriota lembra que, na questão da energia renovável, o Brasil é um dos pioneiros do assunto, que é dominante na perspectiva do futuro governo. Quase a metade da energia produzida no Brasil tem a base em combustíveis renováveis como o etanol, enquanto o nível mínimo exigido por organismos internacionais é de 17%.

Além do mais, a grande maioria da frota de automóveis utiliza a tecnologia híbrida de etanol e gasolina. O Brasil tornou-se um parceiro estratégico dos Estados Unidos em 2007, uma categoria em que poucos países são considerados pelo Departamento de Estado: Rússia, Índia, China, Japão e Austrália.

O diálogo sobre comércio internacional passou a ser feito também em termos políticos, entre o Departamento de Estado e o Itamaraty, ao mesmo tempo que os outros canais técnicos funcionam normalmente. Há um esforço conjunto, por exemplo, de incentivar a indústria têxtil do Haiti, como uma maneira complementar de ajudar o país a se recuperar economicamente.

Seria uma maneira de ampliar a atuação do Brasil na região, onde já comanda uma Força de Paz formada por diversos países, a pedido dos Estados Unidos e sob os auspícios da ONU.

A questão mais delicada da relação bilateral continua sendo a do livre comércio, que impediu o acordo da Alca e continua inibindo as negociações da Rodada de Doha, sendo previsível que um Congresso democrata, francamente protecionista, não facilite novas negociações.

Analistas consideram quase impossível uma reviravolta que permita haver algum tipo de acordo na questão da agricultura, já que o presidente eleito Barack Obama já se comprometeu com os agricultores americanos a não retirar os subsídios.

Aos que acusam o Brasil de ter politizado a recente negociação da Rodada de Doha, preferindo não usar sua capacidade de pressão para fazer a Índia aceitar novos termos, o embaixador Antonio Patriota responde com os dados atuais do comércio bilateral, afirmando que as críticas de que negligenciamos a relação comercial com os Estados Unidos não correspondem à verdade atual.

Somos os maiores exportadores da região para os Estados Unidos, depois da Venezuela, por causa do petróleo; nossa balança comercial com os Estados Unidos está crescendo mais do que a dos outros países dos Brics, por exemplo, com exceção da China; e os países que fizeram acordos bilaterais com os Estados Unidos, como o Chile, têm um comércio declinante, enquanto o nosso é crescente.

2009

27/1
MUDANÇA DOS VENTOS

DAVOS. É exemplar da maneira de fazer política de Lula a decisão de não ir ao Fórum Econômico Mundial, que começa amanhã aqui, e comparecer ao Fórum Social Mundial em Belém. Com a crise internacional recrudescendo, Lula pela primeira vez comparece ao Fórum Social isoladamente, pronto para fazer críticas aos "donos do Universo" que a provocaram. Em 2007, com a economia mundial de vento em popa, e a brasileira entrando em ritmo de crescimento acima da média dos últimos anos, Lula escandalizou a esquerda ao decidir comparecer apenas ao Fórum Econômico, deixando de lado a reunião da esquerda mundial no Quênia.

Naquela ocasião, o ex-assessor especial da Presidência e um dos idealizadores do Fórum Social, Oded Grajew, lembrou que a coincidência de datas entre os dois eventos, desde a criação do evento, em 2001, foi proposital para "fazer as pessoas escolherem seus caminhos, dizerem onde se sentem mais identificadas".

É o que Lula está dizendo com a decisão de agora, que neste momento sente-se mais à vontade entre os seus socialistas do que entre os também seus capitalistas de Davos.

Em 2003, assim que assumiu a Presidência, decidiu comparecer aos dois Fóruns, foi vaiado em Porto Alegre por isso e tratado como a grande estrela da reunião daquele ano em Davos.

A parte dos integrantes do Fórum Social Mundial que vaiou Lula ficou em polvorosa com sua declaração de que a reunião corria o risco de se transformar em uma "feira de produtos ideológicos, onde cada um compra o que quiser e vende o que quiser".

Lula cobrava dos organizadores do Fórum foco em poucos temas, para que a reunião tivesse resultados concretos.

Tanto pragmatismo fez com Delfim Netto o comparasse ao líder chinês Deng Xiaoping, que iniciou a arrancada da China comunista para a economia de mercado, para quem não interessava a cor do gato, desde que comesse os ratos.

Em 2005, o presidente novamente participou dos dois encontros, foi a Porto Alegre, que sediava o social, e à Suíça.

Em 2004 (na Índia) e 2006 (na Venezuela, em Mali e no Paquistão), Lula não foi ao Fórum Social, mas também não foi ao Econômico. Em 2008, não houve Fórum Social, e Lula também não foi a Davos.

Os presidentes da Venezuela, Hugo Chávez, da Bolívia, Evo Morales, do Equador, Rafael Correa, e do Paraguai, Fernando Lugo, estarão também no Fórum Social Mundial, em Belém, e participarão, junto com Lula, de um debate promovido por movimentos sociais no dia 29. No dia 30, o presidente se reúne com o comitê internacional do Fórum.

Além do presidente, nada menos que 12 ministros confirmaram participação em atividades do Fórum, entre eles a ministra-chefe da Casa Civil, Dilma Rousseff, no que está sendo considerada sua apresentação oficial à esquerda mundial como a candidata de Lula à sua sucessão.

O ministro da Justiça, Tarso Genro, receberá uma solidariedade internacional pela decisão de não extraditar o ex-terrorista italiano Cesare Battisti, que estava foragido há 26 anos e foi um dos chefes da organização de extrema esquerda Proletários Armados pelo Comunismo (PAC), condenado à prisão perpétua na Itália por quatro assassinatos.

Esse caso merece um comentário paralelo. Por mais controverso que possa ter sido seu julgamento, por mais dúvidas que possam existir sobre sua participação em todas as mortes de que é acusado, a decisão do ministro brasileiro peca pela origem: como pode o mesmo ministro que entregou para uma das mais cruéis ditaduras do mundo os boxeadores cubanos Guillermo Rigondeaux e Erislandy Lara, que fugiram da concentração durante os jogos do Pan no Rio, alegar que Battisti corre o risco de ser perseguido na democrática Itália? Tarso Genro, ou o governo brasileiro, não consideram a ditadura cubana de esquerda uma ameaça aos direitos humanos de foragidos, que não eram acusados de nada a não ser querer liberdade, mas acham que a democracia italiana, com um governo de direita no poder no momento, o é para um terrorista condenado por assassinatos? Uma atitude ignóbil, tão marcada de ideologia que não merece uma discussão sobre soberania brasileira. Ao contrário, o governo está usando a soberania do país para suas conveniências políticas.

Onze meses após, desmentindo o governo brasileiro que disse que os cubanos pediram para voltar ao seu país, Erislandy Lara, campeão mundial amador da categoria até 69 quilos, chegou a Hamburgo, na Alemanha, depois de ter fugido em uma lancha de Cuba para o México.

Os boxeadores haviam sido chamados de "traidores" por Fidel em um artigo do jornal oficial *Granma*, nunca mais treinaram com a equipe de boxe do país e não foram convocados para disputar os Jogos Olímpicos em Pequim. Eram campeões mortos-vivos em seu país.

Comparar o caso à negativa de extradição pela Itália de Salvatore Cacciola parece até piada do ministro Luiz Dulci.

Só se Cesare Battisti tem nacionalidade brasileira e ninguém sabe, ou é pai de uma criança brasileira, coisa que o grande público desconhece.

O fato é que, na busca de reaproximação com os movimentos sociais, Lula prepara discurso com críticas aos Estados Unidos e aos países desenvolvidos, culpando-os pela crise econômica mundial.

Os companheiros de mesa que ouvirão suas críticas foram os mesmos que, meses atrás, ouviram um sábio conselho de Lula, que ele mesmo não está seguindo: chega de culpar os outros por nossos problemas, disse num desses inúmeros encontros regionais de que participa.

Mas, desde que a crise internacional se mostrou mais do que uma simples "marolinha", ele e seus parceiros, que perderam a força dos argumentos com a queda generalizada do preço do petróleo e do gás, só fazem falar mal dos países desenvolvidos, e a reunião de Belém será certamente mais uma oportunidade, como foram as cúpulas de Salvador, na Costa do Sauípe, recentemente.

8/2
LULA E OBAMA: PROXIMIDADES

NOVA YORK. A começar pelo próprio presidente Lula, e referendado por muita gente boa da academia, tanto no Brasil quanto nos Estados Unidos, é comum fazer um paralelo entre as eleições do ex-operário e do primeiro negro, como se os dois eventos tivessem o mesmo significado dentro do processo político de seus respectivos países. Fora o fato de que cada um deles representou, na época em que foi eleito, um sentimento de mudança latente na sociedade, e de que sejam políticos que, à sua maneira, têm o dom da oratória, são muito diferentes entre si, mas têm pontos de contato que podem ajudar na aproximação.

A elegância da oratória de Obama, em contraste com a espontaneidade da de Lula, não impediu que recentemente os dois se aproximassem no uso de expressões vulgares. Lula soltou um "sifu" em um improviso, e recentemente Obama usou uma expressão ("*I screwed up*") próxima ao linguajar vulgar para dizer que cometera um erro. A tradução tanto pode ser "fiz uma besteira" como "fiz uma c...".

Mesmo tendo tido trajetórias semelhantes, no sentido de serem de famílias pobres e terem conseguido ser bem-sucedidos na vida através da política, Obama e Lula têm formação cultural totalmente diferente, e seus caminhos políticos foram forjados com instrumentos distintos.

Os pais de Obama eram professores universitários, ele é parte da elite intelectual americana, é um *scholar* formado por Harvard, que deu aulas em universidades em Nova York (Columbia) e Chicago antes de se dedicar a trabalhos comunitários que o levaram à política. Lula não se cansa de lembrar que é filho de uma analfabeta; como Obama, cresceu sem o pai em casa.

Depois de ter passado muitos anos se vangloriando de ter vencido na vida sem estudar, Lula nos últimos tempos envia sinais de que já entendeu que não deve dar o mau exemplo e desestimular o estudo. Recentemente, disse em uma entrevista que se dar bem na vida sem estudar é como ganhar na Mega-Sena.

Obama tem a autoconfiança de quem se sabe preparado intelectualmente para a tarefa a que se propôs e a audácia de enfrentar o *establishment* político logo no início da carreira, preferindo desafiar a cúpula democrata na disputa pela indicação de candidato a presidente com a senadora Hilary Clinton a esperar que sua vez chegasse pela ordem hierárquica natural ditada pelas lideranças mais antigas.

Tem andar elegante e um porte altivo que pode ser confundido com arrogância, o queixo sempre para cima num sinal de disposição para o enfrentamento. Lula é da elite operária brasileira, foi forjado como líder nas lutas sindicais e delas tirou um estilo autoritário de liderança política que se reflete na sua impaciência com as críticas e na maneira impositiva de comandar.

Desde sempre se colocou como candidato a presidente, recusando uma carreira política tradicional. Passou pelo Congresso na Constituinte de 1988 como um deputado federal medíocre, não por incapacidade, mas por total falta de adaptação aos códigos e procedimentos do Congresso, de onde saiu sem vontade de voltar, afirmando que dos 513 deputados, pelo menos trezentos eram picaretas.

Mesmo vitorioso, Lula se considera perseguido pela elite brasileira, que não teria nunca o aceitado. Também Obama destacou-se por fazer política longe do *establishment* de Washington, e é um dos maiores críticos da "pequena política" do Capitólio. Tentou fazer uma política suprapartidária diante do momento de crise econômica internacional, mas encontrou uma resistência inesperada nos republicanos que, embora em esmagadora minoria no Congresso, apostam no fracasso do plano de recuperação econômica para voltarem ao poder em 2010.

Lula, como Obama, começou querendo mudar "tudo isso que está aí", e garantia que bastaria "vontade política" para mudar as coisas. Seis anos depois, montou a maior coligação partidária já vista na política brasileira, um saco de gatos onde grande parte dos trezentos picaretas, de esquerda ou de direita, encontram espaço suficiente para exercerem seu fisiologismo.

Identificado com a esquerda, Lula já declarou que um homem de cabeça branca que continua comunista deve ter algum problema sério. Obama, considerado o mais esquerdista dos senadores, é apontado como socialista pelos conservadores mais radicais, mas reuniu em torno dele a fina flor dos economistas considerados "de direita".

A falta de experiência política tradicional foi uma crítica que Lula ouviu durante todas as campanhas presidenciais de que participou, assim como Obama teve que superar essa mesma desconfiança.

Obama é negro para os padrões americanos, mas na verdade é um mestiço, como já se definiu ao se referir ao cachorro de estimação que levaria para a Casa Branca. Filho de mãe branca com pai negro do Quênia, Obama é um mulato e disse a Lula que, se saísse nas ruas de uma cidade do nosso país, ninguém diria que ele não é um mulato brasileiro.

Está melhor que o antecessor, George Bush, que se espantou ao saber que no Brasil havia negros. Lula acha que vai se tornar "logo, logo" camarada de Obama, quem sabe mais camarada ainda do que era de Bush, a quem o ligava uma simpatia recíproca.

Lula acha que, como ele, Obama não pode errar. Nesse raciocínio, um ex-operário como ele, errando, faria com que ficasse mais difícil para uma pessoa humilde chegar à Presidência no Brasil, assim como o primeiro negro, se não for bem na presidência, pode estigmatizar os políticos negros, provocando um retrocesso no amadurecimento democrático dos Estados Unidos.

Os dois se encontrarão em breve, e, além das proximidades, o programa de energia alternativa pode aproximá-los ainda mais. O Brasil tem a tecnologia e os meios para a produção de biocombustíveis, entre eles o etanol da cana-de-açúcar. Obama tem um projeto de fazer uma economia verde para livrar os Estados Unidos da dependência do petróleo estrangeiro. Pode dar liga.

9/5
POPULARIDADE E LEGITIMIDADE

A partir do momento em que o presidente dos Estados Unidos, Barack Obama, disse que Lula era "o cara", naquela reunião do G-20 em Londres, um fenômeno político desencadeou-se: todos começaram a discutir a popularidade do presidente brasileiro. Na ocasião, o primeiro-ministro australiano, Kevin Rudd, um trabalhista, fez um comentário: "É o mais popular num segundo mandato." E, depois, a chanceler da Alemanha, Angela Merkel, uma democrata-cristã, se interessou em saber qual o índice de popularidade de Lula, e quanto havia caído com a crise, chegando a fazer piada com o fato de que a queda fora pequena. Dias depois, o primeiro-ministro da França, Nicolas Sarkozy, elogiou o primeiro-ministro da Itália, Silvio Berlusconi, em conversa reservada que vazou pelo microfone aberto.

Disse que, numa democracia, o importante era ser reeleito, e Berlusconi havia sido reeleito duas vezes. Recentemente, o próprio Berlusconi disse que era mais popular do que Lula e Obama, e que não reconheciam isso porque ele era considerado "de direita".

Essas conversas em nível internacional mostram que os políticos hoje não têm a dimensão de estadistas que já tiveram em outros momentos da História.

Talvez porque vivemos numa crise mundial, todos estejam preocupados com a popularidade, em como fazer para mantê-la e não perder o poder. E estamos falando de políticos de tendências distintas, tanto à direita quanto à esquerda do espectro político.

Lula acaba virando objeto de admiração neste mundo político, em que ser popular e vencer eleições é o mais importante.

A propensão a permanecer no poder o maior tempo possível não é uma característica de políticos nem de esquerda nem de direita, nem mesmo de políticos da América Latina, como seria justo pensar diante da segunda onda de tentativas de ampliar o número de mandatos presidenciais consecutivos, que começou com Hugo Chávez, na Venezuela, e hoje tem em Álvaro Uribe, da Colômbia, seu novo protagonista.

O presidente da Colômbia consolidou sua popularidade em torno de 80% e insiste na tese do terceiro mandato consecutivo, o que só o fará comparável ao adversário Chávez, ofuscando a fama que ostenta de "estadista moderno", já bastante arranhada, aliás, com as acusações de ligações diretas com grupos paramilitares.

Além do cogitado referendo popular e da eleição dos novos magistrados da Corte Constitucional — que regerá o referendo e as eleições, e que é composta por maioria uribista, com a nomeação a dedo de cinco novos juízes — começa a ser negociado no Congresso um projeto de decreto legislativo que põe de pé a possibilidade legal de um terceiro mandato consecutivo.

O próprio Álvaro Uribe já não esconde o desejo. Participei de uma conversa com ele recentemente, quando esteve no Rio para a reunião regional do Fórum Econômico Mundial, e, perguntado sobre o assunto, assumiu ares messiânicos, dizendo que o importante era manter as linhas mestras de seu governo, que está tendo êxito no combate ao narcoterrorismo.

Aqui no país, com a revelação da doença da ministra Dilma Rousseff, já recomeçam os movimentos de bastidores, especialmente no PT e no PMDB, para retomar o tema do terceiro mandato consecutivo para que Lula possa disputar novamente a Presidência em 2010, na falta de um nome viável para o projeto de a aliança partidária governista permanecer no poder.

A tarefa é das mais difíceis, pois não há apoio da opinião pública, e nem maioria parlamentar no Senado, para mudar a Constituição — o que tem que ser feito até setembro deste ano, um ano antes da eleição presidencial.

O truque novo que está sendo negociado, ainda que timidamente, nos bastidores, é submeter a aprovação de uma emenda constitucional nesse sentido a um referendo popular, que poderia ser realizado no mesmo ano da eleição, caso a mudança constitucional seja feita ainda este ano.

Há quem prefira a convocação de um plebiscito sobre o tema, para só depois, se aprovada a proposta do terceiro mandato seguido, fazer a mudança constitucional, agora já respaldada pela "vontade popular", como na Venezuela ou na Bolívia.

15/5
UM LUGAR AO SOL

A crise econômica ressaltou o papel dos países emergentes na nova organização mundial, e o Brasil assume posição de relevo no contexto internacional, em que passa a ser tratado mais como integrante dos Brics (Brasil, Russia, Índia e China) — o grupo de países definido como os futuros líderes do mundo pela Goldman Sachs — do que como apenas um país da América Latina. O presidente Lula tem sabido aproveitar a importância relativa que o Brasil representa neste momento favorável, e demonstração disso é o prêmio a ser dado pela Unesco a Lula "por suas ações em busca da paz, do diálogo, da democracia, da justiça social e da igualdade de direitos, assim como por sua valiosa contribuição para a erradicação da pobreza e a proteção dos direitos das minorias".

Trata-se de um dos mais importantes prêmios mundiais para a preservação da paz, e não é coincidência que outras personalidades que receberam a homenagem, como Nelson Mandela, Yitzhak Rabin, Yasser Arafat e Jimmy Carter, tenham sido agraciadas depois com o Prêmio Nobel da Paz.

Lula já esteve entre os indicados para o Prêmio Nobel da Paz, e bem cotado para recebê-lo pelo programa Fome Zero. O escândalo político do mensalão acabou por tirar-lhe a chance. De lá para cá, seu prestígio internacional só fez aumentar, assim como a percepção favorável da opinião pública sobre os programas sociais do governo, como o Bolsa Família.

Lula hoje é uma *persona* política perfeitamente possível de ganhar um Nobel da Paz, especialmente em um mundo em que os líderes emergentes ganham destaque e os líderes "louros de olhos azuis" têm o peso da responsabilidade maior pela crise internacional.

Mesmo que isso não aconteça ainda no seu mandato, se ele permanecer envolvido em atividade pública ligada ao combate à miséria no mundo, estará sempre na lista de possíveis ganhadores.

Mas corre o risco de perder espaço político na ânsia incontida de fazer acordos para ser membro permanente do Conselho de Segurança da ONU. A esdrúxula situação de se colocar contra um candidato brasileiro à direção geral da Unesco, para apoiar um polêmico candidato egípcio, o ex-ministro da Cultura Farouk Hosni, que já perdeu o apoio dos Estados Unidos e da França por suas posições radicais contra Israel, é mais uma jogada de risco, no mesmo terreno em que já tivemos problemas com o presidente do Irã, Mahmoud Ahmadinejad, que cancelou sua visita ao país devido aos protestos que o anúncio de sua vinda provocou.

Um dos temas que têm dominado as discussões nos fóruns internacionais, bem antes até da crise econômica internacional, é a proeminência crescente das economias emergentes no mundo, consideradas fatores de transformação da realidade atual.

O século XXI será marcado por um poder mais difuso, e a potencialidade do Brasil como um poder global nunca esteve tão em evidência, graças aos bons ventos da economia, que está tendo um desempenho razoável mesmo dentro da crise, e à diversidade de nossa matriz energética, que abrange de novos campos de petróleo do pré-sal em águas ultraprofundas, que nos colocaria a longo prazo entre os dez maiores produtores do mundo, aos biocombustíveis.

Por seu pioneirismo na nova tecnologia, por suas vantagens comparativas, como amplidão territorial e clima, e por ter das maiores reservas de água do mundo, o Brasil está no centro do debate internacional nesse setor.

O que temos que fazer para nos firmarmos definitivamente como um dos líderes desse novo mundo multipolar? Quais são nossas vantagens comparativas com os demais emergentes? O fórum do ex-ministro Reis Velloso, que se reúne no Rio na próxima segunda-feira, tratará justamente desse tema. De um lado, a ideia de que, no meio da crise global, os Brics, talvez acrescidos do México, passem realmente a constituir um Grupo de Emergentes (G-4 ou G-5), e desempenhem, conjuntamente, um papel relevante no desenvolvimento mundial.

A preocupação do Fórum de Reis Velloso é que o Brasil volte-se para o aproveitamento de oportunidades estratégicas que surgirão no novo modelo, usando os instrumentos da Economia do Conhecimento ("Economia Criativa"), como ciência/tecnologia e investimentos em alta qualificação de mão de obra.

Embora as economias sejam semelhantes em tamanho, a rapidez da Índia é maior do que a de Brasil e México.

Mas nosso país teria vantagens competitivas a explorar: temos proximidades culturais com a União Europeia e os Estados Unidos; paz nas nossas fronteiras, em contraponto aos problemas da Índia com o Paquistão.

A Índia, que se orgulha de ser a maior democracia do mundo, tem 17 línguas diferentes e 22 mil dialetos.

O Brasil, uma democracia consolidada, tem uma única língua e uma única nacionalidade, diferentemente de Índia, China e Rússia, cada qual com seus problemas de divisões em castas ou disputas regionais.

E temos ativos que são estratégicos em longo prazo, como um dos maiores reservatórios de água do mundo, e fontes de energia como petróleo, gás e alternativas como os biocombustíveis, especialmente o etanol.

Mas temos que correr contra o tempo. Recente artigo de Gert Bruche, publicado pela *Columbia FDI Perspectives*, mostra que está sendo montada o que ele chama de "nova geografia da inovação", com o surgimento de Índia e China como grandes atores neste mundo.

Também a revista *The Economist* publicou seu ranking de competitividade em inovação que mostra que a China vem ganhando lugar de destaque, crescendo mais do que a Índia, que também cresce, enquanto Rússia e Brasil permanecem estagnados.

16/7
FORJANDO O FUTURO

Dificilmente sairá da reunião de hoje dos chefes de Estado dos Brics (Brasil, Rússia, Índia e China), em Yekaterimburgo, na Rússia, qualquer indicação formal a respeito da mudança do papel do dólar como moeda de reserva internacional, mas o assunto está na mesa de discussão do grupo e foi tema de análise dos ministros que fizeram a reunião preliminar em Moscou.

Parece inevitável que a discussão permaneça entre as prioridades do grupo, pois, na definição do ministro Mangabeira Unger, representante brasileiro na reunião preparatória, "o gênio já saiu da garrafa".

A tal ponto que, às vésperas da cúpula, houve um comunicado do Kremlin negando que esse tema fosse estar presente na reunião. O historiador Niall Ferguson, de Harvard, compara a situação de hoje do dólar com a crise da libra esterlina, cuja principal razão foram as grandes dívidas que a Inglaterra fez para financiar suas guerras pelo mundo, além da desaceleração do crescimento da economia nas décadas do pós-guerra.

Como uma das consequências da crise financeira é um aumento grande das dívidas do governo, os Estados Unidos podem ficar em situação similar a médio e longo prazos, o dólar pode perder a condição de moeda de reserva. Muito embora o processo da transição da hegemonia da Inglaterra para os Estados Unidos tenha levado décadas. Por um período de mais de anos, houve a concorrência entre a libra e o dólar como moedas de reserva.

A discussão hoje surge mais devido à China, que tem enormes reservas de dólar e, temendo que seu patrimônio se desvalorize, já propôs trocar a moeda pelo Direito de Saque Especial, do FMI.

Mas o tema é mais amplo, e Mangabeira Unger lembra que na última reunião em Moscou houve interesse das autoridades russas de estudar o sistema que o Brasil está adotando nas transações comerciais com a Argentina e em breve com a China: os países organizam um sistema administrado pelos dois bancos centrais para toda noite fazer um balanço nas moedas dos respectivos países e em reais, sem passar pelo dólar.

As autoridades dos Brics desejam encontrar uma alternativa ao dólar, mas evitando cair em uma burocracia pesada, como a do Banco Central Europeu.

Uma nova autoridade monetária internacional é indesejável, para não substituir o que chamam de "a ditadura do dólar" pela ditadura de uma burocracia internacional.

As opções mais aceitas são uma cesta de moedas, de maneira que a dependência de qualquer uma delas fosse atenuada, ou uma "quase moeda", organizando um sistema o mais simples e mecânico possível, de maneira a reduzir os poderes discricionários das autoridades que o manejassem.

O principal objetivo da reunião hoje dos chefes de Estados dos Brics é dar um peso político ao grupo, nascido de um estudo teórico do banco de investimentos Goldman Sachs, para tornar suas presenças nos centros decisórios mundiais imprescindíveis no panorama pós-crise que está se desenhando.

O aumento do poder político dos Brics tem por base o poder econômico do grupo, embora os interesses dos países sejam muitas vezes divergentes.

Um bom exemplo disso aconteceu no ano passado, em mais uma tentativa de retomar a Rodada de Doha de livre comércio. Ficamos do lado oposto da China, e principalmente da Índia, aliados com os "países ricos", na negociação da agricultura.

O G-20, uma criação da diplomacia brasileira para fortalecer os países emergentes nas negociações da Organização Mundial do Comércio (OMC), só tem coesão do ponto de vista político, mas na hora da negociação propriamente dita prevalecem os interesses objetivos de cada país.

O que impede a negociação na agricultura é o tamanho dos interesses de cada um: Índia e China querem proteger sua agricultura familiar, que não tem produtividade para competir, da mesma maneira que a União Europeia protege os seus agricultores.

O competidor comum, em grande parte das vezes, é o agronegócio brasileiro.

17/7
UMA NOVA VISÃO

A decisão das quatro maiores economias de países emergentes, Brasil, Rússia, Índia e China (Brics), de atuar de forma coordenada na reforma do sistema financeiro internacional, tomada na primeira cúpula dos chefes de Estado realizada ontem em Yekaterimburgo, na Rússia, é apenas parte do que está por acontecer. O "pano de fundo, a raiz profunda, que vai demorar ainda a transparecer", tem muito mais densidade, na opinião do ministro de Planejamento Estratégico, Mangabeira Unger, e tem o poder de mudar nossa política externa.

Para ele, embora o sistema financeiro seja um tema premente, tornado conhecido pelas discussões do G-20, e haja uma tendência nessas reuniões de evitar colocar temas controversos e difíceis nos comunicados, seria "um grande equívoco" interpretar o que está ocorrendo como uma mera continuação das discussões do G-20.

O ministro, que participou de reuniões preparatórias ao encontro, considera que o eixo central dessa discussão "é o esforço para desvincular os objetivos de abertura econômica e de segurança política da imposição de uma fórmula institucional ao mundo".

Mangabeira vê como ponto comum entre os quatro países o "desejo de criar uma ordem que ofereça mais espaço para as alternativas, os experimentos, as divergências, as heresias".

Rejeitar a tese da convergência institucional forçada tem a ver, segundo ele, com "a busca interna em cada um dos Brics de um modelo de desenvolvimento baseado em ampliação de oportunidades econômicas e educativas. Nas discussões entre os Brics sobre as respostas à crise há uma determinação de colocar o foco na economia real e na ampliação e democratização da base produtiva" para que a economia que venha depois da crise não reproduza a mesma lógica que foi superada por ela.

Este evento dos Brics pode marcar um momento importante para o país e, na opinião pessoal de Mangabeira Unger, o projeto brasileiro para a América do Sul e sua ligação com os Estados Unidos e a União Europeia será altamente impactado pelo movimento dos Brics.

Ele diz que os projetos de integração regional "são um corpo sem espírito". Um projeto comum de desenvolvimento seria preciso para que o processo de integração se assemelhasse ao da União Europeia.

Mas Mangabeira Unger não é muito animado com a nossa situação na América do Sul que, de acordo com ele, pode ser descrita, "sem anestesia" e em caráter pessoal, da seguinte forma: o bom é que não temos inimigos, mas estamos cercados "de um lado por países muito bem organizados, muito ordenados, admiráveis sob muitos aspectos, mas que não primaram pelas inovações institucionais".

Refere-se especialmente ao Chile, que, admite, será o primeiro país a ter indicadores econômicos e sociais semelhantes à Espanha na região. "Não estou desmerecendo o significado do que o Chile alcançou. Mas ele e outros são países que aceitaram uma estratégia de integração no espaço econômico dos outros, em particular dos Estados Unidos, o que não queremos para a América do Sul."

Segundo Mangabeira, o movimento dos Brics vai colocar um desafio para a Europa, em particular para a França, que tem sido mais sensível a esse novo mundo pluralista.

Mangabeira Unger está convencido de que o movimento dos Brics "vai mexer de uma maneira profunda com toda nossa política exterior" e, embora esclareça que não é um crítico dela, diz que "uma das condições para aumentar nosso grau de iniciativa é estabelecer a política exterior como tema da política interna do país e entender que a política exterior não pode ser delegada aos diplomatas, que não formulam, devem apenas executá-la".

Para Mangabeira, a política exterior "é construída no debate nacional e definida pelo governo eleito", e não é "um ramo do comércio, mas um ramo da política". "Os temas comerciais, por importantes que sejam, são acessórios aos temas geopolíticos", afirma.

2010

MAL-ENTENDIDO OU MÁ INTENÇÃO?
28/5

Na nova política de segurança divulgada pelo governo dos Estados Unidos, o Brasil ganhou relevância em relação a documentos anteriores, mas continua bem abaixo dos outros três centros de influência — China, Rússia e Índia — e quase da mesma importância que a África do Sul.

O presidente dos Estados Unidos, Barack Obama, pôs o Brasil em um segundo pelotão.

Em todo o texto, ele cita a Índia nove vezes; a China, dez; a Rússia, 14; e o Brasil, apenas cinco, mesmo número de vezes da África do Sul. A Turquia é citada apenas uma vez.

Os desentendimentos sobre o acordo nuclear com o Irã, que a secretária de Estado, Hillary Clinton, classificou de sérios, estão no centro desse esfriamento de relações entre Obama e Lula, que um dia ele já definiu como "o cara".

O vazamento da carta que Obama escreveu ao presidente Lula é um desentendimento diplomático sério. A Casa Branca não gostou de saber que um governo amigo divulga documentos pessoais entre presidentes.

Mas uma leitura atenta da carta, em vez de demonstrar, como quer o governo brasileiro, que Lula seguiu à risca as orientações de Obama, deixa claro que houve no mínimo um mal-entendido, que fala mal da diplomacia brasileira.

Ou uma tentativa frustrada de criar um fato consumado que favorecesse o Irã.

Ao se referir aos termos do acordo de novembro, Obama deixa claro que o objetivo dele era deixar o Irã sem material atômico para produzir a bomba.

Está claro que, sem essa precondição, não há acordo.

Na carta, está dito claramente: "A proposta da AIEA (Agência Internacional de Energia Atômica) foi preparada de maneira a ser justa e equilibrada, e para permitir que ambos os lados ganhem confiança. Para nós, o acordo iraniano quanto a transferir 1.200 quilos de seu urânio de baixo enriquecimento (LEU) para fora do país reforçaria a confiança e diminuiria as tensões regionais, ao reduzir substancialmente os estoques de LEU do Irã. Quero sublinhar que esse elemento é de importância fundamental para os Estados Unidos. Para o Irã, o país receberia o combustível nuclear solicitado para garantir a operação continuada do TRR (o Reator de Pesquisa de Teerã), a fim de produzir os isótopos médicos necessários e, ao usar seu próprio material, os iranianos começariam a demonstrar intenções nucleares pacíficas. Não obstante o desafio continuado do Irã a cinco resoluções do Conselho de Segurança das Nações Unidas que ordenam o final de seu programa de enriquecimento de urânio, estávamos preparados para apoiar e facilitar as ações quanto a uma proposta que forneceria combustível nuclear ao Irã usando urânio enriquecido pelo Irã, uma demonstração de nossa disposição de trabalhar criativamente na busca de um caminho para a construção de confiança mútua."

O pressuposto era, portanto, que o Irã reduzisse "substancialmente os seus estoques". Qualquer acordo que não "reduzisse substancialmente" os seus estoques, não teria sentido, portanto.

Em outro trecho, a carta diz: "Compreendemos pelo que vocês, a Turquia e outros nos dizem que o Irã continua a propor a retenção do LEU em seu território até que exista uma troca simultânea de LEU por combustível nuclear. Como apontou o general [James] Jones [assessor de Segurança Nacional da Casa Branca] durante o nosso encontro, seria necessário um ano para a produção de qualquer volume de combustível nuclear. Assim, o reforço da confiança que a proposta da AIEA poderia propiciar seria completamente eliminado para os Estados Unidos, e diversos riscos emergiriam. Primeiro, o Irã poderia continuar a ampliar seu estoque de LEU ao longo do período, o que lhes permitiria acumular um estoque de LEU equivalente ao necessário para duas ou três armas nucleares, em prazo de um ano."

Ou seja, se em um ano o Irã poderia continuar a ampliar o seu estoque de LEU, bastaria ao governo brasileiro fazer as contas: de novembro a maio são seis meses, meio ano, tempo suficiente para um reforço e tanto no estoque.

O volume ser transferido ao exterior deveria ser, portanto, proporcionalmente aumentado.

O acordo fechado entre Brasil e Turquia com o Irã, nos termos em que foi concebido, isto é, permitindo que o Irã continuasse a ter um estoque de urânio que manteria a possibilidade de chegar à bomba atômica, criou, sem dúvida, uma turbulência internacional que interfere na decisão do Conselho de Segurança da Organização das Nações Unidas de implementar sanções contra o Irã.

Se, como tudo indica, as sanções forem impostas com o apoio da grande maioria dos membros do Conselho de Segurança — a informação é de que apenas Brasil, Turquia e Líbano seriam contrários a elas —, fica claro que o Brasil está isolado na tentativa de salvar o Irã da punição.

Brasil e Turquia somente poderiam se considerar vitoriosos caso o Conselho rachasse devido ao acordo.

10/6
CAUSA PERDIDA

A decisão do Brasil de votar contra as sanções ao Irã no Conselho de Segurança da ONU nos isola politicamente não apenas naquele órgão colegiado, mas no mundo ocidental do qual fazemos parte.

A Turquia tem até suas razões geopolíticas para atuar como vem atuando, é vizinho do Irã, um de seus maiores parceiros econômicos, tem interesse em entrar para a Comunidade Europeia e joga com sua relação com os países muçulmanos para ganhar peso político.

O Líbano, com toda a força do Hezbollah, foi mais sensato e se absteve.

Claro que, ao intermediar o acordo nuclear com o Irã, o Brasil se colocou na arena internacional, houve uma mudança de patamar, porque o mundo mudou.

Já não existem mais potências hegemônicas, as lideranças das negociações têm que ser divididas entre os países, e a política externa brasileira arrojada tenta tirar proveito dessa mudança.

Arrojada até demais, a ideia de negociar a paz do Oriente Médio é despropositada e tratada com escárnio pelos envolvidos.

Invadiu a internet nos últimos dias um filmete com um programa humorístico identificado como sendo da televisão israelense onde uma turma do Casseta e Planeta de lá goza nosso presidente de maneira cruel.

O que não é possível é aceitar uma política externa irresponsável apenas por patriotismo, sem nenhuma razão realista que a justifique.

Não é possível aceitar que o presidente, qualquer que seja ele, possa usar o país para aventuras personalistas.

Apoiar o Irã, uma ditadura teocrática completamente fora das leis internacionais e do respeito aos direitos humanos, é um absurdo, ainda mais quando todo o Ocidente está trabalhando em conjunto para tentar controlar esses aiatolás atômicos, e conseguindo até apoio de China e Rússia.

Nem mesmo um pragmatismo comercial justificaria tamanho comprometimento, pois nossas exportações para o Irã representam menos de 1% de nosso comércio internacional, ao contrário da Rússia e da China, que mesmo tendo grandes interesses econômicos e políticos na relação com o Irã, aderiram às sanções como prova de que a situação é considerada realmente grave.

Os interesses de empreiteiras brasileiras, que estiveram recentemente no Irã em uma missão exploratória chefiada pelo ministro do Desenvolvimento Miguel Jorge, devem ser contrariados com as novas sanções, pois a maior parte das obras de infraestrutura do país está sob suspeita de acobertar o programa nuclear paralelo.

Diversas empreiteiras iranianas entraram na relação de empresas suspeitas que terão seus bens congelados e seus negócios monitorados.

Só mesmo um desejo incontrolável de surgir no cenário internacional como uma potência de peso, apressando um processo que vem se desenrolando naturalmente ao longo do tempo, justifica tal situação.

Mas nem tudo se deve à ânsia de ser reconhecido como uma peça importante no tabuleiro internacional.

Há ainda, entre os estrategistas da política externa brasileira, um grupo que tem a convicção de que o Brasil usou o pretexto de uma aliança estratégica com a Argentina para aderir às iniciativas americanas na área militar na região, o que teria levado desnecessariamente à assinatura do Tratado de Não Proliferação de Armas Nucleares (TNP).

O resultado é que, dos Brics (Brasil, Rússia, Índia e China), o único que não tem a bomba atômica é o Brasil, e para compensar essa falta nossa política externa procura aumentar o peso político do controle do ciclo completo do enriquecimento do urânio, ou destacar a possibilidade de fazer a bomba como prerrogativa dos que não a têm.

Essa maneira de pensar a nova geopolítica mundial, e mais o convencimento de que está havendo uma mudança de paradigmas, e que os países emergentes assumirão o comando político do novo mundo multipolar, assim como está acontecendo com suas economias, que estão se destacando em relação às da Europa, Estados Unidos e Japão (o G-3), está levando o governo brasileiro a dar um passo maior que as pernas.

Os efeitos internos da postura externa também são fundamentais para Lula.

Não apenas aqui, mas em vários países do mundo, inclusive a China, há essa novidade, que é a política externa trazer dividendos políticos internos aos governos.

Não é por outra razão que a candidata oficial Dilma Rousseff irá à Europa para ser recebida por chefes de Estados, num factoide que será apresentado em sua propaganda política. Como se ela fosse uma grande líder internacional.

Aliás, é mais uma ação indevida do governo em favor de sua candidata, pois quem está fazendo o roteiro da viagem é o assessor especial de política externa Marco Aurélio Garcia, que acumula as funções com a de coordenador da campanha de Dilma.

Atrás de um Prêmio Nobel da Paz, que até pode vir, porque o mundo está culpado pela crise econômica e nada melhor do que homenagear um operário do terceiro mundo, líder de um grande país emergente, para aplacar esse sentimento, Lula joga o Brasil num confronto desnecessário com os Estados Unidos de Barack Obama, não de George W. Bush, para ficar ao lado dos piores ditadores existentes.

O Brasil não tem nenhuma razão para sair do bloco ocidental, especialmente por uma causa tão ruim para a Humanidade.